Das Biersteuergesetz

vom 9. Juli 1923 / 11. August 1923 / 13. Februar 1924

mit Ausführungsbestimmungen Nebengesetzen u. Erläuterungen

auf der Grundlage und
als zweite Auflage
des Kommentars
zum Biersteuergesetz vom 26. Juli 1918

von

H. Zapf
Staatssekretär im Reichsfinanzministerium

bearbeitet

von

Dr. E. Siegert
Oberregierungsrat im Reichsfinanzministerium

Berlin und München 1925
Verlag von H. W. Müller

Inhaltsverzeichnis

Abkürzungen

AB. = Biersteuer-Ausführungsbestimmungen.
AO. = Reichsabgabenordnung.
BAO. = Bierausfuhrordnung.
BeckerAO. = E. Becker, Reichsgabenordnung, 3. Aufl., 1924.
BGB. = Bürgerliches Gesetzbuch.
BNO. = Bier-Nachsteuerordnung.
BrautO. = Braurechtsordnung.
FBO. = Farbebierordnung.
GBBl. = Gesetzes- und Verordnungsblatt.
RAnz. = Reichsanzeiger.
Koppe = Dr. F. Koppe, Biersteuergesetz, 1923.
HGB. = Handelsgesetzbuch.
RegBl. = Regierungsblatt.
RFH. = Sammlung der Entscheidungen und Gutachten des Reichsfinanzhofs.
RGStrafs. = Entscheidungen des Reichsgerichts in Strafsachen.
RGZivils. = Entscheidungen des Reichsgerichts in Zivilsachen.
RMinBl. = Reichsministerialblatt.
RZUBl. = Reichszollblatt.
StGB. = Strafgesetzbuch.
StPO. = Strafprozeßordnung.

Nachtrag

Zu Bem. 8 zu § 3 Abs. 2 des Gesetzes, S. 66, und Bem. 6 Abs. 3 zu § 2 Abs. 1 des Gesetzes, S. 56.

Durch Verordnung des Reichsministers für Ernährung und Landwirtschaft vom 30 September 1924 (RGBl. I S. 710) ist § 2 der Verordnung über Lebensmittel vom 8. September 1922/27 März 1923 mit Wirkung vom 1. Januar 1925 aufgehoben worden. Danach ist die Herstellung von Starkbier von diesem Zeitpunkte ab gestattet. Für den Begriff der „Herstellung" gilt das in Bem. 8 am Schlusse Gesagte. Das Abfüllen des Starkbieres auf die Versandgefäße ist also nicht vor dem 1. Januar 1925 gestattet.

Druckfehlerberichtigung

Seite 136: In § 21 Nr. 7 zu setzen „Anschreibungen" statt „Abschreibungen."
Seite 154: Vor „Übergangs- und Schlußvorschriften" in der Überschrift fehlt „V".
Seite 279: Letzte Zeile statt „nach sofort" ist zu setzen „sofort nach."
Seite 327: Überschrift: statt „Farbebier": „Farbebierbuch."

Geschichtliche Entwicklung der deutschen Bierbesteuerung.

A. Die Entwicklung bis 1919.

Durch Gesetz vom 27. März 1919 (RGBl. S. 345) trat Württemberg, durch Gesetz vom 24. Juni 1919 (RGBl. S. 599) traten Bayern und Baden der — die übrigen Länder des Deutschen Reiches umfassenden — Biersteuergemeinschaft bei. Erst seit dem 1. Juli 1919, dem Tage des Inkrafttretens des zweitgenannten Gesetzes, gibt es eine einheitliche Bierbesteuerung im ganzen Reiche.

Bis zum Anschluß der drei süddeutschen Staaten an die Biersteuergemeinschaft bestanden im Deutschen Reiche folgende Biersteuergebiete:

1. Der Geltungsbereich des reichsrechtlichen Biersteuergesetzes (Biersteuergemeinschaft),
2. der Geltungsbereich der bayerischen Biersteuergesetzgebung,
3. Württemberg,
4. Baden.

Ein fünftes Biersteuergebiet bildete während seiner Zugehörigkeit zum Reiche Elsaß-Lothringen.

Die geschichtliche Entwicklung der Bierbesteuerung in diesen Gebieten war folgende:

1. Biersteuergemeinschaft.

Die Besteuerung des Bieres in den Gebieten der Biersteuergemeinschaft, früher Brausteuergemeinschaft, ist aus der preußischen Gesetzgebung hervorgegangen. Diese gründet sich auf das Gesetz wegen Besteuerung des inländischen Branntweins, Braumalzes, Weinmostes und der Tabaksblätter vom 8. Februar 1819 (GS. S. 97). Nach § 18 dieses Gesetzes hatte, wer Bier aus Getreide verfertigte, von jedem Zentner Malzschrot, welcher zum Bierbrauen verwendet wurde, eine Abgabe von 16 Groschen zu entrichten. Die gleiche Abgabe war vorgesehen für Malzschrot, das in Verbindung mit einer Bierbrauerei oder in eigens dazu bestimmten Anlagen zur Essigbereitung verwendet wurde. Die Versteuerung des Malzes mußte vor der Einmaischung erfolgen. Wer sich verpflichtete, in Brauanlagen lediglich zum Bedarf seines Hausstandes zu brauen, konnte die Erlaubnis dazu gegen Vorausbezahlung einer Abfindungssumme auf einen bestimmten Zeitraum erhalten. Die Bereitung des Haustrunks in gewöhnlichen Kochkesseln war steuerfrei, wenn das Bier ausschließlich für den eigenen Bedarf in Familien von nicht mehr als zehn Personen über 14 Jahren bestimmt war. Eine Ordnung zu diesem Gesetz vom 8. Februar 1819 (GS. S. 102) enthielt Ausführungs- und Strafbestimmungen.

Der Steuersatz von 16 Groschen für einen Zentner wurde infolge des Gesetzes über die Münzverfassung in den Preußischen Staaten vom 30. September 1821 (GS. S. 159) in 20 Silbergroschen = 2 ℳ umgerechnet und erhielt sich in dieser Höhe bis zum Jahre 1906.

Durch die Zollvereinigungsverträge gelangte die preußische Brausteuergesetzgebung in den meisten norddeutschen Staaten zur Einführung. So in Anhalt-Köthen und Dessau im Jahre 1828, in Anhalt-Bernburg und Waldeck im Jahre 1831, im Königreich Sachsen und den zum Thüringischen Steuerverein gehörigen Staaten (Sachsen-Weimar, Sachsen-Meiningen, Sachsen-Altenburg, Sachsen-Koburg-Gotha, Schwarzburg-Sondershausen, Schwarzburg-Rudolstadt und Reuß) im Jahre 1833, in Braunschweig, Lippe und Pyrmont im Jahre 1841 und in den Hohenzollernschen Landen im Jahre 1856. Hierbei hatten Sachsen-Meiningen und Sachsen-Koburg-Gotha ihre höheren Brausteuersätze beibehalten, sich jedoch verpflichtet, die Steuer nicht unter den in den übrigen Staaten geltenden Betrag herabzusetzen. Im Jahre 1867 trat Oldenburg bei und für die im Jahre 1866 mit der preußischen Monarchie vereinigten Landesteile wurde die preußische Brausteuergesetzgebung durch Verordnung vom 11. Mai 1867 in Kraft gesetzt. Das gleiche geschah für das Jadegebiet durch Verordnung vom 26. Juli 1867. Durch das Bundesgesetz vom 4. Juli 1868 wurde die Brausteuer für Mecklenburg-Schwerin, Mecklenburg-Strelitz, für das Herzogtum Lauenburg, für die Freie und Hansestadt Lübeck und deren Gebiet sowie für die nach dem 1. Januar 1868 in die Zollinie des Zollvereins gezogenen und noch zu ziehenden preußischen und hamburgischen Gebietsteile eingeführt. Dagegen sollte es in der zum Norddeutschen Bunde gehörigen Provinz Oberhessen des Großherzogtums Hessen bei der dortigen Raumsteuer und den etwas höher veranlagten Braumalzsteuersätzen verbleiben bis zum Erlasse eines allgemeinen Bundesgesetzes über die Besteuerung des Bieres. Ein Versuch, diese einheitliche Besteuerung herbeizuführen, der im Jahre 1869 gemacht wurde, scheiterte. Nach Art. 35 Abs. 1 der Reichsverfassung vom 16. April 1871 hatte das Reich ausschließlich die Gesetzgebung über die Besteuerung des im Bundesgebiet bereiteten Bieres. Gemäß Abs. 2 a. a. O. blieb aber in Bayern, Württemberg und Baden die Besteuerung des inländischen Bieres der Landesgesetzgebung vorbehalten. Die Bundesstaaten sollten jedoch ihr Bestreben darauf richten, eine Übereinstimmung der Gesetzgebung über die Besteuerung des Bieres herbeizuführen. Nach Art. 78 Abs. 2 a. a. O. konnte die Vorschrift des Art. 35 Abs. 2 nur mit Zustimmung der beteiligten Bundesstaaten abgeändert werden. Auch in Elsaß-Lothringen blieb, und zwar durch § 4 des Gesetzes, betreffend die Einführung der Verfassung des Deutschen Reiches in Elsaß-Lothringen, vom 25. Juni 1873 (RGBl. S. 161) die Bierbesteuerung der landesgesetzlichen Regelung vorbehalten. Die Sonderrechtsstaaten hatten an Stelle der in die Reichskasse fließenden Biersteuer Ausgleichungsbeträge zu entrichten, andererseits unterlag das aus den einzelnen Biersteuergebieten in den anderen eingeführte Bier dort der Übergangsabgabe (vgl. die Bemerkung 3 zu § 1 des Biersteuergesetzes). Durch das Reichsgesetz wegen Erhebung der Brausteuer vom 31. Mai 1872 (RGBl. S. 153) wurde nunmehr für das innerhalb der Zollinie liegende Gebiet des Deutschen Reiches, jedoch mit Ausschluß der Königreiche Bayern und Württemberg, des Großherzogtums Baden, Elsaß-Lothringens sowie des Großherzoglich sächsischen Vordergerichts Ostheim und des Herzoglich sachsen-koburg-gothaischen Amtes Königsberg — die beiden letzteren Gebiete waren an das bayerische Biersteuersystem angeschlossen — eine einheitliche Brausteuergesetzgebung geschaffen. Infolge Zollanschlusses vom 1. Oktober 1888 traten Hamburg und Bremen der Brausteuergemeinschaft bei.

Zu erwähnen ist noch das Verhältnis des Großherzogtums Luxemburg zum Brausteuergebiete. Auf Grund des Vertrags vom 8. Februar 1842 über den Anschluß des Großherzogtums an das Zollsystem Preußens und der übrigen Staaten des Zollvereins bestand zwischen den vertragschließenden Teilen Freiheit des Verkehrs. Eine Abgabengemeinschaft war nur hinsichtlich der Übergangsabgabe für Bier vereinbart, das aus den der norddeutschen Brausteuergemeinschaft nicht angehörigen deutschen Staaten eingeführt wurde. Durch Vertrag vom 2. März 1907 (RGBl. S. 149) trat Luxemburg vom 1. April 1907 an in die norddeutsche Brausteuergemeinschaft ein und führte eine mit dem Brausteuergesetz vom 3. Juni 1906 im wesentlichen übereinstimmende Gesetzgebung durch. Aus diesem Anlaß wurde auch eine Gemeinschaft der Brausteuer vereinbart. Am 1. August 1909 trat Luxemburg aus der Brausteuergemeinschaft wieder aus, weil es die durch das Brausteuergesetz vom 15. Juli 1909 erfolgte Abgabenerhöhung nicht mitmachen wollte. Gleichzeitig wurde die Gemeinschaft der Übergangsabgabe aufgehoben, so daß Luxemburg nunmehr ein selbständiges Brausteuergebiet innerhalb des deutschen Zollgebietes in ähnlicher Weise wie die süddeutschen Sonderrechtsstaaten bildete (siehe RGBl. 1909 S. 933). Dieser Zustand endete durch das Ausscheiden Luxemburgs aus dem Zollverein infolge der Bestimmungen in Art. 40 des Vertrags von Versailles mit dem 1. Januar 1919.

Bis zum Jahre 1872 blieb die Brausteuergesetzgebung, wie sie nach dem preußischen Gesetz vom 8. Februar 1819 bestand, im allgemeinen unverändert. Durch die Kabinettsorders vom 2. Juni 1827 (GS. S. 75) und vom 17. August 1831 (GS. S. 173) wurde eine Ermächtigung zu Brausteuerabfindungen gegeben, durch die letztgenannte Entschließung die Erhebung der Steuer als Mahlsteuer bedingt zugelassen.

Das Reichsgesetz vom 31. Mai 1872 wegen Erhebung der Brausteuer (RGBl. S. 153) füllte die bis dahin bestehende Lücke in der Reichsgesetzgebung aus und brachte gleichzeitig eine sachliche Änderung in der Brausteuergesetzgebung durch Mitbesteuerung der Malzersatzstoffe (s. Begründung zum Entwurf eines Gesetzes wegen Erhebung der Brausteuer, Verhandlungen des Reichstags 1872, Anlageband 3 S. 91). Seit dem Inkrafttreten des preußischen Gesetzes vom 8. Februar 1819, welches sich noch auf die Besteuerung des Malzschrotes beschränkt hatte, war man mit dem Fortschreiten der Technik in steigendem Maße zur Verwendung anderer stärkemehl- und zuckerhaltiger Stoffe (Stärkemehl, besonders aus Kartoffeln, Zucker, Sirup, namentlich Kartoffelstärkesirup, Reis) übergegangen. Darunter hatte das Steueraufkommen gelitten. Zu einem Verbot der Verwendung von Ersatzstoffen, wie es in Bayern bestand, konnte man sich aus volkswirtschaftlichen Gründen nicht entschließen.

Die Steuersätze für die Ersatzstoffe wurden nach deren Extraktgehalt im Verhältnis zum Extraktgehalt des Gerstenmalzschrotes und nach dem Steuersatz des letzteren bemessen. Der Steuersatz für Gerstenmalzschrot und Getreide, wozu auch Mais gerechnet wurde, blieb mit 20 Silbergroschen für einen Zentner unverändert wie im Gesetz vom 8. Februar 1819 bestehen. Der gleiche Satz wurde für Reis trotz seines höheren Extraktgehalts (Gerstenmalz 60 v. H., Reis 80 v. H.) vorgeschrieben, weil Reis bereits einem Eingangszoll von 15 Silbergroschen unterlag. Der Steuersatz für grüne Stärke mit einem Wassergehalt von mindestens 30 v. H. betrug 20 Silbergroschen, für Stärke, Stärkemehl (mit Einschluß des Kartoffelmehls) und Stärkegummi (Dextrin) 1 Taler. Dem letzteren Satz lag die Gleichstellung des Brauwertes von 100 Pfund lufttrockenen Kartoffelmehls mit dem von 150 Pfund Gerstenmalz zugrunde. Die Abgabe für Zucker aller Art (Stärke-, Trauben- usw. Zucker) sowie für Zuckerauflösungen wurde auf 1 Taler 10 Silbergroschen festgesetzt (s. Reichstagsdrucks. 1872 Anlageband 3 S. 312), für Sirup aller Art auf 1 Taler, für alle übrigen Malzersatzstoffe auf 1 Taler 10 Silbergroschen, jedoch war der Bundesrat ermächtigt, für die letzteren vorbehaltlich der nachträglichen Genehmigung des Reichstags den Steuersatz dem Brauwert dieser Stoffe entsprechend zu ermäßigen.

Von den sämtlichen genannten Braustoffen war die Brausteuer auch dann zu entrichten, wenn die Braustoffe in Verbindung mit der steuerpflichtigen Bierbereitung oder in eigens dazu bestimmten Anlagen zum Verkauf oder zu gewerblichen Zwecken zur Essigbereitung verwendet wurden.

Im übrigen waren die Grundzüge des Gesetzes folgende:

Die Braustoffe wurden nach dem Reingewicht versteuert.

Die Bereitung von Bier als Haustrunk ohne besondere Brauanlagen war wie nach preußischem Recht steuerfrei, wenn die Bereitung lediglich zum eigenen Bedarf in einem Haushalt von nicht mehr als 10 Personen über 14 Jahren geschah.

Die Regel bildete die Versteuerung der Braustoffe nach der Brauanzeige. Die Steuerentrichtung war an den Vorgang der Einmaischung geknüpft. Vor den Einmaischungen, die verbindlich in der Brauanzeige unter Angabe der zu verwendenden Stoffe anzumelden waren und nur an Wochentagen während bestimmter Tagesstunden vorgenommen werden durften, mußte die Verwiegung der Braustoffe in Gegenwart eines Steuerbeamten erfolgen, dessen Ankunft eine Stunde lang abzuwarten war. Nach dem Ergebnis der Verwiegung wurde die Steuer berechnet. Nachmaischungen waren grundsätzlich verboten.

Neben diesem regelmäßigen Verfahren war die Besteuerung nach Übereinkommen mit der Steuerbehörde durch Entrichtung einer Abfindungssumme auf einen bestimmten Zeitraum (Fixation) zugelassen. Nach den vom Bundesrat aufgestellten Grundsätzen wurde regelmäßig für den Abfindungszeitraum der Steuerbetrag in bestimmter Summe unabänderlich festgestellt. Ausnahmsweise konnte auch der zum mindesten zu entrichtende Steuerbetrag mit Vorbehalt der Nachversteuerung festgesetzt werden.

Endlich konnte, wie dies bisher nach den Landesgesetzen im Anschluß an eine örtlich bestehende Mahlsteuer angängig war, den Brauern unter gewissen Bedingungen und Voraussetzungen auf Antrag gestattet werden, die Brausteuer von den Braustoffen, die vor der Einmaischung einer Vermahlung unterliegen, nach dem Gewichte der zur Verarbeitung auf der Mühle bestimmten noch unvermahlenen Stoffe zu entrichten (Vermahlungssteuer). In diesen Fällen mußte vor der Vermahlung bei der Hebestelle ein Mahlerlaubnisschein erwirkt werden, der den steuerpflichtigen Braustoffen beim Verbringen nach und von der Mühle beizugeben war. Die Stoffe durften in der Regel nur auf den hierfür ein für allemal genehmigten Mühlenwerken (Privat- oder Genossenschaftsmühlen) verarbeitet werden. Die Mühlen standen unter amtlichem Verschluß, der bei jedesmaliger Verwendung von den Steuerbeamten zu lösen und nach Aufschüttung des Malzes, dessen Gewicht vorher amtlich festzustellen war, alsbald wieder angelegt werden mußte. Der die Vermahlungssteuer entrichtende Brauer war von verschiedenen Betriebsbeschränkungen befreit, denen der nach der Brauanzeige versteuernde Brauer unterworfen war.

Das Gesetz trat am 1. Januar 1873 in Kraft. In Sachsen-Meiningen, Sachsen-Koburg-Gotha und Reuß ä. L. durfte jedoch bis zum 1. Januar 1876 von dem Zentner Malzschrot der Betrag, um den die dort damals bestehende Brausteuer den Satz von 20 Silbergroschen überstieg, auf eigene Rechnung dieser Bundesstaaten forterhoben werden. Diese Frist wurde durch Gesetz vom 26. Dezember 1875 (RGBl. S. 377) bis zum 1. Januar 1877 verlängert.

Infolge der Einführung der Goldwährung durch das Münzgesetz vom 9. Juli 1873 (RGBl. S. 233) wurden die Steuersätze des Gesetzes vom 21. Mai 1872 in Markwährung umgewandelt und betrugen dann 2, 3 und 4 ℳ für einen Zentner der steuerpflichtigen Braustoffe oder Ersatzstoffe.

Das Brausteuergesetz vom 31. Mai 1872 blieb bis zum Jahre 1906 unverändert. Inzwischen wurde jedoch mehrmals versucht, die Steuer zu erhöhen oder die Art der Erhebung zu ändern.

1. 1875 wurde dem Reichstag ein Gesetzentwurf vorgelegt, der eine Verdoppelung der Brausteuer vorsah und davon eine Mehreinnahme von 14400000 ℳ erwartete (Bundesratsdrucks. Nr. 76 von 1875, Reichstagsdrucks. Nr. 42 III. Session 1875). Da die Reichstagsmehrheit ein Bedürfnis zur Aufbringung neuer Mittel verneinte, wurde der Entwurf abgelehnt (KommBer. Nr. 125 der Reichstagsdrucksachen von 1875, Bd. 1 der Sitzungsberichte S. 729).

2. 1879 wurden dem Reichstag gleichzeitig zwei Gesetzentwürfe über die Bierbesteuerung vorgelegt (Bundesratsdrucks. Nr. 61 von 1878/79, Reichstagsdrucks. Nr. 135 von 1879). Hiervon wollte der Entwurf eines Gesetzes wegen Erhebung der Brausteuer neben einer Verdoppelung der Abgabenbelastung und einem Mehrertrage von rund 18000000 ℳ die bayerische Besteuerungsart und das in Bayern geltende strenge Reinheitsgebot im Brausteuergebiet einführen, während der Entwurf eines Gesetzes, betreffend Erhöhung der Brausteuer, die Möglichkeit bieten sollte, bis zu der eine längere Vorbereitung erfordernden Einführung der neuen Besteuerungsform eine Mehrung der Reichseinnahmen durch die bereits 1875 vorgeschlagene Verdoppelung der Brausteuer auf der Grundlage der bestehenden Besteuerungsart sofort eintreten zu lassen. Mit der vorgeschlagenen Änderung der Besteuerungsart und der Abgabenerhöhung wollte man sowohl der in Art. 35 der Reichsverfassung angestrebten Vereinheitlichung der Biersteuergesetzgebung im Reiche als auch den unter der bisherigen Brausteuergesetzgebung erwachsenen Verhältnissen Rechnung tragen. Wie bereits erwähnt, war nach der gesetzlichen Regel des Brausteuergesetzes vom 31. Mai 1872 die Versteuerung der Braustoffe an den Vorgang der Einmaischung geknüpft. Bereits bei der Bearbeitung des Entwurfs zu diesem Gesetze war in Erwägung gezogen worden, im Anschluß an die bayerische und württembergische Besteuerungsart zum Mahlsteuersystem überzugehen. Es geschah aber im Jahre 1872 nur ein erster Schritt in dieser Richtung durch die wahlweise Zulassung der Vermahlungssteuer für größere Brauereien. Der verhältnismäßig umfangreiche Gebrauch, der hiervon gemacht wurde, bewirkte, daß neben der Vermahlungssteuer und der durch die Gesetzgebung begünstigten Abfindung (Fixation) die gesetzlich bestehende Hauptform der Biersteuer (Brauanmeldung) nur noch in beschränktem Umfange in Übung war. Die drei nebeneinander bestehenden

Steuerformen legten den Brauern ein verschiedenes Maß von Verpflichtungen hinsichtlich der Ausübung des Gewerbes auf und boten zudem der Steuerverwaltung nicht die gleiche Sicherheit. Letzteres war namentlich bei der Abfindung der Fall. Die in Aussicht genommene Verdoppelung der Steuer ließ eine Abhilfe nach beiden Richtungen hin als erwünscht erscheinen. Diese glaubte man durch den Übergang zur Vermahlungssteuer erreichen zu können, die sowohl eine erhöhte Sicherheit des Steueraufkommens als auch eine gleichmäßige Bewegungsfreiheit für die Brauer gewährt haben würde. In ersterer Hinsicht versprach man sich von der Anbringung selbsttätiger Wägevorrichtungen an den eigenen Malzmühlen der Brauer, wie sie in Bayern in Gebrauch waren, besonderen Erfolg; für die Brauer sollte der Wegfall der durch die bisherige Gesetzgebung auferlegten Beschränkungen wesentliche Erleichterungen bringen. Den hauptsächlichsten Gegengründen gegen die Vermahlungssteuer, die in der Belästigung des Müllereigewerbes und der Betriebe mit steuerfreiem Malzverbrauch sowie der Besitzer von Mühlwerken für wirtschaftliche Zwecke gefunden wurden, glaubte man eine durchschlagende Bedeutung nicht beimessen zu sollen. Die Versteuerung des Malzes nach dem Hohlmaße statt wie bisher nach dem Gewichte war vorgeschlagen worden, nachdem die preußische technische Deputation für Gewerbe die Anschauung vertreten hatte, daß erstere mehr zur Verwendung besseren Malzes veranlasse, und da aus den in Bayern und England gemachten Erfahrungen zu schließen war, daß die Bierherstellung unter der Maßbesteuerung eine nach Menge und Beschaffenheit hohe Stufe zu erreichen und zu behaupten vermöchte. Für die sofort beim Inkrafttreten des Gesetzes zur Anschaffung einer selbsttätigen Maßvorrichtung verpflichteten Brauer sollten die Kosten von der Brausteuergemeinschaft getragen werden.

Der Gesetzentwurf wollte ferner die Steuer auf das Malz beschränken und die Verwendung von Malzersatzstoffen bei der Bierbereitung verbieten. Nach der Begründung zum Entwurfe war ein wirkliches Bedürfnis zur Verwendung von Malzersatzstoffen nicht anzuerkennen, hiervon vielmehr eher eine Gefährdung der Güte des Bieres zu erwarten.

Die bisherige steuerfreie Haustrunkbereitung sollte nach dem Entwurfe beseitigt werden. Sie war damals nur in den Großherzogtümern Mecklenburg und in der Provinz Schleswig-Holstein verbreitet. Da die Vergünstigung für den größten Teil der in Betracht kommenden Kreise, meist Gutspächter, Bauern usw. einen mehr eingebildeten als wirklichen Wert hatte, auch eine Benachteiligung des Braugewerbes enthielt, die durch die Verdoppelung der Steuer verschärft wurde, sollte sie beseitigt werden.

Endlich war im Entwurfe auch die Einbeziehung Elsaß-Lothringens in die Brausteuergemeinschaft vorgesehen.

Die Kommission des Reichstags nahm den Gesetzentwurf wegen Erhebung der Brausteuer in seinen Hauptgrundzügen an (Reichstagsdrucks.

Nr. 397 von 1879). Sie stimmte dem Übergang zur Vermahlungssteuer auf der Grundlage der Maßbesteuerung sowie dem unbedingten Reinheitsgebot zu, erhöhte jedoch die Steuer nur um die Hälfte, auf 3 ℳ für ein Hektoliter Malz. Der Gesetzentwurf, betreffend Erhöhung der Braumalzsteuer, wurde abgelehnt. Eine Beschlußfassung über den Antrag der Kommission erfolgte indessen in der Reichstagssession 1878/9 nicht mehr, so daß die Entwürfe unerledigt blieben.

3. Ein gleiches Schicksal erfuhr der dem Reichstag 1880 (Bundesratsdrucks. Nr. 18 von 1879/80, Reichstagsdrucks. Nr. 21 von 1880) vorgelegte Entwurf eines Gesetzes wegen Erhebung der Brausteuer, der eine Wiedergabe des gleichnamigen Entwurfs von 1879 gebildet hatte unter Berücksichtigung der von der Reichstagskommission beschlossenen Änderungen und unter Hinzufügung von Übergangsbestimmungen, durch die der zweite Entwurf von 1879 entbehrlich werden sollte.

4. Auch die Wiedereinbringung des Entwurfs im Jahre 1881 (Bundesratsdrucks. Nr. 172 für 1880/81, Reichstagsdrucks. Nr. 58 von 1881) hatte keinen Erfolg; er wurde vom Reichstage abgelehnt (Sitzungsberichte, Bd. 2 S. 1057, 1073). Bei der Beratung des Entwurfs im Reichstage brachten der Abgeordnete v. Below-Saleske und Genossen einen Antrag (Nr. 100 der Reichstagsdrucks. von 1881) ein, der im allgemeinen auf die Belassung des Brausteuergesetzes vom 31. Mai 1872 abzielte, jedoch das unbedingte Reinheitsgebot einführen wollte. Die Kommission stimmte dem Antrage, jedoch unter Verdoppelung des Brausteuersatzes, zu (Nr. 198 der Reichstagsdrucks. 1881), er kam aber nicht mehr im Reichstag zur Erledigung.

5. Ein weiterer 1892 eingebrachter Entwurf eines Gesetzes, betreffend Abänderung des Gesetzes wegen Erhebung der Brausteuer vom 31. Mai 1872 (Bundesratsdrucks. Nr. 128 von 1892, Reichstagsdrucks. Nr. 51 von 1892/3) sah von dem Übergang zu einer anderen Besteuerungsart ab, und zwar nach der Begründung deshalb, weil der mit früheren Versuchen erstrebte Anschluß der Sonderrechtsstaaten an die Brausteuergemeinschaft aussichtslos erschien, solange der Ertrag der Brausteuer in der Brausteuergemeinschaft hinter dem der süddeutschen Staaten erheblich zurückblieb. Dagegen sollte auch diesmal Elsaß-Lothringen in die Brausteuergemeinschaft einbezogen werden.

Auch in diesem Entwurf wurde eine Verdoppelung der Brausteuersätze vorgeschlagen, jedoch sollte für Getreide und Reis eine Abstufung des regelmäßigen Satzes von 8 ℳ für einen Doppelzentner dadurch eintreten, daß von den ersten im Laufe des Rechnungsjahres in einer Brauerei verwendeten 150 Doppelzentnern die Abgabe nur mit je 6,50 ℳ, von den weiteren 350 Doppelzentnern nur je mit 7 ℳ zu erheben war. Für die über 5000 Doppelzentner verwendete Menge von Getreide und Reis aber sollte der Steuersatz von 8 ℳ erhöht werden, und zwar für die nächstfolgenden 10000 Doppelzentner um 0,50 ℳ und für die 15000 Doppelzentner übersteigende Menge um 1 ℳ für einen Doppelzentner. Dieser erstmalige Versuch einer Staffelung der Brausteuer wurde damit begründet, daß die kleineren Brauereien infolge der Mangelhaftigkeit ihrer Einrichtungen meist nicht imstande seien, die Braustoffe vollständig auszunutzen, so daß sie verhältnismäßig mehr Malz verbrauchten als die größeren. Sie erzielten deshalb nicht nur geringere Reinerträge, sondern hätten auch mehr Steuern zu entrichten als jene. Dieses Mißverhältnis würde sich bei der vorgeschlagenen Abgabenerhöhung noch verstärken, so daß sie in dem Wettbewerbe mit den großen, gut geleiteten und mit allen Hilfsmitteln der Technik ausgestatteten Brauereien künftig voraussichtlich unterliegen würden. Um Unbilligkeiten auszuschließen und namentlich um die Nachforderung von Steuerbeträgen für den Fall eintretender Betriebsvergrößerung zu vermeiden, sollten an den den kleineren Betrieben zugedachten Steuerermäßigungen innerhalb der für diese vorgeschlagenen Grenzen alle Brauereien teilnehmen, während die Erhebung des erhöhten Satzes bei einem Verbrauche von mehr als 5000 Doppelzentnern beginnen sollte (Grundsatz der Durchstaffelung). Für die Gleichstellung des Reises mit dem Getreide war die Rücksicht auf dessen gestiegene Verwendung zur Bierbereitung maßgebend. Auf die übrigen Malzersatzstoffe sollte die Steuerermäßigung nicht ausgedehnt werden, um deren Verwendung nicht zu begünstigen.

Der Bierzoll sollte von 4 ℳ auf 6 ℳ für einen Doppelzentner erhöht werden. Weiter war wegen der erwarteten höheren Einnahmen eine Ermäßigung der den beteiligten Bundesregierungen für die Erhebung und Verwaltung der Brausteuer zu gewährenden Vergütung von 15 v. H. der Gesamteinnahme auf 10 v. H. vorgeschlagen.

Eine Vorschrift über das Reinheitsgebot war in den Entwurf nicht aufgenommen worden, weil, wie der Staatssekretär des Reichsschatzamtes bei der ersten Lesung des Entwurfs in der Vollversammlung des Reichstages ausführte, es vermieden werden sollte, in die bestehenden Verhältnisse tiefer einzugreifen, als es der unmittelbar vorliegende Entwurfszweck — Steigerung der Einnahmen — erforderte (StenBer. des Reichstags 1892/3, Bd. 1 S. 416).

Der Ertrag des Entwurfs war auf rund 63000000 ℳ veranschlagt, der Mehrertrag gegenüber der bisherigen Einnahme auf rund 32000000 ℳ.

Auch dieser Entwurf blieb im Reichstage unerledigt.

6. Erst im Jahre 1905 wurde wieder eine Erhöhung der Brausteuer in Aussicht genommen. Der dem Reichstag vorgelegte Entwurf eines Gesetzes wegen Änderung des Brausteuergesetzes (Anlage 1 zu Aktenstück 10, Verh. des Reichstags 1905/6 Anl. Bd. 2 S. 950) bezweckte die bisherige Steuerbelastung im Durchschnitt auf das Zweieinhalbfache zu erhöhen, und zwar ohne Änderung der Besteuerungsform. Damit sollten Neuerungen verbunden werden, die dem Braugewerbe einige längst erstrebte wirtschaftliche Vorteile

gewährten. Diese sollten bestehen in einer Staffelung der Steuer nach dem Betriebsumfang, in dem Verbot der Verwendung von Malzersatzstoffen mit Ausnahme von Zucker, in der Besteuerung der bierähnlichen Getränke, in der Zulassung der Stundung, in der Einschränkung und festen Abgrenzung der Steuerabfindung und der Verpflichtung für größere Brauereien, die Steuer als Vermahlungssteuer zu entrichten. Der steuerfreie Haustrunk sollte in vollem Umfange erhalten bleiben. Elsaß-Lothringen sollte in die Brausteuergemeinschaft einbezogen werden. Der Mehrertrag der Abgabenerhöhung war bei Einrechnung der vollen Ausgleichungsbeträge der Sonderrechtsstaaten auf 67000000 ℳ veranschlagt. Für die Übergangszeit waren den Sonderrechtsstaaten für die Entrichtung der erhöhten Ausgleichungsbeträge Erleichterungen zugestanden.

Im einzelnen ist zu den vorgeschlagenen Änderungen zu bemerken: das Reinheitsgebot sollte nur für die Bereitung untergärigen Bieres entsprechend den süddeutschen Vorschriften gestaltet und demgemäß bestimmt werden, daß zur Herstellung untergäriger Biere nur Gerstenmalz, Hopfen, Hefe und Wasser verwendet werden dürfe. Für obergäriges Bier sollte auch anderes Malz sowie technisch reiner Zucker zugelassen sein. Das letztere geschah deshalb, um dem in Norddeutschland bestehenden Bedürfnis nach einem leichten kohlensäure- und in geringem Grade weingeisthaltigen Getränke und der bisherigen Gewöhnung der Bevölkerung entgegenzukommen.

Die Besteuerung der bierähnlichen Getränke war in Aussicht genommen, weil wiederholt zwischen den Gerichten und den Steuerbehörden Meinungsverschiedenheiten über den Begriff „Bier“ entstanden waren, indem erstere im Anschluß an die Auffassung der Technik nur gegorene Getränke zum Bier gerechnet hatten. Hierdurch war die steuerliche Behandlung der oft unvergorenen Farb- und Süßbiere sowie der Malzbiere in Frage gestellt worden.

Die Steuer sollte von den innerhalb eines Rechnungsjahres in einem Brauereibetrieb verwendeten Braustoffen betragen:

von den ersten	250	Doppelzentnern	7,—	ℳ
„ „ folgenden	250	„	8,—	„
„ „ „	500	„	10,—	„
„ „ „	2000	„	11,—	„
„ „ „	2000	„	12,—	„
„ dem Reste			12,50	„

Für die Feststellung des für die Höhe der Steuer maßgebenden Gesamtgewichts der steuerpflichtigen Braustoffe sollte ein Doppelzentner Zucker gleich zwei Doppelzentnern Malz gerechnet werden. Die Inhaber der am 1. April 1906 bestehenden Brauereien, in denen entweder der Verbrauch an Malz und Malzersatzstoffen in den Rechnungsjahren 1904 und 1905 nach den Steuersätzen des Gesetzes vom 31. Mai 1872 den Steuerwert von 8000 ℳ überstieg oder das Gesamtgewicht der steuerpflichtigen Braustoffe in einem späteren Zeitpunkte mehr als 2000 Doppelzentner betrug, sowie die Inhaber der nach dem 1. April 1906 errichteten Brauereien, in denen das Gesamtgewicht der in einem Jahre steuerpflichtig werdenden Braustoffe 500 Doppelzentner überstieg, sollten verpflichtet sein, in ihrer Brauerei selbst oder doch in räumlicher Verbindung mit ihr eigene Mühlwerke oder Malzquetschen (Malzsteuermühlen) mit selbsttätiger Verwiegungsvorrichtung zu halten und ausschließlich zum Schroten des in ihrer Brauerei zur Bierbereitung bestimmten Malzes zu benutzen. Sie sollten die Steuer nach dem Gewichte des auf die Malzsteuermühle gebrachten noch ungeschroteten Malzes entrichten (Vermahlungssteuer), wobei für die Feststellung des steuerpflichtigen Gewichts die Anzeige der Verwiegungsvorrichtung maßgebend sein sollte. Derartige Brauer sollten für das auf ihrer Malzsteuermühle geschrotete Malz von den für die übrigen Brauer geltenden Einschränkungen hinsichtlich der Aufbewahrung der Vorräte an Malzschrot, der Anmeldung jeder Einmaischung, der Zeit der Einmaischung usw. und des Nachmaischens befreit sein. Für den verwendeten Zucker sollte die Steuer neben der Vermahlungssteuer entrichtet werden.

Für den Bierzoll war eine Erhöhung auf 8 ℳ für einen Doppelzentner vorgeschlagen.

Der Reichstag stimmte dem Entwurf mit folgenden wesentlichen Änderungen zu:

Die Steuersätze wurden ermäßigt unter gleichzeitiger Erweiterung der Staffelung; es wurden folgende Sätze beschlossen:

von den	ersten	250	Doppelzentnern	4,—	ℳ
„ „	folgenden	250	„	4,50	„
„ „	„	500	„	5,—	„
„ „	„	1000	„	5,50	„
„ „	„	1000	„	6,—	„
„ „	„	1000	„	6,50	„
„ „	„	1000	„	7,—	„
„ „	„	1000	„	8,—	„
„ „	„	1000	„	9,—	„
„ dem	Reste			10,—	„

Entsprechend dieser Ermäßigung wurde der Bierzoll auf 7,20 ℳ für einen Doppelzentner festgesetzt. Hierbei ging man von der Erwägung aus, daß die Mehrbelastung besten inländischen Bieres durch die angenommene Änderung der Brausteuersätze 1,50 ℳ für das Hektoliter oder bei einem Hektolitergewicht von 131,25 kg, rund 1,20 ℳ beträgt. Dementsprechend wurde der bisherige Bierzoll von 6 ℳ um den Betrag von 1,20 ℳ auf 7,20 ℳ erhöht.

Weiter wurde hinsichtlich der Versteuerung des zur Bierbereitung verwendeten Zuckers bestimmt, daß der dem obergärigen Biere nach Abschluß des Brauverfahrens und außerhalb der Braustätte zugesetzte Zucker nicht der

Brausteuer unterliegen sollte, auch wurde der Bundesrat ermächtigt, den Zucker von der Brausteuer gänzlich frei zu lassen (vgl. Nr. 399 und 518 der Reichstagsdrucks. von 1905/6 und StenBer. 1905/6 Bd. 4 S. 2798 ff. und 3253 ff.).

Das aus diesen Beschlüssen hervorgegangene Gesetz wegen Änderung des Brausteuergesetzes vom 3. Juni 1906 — Anlage 1 zum Gesetz vom gleichen Tage, betreffend die Ordnung des Reichshaushaltes und die Tilgung der Reichsschuld — ist im Reichsgesetzblatt von 1906 S. 622 veröffentlicht. Auf Grund der in Art. III dieses Gesetzes erteilten Ermächtigung wurde unter dem 7. Juni 1906 (RGBl. S. 675) die neue Fassung des Brausteuergesetzes bekannt gemacht. Die Ausführungsbestimmungen wurden vom Bundesrat am 16. Juni 1906 erlassen (Zentralbl. f. d. Deutsche Reich S. 709). In § 4 der Ausführungsbestimmungen machte der Bundesrat von seiner Befugnis, Zucker von der Brausteuer freizulassen, Gebrauch.

7. Der Geldbedarf des Reiches führte 1909 abermals zu einer Erhöhung der Brausteuer. In dem dem Reichstag vorgelegten Entwurf eines Gesetzes wegen Änderung des Brausteuergesetzes (Nr. 995 der Reichstagsdrucks. 1907/9) waren folgende Brausteuersätze für die innerhalb eines Rechnungsjahres in einem Brauereibetrieb steuerpflichtig gewordenen Braustoffe vorgeschlagen:

von den ersten	250	Doppelzentnern	14,— ℳ
„ „ folgenden	1250	„	15,— „
„ „ „	1500	„	16,— „
„ „ „	2000	„	18,— „
„ dem Reste			20,— „

Hiervon wurde ein Mehrbetrag von rund 100000000 ℳ erwartet. Neben der Mehrung der Reichseinnahmen sollte hierdurch auch die Möglichkeit einer angemessenen Abwälzung erreicht werden. Die Erfahrung hatte gezeigt, daß die im allgemeinen gering bemessene Brausteuererhöhung im Jahre 1906 eine dem Wesen und der Absicht der Verbrauchssteuer entsprechende Abwälzung trotz aller Bemühungen des Gewerbes nicht oder doch nur unzureichend hatte durchführen lassen, weil die kleineren Betriebe entweder gar nicht oder nur unerheblich von der Abgabenerhöhung betroffen waren. Deshalb sollten unter Belassung der bisher zwischen dem höchsten und niedrigsten Brausteuersatze bestehenden Spannung von 6 ℳ die Sätze gleichmäßig um 10 ℳ für einen Doppelzentner erhöht werden. Dagegen sollte im Anschluß an das Badische Biersteuergesetz eine Vereinfachung der Staffelung des Brausteuergesetzes vom 3. Juli 1906 eintreten. Eine ungünstige Wirkung der Spannung von 6 ℳ auf die Durchführung der Steuerabwälzung glaubte man hierbei dadurch vermeiden zu können, daß der höchste Steuersatz von 20 ℳ bereits bei einem jährlichen Malzverbrauch von 5000 Doppelzentnern einsetzte. Für die bereits bestehenden kleineren Brauereien mit einer jährlichen Malzverwendung bis zu 150 Doppelzentnern, von denen eine ungünstige Beeinflussung der Preisbildung im Sinne einer Hemmung der Steuerabwälzung nicht befürchtet wurde, war ein ermäßigter Steuersatz von 10 ℳ für einen Doppelzentner vorgesehen.

Die Steuerfreiheit des Haustrunkbieres sollte nicht mehr aufrecht erhalten bleiben, um bei der vorgesehenen hohen Steuerbelastung keinen Anreiz für eine für das Braugewerbe unerwünschte und das Steueraufkommen nachteilige Ausdehnung der steuerfreien Haustrunkbereitung zu geben. Da jedoch das bei der Haustrunkbereitung mit unvollkommenen Hilfsmitteln und meist minderwertigen Braustoffen hergestellte Bier nach Menge und Gehalt dem gewerblich hergestellten Bier erheblich nachsteht, sollte hierfür der wesentlich ermäßigte Steuersatz von 4 ℳ für einen Doppelzentner gelten. Diese Ermäßigung sollte jedoch entsprechend dem Zwecke und der bisherigen tatsächlichen Inanspruchnahme der Steuervergünstigung auf obergäriges Bier beschränkt und an die Voraussetzung geknüpft werden, daß das Gesamtgewicht der für die Haustrunkbereitung verwendeten Braustoffe in einem Rechnungsjahr 5 Doppelzentner nicht übersteigt. Die bisherige Beschränkung auf Familien mit einer bestimmten Personenzahl dagegen sollte als entbehrlich fallen gelassen werden.

Die im Gesetze vom 3. Juni 1906 eingeräumte Befreiung des nach Abschluß des Brauverfahrens und außerhalb der Braustätte dem obergärigen Biere zugesetzten Zuckers von der Brausteuer und die Befugnis des Bundesrats zur Freilassung des Zuckers von der Brausteuer sollten beseitigt werden. Dazu bestimmte der Umstand, daß die völlige Befreiung des Zuckers von der Brausteuer im Jahre 1906 nach verschiedenen Richtungen hin ungünstig gewirkt hatte. Es war eine mit dem Reinheitsgebot nicht vereinbare Ausdehnung der Zuckerverwendung eingetreten, an der sich insbesondere größere Brauereibetriebe, für die die Vergünstigung nicht gedacht war, beteiligten. Der bisher bestehende Unterschied in der steuerlichen Behandlung des Zuckers je nach dem Zeitpunkte, in dem er dem Biere zugesetzt wurde, erschwerte die Steueraufsicht und war auch sachlich nicht gerechtfertigt, weil in allen Fällen gleichmäßig eine Verwendung zur Bierbereitung vorliegt, der Zucker also Braustoff im weiteren Sinne ist, gleichviel ob der Zweck der Zuckerverwendung das Süßen des Bieres oder die Weingeisterzeugung ist. Immerhin sollten aber der Verwendung von Zucker bei der Bierbereitung einzelne Erleichterungen zugestanden werden. Solche schlug der Entwurf in dreifacher Hinsicht vor: Zunächst sollte der Zucker (jeder Art) nicht mehr mit dem doppelten, sondern nur mit dem eineinhalbfachen Malzgewicht in Rechnung gestellt werden, da das Ergebnis neuerer Ermittelungen dies bei der besseren Malzausbeute der vorgeschrittenen Technik gerechtfertigt erscheinen ließ. Ferner sollte der Bundesrat befugt sein, für Zucker, soweit er der Zuckersteuer unterliegt, die Biersteuer im entsprechenden Betrage zu ermäßigen und sie zu erlassen, wenn seine Verwendung in Brauereien mit einem jährlichen Verbrauch an steuerpflichtigen Braustoffen von nicht mehr als 250 Doppelzentnern erfolgte. Letztere Maßnahme sollte der Zulassung der Zuckerverwendung die ursprünglich beabsichtigte Wirkung einer Unterstützung der kleinen Brauereien sichern. Dem zum Brauen verwendeten Stärkezucker, der außer der Brausteuer keiner Steuer unterlag, sollten diese Begünstigungen nicht zuteil werden, zumal er lediglich als Bierfärbemittel und Ersatz für Malz zur Verwendung kam. Von den sonstigen Abänderungsvorschlägen des Entwurfs sind zu erwähnen die Besteuerung des Malzes, das zur Herstellung von Malzextrakt und Malzauszügen zu gewerblichen Zwecken verwendet wird, die steuerliche Behandlung des Malzes, das durch eine andere Bearbeitung als Schroten vor oder nach dem Mälzen eine Gewichtsverminderung erfahren hat, und die Ausdehnung der Vermahlungssteuer auf sämtliche Brauereien mit einer jährlichen Braustoffverwendung von über 1500 Doppelzentnern.

Eine notwendige Folge der vorgeschlagenen Brausteuererhöhung war die Aufhebung der im Art. 5 II § 2 des Zollvereinigungsvertrages vom 8. Juli 1867 für die staatliche Bierbesteuerung festgesetzten Grenze. Diese war für den Ohm zu 120 Quart Preußisch auf 1 Rtlr. 15 Sgr., d. i. 3,275 ℳ für ein Hektoliter bestimmt.

Während für die staatliche Bierbesteuerung eine anderweite Höchstgrenze nicht vorgesehen war, sollte die Besteuerung des Bieres durch die Gemeinden auf die bisherige Höchstgrenze beschränkt bleiben, um diese Steuerquelle vor einer zu weit gehenden Inanspruchnahme außerhalb der staatlichen Besteuerung zu schützen. Nach Art. 5 II § 7 Abs. 5 des Zollvereinigungsvertrages sollten die für Rechnung von Gemeinden zur Erhebung kommenden Bierabgaben 20 v. H. des oben erwähnten für die Staatssteuern verabredeten Höchstsatzes nicht übersteigen dürfen. Dementsprechend sollte die Grenze für die gemeindliche Biersteuer auf 2,60 ℳ für den Doppelzentner Malz oder 65 ₰ für ein Hektoliter Bier festgesetzt werden.

Der Bierzoll sollte auf 9,65 ℳ für einen Doppelzentner erhöht werden entsprechend der vorgeschlagenen Abgabenerhöhung und ohne Änderung des bestehenden Zollschutzes (Spanne zwischen Zoll und Steuer).

Um die Überwälzung der Brausteuer auch in den Fällen zu sichern, in denen zur Zeit des Inkrafttretens des Gesetzes vertragsmäßige Vereinbarungen über Lieferung von Bier zwischen Brauern und ihren Abnehmern bestanden, sollten die Abnehmer verpflichtet werden, dem Brauer einen Zuschlag zum Hektoliterpreise in dem Betrage zu zahlen, um den die Brausteuer für ein Hektoliter des in der Brauerei hergestellten Bieres durch das Gesetz erhöht wurde.

Schließlich war im Entwurf noch vorgesehen, daß durch Beschluß des Bundesrates die Einbeziehung Elsaß-Lothringens in den Geltungsbereich des Brausteuergesetzes erfolgen könne. Von der sofortigen Einbeziehung war abgesehen, um eine etwaige Schädigung für den Staatshaushalt Elsaß-Lothringens zu vermeiden.

Der Reichstag stimmte nach eingehenden Verhandlungen (s. Kommissionsbericht Nr. 1451 der Reichstagsdrucks. von 1907/9) den vorgeschlagenen Abgabesätzen und Steuerstufen zu (s. Reichstagsdrucks. Nr. 1549 und 1626 von 1907/9). Im übrigen nahm er folgende wesentliche Änderungen des Entwurfs vor:

Um den ungerechtfertigten Gebrauch des Wortes „Bier“ für Getränke zu verhindern, die dem herkömmlichen Begriff von Bier nicht entsprechen, wurde bestimmt, daß als Bier nur Getränke in Verkehr gebracht werden dürfen, die gegoren sind und den Vorschriften des Reinheitsgebots genügen. Außerdem wurde einer mißbräuchlichen Ausnutzung der Bezeichnung „Malzbier“ entgegengetreten und der Zusatz von Wasser zum Biere durch Brauer, Bierhändler oder Wirte nach Abschluß des Brauverfahrens außerhalb der Brauereien untersagt.

Für die Feststellung des für die Höhe der Steuer maßgebenden Gewichts der Braustoffe sollte ein Doppelzentner Weizenmalz gleich vier Fünftel Doppelzentner Gerstenmalz und ein Doppelzentner Zucker gleich eineinhalb Doppelzentner Malz gerechnet werden. Daneben sollte insoweit, als zur Herstellung obergäriger Biere auf 100 Doppelzentner Malz nicht mehr als 25 Doppelzentner Zucker verwendet werden, der Zucker, der auf die ersten 150 Doppelzentner des Jahresverbrauchs an Malz entfällt, außer Ansatz gelassen, der auf die folgenden 100 Doppelzentner Malz entfallende Zucker nur mit der Hälfte und der auf die weiteren 100 Doppelzentner Malz entfallende nur mit dem Einfachen seines Gewichts in Rechnung gestellt werden. Diese Vorschriften treten an die Stelle der vorgeschlagenen Steuerbegünstigung für die Zuckerverwendung in kleinen Betrieben.

Zum Schutze der bestehenden Betriebe während der Übergangszeit wurde für nach dem 1. August 1909 neu entstehende Betriebe eine Erhöhung der Brausteuer bis zum 31. März 1918 eingeführt, die zunächst 50 v. H. und später 25 v. H. der regelmäßigen Steuersätze betragen sollte.

Der Bierzoll wurde auf 9,65 ℳ für einen Doppelzentner festgesetzt und gleichzeitig dem Bundesrat die Befugnis erteilt, für Bier in amtlich geeichten Fässern die Verzollung nach dem Raumgehalt der Fässer zum Zollsatze von 12,70 ℳ für ein Hektoliter zuzulassen.

Das Gesetz wegen Änderung des Brausteuergesetzes vom 15. Juli 1909 trat am 1. August 1909 in Kraft. Das Gesetz wurde im Reichsgesetzblatt 1909 S. 695 ff., die sich hieraus ergebende Fassung des Brausteuergesetzes vom 15. Juli 1909 im Reichsgesetzblatt S. 773 ff. veröffentlicht. Unter dem 24. Juli 1909 erließ der Bundesrat die Brausteuer-Ausführungsbestimmungen (ZtrBl. S. 413). Mit Beschluß vom gleichen Tage ließ der Bundesrat die Raumverzollung von Bier zu (ZtrBl. S. 407).

8. Zur Aufbringung der Mittel für die Verzinsung der Kriegsanleihen wurde 1918 dem Reichstage mit verschiedenen anderen Steuergesetzentwürfen auch der Entwurf eines Biersteuergesetzes (Nr. 1455 der Reichstagsdrucks. von 1918) vorgelegt, der mit der bisherigen Steuerform brach und an Stelle der Besteuerung der Rohstoffe die Besteuerung des fertigen Bieres vorschlug. Wie in der Begründung zum Entwurf näher ausgeführt ist, war für diesen Wechsel die Erwägung maßgebend, daß sich die Beibehaltung der Rohstoffbesteuerung sowohl im Hinblick auf die Entwicklung des Braugewerbes als auch vom Standpunkt der steuerlichen Gerechtigkeit und der Erzielung der gebotenen Mehreinnahmen aus der Bierbesteuerung nicht mehr rechtfertigen ließ.

Die Ausbeute an fertigem Bier aus dem Malze war schon vor dem Kriege infolge der Fortschritte der Technik, der Verwendung hochwertiger Gersten und der Herabsetzung des Stammwürzegehaltes des Bieres erheblich gestiegen. Während des Krieges nahm sie aus dem letztgenannten Grunde, namentlich seit der Einschränkung der Malzverwendung in den Brauereien durch die Bundesratsverordnung vom 15. Februar 1915 (RGBl. S. 67) so zu, daß die Steuerbelastung des fertigen Bieres schon 1917 bis auf weniger als ein Drittel der Vorkriegsbelastung herabgesunken war. Der Bierhersteller hatte aus der erhöhten Ausbeute einen erhöhten Gewinn und hatte dennoch keine höhere Abgabe zu entrichten als bei einer geringeren Ausbeute. Wollte man, wie das die Absicht des Entwurfs war, aus dem Biere eine Mehreinnahme von rund 330000000 ℳ erzielen, so hätte man im Falle der Beibehaltung der Rohstoffbesteuerung die bisherige Steuer auf die Braustoffe in einer Weise erhöhen müssen, bei der die ungleichmäßige Wirkung dieser Besteuerungsart auf das fertige Bier sich in verstärktem Maße geltend gemacht und die Wettbewerbsverhältnisse der Brauereien beeinflußt hätte. Dabei bestand keine Gewähr für das tatsächliche Aufkommen der beabsichtigten Einnahmen. Es ergab sich daher die Notwendigkeit, entweder der Bierverdünnung durch geeignete Maßnahmen, wie z. B. die Festsetzung eines Mindeststammwürzegehalts, entgegenzuwirken oder zur Besteuerung des fertigen Bieres überzugehen.

Der erstere Weg war wegen des Rohstoffmangels und der gebotenen Rücksichtnahme auf das Braugewerbe nicht gangbar. Auch eine anderweite Abstufung der Brausteuersätze kam nicht in Frage, da die Bierverdünnung nicht nur bei einzelnen Betriebsklassen, z. B. Großbrauereien, sondern bei allen Brauereien gleichmäßig eingetreten war. Es blieb daher nur die Möglichkeit, die Abgabe auf das fertige Erzeugnis zu legen. Dadurch wurde der tatsächliche Inlandverbrauch an Bier und der hierfür vom Verbraucher gemachte Aufwand gleichmäßiger getroffen und zugleich schon durch die Besteuerungsart selbst ein gewisser Ausgleich für die Verschiedenartigkeit der Betriebsverhältnisse geschaffen. Der Brauer war bei der Besteuerung des fertigen Bieres unabhängiger von der Beschaffenheit und Ergiebigkeit der verwendeten Rohstoffe, was namentlich für die kleinen und mittleren Brauereien von Vorteil war, die nicht in der Lage sind, hochwertige Gersten zu verarbeiten. Eine Beeinträchtigung der Bestrebungen auf Hebung des deutschen Gerstenbaues glaubte man nicht befürchten zu sollen, weil der geldkräftige und rechnende Brauer nach wie vor die für ihn vorteilhafteren hochwertigen Gersten verwenden würde.

Für die Besteuerung des bei der Bierbereitung gewonnenen Erzeugnisses konnte man sich auf zahlreiche Beispiele im Auslande berufen. In Österreich und Italien wurde die Bierwürze nach ihrer Menge und ihrem Gehalt an löslichen Stoffen besteuert, auch England, Frankreich und die Niederlande erhoben die Abgabe von der Bierwürze, jedoch nach ihrer Menge und ihrer Dichte im Vergleiche zur Dichte reinen Wassers; in den Vereinigten Staaten von Nordamerika und in Dänemark war die Abgabe ausschließlich auf die Menge des fertigen Bieres gelegt. Für die beiden ersteren Besteuerungsarten sprach zwar, daß sie der Beschaffenheit und dem Wert der einzelnen Biersorten mehr Rechnung trugen als die reine Biersteuer. Sie lieferten jedoch bei erheblicher Bierverdünnung wegen der Rücksichtnahme auf die Stärke des Bieres ein geringeres Erträgnis und die Feststellung und Überwachung der Abgabe war schwierig, kostspielig und namentlich in kleineren Betrieben schwer durchführbar. Die Besteuerung des fertigen Bieres ausschließlich nach seiner Menge dagegen war für das Steueraufkommen in Zeiten weitgehender Bierverdünnung am vorteilhaftesten. Sie ließ sich verhältnismäßig einfach und sicher und ohne große Übergangsschwierigkeiten für das Gewerbe und die Steuerverwaltung durchführen, wenn die Überwachungsgrundsätze des Brausteuergesetzes beibehalten und durch eine entsprechende Buchführung ergänzt wurden. In reiner Form durchgeführt, hätte die Besteuerung des Fertigerzeugnisses an dem Mangel gelitten, daß sie stärkeres und schwächeres Bier gleichmäßig belastete und den Wert der einzelnen Biersorten nicht berücksichtigte. Man hätte in dieser Hinsicht daran denken können, die Biersteuer nach dem Vorgang der Kohlensteuer als Wertsteuer auszugestalten und sie vom rechnungsmäßigen Verkaufspreise des Herstellers zu erheben. Dagegen sprach jedoch, daß der Herstellungspreis nicht immer dem Werte und der Güte des Bieres entspricht, vielmehr von verschiedenen Umständen, namentlich der Zahlungsfähigkeit und der Höhe des Absatzes des Kunden abhängig ist und daß ferner wegen der im Braugewerbe üblichen Nebenleistungen der Wert der tatsächlichen Gegenleistung für das gelieferte Bier schwer festzustellen ist. Die Überwachung einer derartigen Abgabe wäre äußerst schwierig und nicht immer erfolgreich gewesen. Außerdem hätte sie sich auf das weitverzweigte Wirtsgewerbe erstrecken müssen, das bisher hiervon nicht berührt war und auch bei den übrigen Arten der Bierbesteuerung hätte unberührt bleiben können. Der Entwurf wollte das Ziel einer verschiedenen Belastung der einzelnen Biersorten dadurch erreichen, daß für Einfachbier eine Ermäßigung und für Starkbier eine Erhöhung der für gewöhnliches Bier (Vollbier) vorgesehenen Abgabesätze bestimmt wurde. Für das Vollbier, das nach dieser Regelung mit einheitlichen Steuersätzen belastet blieb, erwartete man eine allmähliche Ausgleichung der Unterschiede in der Höhe des Stammwürzegehaltes.

Der 32. Ausschuß des Reichstages (vgl. Ausschußbericht in Nr. 1686 der Reichstagsdrucks. von 1914/18) stimmte dem Grundgedanken des Entwurfs zu und erklärte sich mit dem Übergang zur Besteuerung des fertigen Bieres einverstanden. Er beschloß Änderungen des Entwurfs durch eine Abschwächung der Steuersätze in den vier unteren Stufen, jedoch unter Belassung der im Entwurf vorgeschlagenen Spannung zwischen dem höchsten und dem niedrigsten Steuersatze, durch die gesetzliche Festlegung der Begriffe Einfachbier, Vollbier und Starkbier und durch eine Verschärfung der Steuererhöhung für neu entstehende Brauereien und bei Überschreitung der zugewiesenen Jahresmenge (Kontingent). Außerdem wurde noch die Steuerfreiheit des Haustrunks der Brauereiarbeiter und -angestellten, ein Verbot der Vermischung verschiedener Biergattungen sowie des Zuckerzusatzes zum Biere nach Eintritt der Steuerpflicht, sowie die Entschädigungspflicht der Brauereien für Arbeiter und Angestellte, die durch Übertragung der Jahresmenge von einem Betrieb auf den anderen geschädigt werden, in das Gesetz eingefügt. Im übrigen nahm der Reichstag den Entwurf im wesentlichen unverändert an.

Die Grundzüge des Biersteuergesetzes vom 26. Juli 1918 (RGBl. S. 885), das am 1. Oktober 1918 in Kraft trat, waren folgende:

Das fertige Bier wurde nach der in den Verbrauch übergehenden Menge besteuert. Die Steuer betrug für jedes Hektoliter der in einem Brauereibetrieb innerhalb eines Rechnungsjahres hergestellten Biermenge

von den ersten	2000	Hektolitern	10,— ℳ
„ „ folgenden	8000	„	10,50 „
„ „ „	10 000	„	11,— „
„ „ „	10 000	„	11,50 „
„ „ „	30 000	„	12,— „
„ „ „	60 000	„	12,30 „
„ dem Reste			12,50 „

Diese Steuersätze ermäßigten sich für Einfachbier und erhöhten sich für Starkbier je um die Hälfte.

Die Steuer bedeutete gegenüber der Zeit vor dem Kriege annähernd eine Vervierfachung der Belastung. Die Abstufung der Steuersätze erhöhte den bisherigen Schutz der Klein- und Mittelbrauer wesentlich. Abgesehen von dem Ausgleich, den die Biersteuer schon als solche für die Verschiedenheit der Betriebsverhältnisse bildete, berechnete sich nunmehr bei gleichen Betriebsverhältnissen der Unterschied in der Belastung eines Hektoliters Bier für eine Brauerei mit 2000 Hektolitern Jahreserzeugung, d. i. einem jährlichen Malzverbrauch von 320 Doppelzentnern, gegenüber einer Brauerei mit einer Jahreserzeugung von 2000000 Hektolitern Bier, d. i. einer jährlichen Malzverwendung von 320000 Doppelzentnern, auf 2,46 ℳ, und für eine Brauerei mit 15000 Hektolitern Jahreserzeugung, d. i. einem jährlichen Malzverbrauch von 2400 Doppelzentnern, auf 1,86 M, während nach dem Brausteuergesetze vom 15. Juli 1909 sich dieser Unterschied auf nur 0,92 ℳ und 0,75 ℳ berechnete.

In § 4 des Gesetzes war, um die Brauereien vor einem schrankenlosen Wettbewerb in den ersten zehn Rechnungsjahren nach dem Inkrafttreten des Gesetzes zu schützen, eine Kontingentierung auf der Grundlage des Bierabsatzes im Durchschnitt der Kalenderjahre 1912 und 1913 vorgesehen. Das Kontingent selbst sollte nach dem voraussichtlichen Bierverbrauch im Biersteuergebiet innerhalb eines Rechnungsjahres bemessen werden.

Die Vorschriften des Brausteuergesetzes vom 15. Juli 1909 über die Bierbereitung, insbesondere das Reinheitsgebot, wurden entsprechend einem Wunsche des Braugewerbes aufrecht erhalten.

Die steuerliche Überwachung stützte sich im engen Anschluß an das Verfahren bei der bisherigen Malzgewichtsteuer zunächst auf die Überwachung der zur Bierbereitung verwendeten Rohstoffe und war in dieser Hinsicht durch eine Erweiterung der Verpflichtung zur Aufstellung von Malzmühlen mit selbsttätiger Verwiegungsvorrichtung ausgebaut. Die Rohstoffüberwachung wurde ergänzt durch eine Buchführung über die Bierbereitung. Die Steuererhebung gründete sich auf die Eintragungen der steuerpflichtig gewordenen Biermengen im Steuerbuch, die sich durch die Anschreibungen über die Rohstoffverwendung und Bierbereitung im Sudbuch nachprüfen lassen. Die meisten Betriebe hatten schon eine ähnliche Buchführung und die in Bayern seit dem Jahre 1910 mit Erfolg durchgeführte Einrichtung des Sudbuchs hatte gezeigt, daß auch für kleinere Brauereien eine derartige Buchführung möglich und sogar nützlich war.

Der Ertrag des Gesetzes aus den Einnahmen an Biersteuer, einschließlich der Einnahmen an Bierzoll, Übergangsabgabe, den Ausgleichungsbeträgen der Staaten mit eigener Bierbesteuerung und aus den Abfindungen der nicht zum Biersteuergebiet gehörigen Gebietsteile der norddeutschen Staaten wurde unter Berücksichtigung der vom Reichstag beschlossenen Änderungen auf rund 493000000 ℳ geschätzt. Gegenüber den gleichen Einnahmen an Brausteuer usw. im Rechnungsjahre 1913 bedeutete das ein Mehr von rund 320000000 ℳ.

Der Bierzoll wurde durch ein besonderes Gesetz über den Bierzoll vom 26. Juli 1918 (RGBl. S. 885) geregelt. Der Zollsatz für Bier in Behältnissen bei einem Raumgehalte von 15 Litern oder mehr betrug danach 19,35 ℳ, für Bier in anderen Behältnissen 25,— ℳ. Außerdem war entsprechend der bisherigen Regelung der Bundesrat ermächtigt, für Bier in amtlich geeichten Fässern die Raumverzollung zum Zollsatz von 25,40 ℳ für ein Hektoliter zuzulassen. Der Bundesrat hat von dieser Ermächtigung durch Beschluß vom 8. August 1918 Gebrauch gemacht (ZtrBl. f. d. Deutsche Reich S. 418, 427).

Ein weiteres Gesetz, gleichfalls vom 26. Juli 1918 (RGBl. S. 886) über Biersteuerausgleichungsbeträge gewährte den deutschen Staaten mit landesrechtlicher Bierbesteuerung, in denen im Laufe des Rechnungsjahres 1918 eine Erhöhung der landesrechtlichen Bierbesteuerung nicht eintrat, Erleichterungen hinsichtlich der Entrichtung der Ausgleichungsbeträge für dieses Rechnungsjahr. Ähnliche Begünstigungen der Sonderrechtsgebiete waren in § 6 des Gesetzes, betreffend die Ordnung des Reichshaushalts und die Tilgung der Reichsschuld vom 3. Juni 1906 (RGBl. S. 620) und in Art. VII Abs. 2 des Gesetzes wegen Änderung des Brausteuergesetzes vom 15. Juli 1909 vorgesehen gewesen.

Die Ausführungsbestimmungen zum Biersteuergesetz wurden vom Bundesrat am 8. August 1918 beschlossen und im ZtrBl. f. d. Deutsche Reich S. 863ff. veröffentlicht.

2. Bayern[1]).

Die Erhebung einer Abgabe vom Biere erfolgte in Bayern schon vor mehreren Jahrhunderten, und zwar zunächst nur für einzelne Gebietsteile und in besonderen Bedarfsfällen. Eine allgemeine Landesbiersteuer trat ein, als gegen Ausstellung eines herzoglichen Freiheitsbriefs vom 19. Dezember 1543 von den Ständen des Herzogtums Bayern der Bieraufschlag von 2 Kreuzern vom Münchener Eimer bis zur Ablösung der aus dem Türkenkriege stammenden Schuld von 600000 Gulden zugestanden wurde. Der Aufschlag wurde zunächst nur vom ein- und ausgeführten Biere erhoben, im Jahre 1572 aber auch auf das im Lande erzeugte Bier ausgedehnt. Im Jahre 1612 wurde der Bieraufschlag auf 17 Kreuzer 1 Heller erhöht und nach Wahl des Pflichtigen die Erhebung des Aufschlags nach dem Maßgehalte des Malzes auf der Mühle zugelassen. Nachdem vorübergehend (1620) die Besteuerung durch Erhebung von Pauschbeträgen bei den Brauerinnungen gegolten hatte, wurde durch Mandat vom 3. Februar 1751 allgemein die Erhebung des Malzaufschlags nach dem Maße des zur Mühle gebrachten eingesprengten Malzes und die Ausstellung von Malzscheinen eingeführt. Seitdem erhielt sich in Bayern die Maßbesteuerung, bis durch das Malzaufschlaggesetz vom 18. März 1910 der Übergang zur Gewichtsteuer erfolgte. Durch das Mandat vom 28. Juli 1807 (RegBl. S. 1273) wurde die eigentliche Grundlage für die Malzbesteuerung geschaffen. Wesentliche Änderungen desselben brachte erst das Malzaufschlaggesetz vom 16. Mai 1868 (GesBl. S. 462). Es erhöhte den Malzaufschlag auf 5 fl. 12 kr. für den bayerischen

---

[1]) S. Zapf, Das bayerische Malzaufschlaggesetz vom 18. März 1910; Schmauser, Geschichtliche Entwicklung der Bierbesteuerung in Bayern im Finanzarchiv von G. Schanz, 1920 (37. Jahrg.), Bd. 1, S. 30ff.

Schäffel (= 222 Liter) und sicherte die Überwachung des Steueraufkommens durch die Einführung von selbsttätigen Malzmeßvorrichtungen.

Durch das Gesetz, die metrischen Maße im Aufschlagwesen betreffend, vom 18. Februar 1871 (GesBl. S. 337) wurde der Steuersatz auf 2 fl. 20 kr. für ein Hektoliter Malz und mit der Einführung der Markwährung wurde er vom 1. Januar 1876 an auf 4 ℳ für ein Hektoliter Malz umgerechnet.

Durch das Finanzgesetz vom 10. März 1878 (GVBl. S. 117) wurde der Malzaufschlag mit Wirkung vom 1. Juli 1878 an auch auf das Gebiet der bayerischen Rheinpfalz ausgedehnt, die bis zu diesem Zeitpunkte das einzige Gebiet in Deutschland war, das keine Steuer auf Bier und auf Branntwein hatte. Durch Gesetz vom 31. Oktober 1879 (GVBl. S. 1475) wurde der Malzaufschlag von 4 auf 6 ℳ für ein Hektoliter Malz erhöht, zunächst aber nur bis zum 1. Januar 1882. Eine dauernde Beibehaltung dieses Satzes konnte die Regierung beim Landtage nicht durchsetzen. Die Forterhebung des erhöhten Satzes wurde durch verschiedene Gesetze auf kürzere Zeiträume bewilligt, bis durch das Gesetz vom 8. Dezember 1889 (GVBl. S. 575) durch die Einführung von abgestuften Steuersätzen eine grundlegende Änderung eintrat. Für Brauereien, die im Jahre 1888 nicht mehr als 6000 Hektoliter Malz verarbeitet hatten, wurde für die ersten in einem Jahre verarbeiteten 2000 Hektoliter der regelmäßige Steuersatz von 6 ℳ auf 5 ℳ ermäßigt, während neu entstehende Brauereien, sowie Brauereien, die im Jahre 1888 mehr als 6000 Hektoliter verarbeitet hatten, für die ersten 10000 Hektoliter je 6 ℳ, für die folgenden 30000 Hektoliter je 6,25 ℳ und für die 40000 Hektoliter übersteigende Malzmenge je 6,50 ℳ für ein Hektoliter zu entrichten hatten. Die Vergünstigung des ermäßigten Satzes von 5 M. ging verloren, sobald der Malzverbrauch der betreffenden Brauerei in einem Jahre 7000 Hektoliter überschritt, sie lebte wieder auf, sobald in einem späteren Jahre der Malzverbrauch des Betriebes auf 5000 Hektoliter zurückgegangen war. Eine neue Fassung des Malzaufschlaggesetzes vom 16. Mai 1868, wie sie sich aus den inzwischen ergangenen Abänderungen ergab, erfolgte durch die Bekanntmachung vom 10. Dezember 1889 (GVBl. S. 559).

Die Erhöhung der norddeutschen Brausteuer durch die Gesetze wegen Änderung des Brausteuergesetzes vom 3. Juni 1906 (RGBl. S. 622) und vom 15. Juli 1909 (RGBl. S. 695) nötigte infolge der damit verbundenen Erhöhung der Ausgleichungsbeträge auch Bayern zur Erhöhung seines Malzaufschlags. Dies geschah durch das Malzaufschlaggesetz vom 18. März 1910 (GVBl. S. 113), das gleichzeitig gegenüber dem bisherigen Gesetzesstande grundlegende Änderungen brachte. Hiervon war die hauptsächlichste, daß an die Stelle der Besteuerung des zur Bierbereitung verwendeten Malzes nach dem Hohlmaße die Besteuerung nach dem Gewichte trat. Die Abstufung der Steuersätze wurde zugunsten der Klein- und Mittelbrauer wesentlich erweitert und ausgestaltet. Im Gegensatz zu dem in den übrigen deutschen

Brausteuergebieten geltenden Grundsatze, daß auch größere Betriebe an den für kleinere Betriebe geltenden ermäßigten Sätzen teilnahmen (Durchstaffelung), bestimmte das bayerische Malzaufschlaggesetz vom 18. März 1910, daß für den gesamten Malzverbrauch eines Brauereibetriebes innerhalb eines Kalenderjahres nur ein Steuersatz und zwar der in Betracht kommenden höchsten Steuerstufe zur Anwendung kommen soll (Nichtdurchstaffelung).

Die Malzaufschlagsätze betrugen für einen Doppelzentner Malz bei einem Gesamtmalzverbrauch innerhalb eines Kalenderjahres

		bis zu	1000 dz	15,—	*M*
von mehr als	1000 dz	„ „	1500 „	15,50	„
„ „ „	1500 „	„ „	2000 „	16,—	„
„ „ „	2000 „	„ „	2500 „	16,50	„
„ „ „	2500 „	„ „	3000 „	17,—	„
„ „ „	3000 „	„ „	3500 „	17,50	„
„ „ „	3500 „	„ „	4000 „	18,—	„
„ „ „	4000 „	„ „	4500 „	18,50	„
„ „ „	4500 „	„ „	5000 „	19,—	„
„ „ „	5000 „	„ „	6000 „	19,50	„
„ „ „	6000			20,—	„

Um etwas mehr Bewegungsfreiheit beim Erreichen der Grenzen der einzelnen Steuerstufen zu schaffen und dem jährlich wechselnden Extraktgehalt der Gerste Rechnung zu tragen, war bestimmt, daß, wenn die erste Staffel um nicht mehr als 50 Doppelzentner und eine der übrigen Staffeln um nicht mehr als 100 Doppelzentner überschritten wurde, nicht für den gesamten Malzverbrauch der Brauerei, sondern nur für die überschreitende Menge der Malzaufschlag nach dem Satze für die höhere Staffel zu entrichten war.

Um der übermäßigen Ausdehnung einzelner Betriebe zum Nachteil anderer entgegenzuwirken, sah das Gesetz eine Kontingentierung vor, jedoch nur bis zum 31. März 1918. Die Kontingentierung war auf dem Durchschnittsmalzverbrauch der einzelnen Brauerei in den Jahren 1907 bis 1909 aufgebaut. Wurde dieser von Betrieben mit einem jährlichen Malzverbrauch bis zu 6000 Doppelzentnern um mehr als 10 v. H., bei größeren Betrieben um mehr als 5 v. H. überschritten, so erhöhten sich die regelmäßigen Aufschlagsätze für die Mehrmenge um 10 v. H. Für nach dem 1. März 1910 neu entstandene Brauereien sollten sich die regelmäßigen Steuersätze um 25 v. H. erhöhen. Neu eingeführt wurde durch das Gesetz eine Steuerbegünstigung von Personen, die Bier nur für ihren Hausbedarf bereiten und dazu nicht mehr als 5 Doppelzentner Malz im Jahr verwenden (Hausbrauer), durch Zubilligung eines ermäßigten Steuersatzes von 10 M. für einen Doppelzentner.

Die Grundzüge des Malzaufschlaggesetzes vom 18. März 1910 waren folgende:

Dem Malzaufschlag unterlag das zur Bierbereitung innerhalb Bayerns bestimmte, in Bayern geschrotete Malz. Der Malzaufschlag wurde auch von dem zur Bereitung bierähnlicher Getränke bestimmten Malze erhoben. Zur Bereitung von Bier durften andere Stoffe als Malz, Hopfen, Hefe und Wasser nicht verwendet werden (sog. Reinheitsgebot). Zur Bereitung von untergärigem Bier durfte nur aus Gerste bereitetes Malz verwendet werden. Diese Vorschriften, die bereits auf Grund von Art. 7 Abs. 1 des Malzaufschlaggesetzes vom 16. Mai 1868 galten und deren Einhaltung in Bayern stets streng überwacht wurde, haben zur günstigen Entwicklung des bayerischen Braugewerbes in hohem Maße beigetragen. Die Verwendung von Malzersatzstoffen zur Bereitung bierähnlicher Getränke wurde auf Grund gesetzlicher Ermächtigung im Verwaltungswege verboten. Bei der Ausfuhr von Bier wurde der Malzaufschlag zurückvergütet.

Das Malz wurde steuerbar (vgl. Bem. 1 zu § 2 Abs. 1), sobald es für den Zweck der Erzeugung von Bier zum Schroten in die Mühle eingebracht wurde. Der Malzaufschlag wurde vom Reingewichte des in die Mühle eingebrachten ungeschroteten Malzes erhoben. Dabei wurde ein Doppelzentner Weizenmalz gleich neun Zehntel Doppelzentner Gerstenmalz gerechnet. Den Malzaufschlag hatte derjenige zu entrichten, für dessen Rechnung das Malz geschrotet wurde. Malz durfte nur geschrotet werden auf öffentlichen als solchen zugelassenen Malzmühlen und auf eigenen besonders genehmigten Malzmühlen. In andere Mühlen durfte Malz nicht eingebracht werden. Zum Schroten von Malz auf einer öffentlichen Malzmühle bedurfte es eines von der Steuerbehörde ausgestellten Malzscheines. Ohne diesen durfte in eine öffentliche Malzmühle Malz nicht eingebracht und vom Müller nicht übernommen werden. Der Müller hatte das Malz zu übernehmen, es zu verwiegen und das Verwiegungsergebnis auf dem Malzscheine und in einem fortlaufend zu führenden Mühlbuche zu vermerken. Der Müller hatte die Malzscheine aufzubewahren und bei nächster Gelegenheit einem Steuerbeamten zu übergeben. Öffentliche Mühlen konnten auch mit einer selbsttätigen Verwiegungsvorrichtung versehen sein. Wo diese fehlte, bemaß sich das steuerpflichtige Gewicht des Malzes nach dem Ergebnisse der Verwiegung durch den Müller, sonst war hierfür die Anzeige der Wägevorrichtung ausschließlich maßgebend, sofern sie nicht als unrichtig festgestellt werden konnte. Eigene Malzmühlen mußten mit einer selbsttätigen Verwiegungsvorrichtung versehen sein und sollten in der Regel nur für den Bedarf des Betriebsberechtigten benutzt werden. Der Inhaber einer eigenen Malzmühle hatte ein Mühlbuch zu führen, in das sofort nach jedem Schroten der Stand des Zählwerks der Verwiegungsvorrichtung einzutragen war. An Stelle der Malzscheine genügte eine jeweilige schriftliche Anzeige über das beabsichtigte Malzschroten an die Steuerbehörde. Das steuerpflichtige Gewicht des auf einer eigenen Malzmühle geschroteten Malzes bemaß sich ausschließlich nach der Anzeige der Verwiegungsvorrichtung, soweit diese nicht als unrichtig festgestellt werden konnte. Der Verkehr mit geschrotetem Malze war verboten. Gewerbliche Brauer hatten ein Sudbuch zu führen, in das die Mengen des für die einzelnen Sude verwendeten Malzes, der daraus gewonnenen Bierwürze sowie deren Extraktgehalt vom Brauer einzutragen waren. Das Sudbuch sollte einerseits zur Sicherung des Steueraufkommens dienen, andererseits die Grundlagen für die Vergütung der staatlichen und gemeindlichen Bierabgaben bei der Ausfuhr von Bier schaffen. Die Entstehung neuer Brauereien war erschwert. Für sie trat zunächst eine Erhöhung der regelmäßigen Sätze um 25 v. H. ein, außerdem war ihnen die Verpflichtung zum Halten eigener Malzmühlen mit selbsttätigen Verwiegungsvorrichtungen auferlegt.

Im Anschluß an die Erhöhung der Abgaben vom Bier im Reiche durch das Biersteuergesetz vom 26. Juli 1918 entschloß man sich auch in Bayern zu gleichem Vorgehen. Der dem Landtage unter dem 21. Juni 1918 vorgelegte Entwurf eines Biersteuergesetzes (Beilagen Bd. 18, Beilage 2503 S. 720 zu den Verhandlungen der Kammer der Abgeordneten) schlug die Besteuerung des fertigen Bieres nach den im Reiche angenommenen Grundsätzen vor. Auch hier sollte sich die Steuererhebung auf eine Buchführung gründen, die durch eine den bisherigen Vorschriften des Malzaufschlagsgesetzes entsprechende Rohstoffüberwachung unterstützt wurde. Die letztere war insofern verschärft, als in § 27 des Entwurfs für alle Malzmühlen, auf denen zur Bierbereitung bestimmtes Malz geschrotet werden sollte, die Anbringung selbsttätiger Verwiegungsvorrichtungen gefordert war. Im übrigen wich der Entwurf von dem Biersteuergesetze hauptsächlich dadurch ab, daß er den im bisherigen Malzaufschlaggesetz geltenden Grundsatz der Nichtdurchstaffelung beibehielt und in den beiden ersten Steuerstufen gegenüber dem Biersteuergesetze je um 0,50 ℳ ermäßigte Steuersätze enthielt. Der Entwurf sah von einer Abfindung ab und kannte auch keine Brauanzeige. Das Reinheitsgebot wurde im bisherigen strengen Umfange aufrecht erhalten. Eine Steuerbegünstigung der Hausbrauer fehlte im Entwurfe ebenso wie die Steuerfreiheit für das Haustrunkbier der Brauereiarbeiter und -angestellten. Die Kontingentierung des Biersteuergesetzes war übernommen, jedoch mit der Maßgabe, daß für Kontingentierungsüberschreitungen ein nach dem Betriebsumfang der Brauerei abgestufter Spielraum vorgesehen war. Der Entwurf wurde einem verstärkten Finanzausschuß überwiesen (StenBer. Bd. 19 S. 472), der die Beratung bis zur Herbsttagung des Landtags vertagte. Die Wiederaufnahme der Verhandlungen im Landtage wurde dann durch die Staatsumwälzung unterbrochen.

3. Württemberg.

Der Bierverbrauch war in Württemberg bis zum Jahre 1821 mit einer Herstellungsabgabe, dem Halbtalergeld von 45 Kreuzern vom Eimer, einer

Akzise von 5 v. H. des Erlöses und mit einer Ausschankabgabe von weiteren 10 v. H. des Ausschankpreises belegt. Diese Regelung war durch die Generalreskripte vom 11. September 1643 und 22. Juli 1764 erfolgt. An die Stelle dieser Abgaben trat von 1821 ab eine Pauschversteuerung, die durch das Wirtschaftsabgabengesetz vom 9. Juli 1827 (RegBl. S. 269) aufgehoben wurde. Dieses Gesetz brachte infolge des 1827 mit Bayern abgeschlossenen Handelsvertrages und im Anschluß an die in Bayern damals bestehende Besteuerungsart den Übergang zur Besteuerung der zur Bierbereitung verwendeten Rohstoffe (Malz und dessen Ersatzstoffe). Es bestimmte die Steuer auf 21 Kreuzer für ein Simri (ein Hohlmaß = 22,15 Liter) eingesprengten Malzes, so daß bei dem gesetzlich festgestellten Verhältnisse des eingesprengten Malzes zum trockenen von 7 : 6 der Steuersatz für ein Simri trockenen Malzes sich auf $24^1/_2$ Kreuzer berechnete. Die Steuer war vom Brauer zu entrichten, sobald das Malz zum Schroten in die Mühle gebracht oder der Ersatzstoff zur Bierbereitung verwendet wurde. Der Steuerwert der Ersatzstoffe sollte von Fall zu Fall mit dem Getreidemalz in Verhältnis gesetzt werden. Das Malz sollte in der Regel auf öffentlichen Mühlen geschrotet werden; eigene Malzmühlen durften nur auf Grund besonderer Erlaubnis benutzt werden. Die Möglichkeit einer Pauschversteuerung war auch in diesem Gesetze gegeben; die Finanzverwaltung hat indessen keinen Gebrauch hiervon gemacht.

Durch das Finanzgesetz vom 24. Dezember 1833 (RegBl. S. 541) wurde die Malzsteuer auf 20 Kreuzer für ein Simri eingesprengten, d. i. $23^1/_3$ Kreuzer für ein Simri trockenen Malzes herabgesetzt.

Das Finanzgesetz vom 20. September 1852 (RegBl. S. 246) erhöhte den Steuersatz auf 24 Kreuzer für ein Simri und zwar ohne Unterscheidung des trockenen und des eingesprengten Malzes.

Das Malzsteuergesetz vom 8. April 1856 (RegBl. S. 99) faßte die damals geltenden Vorschriften über die Besteuerung des zur Bierbereitung bestimmten Malzes zusammen, verbesserte die Überwachungsvorschriften, insbesondere hinsichtlich der Benutzung eigener Malzmühlen und beseitigte die Möglichkeit von Pauschversteuerungen.

Durch das Finanzgesetz vom 23. März 1868 (RegBl. S. 143) wurde der Steuersatz um 10 v. H. auf 26,4 Kreuzer und durch Gesetz vom 5. Juli 1871 (RegBl. S. 171) nochmals um 10 v. H. auf 28,8 Kreuzer für ein Simri erhöht.

Das Gesetz vom 12. Dezember 1871 (RegBl. S. 333) brachte die Besteuerung des Malzes nach dem Gewichte und bestimmte, daß der Steuersatz jeweils durch das Finanzgesetz festzusetzen sei.

Indem man davon ausging, daß ein Simri Malz 23 Pfund wiege, wurde der Steuersatz durch das Finanzgesetz vom 15. April 1872 (RegBl. S. 152) auf rund 2 fl. 5 kr. für einen Zentner Malz festgesetzt. Anläßlich der Einführung der Markrechnung wurde dieser Satz auf 3,60 ℳ für einen Zentner

(7,20 M für einen Doppelzentner) umgerechnet, wodurch eine Erhöhung von 2,75 ₰ oder 1 kr. für einen Zentner eintrat.

Im Finanzgesetz vom 24. März 1881 wurde die Abgabe für das zur Bierbereitung bestimmte Malz auf 5 M für einen Zentner (10 M für einen Doppelzentner) erhöht.

Die Rücksicht auf die kleineren Brauereien führte zu dem Gesetz, betreffend die Abstufung der Malzsteuer vom 28. April 1893 (RegBl. S. 81). Hierdurch wurde für Brauereien mit einem Malzverbrauche im Etatsjahre von nicht mehr als 2000 Zentnern mit Wirkung vom 1. April 1893 an der durch das Finanzgesetz bestimmte Steuersatz für die ersten 1000 Zentner um den zehnten Teil ermäßigt.

Diese abgestufte Veranlagung der Malzsteuer wurde durch das Gesetz vom 8. Juli 1895 (RegBl. S. 219) noch weiter ausgebaut, indem für gewerbliche Bierbrauer mit einem jährlichen Malzverbrauche von mehr als 10000 Zentnern (5000 Doppelzentnern) der regelmäßige Steuersatz für die diese Menge übersteigenden nächsten 30000 Zentner (15000 Doppelzentner) um 5 v. H. und für die 40000 Zentner (20000 Doppelzentner) übersteigende Malzmenge um 10 v. H. erhöht wurde. Gleichzeitig wurde für Hausbrauer, d. i. für Brauer, die Bier nur zum eigenen Bedarf im Haushalte bereiten, und hierfür nicht mehr als 10 Zentner (5 Doppelzentner) Malz verwenden, der durch das Finanzgesetz bestimmte Steuersatz um 75 v. H. ermäßigt.

Das Gesetz, betreffend die Biersteuer, vom 4. Juli 1900 (RegBl. S. 542) brachte wesentliche Neuerungen. Mit dem Verbot der Verwendung von Malzersatzstoffen und der Vorschrift, daß zur Bereitung von untergärigem Bier nur Gerstenmalz verwendet werden dürfe, wurde in Württemberg das unbedingte Reinheitsgebot zur Geltung gebracht, wie es in Bayern seit langer Zeit und in Baden seit 1897 bestand.

Die Abstufung der Steuersätze wurde ebenfalls geändert, und zwar wurde die Steuer für die von einer Brauerei in einem Rechnungsjahre verwendete Malzmenge festgesetzt für die ersten 500 Doppelzentner auf 80 v. H., für die folgenden 1500 Doppelzentner auf 100 v. H., für die folgenden 2000 Doppelzentner auf 110 v. H., für die folgenden 5000 Doppelzentner auf 120 v. H. und für den Rest auf 125 v. H. des jeweils durch Finanzgesetz bestimmten Steuersatzes. Dieser betrug seit dem Jahre 1881 10 M für einen Doppelzentner, so daß sich für die Dauer der Geltung dieses Satzes folgende Steuersätze ergeben: 8, 10, 11, 12 und 12,50 M. Für Brauereien, die in einem Rechnungsjahre nicht mehr als 500 Doppelzentner Malz verwenden, sollte die Steuer nur 70 v. H. des Steuersatzes (7 M) betragen. Hausbrauer hatten wie bisher nur 25 v. H. des Steuersatzes, d. i. 2,50 M zu entrichten. Außerdem enthielt das Gesetz Änderungen und Erleichterungen hinsichtlich der Überwachungsvorschriften, von denen besonders die Aufhebung der Transportkontrolle für ungeschrotetes Malz zu erwähnen ist, sowie der Vorschriften über Nachlaß und Rückvergütung der Steuer.

Die Erhöhung der Bierbesteuerung im Brausteuergebiet durch die Brausteuergesetze vom 3. Juni 1906 (RGBl. S. 675) und vom 15. Juli 1909 (RGBl. S. 773) und die dadurch bedingte Erhöhung der von Württemberg zu zahlenden Ausgleichungsbeträge führte im Jahre 1909 zu einer Erhöhung der Biersteuer auch in Württemberg. Damit war eine anderweite Staffelung der Steuersätze verbunden. Das Gesetz, betreffend die Änderung des Biersteuergesetzes vom 4. Juli 1900, vom 16. August 1909 (RegBl. S. 149) bestimmte, daß die Steuer von der in einem Brauereibetrieb innerhalb eines Rechnungsjahres steuerpflichtig gewordenen Malzmenge betragen soll für die ersten 250 Doppelzentner 65 v. H., für die folgenden 1250 Doppelzentner 80 v. H., für die folgenden 1500 Doppelzentner 90 v. H., für die folgenden 2000 Doppelzentner 95 v. H. und für den Rest 100 v. H. des jeweils durch Finanzgesetz festgesetzten Steuersatzes. Durch das Finanzgesetz vom 18. August 1909 (RegBl. S. 152) wurde mit Wirkung vom 1. Oktober 1909 an der Höchstbetrag des Steuersatzes auf 22 ℳ für einen Doppelzentner ungeschroteten Malzes festgesetzt. Hieraus ergeben sich für die vorerwähnten Steuerstufen die Sätze von 14,30, 17,60, 19,70, 20,90 und 22 ℳ. Für Hausbrauer wurde der Steuersatz für die ersten 5 Doppelzentner Malz auf 20 v. H. des Steuersatzes, d. i. auf 4,40 ℳ für einen Doppelzentner ermäßigt.

Die Überwachungsvorschriften entsprachen im allgemeinen denen des bayerischen Malzaufschlaggesetzes. Als Besonderheiten des württembergischen Biersteuergesetzes sind hervorzuheben, daß der Malzschein bei der Verbringung des Malzes zur Mühle mitzuführen und den Steuerbeamten auf Verlangen vorzuführen war, daß für eigene Malzmühlen ein Zwang, sie mit selbsttätigen Verwiegungsvorrichtungen zu versehen, nicht bestand, daß aber derartige Mühlen gewissen Betriebsbeschränkungen unterlagen, unter amtlichem Verschluß standen und die Abwägung des auf ihnen zu schrotenden Malzes in Gegenwart des Ortssteuerbeamten, der das Gewicht festzustellen hatte, erfolgen mußte.

Die Neuregelung der Bierbesteuerung in der Biersteuergemeinschaft durch das Biersteuergesetz vom 26. Juli 1918 veranlaßte die württembergische Regierung, der verfassunggebenden Landesversammlung unter dem 13. Februar 1919 den Entwurf eines Gesetzes, betreffend die Besteuerung des Bieres, vorzulegen (Beilage 36 der verfassunggebenden württ. Landesversammlung), der im wesentlichen dem Reichsbiersteuergesetz entsprach. Von diesem unterschied sich der Entwurf namentlich dadurch, daß statt der beiden ersten Steuerstufen des Reichsbiersteuergesetzes deren drei mit Sätzen von 9,50 ℳ (bis 1500 hl), 10 ℳ (von den folgenden 3000 hl) und 10,50 ℳ (von den folgenden 5500 hl) vorgesehen waren und daß die zweithöchste Stufe um 5 Pf. niedriger war als die norddeutsche, ferner dadurch, daß Abfindung und Brauanzeige fehlten, Steuerbefreiung des Haustrunkbieres und Steuerbegünstigung der Hausbrauer nicht vorgesehen waren, Überschreitung der Jahresmenge in bestimmtem Umfange zugelassen war, das strenge Reinheitsgebot und die bisherigen Vorschriften über die Malzschrotüberwachung beibehalten waren.

Nachdem durch das Gesetz vom 27. März 1919 (RGBl. S. 345) Württemberg der Biersteuergemeinschaft beigetreten war, wurde der Gesetzentwurf am 31. März 1919 von der Staatsregierung zurückgezogen (Beil. 61 der Landesversammlung vom 11. April 1919).

4. Baden.

Durch die Akzisordnung von 1812 wurde zum erstenmal in Baden eine Landessteuer auf Bier eingeführt. Sie wurde von dem zur Bierbereitung bestimmten Malze nach dem Hohlmaße erhoben und betrug an Akzise und Ohmgeld je 1 fl. vom Malter = 150 Liter. Dabei war für die Herstellung des Bieres die Verwendung einer Mindestmalzmenge vorgeschrieben. Durch ein im Jahre 1825 erlassenes Gesetz wurde die Besteuerung der Bierwürze nach dem Raumgehalt des Braukessels (Kesselsteuer) eingeführt. Die Abgabe betrug zunächst 6, dann 5 kr. von jeder Stütze = 15 Liter des Kesselinhalts, d. i. 1,14 und 0,95 ℳ für ein Hektoliter. Das Gesetz vom 30. April 1845, das in seinen Hauptgrundzügen bis zum 1. Januar 1897 galt, behielt diese Besteuerungsart in ihrer bisherigen Höhe bei. Vom Jahre 1868 an wurde der Abgabesatz auf 7 kr. = 20 Pf. für 15 Liter (1,33 ℳ für ein Hektoliter) des Raumgehalts des Braukessels erhöht und das Gesetz vom 22. März 1880 (GVBl. des Großherzogtums Baden S. 81) führte eine weitere Erhöhung um 50 v. H. herbei, so daß von da ab 2 ₰ von jedem Liter des Rauminhalts des Braukessels erhoben wurden. Die Steuer war zu entrichten, bevor mit der Feuerung des Braukessels begonnen wurde. War mit der Entleerung des Kessels zum Zwecke der Abkühlung begonnen, so durfte mit Ausnahme des Hefezusatzes eine Vermehrung der Flüssigkeit nicht mehr stattfinden. Die Steuer war nach dem vollen Inhalt des amtlich geeichten Braugefäßes zu entrichten, wobei Kränze und Aufsätze als Teil des Braugefäßes galten. Die Kessel der Braugefäße standen unter amtlichem Verschluß, der für den Gebrauch durch die Steuerbeamten abgenommen und nach Beendigung des Brauaktes wieder angebracht wurde. Wer Bier brauen wollte, mußte dies wenigstens eine Stunde vor dem Beginn der Feuerung unter gleichzeitiger Steuerentrichtung mit einer besonderen Brauanmeldung der Steuerstelle anzeigen. Obwohl diese Art der Abgabenerhebung von Anfang an nach keiner Seite hin befriedigt hatte und deshalb von den Brauern mehrfach die Einführung einer Braumalzsteuer beantragt worden war, fand doch bei den badischen Ständen ein 1884 vorgelegter Gesetzentwurf, die Erhebung der Braumalzsteuer betreffend, keine Annahme. Der Entwurf wollte in Übereinstimmung mit den Anträgen badischer Brauer die Besteuerung des zur

Bierbereitung bestimmten ungeschroteten Malzes nach dem Gewicht und gleichzeitig das in Bayern geltende strenge Reinheitsgebot einführen. Der Steuersatz sollte einheitlich 10 ℳ für einen Doppelzentner Malz betragen. Die vorgeschlagenen Überwachungsmaßnahmen entsprachen im allgemeinen dem bayerischen Malzaufschlaggesetze.

Erst das Gesetz, die Biersteuer betreffend, vom 30. Juni 1896, brachte den Übergang zur Malzgewichtssteuer, wobei im allgemeinen dem bayerischen und württembergischen Vorbilde gefolgt wurde. Gleichzeitig wurde bestimmt, daß zur Bierbereitung statt Malz Stoffe irgendwelcher Art als Ersatz oder Zusatz, also auch ungemälztes Getreide, nicht verwendet werden durften. Für untergäriges Bier war nur die Verwendung von Gerstenmalz zugelassen.

Die Steuersätze waren nach dem Betriebsumfang der Brauereien abgestuft, jedoch nahmen nicht alle Brauereien an allen Steuersätzen teil, es waren vielmehr drei Gruppen von Brauereien gebildet, die verschiedenen Steuersätzen unterlagen (Nichtdurchstaffelung). Die Steuer betrug bei einem jährlichen Gesamtmalzverbrauch

1. bis zu 1500 Doppelzentnern
   a) für die ersten 250 Doppelzentner . . . . . . 8 ℳ
   b) für die folgenden 1250 Doppelzentner . . . . 10 „
2. von mehr als 1500 bis zu 5000 Doppelzentnern 11 „
3. von mehr als 5000 Doppelzentnern . . . . . . 12 „

für je 100 kg gebrochenen oder ungebrochenen Malzes.

Für diejenigen, die obergäriges Bier nur zu ihrem Hausbedarf bereiteten und hierzu in einem Kalenderjahr nicht mehr als 5 Doppelzentner Malz verwendeten, betrug die Steuer nur je 2 ℳ für 100 kg Malz.

Die Überwachungsbestimmungen entsprachen im allgemeinen denen des württembergischen Biersteuergesetzes vom 4. Juli 1900.

Auch Baden wurde durch die Wirkung der Brausteuergesetze der Brausteuergemeinschaft vom 3. Juni 1906 und 15. Juli 1909 auf die Ausgleichungsbeträge zu einer Erhöhung seiner Biersteuer veranlaßt. Diese erfolgte durch das Gesetz vom 25. Januar 1910, die Abänderung des Biersteuergesetzes betreffend (GVBl. 1910 S. 55). Hierbei wurde zwar die bisherige Abstufung der Steuersätze, insoweit der Betriebsumfang der Brauereien in Betracht kam, beibehalten, jedoch der Grundsatz der Nichtdurchstaffelung verlassen und allen Brauereien die Teilnahme an sämtlichen regelmäßigen Steuersätzen zugestanden.

Die Steuersätze betrugen

für die ersten	250	Doppelzentner	15,— ℳ
„ „ folgenden	1250	„	17,50 „
„ „ „	1500	„	20,— „
„ „ „	2000	„	21,— „
„ den Rest			22,— „

Für die vor dem 1. August 1909 betriebsfähig hergerichteten Brauereien wurde, sofern in ihnen im Durchschnitt der Jahre 1907 bis 1909 nicht mehr als 150 Doppelzentner Malz steuerbar geworden waren, die Steuer von den ersten 150 Doppelzentnern des in einem Jahre steuerbar gewordenen Malzes auf 13 ℳ für einen Doppelzentner ermäßigt. Diese Vergünstigung sollte dauernd mit dem Ablauf des Jahres erlöschen, in dem in der Brauerei mehr als 150 Doppelzentner steuerbar geworden sind. Der ermäßigte Steuersatz für Hausbrauer wurde auf 4 ℳ für einen Doppelzentner erhöht. Für neue nach dem 1. Februar 1910 in Betrieb genommene Brauereien sowie für Brauereien, die nach dem 1. Februar 1910 wieder in Betrieb genommen wurden, nachdem sie mehr als zwei Jahre außer Betrieb waren, sollte eine Erhöhung der regelmäßigen Steuersätze um 25 v. H. eintreten, und zwar in der Zeit bis zum 31. Dezember 1912.

Das Gesetz, die Biersteuer betreffend, vom 5. Oktober 1918 (GVBl. S. 365) trug dann der Änderung und Erhöhung der Bierbesteuerung im Reiche durch das Biersteuergesetz vom 26. Juli 1918 Rechnung. Es entsprach im allgemeinen und namentlich hinsichtlich der Steuersätze dem im Reiche erlassenen Biersteuergesetze. Die wesentlichsten Unterschiede bestanden darin, daß der Steuerbehörde die Befugnis eingeräumt war, die Menge des an Brauereiangestellte und -arbeiter als Haustrunk abgegebenen steuerfreien Bieres festzusetzen, daß eine Abfindung kleiner Betriebe nicht zugelassen war und daß für die Verteilung der Jahresmenge auf die einzelnen Betriebe im Gegensatz zum Biersteuergesetze nicht der Bierabsatz in den Kalenderjahren 1912 und 1913, sondern der Malzverbrauch der Brauereien in diesen Jahren zugrunde gelegt war. Das Reinheitsgebot wurde im bisherigen Umfange beibehalten, insbesondere war die Verwendung von Zucker und Farbmitteln aus Zucker zur Bereitung obergärigen Bieres verboten. Das Reinheitsgebot galt auch für die steuerbegünstigten Hausbrauer.

5. Elsaß-Lothringen.

Durch § 4 des Gesetzes, betreffend die Einführung der Verfassung des Deutschen Reiches in Elsaß-Lothringen, vom 25. Juni 1873 (RGBl. S. 161) blieb die in Art. 35 der Reichsverfassung erwähnte Besteuerung des inländischen Bieres der inneren Gesetzgebung Elsaß-Lothringens bis auf weiteres vorbehalten. Hierfür waren die gleichen Erwägungen maßgebend, die für die sonderrechtliche Besteuerung des Bieres in Bayern, Württemberg und Baden bestimmend waren, sowie die Rücksichtnahme auf die Finanzen des Landes.

Bis 1907 verblieb es in Elsaß-Lothringen hinsichtlich der Bierbesteuerung bei der bisherigen französischen Gesetzgebung (französisches Gesetz über die Finanzen vom 28. April 1816, Art. 107 bis 137). Die im Laufe der Zeit hinzu ergangenen abändernden Ergänzungen und Bestimmungen wurden n den „Dienstvorschriften zur Ausführung der gesetzlichen Bestimmungen über die Biersteuer" vom 10. März 1875 (Amtsblatt der Generaldirektion der Zölle und indirekten Steuern in Elsaß-Lothringen 1875 S. 65) zusammengefaßt. Die Steuer wurde nach dem Inhalte des Braukessels erhoben (Kesselsteuer) und betrug 2,30 ℳ für ein Hektoliter starken und 58 ₰ für ein Hektoliter dünnen Bieres. Diese überlebte Besteuerungsform wurde durch das Biersteuergesetz vom 21. Mai 1907 (GesBl. S. 46) beseitigt, welches die Vorschriften der §§ 1—53 des Brausteuergesetzes vom 3. Juni 1906 mit der Maßgabe einführte, daß die Steuersätze erhöht und anderweit abgestuft wurden. Die Steuer betrug

von den ersten	250	Doppelzentnern	8,— ℳ
" " "	1250	"	10,— "
" " folgenden	1500	"	11,— "
" " "	2000	"	12,— "
" dem Reste			13,— "

für jeden Doppelzentner.

Mit Rücksicht auf die Erhöhung der Brausteuer durch das Brausteuergesetz vom 15. Juli 1909 wurden diese Steuersätze 1910 auf 15, 17, 19, 21 und 23 ℳ erhöht (Gesetz, betreffend Änderung des Biersteuergesetzes, vom 20. Juli 1910, GesBl. S. 80). Gleichzeitig wurde das unbedingte Reinheitsgebot eingeführt, jedoch mit Ausnahmen für die Haustrunkbereitung und für die Bereitung besonderer Biere sowie von Ausfuhrbier.

Durch das Gesetz, betreffend die Biersteuer, vom 17. Mai 1918 (GesBl. für Elsaß-Lothringen S. 33) wurde das Ministerium ermächtigt, für den Fall, daß im Geltungsbereich des Reichsbrausteuergesetzes im Jahre 1918 ein neues Biersteuergesetz erlassen werden sollte, die Bestimmungen dieses neuen Gesetzes vom Zeitpunkt seines Inkrafttretens ab bis zur anderweiten gesetzlichen Regelung soweit nötig durch Verordnung in Elsaß-Lothringen für wirksam zu erklären. Von dieser Ermächtigung ist indessen nicht mehr Gebrauch gemacht worden.

§ 65 des Biersteuergesetzes vom 26. Juli 1918 sah vor, daß Elsaß-Lothringen durch Beschluß des Bundesrats und des Reichstags in den Geltungsbereich des Biersteuergesetzes einbezogen werden konnte.

B. Die einheitliche Bierbesteuerung durch das Reich.

Die in Art. 35 Abs. 2 und 78 Abs. 2 der Reichsverfassung vom 16. April 1871 niedergelegten Bierbesteuerungssonderrechte Bayerns, Württembergs und Badens teilten nach dem Zusammenbruch des Jahres 1918 das Schicksal der übrigen Reservatrechte der Bundesstaaten. Der Entwurf einer Verfassung des Deutschen Reiches, der unter dem 17. Februar 1919 dem Staatenausschuß zuging (Nr. 4 der Drucksachen zu den Verhandlungen des Staatenausschusses für 1919), wies in Art. 7 Abs. 2 dem Reich „die Gesetzgebung über die Abgaben und sonstigen Einnahmen" zu, „soweit sie ganz oder teilweise für seine Zwecke in Anspruch genommen werden". Nach Art. 7 Abs. 3 des Entwurfs stand dem Reich ferner die Erhebung und Verwaltung der Zölle und Verbrauchssteuern zu. Württemberg stellte im Staatenausschuß den Antrag (Anlage zu Nr. 4 der Drucksachen des Staatenausschusses für 1919), daß es in Württemberg — und den anderen Sonderrechtsstaaten — hinsichtlich der Erhebung der Zölle und Verbrauchssteuern bei den bisher geltenden Vorschriften und hinsichtlich der Bierbesteuerung bei der Vorschrift des Art. 35 Abs. 2 der bisherigen Verfassung so lange bleiben solle, bis ein Freistaat für sein Gebiet das Einverständnis mit dem Inkrafttreten des Art. 7 Abs. 1 bis 3 und 5 erkläre und die Reichsregierung dem Inkrafttreten zustimme. Der Verfassungsentwurf wurde in der Zeit vom 18. bis 21. Februar 1919 vom Staatenausschuß beraten. Bereits vorher waren in Weimar Verhandlungen zwischen der Reichsregierung und den Sonderrechtsstaaten begonnen worden, in denen auf Wunsch der letzteren die Frage eines freiwilligen Verzichtes dieser Staaten auf ihre Sonderrechte gegen angemessene, in Form zeitlicher oder dauernder jährlicher Überweisungen aus den Biersteuereinnahmen des ganzen Reiches zu zahlende Entschädigungen erörtert wurde. Auf Grund dieser Verhandlungen erklärte Württemberg durch den Finanzminister Liesching bereits am 20. Februar 1919 seine grundsätzliche Bereitschaft zur Ablösung seines Sonderrechtes.

Der Entwurf der Reichsverfassung, der nach der Beratung durch den Staatenausschuß unter dem 21. Februar 1919 der verfassunggebenden deutschen

Nationalversammlung in Weimar zuging (Nr. 59 der Drucksachen der verfassunggebenden deutschen Nationalversammlung), entsprach in Art. 7 Abs. 2 und 3 dem ersten Entwurf. Ein neuer Artikel 116 erhielt für Bayern, Württemberg und Baden hinsichtlich der Besteuerung des inländischen Bieres den Art. 35 Abs. 2 der alten Reichsverfassung aufrecht, bis ein Gliedstaat sein Einverständnis mit dem Inkrafttreten des Art. 7 Abs. 2 der neuen Verfassung für sein Gebiet erkläre und die Reichsregierung dem Inkrafttreten zustimme. Hiernach war die endgültige Aufhebung der Sonderrechte nicht mehr wie nach Art. 78 Abs. 2 der alten Reichsverfassung von der Zustimmung der beteiligten Staaten abhängig, sondern konnte durch verfassungsänderndes Reichsgesetz erfolgen.

Nachdem die Verhandlungen mit Württemberg zu einem Einvernehmen auch im einzelnen geführt hatten, legte die Reichsregierung unter dem 20. März 1919 der Nationalversammlung den Entwurf eines Gesetzes über den Eintritt des Freistaates Württemberg in die Biersteuergemeinschaft vor (Nr. 172 der Drucksachen der verfassunggebenden deutschen Nationalversammlung), der am 26. März 1919 von der Nationalversammlung in allen drei Lesungen einstimmig angenommen wurde.

Den besonderen Verhältnissen Württembergs bei seinem Eintritt in die Biersteuergemeinschaft war in diesem Gesetz dadurch Rechnung getragen, daß die Aufrechterhaltung des strengen Reinheitsgebots, insbesondere das Verbot der Zuckerverwendung bei der Herstellung obergärigen Bieres und die Fortgeltung des Reinheitsgebots auch für steuerbegünstigte Hausbrauer, ihm vorbehalten wurde, und ferner dadurch, daß zum Ausgleich für die bisherigen Überschüsse der Biersteuereinnahmen Württembergs über seine Ausgleichungszahlungen an das Reich ihm ein entsprechender Anteil aus den Biersteuereinnahmen der Biersteuergemeinschaft, nämlich 3,45 vom Hundert jährlich, gewährt wurde. Bei der Berechnung dieses Vomhundertsatzes war von den Landesreineinnahmen an Biersteuer und Übergangsabgabe ausgegangen worden, die Württemberg nach seiner durchschnittlichen Biererzeugung in den Rechnungsjahren 1912 und 1913 erzielt haben würde, wenn es das Biersteuergesetz vom 26. Juli 1918 als Landesgesetz eingeführt hätte. Vor dem Kriege war der Bierverbrauch auf den Kopf der Bevölkerung in Württemberg wesentlich höher, 1913 z. B. um mehr als das Doppelte höher, als im Gebiet der Biersteuergemeinschaft gewesen und darauf hatten die Überschüsse der Biersteuereinnahmen über die Ausgleichungszahlungen beruht. Um einer etwaigen Verschiebung im Bierverbrauche zugunsten der Biersteuergemeinschaft Rechnung zu tragen — wie sie übrigens nach dem Kriege tatsächlich eingetreten ist —, wurde für die Überweisungen eine Höchstgrenze von 15 Millionen ℳ vorgesehen. Die Festsetzung eines Höchstbetrages bedeutete ferner, daß die Vorteile einer etwaigen späteren Erhöhung der Reichsbiersteuer ausschließlich dem Reiche zufließen sollten. Für den Fall des Beitritts anderer Staaten war eine Neuberechnung der Verhältniszahl von 3,45 vom Hundert vorbehalten[1]). Als besondere Sicherung Württembergs war die Bestimmung vorgesehen, daß das Gesetz nur unter den Voraussetzungen geändert werden könnte, die nach der Reichsverfassung für Verfassungsänderungen vorgesehen sind. Das Gesetz wurde am 27. März 1919 vollzogen und trat am 1. April 1919 in Kraft (RGBl. S. 345).

Mit dem Eintritt Württembergs in die Biersteuergemeinschaft entfiel seine Verpflichtung zur Zahlung der Ausgleichungsbeträge, die zum 1. April 1919 eine sehr beträchtliche Erhöhung erfahren haben würden, da die durch das Gesetz vom 26. Juli 1918 über Biersteuerausgleichungsbeträge (RGBl. S. 886) den Sonderrechtsstaaten gewährten Erleichterungen mit dem Rechnungsjahre 1918 ihr Ende erreichten. Die erhöhten Ausgleichungsbeträge bildeten dagegen eine fühlbare Belastung für Bayern, das im Gegensatze zu Baden eine Angleichung seiner Bierbesteuerung an die Erhöhung der Belastung im Reiche nicht durchgeführt hatte.

Nach dem Beitritt Württembergs zur Biersteuergemeinschaft setzten Bayern und Baden die Verhandlungen mit der Reichsregierung über die Ablösung ihrer Biersteuersonderrechte fort. Am 11. Juni 1919 richteten Bayern und im Anschluß daran am 12. Juni 1919 Baden an die Reichsregierung das Ersuchen, den Entwurf eines Gesetzes über ihren Eintritt in die Biersteuergemeinschaft beim Staatenausschuß einzubringen. Das geschah. In der Sitzung des Staatenausschusses vom 20. Juni 1919 erklärten Bayern und Baden, sie hätten für die im Gesetzentwurf vorgesehene Neuregelung die Form eines Vertrages vorgezogen; sie stimmten zu unter der Voraussetzung, daß ihnen die jährliche Entschädigung auch nicht durch ein verfassungsänderndes Gesetz wieder entzogen würde (§ 383 der Niederschriften des Staatenausschusses für 1919). Nach Zustimmung des Staatenausschusses wurde der Entwurf unter dem 20. Juni 1919 der verfassunggebenden deutschen Nationalversammlung vorgelegt (Nr. 393 der Drucksachen der Nationalversammlung) und von dieser am 23. Juni 1919 unverändert angenommen. Das Gesetz über den Eintritt der Freistaaten Bayern und Baden in die Biersteuergemeinschaft wurde am 24. Juni 1919 vollzogen und im RGBl. S. 599 veröffentlicht. Es trat am 1. Juli 1919 in Kraft. Damit wurde die letzte innerhalb des Reiches bestehende Zollschranke beseitigt.

Das Gesetz schloß sich eng an das Gesetz vom 27. März 1919 über den Eintritt Württembergs in die Biersteuergemeinschaft an. Hinsichtlich des Reinheitsgebotes war die Ermächtigung Bayerns und Badens, die Geltung

---

[1]) Infolge des Eintritts Bayerns und Badens in die Biersteuergemeinschaft ist die Verhältniszahl mit Wirkung vom 1. Juli 1919 neu auf 2,50 v. H. festgesetzt worden (Bekanntmachung zum Gesetz über den Eintritt des Freistaats Württemberg in die Biersteuergemeinschaft [vom 27. März 1919, RGBl. S. 345] vom 5. Juli 1919, RGBl. S. 635).

bestimmter Vorschriften des Reichsbiersteuergesetzes für ihr Gebiet auszuschließen, erweitert, indem auch § 13 Abs. 5 des Reichsbiersteuergesetzes (Ausnahmen vom Reinheitsgebot für die Bereitung besonderer Biere und von Ausfuhrbier) sollte ausgeschlossen werden können. Die Anteile Bayerns und Badens aus den Biersteuereinnahmen der erweiterten Biersteuergemeinschaft wurden für Bayern auf 13,55 und für Baden auf 1,60 v. H., die Höchstbeträge auf 78 und 10 Millionen ℳ bemessen.

Art. 116 der Regierungsvorlage wurde bereits vom Verfassungsausschuß (8. Ausschuß) der Nationalversammlung gestrichen, da er durch den Verzicht der süddeutschen Staaten auf ihre Sonderrechte gegenstandslos geworden war (Nr. 656 der Drucksachen der Nationalversammlung). Art. 8 der Reichsverfassung vom 11. August 1919 (RGBl. S. 1383), in dem Art. 7 Abs. 2 der Regierungsvorlage aufgegangen war, bestimmte: „Das Reich hat ferner die Gesetzgebung über die Abgaben und sonstigen Einnahmen, soweit sie ganz oder teilweise für seine Zwecke in Anspruch genommen werden. Nimmt das Reich Abgaben oder sonstige Einnahmen in Anspruch, die bisher den Ländern zustanden, so hat es auf die Erhaltung der Lebensfähigkeit der Länder Rücksicht zu nehmen." Damit war das ausschließliche Recht des Reiches zur Gesetzgebung auf dem Gebiet der Bierbesteuerung auch durch die Reichsverfassung festgelegt.

Am 23. Dezember 1919 trat die Reichsabgabenordnung vom 13. Dezember 1919 (RGBl. S. 1993) in Kraft, die wie die anderen Abgabengesetze so auch das Biersteuergesetz vom 26. Juli 1918 in mehrfacher Hinsicht abänderte und ergänzte (vgl. §§ 444 Abs. 3, 451, 453 der Reichsabgabenordnung; ferner die Verordnung zur Einführung der Reichsabgabenordnung vom 18. Dezember 1919, RGBl. S. 2101; allgemeine Verfügungen des Reichsministers der Finanzen über das Inkrafttreten der Reichsabgabenordnung im Bereiche der Zölle und Verbrauchsabgaben, veröffentlicht im Reichszollblatt 1920 S. 13, 1921 S. 161, 1923 S. 200). Nach § 452 der Reichsabgabenordnung hatte der Reichsminister der Finanzen die vor dem Inkrafttreten der Reichsabgabenordnung verkündeten Steuergesetze dieser anzupassen, wobei er der Zustimmung des Reichsrates und eines Reichstagsausschusses bedurfte, und sie in neuer Fassung zu veröffentlichen. Demgemäß wurde die Neufassung des Biersteuergesetzes unter dem 15. Juni 1920 dem Reichsrat (Nr. 147 der Reichsratsdrucks. für 1920) und nach dessen Zustimmung unter dem 15. Juli 1921 dem Reichstagsausschuß vorgelegt (Nr. 1 der Drucksachen des 32. Ausschusses des Reichstages I 1920/21). Von dem letzteren ist die Vorlage indessen nicht erledigt worden.

Die Notwendigkeit der Steigerung der Reichseinnahmen veranlaßte die Reichsregierung 1921 zur Einbringung des Entwurfs eines Gesetzes, betreffend Erhöhung einzelner Verbrauchssteuern (Nr. 200 der Reichsratsdrucks. für 1921 und Nr. 2872 der Reichstagsdrucks. I/1921). Art. III des

Entwurfs schlug für Bier eine Erhöhung der geltenden regelmäßigen Steuersätze von 10—12,50 ℳ auf 41—50 ℳ, des Steuersatzes für Zwergbrauer (Kleinbetriebe des § 3 Abs. 3 des Biersteuergesetzes vom 26. Juli 1918) von 8 auf 39 ℳ und des Steuersatzes für steuerbegünstigte Hausbrauer (§ 6 Abs. 2 a. a. O.) von 3 auf 24 ℳ für ein Hektoliter vor. Andererseits war eine Erweiterung des Zahlungsaufschubes (§ 11 Abs. 2 a. a. O.) von 3 auf 6 Monate, und zwar ohne Verzinsung, vorgesehen. Die Verzollung des Bieres sollte unter Aufhebung des Gesetzes über den Bierzoll vom 26. Juli 1918 (RGBl. S. 885) neu geregelt werden. Der bisherige Bierzoll von 19,35 ℳ (Faßbier) und 25,00 ℳ (Flaschenbier) enthielt auch die innere Steuer, und zwar nach dem Satze für Starkbier. Da nach dem Gesetz über die Erhebung der Zölle in Gold vom 21. Juli 1919 (RGBl. S. 1361) der Valutaausgleich nicht nur für den eigentlichen Zollschutz, sondern auch für die in dem Zoll enthaltene innere Steuer verlangt werden mußte und dies zu lebhaften Beanstandungen des Auslandes geführt hatte, sollte nunmehr wie bei den anderen Verbrauchssteuern eine Trennung von Zoll und Steuer eintreten. Die Zollsätze sollten 8 und 12 ℳ für einen Doppelzentner betragen und fortan die Verzollung nur nach dem Gewicht stattfinden. Der Reichsminister der Finanzen sollte ermächtigt werden, bei der Veröffentlichung der an die Reichsabgabenordnung angepaßten Fassung (§ 452 A. O.) des Biersteuergesetzes die Änderungen dieses Gesetzes zu berücksichtigen [1]. Der Reichstag stimmte dem Entwurf im wesentlichen zu, fügte aber einige Neuerungen ein. So wurde die Grenze des Stammwürzegehalts des Einfachbieres von 4,5 auf 5,5 v. H. erhöht und neben den Begriffen des Einfach-, Voll- und Starkbieres entsprechend bayerischen Wünschen der des Schankbieres eingeführt, für welches die Steuer auf drei Viertel der Steuer für Vollbier festgesetzt wurde. Neben dem Haustrunk der Brauereiangestellten und -arbeiter wurde der Haustrunk der Inhaber von Privatbrauereien, soweit sie selbst im Betriebe tätig sind, für steuerfrei erklärt.

Das Gesetz, betreffend Erhöhung einzelner Verbrauchssteuern, wurde als Anlage 7 des Gesetzes über Änderungen im Finanzwesen am 8. April 1922 vollzogen und im RGBl. I S. 380 verkündet.

Die Biersteuererhöhung des Jahres 1922 wurde durch das Fortschreiten des Währungsverfalls in kurzem überholt. Angesichts der Schwankungen des Geldwertes, deren Ende nicht absehbar erschien, nahm die Reichsregierung davon Abstand, wie 1922 lediglich eine Erhöhung der geltenden Biersteuersätze in Vorschlag zu bringen. Der Grundsatz der festen Biersteuersätze war so wie bisher nicht mehr aufrecht zu erhalten. Der Entwurf eines Biersteuergesetzes, der im Frühjahr 1923 dem Reichsrat gleichzeitig mit den Entwürfen eines neuen Mineralwasser-, Spielkarten-, Leuchtmittel-, Zündwaren-, Salz- und Zuckersteuergesetzes zuging, sah eine Verfünfzigfachung der geltenden

[1] Unzutreffend die Darstellung bei Koppe S. 22.

Steuer vor, ermächtigte aber den Reichsminister der Finanzen, mit Zustimmung des Reichsrats die Steuer zur Anpassung an die Bierpreise zu erhöhen. Auf diese Weise sollte ein beweglicher Faktor in die Steuer eingeschaltet werden, andererseits sollten die Vorzüge des bisherigen Systems — Einfachheit der Überwachung und Erhebung, Gleichmäßigkeit der Besteuerung — erhalten bleiben. Von der Einführung einer Besteuerung des Bieres nach dem Werte nahm man Abstand. Eine Verbraucherwertsteuer nach dem Muster der Weinsteuer wäre steuertechnisch nicht durchführbar gewesen und einer Herstellerwertsteuer nach Art der Kohlensteuer stand das Bedenken entgegen, daß die im Geschäftsverkehr zwischen Brauern und Gastwirten üblichen Nebenleistungen der Ermittlung des Steuerwertes große Schwierigkeiten, insbesondere durch die Ausdehnung der Überwachung auf die Wirte, bereitet hätten. Der Entwurf sah den Fortfall der bisherigen steuerlichen Begünstigungen der Zwergbetriebe des § 3 Abs. 3 und der Hausbrauer des § 6 Abs. 2 des Biersteuergesetzes vom 26. Juli 1918, ferner den Fortfall der Steuerfreiheit des Haustrunks der Inhaber von Privatbrauereien vor, da diese die Befreiung der Hausbrauer von der Steuer zur Folge gehabt hatte. Der Entwurf beseitigte weiter den Zahlungsaufschub, wie das auch in den übrigen oben genannten Entwürfen zur Vermeidung der Entwertung der Reichseinnahmen geschehen war. Die die Kontingentierung sowie die Errichtung neuer Brauereien betreffenden Vorschriften des bisherigen Biersteuergesetzes sollten aufrecht erhalten bleiben. Der Entwurf war der Reichsabgabenordnung angepaßt.

Gleichzeitig wurde der Entwurf eines Gesetzes zur Änderung der Gesetze über den Eintritt der Freistaaten Württemberg, Bayern und Baden in die Biersteuergemeinschaft eingebracht, der die Gesetze vom 27. März 1919 (RGBl. S. 345) und vom 24. Juni 1919 (RGBl. S. 599) dem neuen Biersteuergesetze anpassen sollte. In der Vorlage an den Reichstag wurden entsprechend den Beschlüssen des Reichsrates die in jenen Gesetzen vorgesehenen Höchstbeträge für die Anteile der drei süddeutschen Staaten an der Biersteuereinnahme auf deren Wunsch von 15, 78 und 10 Millionen ℳ auf 380 Millionen, 2 Milliarden und 260 Millionen ℳ erhöht.

Der Reichstag, dem die Entwürfe unter dem 14. April 1923 (Reichstagsdrucks. Nr. 5739 I 1920/23) zugingen, nahm verschiedene Änderungen vor (vgl. Zusammenstellungen der Beschlüsse des 11. Ausschusses in den Reichstagsdrucks. Nr. 6016 u. 6046). So wurden die Steuersätze des Entwurfs verdoppelt auf 4100 bis 5000 ℳ[1]), der Stammwürzegehalt des Vollbieres von

[1]) In § 4 blieb infolge eines Versehens bei der Abstimmung im Reichstage der vom 11. Ausschuß beschlossene Steuersatz für Einfuhrbier von 17500 ℳ stehen. Das Versehen ist durch die Verordnung des Reichsministers der Finanzen über Biersteuer vom 24. Juli 1923, Nr. 2 (RGBl. I S. 746) rechtzeitig ausgeglichen worden.

13 auf 14 v. H. erhöht, die Steuerbegünstigung der Zwergbrauer wiederhergestellt, die Erhöhung der Steuer von der Zustimmung auch eines Reichstagsausschusses abhängig gemacht, als Bierpreis, dessen Steigen für die Steuererhöhung maßgeblich sein sollte, der Preis vom 15. Juni 1923 bestimmt, die Steuerfreiheit des Haustrunks der Inhaber von Privatbrauereien wiederhergestellt. In das Gesetz zur Änderung der Gesetze über den Eintritt der Freistaaten Württemberg, Bayern und Baden in die Biersteuergemeinschaft wurde die Ermächtigung des Reichsministers der Finanzen eingefügt, die Höchstbeträge von 380 Millionen ℳ, 2 Milliarden ℳ und 260 Millionen ℳ [1]) mit Zustimmung des Reichsrats und eines Ausschusses des Reichstages im Falle der Erhöhung der Biersteuer entsprechend zu erhöhen und die so erhöhten Beträge im Falle der Ermäßigung entsprechend, jedoch nicht unter die Höchstbeträge der bisherigen Gesetze, herabzusetzen.

Die beiden Gesetze sind unter dem 9. Juli 1923 vollzogen und im RGBl. I S. 557 und 563 veröffentlicht worden. In Kraft gesetzt ist das Biersteuergesetz durch den — § 32 — dazu ermächtigten Reichsminister der Finanzen zum 1. August 1923 (Verordnung über das Inkrafttreten von Verbrauchssteuergesetzen vom 14. Juli 1923, RGBl. I S. 650). Das Nebengesetz trat gleichzeitig mit dem Biersteuergesetz in Kraft. Die Ausführungsbestimmungen zum Biersteuergesetze sind unter dem 23. Juli 1923 erlassen und im Reichsministerialblatt S. 805 veröffentlicht.

Die vom Reichstag beschlossenen Biersteuersätze von 4100—5000 ℳ, die nur 2,8 bis 3,7 v. H. der Brauereipreise vom 15. Juni 1923 entsprachen, blieben weit hinter dem von der Reichsregierung für notwendig erachteten Maß einer Belastung des Bieres in Höhe von mindestens 20 v. H. der Brauereipreise zurück. Der Entwurf eines Gesetzes über Abänderung einzelner Verbrauchssteuergesetze, der noch vor Inkrafttreten des Biersteuergesetzes dem Reichsrate und unter dem 4. August 1923 dem Reichstage (Nr. 6131 der Reichstagsdrucks. I 1920/23) zuging, sah daher eine Erhöhung der Biersteuersätze auf 41000 bis 50000 ℳ auf der Grundlage der Brauereipreise vom 1. Juli 1923 vor. Eine Erhöhung der Biersteuereinnahme sollte ferner dadurch erreicht werden, daß nunmehr der Reichsminister der Finanzen ermächtigt wurde, allein, ohne Mitwirkung von Reichsrat und Reichstag, die Steuer zu erhöhen. Zur Vermeidung der Entwertung der Einnahmen sollten die Fälligkeitsfristen sehr wesentlich verkürzt, insbesondere die Steuer halbmonatlich gezahlt werden. Da der Reichstag dem Entwurf eines Mineralwassersteuergesetzes seine Zustimmung versagt hatte und das Mineralwassersteuergesetz vom 26. Juli 1918 (RGBl. S. 849) im Hinblick auf die Geldentwertung wegen seiner niedrigen Steuersätze außer Kraft gesetzt werden mußte, anderer-

[1]) In der Ausgabe von Koppe sind S. 368 und 370 irrtümlich die vom 11. Ausschuß des Reichstags beschlossenen. von der Vollversammlung aber abgeänderten Höchstbeträge angegeben.

seits die Notwendigkeit bestand, die bierähnlichen Getränke, die bisher als künstlich bereitete Getränke dem Mineralwassersteuergesetz unterlagen, sowohl im Interesse des Steueraufkommens wie des Braugewerbes einer Steuer zu unterwerfen, sah der Entwurf die Einbeziehung der bierähnlichen Getränke in die Biersteuer vor.

Reichsrat und Reichstag stimmten dem Entwurf mit unwesentlichen Änderungen zu. Das Gesetz über Abänderung einzelner Verbrauchssteuergesetze vom 11. August 1923 (RGBl. I S. 770) trat bereits am 1. September 1923 in Kraft. Durch Verordnung vom 18. August 1923 (RMinBl. S. 902) wurden die Biersteuer-Ausführungsbestimmungen entsprechend geändert.

Die Grundzüge des Biersteuergesetzes vom 9. Juli/11. August 1923 sind folgende:

Der Besteuerung unterliegt das fertige zum Verbrauch im Geltungsbereich des Gesetzes bestimmte Bier, also auch das Einfuhrbier. Die Steuerschuld entsteht mit der Entfernung des Bieres aus der Brauerei oder mit dem Genuß des Bieres in der Brauerei. Steuerschuldner ist, wer Bier für seine Rechnung herstellt oder herstellen läßt. In Ansehung des Einfuhrbieres gelten für Entstehung der Steuerschuld und Person des Steuerschuldners die entsprechenden Vorschriften des Zollrechts. Die Steuersätze für Vollbier betragen 41000 bis 50000 ℳ für ein Hektoliter und sind durchgestaffelt. Für Einfachbier ermäßigen sich die Steuersätze um die Hälfte, für Schankbier um ein Viertel, für Starkbier erhöhen sie sich um die Hälfte. Den Steuersätzen liegen die Brauereipreise für Bier vom 1. Juli 1923 zugrunde, deren niedrigster der bayerische für dunkles Vollbier von 10 v. H. Stammwürzegehalt mit 214000 ℳ war (vgl. Begründung zum Entwurf des Gesetzes über Abänderung einzelner Verbrauchssteuergesetze). Der Reichsminister der Finanzen ist ermächtigt, die Steuer zu erhöhen, wenn die Preise seit dem 1. Juli 1923 oder dem Inkrafttreten der letzten Festsetzung um wenigstens 25 v. H. gestiegen sind, er ist ferner ermächtigt und auf Verlangen des Reichsrats verpflichtet, die Steuer zu ermäßigen, wenn die Preise zurückgehen. Auf Grund der Ermächtigung ist durch eine große Zahl von Verordnungen die Steuer erhöht, durch die 20. Verordnung über die Höhe der Biersteuer (RAnz. Nr. 270 vom 27. November 1923) auf 5 bis 6,10 Goldmark festgesetzt worden. Die Steuer ist halbmonatlich, und zwar am 25. und 10. des Monats fällig, der Zahlungsaufschub beseitigt. Steuerfreiheit besteht für den Haustrunk der Brauereiangestellten und -arbeiter, sowie der Inhaber von Privatbrauereien, ferner für Ausfuhrbier. Die steuerliche Begünstigung der Zwergbrauer und der Hausbrauer ist beseitigt.

Das Reinheitsgebot ist aufrecht erhalten, jedoch die Zahl der Ausnahmen durch die Vorschrift des § 10 Abs. 9 erweitert worden, wonach zur Bereitung obergärigen Bieres die Verwendung von Süßstoff zugelassen werden kann. Von dieser Möglichkeit ist durch die Verordnung über Verwendung von

Süßstoff zur Bereitung obergärigen Bieres vom 21. Juli 1923 (RGBl. I S. 746) Gebrauch gemacht worden. Eine weitere, von vornherein jedoch nur als vorübergehend gedachte Ausnahme enthielt das Gesetz vom 9. Juli 1922, betreffend Abweichungen von dem Biersteuergesetze vom 26. Juli 1918, dessen zuletzt durch Gesetz vom 18. Juli 1923 (RGBl. I S. 743) verlängerte Geltungsdauer am 30. September 1924 abgelaufen ist. Hiernach war die Verwendung von Reis, geschältem und entkeimtem Mais in Gestalt von Grieß, sowie von Maisstärke als Zumaischstoffe zur Bierbereitung zugelassen. Die Vorbehalte der süddeutschen Staaten auf dem Gebiete des Reinheitsgebotes bestehen fort und sind auch auf die Süßstoffverwendung ausgedehnt worden.

Für die Steueraufsicht sind im wesentlichen die bewährten Grundsätze des Biersteuergesetzes vom 26. Juli 1918 und der dazu erlassenen Ausführungsbestimmungen beibehalten worden.

Die Steuer für bierähnliche Getränke mit einem Stammwürzegehalt von 8 bis 14 v. H. wird nach dem höchsten Satze der jeweiligen Steuer vom Schankbier erhoben. Sie erhöht oder ermäßigt sich je um die Hälfte für Getränke mit höherem oder geringerem Stammwürzegehalt.

Die Vorschriften der §§ 4 und 72 des Biersteuergesetzes vom 26. Juli 1918 über die Kontingentierung und die damit zusammenhängenden Arbeiterschutzbestimmungen, ferner der § 5 über den Schutz der bestehenden Brauereien gegen Neugründungen sind aufrecht erhalten worden. Die Aufrechterhaltung des § 4 a. a. O. bedingt auch die Fortgeltung der Braurechtsordnung (ZtrBl. f. d. Deutsche Reich 1919 S. 41).

Fortgefallen ist der § 63 des Biersteuergesetzes vom 26. Juli 1918 über Gemeindeabgaben vom Bier, da dieser Gegenstand jetzt durch die allgemeine Regelung der Gemeindegetränkesteuern in § 14 des Finanzausgleichsgesetzes (RGBl. 1923 I S. 494) geordnet ist.

§ 27 des Biersteuergesetzes vom 9. Juli/11. August 1923, der die Förderung des Braugewerbes durch Mittel aus der Biersteuereinnahme regelt, ist durch Art. I der auf Grund des Ermächtigungsgesetzes vom 8. Dezember 1923 (RGBl. I S. 1179) ergangenen Verordnung vom 13. Februar 1924 zur Abänderung einzelner Verbrauchssteuergesetze (RGBl. I S. 68) gestrichen worden.

Biersteuergesetz

vom 9. Juli 1923
(RGBl. I S. 557)
in der Fassung des Gesetzes vom 11. August 1923 (RGBl. I S. 770)
und der Verordnung vom 13. Februar 1924 (RGBl. I S. 68).

Der Reichstag hat das folgende Gesetz beschlossen, das mit Zustimmung des Reichsrats hiermit verkündet wird:

I. Allgemeine Vorschriften.

Gegenstand der Biersteuer und Geltungsbereich des Gesetzes.

§ 1.

[1] Bier, das zum Verbrauch im Geltungsbereich dieses Gesetzes bestimmt ist, unterliegt einer Abgabe (Biersteuer).

[2] Das Biersteuergesetz gilt in dem innerhalb der Zollgrenze liegenden Gebiete des Deutschen Reichs und in den badischen Zollausschlüssen, und zwar in Württemberg, Bayern und Baden nach Maßgabe der Gesetze vom 27. März 1919 (RGBl. S. 345) und vom 24. Juni 1919 (RGBl. S. 599) in der Fassung des Gesetzes zur Abänderung dieser Gesetze vom heutigen Tage.

1. Der Geltungsbereich des Gesetzes umfaßt das Zollinland und die badischen Zollausschlüsse. Das Recht des Reiches zur Besteuerung des Bieres im ganzen Reichsgebiet beruht auf Art. 8 Satz 1 der Reichsverfassung vom 11. August 1919, wonach dem Reich die Gesetzgebung über die Abgaben zusteht, soweit sie ganz oder teilweise für seine Zwecke in Anspruch genommen werden.

Das bisherige Biersteuergesetz galt nach seiner Eingangsformel für das innerhalb der Zollinie liegende Gebiet des Deutschen Reiches mit Ausnahme von Bayern, Württemberg, Baden, Elsaß-Lothringen, des Sachsen-Weimarischen Vordergerichts Ostheim und des Sachsen-Koburg-Gothaischen Amtes Königsberg. Dieses Gebiet des Deutschen Reiches bildete das Gebiet der Biersteuergemeinschaft.

Die Sonderstellung von Bayern, Württemberg und Baden gründete sich auf Art. 35 Abs. 2 der Reichsverfassung vom 16. April 1871, wonach in diesen Gebieten die Besteuerung des inländischen Bieres der Landesgesetzgebung vorbehalten war. Diese Vorschrift konnte gemäß Art. 78 Abs. 2 der alten Reichsverfassung nur mit Zustimmung der berechtigten Bundesstaaten abgeändert werden. Das Sachsen-Weimarische Vordergericht Ostheim war durch Vertrag zwischen Bayern und Sachsen-Weimar vom 17. Juli 1843, das Sachsen-Koburg-Gothaische Amt Königsberg in Franken durch Vertrag zwischen Bayern und Sachsen-Koburg-Gotha vom 27. Mai 1891 an das bayerische Verbrauchssteuersystem angeschlossen. Durch das Gesetz vom 27. März 1919 (RGBl. S. 345) trat vom 1. April 1919 ab Württemberg, durch das Gesetz vom 24. Juni 1919 (RGBl. S. 599) traten vom 1. Juli 1919 ab Bayern (einschließlich Ostheim und Königsberg) und Baden (zugleich mit den außerhalb der Zollinie liegenden badischen Gebietsteilen) in die Biersteuergemeinschaft ein. Der Geltungsbereich des Biersteuergesetzes vom 26. Juli 1918, wie er sich hiernach vom 1. Juli 1919 ab gestaltete, deckt sich mit dem Geltungsbereich des gegenwärtigen Gesetzes.

§ 2 Abs. 1 des Gesetzes vom 27. März 1919 und § 2 Abs. 1 des Gesetzes vom 24. Juni 1919 bestimmten, daß das Biersteuergesetz vom 26. Juli 1918 auch in Württemberg, Bayern und Baden gelte. An die Stelle des Biersteuergesetzes vom 26. Juli 1918 ist in diesen Vorschriften nach Art. I Nr. 1 Abs. 1 und Art. II Nr. 1 Satz 1 des Gesetzes zur Änderung der Gesetze über den Eintritt der Freistaaten Württemberg, Bayern und Baden in die Biersteuergemeinschaft vom 9. Juli 1923 (RGBl. S. 563) das Biersteuergesetz vom 9. Juli 1923 getreten. Die Bedeutung dieser Vorschriften über den Geltungsbereich des Gesetzes im Verhältnis zu § 1 Abs. 2 des Biersteuergesetzes beruht darin, daß sie nur durch verfassungänderndes Gesetz abgeändert werden können (s. u.).

Die Sonderrechte, die Württemberg, Bayern und Baden auf Grund der Gesetze über ihren Eintritt in die Biersteuergemeinschaft vom 27. März und 24. Juni 1919 in der Fassung des Gesetzes vom 9. Juli 1923 auf dem Gebiete der Bierbesteuerung jetzt zustehen, beschränken sich auf einen bestimmten Anteil an der Biersteuerreineinnahme des Reiches, die Ermächtigung, über das Reinheitsgebot des § 10 des Biersteuergesetzes hinausgehende Vorschriften zu erlassen, und die Sicherungsvorschrift, daß Änderungen der Gesetze nur nach Maßgabe der Vorschriften über Verfassungsänderungen erfolgen dürfen. Die Anteile betragen für Württemberg 2,50 v. H. (vgl. Bekanntmachung vom 5. Juli 1919 zum Gesetz über den Eintritt des Freistaats Württemberg in die Biersteuergemeinschaft vom 27. März 1919, RGBl. S. 635), für Bayern 13,55 v. H. und für Baden 1,60 v. H., jedoch nicht mehr als 380 Millionen ℳ für Württemberg, 2 Milliarden ℳ für Bayern und 260 Millionen ℳ für Baden. Der Reichsminister der Finanzen ist ermächtigt, die Höchstbeträge mit Zustimmung des Reichsrates und eines Ausschusses des Reichstages im Falle der Erhöhung der Biersteuer entsprechend zu erhöhen. Wegen der Verschärfung des Reinheitsgebotes in den drei süddeutschen Ländern vgl. Bem. 4 zu § 10 Abs. 9.

Nach § 6 des Gesetzes vom 27. März 1919 und § 8 des Gesetzes vom 24. Juni 1919 können diese Gesetze nur unter den Voraussetzungen abgeändert werden, die nach der Reichsverfassung für Verfassungsänderungen vorgesehen sind (vgl. Art. 76 der Reichsverfassung). Diese Vorschrift bezieht sich nur auf die Gesetze selbst, nicht auch auf das in ihnen in bezug genommene Biersteuergesetz, dessen im Wege der einfachen Gesetzgebung herbeigeführte Änderungen ohne weiteres für die drei süddeutschen Länder gelten, soweit nicht ausdrückliche Vorschriften der Gesetze vom 27. März und 24. Juni 1919 entgegenstehen (vgl. § 3 des Gesetzes vom 27. März 1919 und § 3 Abs. 1 des Gesetzes vom 24. Juni 1919, wo solche Änderungen vorgesehen sind). Zur etwaigen Wiederherstellung der landesrechtlichen Bierbesteuerung in den früheren Sonderrechtsstaaten würde es eines verfassungsändernden Gesetzes bedürfen, da durch die Änderung nicht nur die Gesetze über den Eintritt dieser Staaten in die Biersteuer gemeinschaft, sondern auch der Art. 8 der Reichsverfassung betroffen werden würden.

§ 1 Abs. 2 des Biersteuergesetzes enthält in der Erwähnung der Gesetze über den Eintritt von Württemberg, Bayern und Baden in die Biersteuergemeinschaft auch für das Biersteuergesetz einen Hinweis auf die noch bestehenden Sonderrechte dieser Länder (Begr. S. 8).

2. Bayern, Württemberg und Baden hatten bis zu ihrem Eintritt in die Biersteuergemeinschaft gemäß Art. 38 Abs. 4 der alten Reichsverfassung keinen Anteil an dem in die Reichskasse fließenden Ertrage der Biersteuer und an dem diesem Ertrage entsprechenden Teile des Aversums, durch welches die außerhalb der gemeinschaftlichen Zollgrenze liegenden Gebiete nach Art. 38 Abs. 3 a. a. O. zu den Einnahmen des Reiches beitrugen. Aus Art. 70 der alten Reichsverfassung ergab sich, daß sie zum Ausgleich entsprechend erhöhte Matrikularbeiträge zu entrichten hatten, die als Ausgleichungsbeträge (früher Biersteueräquivalente) im Reichshaushalt besonders aufgeführt waren. Sie wurden nach der matrikularmäßigen Bevölkerungszahl der beitragspflichtigen Staaten nach dem auf den Kopf der Bevölkerung in der Biersteuergemeinschaft entfallenden Ertragsanteil der norddeutschen Biersteuer berechnet.

3. Solange die Besteuerung des Bieres innerhalb des Reichsgebietes nicht einheitlich geregelt war (vgl. Bem. 1), wurde von dem aus einem Biersteuergebiet in das andere eingeführten Biere, soweit es sich nicht etwa um verzolltes ausländisches Bier handelt, zum Ausgleich für die im Einfuhrgebiete geltende Steuer die Übergangsabgabe erhoben.

Die geschichtliche Entwicklung war folgende. Bis zum Abschluß der Zollvereinigungsverträge wurde das Bier beim Übergang von einem Staat in den anderen verzollt. Im Zollvereinigungsvertrage vom 22. März 1833, in dem Preußen, Bayern, Württemberg und Hessen sich zu einem gemeinsamen Zoll- und Handelssystem verbanden, wurde in Art. 11 in bezug auf die Erzeugnisse, bei denen hinsichtlich der Besteuerung im Inneren noch eine Verschiedenheit der Gesetzgebung unter den Vertragsstaaten bestand, verabredet, daß zur Vermeidung der Nachteile, die für die Produzenten des eigenen Staates im Verhältnis zu den Produzenten in anderen Vereinsstaaten aus der ungleichen Besteuerung erwachsen würden, Ergänzungs- oder Ausgleichungsabgaben von Bier, Branntwein usw. erhoben werden sollten, während gleichzeitig Rückvergütungen für ausgeführte Erzeugnisse nicht gewährt werden sollten. Diese Ausgleichungsabgaben wurden nach dem Unterschiede der Steuern im Bestimmungs- und im Herkunftsstaate bemessen, fielen daher gegenüber Staaten mit gleicher oder höherer Besteuerung des gleichen Erzeugnisses fort. Diese Art des Steuerausgleichs wurde im Zollvereinigungsvertrag vom 8. Mai 1841 verlassen, weil sie die Staaten, die fremdes Bier einführten, insofern benachteiligte, als sie von dem Einfuhrbier die innere Abgabe nicht oder nur zum Teil erhielten, und weil andererseits den Herstellern mangels einer Rückvergütung der Steuer der Wettbewerb dann erschwert wurde, wenn die Steuer im Ausfuhrgebiet höher war als im Einfuhrgebiet. Es wurde daher neben der Brausteuerrückvergütung die Übergangsabgabe in der Form eingeführt (Art. 3 II und Nr. 9 u. 10 des Separatartikels 4 des Vertrages vom 8. Mai 1841), wie sie durch die folgenden Verträge vom 4. April 1853, vom 16. Mai 1855 und zuletzt vom 8. Juli 1867 (Art. 5 II §§ 1 bis 3, 5) übernommen wurde und bis zum Jahre 1919 bestanden hat. Dementsprechend bestimmte Art. 33 Abs. 2 der Reichsverfassung vom 16. April 1871, daß alle im freien Verkehr eines Bundesstaates befindlichen

Gegenstände in jedem anderen Bundesstaate eingeführt und in letzterem einer Abgabe nur insoweit unterworfen werden durften, als daselbst gleichartige inländische Erzeugnisse einer inneren Steuer unterlagen.

Die Übergangssteuersätze wurden zu jedem Vertrage in besonderen Übersichten festgestellt. Die Übergangsabgabe vom Bier wurde auf Grund des Vertrages vom 8. Mai 1841 in der zugehörigen Übersicht (Nr. 9 des Separatartikels 4 zu II 3 c des Vertrages und Beilage hierzu) für Preußen zu 7 Silbergroschen 6 ₰ für den Zollzentner festgesetzt und in dieser Höhe in Preußen und den mit ihm zu einem Brausteuergebiet vereinigten Staaten auch unter den folgenden Verträgen und nach der Gründung des Reichs bis zum Jahre 1874 erhoben. Durch Bundesratsbeschluß vom 25. März 1874 wurde entsprechend den Wünschen Bayerns und Hessens zur Erhebung der Übergangsabgabe nach dem Hohlmaße übergegangen und der Satz von $7^1/_2$ Silbergroschen für 1 Zollzentner auf 2 ℳ für 1 Hektoliter umgerechnet; hierbei wurde nach dem Ergebnisse der von einzelnen Bundesregierungen veranlaßten Gewichtsermittlungen das Bruttogewicht eines Hektoliters Bier zu 260—265 Pfund angenommen.

Die Übergangsabgabe hat dann in der Folge fast beständig Anlaß zu Meinungsverschiedenheiten unter den Bundesstaaten gegeben, um deren Ausgleich der Bundesrat in wiederholten Beschlüssen bemüht war. Durch den Bundesratsbeschluß vom 23. Juni 1906 wurde aus Anlaß der Brausteuererhöhung durch das Gesetz vom 3. Juni 1906 die Übergangsabgabe für das in die norddeutsche Brausteuergemeinschaft eingeführte Bier vorläufig vom 1. Juli 1906 ab auf 2,75 ℳ für ein Hektoliter Bier festgesetzt. Durch Bundesratsbeschluß vom 1. Juni 1907 wurden Grundsätze beschlossen, nach denen die Übergangsabgabe und die Brausteuervergütung in den einzelnen Brausteuergebieten spätestens vom 1. April 1908 ab zu regeln waren. So sollte die Übergangsabgabe neben ihrem eigentlichen Zwecke nicht dem Schutze des einheimischen Braugewerbes dienen, für alle Biersorten nach dem gleichen Satze erhoben werden, der Berechnung der Höchststeuersatz der Steuerstaffel und eine Malzverwendung von 25 kg für 1 hl Bier zugrunde gelegt werden, bei der Brausteuervergütung nicht mehr als der wirklich gezahlte Steuerbetrag erstattet werden und die Vergütung nicht die Natur und Wirkung einer Ausfuhrprämie erhalten. Die Vergütung sollte nach oben insoweit begrenzt werden, daß sie nur bis zu dem Betrage gewährt werden dürfte, der der bei der Berechnung der Übergangsabgabe zugrunde gelegten Malzmenge entsprach. Dementsprechend wurde auf Grund des Höchststeuersatzes von 10 ℳ für 1 Doppelzentner Malz des Brausteuergesetzes vom 3. Juni 1906 durch Bundesratsbeschluß vom 26. März 1908 (ZtrBl. S. 126) die Übergangsabgabe von dem in die norddeutsche Brausteuergemeinschaft eingeführten Bier auf 2,50 ℳ für ein Hektoliter festgesetzt. Dieser Satz wurde durch den Bundesratsbeschluß vom 24. Juli 1909 (ZtrBl. S. 617) verdoppelt, entsprechend der Erhöhung des Höchststeuersatzes der Brausteuer auf 20 ℳ für einen Doppelzentner durch das Brausteuergesetz vom 15. Juli 1909.

Durch den Bundesratsbeschluß vom 22. Juni 1911 (ZtrBl. S. 397) wurden die Grundsätze des Beschlusses vom 1. Juni 1907 durch neue Grundsätze ersetzt, denen vom 1. Oktober 1911 ab Rechnung getragen werden sollte. Die Brausteuervergütung sollte in vollem Betrage nach Maßgabe der für das ausgeführte Bier verwendeten Malzmenge gewährt werden. Die Übergangsabgabe sollte unter Anwendung des Höchstsatzes der im Einfuhrgebiet geltenden regelmäßigen Steuerstaffel nach der Malzmenge erhoben werden, die im Herstellungslande der Rückvergütung der Steuer bei der Ausfuhr des

Bieres zugrunde gelegt wurde. Die hiernach für jede Biersendung zutreffende Malzmenge war von der Steuerbehörde des Ausfuhrlandes im Abfertigungspapier in Kilogramm anzugeben. Bei der Berechnung der Übergangsabgabe war in den ersten zwei Jahren nach dem 1. Oktober 1911 mindestens eine Malzmenge von 22 kg, für die spätere Zeit von 21,5 kg für 1 hl Bier zugrunde zu legen. Fehlte die steueramtliche Angabe der Malzverwendung, so waren 30 kg für 1 hl Bier anzunehmen.

Hiernach ergab sich für die Zeit vom 1. Oktober 1911 bis zum 30. September 1913 ein Mindestbetrag der Übergangsabgabe in der Brausteuergemeinschaft von 4,40 ℳ für 1 hl, für die spätere Zeit von 4,30 ℳ.

Wegen des Rückganges der Malzverwendung bei der Bierbereitung während des Krieges wurde die Mindestmalzmenge durch Bundesratsbeschluß vom 12. Juli 1917 (ZtrBl. S. 233) für die Zeit vom 1. August 1917 bis 30. September 1918 auf 9,5 kg festgesetzt. Dem entsprach in der Brausteuergemeinschaft ein Mindestsatz von 1,90 ℳ für 1 hl Bier.

Aus Anlaß der Erhöhung und Neugestaltung der Bierbesteuerung durch das Biersteuergesetz vom 26. Juli 1918 wurde die Übergangsabgabe für Bier im Gebiete der norddeutschen Biersteuergemeinschaft durch den Beschluß des Bundesrats vom 15. August 1918 (ZtrBl. S. 502) mit Wirkung vom 1. Oktober 1918 neu geregelt. Sie betrug für Bier, das nach der Bescheinigung des Ausfuhrlandes einen Stammwürzegehalt von nicht mehr als 4,5 v. H. hatte, 6,25 ℳ, für Bier mit einem Stammwürzegehalt von nicht mehr als 13 v. H. 12,50 ℳ, für anderes Bier 18,75 ℳ vom Hektoliter. Es wurde also der Grundsatz der Anwendung des Höchstsatzes der im Einfuhrgebiet geltenden regelmäßigen Steuerstaffel für die Bemessung der Übergangsabgabe beibehalten.

Das **Verfahren** bei der Erhebung und Überwachung der Übergangsabgaben ist durch die Übereinkunft vom 8. Mai 1841 im Anschluß an den Zollvereinigungsvertrag vom gleichen Tage erstmals geregelt worden. Die danals vereinbarten Grundsätze wurden auch später im wesentlichen beibehalten. Für Preußen sind die näheren Bestimmungen getroffen in der Bekanntmachung des preußischen Finanzministeriums vom 13. Dezember 1841, der Rundverfügung vom 13. Dezember 1841 II 20061 und in der Anleitung zur Ausfertigung und Erledigung von Übergangsscheinen vom 21. Dezember 1841.

Verzolltes ausländisches Bier unterlag der Übergangsabgabe nicht.

Auf die Bestrafung von Hinterziehungen der Übergangsabgabe sowie von sonstigen Zuwiderhandlungen gegen die Bestimmungen über den Verkehr mit übergangssteuerpflichtigem Bier fanden die Vorschriften über die Bestrafung der Zollhinterziehungen (§§ 135ff. des Vereinszollgesetzes) und der Zollordnungswidrigkeiten (§ 152 daselbst) Anwendung (§ 61 des Biersteuergesetzes vom 26. Juli 1918).

Mit dem 1. Juli 1919, dem Tage des Inkrafttretens des Gesetzes über den Eintritt Bayerns und Badens in die Biersteuergemeinschaft, fielen die Übergangsabgaben und damit die letzten innerhalb des Zollinlandes bestehenden Zollschranken.

4. Der Geltungsbereich des Gesetzes, wie er in § 1 Abs. 2 umschrieben ist, stimmt überein mit dem Geltungsbereich des Gesetzes über das Branntweinmonopol vom 8. April 1922 (RGBl. I S. 405; vgl. § 2 jenes Gesetzes). Die am 9. Juli 1923 gleichzeitig mit dem Biersteuergesetz verkündeten Verbrauchssteuergesetze, nämlich das Spielkartensteuergesetz (RGBl. I S. 564; § 2), das Leuchtmittelsteuergesetz (a. a. O. S. 567; § 3), das Zündwarensteuergesetz (a. a. O. S. 570; § 2), das Salzsteuergesetz (a. a. O. S. 573; § 2) und das

Zuckersteuergesetz (a. a. O. S. 575; § 2) gelten übereinstimmend in dem innerhalb der Zollgrenze liegenden Gebiete des Deutschen Reiches und in den Zollausschlußgebieten mit Ausnahme des der Steuerhoheit des Reiches vorübergehend entzogenen Saargebietes und der Insel Helgoland. Der Reichsminister der Finanzen ist ferner ermächtigt, diese Gesetze auch für die Insel Helgoland in Kraft zu setzen und wegen der Zollausschlußgebiete mit Zustimmung des Reichsrates — beim Spielkartensteuergesetz ohne diese — besondere, auch von den Vorschriften dieser Gesetze abweichende Anordnungen zu treffen. Die gleiche Regelung ist für das Tabaksteuergesetz vom 12. September 1919 (RGBl. S. 1667) durch die auf Grund des Ermächtigungsgesetzes vom 13. Oktober 1923 (RGBl. I S. 943) ergangene Verordnung zur Änderung des Tabaksteuergesetzes vom 30. Oktober 1923 (RGBl. I S. 1045; Art. I Nr. 2 § 1a) getroffen und im Entwurf eines Weinsteuergesetzes von 1923 (Reichstagsdrucks. Nr. 5883 I 1920/23; § 1 Abs. 2) vorgesehen. Tiefere Gründe für diese Nichtübereinstimmung zwischen dem Biersteuergesetz, dem zuerst in der Reihe der geltenden Verbrauchssteuergesetze von 1923 ausgearbeiteten Gesetze, und den erwähnten Gesetzen liegen nicht vor. Jedenfalls hat die an den bisherigen Zustand anknüpfende (vgl. Bem. 1 Abs. 3) Regelung des Biersteuergesetzes den Vorzug der größeren Einfachheit.

5. Außerhalb der Zollgrenze (vgl. Art. 82 der Reichsverfassung) und daher außerhalb des Geltungsbereichs des Biersteuergesetzes liegen, abgesehen von den badischen Zollausschlußgebieten (s. Bem. 6) die preußischen Zollausschlüsse, nämlich Helgoland, sowie die Zollausschlußgebiete von Geestemünde, Emden, Flensburg und Kiel-Wyk, ferner die hamburgischen, nämlich Hamburg-Freihafen, Hamburg-Waltershof und Cuxhaven, und die bremischen, nämlich Bremen-Freihafen und Bremerhaven.

Als Zollausland zu behandeln sind die Feuerschiffe, soweit und solange sie sich außerhalb der Zollinie befinden, dagegen gehören die Leuchttürme, da sie mit dem Grund und Boden in fester Verbindung stehen, Inseln sind, als Teile des Reichsgebietes auch zum Zollgebiet, sofern sie nicht durch besondere Vorschriften von ihm ausgeschlossen sind (vgl. Schreiben des Reichsschatzamts vom 18. Dezember 1913 II 13328, Zeitschr. f. Zollwesen, Bd. 14 S. 50). Die Küstengewässer sind Zollausland (vgl. RG. Straff. 56 S. 135).

Nach Art. 38 Abs. 3 der alten Reichsverfassung hatten die außerhalb der gemeinschaftlichen Zollgrenze liegenden Gebiete zu den Ausgaben des Reiches durch Zahlung eines Aversums beizutragen. Für Helgoland war die entsprechende Verpflichtung Preußens durch § 2 Satz 2 des Gesetzes vom 15. Dezember 1890 (RGBl. S. 207) besonders festgesetzt, da mit dem Abschnitt VI der Reichsverfassung auch der Art. 38 für Helgoland ausgeschlossen war. Die Berechnung der Aversen erfolgte nach dem Verhältnisse der ortsanwesenden Bevölkerung zu den Reineinnahmen an Zöllen und Verbrauchssteuern (vgl. Art. 35 der alten Reichsverfassung). Tatsächlich ist die Zahlung von Aversen nur für die badischen Zollausschlüsse und die Insel Helgoland in Betracht gekommen, da für die übrigen Zollausschlußgebiete der Bundesrat in den Jahren 1888 (§ 546 der Niederschriften), 1894 (§ 435), 1902 (§ 253), 1904 (§ 32) beschlossen hat, von der Zahlung von Aversen so lange abzusehen, als die beteiligten Bundesregierungen dafür Sorge trugen, daß die in den Zollausschlüssen zum Wohnen zugelassenen Personen nur zollinländische oder verzollte ausländische Erzeugnisse verbrauchten (vgl. Urteil des Reichsfinanzhofs v. 21. Februar 1923, Zeitschr. f. Zölle und Verbrauchssteuern, 1923, Sp. 208). Diese Voraussetzungen sind erfüllt worden. Durch die neue Reichsverfassung sind die Aversen in Fortfall gekommen, sie werden in den an die

Stelle der Abschnitte VI und XII der alten Verfassung getretenen Artikeln 82 bis 87 nicht mehr erwähnt. Mit der Aufhebung des in § 2 Satz 2 des Gesetzes vom 15. Dezember 1890 in Bezug genommenen Art. 38 Abs. 3 der alten Reichsverfassung war das Aversum auch für Helgoland beseitigt (vgl. die Abhandlungen von Wolffram in der Zeitschr. f. Zölle und Verbrauchssteuern, 1922, Sp. 249ff. und Sp. 453ff.). In den Reichshaushaltsgesetzen für die Jahre 1919 bis 1922 (Gesetze vom 31. Oktober 1919 § 7 RGBl. S. 1839, vom 26. März 1921 § 6 RGBl. S. 375, vom 26. März 1921 § 5 RGBl. S. 405, vom 9. Juni 1922 § 5 RGBl. II S. 587) war indessen die Verpflichtung der Länder zur Zahlung von Ausgleichungsbeträgen für die Landesteile, die an der Aufbringung der Einnahmen nicht teilnehmen, festgesetzt. Eine entsprechende Vorschrift fehlt im Reichshaushaltsgesetz für 1923 (Gesetz vom 4. Juni 1923, RGBl. II S. 231). Dies ist in den Erläuterungen zum Haushalt der Allgemeinen Finanzverwaltung für 1923 (S. 7) mit dem Fehlen einer dem Art. 38 Abs. 3 der alten Reichsverfassung entsprechenden Vorschrift in der neuen Reichsverfassung begründet.

Während in den in Bem. 4 erwähnten Verbrauchssteuergesetzen die Ermächtigung des Reichsministers der Finanzen vorgesehen ist, diese Gesetze auch für die Insel Helgoland in Kraft zu setzen, fehlt diese Ermächtigung für das Biersteuergesetz. Das Biersteuergesetz könnte also für Helgoland nur durch ein besonderes Reichsgesetz in Kraft gesetzt werden.

6. Die badischen Zollausschlüsse, zu den Kreisen Konstanz und Waldshut gehörig, sind: die Gemeinde Büsingen, der Hof Büttenhard der Gemeinde Wiechs, die Gemeinden Altenburg, Baltersweil, Berwangen, Dettighoven, Jestetten und Lottstetten, der Ort Albführen der Gemeinde Weisweil und das Wirtshaus Sommerau der Gemeinde Bühl; die Insel Reichenau ist durch den Bundesratsbeschluß vom 24. April 1884 (§ 194 der Niederschriften) dem Zollgebiet angeschlossen. Nach § 2 des Gesetzes über den Eintritt der Freistaaten Bayern und Baden in die Biersteuergemeinschaft vom 24. Juni 1919 (RGBl. S. 599) erhielt das Biersteuergesetz vom 26. Juli 1918 auch in den außerhalb der Zollinie liegenden Gebietsteilen Badens Geltung und der Reichsminister der Finanzen hatte zu bestimmen, nach welchen Sätzen und in welcher Weise die Biersteuer in diesen Gebietsteilen von dem aus dem Auslande eingeführten Biere zu erheben ist. Durch die Bekanntmachung zu dem genannten Gesetz vom 25. Juni 1919 (RGBl. S. 601) wurde die Erhebung der Steuer für dieses Bier nach den höchsten Sätzen des § 3 Abs. 1 und 2 des Biersteuergesetzes angeordnet und weiter bestimmt, daß Steuerschuldner der Einbringer sei, die Steuerschuld mit der Einbringung entstehe und die badische oberste Landesfinanzbehörde die näheren Anordnungen über die Abfertigung und die Feststellung der Gattung des Bieres zu treffen habe. Im Anschluß an die Erhöhung der Biersteuer durch Art. III des Gesetzes, betreffend Erhöhung einzelner Verbrauchssteuern vom 8. April 1922 (RGBl. I S. 380) wurde auf Grund des § 2 Abs. 1 des Gesetzes vom 24. Juni 1919 die Sondersteuerordnung für die Einfuhr von Bier in die außerhalb der Zollinie liegenden Gebietsteile in Baden vom 8. April 1922 (RGBl. I S. 445) erlassen, durch welche die Steuersätze den neuen Biersteuerhöchstsätzen angepaßt und das gesamte bei der Einfuhr zu beachtende Verfahren erschöpfend geregelt wurde. Bei der Neugestaltung des Biersteuerrechts im Jahre 1923 blieb die erwähnte Befugnis des Reichsministers der Finanzen durch das Gesetz vom 9. Juli 1923 zur Änderung der Gesetze über den Eintritt der Freistaaten Württemberg, Bayern und Baden in die Biersteuergemeinschaft (RGBl. I S. 563) unberührt. Die Sondersteuerordnung vom 19. Juli 1923 (RGBl.

I S. 729) enthielt keine Steuersätze mehr, da für die Besteuerung des Einfuhrbieres allgemein die Vorschriften der §§ 4 und 5 des Biersteuergesetzes gelten.

7. Zum Geltungsbereich des Gesetzes gehören auch die freien Niederlageanstalten, Freiläger, des § 107 des Vereinszollgesetzes, die gewöhnlich als Freibezirke bezeichnet werden. Es sind dies zurzeit die Freibezirke in Brake, Altona und Stettin (Königsberg i. Pr., zugelassen durch Bundesratsbeschluß vom 28. November 1918, § 1044 der Niederschriften, ist noch nicht eröffnet).

In praktischer Hinsicht stehen die Freibezirke nach den für sie erlassenen Bestimmungen den Zollausschlüssen außerordentlich nahe (vgl. Hoffmann, Kommentar zu den Zoll- und Steuergesetzen, S. 128; Kühn in der Zeitschr. f. Zölle und Verbrauchssteuern 1923, Sp. 117ff.). Die Freibezirke sind indessen „als nur angenommenes, nicht wirkliches Zollausland in territorialer Hinsicht ein Teil des Zollgebiets" (Behr in Zeitschr. f. Zölle u. Reichssteuern, Bd. I S. 228). Es finden also z. B. auf Zuwiderhandlungen gegen das Biersteuergesetz, die in den Freibezirken begangen werden, die Strafbestimmungen des Gesetzes Anwendung. Dem steht nicht entgegen, daß die Verbringung von Bier in einen Freibezirk wie überhaupt in ein Zollager als Ausfuhr gilt (vgl. § 1 Satz 3 der Bierausfuhrordnung, AB. Anl. C). Es handelt sich eben nicht um eine wirkliche Ausfuhr, sondern um einen Vorgang, der als Ausfuhr behandelt wird. Entsprechendes gilt für die Einfuhr aus den Freibezirken.

8. Die Zollanschlüsse, d. h. die innerhalb der Zollinie liegenden, aber nicht zum Deutschen Reiche gehörigen Gebiete, können nach § 26 des Gesetzes in den Geltungsbereich des Gesetzes einbezogen werden. Nachdem Luxemburg infolge des Weltkrieges aus dem deutschen Zollgebiet ausgeschieden ist, sind nur noch die österreichischen Gemeinden Jungholz und Mittelberg als Zollanschlüsse vorhanden.

Luxemburg gehörte vom 1. April 1907 bis zum 1. August 1908 der Brausteuergemeinschaft an, trat dann aber aus (vgl. die Bemerkungen über die geschichtliche Entwicklung der Bierbesteuerung in der Biersteuergemeinschaft).

Die zu Tirol gehörige österreichische Gemeinde Jungholz ist durch Vertrag zwischen Bayern und Österreich vom 3. Mai 1868 dem bayerischen Zoll- und indirekten Steuersystem angeschlossen worden (bayer. RegBl. S. 1245ff.). Mit Rücksicht darauf, daß in Jungholz Malz weder erzeugt, noch verbraucht wurde, war gemäß Nr. 1 Ziff. 2 Abs. 2 des Schlußprotokolls zu dem genannten Vertrage die Erzeugung und der Verbrauch von Malz in Jungholz so lange verboten, als das einschlägige bayerische Malzaufschlaggesetz durch die österreichische Regierung in Jungholz nicht eingeführt wurde. Die Einführung ist nicht erfolgt. Auf Grund der Bestimmung in Art. 4 Abs. 2 des Vertrages bestand jedoch zwischen Bayern und Jungholz ein freier Verkehr mit Bier. Die zu Vorarlberg gehörige Gemeinde Mittelberg ist durch Vertrag zwischen dem Deutschen Reiche und Österreich-Ungarn vom 2. Dezember 1890 (RGBl. 1891 S. 59) an das deutsche Zollgebiet angeschlossen worden. Hinsichtlich des gemäß Art. 4 gleichzeitig erfolgenden Anschlusses an das in Bayern bestehende System der Besteuerung des Bieres, Essigs und Branntweins wurde am gleichen Tage ein besonderes Abkommen zwischen Bayern und Österreich-Ungarn getroffen, wonach das in Bayern geltende System der Bierbesteuerung in Mittelberg maßgebend sein sollte. Art. 6 des Vertrages bestimmt, daß, wenn im deutschen Zollgebiet oder in Bayern neue Verbrauchssteuern zur Einführung gelangen, die betreffenden Bestimmungen von der österreichischen Regierung in Mittelberg in Kraft gesetzt werden. Beide Gemeinden sind vom 1. Juli 1919, dem Zeitpunkt des Eintritts Bayerns in die Biersteuergemeinschaft ab, als zum Biersteuergebiet gehörig behandelt worden. Die österreichische Regierung hat die deutschen Gesetze und Verordnungen über die Bierbesteuerung, beginnend mit dem Biersteuergesetz vom 26. Juli 1918, in beiden Gemeinden in Kraft gesetzt, und zwar mit Wirkung von den gleichen Zeitpunkten, in denen die Gesetze und Verordnungen im Reich in Kraft getreten sind.

9. Der Begriff „Bier" ist im Biersteuergesetz ebensowenig wie in dem bisherigen Gesetz und in den früheren Brausteuergesetzen bestimmt. Das Gesetz trifft in § 10 zur Erhaltung des Rufes des deutschen Bieres Vorschriften über die Stoffe, aus denen allein im Geltungsbereich des Gesetzes Bier hergestellt werden darf, und bezeichnet damit die Normaltypen des deutschen Bieres. Es schreibt ferner in § 11 zum Schutze der Verbraucher und zur Verhütung unlauteren Wettbewerbes vor, was unter der Bezeichnung „Bier" in Verkehr gebracht werden darf. Beide Vorschriften wollen also in klar erkennbarer Weise nur einen Ausschnitt aus dem Begriff „Bier" geben. Reisbier z. B. ist unzweifelhaft Bier, darf aber im Geltungsbereich des Gesetzes nicht hergestellt und, wiewohl eingeführt, doch nicht unter der Bezeichnung Bier in Verkehr gebracht werden. Der Begriff Bier bestimmt sich nach den Anschauungen von Technik und Verkehr. Seine möglichst genaue Umschreibung ist für das Biersteuerrecht von Bedeutung, weil davon die Beantwortung zahlreicher wichtiger Fragen abhängt. Nur Getränke, die wirklich Bier sind, unterliegen dem Reinheitsgebot des § 10, den Verkehrsvorschriften des § 11 und der Kontingentierung nach § 4 des bisherigen Gesetzes (s. Anhang). Was nicht Bier ist, ist entweder als bierähnliches Getränk steuerbar oder steuerfrei.

Gemeinsam ist allen Bierarten die Entstehung durch weingeistige Gärung, d. h. eine durch Hefe hervorgerufene Gärung, bei der Zucker in Weingeist und Kohlensäure zerlegt wird. Als Bier müssen indessen auch Erzeugnisse bezeichnet werden, die nicht gegoren sind, die aber die regelmäßig durch Gärung entstehenden hauptsächlichen Eigenschaften auf andere Art erhalten haben, z. B. durch Zusatz von Weingeist und Durchdringung mit künstlicher Kohlensäure. Kein Bier sind die Malzauszüge in mehr oder minder großer Verdünnung, wie z. B. die Braunschweiger Mumme, da sie nicht im Gärungsverfahren hergestellt sind. Ein Getränk, bei dem die Gärung begonnen, aber durch Erhitzen unterbrochen worden ist, gilt als gegoren (§ 25 AB.). Die bei der Bierherstellung durch die Hefe zu vergärenden Stoffe sind Malz oder pflanzliche Ersatzstoffe für Malz. Als diese Ersatzstoffe kommen gewöhnlich nur Zerealien in Frage, jedoch gehören auch Rüben hierher, die der Hefe ähnliche Nährstoffe bieten wie die Zerealien (vgl. Bem. 2 zu § 27a des Gesetzes). Nicht als Bier anzusehen sind wegen des nicht pflanzlichen Ursprunges der Umsatzstoffe Met und Kumyß. Gewöhnliche Zutat zum Bier ist der Hopfen. Es sind jedoch auch andere Bitter- und Würzestoffe üblich, deren Verwendung nach Maßgabe des § 10 Abs. 5 zugelassen werden kann (vgl. die Bemerkung dazu). Hiernach ist, was übrigens auch aus § 10 Abs. 6 hervorgeht, für den Begriff „Bier" nicht erforderlich, daß zur Herstellung des Getränks tatsächlich nur die in § 10 zugelassenen Stoffe verwendet worden sind. Es genügt, daß das Getränk durch Gärung aus Malz oder pflanzlichen Malzersatzstoffen entstanden ist und sich nach Aussehen und Geschmack als Bier darstellt. Sind bei der Herstellung nach dem Biersteuergesetz unzulässige Stoffe verwandt, so liegt ein gepanschtes Bier vor und es würde Bestrafung nach § 22 oder § 23 des Gesetzes einzutreten haben.

Die wesentlichen Bestandteile des Bieres sind Wasser, Weingeist, Kohlensäure und Extrakt (nicht flüchtige, unvergorene, lösliche Bestandteile). Ein tatsächlicher Weingeistgehalt ist für den Begriff „Bier" nicht erforderlich. Würde z. B. dem fertigen Biere durch irgendein Verfahren nachträglich der Weingeist wieder entzogen, ohne wesentliche Veränderung der sonstigen Eigenschaften des Getränkes, so wäre ein derartiges Getränk als „Bier" im Sinne des Biersteuergesetzes zu behandeln.

Wegen der bierähnlichen Getränke vgl. §§ 27a bis c und die Bemerkungen dazu.

10. Das Brausteuergesetz vom 15. Juli 1909 hatte in § 4 auch eine Besteuerung des aus Malz bereiteten Essigs und von Malzauszügen vorgesehen. Bereits das Biersteuergesetz vom 26. Juli 1918 sah hiervon ab, da mit dem Übergang zur Besteuerung des fertigen Bieres steuerliche Gründe hierzu nicht mehr vorlagen.

Nach dem Biersteuergesetz vom 26. Juli 1918 wurde die Biersteuer von dem im Geltungsbereich des Gesetzes hergestellten Biere erhoben. Wenn jetzt nach § 1 Abs. 1 des geltenden Gesetzes das zum Verbrauch im Geltungsbereich des Gesetzes bestimmte Bier der Steuer unterliegt, so wird dadurch zum Ausdruck gebracht, daß die Biersteuer auch von dem in den Geltungsbereich des Gesetzes eingeführten Biere zu entrichten ist (vgl. § 4). Dieser Grundsatz der Trennung von Zoll und Steuer ist aus Art. III Nr. 3 und 5 Abs. 2 des Gesetzes, betreffend Erhöhung einzelner Verbrauchssteuern, vom 8. April 1922 (RGBl. I S. 380) in das Gesetz übergegangen.

Nicht von allem zum Verbrauch im Geltungsbereich des Gesetzes bestimmten Bier ist die Biersteuer zu entrichten. Ausnahmen gelten nach § 8 Abs. 1 für den Haustrunk der Brauereiangestellten und -arbeiter und für den Haustrunk der selbst im Betriebe tätigen Inhaber von Privatbrauereien.

11. Schon frühzeitig ist das Bier Gegenstand der Besteuerung auch durch die Gemeinden gewesen. Länder und Reich waren darauf bedacht, den Anteil der Gemeinden an dieser Steuerquelle einzuschränken, um in ihren eigenen Einnahmen nicht zu sehr geschmälert zu werden.

Art. 5 II § 7 Abs. 5 des Zollvereinigungsvertrages vom 8. Juli 1867 bestimmte, daß die für Rechnung von Kommunen oder Korporationen zur Erhebung gelangenden Abgaben von Bier in Ansehung ihres Betrages der Beschränkung unterliegen sollten, daß sie den Satz von 20 v. H. des für die Staatssteuern in § 2 a. a. O. verabredeten Höchstsatzes nicht überschreiten dürften. Da letzterer sich auf 1 Rtlr. 15 Sgr. für die Ohm zu 120 Quart Preußisch = 3,275 ℳ für ein Hektoliter Bier berechnete, betrug die Grenze für die gemeindlichen Biersteuern nach dem Zollvereinigungsvertrage $^1/_{100} \times 327{,}5 \times 20 = 65{,}5$ ₰ für ein Hektoliter Bier. Durch Art. IV Abs. 1 des Gesetzes wegen Änderung des Brausteuergesetzes vom 15. Juli 1909 wurde die in Art. 5 II § 2 Abs. 2 des Zollvereinigungsvertrages für die staatliche Besteuerung des Bieres festgesetzte Grenze beseitigt. Die im Zollvereinigungsvertrage für die gemeindliche Besteuerung des Bieres festgesetzte Höchstgrenze wurde jedoch durch Art. IV Abs. 2 des letzterwähnten Gesetzes aufrecht erhalten (s. Begründung zu Art. IV des Entwurfs eines Gesetzes wegen Änderung des Brausteuergesetzes, Reichstagsdrucks. Nr. 995 von 1907/09). Während nach dem Entwurf diese Höchstgrenze für die Besteuerung des Bieres sowohl durch die Gemeinden als auch durch Korporationen gelten sollte, wurde sie bei der Beratung des Entwurfs im Reichstagsausschuß nur für die Besteuerung durch die Gemeinden festgesetzt (s. Reichstagsdrucks. Nr. 1451 von 1907/09 S. 67). Da gleichzeitig die Vorschrift in Art. 5 II § 7 Ziff. 5 des Zollvereinigungsvertrages in Ansehung des Bieres aufgehoben wurde, bestand für die Besteuerung des Bieres durch Korporationen seit dem 1. August 1909 keine Höchstgrenze mehr, so daß diese hinsichtlich der Höhe ihrer Biersteuersätze nicht beschränkt waren. Dieser Rechtszustand wurde auch durch § 63 des Biersteuergesetzes vom 26. Juli 1918 für das Gebiet der Biersteuergemeinschaft aufrecht erhalten. Die Erhebung von Abgaben vom Bier für Rechnung von Korporationen (Stiftungen, Kirchengemeinden usw.) war indessen sehr selten.

In dem auch nach dem Inkrafttreten des Biersteuergesetzes vom 26. Juli 1918 noch in Geltung befindlichen Art. IV des Gesetzes wegen Änderung des Brausteuergesetzes vom 15. Juli 1909 war weiter bestimmt, daß, soweit auf Grund der bisherigen Vorschriften Gemeinden vor dem 1. Oktober 1908 höhere Abgaben von den Braustoffen oder dem Biere als 65 ₰ für ein Hektoliter Bier erhoben, diese höheren Abgaben forterhoben werden durften, falls nicht durch die Landesgesetzgebung ein anderes bestimmt würde. Für das Gebiet der Biersteuergemeinschaft war diese Forterhebung höherer Abgaben durch § 58 Abs. 3 des Brausteuergesetzes vom 15. Juli 1909 nur bis zum 1. Oktober 1915 zugelassen worden. Das Biersteuergesetz von 1918 (§ 63) ließ die Erhebung höherer gemeindlicher Abgaben vom Biere als 30 ₰ für ein Hektoliter Einfachbier und 65 ₰ für ein Hektoliter anderen Bieres nicht mehr zu.

Bei der Beratung des Entwurfs des Biersteuergesetzes von 1918 im Reichstage bestand große Neigung, die Besteuerung des Bieres durch die Gemeinden überhaupt zu beseitigen. Die Gemeindebiersteuer wurde als eine unerwünschte Doppelbesteuerung bezeichnet, die im Verhältnis zu den Umständlichkeiten ihrer Überwachung und Erhebung doch nur geringe Erträge bringe (s. Reichstagsdrucks. Nr. 1686 von 1914/18 S. 23—27, 37—40; Sten Berichte 1918 S. 5979 u. 6128). Aus ähnlichen Erwägungen sowie im Hinblick auf die damals geplante Neuregelung im Landessteuergesetz wurde die im Entwurf des Gesetzes, betr. Erhöhung einzelner Verbrauchssteuern, von 1922 (Reichstagsdrucks. Nr. 2872 von 1921)mit Rücksicht auf die Geldentwertung vorgeschlagene Erhöhung des Satzes von 65 ₰ auf 10 ℳ vom Reichstage nicht beschlossen, so daß die gemeindliche Bierbesteuerung damit praktisch beseitigt war. Die Not der Gemeinden zwang dazu, in die ihnen durch das Gesetz vom 23. Juni 1923 zur Änderung des Landessteuergesetzes (RGBl. I S. 483; Finanzausgleichsgesetz, RGBl. S. 494) zugewiesenen Steuerquellen auch gemeindliche Getränkesteuern einzubeziehen. Das genannte Gesetz ist am 1. Juli 1923 in Kraft getreten.

Nach § 14 des Finanzausgleichsgesetzes (s. Anhang) sind die Gemeinden (Gemeindeverbände) berechtigt, mit Genehmigung der Landesregierung Steuern auf den örtlichen Verbrauch u. a. vom Bier zu erheben. Die Getränkesteuern können entweder nach dem Kleinhandelspreise bemessen werden, wobei sie vom Bier fünf vom Hundert dieses Preises nicht überschreiten dürfen, oder nach der Menge des steuerbaren Getränkes. Im letzteren Falle dürfen die bei Bemessung nach dem Kleinhandelspreise sich ergebenden Sätze nicht überschritten werden. Der Reichsminister der Finanzen hat die jeweils bei Berücksichtigung der Kleinhandelspreise sich ergebenden Höchstsätze mit Zustimmung des Reichsrates zu bestimmen (letzte Verordnung vom 4. November 1923, RGBl. I S. 1121, s. Anhang). Die reichsrechtlichen Vorschriften, die sich auf die Besteuerung der in § 14 Abs. 1 des Finanzausgleichsgesetzes bezeichneten Getränke beziehen, darunter § 63 des bisherigen Biersteuergesetzes, sind durch § 14 Abs. 7 a. a. O. außer Kraft gesetzt worden.

In der Begründung zum Entwurf des Gesetzes zur Änderung des Landessteuergesetzes (Reichstagsdrucks. Nr. 5263 von 1920/22 S. 24) ist der Nachdruck auf die Erhebung der Getränkesteuern nach dem an erster Stelle genannten Kleinhandelspreis gelegt, „weil die Steuern sich nur bei Zugrundelegung dieses Maßstabes zu ihrer vollen finanzpolitischen Bedeutung entfalten können". Der Maßstab der Menge ist nach der Begründung zugelassen worden, weil er bisher für die Gemeindebesteuerung von Bier und Wein allein zugelassen war, und um den Gemeinden, die sich zu einer Besteuerung nach dem Kleinhandelspreise nicht entschließen wollen, zum mindesten die Beibehaltung ihrer bisherigen Steuern zu ermöglichen. Viele Gemeinden, besonders Großstädte, haben beim Bier der Mengenbesteuerung den Vorzug gegeben, weil sich dabei die Erhebung einfacher gestaltet. Die Gemeinden sind nicht genötigt, die höchsten nach § 14 des Finanzausgleichgesetzes zulässigen Steuern zu erheben, sie können vielmehr unter dem Satze von 5 v. H. des Kleinhandelspreises und unter den vom Reichsminister der Finanzen nach § 14 Abs. 3 bestimmten Höchstsätzen bleiben. Innerhalb dieser Grenzen sind sie auch zu unterschiedlicher steuerlicher Behandlung des Bieres, z. B. nach seiner Herkunft, befugt. Stärkerer Belastung ausländischen Bieres gegenüber dem inländischen Biere werden meist die Bindungen des Reiches durch Handelsverträge und Wirtschaftsabkommen (vereinbarte oder aufgezwungene Meistbegünstigung) entgegenstehen. Die Besteuerung des Bieres der vier verschiedenen Biergattungen nach einem einheitlichen Satze bei Bemessung nach der Menge ist dann als zulässig zu erachten, wenn der Steuersatz den für Einfachbier vom Reichsminister der Finanzen festgesetzten Satz nicht überschreitet. Die Vorschriften des § 14 a. a. O. stehen auch der Vereinbarung von Pauschbeträgen mit Brauereien oder Gastwirten nicht entgegen. Die Gemeinde-Getränkesteuerordnungen dürfen nur am Beginn eines Kalendervierteljahres in Kraft gesetzt werden (vgl. die Verordnung des Reichsministers der Finanzen über das Inkrafttreten von Getränkesteuerordnungen von Gemeinden vom 21. Juli 1923, RGBl. I S. 742,. Das gilt nicht für die Steuersätze, die also auch innerhalb des Kalendervierteljahres geändert werden können, und, wenn die Höchstsätze für die Mengenbesteuerung durch den Reichsminister der Finanzen zu einem anderen Zeitpunkte herabgesetzt werden, geändert werden müssen. Die Getränkesteuerordnungen können die Vorschriften der Reichsabgabenordnung für anwendbar erklären. Auf Antrag der Gemeinden kann der Reichsminister der Finanzen den Landesfinanzämtern und den Finanzämtern die Verwaltung der Gemeindegetränkesteuern übertragen (§ 19 Abs. 2 AO.). Dabei kann die Zahlung einer Vergütung vereinbart werden. Von der ihm durch § 14 Abs. 6 des Finanzausgleichsgesetzes erteilten Ermächtigung, nähere Bestimmungen über Art und Umfang der Getränkesteuern zu erlassen, hat der Reichsminister der Finanzen nicht Gebrauch gemacht. Die Landesregierungen sind befugt, Bestimmungen über Art und Umfang der Getränkesteuern zu erlassen. Mehrfach haben sie Musterordnungen für die Getränkesteuern erlassen.

Die Frage, ob von bierähnlichen Getränken Abgaben für Rechnung von Gemeinden erhoben werden dürfen, war für das frühere Recht zu verneinen. Die Vereinbarung in Art. 5 § 7 Abs. 2 des Zollvereinigungsvertrages führte unter den der gemeindlichen Bierbesteuerung unterliegenden Gegenständen nur „Bier" auf. Der Begriff „bierähnliche Getränke", wie er erstmals im Brausteuergesetz vom 3. Juni 1906 und den Ausführungsbestimmungen dazu festgelegt wurde, fand sich zur Zeit des Abschlusses des Zollvereinigungsvertrages in keinem deutschen Biersteuergesetze. Vom 1. September 1918 ab unterlagen die bierähnlichen Getränke nicht mehr der Biersteuer, sondern der Besteuerung nach dem Mineralwassersteuergesetz. Durch § 14 des Finanzausgleichsgesetzes wurde dann das Recht der Gemeinden zur Besteuerung der Getränke auch auf die Mineralwässer und künstlich bereiteten Getränke erstreckt. Für die Auslegung des Begriffes der letzteren ist das damals noch in Kraft befindliche Mineralwassersteuergesetz mit seinen Ausführungsbestimmungen maßgebend. Nach § 3 MinAB. gehören zu den „anderen künstlich bereiteten Getränken" auch die bierähnlichen Getränke, die mithin dem Besteuerungsrecht der Gemeinden unterliegen. Daran hat das spätere Außerkrafttreten des Mineralwassersteuergesetzes nichts geändert.

Entstehung der Steuerschuld, Person des Steuerschuldners.

§ 2.

[1] Die Steuerschuld entsteht für das im Geltungsbereiche des Gesetzes hergestellte Bier, sobald das Bier aus der Brauerei entfernt oder innerhalb der Brauerei getrunken wird. Der Reichsminister der Finanzen kann für die Versendung von Farbebier Ausnahmen zulassen. Steuerschuldner ist, wer Bier für seine Rechnung herstellt oder herstellen läßt.

[2] In Ansehung des Bieres, das in den Geltungsbereich des Gesetzes eingeführt wird, bestimmt sich die Entstehung der Steuerschuld und die Person des Steuerschuldners nach den entsprechenden Vorschriften des Zollrechts.

Zu § 2 Abs. 1, s. AB. §§ 1 und 2.

1. § 1 Abs. 1 spricht im Anschluß an die Ausdrucksweise der Reichsabgabenordnung (vgl. § 81 AO. und S. 103 der Begründung, Drucks. Nr. 759 der verfassunggebenden Nationalversammlung) von Entstehung der Steuerschuld. Nach § 81 AO. entsteht die Steuerschuld, sobald der Tatbestand verwirklicht ist, an den das Gesetz die Steuer knüpft. Wann hiernach die einzelne Steuerschuld entsteht, wird für jede Steuer durch das einschlägige Gesetz bestimmt. Die Festsetzung der Steuer (§ 210 AO., § 61 AB.) und die Bekanntgabe des Steuerbescheides (§ 211 AO., § 61 Abs. 5 AB.) sind ohne Bedeutung für die Entstehung der Biersteuerschuld, sie haben lediglich deklaratorische Bedeutung (vgl. § 81 Abs. 1 Satz 2 AO.). Demzufolge beginnt z. B. die Verjährung mit Ablauf des Jahres, in dem der Steueranspruch des Reiches entstanden ist (§ 122 Abs. 1 AO. u. Begr. S. 103); ferner kann der Steueranspruch nach seiner Entstehung und vor der Festsetzung (§ 210 AO.) im Konkurse geltend gemacht werden. In sachlicher Hinsicht bedeutet § 1 Abs. 1 gegenüber § 8 Abs. 2 Satz 1 des bisherigen Gesetzes, der vom Eintritt der Steuerpflicht spricht, keine Änderung. Der Ausdruck Steuerpflicht ist doppelsinnig. Er bezeichnet einmal eine bestimmte Steuerschuld und sodann allgemein, daß jemand einer Steuer unterworfen ist. Entsprechend werden in vielen der Verbrauchssteuergesetze aus der Zeit vor 1923 als „steuerpflichtige" Gegenstände sowohl bestimmte Gegenstände bezeichnet, in bezug auf die bereits eine Steuerschuld entstanden ist, als auch die Gattung der Gegenstände auf die lediglich das Steuergesetz Anwendung findet (vgl. Entwurf des Weinsteuergesetzes vom 26. Juli 1918 in der der Reichsabgabenordnung angepaßten Fassung, Drucks. Nr. 1 des 32. Reichstagsausschusses, I 1920/21, S. 39, Begr. zur Überschrift des § 1). Die letzteren Gegenstände werden in der Verbrauchssteuergesetzgebung des Jahres 1923 vielfach als „steuerbare" Gegen-

stände bezeichnet (vgl. z. B. die Überschriften des § 1 des Zündwarensteuergesetzes vom 9. Juli 1923, RGBl. I S. 570, sowie des § 1 des Tabaksteuergesetzes in der Fassung der Verordnung vom 30. Oktober 1923, RGBl. I S. 1045). Indessen besteht ein einheitlicher Sprachgebrauch auch hinsichtlich dieses Ausdruckes nicht. Wenn es in Art. 3 des bayerischen Malzaufschlaggesetzes vom 18. März 1910 (GVBl. S. 113) heißt: „Das Malz wird steuerbar, sobald es für den Zweck der Erzeugung von Bier zum Schroten in die Mühle eingebracht wird" und in Art. 10: „Der Malzaufschlag wird . . . erlassen, wenn das nach Art. 3 steuerbar gewordene Malz nachweislich nicht geschrotet worden ist", so wird hier als „steuerbar" das Malz bezeichnet, in bezug auf welches bereits eine Steuerschuld entstanden ist. Im Biersteuergesetz findet sich der Ausdruck nicht.

2. Während nach § 7 Abs. 2 des Brausteuergesetzes vom 15. Juli 1909 die Steuerschuld bereits mit der Pflicht zur Anmeldung der zur Bierbereitung zu verwendenden Rohstoffe oder mit der Verbringung des Malzes auf die Malzsteuermühle entstand, entsteht sie nach dem Biersteuergesetz erst dann, wenn das Bier aus der Brauerei entfernt oder innerhalb der Brauerei getrunken wird. Hierdurch und durch die Vorschrift des § 7 Abs. 1 Satz 1 wird für den Brauer die Verpflichtung zur Abgabenentrichtung näher an den Zeitpunkt herangerückt, in dem er die Bezahlung seines Erzeugnisses vom Abnehmer erhält; eine Abminderung des Zinsverlustes für die vom Brauer verauslagte Steuer ist die Folge (vgl. Begr. zum Biersteuergesetz von 1918, Reichstagsdrucks. Nr. 1455, S. 25). Was als Entfernung aus der Brauerei gilt, ist in § 1 Abs. 1 AB. bestimmt.

Wer das Bier aus der Brauerei entfernt, ist für die Entstehung der Steuerschuld unerheblich (vgl. unten Bem. 8).

Bier darf regelmäßig nur in genußfertigem Zustande aus der Brauerei entfernt werden (§ 62 AB.).

3. Eine Ausnahme von der in § 2 Abs. 1 aufgestellten Regel ist in § 18 des Gesetzes für Bier, das in abgefundenen Brauereien hergestellt wird, vorgesehen. In diesen Fällen entsteht die Steuerschuld mit der Festsetzung der Biersteuer durch die Zollstelle (AB. § 73). Diese Ausnahme mußte getroffen werden, weil bei der Abfindung die Biersteuer nicht von der tatsächlich in der Brauerei hergestellten Biermenge, sondern von der aus den verwendeten Rohstoffen nach dem vom Hauptamt festgesetzten Ausbeuteverhältnis herstellbaren Biermenge zu entrichten ist. Die Festsetzung der Biersteuer erfolgt bei Hausbrauern, die der erleichterten Abfindung nach §§ 76ff. AB. unterliegen, in der von diesen abzugebenden Anmeldung (AB. § 77 Abs. 1), bei den übrigen abgefundenen Brauern monatlich im Abfindungsbuche (AB. § 73). Bei den Hausbrauern der genannten Art entsteht die Steuerschuld mit der Festsetzung für das ganze Rechnungsjahr, also regelmäßig noch vor Beginn der Herstellung des Bieres. Weitere Besonderheiten bestehen für das Ausfuhrbier (§ 8 Abs. 2 des Gesetzes, § 10 BAO.), für das Farbebier (§ 2 Abs. 1 Satz 2, FBO. § 10) und für Rückbier, das mit Genehmigung des Oberbeamten außerhalb der Brauerei vernichtet oder unbrauchbar gemacht wird (AB. § 15 Abs. 3). In diesen drei Fällen kommt eine auflösend bedingte Steuerschuld zur Entstehung (vgl. Ernst, Zeitschr. f. Zollwesen und Reichssteuern, 1920, S. 147; AO. § 81 Abs. 2).

4. Der zweite steuerschuldbegründende Tatbestand ist das Trinken innerhalb der Brauerei. Nach § 1 Abs. 2 AB. entsteht eine Steuerschuld dann nicht, wenn das Trinken zu Untersuchungszwecken geschieht. Steuerfreiheit besteht für Bier, das innerhalb der Brauerei in sonstiger Weise zu Unter-

suchungszwecken verbraucht wird (AB. § 1 Abs. 3). Bier, das zur Untersuchung an Versuchsstationen geschickt wird, unterliegt also im Gegensatz zu der von Koppe (Bem. 1 zu § 2, S. 56) geäußerten Meinung der Steuer.

5. Die Vorschrift des § 57 des bisherigen Biersteuergesetzes, wonach die Berechnung und die Verpflichtung zur Zahlung der Biersteuer durch das Strafverfahren nicht berührt wird, ist in das geltende Gesetz nicht übernommen worden, „da § 57 bei der klaren Scheidung, die in der Reichsabgabenordnung zwischen dem Steuerfestsetzungsverfahren und dem Strafverfahren eingehalten ist, als selbstverständlich entbehrlich ist" (Begr. 1923 zu §§ 20 bis 25 S. 11; vgl. auch Drucks. Nr. 1 des 32. Reichstagsausschusses, Bem. zu § 57 des der Abgabenordnung anzupassenden Biersteuergesetzes). Die Begründung lehnt hiermit bereits für das bisherige Gesetz die für das Zollrecht und die älteren Verbrauchssteuergesetze vielfach vertretene Auffassung ab, daß die Hinterziehung als solche Entstehungsgrund für eine Zoll- oder Steuerschuld sei (vgl. Hummel, Zeitschr. f. Zölle u. Verbrauchssteuern 1923 S. 383ff., 1924 S. 15ff., 23ff., 29ff., 40ff.; anders Urteil des RFH. vom 8. Februar 1922 IV a A 7/22, auszugsweise abgedruckt im RZBl. 1922 S. 146ff.). Im geltenden Gesetz findet sich keine Vorschrift, die dahin ausgelegt werden müßte, daß eine Biersteuerhinterziehung die Entstehung einer Steuerschuld zur Folge hat.

6. Die Bestimmungen über die steuerliche Behandlung des Farbbieres sind in der Farbebierordnung getroffen (vgl. AB. §§ 2, 17 und die Anlage A zu den AB., die im wesentlichen mit der Farbebierordnung vom 22. Juli 1922, ZtrBl. f. d. Deutsche Reich, S. 440, übereinstimmt). Hiernach unterliegen die Herstellung und die Abgabe von Farbebier, die nur an Brauereien erfolgen darf, der Genehmigung des Landesfinanzamts. Die Zwischenlagerung in genehmigten Farbebierlagern ist zulässig. Jede Versendung von Farbebier ist der Zollstelle anzumelden. Durch die Entfernung des Farbebieres aus der Brauerei entsteht eine Steuerschuld nur unter der auflösenden Bedingung (vgl. Bem. 3), daß der Empfang durch die von der Farbebierbrauerei oder von dem Lager beziehende Brauerei nicht nachgewiesen wird, d. h. die Steuerschuld entsteht in vollem Umfange mit der Entfernung aus der Farbebierbrauerei, es ist aber ihr Wiederwegfall vorbehalten für den Fall, daß der Nachweis des Empfanges durch die beziehende Brauerei geführt wird. Diese besondere Behandlung des Farbebieres ist dadurch gerechtfertigt, daß das Farbebier nicht zum Genuß, sondern zur weiteren Verarbeitung zu Bier bestimmt ist und mit dem Bier, bei dessen Herstellung es verwendet wird, zur Versteuerung gelangt. Die beziehende Brauerei hat das Farbebier im Zuckerverwendungsbuch anzuschreiben. Als solches versteuert wird das Farbebier auch hier nicht, die Biersteuer ist vielmehr erst von dem unter Mitverwendung des Farbebieres hergestellten Biere nach Maßgabe der Beschaffenheit dieses Bieres zu entrichten, da Farbebier kein genußfähiges Bier ist, sondern nur einen erlaubten Zusatz (§ 10 Abs. 3 des Gesetzes) bei der Bierbereitung darstellt.

Die Erhebung der Biersteuer für Farbebier kommt in Frage, wenn der Empfang des Farbebieres durch die beziehende Brauerei oder das beziehende Lager (FBO. §§ 10 Abs. 3, 13) nicht nachgewiesen wird oder wenn sich bei der Bestandsaufnahme in einer Farbebierbrauerei oder in einem Farbebierlager Fehlmengen ergeben, soweit nicht im letzteren Falle dargetan wird, daß sie auf Umstände zurückzuführen sind, die keine Steuerschuld begründen. In derartigen Fällen ist Farbebier stets nach dem Satze für Starkbier zu versteuern (FBO. §§ 12, 13). Welcher der Sätze für Starkbier (§ 3 Abs. 1 u. 2 des Gesetzes) maßgebend sein soll, ist in der Farbebierordnung nicht gesagt, während in der Farbebierordnung vom Jahre 1918 (AB. Anlage B) in den §§ 6 u. 8 der Satz von 18,75 *M* für 1 hl, also der damalige Höchstsatz, ausdrücklich bestimmt war. Mangels einer anderen Bestimmung muß für die geltende Farbebierordnung angenommen werden, daß der Satz der jeweiligen für die Farbebierbrauerei zutreffenden Staffel anzuwenden ist. Für diesen Fall würde also die sonst bei der steuerlichen Ausnahmestellung der Farbebierbrauereien nicht erforderliche Berechnung nach S. 4 des Musters 12 zu den AB. (Biersteuerbuch) vorzunehmen sein. Für Farbebierläger kommt eine Staffelung nicht in Frage, es muß daher für die Versteuerung durch sie in den Fällen der §§ 12 u. 13 FBO. der Steuersatz der niedrigsten Staffel für Starkbier der Versteuerung zugrunde gelegt werden. Die Anwendung des Steuersatzes für Starkbier ist darin begründet, daß Farbebier meist einen sehr hohen Stammwürzegehalt hat und daß die Ermittelung des Stammwürzegehalts erspart werden soll.

Farbebier ist nur steuerlich Starkbier. Das Verbot der Herstellung von Starkbier, das aus Gründen der Ernährungspolitik durch die Verordnung des Reichsministers für Ernährung und Landwirtschaft vom 8. September 1922/27. März 1923 (RGBl. 1922 I S. 725, 1923 S. 219) ausgesprochen worden ist, ist auf Farbebier nicht anzuwenden, da dieses als solches nicht zum Genuß bestimmt ist (vgl. Bem. 8 zu § 3 Abs. 2).

Der besonderen steuerlichen Behandlung der Farbebierbrauereien entspricht es, daß Farbebierbrauereien zum Braurecht nicht veranlagt werden (Braurechtsordnung § 2 Abs. 4, s. Anhang). Die Steuererhöhung, die der — aufrecht erhaltene — § 5 des Biersteuergesetzes vom 26. Juli 1918 (s. Anhang) für neue Brauereien vorsieht, kommt für neu errichtete Farbebierbrauereien regelmäßig nicht in Frage. Sie würde jedoch in dem oben im Abs. 2 erörterten Falle praktisch werden, daß die Farbebierbrauerei Steuerschuldner wird.

Die Bestimmungen der Farbebierordnung gelten nur für inländische Herstellungsbetriebe. Farbebier, das aus dem Auslande eingeführt wird, ist zu verzollen und nach Maßgabe seines Stammwürzegehaltes beim Eingang zu versteuern. Seine Verwendung zur Bierbereitung im Geltungsbereich des Gesetzes ist unzulässig (vgl. Bem. 6 zu § 10 Abs. 3).

7. Nach § 8 Abs. 2 des bisherigen Biersteuergesetzes war der Bundesrat ermächtigt, Ausnahmen hinsichtlich der Entstehung der Steuerschuld für die Versendung von Farbebier zuzulassen. Der Übergang dieser und ähnlicher Befugnisse des früheren Bundesrates auf den Reichsminister der Finanzen rechtfertigt sich durch Art. 179 Abs. 2 der Reichsverfassung (Begr. S. 8).

8. Steuerpflichtiger im Sinne der Reichsabgabenordnung ist nach AO. § 79 Abs. 1, wer nach den Steuergesetzen eine Steuer als Steuerschuldner zu entrichten hat. Steuerschuldner ist der, in dessen Person die Steuerschuld zur Entstehung gelangt, dem das einzelne Steuergesetz die Steuerlast auferlegt. Vom Steuerschuldner zu unterscheiden, wenngleich tatsächlich meist mit ihm identisch, ist, wer die Steuer zu entrichten hat, der Steuerzahlungspflichtige. Nach AO. § 79 Abs. 1 ist also Steuerpflichtiger, wer sowohl Steuerschuldner wie Steuerzahlungspflichtiger ist (vgl. Becker, AO., Bem. 1 zu § 79). Dem Steuerpflichtigen ist aber nach AO. § 79 Abs. 2 gleichgestellt, wer sonst nach den Steuergesetzen neben dem Steuerpflichtigen oder an dessen Stelle auf Entrichtung der Steuer in Anspruch genommen werden kann. Dem Steuerpflichtigen liegen insbesondere die in AO. §§ 162 bis 176 bezeichneten Pflichten ob.

Nach § 8 Abs. 1 des bisherigen Biersteuergesetzes war „zur Entrichtung der Biersteuer verpflichtet", wer Bier für seine Rechnung herstellt oder herstellen läßt. Eine sachliche Änderung ist durch die Neufassung in § 2 Abs. 1 Satz 3 des geltenden Gesetzes nicht beabsichtigt. Steuerschuld und Steuerzahlungspflicht treffen für das Biersteuergesetz regelmäßig in derselben Person zusammen.

Für eigene Rechnung stellt Bier her oder läßt Bier herstellen nicht nur der Inhaber einer Brauerei (Eigentümer, Pächter, Nießbraucher), sondern auch, wer auf eigene Rechnung Bier in einer fremden Brauerei herstellen läßt. Im letzteren Falle ist nicht der Lohnbrauer, der das Bier herstellt, sondern derjenige, auf dessen Rechnung die Braustoffe beschafft werden, der Steuerschuldner. Wird Bier auf gemeinsame Rechnung mehrerer Personen hergestellt, so sind diese sämtlich Steuerschuldner. Ist die Steuer tatsächlich vom Lohnbrauer im eigenen Namen entrichtet, wie das die Regel bildet, so ist dieser auch als befugt anzusehen, Erstattungsansprüche geltend zu machen. Ebenso kann er Rechtsmittel einlegen, wenn er wegen der Steuer für den Auftraggeber in Anspruch genommen ist.

Nach § 2 Abs. 1 wird der Dieb, der Bier aus der Brauerei entfernt oder innerhalb der Brauerei trinkt, nicht Steuerschuldner, da er Bier nicht auf eigene Rechnung herstellt oder herstellen läßt. Steuerschuldner wird vielmehr durch diese Handlungen des Diebes der Inhaber der Brauerei.

Fremdes Bier, das mit Genehmigung des Hauptzollamtes in die Brauerei eingebracht wird, ist steuerlich wie Rückbier, d. h. wie eigenes Bier, zu behandeln (AB. § 63). Wird es aus der Brauerei entfernt oder in der Brauerei getrunken, so entsteht die Steuerschuld in der Person des Betriebsinhabers.

Eine Ausnahme von dem Grundsatz des § 2 Abs. 1 Satz 3 des Gesetzes bildet die Entstehung der Steuerschuld in der Person des Inhabers eines Farbebierlagers nach FBO. §§ 12, 13. Das Farbebierlager wird hier wie eine Brauerei behandelt.

9. Der Steuerschuldner kann eine physische oder juristische Person des privaten oder öffentlichen Rechtes sein, ebenso auch eine nicht rechtsfähige Personenvereinigung, wie z. B. die Gesellschaft des BGB., ferner eine Erbengemeinschaft, ein Zweckvermögen. Die gesetzlichen Vertreter des § 84 AO., die Vermögensverwalter des § 85 AO. (z. B. der Ehemann beim gesetzlichen Güterrecht, der Vormund, der Konkursverwalter), ferner die Vertreter der steuerlich rechtsfähigen, aber nach bürgerlichem Recht nicht als juristische Personen anerkannten Personenvereinigungen des § 86 AO. (z. B. der Vorstand einer studentischen Verbindung, die nicht eingetragener Verein ist) sind nach § 2 Abs. 1 Satz 3 des Gesetzes selbst nicht Steuerschuldner. Sie haben indes nach AO. §§ 84ff. die steuerlichen Pflichten der von ihnen vertretenen Personen zu erfüllen zur Vermeidung der persönlichen Haftung aus § 90. Ihre steuerliche Haftung ist selbstverständlich auf die von ihnen verwalteten Mittel beschränkt.

Stirbt der Steuerschuldner, so haften die Erben nach § 95 AO. für die aus dem Nachlaß zu entrichtenden Steuern wie für Nachlaßverbindlichkeiten nach bürgerlichem Recht, d. h. die Grundsätze des BGB. über die Haftung des Erben und deren Beschränkung sind als auch für das Steuerrecht anwendbar erklärt. Darüber hinaus ist den Erben, Testamentsvollstreckern usw. durch § 87 AO. die Verpflichtung auferlegt, dafür zu sorgen, daß Mittel zur Bezahlung der vor dem Wegfall des Steuerpflichtigen entstandenen und der aus dem Nachlaß zu entrichtenden Steuerschulden zurückgehalten und diese Steuerschulden bezahlt werden. Schuldhafte Verletzung dieser Pflicht hat persönliche Haftung zur Folge (§ 91 AO.).

Die Veräußerung der Brauerei im ganzen befreit den Veräußerer gegenüber der Steuerbehörde nicht von der Haftung für die bis zum Wechsel des Eigentums entstandenen Steuerschulden, auch wenn der Erwerber sie übernommen hat. § 96 AO. bestimmt aber auch eine weitgehende Haftung des Erwerbers. Dieser haftet, wenn sich die Steuerschuld auf den Betrieb eines Unternehmens gründet — diese Voraussetzung trifft für die Biersteuer zu — und das Unternehmen im ganzen veräußert wird, neben dem Veräußerer für die laufenden und die festgesetzten, aber noch nicht entrichteten Steuern. Hiernach haftet der Erwerber also 1. für die festgesetzten rückständigen Steuern, 2. für die Steuern, in deren Erhebungszeitraum der Übergang des Unternehmens fällt. Er haftet dagegen nicht für rückständige, aber nicht festgesetzte, insbesondere hinterzogene Steuern. Eine weitergehende Haftung kann unter Umständen aus §§ 87, 97, 100 AO. in Frage kommen.

In den Fällen der Schuldübernahme und der Bürgschaft ist nach § 100 Abs. 2 AO. der Steueranspruch des Reiches nach den Vorschriften des bürgerlichen Rechtes zu verfolgen (§§ 414 ff. und 765 ff. BGB.).

10. § 2 Abs. 1 findet auf abgefundene Brauereien keine Anwendung (vgl. § 18 des Gesetzes).

11. Haftung des Bieres für die Steuer. Nach § 7 des bisherigen Biersteuergesetzes haftete biersteuerpflichtiges Bier ohne Rücksicht auf die Rechte Dritter für den Betrag der darauf ruhenden Biersteuer und konnte, solange deren Entrichtung nicht erfolgt war, von der Steuerbehörde mit Beschlag belegt werden. Dieser Vorschrift, durch die ein öffentlich-dingliches Recht an dem steuerpflichtigen Biere geschaffen wurde, hatten ähnliche Vorschriften in § 14 des Vereinszollgesetzes, § 3 Abs. 2 des Zuckersteuergesetzes vom 27. Mai 1896, § 8 des Branntweinsteuergesetzes vom 15. Juli 1909, § 6 des Zündwarensteuergesetzes vom 15. Juli 1909 als Vorbild gedient. Die Haftung begann nach § 7 a. a. O. mit der Entstehung der Steuerschuld, auch der bedingten Steuerschuld, und erlosch, abgesehen von den Fällen des Unterganges oder Verbrauchs des Bieres, mit der Entrichtung der Steuer oder deren Verjährung. Die Beschlagnahme war zulässig erst, wenn die Biersteuer fällig geworden war. Ein unmittelbares Recht zur Verwertung des Bieres hatte die Steuerbehörde nicht.

An die Stelle des § 7 des bisherigen Gesetzes ist der allgemein und ausschließlich für Zölle und Verbrauchssteuern geltende § 101 AO. getreten, und zwar für das Gebiet der Biersteuer auch insoweit, als er, nämlich in Abs. 2, nicht zwingendes Recht enthält. § 101 AO. hat die öffentlich-dingliche Haftung des Bieres für die Steuer nach verschiedenen Richtungen hin beträchtlich erweitert (vgl. Ernst in der Zeitschr. für Zollwesen u. Reichssteuern, Bd. 20 S. 145 ff.). Nach § 101 Abs. 2 entsteht die Haftung bei steuerpflichtigen Erzeugnissen mit Beginn ihrer Herstellung, bei zollpflichtigen Waren mit Überschreitung der Zollgrenze. Unter steuerpflichtigen Erzeugnissen sind, wie sich aus § 101 Abs. 2 klar ergibt, nicht etwa Erzeugnisse zu verstehen, für die eine Steuerschuld bereits entstanden ist, sondern steuerunterworfene Erzeugnisse (vgl. Bem. 1 zu § 2 Abs. 1). Entsprechendes gilt hinsichtlich der zollpflichtigen Waren. Hiernach entsteht also die Haftung aus § 101 AO. noch vor Entstehung der Steuerschuld und der Zollschuld, sogar dann, wenn noch nicht einmal feststeht, ob die Steuer- oder Zollschuld entstehen wird (Begr. zur AO. S. 107). Was als „Beginn der Herstellung" anzusehen ist, ist Tatfrage. Mälzt eine Brauerei selbst, so ist das Mälzen der Gerste bereits Beginn der Herstellung. Bezieht sie fertiges Malz, so würde die Herstellung mit dem Schroten beginnen. Die Herstellung beginnt also mit der Verarbeitung der Rohstoffe oder der bezogenen Halbfabrikate oder auch Fertigerzeugnisse. Von Bedeutung kann dieser frühe Eintritt der Haftung namentlich bei vorbereitenden Handlungen des Hinterziehers werden. Aus der verschiedenen Regelung, die für den Beginn der Haftung bei steuerpflichtigen und bei zollpflichtigen Waren in § 101 Abs. 2 getroffen ist, folgt, daß die Haftung für die Steuer und den Zoll bei ausländischen Waren unabhängig voneinander eintritt (vgl. Ernst a. a. O. S. 146). Praktische Schwierigkeiten ergeben sich für das Gebiet der Biersteuer hieraus nicht. Die dingliche Haftung für die Steuer wird, obwohl sie mit der Herstellung beginnt, erst praktisch, wenn der Finanzbehörde der Zugriff möglich ist. Vor Überschreitung der Zollgrenze kann beim Bier, abgesehen von den badischen Zollausschlüssen, ein solcher Zugriff nicht in Frage kommen, da das Biersteuergesetz und damit der § 101 AO. hinsichtlich der Biersteuer nur innerhalb der Zollgrenze gilt. Beginn der Haftung für Steuer- und Zollschuld fallen hiernach praktisch zusammen. Entsteht keine Zollschuld und damit auch keine Haftung, wie z. B. bei der Einfuhr in die badischen Zollausschlüsse oder auf Grund der elsässisch-lothringischen Freiliste, so wird die praktisch mit der Überschreitung der Steuergrenze beginnende Haftung für die Steuer hierdurch nicht berührt. Die Haftung besteht auch dann, wenn die Steuerschuld unter einer Bedingung entsteht (vgl. Bem. 3 zu § 2 Abs. 1).

Während die dingliche Haftung nach dem bisherigen Biersteuerrechte nur ein Zurückbehaltungsrecht der Behörde bedeutete, ist sie nach §§ 101, 354 AO. zu einem öffentlich-rechtlichen Sicherungsmittel nach Art des Pfandrechts ausgestaltet. Die Finanzbehörde hat insbesondere das Recht, zur Befriedigung der auf den steuerunterworfenen Erzeugnissen ruhenden Steuer diese zu verwerten, und zwar ohne Rücksicht auf Rechte Dritter. Der Rechtsweg vor den ordentlichen Gerichten hiergegen ist nach § 227 AO. ausgeschlossen. Steuerunterworfene Erzeugnisse haften nur für den Betrag der darauf ruhenden Steuer. Die Haftung kann nicht etwa auch zur Sicherung oder Befriedigung anderer Ansprüche des Reiches geltend gemacht werden.

Das Erlöschen der Haftung ist in § 101 Abs. 3 AO. wesentlich anders geordnet als im bisherigen Biersteuerrecht. Die Haftung hört auf nicht nur mit dem Erlöschen der Steuerschuld, sondern auch mit der Aufhebung der Beschlagnahme und dadurch, daß die Erzeugnisse mit Zustimmung des Finanzamts in einen steuerrechtlich nicht beschränkten Verkehr übergehen. Die Zustimmung des Finanzamts braucht nicht ausdrücklich zu erfolgen, sie ist zu unterstellen, wenn beim Übertritt der Erzeugnisse in den freien Verkehr alle steuerlichen Vorschriften erfüllt sind (vgl. Begr. zur AO. S. 107). Nur unter dieser Voraussetzung ist der gutgläubige Erwerber geschützt.

Ihre Ergänzung findet die Haftung aus § 101 AO. in der Einziehung im Strafverfahren (vgl. §§ 365, 370, 380 AO., Vorbem. 9 vor § 20).

12. Die Steuerschuld erlischt außer durch Entrichtung, Aufrechnung (§ 103 AO.), Erlaß (§ 108 AO.) durch Verjährung (§§ 120ff. AO.). Zu den Ansprüchen des Reichs aus Steuergesetzen, die nach § 120 AO. der Verjährung unterliegen, gehören außer den eigentlichen Steueransprüchen, Zinsen und Verzugszinsen auch die Kosten besonderer Aufsichtsmaßnahmen nach § 199 AO., die Erzwingungsgeldstrafen und Ausführungskosten aus § 202 AO., die Sicherungsgelder (§ 203 AO., s. § 3 Abs. 2 FBO.), die Kosten der Beitreibung und des Rechtsmittelverfahrens. Die Verjährung beginnt — anders als nach § 12 Abs. 1 des bisherigen Gesetzes — nach § 122 AO. mit Ablauf des Jahres, in dem der Anspruch entstanden ist, und, wenn die Zahlung hinausgeschoben oder gestundet oder wenn Sicherheit geleistet ist, mit Ablauf des Jahres, in dem der Zahlungsaufschub oder die Stundung abgelaufen oder die Sicherheit erloschen ist. Die spätere Fälligkeit (§ 7 des Gesetzes) ist ohne Einfluß auf den Beginn und Lauf der Verjährungsfrist. Die Verjährungsfrist für die Biersteuer beträgt nach § 121 AO. ein Jahr. Unterbrechung der Verjährung bewirken: Zahlungsaufschub, Stundung, jede Anerkennung des Zahlungspflichtigen, schriftliche Zahlungsaufforderung und jede Handlung, die das zuständige Finanzamt zur Feststellung des Anspruchs oder des Verpflichteten vornimmt. Mit Ablauf des Jahres, in dem die Unterbrechung ihr Ende erreicht hat, beginnt eine neue Verjährung (§ 124 AO.). Durch die Festsetzung der Steuer (s. §§ 61, 73, 77 AB.) wird die Verjährung unterbrochen. Mündliche Aufforderungen zur Zahlung führen keine Unterbrechung herbei, ebensowenig Zahlungsaufforderungen durch unzuständige Stellen. Die Verjährung ist gehemmt, solange die Ansprüche innerhalb der letzten sechs Monate der Verjährungsfrist wegen höherer Gewalt, z. B. durch Maßnahmen der Besatzungsbehörden im besetzten Rheinlande, nicht verfolgt werden können. Die Verjährung hat die Wirkung, daß der Anspruch mit seinen Nebenansprüchen (Zinsen, Beitreibungskosten) erlischt (§ 125 AO.). Das Erlöschen wirkt auch zugunsten des neben dem Steuerpflichtigen Haftenden (vgl. z. B. § 90 AO.). Für hinterzogene Beträge gilt insofern Besonderes, als die Verjährungsfrist zehn Jahre — nach § 12 Abs. 1 des bisherigen Gesetzes drei Jahre — beträgt (§ 121 AO.) und der Anspruch nicht verjährt, bevor die Strafverfolgung und Strafvollstreckung verjährt sind (§ 122 AO.). Der neben dem Steuerpflichtigen Haftende wird durch die zu dessen Gunsten eingetretene Verjährung nicht befreit, wenn ihm selbst eine Hinterziehung hinsichtlich dieser Schuld zur Last fällt.

Die Reichsabgabenordnung trifft keine Regelung über die Verjährung der Ansprüche des Steuerpflichtigen. Für den wichtigsten Fall, den Anspruch auf Erstattung, sind Ausschlußfristen für die Geltendmachung bestimmt (§§ 128—131 AO.).

Kein Erlöschen der Steuerschuld wird durch die Niederschlagung wegen Aussichtslosigkeit oder zu hoher Kosten der Zwangsvollstreckung nach § 107 AO. (vgl. §§ 26ff. der Beitreibungsordnung vom 23. Juni 1923, RMinBl. S. 595) herbeigeführt. Bis zum Eintritt der Verjährung ist vielmehr die Vollstreckung vorzunehmen, wenn die Vermögens- und Einkommensverhältnisse der Vollstreckungsschuldner sich gebessert haben (§ 30 BeitrO.).

Zu § 2 Abs. 2.

1. § 2 Abs. 2 des Gesetzes (vgl. auch die entsprechende Vorschrift wegen der Fälligkeit in § 7 Abs. 2) enthält einen Grundsatz, der in der Verbrauchssteuergesetzgebung des Jahres 1923 neu eingeführt worden ist. Entsprechende Vorschriften bringen das Spielkartensteuergesetz (§ 3 Abs. 2), das Zündwarensteuergesetz (§ 3 Abs. 2), das Leuchtmittelsteuergesetz (§ 4 Abs. 2), das Salzsteuergesetz (§ 3 Abs. 2) und das Zuckersteuergesetz (§ 3), sämtlich vom 9. Juli 1923, ebenso hinsichtlich der Entstehung der Steuerschuld § 5 Abs. 1 des Entwurfs eines Weinsteuergesetzes von 1923 (Reichstagsdrucks. Nr. 5883 I 1920/23). Die letztgenannten drei Gesetze und der Entwurf des Weinsteuergesetzes besagen, daß die entsprechenden Vorschriften des Zollrechts „sinngemäß" anzuwenden sind. Die Neuregelung bedeutet, daß ein Auseinanderfallen der Entstehung der Zollschuld und der Steuerschuld, sowie eine Verschiedenheit der Person des Zollschuldners und des Steuerschuldners vermieden werden soll und daß grundsätzlich in beiden Hinsichten die entsprechenden Vorschriften des Zollrechts auch dann maßgebend sein sollen, wenn sie mit den Vorschriften der Verbrauchssteuergesetze nicht in Einklang stehen. Die Entstehung der Steuerschuld ist an sich unabhängig von der Entstehung einer Zollschuld.

Wird z. B. Bier auf Grund der elsässisch-lothringischen Freiliste (Art. 68 und 268a des Friedensvertrages) zollfrei eingeführt, so gelangt die Biersteuerschuld zur Entstehung nach den Vorschriften, die für die Zollschuld gelten würden, wenn der Anspruch auf Zollfreiheit nicht bestände. Daß die Vorschriften des Zollrechts angewendet werden sollen, auch wenn eine Zollschuld nicht entsteht, wird in den obengenannten drei Gesetzen durch das Wort „sinngemäß" noch ausdrücklich angedeutet.

Eine Sonderregelung ist für das einzige Zollausschlußgebiet, in dem das Biersteuergesetz gilt, die badischen Zollausschlüsse, getroffen. Nach der vom Reichsminister der Finanzen auf Grund des § 2 Abs. 1 des Gesetzes über den Eintritt der Freistaaten Bayern und Baden in die Biersteuergemeinschaft vom 24. Juni 1919/9. Juli 1923 erlassenen Sondersteuerordnung für die Einfuhr von Bier in die außerhalb der Zollinie liegenden Gebietsteile in Baden (s. Anhang) entsteht die Steuerschuld mit der Einfuhr aus dem Auslande, also mit dem Überschreiten der hier die Steuergrenze bildenden politischen Grenze (§ 3 Abs. 1 der Sondersteuerordnung). Steuerschuldner ist der Einbringer (§ 2 a. a. O.).

2. Das Vereinszollgesetz trifft keine ausdrückliche Bestimmung über den Zeitpunkt der Entstehung der Zollschuld. Es steht aber, wie insbesondere aus § 9 Abs. 2, § 15, § 32, § 47 u. a. zu folgern ist, auf dem Standpunkt, daß die Zollschuld mit der Überführung der Ware in den freien Verkehr entsteht (vgl. Hoffmann, Kommentar zu den Zoll- und Steuergesetzen, S. 21 ff.). Die Zollschuld und damit die Steuerschuld für Bier, das der Zollstelle gestellt wird, entsteht mit der Abfertigung zum freien Verkehr, für Bier, hinsichtlich dessen eine Zollhinterziehung begangen wird, mit Begehung der strafbaren Handlung. Eine Zollschuld und damit eine Steuerschuld gelangt nicht zur Entstehung, wenn es an dem Willen zur Verbringung über die Zollgrenze fehlt. Wenn z. B. ein Faß Bier an das Meeresufer gespült wird, so würde erst die Betätigung des Willens jemandes, dieses Bier in den freien Verkehr des Zollgebietes zu bringen, die Zoll- und Steuerschuld zur Entstehung bringen. Entsteht die Zollschuld unter einer Bedingung, z. B. im Veredelungsverkehr, so gilt ein gleiches auch für die Steuerschuld.

3. Zollschuldner und damit nach § 2 Abs. 2 des Gesetzes Steuerschuldner ist, wer die Ware in den freien Verkehr überführt oder, wie § 13 des Vereinszollgesetzes das durch ein Merkmal dieses Vorganges ausdrückt, wer zu der Zeit, wo der Zoll zu entrichten ist, Inhaber (natürlicher Besitzer) des zollpflichtigen Gegenstandes ist.

Höhe der Biersteuer.

§ 3.

[1] Für Bier, das im Geltungsbereiche des Gesetzes hergestellt ist, beträgt die Biersteuer für jedes Hektoliter der in einem Brauereibetrieb innerhalb eines Rechnungsjahres erzeugten Biermenge

von den ersten	2000	Hektolitern	41000	Mark
„ „ folgenden	8000	„	42000	„
„ „ „	10000	„	43000	„
„ „ „	10000	„	44000	„
„ „ „	30000	„	46000	„
„ „ „	60000	„	48000	„
„ dem Reste	. . . .		50000	„

[2] Die Steuersätze im Absatz 1 ermäßigen sich für Einfachbier um die Hälfte und für Schankbier um ein Viertel; sie erhöhen sich für Starkbier um die Hälfte. Einfachbier im Sinne dieses Gesetzes ist Bier mit einem Stammwürzegehalte bis 5,5 vom Hundert. Schankbier ist Bier mit einem Stammwürzegehalte von 8 bis 9 vom Hundert. Vollbier ist Bier mit einem Stammwürzegehalte von 9 bis 14 vom Hundert. Starkbier ist Bier mit einem Stammwürzegehalte von mehr als 14 vom Hundert.

[3] Mehrere Brauereien, die für Rechnung einer und derselben Person oder Gesellschaft betrieben werden, sind im Sinne des Absatz 1 als ein Brauereibetrieb anzusehen. Sind mehrere, am 1. August 1909 für Rechnung einer und derselben Person oder Gesellschaft betriebene Brauereien bis dahin steuerlich getrennt behandelt worden, so sind sie auch nach dem Inkrafttreten dieses Gesetzes getrennt zu behandeln.

[4] Wird eine Braustätte von mehreren, für eigene Rechnung brauenden Personen gemeinsam benutzt, so ist für die Höhe des Steuersatzes nicht die in der Brauerei insgesamt hergestellte Biermenge, sondern die Biermenge entscheidend, die jede einzelne dieser Personen auf eigene Rechnung herstellt. Nach dem 1. August 1909 errichtete Brauereien dieser Art erhalten die Vergünstigung nicht; Ausnahmen können nach näherer Bestimmung des Reichsministers der Finanzen zugelassen werden.

Zu § 3 Abs. 1, s. AB. § 3.

1. Ein Brauereibetrieb im Sinne des § 3 Abs. 1 ist der Betrieb einer Braustätte zum Zwecke der Herstellung von Bier. Eine Malzessigfabrik, die sich die benötigte Bierwürze selbst herstellt und nur über Einrichtungen zur Herstellung von Bierwürze verfügt, ist keine Brauerei und unterliegt daher auch nicht der Steueraufsicht nach § 13 Abs. 1 des Gesetzes (vgl. Nachrichten Bl. f. d. Zollst. 1919 S. 117). Die Braustätte besteht aus den Gebäuden und Räumen, die zur Aufbewahrung der Braustoffe und dem Betriebe der Brauerei dienen (vgl. AB. § 33 mit dem dazugehörigen Muster 3). Der gesamte Betrieb in einer Braustätte bildet, soweit nicht im Gesetz selbst Ausnahmen vorgesehen sind, einen einzigen Brauereibetrieb. Diese Ausnahmen sind:

a) Der Betrieb mehrerer Braustätten für Rechnung einer und derselben Person oder Gesellschaft; in diesem Falle sind gemäß § 3 Abs. 3 des Gesetzes die sämtlichen Brauereien als ein Betrieb im Sinne des § 3 Abs. 1 anzusehen, sofern sie nicht schon vor dem 1. August 1909 steuerlich getrennt behandelt wurden.

b) Die Benutzung einer Braustätte durch mehrere auf eigene Rechnung brauende Personen (§ 3 Abs. 4), sofern die Brauerei bereits vor dem 1. August 1909 errichtet worden ist, oder beim Fehlen dieser Voraussetzung, wenn die Vergünstigung des § 3 Abs. 4 ausnahmsweise zugebilligt ist. In diesen Fällen ist nach der genannten Gesetzesvorschrift der Brauereibetrieb jeder einzelnen auf eigene Rechnung brauenden Person steuerlich als ein Betrieb für sich anzusehen.

Die Verhältnisse des einzelnen Brauereibetriebes sind für die Biersteuer insofern von Einfluß, als

a) sich gemäß § 3 Abs. 1 des Gesetzes die Höhe der Steuersätze nach dem Umfang des Betriebes innerhalb eines Rechnungsjahres bemißt;

b) auf dem einzelnen Brauereibetrieb die ihm zugewiesene Jahresmenge ruht (Braurecht, Kontingent; § 4 des Biersteuergesetzes vom 26. Juli 1918, der durch § 32 Abs. 1 Nr. 1 des Gesetzes aufrecht erhalten ist, s. Anhang);

c) nach dem 1. April 1918 neu errichtete Brauereien eine erhöhte Biersteuer zu entrichten haben (§ 5 des Biersteuergesetzes vom 26. Juli 1918, ebenfalls durch § 32 Abs. 1 Nr. 1 des Gesetzes aufrecht erhalten, s. Anhang);

d) von dem Betriebsumfang der Braustätte und dem Zeitpunkt ihres Entstehens die Verpflichtung zum Halten von Malzmühlen (§ 15 des Gesetzes) und die Möglichkeit der Abfindung (§ 18 des Gesetzes) abhängig ist.

2. Als erzeugte Biermenge im Sinne des § 3 Abs. 1 gilt nicht die in einem Brauereibetrieb überhaupt hergestellte Biermenge, sondern entsprechend dem Grundgedanken des Gesetzes, den Verbrauch zu besteuern (§ 1 Abs. 1), nur die Biermenge, für die gemäß § 2 Abs. 1 eine Steuerschuld entstanden ist, zuzüglich der nach § 8 Abs. 1 als Haustrunk und der nach § 8 Abs. 2 als Ausfuhrbier steuerfrei bleibenden Biermengen (s. § 3 AB.). Außer Ansatz bleiben also Biermengen, die noch in der Brauerei lagern oder die vor Entstehung der Steuerschuld in der Brauerei nachweislich zugrunde gegangen sind (AB. § 60), ferner die nach AB. § 1 Abs. 2 u. 3 zu Untersuchungszwecken innerhalb der Brauerei verbrauchten Biermengen. Die Einbeziehung des Haustrunks und des Ausfuhrbieres in den für die Anwendung der Steuersätze des § 3 Abs. 1 maßgebenden Betriebsumfang einer Brauerei rechtfertigt sich dadurch, daß die Abstufung der Steuersätze einen Ausgleich für die günstigeren Herstellungsbedingungen der größeren Betriebe gegenüber den kleineren Betrieben bilden soll und daß zu diesem Zwecke der gesamte Bierabsatz einer Brauerei, nicht nur die im Geltungsbereich des Gesetzes abgesetzte Biermenge berücksichtigt werden muß.

Die erzeugte Biermenge, und zwar diejenige, für die eine Steuerschuld entstanden ist, vermindert sich um die Menge des Rückbieres (s. § 3 AB.). Dazu gehört auch das mit Genehmigung des Hauptzollamts in die Brauerei eingebrachte fremde Bier (s. § 63 AB.).

3. Das Biersteuergesetz vom 26. Juli 1918, das am 1. Oktober 1918 in Kraft trat, brachte den Übergang von der Rohstoffbesteuerung zur Besteuerung des Fertigerzeugnisses mitten im Rechnungsjahr. § 123 der alten AB. schrieb daher vor, daß die im Rechnungsjahr 1918 vor dem 1. Oktober 1918 hergestellten Biermengen bei der Bemessung der Steuersätze für die nach diesem Zeitpunkt hergestellten Biermengen zu berücksichtigen seien.

4. § 3 Abs. 1 hat aus dem bisherigen Biersteuergesetz den Grundsatz der Staffelung der Steuer nach dem Betriebsumfang der Brauereien übernommen. Dieser den Schutz der kleineren Betriebe bezweckende Grundsatz war zum ersten Male in dem nicht Gesetz gewordenen Entwurf vom Jahre 1892 vorgesehen und sodann in den Brausteuergesetzen von 1906 und 1909, übrigens auch in den bis 1919 in Bayern, Württemberg und Baden in Kraft befindlichen Gesetzen, enthalten (vgl. die geschichtliche Entwicklung der Bierbesteuerung). Ebenso wie die Brausteuergesetze von 1906 und 1909 und das Biersteuergesetz von 1918 hat das geltende Gesetz den Grundsatz der Durchstaffelung, d. h. an den Biersteuersätzen nehmen sämtliche Brauereien

ohne Rücksicht auf ihre Betriebsgröße teil. Dadurch wird ein gleichmäßiges Ansteigen der Steuerbelastung ermöglicht. Der höchste Steuersatz begann nach dem Brausteuergesetz von 1906 bei einer jährlichen Biererzeugung von etwa 42000 Hektolitern (7000 Doppelzentnern Malz), nach dem Brausteuergesetz von 1909 bei etwa 30000 Hektolitern (5000 Doppelzentnern Malz). Darüber hinaus enthielt das Biersteuergesetz von 1918 erhöhte Steuersätze für eine Jahreserzeugung von mehr als 60000 Hektolitern und von mehr als 120000 Hektolitern, um einen erhöhten Ausgleich für die Überlegenheit der Großbetriebe zu schaffen. Das geltende Gesetz hat diese letztere Staffelung übernommen. Die Spannung zwischen dem niedrigsten und dem höchsten Steuersatz — gewöhnlich Gegenstand erheblicher Meinungsverschiedenheiten innerhalb des Gewerbes — betrug nach dem Biersteuergesetz von 1918 2,50 ℳ, nach der Vervierfachung der Biersteuer durch das Gesetz, betreffend Erhöhung einzelner Verbrauchssteuern vom 8. April 1922, 9 ℳ, entsprechend den Vorschlägen des Gewerbes, das sich in dieser Frage geeinigt hatte. 1923 kam das Gewerbe dahin überein, daß die Spannung von 9 ℳ in den bisherigen Abstufungen grundsätzlich beibehalten und die Unterschiede zwischen den Staffelsätzen in demselben Verhältnis, in dem die Steuer des geltenden Gesetzes erhöht wurde, erweitert werden sollten. Die Reichsregierung trat diesem Vorschlage bei, s. § 3 Abs. 1 und § 5 Abs. 3 (vgl. Begr. S. 7).

5. Für die Berechnung der Biersteuer nach den verschiedenen Staffelsätzen werden die in einer Brauerei innerhalb eines halben Monats (vgl. § 7 des Gesetzes) hergestellten Biermengen nicht streng nach der zeitlichen Aufeinanderfolge ihrer Herstellung in Ansatz gebracht, sondern es ist zum Zwecke einer einfacheren Berechnungsweise in § 61 Abs. 3, 4 AB. bestimmt, daß für die halbmonatliche Steuerberechnung von der in einer Monatshälfte hergestellten Biermenge nur der Teil zu berücksichtigen ist, für den die Steuer geschuldet wird. Dabei ist zunächst das Einfachbier, dann das Schankbier, dann das Vollbier und zuletzt das Starkbier anzusetzen. Die im Berechnungshalbmonat gemäß § 8 Abs. 1, 2 des Gesetzes steuerfrei abgelassenen Biermengen bleiben für die Bemessung der Staffelsätze in dieser Monatshälfte außer Betracht, sie kommen erst bei der Steuerberechnung für die nächste Monatshälfte dadurch zur Geltung, daß sie in die bis zum Beginn dieser Monatshälfte erzeugte und die bis dahin auf die Jahresmenge anzurechnende Biermenge, von der bei der Steuerberechnung zunächst ausgegangen werden muß, eingerechnet werden. Ihre gesetzliche Grundlage findet diese aus Zweckmäßigkeitsgründen getroffene Regelung darin, daß in § 7 des Gesetzes eine halbmonatliche Fälligkeit der Steuer als Regel aufgestellt ist. Diese Art der Steuerberechnung ist für den Steuerschuldner insofern günstig, als sie die innerhalb einer Monatshälfte steuerfrei abgelassenen Biermengen auf die etwaigen höheren Steuersätze und die Biermengen, für die die Steuer geschuldet wird, auf die niederen Steuersätze in Anrechnung bringt. Die bei der Steuerfestsetzung einzuhaltende Reihenfolge: Einfachbier, Schankbier, Vollbier, Starkbier rechtfertigt sich durch die in § 3 Abs. 2 des Gesetzes bestimmte verschiedene Belastung dieser Biergattungen.

Zu § 3 Abs. 2, s. AB. § 4.

1. Die unterschiedliche steuerliche Behandlung des Bieres, je nachdem es sich um Einfachbier, Schankbier, Vollbier oder Starkbier handelt, trägt dem verschiedenen Wert der einzelnen Biergattungen bei der Besteuerung des Fertigerzeugnisses Rechnung. Das Biersteuergesetz vom 26. Juli 1918 kannte nur drei Gattungen. Das Schankbier verdankt seine besondere steuerliche Berücksichtigung dem Reichstage, der es in das Gesetz, betreffend Er-

höhung einzelner Verbrauchssteuern, vom 8. April 1922 einfügte. Innerhalb der vier Biergruppen ist die Belastung einheitlich. Das Verhältnis der Steuersätze entspricht annähernd dem Malzverbrauche, der zur Herstellung der einzelnen Biergattungen erforderlich ist.

2. In dem Entwurf zu dem bisherigen Biersteuergesetze war die Begriffsbestimmung für Einfachbier, Vollbier und Starkbier dem Bundesrate überlassen. Der Reichstag erachtete indessen eine Festlegung im Gesetz für erforderlich (Reichstagsdrucks. Nr. 1686 von 1914/18). Dementsprechend war nach dem bisherigen Biersteuergesetz Einfachbier Bier mit einem Stammwürzegehalt bis 4,5 v. H., Vollbier Bier mit einem solchen von 8 bis 13 v. H., Starkbier Bier mit einem solchen von mehr als 13 v. H. Bier mit einem Stammwürzegehalt von mehr als 4,5 und weniger als 8 v. H. sollte nach Ansicht des Reichstages nicht gebraut werden dürfen, „damit später für die Zeiten besserer Gerstenbelieferung das Brauen ganz dünner Vollbiere hintangehalten würde" (Reichstagsverhandlungen II 1914/18 S. 5972 A). Durch das Gesetz, betreffend Erhöhung einzelner Verbrauchssteuern, vom 8. April 1922, wurde die Stammwürzegehaltsgrenze des Einfachbieres auf Beschluß des Reichstages auf 5,5 v. H. erhöht. Wegen des Schankbieres vgl. Bem. 1. Im geltenden Gesetz hat der Reichstag die Stammwürzegehaltsgrenze für Starkbier auf 14 v. H. heraufgesetzt (vgl. Bem. 2 zu § 11 Abs. 2).

3. Die **Bierbereitung** erfolgt in der Weise, daß das zunächst zerkleinerte Malz (Malzschrot) mit Wasser vermischt und darauf die Masse (Maische) auf höhere Wärmegrade gebracht wird. Beim Maischen werden die löslichen Bestandteile des Malzes vom Wasser ausgezogen und die im Malze enthaltene Stärke in gärungsfähigen, leicht löslichen Zucker und in Dextrin übergeführt. Die nach dem Maischen von den unlöslichen Bestandteilen des Malzes befreite, Zucker, Dextrin usw. enthaltende Flüssigkeit heißt **Würze**. Die klare Würze wird mit Hopfen gekocht und darauf nach dem Abseihen des Hopfens gekühlt. Die gehopfte und gekühlte Würze erlangt durch Gärung die Eigenschaften des Bieres, indem der größte Teil des vergärbaren Zuckers sich in Weingeist und Kohlensäure verwandelt. Das Bier besteht aus Wasser, Kohlensäure, Weingeist und Extrakt, d. h. nicht flüchtigen löslichen Bestandteilen. Der **Stammwürzegehalt** des Bieres ist der Gehalt an löslichen Stoffen (Extraktgehalt), der sich aus dem tatsächlichen Extraktgehalt des Bieres sowie dem Extraktgehalt berechnet, der durch Gärung in Weingeist und Kohlensäure umgewandelt ist. Er deckt sich nicht mit dem Extraktgehalt der Würze, aus der das Bier tatsächlich hergestellt worden ist, da dieser durch einen etwaigen Zucker- oder Farbebierzusatz nach Vollendung der Hauptgärung oder durch unvermeidliche Veränderungen der Dichte der Würze, die durch Verdunstung oder durch einen im regelmäßigen Brauereibetrieb erfolgten Wasserzusatz eintreten können. Der Gehalt der Bierwürze an löslichen Stoffen (die Dichte) wird durch Anwendung der **Zuckerspindel** (Saccharimeter) bestimmt. Diese gibt an, wieviel fester Rohrzucker in 100 Gewichtsteilen einer Rohrzuckerlösung enthalten ist.

4. Bier mit einem Stammwürzegehalt, der zwischen 5,5 und 8 v. H. liegt (vgl. Bem. 2), darf nach § 11 Abs. 3 nicht in Verkehr gebracht werden. Die Herstellung ist nicht verboten; derartiges Bier kann z. B. vor Entstehung der Steuerschuld mit anderem Bier vermischt werden, das Gemisch muß aber der Vorschrift in § 3 Abs. 2 entsprechen. Bier mit einem Stammwürzegehalt von mehr als 5,5 und weniger als 8 v. H. ist, wenn sein Vertrieb ausnahmsweise zugelassen ist oder wenn es verbotswidrig in Verkehr gebracht ist, als Schankbier zu versteuern (§ 11 Abs. 3).

5. Einen Spielraum zur Überschreitung der in § 3 Abs. 2 festgesetzten Stammwürzegehaltsgrenzen läßt das Gesetz nicht zu. Bei der Beratung des Entwurfs des Biersteuergesetzes von 1918 im 32. Ausschusse des Reichstages in erster Lesung war eine Fehlergrenze von 0,5 v. H. eingeräumt worden. Dieser Beschluß wurde indessen bei der zweiten Lesung wieder aufgehoben. Bier, dessen Stammwürzegehalt die Grenze von 9 v. H. nur um ein geringes übersteigt, ist daher als Vollbier zu versteuern (vgl. Verf. des Reichsministers der Finanzen vom 8. April 1922, RZBl. S. 81 Nr. III).

6. Würde Bier mit einem Stammwürzegehalt von mehr als 5,5 v. H. als Einfachbier und Bier mit einem Stammwürzegehalt von mehr als 14 v. H. als Vollbier versteuert, so wäre dies eine nach § 20 des Gesetzes zu bestrafende Biersteuerhinterziehung.

7. Die Prüfung des Bieres auf seinen vorschriftsmäßigen Stammwürzegehalt durch die Aufsichtsbeamten hat gemäß § 30 AB. nach der als Anlage D zu den AB. gegebenen Anleitung zu erfolgen.

8. Von den zahlreichen, die Herstellung von Bier aus Gründen der Nahrungsmittelknappheit einschränkenden Verordnungen der Kriegs- und Nachkriegszeit besteht zurzeit noch die Verordnung des Reichsministers für Ernährung und Landwirtschaft über Lebensmittel vom 8. September 1922 /19. Oktober 1922/27. März 1923 (RGBl. 1922 S. 725 und 800, 1923 S. 219). Danach ist die Herstellung von Starkbier verboten. Die bis zum 31. März 1924 angeordnete Begrenzung der Herstellung von Vollbier mit einem höheren Stammwürzegehalt als 10 v. H. auf eine Höchstmenge von 20 v. H. des Braurechtsfußes der Brauereien ist nicht verlängert worden. Nach der Auslegung, die der genannte Minister seiner Verordnung selbst gegeben hat (vgl. RZBl. 1922 S. 260), gilt als Vollendung der Herstellung die Abfüllung auf die Versandgefäße, so daß z. B. die Herstellung von Starkbier zum Verschneiden anderen Bieres in den Lagergefäßen zulässig ist. Nicht verboten ist nach der Verordnung die Einfuhr von Starkbier in den Geltungsbereich des Gesetzes. Wegen des Farbebieres vgl. Bem. 6 zu § 2 Abs. 1.

9. Die bisherigen Steuerermäßigungen für die sog. Zwergbetriebe und die Hausbrauer sind in Fortfall gekommen.

Nach § 3 Abs. 3 des Biersteuergesetzes vom 26 Juli 1918 (vgl. schon § 6 Abs. 3 des Brausteuergesetzes vom 15. Juli 1909) war für die vor dem 1. Oktober 1908 betriebsfähig hergerichteten Brauereien, sofern in ihnen im Durchschnitt der Rechnungsjahre 1906, 1907 und 1908 und seither bis zum Inkrafttreten des Gesetzes in einem Rechnungsjahr nicht mehr als 150 Doppelzentner Braustoffe steuerpflichtig geworden waren, die Biersteuer von den ersten 1000 Hektolitern der in einem Rechnungsjahre hergestellten Biermenge auf 8 ℳ für ein Hektoliter ermäßigt. Die Vergünstigung erlosch mit dem Ablauf des Rechnungsjahres, in dem in der Brauerei mehr als 1000 Hektoliter Bier hergestellt wurden. Als durch das Gesetz, betreffend Erhöhung einzelner Verbrauchssteuern, vom 8. April 1922 die Spannung zwischen dem höchsten und niedrigsten allgemeinen Steuersatz von 2,50 ℳ auf 9 ℳ erweitert wurde, verblieb es für die Zwergbrauereien bei der bisherigen Spannung von 2 ℳ, die Steuer wurde für sie von 8 auf 39 ℳ erhöht. Der Grund dafür war der, daß die Zwergbetriebe schon dadurch außerordentlich begünstigt waren, daß sie auch ohne entsprechenden Braurechtsfuß bis zu 1000 hl Bier zu den einfachen Steuersätzen herstellen durften (Braurechtsordnung § 2 Abs. 2), was vielfach zu einer Ungerechtigkeit gegenüber denjenigen Brauereien führte, die zufällig in einem der Stichjahre die Grenze von 150 Doppelzentnern Malz um ein weniges überschritten hatten (vgl. Begr. zu dem genannten

Gesetz, Reichstagsdrucks. Nr. 2872, I 1921, S. 10). Der Entwurf eines Biersteuergesetzes von 1923, der dem Reichsrat vorgelegt wurde, schlug die gänzliche Beseitigung der Begünstigung vor. Bei den Beratungen wurde sie indes wiederhergestellt und war im Biersteuergesetz vom 9. Juli 1923 auf eine Ermäßigung der allgemeinen Steuer um 100 ℳ für 1 hl bemessen (§ 3 Abs. 3). Da diese Ermäßigung infolge der Geldentwertung bedeutungslos geworden war, wurde der ganze Abs. 3 des § 3 auf Vorschlag des Reichsrates durch Art. I Nr. 1 b des Gesetzes über Abänderung einzelner Verbrauchssteuergesetze vom 11. August 1923 gestrichen. Eine Folge der Beseitigung der steuerlichen Begünstigung der Zwergbrauer ist der Verlust des ihnen in § 2 Abs. 2 der Braurechtsordnung eingeräumten Rechtes, in jedem Rechnungsjahr bis zu 1000 hl Bier zu dem einfachen Steuersatz zu versteuern. Die bisher vorläufige Veranlagung der Zwergbrauer zum Braurechtsfuß ist gemäß § 4 der Braurechtsordnung mit dem Erlöschen der Steuervergünstigung wirksam geworden, und zwar, da das Braurecht für den Zeitraum eines ganzen Jahres festgesetzt wird, mit Wirkung vom Rechnungsjahr 1924 ab (a. M. Koppe S. 318). Überschreiten die bisherigen Zwergbrauer die ihnen zugewiesene Jahresmenge, so treten für sie die erhöhten Steuersätze des § 4 Abs. 2 des Biersteuergesetzes vom 26. Juli 1918 ein (s. Bem. 2 zu § 4 Abs. 2 dieses Gesetzes im Anhang.)

Wegen der Hausbrauer vgl. die Bemerkungen zu § 10 Abs. 6 des Gesetzes.

Zu § 3 Abs. 3, s. AB. §§ 5 bis 7.

1. Diese Vorschrift ist aus § 3 Abs. 4 des bisherigen Biersteuergesetzes, von diesem aus § 6 Abs. 6 des Brausteuergesetzes vom 15. Juli 1909 übernommen worden. Sie soll verhindern, daß Brauer das Aufrücken in eine höhere Steuerstufe dadurch umgehen, daß sie ihren Betrieb auf mehrere Braustätten verteilen.

Für das Gebiet der Biersteuergemeinschaft wurde eine gesetzliche Regelung der steuerlichen Behandlung mehrerer Brauereien als ein Brauereibetrieb unter Anlehnung an Art. 7 Abs. 3 des württembergischen Biersteuergesetzes vom 4. Juli 1900 (RegBl. S. 542) erstmals durch § 6 Abs. 3 des Brausteuergesetzes vom 3. Juni 1906 getroffen. Die Vorschrift lautete: „Mehrere in einer Hand befindliche Brauereien werden im Sinne des Abs. 1 als ein Brauereibetrieb angesehen, wenn sie ein wirtschaftlich zusammengehöriges Unternehmen bilden, oder wenn sie innerhalb derselben Gemeinde oder nicht weiter als 10 Kilometer voneinander entfernt sind.“ In der Begründung zum Entwurf dieses Gesetzes (StenBer. zu den Verhandlungen des Reichstages 1905/06 Anl.-Bd. 2 S. 960) ist bemerkt, daß solche örtlich getrennte Brauereien als ein Betrieb anzusehen sein werden, die sich, ganz abgesehen von ihrer Lage, nach Leitung, Einkauf usw. als ein wirtschaftlich zusammengehöriges Unternehmen darstellen, oder bei denen schon aus ihrer Lage zueinander geschlossen werden kann, daß eine gewisse gegenseitige Abhängigkeit der einzelnen Braustätten besteht. Letzteres wird, wie in der Begründung weiter ausgeführt ist, von allen innerhalb derselben Gemeinde liegenden Betrieben ohne weiteres angenommen werden können, ebenso von Brauereien, deren Entfernung voneinander so kurz ist, daß ein gegenseitiger Verkehr, insbesondere ein Verkehr mit Gespannen, ohne Schwierigkeit und ohne erheblichen Zeitaufwand möglich ist.

In der Ausschußberatung wurde die Vorschrift ohne weitere Erörterung angenommen. Dagegen ist sie in der zweiten Lesung des Reichstages zur Sprache gekommen. Ein Antrag (Drucks. Nr. 362 Ziff. 2), den Abs. 2 des

§ 3a zu streichen, wurde damit begründet, daß in der Praxis die Entscheidung über die Frage der wirtschaftlichen Zusammengehörigkeit sehr schwierig sein würde, und daß der ganze Absatz eine sehr geringe finanzielle Bedeutung habe (StenBer. S. 2788). Auf die Einrede des Regierungsvertreters, daß der Antrag auf völlige Streichung der Vorschrift, die einen durchaus berechtigten Grundgedanken habe, zu weit gehe, daß aber ein Teil des Absatzes wohl entbehrt werden könne (StenBer. S. 2789 C) zog der Antragsteller den Antrag auf Streichung des Abs. 2 zurück und beantragte, über die Worte „wenn sie ein wirtschaftlich zusammengehöriges Unternehmen bilden oder" besonders abzustimmen (Drucks. Nr. 2809 A). Die Absicht dieses Antrags ging auf Beseitigung der angegebenen Worte aus dem Abs. 2. Der Antrag wurde abgelehnt und es blieb bei der ursprünglichen Fassung.

In der dritten Lesung kam es zu einer eingehenden Erörterung der Tragweite dieser Vorschrift (StenBer. S. 3309ff.). Der Abgeordnete Dr. Müller-Sagan griff auf den früheren Antrag zurück und beantragte wieder, die Worte: „wenn sie ein wirtschaftlich zusammengehöriges Unternehmen bilden" zu streichen, wobei er ausführte, diese Bestimmung bevorzuge einseitig die Pachtwirtschaft; denn, wenn ein Gutsherr mehrere Brauereien durch einen Generaldirektor verwalten lasse, so liege wirtschaftliche Zusammengehörigkeit vor; wenn er aber die Brauereien verpachte und jede in eigener Regie verwalten lasse, so sei das nicht der Fall. Der Abg. Dr. Becker empfahl die Beibehaltung der Bestimmung, weil sonst zu befürchten sei, daß die Großbrauereien in der Provinz Filialbrauereien errichten und dadurch den kleinen und mittleren Betrieben, deren Schutz das Gesetz im Auge habe, einen starken Wettbewerb bereiten würden. Hierauf wurde der Abänderungsantrag abgelehnt und die Fassung der Regierungsvorlage angenommen.

Die Vorschrift hat dann in der Praxis zu mancherlei Zweifeln und Schwierigkeiten Anlaß gegeben. In der Streitfrage, ob die Entfernung von 10 km in der Luftlinie oder auf dem nächsten Verkehrswege zu verstehen sei, stellte sich das Reichsgericht (Urteil vom 29. September 1908 VII 532/07) auf den letzteren Standpunkt. Streitig wurde ferner, ob der Ausdruck „in einer Hand befindlich" nach rein juristischen Grundsätzen oder mehr von wirtschaftlichen tatsächlichen Gesichtspunkten aus zu verstehen sei. Der Bundesrat entschied sich in seinem Beschluß vom 27. Juni 1908 (§ 632 der Niederschriften) entsprechend einem Gutachten des Reichsjustizamts dafür, daß unter in einer Hand befindlichen Brauereien Betriebe zu verstehen seien, die im Besitz einer Person oder Gesellschaft sich befinden müßten. Hiernach waren also zwei Brauereien, die von zwei getrennten Gesellschaften in engster Interessengemeinschaft auf gemeinsamen Gewinn und Verlust betrieben wurden und wirtschaftlich zusammen gehörten, steuerlich getrennt zu behandeln. In einem zwar nicht rechtlich, aber nach der wirtschaftlichen Seite hin ähnlich liegenden Falle — eine Aktienbrauerei hatte für zwei weitere ihr gehörige Brauereien eine G. m. b. G. errichtet und die Brauereien an diese verpachtet — entschied der Bundesrat (Beschluß vom 27. Juni 1908, § 633 der Niederschriften), daß die Brauereien als ein Betrieb zu behandeln seien. Sehr streitig wurde endlich immer wieder, was im einzelnen Falle unter wirtschaftlicher Zusammengehörigkeit zu verstehen sei.

Alle diese Schwierigkeiten sollten durch die Neufassung des § 6 Abs. 2 in Art. I Nr. 6 des Entwurfs eines Gesetzes wegen Änderung des Brausteuergesetzes vom 3. November 1908 (Nr. 995 der Reichstagsdrucks. I 1907/09) ausgeräumt werden. Es wurde folgende Fassung vorgeschlagen: „Mehrere Brauereien, die für Rechnung einer und derselben Person oder Gesellschaft betrieben werden, sind im Sinne des Abs. 1 als ein Brauereibetrieb anzusehen, wenn sie innerhalb derselben Gemeinde oder nicht weiter als 10 Kilometer in der Luftlinie voneinander entfernt liegen." Bereits nach der bisherigen Fassung war selbstverständliche Voraussetzung gewesen, daß die mehreren „in einer Hand befindlichen Brauereien" für Rechnung der einen Hand betrieben wurden, da nach dem allgemeinen Grundsatze des § 7 Abs. 1 des Brausteuergesetzes von 1906 die Steuer von demjenigen zu entrichten war, der die Bierbereitung „für seine Rechnung" vornahm (dazu vgl. § 9 der Brausteuer-AB. von 1906 und seine Überschrift). Die Neufassung ließ die einschränkende Voraussetzung der Einheit des Besitzers der mehreren Brauereien fallen. Andererseits sollte die Behandlung mehrerer Brauereien als einer steuerlichen Einheit auf die Fälle beschränkt werden, in denen die Brauereien innerhalb derselben Gemeinde oder nicht weiter als 10 km in der Luftlinie voneinander entfernt liegen. Auf die gleiche Behandlung auch der weiter auseinander liegenden Brauereien, wenn sie ein wirtschaftlich zusammengehöriges Unternehmen bildeten, sollte verzichtet werden, da die Feststellung dieser Voraussetzung große Schwierigkeiten bot, andererseits die finanzielle Wirkung dieses Verzichts nur gering war (vgl. Begr. S. 17).

Bei den Beratungen des Entwurfs im 32. Ausschuß des Reichstages wurde die Frage eingehend erörtert (vgl. Nr. 1451 der Reichstagsdrucks. I 1907/09, S. 47 ff.). Es wurden Anträge gestellt auf Änderung der Vorschrift wegen der Bemessung der Entfernung, auf Wiederherstellung der Fassung des § 6 Abs. 2 des bisherigen Brausteuergesetzes, insbesondere des Merkmals der wirtschaftlichen Zusammengehörigkeit, endlich auf Streichung der Worte „wenn sie" bis zum Schlusse. Der Abgeordnete, der den letzten Antrag stellte, begründete ihn mit der Notwendigkeit, allen Versuchen einer Umgehung, besonders durch Bildung von Gesellschaften mit beschränkter Haftung, zu begegnen. Es komme ihm nicht darauf an, bloß juristische Zweifel auszuschalten, sondern auf den steuerlichen Effekt; Betriebe, die von derselben Aktiengesellschaft errichtet und betrieben würden, bildeten ein Ganzes und seien wirtschaftlich ein zusammenhängendes Unternehmen. Ein Kommissar des Bundesrates bemerkte hierzu, daß die in der Kommission für die Auslegung der Vorschrift deutlich zum Ausdruck gekommene Absicht auch von der Rechtsprechung nicht unbeachtet bleiben könne, so daß die Schwierigkeiten sich wohl mindern würden. Der Ausschuß beschloß sodann folgende Fassung: „Mehrere Brauereien, die für Rechnung ein und derselben Person oder Gesellschaft betrieben werden, sind im Sinne des Abs. 1 als ein Brauereibetrieb anzusehen, wenn sie ein wirtschaftlich zusammengehöriges Unternehmen bilden." Bei der zweiten Beratung des Entwurfs in der Vollversammlung des Reichstags (StenBer. zu den Verh. des Reichstags 1908/09, Bd. 237 S. 8909 f., 8918, 8933 f.) wurde die Regierungsvorlage wiederhergestellt, jedoch mit dem Zusatze: „oder wenn sie ein wirtschaftlich zusammengehöriges Unternehmen bilden". Hiermit sollte, wie der Abgeordnete Dr. Zehnter bemerkte, wenigstens eine Abgrenzung dessen, was erfaßt werden soll, nach der negativen Seite erfolgen.

Bei der dritten Beratung des Entwurfs in der Vollversammlung des Reichstags (StenBer. Bd. 237 S. 9282) gelangte schließlich ein Antrag (Nr. 1595 der Reichstagsdrucks. I 1907/09) Zehnter, Gamp, Raab, Roesicke, Speck und damit die Fassung zur Annahme, wie sie § 6 Abs. 6 des Brausteuergesetzes vom 15. Juli 1909 enthält. Hiernach sind Brauereien, die für Rechnung ein und derselben Person oder Gesellschaft betrieben werden, als ein Brauereibetrieb im Sinne des Abs. 1 anzusehen. Derartige Brauereien, die zur Zeit des Inkrafttretens des Brausteuergesetzes vom 15. Juli 1909 (1. August 1909) als getrennte behandelt worden sind, sollten auch künftig steuerlich getrennt behandelt werden. Die Gründe, aus welchen diese Änderung erfolgte, sind den Verhandlungen nicht zu entnehmen. Die Vorschrift in § 6 Abs. 6 des Brausteuergesetzes vom 15. Juli 1909 ist in § 3 Abs. 4 des Biersteuergesetzes vom 26. Juli 1918 und in § 3 Abs. 3 des geltenden Gesetzes wörtlich übernommen. Erörterungen darüber haben weder 1918 noch 1923 in den Ausschüssen oder in der Vollversammlung des Reichstages stattgefunden.

Aus dieser Entstehungsgeschichte erhellt, daß die Vorschrift nicht finanzielle, sondern wirtschaftliche Zwecke verfolgt, nämlich den Schutz der Klein- und Mittelbrauereien gegen die Aufsaugung oder Vernichtung durch die Großbrauereien. Der Gesetzgeber hat, wie oben dargelegt, die Voraussetzung, an die das Brausteuergesetz von 1906 die Behandlung mehrerer Brauereien als steuerlicher Einheit geknüpft hat, daß sie nämlich in einer Hand, d. h. im Besitz einer und derselben Person seien, bewußt aufgegeben zugunsten einer weiteren Fassung. Dem würde es nicht entsprechen, wenn man die jetzige Voraussetzung, daß die mehreren Betriebe für Rechnung einer und derselben Person betrieben werden, dahin auffassen würde, daß aus den Geschäften der verschiedenen Brauereien ein und dieselbe Person unmittelbar berechtigt und rechtlich verpflichtet sein müsse, wie das im Anschluß an Zapf, das Bayerische Malzaufschlaggesetz, S. 47, bisher meist angenommen wurde (vgl. 1. Aufl. dieses Buches, S. 57, die gewählten Beispiele gehen hier allerdings sehr viel weiter; Koppe, Biersteuergesetz, 1. Aufl., S. 17). Der Kreis der betroffenen Brauereien würde alsdann ähnlich beschränkt sein, wie unter der Herrschaft des Brausteuergesetzes von 1906. Diese enge Auffassung würde ferner den Zweck des Gesetzes vereiteln, da sie den Großbetrieben die Umgehung des Gesetzes durch Schaffung von Tochtergesellschaften ermöglichen würde. Es ist daher dem Reichsfinanzhof beizupflichten, der in seiner grundlegenden Entscheidung Bd. 11 S. 219ff. unter Heranziehung des § 4 AO. die Voraussetzung des § 3 Abs. 4 Satz 1 des Biersteuergesetzes vom 26. Juli 1918 dann als erfüllt erklärt hat, „wenn der materielle Erfolg aus dem Betriebe mehrerer Brauereien einer und derselben Person oder Gesellschaft zugute kommt". Hiernach ist mit Recht in einem Falle, in dem eine Großbrauerei sämtliche Geschäftsanteile einer als G. m. b. H. betriebenen Brauerei erworben hat, eine steuerliche Einheit beider Betriebe angenommen worden, obwohl die G. m. b. H. als selbständiges Unternehmen aufrecht erhalten wurde. Gleichgültig ist, ob die Spaltung in mehrere Betriebe oder die Vereinigung mehrerer Betriebe in der Absicht der Steuerersparung erfolgt ist. Die Entscheidung des Reichsfinanzhofs hat übrigens dadurch, daß die Vorschrift des § 3 Abs. 4 des bisherigen Gesetzes von dem geltenden in § 3 Abs. 3 wörtlich übernommen worden ist, die stillschweigende Billigung des Gesetzgebers gefunden.

Wann hiernach mehrere Brauereien für Rechnung einer und derselben Person betrieben werden, ist Tatfrage. Ihre Behandlung als steuerliche Einheit wird nicht schon dadurch ausgeschlossen, daß der materielle Erfolg aus den Betrieben der einen Person oder Gesellschaft nicht ausschließlich zukommt. Es macht keinen wesentlichen Unterschied, ob eine Gewinnbeteiligung statt zu 100 nur zu 99 oder 90 v. H. eingeräumt ist. Die Voraussetzungen für die Anwendung des § 3 Abs. 3 liegen auch dann vor, „wenn die Beteiligung einer Großbrauerei an einer anderen Brauerei derart gestaltet ist, daß die Großbrauerei den *weitaus überwiegenden* Teil der Anteile der kleineren Brauerei besitzt und der Vorteil aus den mehreren Betrieben der Großbrauerei im *wesentlichen* zugute kommt" (Urteil des

RFH. vom 20. März 1924 IV a A 165/23, RZBl. 1924 S. 53; s. Krapf, in der Ztschr. f. Zölle u. Verbrauchssteuern, 1924, S. 71). Diese Auffassung wird auch dann Platz zu greifen haben, wenn die Großbrauerei nicht unmittelbar die weitaus überwiegende Mehrheit der Aktien oder Anteile erwirbt, sondern diese Mehrheit dadurch zustande kommt, daß Aktien oder Anteile in die Hand von Direktoren oder Aufsichtsratsmitgliedern der Großbrauerei oder ihr oder diesen Personen sonst nahestehender Dritter gelangen. Darüber, wann eine weitaus überwiegende wirtschaftliche Beteiligung der Großbrauerei an dem Kleinbetriebe vorliegt, kann nur von Fall zu Fall entschieden werden. Dabei wird es darauf ankommen, ob dem Kleinbetriebe eine wirkliche Selbständigkeit und nicht nur der Schein einer solchen belassen wird. Unter Umständen wird die Selbständigkeit des Mittel- oder Kleinbetriebes gerade durch die Anlehnung an eine Großbrauerei aufrecht erhalten werden und nur durch sie aufrecht erhalten werden können. Jedenfalls wird man die Grenzen für das Anwendungsgebiet des § 3 Abs. 3 Satz 1 hinsichtlich des Maßes der Beteiligung nicht zu weit stecken dürfen.

In neuerer Zeit vollzieht sich der Zusammenschluß der Brauereien häufig nicht in der Form der Fusion, sondern der Interessengemeinschaft. Bisweilen ist die Interessengemeinschaft ganz lose, indem Aktien oder Anteile ausgetauscht und gegenseitig Direktoren oder Aufsichtsratsmitglieder in den Vorstand oder Aufsichtsrat entsandt werden. In solchen Fällen ist für die Anwendung des § 3 Abs. 3 Satz 1 kein Raum. Ist aber eine Interessengemeinschaft zwischen mehreren Brauereien unter Aufrechterhaltung ihrer getrennten Rechtspersönlichkeit dahin vereinbart, daß Gewinn und Verlust unter ihnen ausgeglichen und verteilt werden, so besteht ein Gesellschaftsverhältnis hinsichtlich der sämtlichen Brauereien (vgl. Bem. 2). Der Gesellschaft kommt der materielle Erfolg der Betriebe zugute. Damit hört das Recht auf getrennte Staffelung auf (A. M. Koppe S. 72). Im übrigen wird es auf den Inhalt der Verträge ankommen. Die Interessengemeinschaft kann, muß aber nicht die wirtschaftliche Vereinigung sein, die die Anwendung des § 3 Abs. 3 Satz 1 rechtfertigt.

Auch die Fälle, in denen ein Brauereiunternehmen eine zweite Brauerei pachtet oder ein Inhaber mehrerer Brauereien eine Brauerei verpachtet, erfüllen den Tatbestand des § 3 Abs. 3 Satz 1.

2. Unter den Begriff „Person" fallen sowohl die natürlichen wie die juristischen Personen. Zu den „Gesellschaften" gehören die Gesellschaften des BGB. (§§ 705 ff.) und des HGB., ferner Genossenschaften aller Art und die Gesellschaften mit beschränkter Haftung. Auch Gemeinschaftsverhältnisse, namentlich familien- und erbrechtliche Verhältnisse können unter diesen Begriff fallen. Wenn z. B. Eheleute, die in allgemeiner Gütergemeinschaft leben (BGB. §§ 1347 ff.), oder eine Erbengemeinschaft (BGB. §§ 2032 ff.) mehrere zum Gesamtgut oder zum Nachlaß gehörige Brauereien betreiben, so liegt ein Brauereibetrieb im Sinne des § 3 Abs. 3 vor (vgl. auch den letzten Absatz der Bem. 1).

3. Voraussetzung für die Anwendung der Vorschrift in § 3 Abs. 3 ist, daß tatsächlich ein Betrieb mehrerer Brauereien für Rechnung einer und derselben Person oder Gesellschaft stattfindet. Würde z. B. eine von dem Inhaber einer Brauerei gekaufte zweite Brauerei vom Zeitpunkte des Ankaufs an stillgelegt, so würde eine Zusammenrechnung der in beiden Brauereien hergestellten Biermengen zu Lasten der erwerbenden Brauerei nicht erfolgen. Die Anrechnung müßte jedoch eintreten, wenn nach dem Ankauf

der Betrieb in der erworbenen Brauerei noch fortgesetzt worden wäre, und zwar auch dann, wenn noch im Laufe des Rechnungsjahres die erworbene Brauerei stillgelegt würde.

4. Brauereien, die außerhalb des Geltungsbereichs des Gesetzes liegen, können in die Behandlung nach § 3 Abs. 3 nicht einbezogen werden, auch wenn die sonstigen Voraussetzungen vorliegen sollten.

5. Der Betrieb mehrerer Brauereien für Rechnung einer und derselben Person oder Gesellschaft ist lediglich auf deren steuerliche Behandlung nach § 3 Abs. 1, d. h. auf die Höhe der anzuwendenden Steuersätze, von Einfluß. Er berührt weder die Person des Steuerschuldners (§ 8 des Gesetzes; s. RZBl. 1924 S. 53), noch die dem einzelnen Betrieb zugewiesene Jahresmenge (§ 4 des Gesetzes vom 26. Juli 1918, s. Anhang). Die letztere verbleibt, soweit nicht etwa eine Übertragung auf Grund von § 4 Abs. 3 a. a. O. stattgefunden hat, bei jedem einzelnen Betrieb und es tritt deshalb, falls in einem Betrieb die zugewiesene Jahresmenge überschritten wird, für die überschreitende Menge die in § 4 Abs. 2 a. a. O. vorgesehene Erhöhung auch dann ein, wenn in einem der zugehörigen Betriebe die diesem zugewiesene Jahresmenge noch nicht erfüllt sein sollte. Ebensowenig kann, falls eine bereits vor dem 1. April 1918 betriebene und eine erst nach diesem Zeitpunkt in Betrieb genommene Brauerei für Rechnung einer und derselben Person oder Gesellschaft betrieben werden, die Steuererhöhung des § 5 a. a. O. für beide Brauereien eintreten. Sie wird vielmehr nur für die nach dem 1. April 1918 neu errichtete Brauerei Platz greifen können, wobei allerdings das Dreifache oder Zweifache der Sätze zu entrichten sein wird, die sich für die neu errichtete Brauerei auf Grund der zusammengerechneten Biererzeugung beider Brauereien ergeben.

Die Frage, ob für die auf Rechnung ein und derselben Person oder Gesellschaft betriebenen Brauereien eine Verpflichtung zum Halten von Malzmühlen gemäß § 15 des Gesetzes besteht, wird ebenfalls nur auf Grund des Betriebsumfangs der einzelnen Brauerei zu entscheiden sein.

Der Abfindung (§ 18 des Gesetzes) derartiger Brauereien würde nach der Gesetzeslage an sich nichts im Wege stehen. Da die Abfindung aber nicht zugelassen werden muß, wird bei Brauereien, die für Rechnung einer und derselben Person oder Gesellschaft betrieben werden und deren Gesamtbiererzeugung in einem Rechnungsjahr 500 hl übersteigt, von der Abfindung kein Gebrauch zu machen sein, da dies nicht der Absicht des Gesetzes, wie sie in § 3 Abs. 3 zum Ausdruck gebracht ist, entsprechen dürfte.

6. Die Ausnahmevorschrift in § 3 Abs. 3 Satz 2 kann nur zur Anwendung kommen, wenn es sich um Brauereien handelt, die bis zum 1. August 1909 für Rechnung einer und derselben Person oder Gesellschaft betrieben wurden und auf Grund von § 6 Abs. 2 des Brausteuergesetzes vom 3. Juni 1906 getrennt zu behandeln waren (§ 9 der Ausführungsbestimmungen zu letzterem Gesetz). War nach diesen Vorschriften die getrennte Behandlung nicht begründet, so ist sie auch künftig zu versagen.

Die Begünstigung des § 3 Abs. 3 Satz 2 wird durch einen Wechsel in der Person oder Gesellschaft, auf deren Rechnung die Brauereien betrieben werden, nicht berührt, sofern nicht etwa gleichzeitig eine Änderung in der bisherigen Gemeinsamkeit eintritt, d. h. die Brauereien müssen auch künftig für Rechnung einer und derselben Person oder Gesellschaft betrieben werden. Würde die Gemeinschaft aufgehoben, so erlischt die Vergünstigung; sie kann auch nicht wieder aufleben, wenn später wieder eine Gemeinschaft eintreten sollte.

Eine Erweiterung der Begünstigung für die vor dem 1. August 1909 getrennt behandelten Betriebe ist ausgeschlossen. Erwirbt daher eine Person oder Gesellschaft, für deren Rechnung mehrere nach § 3 Abs. 3 Satz 2 getrennt zu behandelnde Brauereien betrieben werden, hierzu noch eine weitere Brauerei, so wird hierdurch zwar die getrennte steuerliche Behandlung der bereits vor dem 1. August 1909 für Rechnung der Person oder Gesellschaft betriebenen Brauereien nicht aufgehoben, andererseits kann aber eine getrennte steuerliche Behandlung der neu hinzu erworbenen Brauerei nicht eintreten. In diesem Falle ist vielmehr bei jeder der bisher für Rechnung der Person oder Gesellschaft betriebenen, aber steuerlich getrennt behandelten Brauerei zum Zwecke der Bemessung des Steuersatzes die Biermenge der neu hinzu erworbenen Brauerei hinzuzurechnen, während für die Bemessung des Steuersatzes der neu hinzu erworbenen Brauerei sowohl die in dieser Brauerei hergestellte Biermenge als auch die Biermengen der bisher getrennt behandelten Brauereien in Ansatz zu bringen sind.

7. Eine Person oder Gesellschaft, für deren Rechnung mehrere Brauereien betrieben werden oder betrieben werden sollen, hat dies mindestens acht Tage vor Beginn des gemeinsamen Betriebes gemäß § 14 Abs. 2 der Zollstelle anzuzeigen. Wird diese Anzeige nicht oder nicht rechtzeitig erstattet, so wird dies gemäß § 21 Nr. 2 des Gesetzes als Biersteuerhinterziehung bestraft. Hierdurch soll die Durchführung der Vorschrift des § 3 Abs. 3 sichergestellt werden.

Zu § 3 Abs. 4, s. AB. § 8.

1. Die Vorschrift entspricht dem § 3 Abs. 5 des Biersteuergesetzes vom 26. Juli 1918 und dem § 6 Abs. 7 des Brausteuergesetzes vom 15. Juli 1909. Die Vorschrift in Satz 1 des § 3 Abs. 4 enthielt bereits das Brausteuergesetz vom 3. Juni 1906 als § 6 Abs. 3. Wie in der Begründung zum Entwurf des letzteren Gesetzes ausgeführt ist (S. 21), werden häufig Braustätten von mehreren Personen gemeinsam benutzt, insbesondere bei den vielfach bestehenden Gemeindebrauereien. Daß man hier nicht die in der Brauerei innerhalb eines Rechnungsjahres insgesamt verbrauchte Menge an Braustoffen, sondern die von jedem einzelnen Benutzer der Braustätte zur Bierbereitung verwendete Braustoffmenge für die Höhe des Steuersatzes entscheidend sein läßt, entspreche einerseits der Billigkeit, andererseits auch dem Sinne und der Absicht der Staffelung der Steuersätze, die mit Rücksicht auf die verschiedenen Verhältnisse der Brauenden und nicht der Braustätten zur Einführung kommen solle.

Im Entwurf eines Gesetzes wegen Änderung des Brausteuergesetzes vom 3. November 1908 war eine Änderung dieser Vorschrift nicht vorgeschlagen worden. Bei der zweiten Beratung des Entwurfs in der Vollsitzung des Reichstages am 1. Juli 1909 (StenBer. I 1907/09 S. 8912 C) wurde die Befürchtung geäußert, daß diese Vergünstigung durch die Bildung weiterer Genossenschaftsbrauereien zum Nachteile der bestehenden nichtgenossenschaftlichen Brauereien ausgenutzt werden könnte. Um dies zu verhindern, wurde § 6 Abs. 7 des Brausteuergesetzes vom 15. Juli 1909 dahin ergänzt, daß die Vergünstigung auf Brauereien beschränkt werden solle, die schon vor dem Inkrafttreten des Gesetzes von mehreren auf eigene Rechnung brauenden Personen gemeinsam benutzt worden waren. Die Beschränkung sollte sich hiernach in erster Linie gegen den dauernden Zusammenschluß mehrerer auf eigene Rechnung brauender Personen zum gemeinsamen Betriebe einer Brauerei richten, nicht aber gegen die gelegentliche und nur vorübergehende Benutzung einer fremden Braustätte. In § 6 Abs. 7 des Brausteuergesetzes vom 15. Juli 1909 ist diese Absicht nicht zum Ausdruck gekommen. § 3 Abs. 5

des bisherigen Biersteuergesetzes sah dann die Zulassung von Ausnahmen vor und diese Regelung hat das geltende Gesetz in § 3 Abs. 4 übernommen. Der Reichsminister der Finanzen hat von der ihm zustehenden Befugnis in § 8 Abs. 2 AB. Gebrauch gemacht.

2. Ein besonders häufiger Anwendungsfall des § 3 Abs. 4 ist die Einrichtung der Kommunbrauereien in Bayern. Das Wesen einer Kommunbrauerei besteht darin, daß bestimmte, einem Gemeindeverbande angehörige im Besitze des Bürgerrechts befindliche Anwesensbesitzer das Recht haben, in einem oder mehreren, in der Regel der Gemeinde gehörigen Brauhäusern Bier zu brauen und dieses in ihrem Anwesen auszuschänken (Zapf, Bayer. Malzaufschlaggesetz S. 53). Die Benutzung des Brauhauses ist polizeilich geregelt. Es ist dafür ein zum Unterhalte des Brauhauses dienendes sog. Kesselgeld zu entrichten. Der Eigentümer des Anwesens, mit dem das Kommunbraurecht verbunden ist, ist dann jeweils der Inhaber des dem Kommunbraurecht entsprechenden Brauereibetriebes. Diese als reale oder radizierte Rechte bezeichneten Braugerechtsame sind nicht durchweg im Grundbuche eingetragen, da die Eintragung dieser Rechte, deren Entstehung auf sehr frühe Zeiten zurückgeht, bei Anlegung des Grundbuchs nicht von Amts wegen, sondern nur auf Antrag zu erfolgen hatte (vgl. Landmann, Gewerbeordnung, Bem. 5 f zu § 33; Blätter für administrative Praxis, Bd. 37 S. 49ff.). Die Begründung neuer derartiger Rechte ist nach Art. 7 Abs. 2 des bayerischen Gesetzes vom 30. Januar 1868, das Gewerbswesen betreffend (GesBl. 1866/69 S. 309ff.) untersagt. Die Kommunbraurechte gehören zu den Nutzungsrechten des Art. 33 der bayerischen Gemeindeordnung für die Landesteile diesseits des Rheins vom 29. April 1869 (GesBl. 1866/69 S. 865) und können danach von dem Grundstück, auf welchem sie ruhen, „in der Regel" nicht getrennt werden. Ausnahmsweise kann aus wichtigen Gründen die Übertragung auf ein innerhalb derselben Gemeindegemarkung gelegenes Grundstück durch die der Gemeinde vorgesetzte Verwaltungsbehörde gestattet werden (vgl. Blätter für administrative Praxis, Bd. 37 S. 70). Aber auch diese ausnahmsweise Übertragung setzt voraus, daß das Kommunbraurecht, wie jedes dingliche Recht, von einem Grundstück auf ein anderes Grundstück übergehen soll. Ein selbständiges Fortbestehen des Rechtes ist nicht möglich (vgl. Weber-v. Sutner, Handausg. der bayerischen Gemeindeordnung, 9. Aufl., Anm. 3g zu Art. 33). Die Häufung mehrerer Kommunbraurechte auf einem Hause und die Zerlegung eines Kommunbraurechts in Bruchteile ist an die Genehmigung des bayerischen Staatsministeriums des Innern geknüpft (a. a. O. Art. 33 Abs. 2 Satz 2). Das Dasein der Kommunbrauberechtigung ist an das Bestehen des Kommunbrauhauses gebunden, es erlischt mit dessen Aufhören als solchen (vgl. Bl. f. admin. Pr., Bd. 37 S. 58). In manchen bayerischen Gemeinden haben sich Kommunbraurechte erhalten, die mit dem Bürgerrecht als solchem, ohne die Voraussetzung eines Anwesensbesitzes, verbunden sind.

Das Braurecht im Sinne der Braurechtsordnung (vgl. die Bemerkungen zu § 4 des Biersteuergesetzes vom 26. Juli 1918 im Anhang) steht bei Kommunbrauereien nicht dem Kommunbrauhaus, also gewöhnlich der Gemeinde, zu, sondern dem einzelnen Kommunbrauer. Dieser kann über seinen Braurechtsfuß frei verfügen, ihn also auch auf andere Brauereien übertragen. Nach den Grundsätzen des Biersteuerrechts haftet das Braurecht an dem Brauereibetrieb. Nur Brauereien können ein Braurecht haben. Den Brauereien in diesem Sinne sind aber die Kommunbrauberechtigungen gleichzustellen. Persönliche Braurechte sind begrifflich unmöglich, ebenso Braurechte, die an einem Nichtbrauereigrundstück haften. Hört das Kommunbrauhaus auf als solches zu bestehen, so erlöschen mit den Kommunbrauhausberechtigungen auch die mit diesen verbundenen Braurechte.

3. Fernere Anwendungsfälle des § 3 Abs. 4 sind Genossenschaftsbrauereien, bei denen eine gemeinsame Braustätte auf Grund eines Zivilrechtsverhältnisses von mehreren Brauern gemeinsam benutzt wird, und Leihbrauereien, bei denen die Benutzung einer Braustätte vom Inhaber anderen gestattet wird.

4. Für eigene Rechnung braut, wer Bier für seine Rechnung herstellt oder herstellen läßt (§ 2 Abs. 1 Satz 3 des Gesetzes).

5. Würden die Voraussetzungen für das Brauen auf eigene Rechnung nur bei einem Teil der Personen zutreffen, die eine fremde Braustätte benutzen, so würde der Betrieb der Personen, bei denen die Voraussetzungen nicht gegeben sind, als ein Brauereibetrieb anzusehen sein, während den übrigen die Vergünstigung des § 3 Abs. 4 zu gewähren sein würde.

6. Als „nach dem 1. August 1909 errichtete Brauereien dieser Art" gelten Brauereien, in denen bis zum genannten Zeitpunkt ein gemeinsamer Betrieb mehrerer auf eigene Rechnung brauender Personen nicht stattgefunden hat (§ 8 Abs. 1 AB.; vgl. Bem. 1).

7. Die Abfindung sowohl der eine fremde Braustätte benutzenden wie der benutzten Brauerei ist an sich zulässig. Sie ist dann auch unbedenklich, wenn beide Brauereien abgefunden sind. Hierbei gelten die für die Betriebsbrauerei festgesetzten Ausbeutesätze auch für die benutzende Brauerei. Zu Unzuträglichkeiten würde jedoch die Abfindung hinsichtlich der Buchführung und der Überwachung führen, wenn eine nicht abgefundene Brauerei aushilfsweise benutzt wird. Die Abfindung wird in diesem Falle zweckmäßig zu versagen sein.

8. Nach § 7 Abs. 1 der Ausführungsbestimmungen zu dem bisherigen Biersteuergesetz unterlagen steuerbegünstigte Hausbrauer der Beschränkung des § 3 Abs. 4 Satz 2 nicht. Die geltenden Ausführungsbestimmungen (vgl. § 8 Abs. 1) enthalten eine entsprechende Bestimmung nicht mehr, so daß ein Unterschied zwischen Hausbrauern und anderen Brauern in dieser Hinsicht nicht mehr besteht.

9. Die unbefugte Inanspruchnahme der Vergünstigung des § 3 Abs. 4 würde sich als Biersteuerhinterziehung nach § 20 des Gesetzes, § 359 AO. darstellen. Hierbei wären die sämtlichen beteiligten Brauer strafbar, und zwar auch dann, wenn bei dem einen oder anderen dieser Brauer sich auch bei der Behandlung als ein Brauereibetrieb kein höherer Steuersatz für die von ihm hergestellten Biermengen ergeben sollte.

§ 4.

Für Bier, das in den Geltungsbereich des Gesetzes eingeführt wird, beträgt die Biersteuer 50000 Mark für ein Hektoliter. Die Vorschrift des § 3 Abs. 2 findet entsprechende Anwendung.

S. AB. § 9 und Anlage B (Steuerordnung für Einfuhrbier).

1. Der Grundsatz der Trennung von Zoll und Steuer für die Einfuhr ist beim Biere erst durch Art. III Nr. 2 u. 3 des Gesetzes, betreffend Erhöhung einzelner Verbrauchssteuern, vom 8. April 1922 (RGBl. I S. 380) eingeführt und von da in das geltende Gesetz übernommen worden.

Bis zum Jahre 1900 unterlag das Bier nach Nr. 25a des Zolltarifs einem Zoll von 4 ℳ für einen Doppelzentner. Durch das Gesetz, betreffend Änderung des Zolltarifgesetzes, vom 14. Juni 1900 (RGBl. S. 298) wurde dieser Zollsatz auf 6 ℳ für einen Doppelzentner erhöht. Danach war ein Hektoliter Bier bei Annahme eines Hektolitergewichts von 131,25 kg mit 7,875 ℳ belastet. Die Brausteuer betrug damals 4 ℳ für einen Doppelzentner Braustoffe, mithin für ein aus 30 kg Braustoffen hergestelltes Hektoliter Bier 1,20 ℳ. Der Zollschutz für inländisches Bier betrug daher 7,875—1,20 = 6,675 ℳ für ein Hektoliter oder 5,08 ℳ für einen Doppelzentner. Durch Art. II des Gesetzes wegen Änderung des Brausteuergesetzes vom 3. Juni 1906 wurde der Zoll von 6 auf 7,20 ℳ erhöht. In Art. V des Entwurfs eines Gesetzes wegen Änderung des Brausteuergesetzes vom 3. November 1908 (Reichstagsdrucks. Nr. 995 I 1907/09) wurde ein Bierzoll von 9,65 ℳ für einen Doppelzentner vorgeschlagen. Wie in der Begründung hierzu (S. 19) bemerkt ist, war dieser Zollsatz berechnet aus dem Zollschutze, wie er vor dem Jahre 1906 bestanden hatte (5,08 ℳ für einen Doppelzentner) und dem nunmehr vorgeschlagenen Höchststeuersatze von 20 ℳ für einen Doppelzentner der zur Bierbereitung verwendeten Braustoffe. Hierbei war das Rohgewicht eines Hektoliters Bier mit 131,25 kg angenommen und mit Rücksicht auf den Schutz auch der sehr stark eingebrauten Bierarten eine Malzverwendung von 30 kg für ein Hektoliter Bier zugrunde gelegt worden. Die Inlandssteuer errechnete sich danach auf 4,57 ℳ für einen Doppelzentner und unter Hinzurechnung des bisherigen Zollschutzes von 5,08 ℳ ergab sich der im Brausteuergesetz vom 15. Juli 1909 festgesetzte Gewichtszollsatz von 9,65 ℳ für einen Doppelzentner Bier. Durch Art. V des Gesetzes wegen Änderung des Brausteuergesetzes vom 15. Juli 1909 wurde der Bundesrat ermächtigt, für Bier in amtlich geeichten Fässern, auf denen der Eichstempel, das Jahr der Eichung und der Raumgehalt nach Litern deutlich und dauerhaft angegeben waren, wenn seit der Eichung nicht mehr als 5 Jahre verflossen waren, die Verzollung nach dem Raumgehalt der Fässer zum Satze von 12,70 ℳ für ein Hektoliter Bier zuzulassen. Die Einfügung dieser Vorschrift wurde vom 32. Ausschuß des Reichstages beschlossen, um einer von der österreichisch-ungarischen Regierung erhobenen Beschwerde Rechnung zu tragen (Reichstagsdrucks. Nr. 1451 I 1907/09 S. 74 f.). Diese Beschwerde richtete sich sowohl gegen die Annahme einer Malzverwendung von 30 kg als auch gegen die Annahme eines Rohgewichts von 131,25 kg für ein Hektoliter Bier. In der Beschwerde wurde darauf hingewiesen, daß bei den österreichischen Bieren die Malzverwendung für ein Hektoliter erheblich geringer sei als 30 kg und daß das Rohgewicht eines Hektoliters österreichischen Bieres nicht 131,25 kg, sondern 150 kg betrage. Mit Rücksicht hierauf wurde die Festsetzung einer entsprechenden Biertara oder eine Zollermäßigung verlangt. Wie der Vertreter des Reichsschatzamts im Reichstagsausschuß ausführte, konnte dem Wunsche auf Annahme einer niedrigeren Malzverwendung mit Rücksicht auf die schweren, besonders aus England eingeführten Biere nicht stattgegeben werden, doch sei eine Berücksichtigung durch Zulassung der Raumverzollung möglich. Das geschah durch die Festsetzung des Raumzollsatzes von 12,70 ℳ für ein Hektoliter Bier, der sich aus dem Gewichtszollsatze von 9,65 ℳ für einen Doppelzentner und einem Rohgewicht für ein Hektoliter Bier von 131,25 kg berechnete. Der Bundesrat machte von der ihm erteilten Ermächtigung Gebrauch und ließ durch Beschluß vom 24. Juli 1907 die Raumverzollung für Bier zu.

Die Grundsätze dieser Regelung blieben auch bei der Neuordnung des Biersteuerrechts im Jahre 1918 maßgebend. Durch das Gesetz über den Bierzoll vom 26. Juli 1918 (RGBl. S. 885) wurde der Raumzoll auf 25,40 ℳ für ein Hektoliter und der Gewichtszoll auf 19,35 und 25 ℳ für einen Doppelzentner festgelegt. Der Raumzollsatz von 25,40 ℳ setzte sich zusammen aus dem regelmäßigen Steuersatze von 18,75 ℳ für ein Hektoliter Starkbier und dem bisherigen Zollschutz von 6,65 ℳ für ein Hektoliter Bier. Der Gewichtzoll für einen Doppelzentner Bier ist aus dem Raumzollsatz von 25,40 ℳ unter Annahme eines Hektolitergewichts von 131,25 kg mit 19,35 ℳ berechnet (vgl. Begründung zum Entwurf eines Gesetzes über den Bierzoll, Reichstagsdrucks. Nr. 1456 II 1914/18). Der Gewichtszollsatz von 25 ℳ für einen Doppelzentner Bier in Behältnissen bei einem Raumgehalt von weniger als 15 Litern wurde mit Rücksicht auf den höheren Verkaufswert des Flaschenbieres festgesetzt.

Der Umstand, daß der Zollsatz auch die innere Steuer enthielt, führte zu lebhaften Beanstandungen des Auslandes, sobald durch das Gesetz über Erhebung der Zölle in Gold vom 21. Juli 1919 (RGBl. S. 1361) die Wirkung eintrat, daß die Zahlung des Valutaausgleichs nicht nur für den eigentlichen Zollschutz, sondern auch für die ihm zugeschlagene Starkbiersteuer gefordert werden mußte. Der Entwurf eines Gesetzes, betreffend Erhöhung einzelner Verbrauchssteuern vom 21. Oktober 1921 (Reichstagsdrucks. Nr. 2872 I/1921), schlug daher eine Trennung von Zoll und Steuer beim Einfuhrbiere wie bei den übrigen Verbrauchssteuern vor. Bei der Bemessung des Zollschutzes wurde nicht nur der erheblichen Steuererhöhung, sondern auch dem Umstande Rechnung getragen, daß der bisherige, nominell 5,08 ℳ für einen Doppelzentner betragende Zollschutz in Wirklichkeit sehr viel geringer war und nur etwa 4,43 ℳ betrug, da die für den Einführenden günstigere Raumverzollung die Regel bildete und hierbei auf den Doppelzentner nicht 131,25 kg entfielen, sondern ein Betrag, der sich ergibt, wenn man der Tatsache gerecht wird, daß ein Hektoliter Bier tatsächlich im Durchschnitt etwa 150 kg wiegt (vgl. Begr. S. 10). Der Gewichtszoll wurde daher auf 8 ℳ für einen Doppelzentner erhöht. Von einem besonderen Raumzoll wurde abgesehen, da das Fehlen eines einheitlichen, stets zutreffenden Umrechnungsverhältnisses ein Nebeneinander von Raumzoll und Gewichtszoll nicht zweckmäßig erscheinen ließ. Der höhere Zollsatz für Flaschenbier wurde beibehalten und auf 12 ℳ festgesetzt. Bei der Festsetzung der Höhe der Steuersätze für Einfuhrbier wurden nach dem Vorgange der Bekanntmachung vom 25. Juni 1919 — Biersteuersätze für die Einfuhr in die badischen Zollausschlüsse — (RGBl. S. 601) und des Gesetzes über die Erhebung der Biersteuer von dem auf Grund des Friedensvertrages zur Einfuhr kommenden Biere vom 31. März 1920 (RGBl. S. 457; vgl. Bem. zu § 9 AB.) die Sätze der höchsten Staffel jeder Biersorte zugrunde gelegt. Das Verfahren bei der Einfuhr wurde durch die Steuerordnung für Einfuhrbier vom 8. April 1922 (RGBl. I S. 446) geregelt.

Das geltende Gesetz hat die Nr. 2 des Art. III des Gesetzes, betreffend Erhöhung einzelner Verbrauchssteuern, vom 8. April 1922 aufrecht erhalten (vgl. § 32 Abs. 1 Nr. 2 des Gesetzes), so daß die Zollsätze noch jetzt 8 und 12 ℳ für einen Doppelzentner Bier aller Art betragen. Für die Biersteuer vom Einfuhrbier, für die abweichend hiervon Art und Menge des Bieres maßgebend sind, gilt der der höchsten Staffel des § 3 Abs. 1 entsprechende Steuersatz. Die Steuer ist beweglich nach Maßgabe des § 5 des Gesetzes. Der Goldmarksteuersatz auf Grund der 20. Verordnung über die Höhe der Biersteuer vom 26. November 1923 (vgl. Bem. 9 zu § 5 des Gesetzes) beträgt 6,10 Goldmark. Für das Verfahren bei der Einfuhr gilt die den Ausführungsbestimmungen als Anlage B beigefügte Steuerordnung für Einfuhrbier.

2. § 4 gilt auch für die Einfuhr von Bier in die **badischen Zollausschlüsse.** Nach § 2 Abs. 1 des Gesetzes über den Eintritt der Freistaaten Bayern

und Baden in die Biersteuergemeinschaft vom 24. Juni 1919 (RGBl. S. 599, hatte der Reichsminister der Finanzen zu bestimmen, nach welchen Sätzen und in welcher Weise in diesen Gebietsteilen die Biersteuer von dem Einfuhrbier zu erheben ist. Die badischen Zollausschlüsse gehören nach § 1 Abs. 2 des Gesetzes zum Geltungsbereich des Gesetzes (vgl. Bem. 6 zu § 1). Nach der Neufassung des Gesetzes vom 24. Juni 1919 durch das Gesetz vom 9. Juli 1923 (RGBl. I S. 563) hat daher der Reichsminister der Finanzen nur noch zu bestimmen, in welcher Weise die Biersteuer zu erheben ist. Er hat hierzu die Sondersteuerordnung für die Einfuhr von Bier in die außerhalb der Zollinie liegenden Gebietsteile in Baden vom 19. Juli 1923 (RGBl. I S. 729) erlassen (vgl. Anhang).

§ 5.

[1] Der Reichsminister der Finanzen wird ermächtigt, die Biersteuer zu erhöhen oder zu ermäßigen.

[2] Die Erhöhung soll nur erfolgen, wenn die Brauereipreise für Bier im ganzen Reiche seit dem 1. Juli 1923 oder seit dem Inkrafttreten der letzten Festsetzung der Steuer um wenigstens 25 vom Hundert gestiegen sind, und darf das Verhältnis der Preissteigerung nicht übersteigen.

[3] Bei der Erhöhung und Ermäßigung der Steuer gemäß Abs. 1 sind die Steuersätze des § 3 Abs. 1 im gleichen Verhältnis zu erhöhen oder zu ermäßigen.

[4] Wenn die Brauereipreise zurückgehen, ist die erhöhte Biersteuer auf Verlangen des Reichsrats entsprechend zu ermäßigen.

Zu § 5.

1. Während die früheren Brausteuergesetze und das Biersteuergesetz vom 26. Juli 1918 starre Steuersätze enthielten, ist in § 5 zum ersten Male in der Entwicklung der deutschen Bierbesteuerung die Biersteuer beweglich gestaltet worden. Diese Neuerung ist ein Erzeugnis der Inflationszeit nach dem Kriege und hatte einen Vorgang in dem Gesetz über Erhebung von Zuschlägen zur Kraftfahrzeugsteuer vom 29. Dezember 1922 (RGBl. 1923 I S. 26).

Nach der Begründung der Reichstagsvorlage vom 14. April 1923 (Reichstagsdrucks. Nr. 5739 I 1920/23), nach welcher der Reichsminister der Finanzen ermächtigt werden sollte, mit Zustimmung des Reichsrats die Biersteuer zu erhöhen oder zu ermäßigen, sollte dadurch erreicht werden, daß Änderungen des Bierpreises rasch gefolgt werden konnte, was bei der jedesmaligen Vorlage einer Gesetzesvorlage erfahrungsgemäß nicht möglich war (Begr. S. 7). Der Reichstag (vgl. Ausschußbericht, Drucks. Nr. 6016 I 1920/23) schaltete indes noch das Erfordernis der Zustimmung eines Reichstagsausschusses ein. Hierdurch wurde das Verfahren zur Änderung der Steuer so erschwert, daß in dem Entwurf eines Gesetzes über Abänderung einzelner Verbrauchssteuergesetze (Reichstagsdrucks. Nr. 6131 I 1920/23) die Ausschaltung von Reichsrat und Reichstagsausschuß vorgeschlagen wurde. Das schien um so unbedenklicher (vgl. Begr. S. 4), als die Steuer den Preisen nur mechanisch angepaßt werden sollte und die Voraussetzungen hierfür in § 5 des Biersteuergesetzes genau umschrieben waren. Im Sinne dieses Vorschlages wurde § 5 Abs. 1 durch das Gesetz vom 11. August 1923 geändert.

2. Nach § 5 Abs. 2 soll die Erhöhung nur erfolgen, wenn die Brauereipreise im ganzen Reiche um wenigstens 25 v. H. gestiegen sind. Voraussetzung der Steuererhöhung ist also prozentuale Preiserhöhung. Die Worte „im ganzen Reiche“ sind erst durch den Reichsrat eingefügt worden. Nach der ursprünglichen Vorlage sollten Durchschnittspreise für das Reich maßgebend sein. Die darauf hindeutenden Worte in der Begründung dieser Vorlage S. 7 kehren in der Reichstagsvorlage S. 7 wieder, obwohl durch die Einschaltung der Worte „im ganzen Reiche“ die Grundlage der Steuererhöhung völlig geändert war. Die Erhöhung der Steuer ist nunmehr nicht von der Steigerung des Durchschnittspreises im Reiche, sondern davon abhängig, daß die prozentuale Steigerung überall im Reiche eingetreten ist. Dabei kann die Preisbildung in kleineren Gebieten nicht in Betracht gezogen werden. Maßgebend sind vielmehr die größeren Gebiete, in denen erfahrungsgemäß der Bildung der Bierpreise einheitliche Gesichtspunkte zugrunde gelegt werden (vgl. Begr. zum Gesetz S. 7). Es sind dies vornehmlich das Gebiet der ehemaligen norddeutschen Brausteuergemeinschaft, Bayern, Württemberg und Baden. Die neuere Entwicklung hat gezeigt, daß die Preise dieser vier Gebiete untereinander einer Ausgleichung zustreben. Das wird dadurch, daß die Steuer zu den Bierpreisen in feste Beziehung gesetzt ist, noch begünstigt.

Die Erhöhung „soll“ nur erfolgen, wenn die Preissteigerung um 25 v. H. eingetreten ist. Dadurch wird einmal unterstrichen, daß der Reichsminister der Finanzen nur ermächtigt, nicht verpflichtet ist, die Steuer zu erhöhen (vgl. Bem. 11), und andererseits zum Ausdruck gebracht, daß der erste Teil des Abs. 2 keine Mußvorschrift ist. Der Reichsminister der Finanzen kann z. B. auch bei einer Steigerung der Preise um 10 v. H. die Steuer erhöhen. Gebunden ist er nur insofern, als die Erhöhung das Verhältnis der Preissteigerung nicht überschreiten darf (vgl. Bem. 13).

3. Unter Brauereipreisen (im Gewerbe vielfach „Ganterpreise“ genannt) sind die Herstellungspreise der Brauereien zu verstehen, die für ihren in der Regel an Wiederverkäufer erfolgenden Absatz gelten.

4. Als Stichtag, der für die Feststellung der Brauereipreise und damit für die Erhöhung der Steuer maßgebend sein sollte, sah der Entwurf des Gesetzes den Zeitpunkt des Inkrafttretens der letzten Festsetzung der Steuer vor. Im Hinblick auf das schnelle Fortschreiten der Geldentwertung wurde im Reichstag noch der 15. Juni 1923 als erster Stichtag eingeschaltet. Das Gesetz vom 11. August 1923 verlegte diesen Stichtag aus Zweckmäßigkeitsgründen auf den 1. Juli 1923. An diesem Tage galten (vgl. Begr. zum letztgenannten Gesetz S. 3) folgende Brauerei-Papiermarkpreise:

	für 1 hl Vollbier mit 10 v. H. Stammwürzegehalt		für 1 hl Vollbier mit 12 bis 13 v. H. Stammwürzegehalt	
Norddeutschland	220 000 ℳ		300 000 ℳ	
Bayern	214 000 „	dunkel	286 000 „	dunkel
	228 000 „	hell	300 000 „	hell
Württemberg	230 000 „		300 000 „	
Baden	240 000 „		300 000 „	

Die Steuersätze des § 3 Abs. 1 des Gesetzes, deren Verhältnis zu diesen Preisen für alle späteren Steuerfestsetzungen maßgebend ist, entsprechen im Durchschnitt 20 v. H. der Preise für Vollbier mit 10 v. H. Stammwürzegehalt und damit der in der Begründung des Gesetzes über Abänderung einzelner Verbrauchssteuergesetze S. 3 ausgesprochenen Absicht, die Belastung des Bieres auf rund 20 v. H. der Brauereipreise zu bringen. Die Belastung des Vollbiers mit höherem Stammwürzegehalt bleibt allerdings erheblich hinter diesem Vomhundertsatz zurück.

5. Maßgebend für die Erhöhung der Steuer sind die Brauereipreise für Bier schlechthin. Darunter sind ganz allgemein die Preise der vier Biersorten des § 3 Abs. 2 zu verstehen. Gedacht ist in erster Reihe selbstverständlich an das Vollbier, was sich einmal aus den Erörterungen auf S. 3 und 4 der Begründung zum Gesetze vom 11. August 1923 ergibt und sodann aus der Tatsache, daß die Steuersätze für Vollbier die Normalsätze des Gesetzes sind. Die allgemeine Fassung der Vorschrift in dieser Hinsicht ermöglicht aber auch die Berücksichtigung größerer Abweichungen in den Preisen der anderen Biersorten bei Bemessung der Steuersätze. Dabei kann es sich jedoch nur um während des ganzen Jahres gängige Biere handeln, nicht z. B. um Bockbier, Weißbier und ähnliche nur zu bestimmten Jahreszeiten ausgestoßene Biere, da die Steuersätze einer gewissen Stetigkeit nicht entbehren können. Regelmäßig stehen die Preise der Biersorten allerdings in einem bestimmten Verhältnis zueinander, entsprechend vor allem der verschiedenen Malzverwendung. Der Bemessung der Steuersätze der ersten zwanzig Verordnungen über die Höhe der Biersteuer (vgl. Bem. 7) sind die Preise für untergäriges dunkles Vollbier mit 10 v. H. Stammwürzegehalt zugrunde gelegt worden. Die Preise für Vollbier mit höherem Stammwürzegehalt, das vor dem Kriege die Hauptmasse der Erzeugung bildete, konnten im Hinblick auf die seine Herstellung auf 20 v. H. des Braurechtsfußes begrenzende Verordnung des Reichsministers für Ernährung und Landwirtschaft vom 8. September 1922 (RGBl. I S. 725) /27. März 1923 (RGBl. I S. 219) nicht als richtunggebend angesehen werden.

6. Die Erhöhung darf das Verhältnis der Preissteigerung nicht übersteigen. Es ist also immer die prozentuale Preissteigerung desjenigen Bierpreisgebietes für die Bemessung der Steuererhöhung entscheidend, das die geringste Preiserhöhung aufweist. Maßgebend für die Vergleichung der Preise ist nach Abs. 2 nicht der Zeitpunkt der letzten Festsetzung, sondern des Inkrafttretens der letzten Festsetzung der Steuer. Seit diesem Zeitpunkt soll eine Steigerung um wenigstens 25 v. H. eingetreten sein, um eine Erhöhung der Steuer zu rechtfertigen. Für das Maß der Erhöhung ist allerdings nicht diese Steigerung maßgebend, sondern die Steigerung, die seit der letzten Festsetzung der Steuer eingetreten ist. Eine andere Auffassung würde, da das Hinaufgehen der Preise zwischen Festsetzung und Inkrafttreten der Festsetzung der Steuer unberücksichtigt bliebe, zu einer den Absichten des Gesetzes zuwiderlaufenden Verringerung der Steuerbelastung führen. Um Fehler, die durch Abrundung entstehen, zu vermeiden, wird es sich sogar empfehlen, auf die in der Begründung zum Gesetz über Abänderung einzelner Verbrauchssteuergesetze S. 3 niedergelegten, in Bem. 4 angegebenen Preise vom 1. Juli 1923 zurückzugehen.

7. Die bisherigen Verordnungen über die Höhe der Biersteuer und ihre Geltungsdauer sind aus der folgenden Zusammenstellung ersichtlich:

	Verordnung vom				RZollBl.
1.	v. 24. 7. 23	(v. 1. 8. bis 14. 8. 23)	RGBl.	I S. 746,	S. 150
2.	„ 9. 8. 23	(„ 15. 8. „ 31. 8. 23)	„	„ „ 766,	„ 168
3.	„ 24. 8. 23		„	„ „ 836,	„ 201
4.	„ 30. 8. 23		„	„ „ 844,	„ —
5.	„ 4. 9. 23	(„ 1. 9. „ 4. 9. 23 „ 5. 9. „ 17. 9. 23)	„	„ „ 851,	„ 205
6.	„ 12. 9. 23	(„ 18. 9. „ 25. 9. 23)	RAnz.	Nr. 213,	„ 223
7.	„ 18. 9. 23	(„ 26. 9. „ 30. 9. 23)	„	„ 218,	„ 228
8.	„ 22. 9. 23	(„ 1. 10. „ 4. 10. 23)	„	„ 222,	„ 230
9.	„ 28. 9. 23	(„ 5. 10. „ 14. 10. 23)	„	„ 226,	„ 235
10.	„ 8. 10. 23		„	„ 234,	„ —
11.	„ 11. 10. 23	(„ 15. 10. „ 21. 10. 23)	„	„ 238,	„ 244
12.	„ 17. 10. 23	(„ 22. 10. „ 26. 10. 23)	„	„ 242,	„ 281
13.	„ 24. 10. 23	(„ 27. 10. „ 31. 10. 23)	„	„ 248,	„ 290
14.	„ 29. 10. 23	(„ 1. 11. „ 7. 11. 23)	„	„ 252,	„ 296
15.	„ 3. 11. 23	(„ 8. 11. „ 11. 11. 23)	„	„ 257,	„ 310
16.	„ 8. 11. 23	(„ 12. 11. „ 18. 11. 23)	„	„ 261,	„ 313
17.	„ 15. 11. 23	(„ 19. 11. „ 22. 11. 23)	RGBl.	I S. 1090,	„ 320
18.	„ 19. 11. 23	(„ 23. 11. „ 27. 11. 23)	RAnz.	Nr. 265,	„ 324
19.	„ 23. 11. 23	(„ 28. 11. „ 30. 11. 23)	„	„ 269,	„ 327
20.	„ 26. 11. 23	(„ 1. 12. „)	„	„ 270,	„ 329

Die dritte, vierte und zehnte Verordnung sind nicht in Kraft getreten. Die Sätze der dritten und vierten Verordnung waren bis zu dem für ihr Inkrafttreten festgesetzten Zeitpunkte durch die Preisentwicklung derartig überholt, daß sie durch die vierte und elfte Verordnung aufgehoben werden mußten. Die vierte Verordnung ist ihrerseits durch die fünfte Verordnung aufgehoben worden, die andere Steuersätze bestimmte.

8. Die Verordnungen sind nicht mit rückwirkender Kraft zu erlassen, wie das bei der fünften Verordnung geschehen ist, weil die Rückwirkung die vom Gesetz gewollte Abwälzung der Steuer auf die Verbraucher ausschließen würde.

9. Die Steuersätze des § 3 Abs. 1, deren Erhöhung nach § 5 zulässig ist, sind in Papiermark festgesetzt. Während das gleiche bei den erhöhten Steuersätzen der 1. bis 19. Verordnung über die Höhe der Biersteuer der Fall war, ist die 20. Verordnung zur Festsetzung in Goldmark übergegangen. Eine besondere gesetzliche Ermächtigung war hierzu nicht erforderlich, da es sich nicht um den Übergang zu einer anderen Währung handelte. Wie Zahlungen in Goldmark zu leisten sind, bestimmt Art. XVI § 6 der zweiten Steuernotverordnung vom 19. Dezember 1923 (RGBl. I S. 1205). Danach können Steuerschulden, die durch Gesetz in Goldmark bemessen oder durch die Finanzbehörde in Goldmark festgesetzt sind, nach näherer Bestimmung des Reichsministers der Finanzen durch Hingabe von Rentenmark oder Goldanleihe des Deutschen Reiches beglichen werden. Sie können auch durch Zahlung von Banknoten, Reichskassenscheinen oder Darlehnskassenscheinen, die auf deutsche Währung lauten, getilgt werden. Im letzteren Falle geschieht die Umrechnung mit Hilfe des vom Reichsminister der Finanzen bestimmten Goldumrechnungssatzes für Reichssteuern. Maßgebend ist der Umrechnungssatz, der für den Tag der Zahlung oder Beitreibung gilt. Der Reichsminister der Finanzen kann ferner bestimmen, ob und unter welchen Bedingungen Zahlungen durch Hingabe von deutschen Gold- oder Silbermünzen sowie ausländischen Zahlungsmitteln geleistet werden können.

Nach der 20. Verordnung über die Höhe der Biersteuer beträgt die Biersteuer für inländisches Bier

von den ersten	2000	Hektolitern	5,00	Goldmark
„ „ folgenden	8000	„	5,10	„
„ „ „	10000	„	5,25	„
„ „ „	10000	„	5,40	„
„ „ „	30000	„	5,60	„
„ „ „	60000	„	5,90	„
„ dem Reste			6,10	„ ,

für Einfuhrbier (§ 4 des Gesetzes) 6,10 Goldmark.

10. Das Verhältnis, das nach § 3 Abs. 1 des Gesetzes zwischen den einzelnen Steuerstufen besteht, darf durch die Erhöhung oder Ermäßigung der Steuer nach § 5 nicht berührt werden. Die Spannung zwischen ihnen erweitert oder verengert sich in dem gleichen Verhältnis, in dem die Steuer erhöht oder ermäßigt wird.

11. Nach § 5 Abs. 1 des Gesetzes ist der Reichsminister der Finanzen ermächtigt, aber nicht verpflichtet, die Biersteuer zu erhöhen oder zu ermäßigen. Eine Verpflichtung, und zwar nur für die Ermäßigung, besteht für ihn nach Abs. 4 lediglich dann, wenn die Bierpreise zurückgehen und der Reichsrat die Ermäßigung verlangt. Nach der Reichstagsvorlage war Voraussetzung der Ermäßigung das Fallen der Brauereipreise auf den Stand, den sie bei Inkrafttreten einer früheren Steuererhöhung gehabt haben. Die Fassung des Gesetzes läßt erkennen, daß auch eine Ermäßigung unter die Sätze des § 3 Abs. 1 möglich sein soll.

12. Bier, das sich am Tage des Inkrafttretens einer Biersteuererhöhung nach § 5 des Gesetzes außerhalb der Erzeugungsstätte im Besitz von Bierhändlern oder Wirten befindet, unterliegt nach § 1 der Bier-Nachsteuerordnung vom 18. Juli 1923 (RGBl. I S. 696; s. Anhang) der **Nachsteuer**, und zwar in Höhe des Unterschiedes der Sätze der zweiten Staffel der bisherigen und der zweiten Staffel der neu in Kraft tretenden Steuer. Der Nachversteuerung unterliegen auch die außerhalb der anmeldepflichtigen Brauereiräume und die in den Ausschankstellen der Brauereien befindlichen Biervorräte. Biervorräte können, wenn die Voraussetzungen des § 1 der Bier-Nachsteuerordnung jedesmal zutreffen, mehrmals der Nachversteuerung unterliegen. Um die bei der raschen Aufeinanderfolge der Biersteuererhöhungen im November 1923 hieraus sich ergebenden Härten auszugleichen, hat der Reichsminister der Finanzen auf Grund des § 108 AO. bei der 18., 19. und 20. Verordnung über die Höhe der Biersteuer (vgl. Bem. 7) Ausnahmen zugelassen (vgl. RZBl. 1923 S. 325, 328, 329).

13. Die Frage, ob sich der Reichsminister der Finanzen bei den Steuererhöhungen auf Grund des § 5 im Rahmen der ihm erteilten Ermächtigung gehalten hat, unterliegt wie die Frage der Rechtsgültigkeit jeder Rechtsnorm der Nachprüfung im **Rechtsmittelverfahren** (AO. §§ 217 ff.). Tatsächlich ist bei der Fassung des § 5 diese Möglichkeit recht beschränkt. Die Nachprüfung kann sich nur darauf erstrecken, ob die durch den Reichsminister der Finanzen vorgenommene Erhöhung das Verhältnis der Preissteigerung zur Zeit der Erhöhung überschritten oder das Verhältnis der Staffelsätze des § 3 Abs. 1 des Gesetzes zueinander — abgesehen von einer Abrundung — verändert hat oder ob etwa dem auf Ermäßigung der Steuer gerichteten Verlangen des Reichsrates nicht oder nicht voll entsprochen ist.

Steuerpflichtige Menge.

§ 6.

Die Feststellung der steuerpflichtigen Menge des innerhalb der Brauerei getrunkenen Bieres erfolgt nach näherer Anordnung des Reichsministers der Finanzen. Im übrigen bestimmt sich die steuerpflichtige Menge nach dem Raumgehalte der Umschließungen (Fässer, Flaschen usw.).

Zu § 6, s. AB. §§ 10, 11.

1. Die Vorschrift entspricht dem § 10 des bisherigen Biersteuergesetzes. Ein Verbrauch von Bier innerhalb der Brauerei, durch den eine Steuerschuld entsteht, wird verhältnismäßig selten vorkommen, da der Haustrunk des Inhabers, soweit er selbst im Betriebe tätig ist, sowie der Brauereiangestellten und -arbeiter steuerfrei, der Verbrauch von Bier zu Untersuchungszwecken nach AB. § 1 Abs. 2 und 3 von der Steuerpflicht ausgenommen und ein gewerbsmäßiger Ausschank von Bier in den Betriebsräumen nach AB. § 66 unzulässig ist. Es wird hierfür wohl nur die gelegentliche Abgabe an andere als die in § 8 Abs. 1 des Gesetzes genannten Personen in Frage kommen (vgl. AB. § 1 Abs. 2). In derartigen Fällen darf nach AB. § 11 Bier nur aus den zur Lagerung fertigen, unversteuerten Bieres gemäß AB. § 44 zugelassenen Räumen und nur in den nach AB. § 45 zulässigen Gefäßen abgegeben werden. Jede Abgabe derartigen Bieres ist sogleich im Steuerbuche anzuschreiben (vgl. Muster 12, Anl. zum Gebr.-Nr. 2).

2. § 6 Satz 2 des Gesetzes gilt anders als § 10 Abs. 1 des bisherigen Gesetzes auch für Bier, das in den Geltungsbereich des Gesetzes eingeführt wird. Die näheren Bestimmungen für die Feststellung der steuerpflichtigen Menge des Einfuhrbieres enthält § 5 der Steuerordnung für Einfuhrbier (Anl. B der AB.).

3. Nach AB. § 45 darf Bier aus der Brauerei nur in amtlich geeichten, mit dem Eichstempel, einer Nummer, der Bezeichnung der herstellenden Brauerei und des Raumgehalts versehenen Fässern, in anderen Gefäßen nur dann entfernt werden, wenn diese Gefäße vorher nach Art und Raumgehalt unter Hinterlegung von Mustern angemeldet sind.

4. Maßgebend für die steuerpflichtige Menge des aus der Brauerei entfernten Bieres ist der Raumgehalt der Umschließungen ohne Rücksicht darauf, ob diese voll befüllt sind. Darauf, daß die Gefäße, in denen Bier aus der Brauerei entfernt wird, voll gefüllt sind, ist nur dann zu achten, wenn Bier gemäß § 8 Abs. 2 des Gesetzes steuerfrei ausgeführt werden soll (s. Bierausfuhrordnung § 4 Abs. 1). Eine entsprechende Bestimmung für das Einfuhrbier kennt die Steuerordnung für Einfuhrbier nicht.

5. Eine Ausnahme von der Vorschrift des § 6 Satz 2 wird für den Fall anzuerkennen sein, daß das Hauptzollamt die Entfernung von Bierwürze oder Bier auch in anderen als den angemeldeten Gefäßen, das sog. Auslitern im Handverkauf, gestattet, s. AB. § 45 Abs. 2 Satz 6 und die Bemerkung 7 dazu.

6. Zuwiderhandlungen sind nach § 21 Abs. 1 Nr. 14 des Gesetzes als Hinterziehungen strafbar.

Fälligkeit.

§ 7.

[1] Die Steuer für Bier, das im Geltungsbereiche des Gesetzes hergestellt ist, wird hinsichtlich des Bieres, für das bis zum fünf-

zehnten Tage eines Kalendermonats eine Steuerschuld entstanden ist, am fünfundzwanzigsten Tage desselben Monats und hinsichtlich des Bieres, für das in der zweiten Hälfte eines Kalendermonats eine Steuerschuld entstanden ist, am zehnten Tage des nächsten Monats fällig. Wird die Steuer wiederholt nicht rechtzeitig entrichtet oder liegen Gründe vor, die den Eingang der Steuer gefährdet erscheinen lassen, so kann die Bezahlung oder Sicherstellung der Steuer bei Entstehung der Steuerschuld gefordert werden.

² In Ansehung des Bieres, das in den Geltungsbereich des Gesetzes eingeführt wird, bestimmt sich die Fälligkeit nach den entsprechenden Vorschriften des Zollrechts.

³ Ein Zahlungsaufschub nach § 105 Abs. 1 der Reichsabgabenordnung findet für die Biersteuer nicht statt.

Zu § 7 Abs. 1.

1. Nach § 11 Abs. 1 des bisherigen Biersteuergesetzes wurde die Steuer für die in einem Monat steuerpflichtig gewordenen Biermengen am letzten Tage dieses Monats „fällig" und war spätestens am siebenten Tage des nächstfolgenden Monats „einzuzahlen". In dem geltenden, der Reichsabgabenordnung angepaßten Gesetz hat der Begriff der „Fälligkeit" eine Wandlung erfahren. Die Reichsabgabenordnung unterscheidet zwischen Entstehung und Fälligkeit der Steuerschuld (AO. § 81 Abs. 1 u. 4), die Begründung zur Reichsabgabenordnung (zu § 80 S. 102) kennt außerdem noch den Begriff der „Zahlbarkeit". So hieß es in dem Entwurf der der Abgabenordnung angepaßten Fassung des Biersteuergesetzes, vom 15. Juli 1921 (Drucks. Nr. 1 des 32. Reichstagsausschusses I 1920/21) in § 11: „Die Steuer wird am letzten Tage des Monats, in dem die Steuerschuld entstanden ist, zahlbar und am siebenten Tage des nächsten Monats fällig." Bereits der dem Reichsrat vorgelegte Entwurf des geltenden Gesetzes ließ den Begriff der Zahlbarkeit wieder fallen, da er in der Abgabenordnung nicht vorkommt und entbehrlich erscheint. Zahlbarkeit bedeutet dasselbe wie die Fälligkeit in § 11 Abs. 1 des bisherigen Biersteuergesetzes. Die Abgabenordnung versteht unter Fälligkeit den Zeitpunkt, in dem die Steuerschuld gezahlt werden muß. Sie sieht von einer allgemeinen Vorschrift darüber, wann eine Steuerschuld fällig wird, ab (vgl. Begr. S. 103) und beschränkt sich darauf, in § 81 Abs. 3 zu sagen, daß, wenn eine Frist für die Zahlung einer Steuerschuld gesetzt wird, die Steuerschuld, soweit nichts anderes vorgeschrieben wird, mit Ablauf der Frist fällig wird. Hieraus folgt übrigens, daß grundsätzlich, nämlich wenn keine Frist gesetzt ist, Entstehung und Fälligkeit der Steuerschuld zusammenfallen. Alle Steuergesetze regeln indes die Frage der Fälligkeit ausdrücklich.

2. Die ursprüngliche Fassung des Gesetzes vom 1. Juli 1923 sah monatliche Fälligkeit am fünfzehnten Tage des zweiten Monats vor, der auf den Monat folgt, in welchem die Steuerschuld entstanden ist. Die verhältnismäßig geräumige Frist sollte ein Ersatz für den Fortfall des Zahlungsaufschubes sein. Damit räumte angesichts des durch die Geldentwertung herbeigeführten Zerfließens der Reichssteuereinnahmen und der Notwendigkeit, das Reich möglichst schnell in deren Besitz zu setzen, das Gesetz über Abänderung einzelner Verbrauchssteuergesetze vom 11. August 1923 auf und führte entsprechend der auch für die anderen Verbrauchssteuergesetze getroffenen Regelung die halbmonatliche Fälligkeit ein. Eine abweichende Regelung besteht nur für

das Tabaksteuergesetz (vgl. § 12 in der Fassung der Verordnung zur Änderung des Tabaksteuergesetzes vom 30. Oktober 1923, RGBl. I S. 1045). Die hiernach geltende Erstreckung der Fälligkeit auf 2 Monate und 3 Tage findet ihren Grund darin, daß die Steuerzeichen lange vor dem Absatz der Waren entnommen werden müssen.

3. Abgefundene Brauereiinhaber haben die Biersteuer am zehnten Tage des auf die Festsetzung folgenden Monats zu entrichten (vgl. § 18 des Gesetzes).

4. § 17 Abs. 2 der Ausführungsbestimmungen zu dem bisherigen Biersteuergesetz ließ eine Ausnahme von der Fälligkeit für zusammengehörige Brauereien zu, die in verschiedenen Hebebezirken liegen. Da zunächst der für die größte Brauerei zuständigen Zollstelle Abschlüsse der Steuerbücher übersandt, dort zusammengestellt und die ausgefertigten Steuerbescheide an die für die einzelnen Brauereien zuständigen Zollstellen gesandt werden müssen (vgl. AB. (neu) § 6), war, damit die Zahlungsaufforderungen (jetzt Steuerbescheide) nicht verspätet zugestellt wurden, durch AB. (alt) § 17 Abs. 2 bestimmt, daß die Steuer spätestens am dritten Tage nach der Zustellung der Zahlungsaufforderung einzuzahlen seien. Diese Bestimmung ist in das geltende Recht nicht übernommen. Es gilt vielmehr wie für alle Steuergesetze der in AB. § 61 Abs. 6 besonders ausgesprochene Grundsatz, daß der Steuerschuldner zur Einzahlung der fälligen Steuern verpflichtet ist, auch wenn ihm ein Steuerbescheid bis zum Fälligkeitstage nicht zugestellt ist (vgl. Bem. 1 zu § 61 Abs. 6 AB.).

5. Wird die Bezahlung der Biersteuer bei Entstehung der Steuerschuld gefordert, so tritt die Fälligkeit der Biersteuer mit diesem Zeitpunkt ein (vgl. Bem. 1). Die Haftung des Bieres für die Steuer entsteht bereits mit dem Beginn der Herstellung des Bieres (AO. § 101, vgl. Bem. 11 zu § 2 Abs. 1 des Gesetzes) und solange die Steuer nicht entrichtet ist, kann das Bier von der Finanzbehörde mit Beschlag belegt werden. In derartigen Fällen hat der Steuerschuldner das Biersteuerbuch oder das Abfindungsbuch der Zollstelle zur Festsetzung der Biersteuer jedesmal vorzulegen, sobald eine Steuerschuld für Bier entstanden ist. Kommt er dieser ihm von der Finanzbehörde auferlegten Verpflichtung nicht nach, so kann deren Einhaltung nach Maßgabe des § 202 AO. erzwungen werden.

6. Die Reichsabgabenordnung bestimmt in §§ 109 bis 118, in welcher Weise und wodurch Sicherheit zu leisten ist. Die einzelnen Steuergesetze schreiben vor, in welchen Fällen das zu geschehen hat.

7. Nur eine wiederholte Versäumung der Zahlungsfrist berechtigt die Finanzbehörde, die Bezahlung oder Sicherstellung der Steuer bei Entstehung der Steuerschuld zu fordern. Das entspricht der Vorschrift, wie sie in § 8 des Brausteuergesetzes vom 3. Juni 1906, § 8 des Brausteuergesetzes vom 15. Juli 1909 und § 11 Abs. 1 des bisherigen Biersteuergesetzes enthalten war. Bei der Beratung des erstgenannten Gesetzes im Reichstagsausschuß wurde das Wort „wiederholt" in Art. I Nr. 1 § 3 des Entwurfs eingefügt, um die Vorschrift zu mildern, da eine einmalige Versäumnis auch ohne besonderes Verschulden vorkommen kann (s. Nr. 356 der Reichstagsdrucks. 1905/06 S. 43).

8. Die Bestimmungen über die Berechnung der Biersteuer finden sich für nicht abgefundene Brauereien in § 61 AB., für abgefundene Brauer in § 73 AB. und für erleichtert abgefundene Hausbrauer in § 77 AB.

Zu § 7 Abs. 2.

1. Die Vorschrift entspricht dem Grundsatz des § 2 Abs. 2 des Gesetzes (vgl. die Bem. dazu). Nicht nur die Entstehung der Zollschuld und der Steuerschuld sollen zusammenfallen, sondern auch die Fälligkeit beider.

2. Wann die Zollschuld fällig wird, ist im Vereinszollgesetz nicht ausdrücklich geregelt. Aus § 9 Abs. 2 VZG. wird geschlossen, daß der Zoll mit der Überführung der Ware in den freien Verkehr des Inlandes fällig wird (vgl. RFH. Bd. 11 S. 276). Nach § 81 Abs. 3 AO. (vgl. Bem. 1 zu Abs. 1), der nach AO. § 1 Abs. 1 auch für Zölle gilt, fallen Entstehung und Fälligkeit der Zollschuld zusammen, da eine Frist für die Zahlung nicht gesetzt ist. Daraus folgt, daß die Steuerschuld für Einfuhrbier mit der Entstehung der Zollschuld, also mit der Überführung der zollpflichtigen Ware in den freien Verkehr fällig wird. Entsteht eine Zollschuld nicht, weil die Ware zollfrei ist, wie z. B. Bier auf Grund der elsässisch-lothringischen Freiliste, so wird die Steuer fällig nach den Grundsätzen, die für die Fälligkeit der Zollschuld gelten würden, wenn die Ware zollpflichtig wäre. Zu vgl. noch § 6 der Steuerordnung für Einfuhrbier. Unrichtig ist die bei Koppe in Bem. 3 zu § 7 geäußerte Ansicht, daß Zoll und Steuer grundsätzlich bei Überschreitung der Zollgrenze fällig würden.

Zu § 7 Abs. 3.

1. Was nach den bisherigen Verbrauchssteuergesetzen „Stundung" genannt wurde, ist nach § 105 Abs. 1 der Reichsabgabenordnung „Zahlungsaufschub". Unter „Stundung" versteht die Abgabenordnung Hinausschiebung der Zahlung ausschließlich aus Billigkeitsgründen (§ 105 Abs. 2).

2. Das Brausteuergesetz vom 6. Juli 1906 hatte eine Stundung (hier wie im folgenden = Zahlungsaufschub) der Brausteuer nur gegen Sicherheitsleistung für eine Frist von drei Monaten zugelassen. Der Entwurf eines Gesetzes wegen Änderung des Brausteuergesetzes vom 3. November 1908 (Reichstagsdrucks. Nr. 995 von 1907/09) hatte eine Änderung nicht vorgeschlagen. Bei der Beratung im 32. Ausschusse des Reichstages wurde indessen mit Rücksicht auf die große Rolle, die die Stundungsfrage im Braugewerbe spielte, beschlossen, die Stundung gegen Sicherheitsleistung auf eine Frist von sechs Monaten und ohne Sicherheitsleistung auf eine Frist von drei Monaten zuzulassen (s. Reichstagsdrucks. Nr. 1451 von 1907/09 S. 54 ff. und § 8 Abs. 2 des Brausteuergesetzes vom 15. Juli 1909). Mit Rücksicht darauf, daß bei der Besteuerung des fertigen Bieres für den Brauer die Verpflichtung zur Abgabenentrichtung näher an den Zeitpunkt herangerückt ist, in dem er die Bezahlung von seinem Abnehmer erhält, wurde im Biersteuergesetz von 1918 eine dreimonatige Stundung als ausreichend erachtet (s. Begr. zu § 11 des Entwurfs). Die Stundung war nur gegen Sicherheitsleistung zulässig. § 11 Abs. 2 des Biersteuergesetzes galt auch nach dem Inkrafttreten der Reichsabgabenordnung gemäß § 7 Abs. 2 der Verordnung zur Einführung der AO. zunächst weiter. Durch Art. III Nr. 1c des Gesetzes, betreffend Erhöhung einzelner Verbrauchssteuern, vom 8. April 1922 wurde die Vorschrift dahin geändert, daß abweichend von § 105 Abs. 1 Satz 1 AO. die Zahlung fälliger Biersteuerbeträge auf Antrag durch das Finanzamt ohne Verzinsung gegen Sicherheitsleistung auf sechs Monate hinauszuschieben sei. Diese Erleichterung war als Ausgleich für die Vervierfachung der Steuer gedacht (vgl. Begr. zum letztgenannten Gesetz S. 10). Dabei blieb es auch zunächst, nachdem § 105 AO. durch § 1 der Stundungsordnung vom 29. Januar 1923 (RGBl. I S. 75) allgemein in Kraft gesetzt war, vgl. StundO. § 6 Abs. 3. Durch das geltende Gesetz wurde entsprechend der für alle anderen Verbrauchssteuergesetze im Jahre 1923 getroffenen Regelung der Zahlungsaufschub gänzlich beseitigt. Die Begründung zu § 7 erläutert dies und die Verschiebung der Fälligkeit damit, daß es erforderlich und andererseits genügend sei, daß der Steuerschuldner die Zahlung zu dem Zeitpunkt leistet, wo er den Steuerbetrag von dem Steuerschuldner erhalten haben kann.

3. Die Stundung — § 105 Abs. 2 AO. — gilt, wie der Wortlaut in Verbindung mit § 1 Abs. 1 AO. ergibt, auch für die Verbrauchssteuern. Unzutreffend ist die dies bestreitende anscheinend auf den Lapsus in der Begründung zu § 105 des Entwurfs der AO. (S. 108) gestützte Ansicht von Koppe in Bem. 4 zu § 7. Die Stundung ist an zwei Voraussetzungen geknüpft: die Einziehung muß mit erheblichen Härten für den Steuerschuldner verbunden sein und der Anspruch darf durch die Stundung nicht gefährdet werden. Die Stundung soll in der Regel nur gegen Sicherheitsleistung und Verzinsung gewährt werden. Die näheren Bestimmungen über die Stundung enthält die Stundungsordnung vom 29. Januar 1923 (RGBl. I S. 75ff.), über die Verzinsung die Steuerzinsverordnung vom 6. März 1924 (RGBl. I S. 170).

4. Der Ausschluß des Zahlungsaufschubs bei der Biersteuer gilt auch für das Bier, das in den Geltungsbereich des Gesetzes eingeführt wird. Bei der Einfuhr von Bier kann also für den Zoll Zahlungsaufschub bewilligt werden (Zolltarifgesetz § 12, StundO. §§ 6ff.), nicht aber für die Biersteuer.

5. Werden fällige Verbrauchssteuern nicht rechtzeitig entrichtet, so sind, soweit nichts anderes vorgeschrieben ist, nach § 104 AO. von der Fälligkeit ab 5 v. H. Verzugszinsen zu entrichten. Nach Art. XVIII § 2 der zweiten Steuernotverordnung vom 19. Dezember 1923 (RGBl. I S. 1205) kann der Reichsminister der Finanzen für Verzugszinsen nach § 104 AO., ferner auch für Zinsen, die bei Zahlungsaufschub und Stundung zu entrichten sind, den Zinsfuß auf mehr als 5 v. H. erhöhen. Von dieser Befugnis hat er Gebrauch gemacht in der Steuerzinsverordnung vom 6. März 1924 (RGBl. I S. 170). Hiernach beträgt der Zinsfuß für Verzugszinsen 18 v. H. jährlich. Mithin sind fällige Biersteuerschulden vom Tage der Fälligkeit ab mit $1^1/_2$ v. H. monatlich zu verzinsen. Die Zinsforderungen für Verzug sind Steuern im Sinne des § 1 Abs. 1 AO. Die Haftung nach § 101 AO. z. B. gilt auch für Zinsforderungen. Zinsanforderungen der Finanzbehörden können mit den gleichen Rechtsmitteln wie die Steueransprüche angefochten werden.

6. § 11 Abs. 3 des bisherigen Biersteuergesetzes, der anordnete, daß Nebengebühren, insbesondere für Quittungen und Bescheinigungen der Steuerbehörden, nicht erhoben werden, ist dadurch gegenstandslos geworden, daß die Gebührenfrage in § 216 AO. erschöpfend geregelt ist.

Steuerbefreiung

§ 8.

¹ Bier, das von Brauereien an ihre Angestellten und Arbeiter als Haustrunk gegen Entgelt oder unentgeltlich abgegeben wird, ist nach näherer Bestimmung des Reichsministers der Finanzen von der Steuer befreit. Brauereien dürfen Bier, das nach dieser Vorschrift steuerfrei geblieben ist, an andere Personen als ihre Angestellten und Arbeiter nicht abgeben. In gleicher Weise bleibt steuerfrei der Haustrunk der Inhaber von Privatbrauereien, soweit sie selbst im Betriebe tätig sind.

² Von der Biersteuer befreit ist Bier, das unter Steueraufsicht aus dem Geltungsbereiche dieses Gesetzes ausgeführt wird.

Zu § 8 Abs. 1, s. AB. §§ 12 und 13.

1. In Brauereien ist es üblich, daß die dort beschäftigten Angestellten und Arbeiter Bier für ihren Hausbedarf entweder unentgeltlich oder zu

ermäßigten Preisen erhalten. In neuerer Zeit ist dieser Haustrunk meist Bestandteil des Lohnes und damit Gegenstand der Regelung durch die Tarifverträge geworden. Wo der Haustrunk gegen Entgelt abgegeben wird, ist es vielfach üblich, daß die Arbeitnehmer Biermarken zu billigen Preisen erhalten und dafür aus Automaten oder aus den Kantinen Bier entnehmen können.

In den Brausteuergesetzen war eine steuerliche Begünstigung dieses Haustrunkbieres nicht vorgesehen, ebensowenig im Entwurf des Biersteuergesetzes von 1918 (vgl. Reichstagsdrucks. Nr. 1455 von 1914/18). Bei der Beratung des Entwurfs im 32. Ausschusse des Reichstages wurde jedoch die Steuerfreiheit für Bier, das von Brauereien an ihre Angestellten und Arbeiter als Haustrunk gegen Entgelt oder unentgeltlich abgegeben wird, in den Entwurf aufgenommen (Reichstagsdrucks. Nr. 1686 von 1914/18 S. 6ff., 16ff., 35). Der Grund war der, daß man von einem Fortfall des Haustrunks infolge der Belastung durch die höhere Steuer Mißhelligkeiten zwischen Brauereien und Arbeitnehmern und Diebstähle befürchtete. Andererseits sollte ein Mißbrauch der Vergünstigung verhütet werden, indem man die Steuerfreiheit auf den eigenen Bedarf der Arbeitnehmer und ihrer Familien beschränkte.

2. Die näheren Bestimmungen sind von dem geltenden Gesetz dem Reichsminister der Finanzen überlassen (vgl. AB. §§ 12 u. 13). Entscheidend für die Steuerfreiheit ist, daß das Bier den Berechtigten als Haustrunk, d. i. für deren eigenen Verbrauch und den Verbrauch ihrer Familie gegeben wird, und zwar nur in einer den örtlichen Gewohnheiten entsprechenden Menge und nur, soweit den Angestellten und Arbeitern hierauf auf Grund ihres Dienst- oder Arbeitsverhältnisses ein Anspruch zusteht. Die Berücksichtigung der örtlichen Gewohnheiten hinsichtlich der Menge, die bereits in § 9 Abs. 1 der bisherigen Ausführungsbestimmungen bestimmt war, hat durch die Neufassung des § 8 Abs. 1 Satz 1 die — bisher zweifelhafte (vgl. RFH. Bd. 11 S. 124) — gesetzliche Grundlage erhalten. Der neue Zusatz, wonach als steuerfreier Haustrunk nur gilt, worauf auf Grund des Dienst- oder Arbeitsverhältnisses ein Rechtsanspruch besteht, hat die Verhinderung von Auswüchsen zum Ziel (vgl. RFH. a. a. O.). Wenn Koppe in Bem. 1 zu § 8 (S. 95) sagt, zu der den örtlichen Gewohnheiten entsprechenden Menge gehöre, daß „zu Familienfesten entsprechend mehr" geliefert werde, so ist dabei die Änderung in § 8 Abs. 1 des Gesetzes und § 12 Abs. 1 Satz 1 der AB. nicht berücksichtigt. Ein zu einem Familienfeste geliefertes Faß Bier ist nur dann steuerfrei, wenn die Lieferung im Rahmen der den örtlichen Gewohnheiten entsprechenden Menge bleibt und wenn sie auf Grund des Dienst- oder Arbeitsvertrages erfolgt. Daß das Bier von den Bezugsberechtigten tatsächlich als Haustrunk verwendet wird, ist für die Steuerfreiheit nicht Voraussetzung. Angestellte und Arbeiter dürfen daher Bier, das sie als Haustrunk steuerfrei bekommen haben, veräußern (s. Bericht des 32. Ausschusses des Reichstages, Reichstagsdrucks. Nr. 1686 von 1914/18). Für die Vergünstigung kommen auch die nur mittelbar an der Herstellung (z. B. Hausmaurer, Hauszimmerleute, Eisarbeiter) und die am Absatz des Bieres beteiligten Arbeitnehmer (Fuhrleute, Büropersonal, Bieraufschreiber) in Betracht.

3. Die Vorschrift, daß der Haustrunk der Inhaber von Privatbrauereien, soweit sie selbst im Betriebe tätig sind, steuerfrei sei, ist vom Reichstag durch Art. III Nr. 1b des Gesetzes, betreffend Erhöhung einzelner Verbrauchssteuern, vom 8. April 1922 in das Biersteuergesetz vom 26. Juli 1918 auf Wunsch eines Teiles des Braugewerbes eingeschaltet worden. Der Entwurf des geltenden Gesetzes schlug die Wiederbeseitigung der Vorschrift vor. Die Begründung (vgl. Begr. zu § 8, S. 9) führte zur Rechtfertigung den erheblichen Steuerausfall

an, den das Reich dadurch erleide, daß die notwendige Folge der Vorschrift die tatsächliche Steuerfreiheit der Haustrunkbereitung gewesen war. Eine Beschränkung der Steuerfreiheit auf die Inhaber gewerblicher Betriebe hätte sich vom Standpunkt der steuerlichen Gerechtigkeit nicht rechtfertigen lassen. Dennoch blieb der Reichstag bei seinem Standpunkt und fügte die Vorschrift in das geltende Gesetz wieder ein. Die Folge ist die grundsätzliche Steuerbefreiung sämtlicher Hausbrauer. Wenn, wie das der Fall ist, in einem einzigen Hauptzollamtsbezirk rund 10000 Hausbrauer vorhanden sind, so beträgt deren steuerfreie Biererzeugung zum Schaden der Brauereien rund 200000 hl jährlich, wenn jeder nur 20 hl herstellt, und der Steuerausfall für das Reich 1 Million Goldmark. Unter „Privatbrauereien" sind die Brauereien zu verstehen, deren Inhaber eine natürliche Person ist. Direktoren von Aktiengesellschaften sind Angestellte im Sinne des § 8 Abs. I, der ihnen gewährte Haustrunk ist nach § 8 Abs. 1 Satz 1 steuerfrei. Voraussetzung der Steuerfreiheit ist, daß der Inhaber „selbst im Betriebe tätig" ist. Ein Teil des Betriebes in diesem Sinne ist auch der kaufmännische Betrieb. Nicht erforderlich ist eine Tätigkeit im technischen Betriebe. Unter einfachen Verhältnissen, z. B. bei Hausbrauern, ist eine Tätigkeit „im Betriebe" schon dann gegeben, wenn der Inhaber für die Beschaffung der Geräte, Braustoffe, Feuerung usw. sorgt. Steuerfrei wäre z. B. nicht der Haustrunk des „stillen" Teilhabers einer Brauerei.

Der Haustrunk des Inhabers bleibt „in gleicher Weise" steuerfrei wie der der Angestellten und Arbeiter, d. h. die Vorschriften in § 8 Abs. 1 Satz 1 und 2 sind im Falle des Satzes 3 entsprechend anzuwenden. Insbesondere gilt auch die Ermächtigung des Reichsministers der Finanzen zu näherer Bestimmung. Wichtig ist die Bestimmung in § 12 Abs. 1 AB., daß als Haustrunk das Bier gilt, das die Inhaber für den Verbrauch in ihrem Haushalt entnehmen. Haustrunk ist danach nicht, wie das bei den Arbeitnehmern regelmäßig der Fall sein wird, eine für gewisse Zeitabschnitte bemessene bestimmte Menge, z. B. fünf Liter für den Tag, sondern, wie das auch der Natur der Sache entspricht, der jeweilige Bedarf des Haushaltes. Der Haustrunk des Inhabers hat nicht den Lohncharakter des Arbeitnehmerhaustrunkes. Dementsprechend ist der Inhaber auch nicht in der Liste nach Muster 1 der AB. zu führen und dementsprechend ist an den Haustrunk des Inhabers auch nicht der Maßstab der Ortsüblichkeit anzulegen. Aus der Beschränkung des Haustrunks auf das, was die Inhaber für den Verbrauch in ihrem Haushalt entnehmen, folgt andererseits, daß sie das Haustrunkbier nicht wie die Arbeitnehmer das ihre an andere veräußern dürfen.

4. Die steuerliche Überwachung des steuerfreien Haustrunks ist durch §§ 12 und 13 AB. in der Weise geregelt, daß Haustrunkbier nur aus den für die Abgabe von Bier zugelassenen Räumen (§ 44 AB.) und nur in den nach § 45 AB. zugelassenen Gefäßen entnommen und nur an bestimmten, vom Oberbeamten zu genehmigenden Orten der Brauerei an die bezugsberechtigten Angestellten und Arbeiter abgegeben oder vom Inhaber entnommen werden darf. Die Arbeitnehmer, nicht auch der Inhaber, sind in ein besonders zu führendes Verzeichnis einzutragen. Inhaber und Arbeitnehmer dürfen hiernach ihren steuerfreien Haustrunk nicht beliebig in der Brauerei entnehmen, sondern nur unter den genannten Voraussetzungen. Zuwiderhandlungen würden als Biersteuerhinterziehungen zu ahnden sein. Das Haustrunkbier ist sogleich bei der Entnahme im Biersteuerbuch anzuschreiben.

5. Bier, das zur Abgabe als steuerfreier Haustrunk den in § 44 AB. bezeichneten Räumen entnommen und in die Anschreibungen über steuerfreies

Haustrunkbier eingetragen ist, darf nur an im Verzeichnis über die bezugsberechtigten Angestellten und Arbeiter eingetragene Personen abgegeben werden. Die Abgabe an andere wird gemäß § 21 Abs. 1 Nr. 6 des Gesetzes als Biersteuerhinterziehung bestraft. Die unzulässige Abgabe des Haustrunkbieres des Inhabers an andere ist nach § 359 Abs. 2 AO. als Biersteuerhinterziehung strafbar. Der Fall fehlt unter den Hinterziehungstatbeständen des § 21 Abs. 1 des Gesetzes. In § 21 Abs. 1 Nr. 6 ist die durch den Reichstag erfolgte nachträgliche Einschaltung des § 8 Abs. 1 Satz 3 nicht berücksichtigt, wie sich aus der Fassung des Entwurfes ergibt.

6. Gewisse Erleichterungen sind im Hinblick auf die Bedürfnisse namentlich der Großbetriebe durch AB. § 13 Abs. 3 zugelassen worden.

7. Bier, das auf Grund von § 8 Abs. 1 des Gesetzes steuerfrei gelassen wird, ist auf die Höhe der Steuersätze für die sonst in der Brauerei hergestellten Biere insofern von Einfluß, als es in die für die Anwendung der Steuersätze des § 3 Abs. 1 maßgebende erzeugte Biermenge und die auf die Jahresmenge anzurechnende Biermenge mit einzubeziehen ist (s. AB. §§ 3 und 61). Bei den Abfindungsbrauereien sind gemäß § 73 AB. von den aus den angemeldeten Malz- und Zuckermengen nach den vom Hauptzollamt festgesetzten Ausbeutesätzen ermittelten Biermengen für den steuerfreien Haustrunk 5 v. H. und, wenn eine steuerfreier Haustrunk des Inhabers nicht in Betracht kommt, 3 v. H. in Abzug zu bringen. Für die Prüfung der Frage, ob die in einer abgefundenen Brauerei innerhalb eines Rechnungsjahres hergestellte Biermenge die für die Abfindung vorgesehene Höchstgrenze von 500 Hektolitern übersteigt, ist jedoch die für den steuerfreien Haustrunk in Abzug gebrachte Biermenge dem steuerpflichtig gewordenen Biere zuzurechnen. Wollen Hausbrauer, die der vereinfachten Abfindung nach AB. §§ 76 ff. unterliegen, die Steuerfreiheit des Haustrunks als Brauereiinhaber in Anspruch nehmen, so haben sie dies der Zollstelle in der Anmeldung (AB. § 76) zu erklären (§ 79 AB.).

8. Die bisherige steuerliche Begünstigung der Hausbrauer nach § 6 Abs. 2 des bisherigen Gesetzes ist fortgefallen. Näheres in den Bem. zu § 10 Abs. 6.

Zu § 8 Abs. 2, s. AB. § 14 und Bierausfuhrordnung (Anlage C der AB.).

1. Durch die Entfernung des Bieres, das zur steuerfreien Ausfuhr angemeldet ist, aus der Brauerei entsteht eine auflösend bedingte Steuerschuld (vgl. AO. § 81 Abs. 2; Bem. 3 zu § 2 Abs. 1). Die Befreiung von der Biersteuer tritt erst ein, wenn die Ausfuhr aus dem Geltungsbereich des Gesetzes nachgewiesen wird, wenn auch tatsächlich gemäß der Anleitung zum Gebrauch des Musters 12 das mit dem Anspruch auf Steuerfreiheit aus der Brauerei ausgehende Bier sogleich im Biersteuerbuch als steuerfrei ausgeführt abgeschrieben und die Biersteuer hierfür nicht erhoben wird. Wird der Nachweis der Ausfuhr nicht erbracht, so ist das Bier gemäß § 10 BAO. zur Versteuerung im Biersteuerbuch anzuschreiben, es sei denn, daß der Nachweis erbracht ist, daß das Bier innerhalb der Ausfuhrfrist zugrunde gegangen ist.

2. Eine Vergütung der Biersteuer für aus dem freien Verkehr ausgeführtes Bier ist im Biersteuergesetz nicht vorgesehen. Daraus folgt, daß bei der Ausfuhr versteuerten Bieres eine Vergütung der Biersteuer nicht angängig ist. Aus diesem Grunde konnte in § 1 BAO. die Steuerbefreiung nur den Inhabern der Brauereien, in denen das ausgeführte Bier hergestellt worden ist, zugestanden werden. Wollen Bierhändler oder andere Personen Bier ohne Entrichtung der Biersteuer ausführen, so müssen sie dies durch Vermittlung der herstellenden Brauerei tun.

Aus den gleichen Erwägungen konnte auch Inhabern der nach § 18 des Gesetzes abgefundenen Brauereien für das von ihnen ausgeführte Bier Steuerfreiheit nicht zugestanden werden, weil für diese gemäß § 18 des Gesetzes und § 73 AB. die Biersteuer im voraus nach der Menge der zur Bierbereitung verwendeten Braustoffe festgesetzt wird und das Bier sofort mit seiner Herstellung in den freien Verkehr tritt. Inhaber abgefundener Brauereien, die Bier steuerfrei ausführen wollen, müssen daher auf die Abfindung verzichten und sich den für die nicht abgefundenen Brauereien geltenden Vorschriften unterwerfen.

3. Die Möglichkeit, unversteuertes Bier auf ein Biersteuerlager zu bringen und von dort unter Steuerbefreiung auszuführen, ist Brauern oder Bierhändlern im Gesetz nicht gegeben. Nur die Verbringung in ein Zollager steht gemäß § 1 BAO. der Ausfuhr aus dem Geltungsbereich des Gesetzes gleich mit der Folge, daß das Bier beim etwaigen Wiedereingang in den freien Verkehr des Inlandes wie in den Geltungsbereich des Gesetzes eingebrachtes Bier zu versteuern und zu verzollen ist.

4. Wegen des Geltungsbereichs des Gesetzes s. Bem. 1 zu § 1 Abs. 1.

5. Über die Ausnahme vom Reinheitsgebot vgl. § 10 Abs. 5.

6. Eine Erstattung der Biersteuer tritt gemäß § 9 des Gesetzes und § 15 AB. ein für Bier, das in die Brauerei zurückgelangt, sog. Rückbier. Für derartiges Bier wird die Biersteuer bei Einhaltung der Überwachungsvorschriften durch Abschreibung von der Summe des steuerpflichtig gewordenen Bieres erstattet.

Erstattung der Steuer

§ 9.

Für Bier, das in die Brauerei zurückgelangt, kann die Biersteuer nach näherer Bestimmung des Reichsministers der Finanzen erstattet werden.

S. AB. § 15 und die Bemerkungen dazu.

1. Bier, für das die Steuerschuld entstanden ist, weil es aus der Brauerei entfernt wurde, wird vielfach in die Brauerei zurückgebracht, entweder weil es nicht sofort abgesetzt werden konnte oder weil es vom Abnehmer zurückgewiesen wurde (sog. Rückbier, auch Retourbier genannt). Für derartiges Bier würde beim Wiederausgang aus der Brauerei erneut eine Steuerschuld entstehen. Die Vorschrift des § 9 will die Doppelbesteuerung vermeiden.

2. § 9 bezieht sich nur auf bereits versteuertes Bier, das in die Brauerei, in der es hergestellt wurde, zurückgebracht wird. Die Einbringung von betriebsfremdem Bier in eine Brauerei ist durch § 63 AB. geregelt. Für die steuerliche Behandlung von Bier, das nach § 8 Abs. 2 des Gesetzes zum Zwecke der Ausfuhr die Brauerei verlassen hat und in diese zurückgebracht wird, ist § 10 BAO. maßgebend. Die bei der Entfernung bedingt entstandene Steuerschuld (vgl. Bem. 1 zu § 8 Abs. 2) wird dadurch, daß der Nachweis der Ausfuhr nicht erbracht wird, zur unbedingten. Wird wegen unterlassener Ausfuhr die Ausfuhranmeldung an die Zollstelle zurückgegeben, so ist das Bier zur Versteuerung im Steuerbuch anzuschreiben. Das zurückgebrachte Bier wird im Rückbierbuch angeschrieben.

3. Die steuerliche Behandlung des in die Brauerei, in der es hergestellt wurde, zurückgebrachten Bieres ist in § 15 AB. derartig geregelt, daß die Wiedereinbringung mit der Wirkung zugelassen ist, daß das Bier wieder als unversteuertes Bier gilt. Sämtliches in die Brauerei eingebrachte Bier ist beim

Wiedereingang im Rückbierbuche anzuschreiben. Die Erstattung der Biersteuer erfolgt in der Weise, daß das im Rückbierbuche angeschriebene Bier am Halbmonatsschlusse von der Summe des steuerpflichtigen Bieres im Steuerbuche abgeschrieben wird.

Da das wiedereingebrachte Bier dem unversteuerten Biere gleichgestellt ist, unterliegt es hinsichtlich seiner weiteren Behandlung im Brauereibetrieb keinerlei Beschränkungen; es kann also umgefüllt oder weiter bearbeitet werden. Nur dann, wenn Bier unter amtlicher Überwachung vernichtet oder unbrauchbar gemacht werden soll, sind besondere Überwachungsmaßnahmen vorgesehen.

Wird in die Brauerei eingebrachtes Rückbier wieder aus der Brauerei entfernt, so ist es stets im Biersteuerbuche neu anzuschreiben, und zwar auch dann, wenn das Bier unverändert und in den gleichen Umschließungen wieder aus der Brauerei ausgeht.

Wird Rückbier in der Brauerei weiter verarbeitet oder umgefüllt, so ist beim späteren Wiederausgange nur die tatsächlich ausgehende Biermenge im Biersteuerbuche anzuschreiben. Etwaige bei der Bearbeitung oder der Umfüllung entstehende Verluste bleiben außer Betracht, sie müssen nur seinerzeit bei der Bestandsaufnahme (§§ 64 und 65 AB.) entsprechend aufgeklärt werden.

4. Eine Erstattung der Biersteuer für Rückbier findet bei abgefundenen Brauereien (§ 18 des Gesetzes) nicht statt (s. §§ 72, 73 und 81 AB. und die Bemerkung 2 Abs. 6 zu § 18 des Gesetzes).

5. Rückbier kann auch unter amtlicher Aufsicht in der Brauerei vernichtet oder zur Verwertung als Bier unbrauchbar gemacht werden (§ 15 Abs. 3 AB.). Es entspricht dies dem Grundsatze, der in § 60 AB. für Bier, das vor Eintritt der Steuerpflicht in der Brauerei vernichtet wird, aufgestellt ist.

6. Eine unrichtige Führung des Rückbierbuches wird nach § 21 Abs. 1 Nr. 3 des Gesetzes als Biersteuerhinterziehung bestraft.

7. Über die steuerliche Behandlung von Bier oder Bierwürze, die in der Brauerei vor Entstehung der Steuerschuld für das Bier zugrunde gehen oder unbrauchbar werden, sind in § 60 AB. Anordnungen getroffen.

8. Für Bier, das außerhalb der Brauerei zugrunde geht oder — abgesehen von dem Sonderfall des § 15 Abs. 3 Satz 6 AB. — unbrauchbar gemacht wird, kommt eine Erstattung der Steuer nur ausnahmsweise auf Grund des § 108 Abs. 1 AO. in Frage. Wegen der in dieser Hinsicht bestehenden Verwaltungsgrundsätze s. RZBl. 1923 S. 385 Nr. IV.

Bierbereitung

§ 10.

¹ Zur Bereitung von untergärigem Biere darf, abgesehen von der Vorschrift im Abs. 3, nur Gerstenmalz, Hopfen, Hefe und Wasser verwendet werden.

² Die Bereitung von obergärigem Biere unterliegt derselben Vorschrift; es ist hierbei jedoch auch die Verwendung von anderem Malze und die Verwendung von technisch reinem Rohr-, Rüben- oder Invertzucker sowie von Stärkezucker und aus Zucker der bezeichneten Art hergestellten Farbmitteln zulässig.

[3] Die Verwendung von Farbebieren, die nur aus Malz, Hopfen, Hefe und Wasser hergestellt sind, ist bei der Bierbereitung gestattet, unterliegt jedoch besonderen Überwachungsmaßnahmen.

[4] Unter Malz wird alles künstlich zum Keimen gebrachte Getreide verstanden.

[5] Für die Bereitung besonderer Biere sowie von Bier, das nachweislich zur Ausfuhr bestimmt ist, können Abweichungen von den Vorschriften im Abs. 1 und 2 gestattet werden.

[6] Die Vorschriften im Abs. 1 und 2 finden keine Anwendung für diejenigen Brauereien, die Bier nur für den Hausbedarf herstellen (Hausbrauer).

[7] Der Zusatz von Wasser zum Biere durch Brauer nach Feststellung des Extraktgehalts der Stammwürze im Gärkeller oder durch Bierhändler oder durch Wirte ist untersagt. Das Finanzamt (Hauptzollamt) kann Brauern unter den erforderlichen Sicherungsmaßnahmen den Zusatz von Wasser zum Biere nach Feststellung des Extraktgehaltes der Stammwürze im Gärkeller gestatten.

[8] Die Vermischung von Einfachbier, Schankbier, Vollbier und Starkbier miteinander sowie der Zusatz von Zucker zum Biere durch Brauer nach Entstehung der Steuerschuld oder durch Bierhändler oder Wirte ist untersagt.

[9] Zur Bereitung obergärigen Bieres kann die Verwendung von Süßstoff nach Maßgabe des § 4 Abs. 4 des Süßstoffgesetzes vom 8. April 1922 (RGBl. I S. 390) zugelassen werden.

Zu § 10 Abs. 1, s. AB. §§ 16, 17, 19 und 20 und die Bemerkungen dazu.

1. Die Vorschrift, daß zur Bereitung von Bier nur bestimmte Stoffe verwendet werden dürfen, das sog. Reinheitsgebot, ist, nachdem es in Bayern seit 1516, in Baden seit 1896, in Württemberg seit 1900 bestanden hatte, für das Gebiet der norddeutschen Biersteuergemeinschaft auf Wunsch des Braugewerbes erstmals durch das Brausteuergesetz vom 3. Juni 1906 eingeführt worden. Die Vorschriften des geltenden Gesetzes in § 10 entsprechen bis auf den neuen Abs. 9 dem § 13 des bisherigen Gesetzes. Wegen der geschichtlichen Entwicklung s. die Geschichte der deutschen Bierbesteuerung, ferner Begründung von 1906 S. 18ff.

2. Wegen des Begriffes „Bier" s. die Bemerkung 8 zu § 1 des Gesetzes. Bei der Entscheidung darüber, ob ein Getränk als Bier anzusehen ist, sind die Gerichte von der Entscheidung der Finanzbehörden dann unabhängig, wenn Zuwiderhandlungen gegen §§ 10, 22 des Gesetzes in Frage stehen, da diese Zuwiderhandlungen weder Steuerhinterziehungen noch Steuergefährdungen sind, mithin der § 433 AO. nicht in Betracht kommt. Hängt aber eine Verurteilung wegen Steuerhinterziehung oder Steuergefährdung davon ab, ob ein Steueranspruch besteht, weil ein Getränk als Bier anzusehen ist (Beispiel: Herstellung eines solchen Getränks durch einen nicht angemeldeten Brauer), so sind die Gerichte an die Entscheidung des Reichsfinanzhofs über diese Frage, die unter Umständen von ihnen herbeizuführen ist, gebunden (AO.

§ 433). Das Vorliegen der Entscheidung des Reichsfinanzhofs würde Urteilsvoraussetzung sein, von welcher der Erlaß des strafgerichtlichen Erkenntnisses abhängt (vgl. Reichsgericht, Straff. Bd. 56 S. 107).

3. Die Ausdrücke „Bereitung von Bier" und „Bierbereitung" sind nach § 16 AB. im weitesten Sinne zu verstehen; sie umfassen alle Teile der Herstellung und Behandlung des Bieres in der Brauerei selbst wie außerhalb dieser — beim Bierverleger, Wirt u. dgl. — bis zur Abgabe des Bieres an den Verbraucher. Diese Absicht des Gesetzes ergibt sich insbesondere aus den Vorschriften in § 10 Abs. 7 und 8 des Gesetzes über das Verbot des Wasser- und Zuckerzusatzes zum Biere sowie über die Vermischung verschiedener Biergattungen durch Bierhändler und Wirte. Das Verbot erstreckt sich nicht auf den Verbraucher des Bieres; dieser kann zu dem Biere, das er genießen will, jeden Zusatz machen.

4. Die Gründe, aus denen ein unerlaubter Zusatz bei der Bierbereitung erfolgt, kommen für die Beurteilung der Strafbarkeit der Handlung nicht in Betracht. Würde z. B. beim Reinigen der Braugefäße oder der Hefe mit Salizylsäure ein Teil der Säure zurückbleiben und in das Bier übergehen, so wäre dies eine Zuwiderhandlung gegen das Reinheitsgebot. Ebenso wäre ein Zusatz von Salizyl zum Biere, der eine Schimmelbildung verhüten soll, unzulässig.

5. Die zulässigen Braustoffe müssen nach § 17 Abs. 3 AB. in der Beschaffenheit verwendet werden, in der ihnen die im Gesetze gewählte Bezeichnung zukommt. Die Verwendung jeglichen Stoffes, der mit den zugelassenen Stoffen nicht nämlich ist, ist verboten. Hierbei ist es belanglos, in welcher Menge etwa ein Zusatz unerlaubter Stoffe erfolgt und in welchem Zeitpunkt der Bierbereitung. Eine nähere Feststellung der Beschaffenheit des zugesetzten Stoffes ist entbehrlich, es genügt der Nachweis, daß der Stoff ein anderer war als die im Gesetze zugelassenen.

6. Die Verwendung anderer als der im § 10 bezeichneten Stoffe zur Bierbereitung ist auch dann verboten, wenn es sich um Stoffe handelt, die sich im ordnungsmäßig bereiteten Biere vorfinden, wie z. B. Weingeist und Kohlensäure. Die in § 20 Abs. 3 AB. zugelassene Verwendung der Kohlensäure beim Abziehen und beim Ausschank des Bieres ist keine Ausnahme vom Reinheitsgebot, da hierbei in der Regel eine Vermischung der Kohlensäure mit dem Bier nicht eintreten wird.

7. Nicht verboten ist die Verwendung anderer als der in § 10 genannten Stoffe, die nur mechanisch wirken und bei der Bierbereitung wieder völlig ausgeschieden werden. Dazu gehören die Bierklärmittel (§ 17 Abs. 2 AB.).

8. Das Verbot, andere als die in § 10 genannten Stoffe bei der Bierbereitung zu verwenden, gilt nur für die Bierherstellung innerhalb des Geltungsbereiches des Gesetzes. Außerhalb dieses Geltungsbereiches erzeugtes Bier kann eingeführt werden, auch wenn es nicht lediglich aus den nach § 10 zugelassenen Stoffen hergestellt ist. Jedoch gelten auch für Einfuhrbier die Vorschriften des § 11 über den Verkehr mit Bier, so daß z. B. ein untergäriges unter Anwendung von Zucker hergestelltes ausländisches Bier nicht unter der Bezeichnung Bier in Verkehr gebracht werden darf (vgl. Bem. 3 zu § 11 Abs. 1). Ferner darf eine Vermischung des ausländischen Bieres mit dem im Geltungsbereich des Gesetzes hergestellten Biere nicht stattfinden, weil die Möglichkeit fehlt, die Einhaltung des Reinheitsgebotes bei der Herstellung des ausländischen Bieres zu überwachen. Diese Vermischung wäre auch dann unzulässig, wenn das außerhalb des Geltungsbereiches des Gesetzes hergestellte Bier mit Genehmigung des Hauptzollamtes (§ 63 AB.) in die Brauerei ein-

gebracht und dort gemäß den §§ 63, 15 AB. als unversteuertes Bier behandelt wird (vgl. Bem. 2 zu § 63 AB.).

Innerhalb des Geltungsbereiches des Gesetzes hergestelltes Bier darf miteinander vermischt werden, sofern es sich um gleichartige Biere handelt und die Vorschriften in § 10 Abs. 8 nicht entgegenstehen. Untergärige und obergärige Biere sind als verschiedenartig zu betrachten, da die Vorschriften des Reinheitsgebotes für beide Bierarten nicht gleich sind. Unzutreffend ist die von Koppe in Bem. 7 zu § 10 (S. 110) geäußerte Ansicht, daß obergäriges und untergäriges Bier gemischt werden dürfe, wenn es derselben Bierklasse angehöre. § 10 des Gesetzes spricht nur von Bier, das entweder untergärig oder obergärig ist. Die einzige Ausnahme, die mit Rücksicht auf Bedürfnisse des Braugewerbes zugelassen ist, bildet die in § 22 AB. gestattete Verwendung untergäriger Kräusen zu obergärigem Biere. Daß die Vermischung gleichartiger Biere miteinander oder mit gleichartigen Würzen zulässig ist, ergibt sich auch aus den Bestimmungen in §§ 15, 63 AB. über die Behandlung von Rückbier und des in eine Brauerei eingebrachten betriebsfremden Bieres.

9. Die Verwendung unzulässiger Stoffe zur Bierbereitung wird nach § 22 des Gesetzes bestraft. Nach der gleichen Vorschrift ist auch die Aufbewahrung unzulässiger Ersatz- oder Zusatzstoffe in einer unter Steueraufsicht stehenden Räumlichkeit (§ 196 AO. § 83 AB.) zu bestrafen, sofern die Stoffe nicht nachweislich zu anderen Zwecken als zur Bierbereitung bestimmt sind.

Zu § 10 Abs. 2, s. AB. §§ 18, 20 bis 22 und die Bemerkungen dazu.

1. Die Zulassung des Malzersatzstoffes Zucker zur Bereitung obergäriger Biere ist, wie sich aus der Begründung zum Entwurf eines Gesetzes wegen Änderung des Brausteuergesetzes von 1906 (S. 20) ergibt, bei der Einführung des Reinheitsgebots für Norddeutschland im Jahre 1906 mit Rücksicht auf die kleinen Brauereien erfolgt, die obergäriges Braunbier oder sogenannte einfache Biere herstellen. Für diese bildet die Mitverwendung von Zucker ein Hilfsmittel nicht nur zur Verringerung der Betriebskosten, sondern auch zur Erhöhung der Absatzfähigkeit ihrer Biere, für die von der Kundschaft ein gewisser Grad von Süßigkeit verlangt zu werden pflegt. In Süddeutschland lagen die Verhältnisse wesentlich anders. Dort wurden vorwiegend untergärige Biere getrunken, von obergärigen fast ausschließlich Weißbier, bei dessen Herstellung auch in Norddeutschland eine Mitverwendung von Ersatzstoffen in der Regel unterbleibt.

Die Bezeichnung „technisch reiner" Zucker ist im Brausteuergesetz vom 3. Juni 1906, in das die Vorschrift erstmals eingefügt wurde, in Übereinstimmung mit § 2 Nr. 4 des Weingesetzes vom 24. Mai 1901 (RGBl. S. 175) gewählt worden und will Zucker von der Reinheit bezeichnen, wie sie in dem in der Zuckertechnik gebräuchlichen Verfahren erreicht wird (s. Begründung 1906 S. 21 f.).

2. Verboten ist insbesondere die Verwendung von Zuckersirup.

3. Für Stärkezucker (gleichbedeutend mit Traubenzucker, Glykose, Dextrose) ist technische Reinheit nicht gefordert; Stärkezucker enthält noch bis zu 10 v. H. Dextrin.

4. Die Zulässigkeit der Verwendung aus Zuckerstoffen hergestellter Bierfärbemittel zur Herstellung obergärigen Bieres ist erstmals in das Brausteuergesetz vom 3. Juni 1906 (§ 1 Abs. 1) vom Reichstagsausschuß eingefügt worden. Er sollte damit zunächst die Verwendung der sogenannten „Zuckerkouleur", eines Stärkezuckererzeugnisses, vom Reinheitsgebot ausgenommen werden. Wie sich schon aus dem Wortlaut, der gleichlautend in § 1 Abs. 1 des Brausteuergesetzes vom 15. Juli 1909, § 13 Abs. 2 des bisherigen und § 10

Abs. 2 des geltenden Biersteuergesetzes übernommen worden ist, ergibt, sind unter Farbmitteln im Sinne dieser Vorschrift alle aus technisch reinem Rohr-, Rüben- oder Invertzucker sowie aus Stärkezucker hergestellten, zum Färben des Bieres bestimmten Mittel zu verstehen.

5. Nach dem Urteil des Reichsgerichts Strafs. Bd. 42 S. 175 ist für die Erkennung des Wesens des Farbmittels lediglich die Zweckbestimmung der Zubereitung, ihr ernstlich ins Auge gefaßter Verwendungszweck, maßgebend, aber nicht bloß der in der Ankündigung und Gebrauchsbestimmung zum Ausdruck gelangende, sondern der wirkliche aus objektiven Anzeichen sich ergebende. Das Mittel darf nur den Zweck haben, dem Biere eine entsprechende Farbe zu geben, nicht aber auch sonstige dem Biere eigentümliche Merkmale, z. B. des Geschmacks, zu verleihen. Wäre letzteres der Fall, so würde eine über den Begriff des Farbmittels hinausgehende Zubereitung vorliegen, deren Verwendung bei der Bierbereitung verboten ist und die dem Verkehrsverbot des § 12 des Gesetzes unterliegt.

Zu § 10 Abs. 3, s. AB. § 17 Abs. 1 und Anlage A dazu (Farbebierordnung).

1. Die Zulässigkeit der Verwendung der nur aus Malz, Hopfen, Hefe und Wasser hergestellten Farbebiere bei der Bierbereitung war bereits in § 3 Abs. 2 und 3 des Brausteuergesetzes vom 15. Juli 1909 ausgesprochen. Diese Vorschriften wurden bei der zweiten Lesung im 32. Ausschusse des Reichstages auf Anregung des Reichsschatzamts in das Gesetz eingefügt, um eine gesetzliche Grundlage für die steuerliche Behandlung der Farbebiere zu geben. Die Verwendung von Farbebieren sollte, da sie für viele Brauereien notwendig sei, zugelassen, jedoch unter steuerliche Überwachung gestellt werden (Reichstagsdrucks. Nr. 1451 I 1907/09). Bei der ersten Lesung hatte ein Kommissar des Bundesrats erklärt, daß nach der Rechtsprechung des Reichsgerichts das Reinheitsgebot dahin auszulegen sei, daß die zulässigen Braustoffe in der Beschaffenheit verwendet werden müssen, in der ihnen die vom Gesetze gewählte Bezeichnung zukommt. Es liege aber im Bedürfnis, Ausnahmen von diesem Grundsatz zuzulassen, zunächst zugunsten der Farbebiere (s. S. 25 a. a. O.).

2. Farbebiere dürfen nur aus den in § 10 Abs. 3 und FBO. § 1 Abs. 1 bezeichneten Stoffen hergestellt sein; die Stoffe müssen sämtlich verwendet werden: Farbebiere ohne Hefeverwendung, die unvergoren sind, dürfen nicht hergestellt werden. Es ist unzulässig, Farbebiere zu verwenden, denen Zucker oder zuckerhaltige Farbmittel zugesetzt sind. Untergärigem Bier darf nur Farbebier zugesetzt werden, zu dessen Herstellung anderes Malz als Gerstenmalz nicht verwendet worden ist (AB. § 17 Abs. 1).

3. Farbebiere müssen gemäß § 1 FBO. gegoren sein. Damit soll eine strenge Durchführung des Reinheitsgebotes sichergestellt und eine Grenze zwischen Farbebieren und den in § 12 des Gesetzes erwähnten Zubereitungen gezogen werden. Diese Auslegung ergibt sich zunächst aus dem Ausdruck Farbebier (nicht Bierfarbe). Unter Bier ist nur ein im Wege der Gärung hergestelltes Getränk zu verstehen. Außerdem geht aus den Worten „und (nicht „oder") Hefe" in § 10 Abs. 3 hervor, daß Hefe zur Farbebierbereitung nach dem Willen des Gesetzgebers verwendet werden muß.

4. Die Bestimmungen über die Verwendung von Farbebier finden sich in § 11 der FBO. Hiernach unterliegt Farbebier den über die Aufbewahrung und Verwendung von Zucker geltenden Vorschriften. Es ist im Zuckerverwendungsbuch und im Sudbuch anzuschreiben.

5. Wegen der steuerlichen Behandlung von Farbebier vgl. die Bem. 6 zu § 2 Abs. 1 des Gesetzes.

6. Farbebiere, die außerhalb des Geltungsbereichs des Gesetzes hergestellt sind, dürfen zur Bierbereitung nicht verwendet werden, vgl. Bem. 8 zu Abs. 1, 6 zu § 2 Abs. 1 und AB. § 17 Abs. 1.

Zu § 10 Abs. 4, s. AB. § 17 Abs. 4 und 5.

1. Nach § 7 der AB. zum Brausteuergesetz vom 15. Juli 1909 war sog. Spitzmalz, d. i. angekeimtes Getreide, bei dem die Keimung so frühzeitig nach dem Spitzen des Wurzelkeimes unterbrochen worden ist, daß die gebildete Diastase ohne Hinzunahme anderen Malzes zur Verzuckerung der Maische nicht ausreicht, nicht als Malz im Sinne des Brausteuergesetzes anzusehen. Diese Bestimmung war getroffen, weil mit der Verwendung von Spitzmalz eine Rohstofferspanis und damit eine Verminderung der auf den Rohstoff gelegten Brausteuer verbunden war. Beim Biersteuergesetz, das das fertige Bier versteuert, kann dem Brauer hinsichtlich der Ausnutzung des Rohstoffs größere Bewegungsfreiheit eingeräumt werden und es ist deshalb in die AB. schon des bisherigen Gesetzes eine gleiche Vorschrift wie die erwähnte nicht aufgenommen worden. Auch hinsichtlich der abgefundenen Brauereien konnte darauf verzichtet werden, obwohl diese die Biersteuer auf der Grundlage der verwendeten Rohstoffe entrichten. Abgesehen davon, daß in den kleinen abgefundenen Betrieben die Verwendung von Spitzmalz selten vorkommen wird, muß sie gegebenenfalls bei der Festsetzung des Ausbeutesatzes gemäß § 69 AB. berücksichtigt werden. Die Verwendung von Spitzmalz ist daher nach dem geltenden Gesetz allgemein zulässig.

2. Die Verwendung von Malzmehl ist nach § 17 Abs. 4 AB. gestattet. Die Vermahlung des Malzes zu Mehl muß jedoch in der Regel in der Brauerei selbst erfolgen.

3. Farbmalz wird, ähnlich wie gerösteter Kaffee, aus trockenem oder angefeuchtetem Darrmalz in Farbmalzröstern hergestellt; es gilt als Malz im Sinne des Gesetzes, obwohl es durch Darren die Eigenschaft der Selbstaufschließung (Auflösung der Zellulose in den Endospermzellen) verloren hat, keine Diastase mehr enthält.

4. Sogenanntes Karamelmalz wird entweder aus Grünmalz oder geweichtem Darrmalz bereitet. Dieses wird vor dem eigentlichen Rösten in der Rösttrommel gelinde erhitzt, wobei die Stärke durch die Diastase teilweise verzuckert wird. Bei dem darauf folgenden Rösten, das bei niedrigeren Wärmegraden als die Bereitung gewöhnlichen Farbmalzes vorgenommen wird, verwandelt sich ein Teil des Zuckers in Karamel oder in einen karamelartigen Stoff, dem das Malz seine besonderen Eigenschaften und seinen Namen verdankt. Das trocken geröstete gewöhnliche Farbmalz enthält zwar auch karamelartige Stoffe, daneben aber auch andere beim Rösten sich bildende Stoffe (Assamar usw.), die den Farbmalzauszügen einen bitteren Geschmack geben. Karamelmalz unterscheidet sich schon äußerlich von gewöhnlichem Farbmalz. Beim Karamelmalz sind die Spelzen noch hell und es besteht der das Korn nur teilweise ausfüllende Inhalt aus einer bräunlichen nach Karamel schmeckenden malzähnlichen Masse, während das gewöhnliche Farb- oder Schwarzmalz dunkelbraun gefärbt ist und einen mehr oder weniger zerreibbaren Kern von gleicher Farbe besitzt. Das karamelisierte Farbmalz ist ein dem gewöhnlichen Farbmalz nahestehendes Erzeugnis: es unterscheidet sich von diesem durch eine glänzend braune Hülle, die dadurch entsteht, daß beim Rösten des Darrmalzes dieses in einem bestimmten Zeitpunkt mit Wasserdampf in Berührung gebracht wird.

5. Die Verwendung von mit Zucker oder Zuckerlösung glasiertem Farbmalz wäre bei der Bereitung untergäriger Biere ohne weiteres unzu-

lässig, weil der vor der Bierbereitung dem Farbmalz zugesetzte Zucker bei diesem verbleiben und mit ihm zur Bierbereitung verwendet würde. Aber auch die Verwendung derartigen Malzes zur Herstellung obergäriger Biere würde mit Rücksicht darauf nicht zulässig sein, daß in diesem Falle der an sich erlaubte Malzersatzstoff (Zucker) nicht in einer Beschaffenheit verwendet wird, in der ihm die im Gesetz gewählte Bezeichnung zukommt (AB. § 17 Abs. 3).

6. Geräuchertes Malz, d. h. Malz, das während des Darrens stark mit Eichenspänen geräuchert wird, wird zur Herstellung des Grätzer Bieres verwendet und verleiht diesem den ihm eigentümlichen Rauchgeschmack und zusammen mit den starken Hopfengaben seine große Haltbarkeit. Auch bei der Bereitung des Lichtenhainer Bieres gelangt Rauchmalz zur Anwendung.

7. Ein Gewichtsverlust, den das Malz durch eine andere Bearbeitung als durch Reinigen oder Schroten (z. B. Enthülsen) erfährt, ist nur bei Abfindungsbrauereien zu berücksichtigen (s. Anleitung zum Gebrauch Nr. 2b des Musters 16 zu den AB.).

8. Die Keimung des Malzes muß eine künstliche sein, d. h. durch eine bestimmte auf die Herbeiführung der Keimung abzielende Behandlung des Getreides bewirkt sein. Getreide, das durch zufällige Einflüsse zum Keimen gebracht ist, gilt nicht als Malz im Sinne des Gesetzes.

Zu § 10 Abs. 5, s. AB. § 23.

Die Vorschrift stammt aus dem Brausteuergesetz vom 3. Juni 1906 (s. § 1 Abs. 2 dortselbst). Nach der Begründung zu Art. I Ziff. 1 § 1 des Entwurfs eines Gesetzes wegen Änderung des Brausteuergesetzes (Anl. 1 zu Nr. 10 der Reichstagsdrucks. von 1905, S. 22) sollte die Ausnahmevorschrift für die Bereitung „besonderer Biere" die fernere Herstellung sogenannter Spezialitäten ermöglichen, bei denen neben den in § 10 Abs. 1 und 2 des geltenden Gesetzes genannten Stoffen die Mitverwendung gewisser anderer Stoffe notwendig ist, die indes zum Ersatze von Malz und Hopfen nicht geeignet und bestimmt sind, sondern diesen Bieren nur hinsichtlich ihres Geschmackes usw. den Charakter besonders gearteter Biere verleihen. Es kommen hier z. B. in Betracht die hauptsächlich in Sachsen alt eingelebte Spezialität des unter dem Namen „Gose" bekannten obergärigen Bieres, ferner das Lichtenhainer Bier, sog. Maibier, dem ein Maikräuterauszug zugesetzt wird, Eisenbiere, Yoghurtbiere, Broihan, ein Bier, dem Anis, Zimmet, Nelken und andere Gewürze zugesetzt sind, u. a. m. Die Eigenart derartiger Biere beruht gerade auf der Abweichung von der in § 10 Abs. 1 und 2 vorgeschriebenen Herstellungsweise und könnte ohne diese Abweichung nicht erreicht werden.

Die nach § 10 Abs. 3 zulässigen Abweichungen dürfen hiernach nicht in der Verwendung von Malzersatzstoffen bestehen. Die Zulassung der Verwendung von Zucker — abgesehen von obergärigem Bier — oder Kartoffelstärke oder Rübenschnitzeln bei der Herstellung besonderer Biere würde daher der klar ausgesprochenen Gesetzesabsicht zuwiderlaufen.

Die Ausnahme zugunsten des nachweislich zur Ausfuhr bestimmten Bieres ist getroffen worden, um die Ausfuhrbrauereien nicht zu schädigen. In den Hansestädten, namentlich in Bremen, wird für die Ausfuhr, entsprechend den Anforderungen der ausländischen Abnehmer, ein helles, weinartiges, durchaus satzfreies Flaschenbier unter Mitverwendung von Reis und Zucker hergestellt. Es ist sehr schwierig, die vom Auslande gewünschte besondere Beschaffenheit dieser hellen Ausfuhrbiere aus reinem Gerstenmalz ohne Zusatz von Reis und Zucker herzustellen. Die Erhaltung dieser Ausfuhrindustrie, die ohnedies gegen den Wettbewerb der an kein Reinheitsgebot gebundenen Brauereien des Auslandes zu kämpfen hat, fordert die weitere

Zulassung der genannten Ersatzstoffe für das zur Ausfuhr bestimmte Bier. Zur Verhütung von Pasteurisierungstrübungen, Eiweißausscheidungen in Form von Flöckchen, die bei pasteurisierten hellen Flaschenbieren bisweilen auftreten, hat sich ein Zusatz von winzigen Mengen Tannin auf den Lagerfässern als Klärungsmittel bewährt. Das Tannin wird mit dem Faßgeläger oder beim Filtrieren des Bieres in Gestalt von Gerbstoffeiweißverbindungen, die es eingeht, wieder ausgeschieden. Die Verwendung von Tannin zur Herstellung von Ausfuhrbieren kann auf Grund des § 10 Abs. 5 zugelassen werden. Ausfuhrbier, für das auf Grund des § 10 Abs. 5 Abweichungen von den Vorschriften im Abs. 1 und 2 gestattet sind, darf im Inlande nicht in Verkehr gebracht werden.

Wegen der Zuständigkeit zur Gestattung von Abweichungen vgl. § 23 AB.

Zu § 10 Abs. 6.

1. § 10 Abs. 6 ist die einzige Vorschrift des Gesetzes, welche die Hausbrauer noch erwähnt. Unter Hausbrauern versteht das Gesetz diejenigen Brauereien, die Bier nur für den Hausbedarf herstellen. Die Bereitung erfolgt entweder in der eigenen Braustätte oder, wenn die Voraussetzungen dafür gegeben sind, unter Benutzung einer fremden Braustätte auf eigene Rechnung (vgl. § 3 Abs. 4 des Gesetzes). Kein Hausbrauer ist, wer dem Brauer Braustoffe liefert und dafür unter Zubuße an Geld oder anderen Leistungen Bier für seinen Hausbedarf erhält. In diesem Falle ist kein Anspruch auf Steuerfreiheit nach § 8 Abs. 1 des Gesetzes gegeben. Das Bier, für das die Vergünstigung des § 10 Abs. 6 in Anspruch genommen wird, darf nur an Personen, die zum Haushalt des Hausbrauers gehören, d. h. mit ihm in wohn- und hauswirtschaftlicher Gemeinschaft leben, allgemein abgegeben werden, und zwar auch dann, wenn die Abgabe entgeltlich erfolgt, z. B. an Dienstboten, bei denen der Haustrunk einen Bestandteil des Lohnes bildet (vgl. Bem. 3 zu § 8 Abs. 1). Vorübergehend angenommene Arbeiter oder Dienstleute werden zum Haushalt gerechnet, wenn sie dort Kost erhalten (Nr. 1 der Anleitung zum Gebrauch des Musters 19 der AB.). Wegen der strafrechtlichen Folgen der Abgabe an nicht zum Haushalt gehörige Personen vgl. Bem. 8 zu § 21 Abs. 1 des Gesetzes.

2. Vor 1872 unterlag in verschiedenen Gebieten der Brausteuergemeinschaft die sog. Haustrunkbereitung oder das Kesselbier ebenso der Steuer wie jeder andere Brauakt. Aber auch da, wo bis zu einer gewissen Grenze die Steuerfreiheit gesetzlich bestand wie in Preußen (mit Ausnahme der Hohenzollernschen Lande), war davon in weiten Gebieten kein oder nur ein ganz geringer Gebrauch gemacht worden. Am meisten war die Bereitung des steuerfreien Haustrunks üblich in den Küstengebieten: Schleswig-Holstein, Mecklenburg, Ostpreußen, Pommern, Hannover.

Als 1872 die Frage der Aufhebung der Steuerfreiheit des Haustrunks erwogen wurde, entschied man sich aus folgenden Gründen für die Beibehaltung der Steuerfreiheit. Da der Anlaß zur Sitte des Hausbrauens vielfach in der ungesunden und schlechten Beschaffenheit des Trinkwassers in den Niederungen und Marschen der Küstengebiete zu finden ist, so würde dort die Aufhebung der bisherigen Steuerfreiheit voraussichtlich als eine große Härte empfunden werden, auch aus Gesundheitsrücksichten bedenklich sein. Andererseits schien eine etwaige örtliche Beschränkung der Steuerfreiheit auf jene Gebiete gegen den Grundsatz der Gleichheit in der Steuerpflicht zu verstoßen (Reichstagsdrucks. 1872 Bd. 3 Nr. 11 S. 94).

Das Brausteuergesetz vom 31. Mai 1872 enthielt als § 5 folgende Vorschrift:

„I. Die Bereitung von Bier als Haustrunk ohne besondere Brauanlagen ist von der Steuerentrichtung frei, wenn die Bereitung lediglich zum eigenen Bedarf in einem Haushalt von nicht mehr als 10 Personen über 14 Jahre geschieht.

II. Wer von dieser Bewilligung Gebrauch machen will, muß solches der Steuerbehörde zuvor anmelden und darüber einen Anmeldungsschein sich erteilen lassen.

III. Ein jedes Ablassen des Haustrunks an nicht zum Haushalt gehörige Personen ohne Entgelt ist untersagt.

IV. Im Falle einer Verletzung der vorstehend an die Bewilligung der Steuerfreiheit geknüpften Bedingungen kann dem Schuldigen die Befugnis zur steuerfreien Haustrunkbereitung nach dem Ermessen der Steuerbehörde auf bestimmte Zeit oder für immer entzogen werden.

V. Bierverkäufer haben auf die Bewilligung des steuerfreien Haustrunkes keinen Anspruch."

In das Brausteuergesetz vom 3. Juni 1906 sind diese Vorschriften unverändert übergegangen (§ 9 dortselbst).

Das Brausteuergesetz vom 15. Juli 1909 beseitigte die Steuerfreiheit des Haustrunks, bestimmte aber in § 6 Abs. 4, daß für Personen, die obergäriges Bier nur für ihren Hausbedarf bereiten, die Steuer für den Doppelzentner auf 4 ℳ ermäßigt werden sollte, wenn das Gesamtgewicht der steuerpflichtigen Braustoffe in einem Rechnungsjahr nicht über 5 Doppelzentner beträgt. Das Verbot der entgeltlichen Abgabe des steuerbegünstigten Bieres an nicht zum Haushalt gehörige Personen und der Ausschluß der Bierverkäufer von der Begünstigung blieb aufrecht erhalten. In der Begründung zu Art. I Ziff. 1, 6 (§ 6 Abs. 3), 7, 8 und 14 (§ 46 Nr. 6) des Entwurfs eines Gesetzes wegen Änderung des Brausteuergesetzes vom 3. November 1908 (Nr. 995 der Reichstagsdrucks. von 1907/09) ist hierzu bemerkt:

„Bei der Höhe der Steuer wird die Steuerfreiheit des Haustrunkbieres, die auch in Bayern, Württemberg und Baden nicht besteht, nicht mehr aufrecht erhalten werden können, da die hohe Steuer einen starken Anreiz zu einer für das Braugewerbe unerwünschten und für das Steueraufkommen nachteiligen Ausbreitung der steuerfreien Haustrunkbereitung bilden würde. Die Beseitigung der Steuerfreiheit erscheint aber auch deshalb geboten, weil die Gründe, die für die Beibehaltung des Steuerprivilegiums im Jahre 1872 sprachen, heute zum großen Teil ihre Bedeutung verloren haben. Nach der Brauereistatistik ist die Sitte der Haustrunkbereitung am meisten in Schleswig-Holstein und Mecklenburg verbreitet. Da man den Grund hierfür in der vielfach ungesunden und schlechten Beschaffenheit des Trinkwassers in den Niederungen und Marschen dieser Gegenden zu finden glaubte, hielt man es seinerzeit für bedenklich, die schon früher in Preußen und auch in anderen Teilen des späteren Brausteuergebietes bestehenden Steuerfreiheit des Haustrunks aufzuheben. Neuere Erhebungen haben aber ergeben, daß obige Annahme nicht mehr als zutreffend anerkannt werden kann, daß der Grund für das Fortbestehen der Haustrunkbereitung vielmehr teils in dem Festhalten an einer althergebrachten Sitte, verbunden vielfach mit der irrigen Auffassung, daß das selbstbereitete Bier gehaltreicher und gesunder ~~sei~~ als das in gewerblichen Brauereien hergestellte, teils in der Schwierigkeit der Beschaffung des erforderlichen Bieres infolge ungenügender Entwicklung der Verkehrsmittel oder mangels gewerblicher Brauereien, also in Verhältnissen zu suchen ist, die eine Steuerbefreiung nicht zu rechtfertigen vermögen. Dazu kommt, daß der ärmere Teil der Bevölkerung, insbesondere aus gewerblichen und städtischen Kreisen, nicht in der Lage ist, die Vergünstigung für sich auszunützen.

Wenn hiernach die Aufhebung der Steuerfreiheit des Haustrunkbieres ausreichend begründet erscheint, so geht es andererseits nicht an, es steuerlich ebenso zu belasten wie das in gewerblichen Brauereien hergestellte Bier, da man sonst die bisherige Steuerbegünstigung in eine steuerliche Überlastung umwandeln würde. Das bei der Haustrunkbereitung mit unvollkommenen Hilfsmitteln aus meist minderwertigen Braustoffen hergestellte Bier steht nach Menge und Gehalt hinter dem gewerblich hergestellten Biere erheblich zurück, weshalb die in Art. 1 Ziff. 6 (§ 6 Abs. 3) für das Haustrunkbier vorgesehene wesentliche Ermäßigung des Steuersatzes der untersten Staffel gerechtfertigt sein wird.

Die Beschränkung dieser Steuerermäßigung auf obergäriges Bier entspricht dem Zwecke und der bisherigen tatsächlichen Inanspruchnahme der Begünstigung.

Die gleiche Steuerermäßigung für Haustrunkbrauereien enthält auch das württembergische Biersteuergesetz (Art. 7 Abs. 5) und das badische Biersteuergesetz (Art. 7 Abs. 2), letzteres ebenfalls unter Beschränkung auf obergäriges Bier.

Die vom Entwurfe vorgesehene Steuerermäßigung ist an die Bedingung geknüpft, daß das Gesamtgewicht der für die Haustrunkbereitung verwendeten steuerpflichtigen Braustoffe in einem Rechnungsjahr nicht über 5 Doppelzentner beträgt, wogegen die Beschränkung auf Familien mit bestimmter Personenzahl als entbehrlich beseitigt werden konnte. Die bezeichnete Bedingung wird von sämtlichen 27111 zurzeit bestehenden Haustrunkbrauereien erfüllt werden, da sich ihr jährlicher Verbrauch an Braustoffen durchschnittlich nur auf 62 kg beläuft. Für sie wird an Stelle der bisherigen Steuerfreiheit eine durchschnittliche Belastung von 2,48 ℳ für das Jahr treten.

Die vorgesehene Steuerermäßigung kommt einem größeren Kreise von Haushaltungen zugute als die bisherige Steuerfreiheit. Es werden weitere 338 Haushaltungen mit einem Malzverbrauche von zusammen 676 Doppelzentnern im Jahre, die bisher die Steuer der untersten Klasse mit 4 ℳ zu zahlen hatten, von der Vergünstigung Gebrauch machen können und dadurch von der Erhöhung der Brausteuer befreit bleiben.

Das schon bisher geltende, auch in Baden und Württemberg bestehende Verbot, Bier, das unter Inanspruchnahme der Steuerermäßigung für Haustrunkbier hergestellt ist, an nicht zum Haushalt gehörige Personen gegen Entgelt abzugeben, folgt aus dem Zwecke der Steuerbegünstigung.

Daß, wie schon unter dem geltenden Gesetze, Bierverkäufern die Steuerermäßigung versagt wird, erfordert die Steuersicherheit, da bei diesen die Beachtung des Verbotes nicht überwacht werden kann. Eine Härte wird in dieser Ausnahmebestimmung nicht erblickt werden können. Die gleiche Bestimmung enthält auch das württembergische Gesetz."

Das Biersteuergesetz vom 26. Juli 1918 hielt die steuerliche Begünstigung der Hausbrauer in § 6 Abs. 2 grundsätzlich aufrecht. Es wurde ihnen ein ermäßigter Biersteuersatz von 3 ℳ für ein Hektoliter zugestanden, der der Belastung entsprach, die dem nicht steuerbegünstigten Biere durch das Brausteuergesetz vom 15. Juli 1909 auferlegt war. Gleichzeitig wurde die Vergünstigung auf Hausbrauer beschränkt, die in einem Jahre nicht mehr als 20 Hektoliter Bier herstellen. Man glaubte damit dem tatsächlichen Bedürfnis ausreichend Rechnung getragen zu haben und hielt ein weiteres Entgegenkommen aus steuerlichen und volkswirtschaftlichen Gründen nicht für angezeigt (Begründung zu § 6 des Entwurfs des Biersteuergesetzes von 1918, S. 25).

Art. III Nr. 1b des Gesetzes, betreffend Erhöhung einzelner Verbrauchssteuern, vom 8. April 1923 (RGBl. I S. 380), erhielt, während die Biersteuer im übrigen rund vervierfacht wurde, lediglich die bisherige Spanne von 7 ℳ für die Hausbrauer aufrecht, indem das Hektoliter mit 34 ℳ belastet wurde. Die Begründung zum Entwurf dieses Gesetzes (Reichstagsdrucks. Nr. 2872 I 1921 S. 10) sprach aus, daß auf einen langsamen Abbau der Hausbrauer-Vergünstigung hinzuwirken sei, da die Hausbrauer die Rohstoffe nicht sachgemäß auszunutzen verständen und daher eine Vergeudung mit wichtigen Nahrungsstoffen trieben. Diese Absicht wurde indessen dadurch hinfällig gemacht, daß der Reichstag die Steuerfreiheit des Haustrunkes der Inhaber von Privatbrauereien beschloß. Dadurch wurde der Haustrunk der Hausbrauer tatsächlich steuerfrei (vgl. Bem. 3 zu § 8 Abs. 1 des Gesetzes).

Das geltende Gesetz hat die Steuerbegünstigung der Hausbrauer überhaupt aufgehoben. Die Begründung (S. 7) macht dafür geltend, daß in einer Zeit größter Nahrungsmittelknappheit kein Raum mehr für die steuerliche Bevorzugung von Betrieben sei, die infolge ungenügender technischer Einrichtungen und Kenntnisse wichtige Rohstoffe unvollkommen ausnutzten und damit vergeudeten. Auch diesmal wurden die Absichten der Reichsregierung durch die Wiedereinschaltung der Steuerfreiheit des Inhaberhaustrunks in § 8 Abs. 1 des Gesetzes durch den Reichstag durchkreuzt.

3. Nach dem geltenden Gesetz bestehen grundsätzliche Unterschiede in der steuerlichen Behandlung zwischen Brauereien und Hausbrauern nicht. In §§ 76ff. AB. sind lediglich gewisse Erleichterungen für abzufindende Hausbrauer vorgesehen, deren Betriebe als solche vor dem 1. April 1918 bestanden haben (vgl. § 18 des Gesetzes), die ferner nicht Bierverkäufer sind (vgl. schon § 5 Abs. 5 des Brausteuergesetzes vom 31. Mai 1872, s. Bem. 2) und in einem Rechnungsjahr nicht mehr als zwanzig Hektoliter obergäriges Bier herstellen (vgl. § 6 Abs. 2 des bisherigen Gesetzes). Alle Hausbrauer, auch diejenigen, deren Betriebe erst nach dem 1. April 1918 errichtet sind, und diejenigen, die untergäriges Bier herstellen, haben Anspruch auf die Steuerfreiheit des Haustrunks der Inhaber von Privatbrauereien nach Maßgabe des § 8 Abs. 1 Satz 3 des Gesetzes und der §§ 12, 13 AB. Das Maß des steuerfreien Haustrunks ist verschieden je nach der steuerlichen Behandlung, welcher die Hausbrauer unterworfen sind. Nicht abgefundene Hausbrauer sind hinsichtlich der Höhe der steuerfreien Erzeugung ganz unbeschränkt; nach den allgemeinen Vorschriften (§ 18 des Gesetzes, §§ 68ff. AB.) abgefundene Hausbrauer können 5 v. H. der Erzeugung, die aber 500 hl nicht übersteigen darf, steuerfrei herstellen (§ 73 AB.); bei der dritten Gruppe, die unter den erleichterten besonderen Bedingungen abgefunden ist, ist die gesamte Erzeugung steuerfrei, jedoch an das Höchstmaß von 20 Hektolitern gebunden. Wegen der Ursache dieser wenig befriedigenden Regelung vgl. Bem. 2, letzter Absatz.

Hemmend gegenüber der unbeschränkten Neugründung von Hausbraubetrieben wird die Vorschrift in § 15 Abs. 1 des Gesetzes wirken, wonach die Inhaber der nach dem 1. April 1918 errichteten Brauereien zur Aufstellung und Benutzung eigener Malzmühlen in der Brauerei selbst oder in räumlicher Verbindung mit ihr verpflichtet sind. Die Benutzung anderer Braustätten mit eigener Malzmühle wird regelmäßig nicht in Frage kommen, da Fälle einer nur vorübergehenden Benutzung (§ 8 Abs. 2 AB.) hier ausscheiden werden.

4. Die Frage des Bestehens eines Braurechtsfußes hat für die Hausbrauereien aus den in Bem. 3 erörterten Gründen nur geringe praktische Bedeutung. § 2 Abs. 3 Satz 1 der Braurechtsordnung (s. Anhang), wonach Hausbrauer, solange sie auf die Steuervergünstigung des § 6 Abs. 2 des Biersteuergesetzes (vom 26. Juli 1918) Anspruch haben, ihr gesamtes Erzeugnis zum ermäßigten Steuersatze von 3 ℳ für 1 hl versteuern, ist ebenso wie die Bestimmung des § 4 Abs. 2 a. a. O. durch das geltende Gesetz hinfällig geworden. Nach § 2 Abs. 3 Satz 2 a. a. O. erhalten Hausbrauer, denen die Steuervergünstigung entzogen worden ist, sofern sie vor dem 1. April 1918 als steuerbegünstigte Hausbrauer bestanden haben, einen — nicht übertragbaren (§ 19 Abs. 2 der BraurechtsO.) — Braurechtsfuß von 20 Hektolitern zugewiesen. „Entziehung" im Sinne des § 2 Abs. 3 Satz 2 BraurechtsO. ist nach § 90 der AB. zum bisherigen Biersteuergesetz der Verlust der Steuerermäßigung wegen Mißbrauchs durch Verfügung des Hauptzollamts oder wegen Fortfalls einer der gesetzlichen Voraussetzungen zu verstehen, sie galt nach § 90 a. a. O. nur für die Dauer des betr. Rechnungsjahres. In Ermangelung einer anderen Regelung muß angenommen werden, daß nach der allgemeinen Beseitigung der Steuerbegünstigung der Hausbrauer nunmehr für die Hausbrauer allein § 2 Abs. 3 Satz 2 und § 19 Abs. 2 der Braurechtsordnung gelten, so daß den Hausbrauern, sofern sie vor dem 1. April 1918 als steuerbegünstigte Hausbrauer bestanden haben, ein nicht übertragbarer Braurechtsfuß von 20 Hektolitern zusteht (vgl. Bem. 2 zu § 4 Abs. 2 des Biersteuergesetzes vom 26. Juli 1918 im Anhang.)

5. Die Abgabe des steuerfrei gebliebenen Haustrunks an nicht zum Haushalt des Hausbrauers gehörige Personen ist gemäß § 20 des Gesetzes als Biersteuerhinterziehung strafbar (vgl. Bem. 5 zu § 8 Abs. 1).

6. Bereits in § 1 Abs. 3 des Brausteuergesetzes vom 3. Juni 1906 war für die steuerbegünstigten Hausbrauer die Ausnahme vom Reinheitsgebot enthalten. Diese Ausnahme wurde zugelassen, da ein Bedürfnis zur Ausdehnung des Reinheitsgebotes auf den Haustrunk nicht vorliegt und da es außerdem kaum möglich wäre, die Beachtung des Verbotes zu überwachen.

7. Wegen der Anwendung des Reinheitsgebotes auf Hausbrauer in Bayern, Württemberg und Baden s. Bem. 4 zu § 10 Abs. 9.

Zu § 10 Abs. 7, s. AB. § 24.

1. Nach § 1 Abs. 5 des Brausteuergesetzes vom 15. Juli 1909 war der Zusatz von Wasser zum Biere durch Brauer, Bierhändler oder Wirte nach Abschluß des Brauverfahrens außerhalb der Brauereien untersagt. Das geltende Gesetz geht, dem bisherigen Biersteuergesetz folgend, weiter und verbietet den Wasserzusatz durch Brauer bereits nach Feststellung des Extraktgehalts der Stammwürze im Gärkeller. Mit dieser Vorschrift soll, wie in der Begründung zu § 13 des Entwurfs des Biersteuergesetzes von 1918 (S. 26) bemerkt ist, verhindert werden, daß die für die Feststellung der steuerpflichtigen Biermengen besonders wichtigen Eintragungen im Sudbuch über Menge und Gehalt der Stammwürze durch einen nachträglichen Wasserzusatz für die Steueraufsicht unbrauchbar werden.

2. Der Extraktgehalt der Anstellwürze ist gemäß Nr. 7 der Anleitung zum Gebrauch des Sudbuchs (Muster 11 der AB.) entweder im Sammelgefäß oder, sofern dieses fehlt, in den Gärbottichen binnen 10 Stunden nach deren Befüllung festzustellen. Zur Feststellung des Extraktgehalts der Stammwürze im Gärkeller sind Brauer, die der Abfindung gemäß § 18 des Gesetzes unterliegen, nicht verpflichtet, da auf diese die Vorschrift des § 59 AB. über die Führung des Sudbuchs keine Anwendung findet (vgl. § 72 AB.). Der-

artigen Brauern ist daher ein Zusatz von Wasser zum Biere bis zum Abschlusse des Brauverfahrens gestattet, da in diesem Falle eine Beeinträchtigung von Eintragungen im Sudbuch durch einen späteren Wasserzusatz nicht möglich ist. Jedoch wäre, falls in abgefundenen Brauereien ein Wasserzusatz zum Biere während des Brauverfahrens stattfindet, dies bei Festsetzung der Ausbeutesätze (§ 69 AB.) zu berücksichtigen.

3. Nicht verboten ist ein Wasserzusatz zur Bierwürze, der nach der Feststellung der Menge der Ausschlagwürze (Muster 11, Anl. z. Gebr. Nr. 5), jedoch vor Feststellung des Extraktgehalts der Stammwürze im Gärkeller erfolgt. Ein derartiger Wasserzusatz ist jedoch gemäß Nr. 9 der Anleitung zum Gebrauch des Musters 11 im Sudbuch einzutragen.

4. Von dem Verbote des § 10 Abs. 7 des Gesetzes ist nach § 24 Abs. 1 AB. (vgl. § 6 der AB. zum bayer. Malzaufschlaggesetz) ausgenommen ein Zusatz von Wasser zur Bierwürze oder zum Biere, der in der Brauerei während des Brauverfahrens lediglich aus Gründen des Betriebes und nicht zum Zwecke der Bierverdünnung erfolgt. Aus Betriebsgründen kann ein geringer Wasserzusatz zur Bierwürze oder zum Bier nach Feststellung des Extraktgehaltes der Stammwürze im Gärkeller notwendig werden, z. B. um Bier oder Bierwürze aus Rohrleitungen mit Wasser völlig herauszudrücken; bei Anwendung von Luftdruck würde eine übermäßige Schaumbildung stattfinden. Weiter wird der bei der Nachgärung des Bieres im Lagerfasse durch das Ausstoßen des Schaumes aus dem Spundloche entstehende Leerraum mit Wasser wieder aufgefüllt (sog. Nachstechen). Endlich ist es bei Anwendung von Filterpressen notwendig, die Filter zunächst mit Wasser zu sättigen; das nach Beendigung des Filterns noch in den Filtern befindliche Bier wird ebenfalls mit Wasser herausgedrückt. Derartige Betriebshandlungen fallen nicht unter das Verbot des Wasserzusatzes, es sei denn, daß hiermit auch die Absicht einer Bierverdünnung verfolgt wird. Dies wäre z. B. der Fall, wenn der Wasserzusatz größer wäre als für den beabsichtigten Zweck notwendig ist, oder wenn beim Durchdrücken von Bier durch Rohrleitungen mittels Wasser der besonders mit Wasser gesättigte Vor- und Nachlauf abgefangen wird, um eine dünnere Biersorte zu erhalten.

5. In anderen als den in Bemerkung 4 bezeichneten Fällen darf ein Wasserzusatz durch Brauer nach Feststellung des Extraktgehalts der Stammwürze im Gärkeller nur mit besonderer Genehmigung des Hauptzollamts erfolgen (§ 24 Abs. 2 AB.). Die Notwendigkeit eines derartigen Wasserzusatzes bestand z. B. während des Krieges und nach dem Kriege, solange die durch die Gerstenknappheit hervorgerufenen Betriebsverhältnisse es nötig machten, zunächst Bier mit einem höheren Stammwürzegehalt herzustellen und dieses dann mit Wasser zu verdünnen. Ein mit hauptamtlicher Genehmigung erfolgter Wasserzusatz ist gemäß Nr. 10 der Anleitung zum Gebrauch des Musters 10 der AB. im Sudbuche einzutragen.

6. Ein verbotswidriger Wasserzusatz zum Biere wird gemäß § 21 Abs. 1 Nr. 11 des Gesetzes als Biersteuerhinterziehung bestraft.

Zu § 10 Abs. 8.

1. Die entsprechende Vorschrift des § 13 Abs. 8 des bisherigen Gesetzes ist bei Beratung des Gesetzentwurfs im 32. Ausschuß des Reichstags in das Gesetz eingefügt worden. Es soll dadurch verhindert werden, daß nach Entstehung der Steuerschuld durch Vermischung verschiedener Biergattungen eine Abminderung der vom Gesetze gewollten Belastung des Bieres bewirkt wird, oder daß nach Entstehung der Steuerschuld der Stammwürzegehalt

des Bieres durch einen Zuckerzusatz so erhöht wird, daß eine andere höher zu besteuernde Biergattung entsteht.

2. Vor Entstehung der Steuerschuld ist den Brauern eine Vermischung der verschiedenen Biergattungen gestattet, sofern diese unter sich gleichartig sind (vgl. Bem. 8 zu § 10 Abs. 1).

3. Zuwiderhandlungen sind als Steuerhinterziehungen strafbar nach § 21 Abs. 1 Nr. 12 des Gesetzes.

Zu § 10 Abs. 9.

1. Die Verwendung von Süßstoff bei der Bereitung obergärigen Bieres wurde erstmals als Ausnahme von dem Verbot in § 2 des Süßstoffgesetzes vom 7. Juli 1902 (RGBl. S. 253) als Kriegswirtschaftsmaßnahme durch die Bekanntmachung wegen Verwendung von Süßstoff zur Bierbereitung vom 20. Juli 1916 (RGBl. S. 763), abgeändert durch § 3 der Bekanntmachung zum Biersteuergesetze vom 8. August 1918 (RGBl. S. 1063), zugelassen, und zwar nur im Gebiete der damaligen Biersteuergemeinschaft. Diese Bestimmungen ergingen auf Grund des § 3 des Gesetzes über die Ermächtigung des Bundesrates zu wirtschaftlichen Maßnahmen usw. vom 4. August 1914 (RGBl. S. 327). Durch § 6 Abs. 1 A 10 der Verordnung zur Durchführung des Süßstoffgesetzes vom 12. September 1922 (ZentrBl. f. d. Deutsche Reich S. 633) wurde die Bekanntmachung vom 20. Juli 1916 auch nach Inkrafttreten des neuen Süßstoffgesetzes vom 8. April 1922 (RGBl. I S. 390) ausdrücklich aufrecht erhalten. Auch 1923 sprach der Umstand, daß durch die Süßstoffverwendung erhebliche Zuckermengen erspart wurden und daß bei dem beträchtlichen Preisunterschiede zwischen Zucker und Süßstoff von gleicher Süßkraft die kleinen und mittleren Brauereien auf die Süßstoffverwendung großen Wert legten, für die weitere Zulassung. Da deren Dauer nicht abzusehen war, schien die Aufnahme einer entsprechenden Vorschrift in das Biersteuergesetz zweckmäßig (vgl. Begr. S. 9). Die Begründung führt hierfür auch noch einen anderen Grund an. Wenn die Bekanntmachung vom 20. Juli 1916 auch nach Inkrafttreten des neuen Biersteuergesetzes in Geltung bleiben sollte, so hätte es, um sie mit diesem in Einklang zu bringen, hierzu eines Gesetzes bedurft, da die Verordnungsbefugnis des Reichsrates auf Grund des § 3 des Gesetzes vom 4. August 1914 auf die Zeit des Krieges beschränkt war und die Bekanntmachung selbst nur die Befugnis der Reichsregierung enthielt, den Zeitpunkt ihres Außerkrafttretens zu bestimmen. Da mithin eine gesetzliche Regelung in jedem Falle hätte getroffen werden müssen, empfahl es sich, die Materie durch das Biersteuergesetz zu regeln. Die Form einer Ermächtigung zum Erlaß von Verordnungen nach Maßgabe des § 4 Abs. 4 des Süßstoffgesetzes wurde gewählt und die Festlegung einer Ausnahme vom Reinheitsgebot im Gesetz vermieden, um eine schnelle Anpassung der Bestimmungen an die Lage der Zuckerversorgung und nach den Umständen eine rasche Aufhebung zu ermöglichen, die ja vom Standpunkte des Reinheitsgebotes wünschenswert bleibt.

2. Auf Grund des § 10 Abs. 9 des Gesetzes und des § 4 Abs. 4 des Süßstoffgesetzes ist die Verordnung über Verwendung von Süßstoff zur Bereitung obergärigen Bieres vom 21. Juli 1923 (RGBl. I S. 746, s. Anhang) ergangen. Nach § 1 Abs. 2 der Verordnung sind die für die Verwendung von Zucker geltenden Vorschriften des Biersteuergesetzes und seiner Ausführungsbestimmungen anzuwenden.

Es gelten also für Süßstoff z. B. die Vorschrift des § 10 Abs. 8 des Gesetzes über das Verbot des Zuckerzusatzes zum Bier durch Brauer nach Entstehung der Steuerschuld oder durch Bierhändler oder Wirte, ferner die Bestimmungen des § 43 AB. über die Aufbewahrung von Zucker und der §§ 56 bis 58 AB. über Erklärung und Buchführung über die Verwendung von Zucker. Der Süßstoff wird also so behandelt, als ob er Malzersatzstoff (s. § 17 Abs. 1 AB.) ist, während er diese Eigenschaft, da er weder Zucker noch Stärke enthält, tatsächlich nicht hat. Das kann indessen nicht dazu führen, daß § 21 Abs. 1 Nr. 12 des Gesetzes, wonach wegen Hinterziehung bestraft wird, ohne daß der Vorsatz der Hinterziehung festgestellt zu werden braucht, wer dem Verbote des § 10 Abs. 8 zuwider dem Biere Zucker zusetzt, auch hinsichtlich der dem § 10 Abs. 8 zuwiderlaufenden Verwendung von Süßstoff Anwendung findet. Zucker ist Malzersatzstoff, er erhöht, dem Biere zugesetzt, den für die Steuerklassen des § 3 Abs. 2 maßgebenden Stammwürzegehalt des Bieres, Süßstoff nicht. Zuwiderhandlungen gegen § 10 Abs. 8 des Gesetzes in Verbindung mit § 1 der Verordnung über Verwendung von Süßstoff fallen nicht unter den Begriff der Biersteuerhinterziehung (§ 359 AO.), sondern sind Vergehen gegen § 22 des Biersteuergesetzes. Daneben kommt, wenn der Süßstoff untergärigem Bier zugesetzt wird, Tateinheit mit einem Vergehen gegen § 15 des Süßstoffgesetzes in Frage. Süßstoff wird meist in wässeriger Lösung verwendet. Geht die Menge des dabei verwendeten Wassers über das Maß des zur Lösung des Süßstoffs Erforderlichen hinaus, so wird darin eine Verletzung des Verbots des Wasserzusatzes nach § 10 Abs. 7 des Gesetzes zu erblicken sein. Alsdann ist nach § 21 Abs. 1 Nr. 11 des Gesetzes die Hinterziehungsstrafe verwirkt.

3. Eine vorübergehende Ergänzung hatte die Liste der Ausnahmen vom Reinheitsgebot durch das Gesetz vom 9. Juli 1922, betreffend Abweichungen von dem Biersteuergesetz vom 26. Juli 1918 (RGBl. I S. 572 und 692), erfahren, durch welches bis zum 30. September 1923 Reis und geschälter und entkeimter Mais in Gestalt von Grieß sowie Maisstärke als Zumaischstoffe zur Bierbereitung zugelassen waren. § 32 Abs. 2 des Biersteuergesetzes vom 9. Juli 1923 erhielt dieses Gesetz ausdrücklich aufrecht. Die Geltungsdauer dieses Gesetzes ist dann durch Gesetz vom 18. Juli 1923 (RGBl. I S. 743) bis zum 30. September 1924 verlängert worden. Vorläufer dieser Gesetze waren bereits das Gesetz vom 5. Februar 1921 (RGBl. S. 147) und 5. Oktober 1921 (RGBl. S. 1281), sowie die Verordnung vom 6. März 1922 (RGBl. S. 236). Reis und Mais mußten als „Rohfrucht", d. h. ungemälzt, zur Verarbeitung gelangen. Daher war bestimmt, daß sie in Gestalt von Grieß und als Zumaischstoffe verwendet werden dürfen. Sie enthalten keine Diastase, verzuckern also nicht aus sich selbst und müssen daher mit möglichst diastasereichem Malz verarbeitet werden. In den unter der Bezeichnung Maisstärke zusammengefaßten Erzeugnissen ist die Stärke des Maises durch eine Vorbehandlung bereits aufgeschlossen und dadurch der Verzuckerung leichter zugänglich gemacht. Hiernach war z. B. die Herstellung reiner Reisbiere unzulässig. Auf die Verwendung der genannten Zumaischstoffe fanden nach Art. 1 des Gesetzes vom 9. Juli 1922 die Vorschriften des Biersteuergesetzes über die Überwachung der Zuckerverwendung entsprechende Anwendung. Für Zuwiderhandlungen kamen regelmäßig nur Ordnungsstrafen nach § 377 AO. in Frage. Nach Art. 2 des Gesetzes vom 9. Juli 1922 konnte die Verwendung der Zumaischstoffe in Bayern, Württemberg und Baden von der obersten Landesbehörde ausgeschlossen werden.

4. Auf dem Gebiete der Ersatzstoffverwendung bei der Bierbereitung bestehen gewisse Ausnahmen vom Reichsrecht für die drei süddeutschen Länder.

Nach den Gesetzen vom 27. März 1919 (RGBl. S. 345) und 24. Juni 1919 (RGBl. S. 599) über den Eintritt Württembergs, Bayerns und Badens in die Biersteuergemeinschaft in der Fassung des Gesetzes vom 9. Juli 1923 (RGBl. I S. 563) kann in den Gebieten der drei Länder von der obersten Landesfinanzbehörde ausgeschlossen werden die Anwendung 1. der Vorschriften des Biersteuergesetzes über die Verwendung von Zucker und von aus Zucker hergestellten Farbmitteln sowie von Süßstoff bei der Bereitung obergärigen Bieres, 2. der Vorschrift in § 10 Abs. 6 des Biersteuergesetzes (Ausnahme vom Reinheitsgebot zugunsten der Hausbrauer), für Bayern und Baden außerdem noch 3. der Vorschrift in § 10 Abs. 5 (Ausnahmen für die Bereitung besonderer Biere). Dazu trat noch die Ermächtigung der obersten Landesbehörde, die Verwendung von Reis, Mais und Maisstärke zur Bierbereitung auszuschließen (vgl. Bem. 3 oben).

Bayern hat beim Inkrafttreten des Biersteuergesetzes vom 26. Juli 1918 in Bayern (1. Juli 1919) durch Nr. 1 Abs. 2 der Biersteuer-Vollzugsvorschriften vom 25. Juni 1919 (Amtsbl. der Bayerischen Generaldirektion der Zölle und indirekten Steuern, S. 320) die Anwendung der Vorschriften des genannten Gesetzes über die Verwendung von Zucker und von aus Zucker hergestellten Farbmitteln bei der Bereitung obergärigen Bieres und der Vorschriften in § 13 Abs. 5 und 6 (Hausbrauer, besondere Biere) sowie der hierzu ergangenen Ausführungsbestimmungen für Bayern ausgeschlossen. Das gleiche geschah durch Bekanntmachung vom 25. Februar 1921 (GVBl. S. 66) für die vormals coburgischen Landesteile Bayerns mit Wirkung vom 1. April 1921 ab. Erst durch die Bekanntmachung über Biersteuer vom 29. Juni 1924 (GVBl. S. 176) sind diese Bestimmungen, deren Fortgeltung auch für das geltende Biersteuergesetz anzunehmen war (vgl. RGStrafſ. Bd. 47 S. 110), neu gefaßt und mit dem geltenden Biersteuergesetz in Einklang gebracht worden. Nach dieser Bekanntmachung ist auch die Verwendung von Süßstoff bei der Bereitung obergärigen Bieres für Bayern ausgeschlossen. In Württemberg wurde durch die Bekanntmachung vom 27. März 1919 (Amtsbl. des Württ. Steuerkollegiums S. 179) ausgeschlossen die Anwendung der Vorschriften über die Verwendung von Zucker und von aus Zucker hergestellten Farbmitteln bei der Bereitung obergärigen Bieres und der Vorschrift in § 13 Abs. 6 des Biersteuergesetzes vom 26. Juli 1918. Jedoch blieben die bisher zugelassenen Ausnahmen vom Reinheitsgebot des Art. 3 des württembergischen Biersteuergesetzes vom 4. Juli 1900/16. August 1900 bestehen und es wurde ferner die Verwendung von Süßstoff bei der Bereitung obergärigen Bieres nach Maßgabe der Bekanntmachung vom 20. Juli 1916 (RGBl. S. 763) gestattet. Baden hat durch die Verordnung vom 24. Juni 1919 (Bad. GVBl. S. 379), die Einführung des Reichsbiersteuergesetzes betreffend, die Verwendung von Zucker oder von Farbmitteln aus Zucker oder von anderen Erzeugnissen dieser oder ähnlicher Art nach wie vor verboten, und zwar für alle Bierarten, insbesondere auch für Bier, das zur Ausfuhr bestimmt ist, und für das Bier, das steuerbegünstigte Hausbrauer herstellen. Durch Verordnung vom 30. März 1920 (GVBl. S. 65) hat Baden jedoch abweichend hiervon bis auf weiteres zur Herstellung obergärigen Bieres die Verwendung der in § 13 Abs. 2 des Reichsbiersteuergesetzes vom 26. Juli 1918 aufgeführten Stoffe zugelassen.

Von der Ermächtigung, die Verwendung von Reis, Mais und Maisstärke zur Bereitung von Bier auszuschließen, hat Baden überhaupt keinen Gebrauch gemacht. In Bayern wurde durch die Bekanntmachung des Staatsministeriums der Finanzen vom 17. Februar 1921 (Bayerischer Staatsanzeiger Nr. 43) die Anwendung der Vorschriften des Art. 1 des — bis zum 30. September 1921 befristeten — Gesetzes vom 5. Februar 1921 (s. Bem. 3 oben) ausgeschlossen. Ein gleiches geschah hinsichtlich des Gesetzes vom 9. Juli

1922/18. Juli 1923 erst durch die oben genannte Bekanntmachung des Staatsministerium der Finanzen vom 29. Juni 1924. In Württemberg wurde durch Erlaß des Finanzministeriums vom 29. August 1922 (Staatsanzeiger Nr. 202 vom 30. August 1922) ein Verbot der Verarbeitung von Reis usw. in württembergischen Brauereien erlassen.

In strafrechtlicher Hinsicht stehen die genannten auf Grund reichsgesetzlicher Ermächtigung erlassenen landesrechtlichen Verbote den reichsrechtlichen Verboten gleich. Es finden insbesondere auf Zuwiderhandlungen gegen sie die §§ 22, 23 des Biersteuergesetzes Anwendung.

Verkehr mit Bier.

§ 11.

[1] Unter der Bezeichnung Bier — allein oder in Zusammensetzung — oder unter Bezeichnungen oder bildlichen Darstellungen, die den Anschein erwecken, als ob es sich um Bier handelt, dürfen nur solche Getränke in Verkehr gebracht werden, die gegoren sind und den Vorschriften im § 10 Abs. 1 bis 3 entsprechen. Bier, zu dessen Herstellung außer Malz, Hopfen, Hefe und Wasser auch Zucker verwendet worden ist, darf nur in Verkehr gebracht werden, wenn die Verwendung von Zucker in einer dem Verbraucher erkennbaren Weise kundgemacht wird; das gleiche gilt hinsichtlich des Bieres, zu dessen Herstellung Süßstoff verwendet ist. Das Nähere bestimmt der Reichsminister der Finanzen.

[2] Einfachbier und Schankbier (§ 3 Abs. 2) dürfen nur in Verkehr gebracht werden, wenn sie in einer dem Verbraucher erkennbaren Weise als solches bezeichnet sind. Bier darf unter der Bezeichnung Starkbier oder einer sonstigen Bezeichnung, die den Anschein erweckt, als ob das Bier besonders stark eingebraut sei, nur in den Verkehr gebracht werden, wenn der Extraktgehalt der Stammwürze des Bieres nicht unter die festgesetzte Grenze herabgeht.

[3] Bier, dessen Stammwürzegehalt mehr als 5,5 vom Hundert und weniger als 8 vom Hundert beträgt, darf nicht in Verkehr gebracht werden. Der Reichsminister der Finanzen kann Ausnahmen zulassen. Bier dieser Art ist als Schankbier zu versteuern.

Zu § 11 Abs. 1, s. §§ 25 u. 26 AB.

1. Die Vorschrift will ebensowenig wie § 10 den Begriff „Bier" bestimmen, sondern lediglich einen Schutz für die Bezeichnung „Bier" geben (s. Bem. 8 zu § 1 Abs. 1). In ähnlicher Weise findet sie sich bereits in § 1 Abs. 4 des Brausteuergesetzes vom 15. Juli 1909; sie wurde in dieses Gesetz bei der Beratung des Entwurfs im Reichstagsausschuß eingefügt, um den ungerechtfertigten Gebrauch des Wortes „Bier" zur Bezeichnung von Getränken, die nach dem herkömmlichen Begriffe von Bier unter dieses Getränk nicht gerechnet werden können, wie z. B. Ingwerbier, zu verhindern (s. Reichstagsdrucks. Nr. 1451 I 1907/09 S. 14 f.). Gegenüber dem Brausteuergesetze von 1909 führte das bisherige Biersteuergesetz, dem § 10 Abs. 1 des geltenden Gesetzes

folgt, insofern eine Verschärfung ein, als nicht nur die Bezeichnung Bier, sondern auch Bezeichnungen oder bildliche Darstellungen, die den Anschein erwecken, als ob es sich um Bier handle, für solche Getränke verboten sind, die nicht Bier im Sinne des Biersteuergesetzes sind. Nach Abs. 1 Satz 1 ist es verboten, ein Getränk, das durch Aufkochen von Bier und Zusatz von Gewürzen usw. bereitet ist, als alkoholfreies Bier, Ingwerbier, Milchbier, Honigbier u. dgl. in Verkehr zu bringen. Den Getränken, die den Vorschriften im § 10 Abs. 1 bis 3 entsprechen, sind die besonderen Biere gleichzustellen, für deren Bereitung auf Grund von § 10 Abs. 5 Abweichungen von den Vorschriften im Abs. 1 und 2 gestattet sind.

2. Inverkehrbringen ist jedes Überlassen an dritte Personen. Die Einfuhr in den Geltungsbereich des Gesetzes ist an sich noch kein Inverkehrbringen. Getränke mit nach § 11 unzulässigen oder unzureichenden Bezeichnungen können vom Verbraucher selbst oder zur Lagerung eingeführt werden; sie können auch durchgeführt werden. Aus diesem Grunde ist auch im Warenverzeichnis zum Zolltarif „Ingwerbier (mit Ingwer versetztes Bier)" aufgeführt. In Verkehr gebracht werden Getränke, die aus dem außerhalb des Geltungsbereichs des Gesetzes liegenden Gebiet für einen Verbraucher im letzteren Gebiet durch einen Dritten eingeführt werden, sofern dieser Dritte nicht lediglich der mit der Einfuhr beauftragte Vertreter des Verbrauchers ist. Nach erfolgter Einfuhr unterliegen die Getränke den Einschränkungen des § 11 und dürfen daher unter der Bezeichnung Bier usw. an Dritte nicht abgegeben werden, wenn bei ihnen die Voraussetzungen des Abs. 1 Satz 1 fehlen (vgl. Bem. 8 zu § 10 Abs. 1).

3. Ein Getränk, bei dem die Gärung durch Erhitzen unterbrochen ist, gilt gemäß § 25 AB. als gegoren im Sinne des Gesetzes.

4. Als Bezeichnung, die den Anschein erweckt, als ob es sich bei dem angepriesenen Getränk um Bier handelt, wird insbesondere die Bezeichnung „Bräu" zu erachten sein. Hierher gehören auch die fremdsprachlichen Bezeichnungen, wie beer, ale, stout, piwo u. dgl. Als bildliche Darstellungen, die den gleichen Anschein erwecken, werden Abbildungen zu erachten sein, die dem Bier vorzugsweise zukommende Eigenschaften oder Vorgänge darstellen, die auf die Herstellung oder den Ausschank von Bier sich beziehen.

5. Für das unter Verwendung von Zucker hergestellte Bier ist mit Rücksicht auf die Brauereien, die Bier in Verkehr bringen, zu dessen Herstellung Zucker nicht verwendet worden ist, allgemein der Bezeichnungszwang vorgeschrieben. Nach § 1 Abs. 4 des Brausteuergesetzes vom 15. Juli 1909 mußte die Verwendung von Zucker zur Bierbereitung nur dann kenntlich gemacht werden, wenn das Bier unter der Bezeichnung Malzbier oder unter einer sonstigen Bezeichnung, die das Wort Malz enthielt, in Verkehr gebracht wurde. Die vielfach übliche Bezeichnung Karamelbier ist nicht geeignet, die durch § 26 AB. für die Gefäße, Rechnungen usw. vorgeschriebene Bezeichnung „unter Zuckerverwendung" hergestellt zu ersetzen. Der Bezeichnungszwang für mit Süßstoff bereitetes Bier folgt bereits aus § 2 der Verordnung zur Durchführung des Süßstoffgesetzes vom 12. September 1922 (ZtrBl. f. d. Deutsche Reich, S. 633) in Verbindung mit § 4 Abs. 4 des Süßstoffgesetzes. Sie ist hier wiederholt, um eine von jenen Vorschriften unabhängige Sonderbestimmung für das Bier zu treffen (vgl. Begr. S. 10). Bei Zuwiderhandlungen gegen den Bezeichnungszwang für mit Süßstoff bereitetes Bier konkurriert mit § 23 des Gesetzes der § 15 des Süßstoffgesetzes (vgl. Bem. 4 zu § 23).

6. § 11 Abs. 1 Satz 2 gehört nicht zu den Vorschriften über die Überwachung der Zuckerverwendung im Sinne des Gesetzes, betreffend Ab-

weichungen von dem Biersteuergesetze vom 9. Juli 1922/18. Juli 1923 (RGBl. 1922 I S. 572, 1923 I S. 743), so daß der Bezeichnungszwang für die bis zum 30. September 1924 zugelassene Verwendung von Reis, Mais und Maisstärke nicht Platz greift.

Zu § 11 Abs. 2, s. AB. § 26 Abs. 2 u. 3.

1. Nach dem Entwurfe des Biersteuergesetzes von 1918 sollte es dem Bundesrate überlassen bleiben, hinsichtlich der Bezeichnung des Einfachbieres und des Gebrauches der Bezeichnung Starkbier die nötigen Anordnungen zu treffen, um den Verbraucher erforderlichenfalls davor zu schützen, daß Biere unter einer Bezeichnung in Verkehr gebracht werden, die ihrem Stammwürzegehalte und ihrem Werte nicht entspricht (s. Begr. 1918 zu § 14). Der Reichstagsausschuß erachtete es indes für zweckmäßig, hierüber eine bindende Vorschrift in das Gesetz aufzunehmen (s. Reichstagsdrucks. Nr. 1686 für 1914/18). Das Schankbier ist durch Art. III Nr. 1e des Gesetzes, betreffend Erhöhung einzelner Verbrauchssteuern, vom 8. April 1922 (RGBl. I S. 380) eingefügt worden. Die Bezeichnungen „Einfachbier" und „Schankbier" müssen als solche verwendet werden (s. AB. § 26 Abs. 2), Bezeichnungen wie „Braunbier", „Dünnbier" u. dgl. genügen nicht.

2. Unter **Bockbier** wird in manchen Gegenden, namentlich Süddeutschlands, ein Starkbier von besonders hohem Stammwürzegehalt, dementsprechend hohem Weingeistgehalt und sehr dunkler Farbe verstanden. In anderen Gegenden, besonders in Norddeutschland, ist die Bezeichnung Bockbier jedoch seit langem für ein Bier gebräuchlich, das lediglich stärker eingebraut ist als das gewöhnliche Lagerbier, also innerhalb der Vollbier-Stammwürzegehaltsgrenze bleiben kann. Seit der Heraufsetzung der Stammwürzegehaltsgrenze des Starkbieres durch das geltende Gesetz von 13 auf 14 v. H. (vgl. Bem. 2 zu § 3 Abs. 2) kann die Ansicht, daß Bockbier Starkbier sei, keinesfalls mehr Geltung beanspruchen. Nach dem bisherigen Gesetze durfte ein Bier von mehr als 13 bis 14 v. H. Stammwürzegehalt ohne jeden Zweifel als Bockbier bezeichnet werden. Darin konnte aber durch die Verschiebung der steuerlichen Starkbiergrenze nichts geändert werden. Das Wort Bockbier ist also nicht als Starkbierbezeichnung anzusehen. Zu beanstanden, indes durch das Biersteuergesetz nicht verboten, würde die Bezeichnung gewöhnlichen Lagerbieres als Bockbier sein. In diesem Falle würden die allgemeinen strafgesetzlichen Vorschriften und die des Gesetzes zur Bekämpfung des unlauteren Wettbewerbes einzugreifen haben.

Zu § 11 Abs. 3.

1. Die Vorschrift des § 11 Abs. 3 Satz 1 geht auf einen Beschluß des Reichstagsausschusses bei der Beratung des Entwurfs von 1918 (s. Reichstagsdrucks. Nr. 1686 für 1914/18 S. 36) zurück, der dadurch nötig wurde, daß in § 3 Abs. 2 für Vollbier — jetzt Schankbier — auch eine untere Grenze des Stammwürzegehaltes festgesetzt wurde. Für die Kriegs- und Nachkriegszeit wurde durch die Bundesratsverordnung vom 8. August 1918 (RGBl. S. 1063) zeitweilig auch Bier mit einem Stammwürzegehalt von 4,5 bis 8 v. H. als Vollbier zugelassen. Das Verkehrsverbot für Biere mit einem Stammwürzegehalt von mehr als 5,5 und weniger als 8 v. H. erstreckt sich auch auf Einfuhrbier (s. RZllBl. 1924 S. 70).

2. Die Vorschrift in § 11 Abs. 3 Satz 1 bezieht sich nur auf den Verkehr mit Bier, nicht aber auch auf die Herstellung von Bier (vgl. Bem. 4 zu § 3 Abs. 2).

3. Der Reichsminister der Finanzen kann Ausnahmen zulassen. Dabei ist besonders an das Grätzer Bier gedacht, das gewöhnlich mit einem Stammwürzegehalt von 7 v. H. eingebraut wird und sich früher großer Beliebtheit erfreute (Begr. 1923 S. 10).

4. Zuwiderhandlungen gegen die Vorschriften in § 11 werden nach § 23 des Gesetzes mit Ordnungsstrafen bestraft.

Zubereitungen.

§ 12.

Zur Herstellung von Bier bestimmte Zubereitungen, mit Ausnahme der im § 10 Abs. 2 bezeichneten, aus Zucker hergestellten Farbmittel und der im § 10 Abs. 3 bezeichneten Farbebiere, dürfen nicht in Verkehr gebracht werden.

Zu § 12, s. AB. § 27.

1. Die dem § 15 des bisherigen Gesetzes entsprechende Vorschrift (vgl. auch Art. 2 Abs. 4 bayer. Malzaufschlagges.) geht auf § 3 Abs. 1 des Brausteuergesetzes vom 3. Juni 1906 zurück. Nach der Begründung zum Entwurf jenes Gesetzes sollte dadurch der immer mehr überhand nehmenden Herstellung von Bier zum Verkauf unter Umgehung der Steuerpflicht mittels sogenannter Bierextrakte entgegengetreten werden. Dieser in der Regel aus Malzextrakt, Zuckerkouleur und Gewürzen zusammengesetzte, mitunter auch Hopfenauszüge oder sonstige Bitterstoffe enthaltende Bierextrakt wurde teilweise in recht erheblichen Mengen durch lebhafte Anpreisung in den Zeitungen zum Absatz gebracht. Dem mußte mit Rücksicht auf das Braugewerbe, das Steueraufkommen und schließlich auch auf die Volksgesundheit vorgebeugt werden (s. Reichstagsdrucks. Nr. 10 von 1905/06 Anl. 1 S. 23/24).

In § 3 Abs. 2 des Brausteuergesetzes vom 15. Juli 1909 erhielt die Vorschrift eine etwas veränderte Fassung, um klar zum Ausdruck zu bringen, daß die nach dem Gesetz bei der Bierbereitung verwendbaren aus Zucker hergestellten Farbmittel und die aus den zulässigen Braustoffen hergestellten Farbebiere nicht unter das Verbot fallen.

2. Unter Zubereitung ist im Gegensatz zum Rohstoff ein einheitliches Erzeugnis zu verstehen, das aus mehreren Rohstoffen durch Verarbeitung gewonnen wurde, so daß die Rohstoffe ihre natürliche Eigenart verloren haben. Eine Mischung von Rohstoffen, bei der jedem die natürliche Eigenart verbleibt, z. B. ein Gemenge von trockenem Malzschrot und trockenem Hopfen, ist keine Zubereitung im Sinne des Gesetzes; sie würde jedoch zu einer Zubereitung werden, wenn sie einen Zusatz von Wasser erhalten und durch Abkochen die Eigenschaft eines Auszuges annehmen würde (Urteil des Reichsgerichts, Strafs. Bd. 41 S. 247).

3. Für die Anwendbarkeit des § 12 ist die Zweckbestimmung der Zubereitung maßgebend. An und für sich, etwa wegen ihrer Zusammensetzung oder sonstigen Beschaffenheit, unterliegen die für die Anwendung der Vorschrift in Betracht kommenden Zubereitungen keiner Verkehrsbeschränkung. Diese tritt erst ein, wenn die Zubereitungen durch ihre Bezeichnung, Gebrauchsanweisung oder Anpreisung usw. zur Herstellung von Bier bestimmt sind (§ 27 Satz 1 AB.). Ausgenommen von der Verkehrsbeschränkung ist das Inverkehrbringen zum Zweck des Färbens, soweit es sich um Zubereitungen handelt, die aus zur Bierbereitung zulässigen Stoffen bestehen.

4. Wegen der Begriffe „Farbmittel" und „Farbebier" s. die Bem. 4 und 5 zu § 10 Abs. 2 und die Bem. zu § 10 Abs. 3, wegen des Begriffs des Inverkehrbringens Bem. 2 zu § 11 Abs. 1.

5. Zubereitungen, die § 12 vom Verkehr ausschließt, dürfen auch nicht zum Zweck der Bereitung von Haustrunk in Verkehr gebracht werden, siehe RGStraff. Bd. 41 S. 254.

6. Eine aus Stärkezucker oder Stärkesirup hergestellte Flüssigkeit, die infolge ihrer Eigenart und Wirkung nicht lediglich ein Farbmittel sein, sondern nach der Anpreisung den Geschmack und Geruch des Bieres verleihen soll, fällt unter das Verkehrsverbot des § 12.

7. Eine Zubereitung, die zur Bierbereitung geeignet ist, darf zu anderen Zwecken in den Handel gebracht werden; wird sie aber zum Zweck der Bierbereitung als hierzu tauglicher Ersatzstoff vertrieben, so fällt sie unter das Verkehrsverbot.

8. Ein Biersüßmittel, bestehend aus einem Gemisch von in Wasser gelöstem Rübenzucker und von in Wasser gelöstem Invertzucker, ist nicht mehr eine einfache Lösung von Invertzucker, auch dann nicht, wenn die technisch reine Rübenzuckerlösung auf irgendeine Art invertiert sein sollte, sondern eine Zubereitung, die nach § 12 des Gesetzes nicht in Verkehr gebracht werden darf (vgl. § 27 AB.).

9. Ob die Zubereitung zur Herstellung von Bier geeignet ist, ist für die Anwendung des Verkehrsverbotes gleichgültig; es genügt, wenn die Zubereitung zur Bierbereitung **bestimmt** ist.

10. Zuwiderhandlungen gegen das in § 12 des Gesetzes ausgesprochene Verkehrsverbot werden gemäß § 22 Abs. 5 des Gesetzes ebenso bestraft wie die Verwendung unzulässiger Stoffe zur Bierbereitung. Daneben kann auf Einziehung der Zubereitung, des mit ihr bereiteten Bieres und der Umschließungen erkannt werden.

II. Überwachungsvorschriften.

Vorbemerkung: Von den die Steueraufsicht regelnden 25 Paragraphen des Biersteuergesetzes vom 26. Juli 1918 (§§ 16 bis 41) sind nur sieben in das geltende Gesetz übergegangen. Die nicht übernommenen Vorschriften sind zum Teil durch §§ 194 Abs. 1, 195 und 196 der Reichsabgabenordnung in die Ausführungsbestimmungen verwiesen (§§ 18 Abs. 2, 19, 20 für die Zeit nach der Betriebseröffnung, 23, 25 bis 27, 29 bis 35, 38, 39 Abs. 2 Satz 2, Abs. 3 Halbsatz 1), zum Teil sind sie durch Vorschriften der Reichsabgabenordnung hinfällig geworden, so §§ 16 Abs. 1 bis 3 (§ 193 AO.), 18 Abs. 1 (§ 194 Abs. 1 AO.), § 39 Abs. 2 Satz 1, Abs. 3 Halbsatz 2, Abs. 4 (§ 196 AO.), 41 Abs. 1 und 2 (§ 197 AO). Auf die Vorschriften in §§ 16 Abs. 4, 24 Abs. 6 und 41 Abs. 3 — Untersagung des Brauereibetriebes — ist verzichtet worden, da die Zwangsmittel des § 202 AO. auch in diesen Fällen ausreichen. Die Verpflichtung zur Anmeldung von Veränderungen vor der Betriebseröffnung (§ 20 des geltenden Gesetzes) folgt aus § 194 AO. (s. Begr. 1923 S. 10). — Die §§ 193 bis 201 der Reichsabgabenordnung über die Steueraufsicht enthalten nur einige Vorschriften, die für alle Steuergesetze, und solche, die für alle Verbrauchssteuergesetze gemeinsam sind, treffen also in keiner Weise eine erschöpfende Regelung. Sie sind, soweit sie für die Überwachung der Biersteuer einschlägig sind, in den Bemerkungen zum Gesetz und zu den Ausführungsbestimmungen, in welch letzteren sie ohnehin meist in Bezug genommen sind, erläutert.

Steueraufsicht.

§ 13.

¹ Die Brauereien und der Ausschank von Bier in Verbindung mit einer Brauerei unterliegen der Steueraufsicht.

² Inhaber von Brauereien dürfen nach den Ausführungsbestimmungen anmeldepflichtige Gefäße nicht aus den Händen geben, bevor sie der Finanzbehörde den Empfänger angezeigt und eine Bescheinigung hierüber erhalten haben.

³ Für die Zeit, in der Brauereigeräte im Betriebe nicht benutzt werden oder nicht benutzt werden dürfen, können sie amtlich verschlossen werden.

⁴ Die Steuerbeamten dürfen in den unter Steueraufsicht stehenden Betrieben unentgeltlich Proben von den Braustoffen, der Bierwürze und dem Biere entnehmen.

Zu § 13 Abs. 1.

1. Unter Steueraufsicht sind die besonderen Befugnisse zu verstehen, die den Finanzbehörden gegenüber den Steuerpflichtigen und beteiligten dritten Personen zum Zwecke der Durchführung und Sicherung des Steueranspruchs zustehen. In den §§ 194 bis 197 AO. sind die grundlegenden Befugnisse so zusammengefaßt, daß sie die nötige Grundlage für Ausführungsbestimmungen zu den einzelnen Verbrauchssteuergesetzen bilden, wobei die Möglichkeit offen gelassen ist, daß in allen Einzelheiten dem jeweilig herrschenden Verkehrsbedürfnis Rechnung getragen wird (Begr. zum Entwurf der AO. S. 118). Daß eine Steueraufsicht stattfindet, wird in den einzelnen Gesetzen bestimmt.

2. § 13 Abs. 1 entspricht dem § 30 Abs. 1 des bisherigen Biersteuergesetzes (vgl. § 34 des Brausteuergesetzes von 1909 und Art. 47 Abs. 1 des bayer. Malzaufschlaggesetzes). Als Brauereien gelten auch Betriebe, die bierähnliche Getränke herstellen (§ 103a AB., § 27c des Gesetzes). Unter Brauereien sind auch nicht angemeldete Betriebe zu verstehen, in denen Bier oder bierähnliche Getränke hergestellt werden. Auf Bierhändler und Wirte erstreckt sich die Steueraufsicht nicht. Sie kann aber eintreten, wenn sich im Falle des § 22 Abs. 2c AB. Bierhändler oder Wirte der Steueraufsicht unterwerfen. Nach § 19 des Gesetzes sind Durchsuchungen (§ 402 AO.) nur in den der Steueraufsicht unterliegenden Betrieben zulässig. Durchsuchungen in anderen Betrieben sind an die Voraussetzungen der §§ 102ff. der Strafprozeßordnung gebunden (vgl. § 401 AO. und Bem. 2 zu § 19).

Zu § 13 Abs. 2, s. § 28 AB.

1. § 194 Abs. 1 AO. stellt den für alle Verbrauchssteuergesetze geltenden Grundsatz auf, daß, wer Gegenstände gewinnen, herstellen oder umsetzen will, an deren Gewinnung, Herstellung oder Umsatz eine Steuerpflicht geknüpft ist, dies dem Finanzamt vor Eröffnung des Betriebes anzumelden hat. Die Einzelheiten sind in die Ausführungsbestimmungen verwiesen. § 33 AB., der diese Einzelheiten regelt, bestimmt, daß in einer Nachweisung (Muster 3) die Brauereiräume und -gefäße anzumelden sind. § 195 Satz 1 AO. bietet sodann die Grundlage für die Bestimmung in § 28 AB., daß der beabsichtigte Besitzwechsel von Brauereigefäßen anzumelden ist, jedoch nur für die Zeit

nach Eröffnung des Betriebes. § 13 Abs. 2 des Gesetzes, der dem § 21 des bisherigen Gesetzes entspricht, verdankt seine Beibehaltung im Gesetz der Notwendigkeit, die Verkehrsbeschränkung für Brauereigefäße auch für die Zeit vor der Eröffnung des Betriebes zu erhalten.

2. Die Vorschrift bezieht sich auf sämtliche anmeldepflichtigen Gefäße, nicht nur wie § 15 des Biersteuergesetzes vom 15. Juli 1909 auf die Braupfannen.

3. Die Vorschrift muß auch beachtet werden, wenn es sich um Veräußerungen durch Zwangsversteigerung oder im Konkursverfahren handelt.

4. Die Vorschrift gilt auch für Brauereien, die nicht im Betrieb sind.

Zu § 13 Abs. 3, s. § 29 AB.

Das Recht zur Verschließung von Brauereigeräten läßt sich aus der AO. (§ 195) nur für die Zeit nach der Eröffnung des Betriebes herleiten. Da hier auf die Zeit vor der Eröffnung nicht verzichten werden konnte, ist auch diese Vorschrift (vgl. Bem. 1 zu § 13 Abs. 2) beibehalten worden. Die Vorschrift stammt aus dem Brausteuergesetz vom 31. Mai 1872 (§ 11 Abs. 2 dieses Gesetzes).

Zu § 13 Abs. 4.

Die Reichsabgabenordnung trifft keine Bestimmungen über Entnahme von Proben, so daß die dem § 39 Abs. 2 Satz 3 des bisherigen Gesetzes entsprechende Regelung im Biersteuergesetz zu treffen war. Unter Braustoffen sind die in § 10 des Gesetzes und die in § 103a Abs. 4 AB. genannten Stoffe zu verstehen.

Anzeige des Brauereibesitzes und gemeinsame Betriebsführung.

§ 14.

¹ Wer in den Besitz eines nach § 13 Abs. 1 der Steueraufsicht unterliegenden Betriebes gelangt, hat dies innerhalb acht Tagen nach der Besitzerlangung der Finanzbehörde anzuzeigen.

² Eine Person oder Gesellschaft, für deren Rechnung mehrere Brauereien betrieben werden oder betrieben werden sollen (§ 3 Abs. 3), hat dies mindestens acht Tage vor Beginn des gemeinsamen Betriebs der Hebestelle anzuzeigen.

Zu § 14 Abs. 1, s. AB. § 32 Abs. 1 u. 2 und wegen Besitzwechsels § 38 AB.

1. § 194 AO. (vgl. Bem. 1 zu § 13 Abs. 2 des Gesetzes) stellt die Pflicht zur Anmeldung auf die Absicht der Betriebseröffnung ab, § 195 Nr. 5 AO. verweist die Festsetzung einer Pflicht zur Meldung späterer Änderungen in die Ausführungsbestimmungen. Beiden Vorschriften gegenüber behält die dem § 17 des bisherigen Gesetzes (vgl. Art. 14 des bayer. Malzaufschlaggesetzes) entsprechende Vorschrift des § 14 ihre selbständige Bedeutung, indem sie die Pflicht zur Anmeldung an besondere, in der AO. nicht vorgesehene Tatbestände knüpft.

2. Die Vorschrift handelt lediglich von der Erlangung des Besitzes eines unter Steueraufsicht stehenden Betriebes. Die Anzeige ist zu erstatten, wenn der Besitz erlangt wird, und zwar ohne Rücksicht darauf, ob der Betrieb tatsächlich ausgeübt werden soll oder nicht. Soll der Betrieb ausgeübt werden, so ist die in § 194 AO., §§ 33 oder 38 AB. (vgl. § 195 Nr. 5 AO.) vorgeschriebene

Anmeldung zu erstatten. Bei Ausübung des Betriebes ist eine Anmeldung der einzelnen Brauakte nur erforderlich, wenn der Betriebsinhaber gemäß § 52 Abs. 1 AB. zur Erstattung der Brauanzeige verpflichtet oder wenn er gemäß § 18 des Gesetzes abgefunden ist (vgl. § 70 AB.). Brauereien, die eine Malzmühle mit selbsttätiger Verwiegungsvorrichtung besitzen, haben die einzelnen Einmaischungen nur dann anzumelden, wenn hierbei Zucker verwendet werden soll (§ 52 Abs. 2 AB.).

3. Besitz ist die tatsächliche Gewalt (§§ 854, 856 BGB.), d. h. die von der Verkehrsanschauung anerkannte Herrschaft der Person über die Sache, gleichviel ob der Gewalthaber berechtigt ist, die Sache zu besitzen, oder ob er sich für berechtigt hält oder bösgläubig ist. Nicht erforderlich ist der Wille, die Sache als eigene zu besitzen; Besitzer ist nicht nur der Eigenbesitzer (§ 872 BGB.), sondern auch der Fremdbesitzer, z. B. der Nießbraucher, Pächter, Mieter, Entleiher usw. Keinen Besitz hat der Besitzdiener (§ 855 BGB.), der nicht eine eigene, sondern nur die einem anderen zustehende Gewalt ausübt, z. B. der Verwalter einer Brauerei.

4. Wegen des Begriffes Brauerei s. Bem. 1 zu § 3 Abs. 1, wegen der nach dem Biersteuergesetz der Steueraufsicht unterliegenden Betriebe s. Bem. 2 zu § 13 Abs. 1.

5. § 14 Abs. 1 bezieht sich auch auf Betriebe, in denen bierähnliche Getränke hergestellt werden (§ 27c), ferner auch auf solche, in denen Bier aus unzulässigen Stoffen hergestellt wird.

6. Die Anmeldung kann nach Maßgabe des § 202 AO. erzwungen werden. Zuwiderhandlungen werden nach § 377 AO. mit Ordnungsstrafe bestraft. § 365 Abs. 3 AO. (Einziehung der in den Räumen eines nicht angemeldeten Herstellungsbetriebs vorhandenen Vorräte an steuerpflichtigen Erzeugnissen und der Geräte) kommt nur bei Unterlassung der Anmeldung nach § 194 Abs. 1 AO., § 33 AB. in Betracht.

Zu § 14 Abs. 2, s. AB. § 32 Abs. 3 und § 5.

1. § 14 Abs. 2 soll die Durchführung der Vorschrift des § 3 Abs. 3 des Gesetzes sicherstellen (vgl. § 13 AB. zum bayer. Malzaufschlaggesetz).

2. Die Unterlassung oder verspätete Erstattung der in § 14 Abs. 2 vorgeschriebenen Anzeige zieht gemäß § 21 Abs. 1 Nr. 2 des Gesetzes die Bestrafung wegen Biersteuerhinterziehung nach sich, ohne daß der Vorsatz der Hinterziehung festgestellt zu werden braucht. Auch hier kommt § 365 Abs. 3 AO. nicht in Frage (vgl. Bem. 6 zu Abs. 1).

Verpflichtung zum Halten von Malzmühlen.

§ 15.

¹ Die Inhaber

1. der Brauereien, die am 1. April 1918 betriebsfähig hergerichtet waren und in denen nach dem 1. Oktober 1918 in einem Rechnungsjahre die hergestellte Biermenge 3000 Hektoliter übersteigt,
2. der nach dem 1. April 1918 errichteten Brauereien sind verpflichtet, in der Brauerei selbst oder in räumlicher Verbindung mit ihr eigene Mühlenwerke oder Malzquetschen mit einer zugelassenen selbsttätigen Verwiegungsvorrichtung zu halten und

ausschließlich zum Schroten des in ihrer Brauerei zur Bierbereitung bestimmten Malzes zu benutzen.

[2] Die Verpflichtung entsteht für die Inhaber der im Abs. 1 Nr. 1 bezeichneten Brauereien nach Ablauf desjenigen Rechnungsjahrs, in dem die Gesamtmenge des steuerpflichtig gewordenen Bieres zuerst 3000 Hektoliter überstiegen hat. Bei einer voraussichtlich nicht andauernden Übersteigung dieser Grenze oder, wenn die räumlichen Verhältnisse den Einbau der Malzmühle mit Verwiegungsvorrichtung ohne Aufwendung erheblicher Kosten nicht gestatten, soll die Finanzbehörde die Verpflichtung erlassen.

[3] Die Inhaber anderer als der im Abs. 1 bezeichneten Brauereien, die in ihrer Brauerei das zur Bierbereitung bestimmte Malz auf eigenen Mühlenwerken oder Malzquetschen schroten, sind verpflichtet, die Malzmühle mit einer zugelassenen selbsttätigen Verwiegungsvorrichtung zu versehen. Die Verpflichtung soll von der Finanzbehörde erlassen werden, wenn wegen der Beschaffenheit der Malzmühle oder der räumlichen Verhältnisse die steuersichere Anbringung der Verwiegungsvorrichtung nicht oder nur mit erheblichen Kosten möglich ist.

[4] Der Reichsminister der Finanzen ist ermächtigt, in den Fällen der Abs. 2 und 3 vorübergehend weitere Erleichterungen zuzulassen.

[5] Die Inhaber anderer als der im Abs. 1 und 3 bezeichneten Brauereien sind zur Aufstellung von Malzmühlen mit selbsttätigen Verwiegungsvorrichtungen in ihren Brauereien und zur Bestreitung der durch den Einbau dieser Mühlen entstehenden Kosten verpflichtet, wenn die räumlichen Verhältnisse den Einbau ohne Aufwendung erheblicher Kosten gestatten und die Malzmühlen nebst Verwiegungsvorrichtungen von dem Reiche kostenlos geliefert werden.

[6] Unter allen Umständen kann Inhabern von Brauereien von der Finanzbehörde die Verpflichtung zur Aufstellung einer Malzmühle mit selbsttätiger Verwiegungsvorrichtung auferlegt werden, wenn sie sich einer Gefährdung der Biersteuer schuldig machen oder den Überwachungsvorschriften dieses Gesetzes und den hierzu ergangenen Ausführungsbestimmungen fortgesetzt zuwiderhandeln.

[7] Die Verpflichtung geht im Falle eines Wechsels im Besitze der Brauerei auf den neuen Inhaber über und erlischt nicht durch spätere Verminderung der Biererzeugung.

[8] Aufstellungsort und Einrichtung der Malzmühlen und der selbsttätigen Verwiegungsvorrichtungen unterliegen der Genehmigung der Finanzbehörde.

⁹ Die Verwiegungsvorrichtungen müssen mit den Malzmühlen in feste Verbindung gebracht und beide so eingerichtet sein, daß nach Anlegung des amtlichen Verschlusses ohne Aufwendung erkennbarer Gewalt Malz nur zum Mahlwerk gelangen kann, nachdem es die Verwiegungsvorrichtung durchlaufen hat.

Zu § 15 Abs. 1 bis 3, s. AB. § 39, § 40, §§ 46 bis 50, § 90.

1. Das Brausteuergesetz vom 31. Mai 1872 hatte drei Erhebungsarten für die Brausteuer: als Regel die Erhebung auf Grund der Brauanzeige, sodann die Abfindung und schließlich als ausnahmsweise zugelassene besondere Vergünstigung die Erhebung im Wege der Vermahlungssteuer, bei der die amtliche Feststellung des steuerpflichtigen Gewichts des Malzes unmittelbar vor der Vermahlung, also in ungeschrotetem Zustande geschah. Die Beschaffung selbsttätiger Verwiegungsvorrichtungen war nicht vorgeschrieben. Auf Grund der guten Erfahrungen, die man mit der Vermahlungssteuer gemacht hatte (s. Entwurf des Gesetzes wegen Änderung des Brausteuergesetzes, Reichstagsdrucks. Nr. 10 Anl. 1 von 1905 S. 27), machte das Brausteuergesetz von 1906 die Vermahlungssteuer für die größeren Brauereien zwingend und legte ihnen die Verpflichtung auf, selbsttätige Verwiegungsvorrichtungen zu beschaffen. Das Brausteuergesetz von 1909 dehnte die Vermahlungssteuer weiter aus. Nach § 27 dieses Gesetzes waren zur Aufstellung eigener Malzmühlen mit selbsttätigen Verwiegungsvorrichtungen verpflichtet Brauereien, die vor dem 1. April 1906 bestanden hatten, sobald sie in einem Rechnungsjahr mehr als 2000 Doppelzentner steuerpflichtige Braustoffe verwendeten, später errichtete Brauereien dann, wenn bei ihnen das Gesamtgewicht der in einem Rechnungsjahre steuerpflichtig gewordenen Braustoffe 500 Doppelzentner überstieg. Der Übergang von der Rohstoff- zur Fabrikatsteuer im Jahre 1918 erforderte im Hinblick auf die wesentliche Steigerung der Belastung des Bieres, wenn auch das fertige Bier nunmehr den Gegenstand der Besteuerung bildete, doch auch eine Verschärfung der neben der Buchführung vorgesehenen Rohstoffüberwachung. Zu diesem Zwecke bestimmte § 24 des Biersteuergesetzes vom 26. Juli 1918, daß die Verpflichtung zur Aufstellung von Malzmühlen mit selbsttätiger Verwiegungsvorrichtung für Brauereien, die vor dem 1. April 1918 bestanden hatten, bereits eintrat bei Überschreitung einer jährlichen Braustoffmenge von 500 Doppelzentnern oder einer Biererzeugung von 3000 Hektolitern, bei später errichteten Betrieben unbedingt, ohne Rücksicht auf deren Betriebsumfang. Außerdem sollten, soweit es die Betriebsverhältnisse gestatteten, Inhaber von Brauereien, die eigene Malzmühlen ohne selbsttätige Verwiegungsvorrichtungen zum Schroten ihres Malzes benutzen, gehalten sein, an diesen Mühlen selbsttätige Verwiegungsvorrichtungen anzubringen. Die strengere Behandlung der nach dem 1. April 1918 neu entstandenen Brauereien entsprach der auch in § 5 des genannten Gesetzes (s. Anhang) zum Ausdruck gebrachten Absicht, das Entstehen neuer Brauereien zugunsten der vorhandenen Betriebe zu erschweren. § 15 des geltenden Gesetzes hat diese Vorschriften im wesentlichen übernommen. Die Verweisung in die Ausführungsbestimmungen war nicht angängig, da § 15 mit § 29 ein Ganzes bildet und die Absätze 8 und 9 auch für die Zeit vor der Eröffnung des Betriebes gelten sollen (§ 195 AO.).

2. Als hergestellte (erzeugte) Biermenge werden entsprechend § 2 AB. die Biermengen zu gelten haben, für die in dem Betrieb innerhalb des Rechnungsjahres eine Steuerschuld entstanden ist zuzüglich der auf Grund des

§ 8 des Gesetzes steuerfrei abgelassenen Biermengen, da nur diese Mengen im Steuerbuch festgehalten werden.

3. Bei Brauereien, die zum Schroten ihres Malzes eigene Malzmühlen ohne selbsttätige Verwiegungsvorrichtungen benutzen, ist die Möglichkeit einer heimlichen Bierbereitung in besonderem Maße gegeben, sie sind daher zur Anbringung selbsttätiger Verwiegungsvorrichtungen verpflichtet und Ausnahmen können nur zugelassen werden, soweit sie in der Beschaffenheit der Malzmühle oder der räumlichen Verhältnisse der Brauerei begründet sind.

4. Den in § 15 Abs. 1 Nr. 1 und Abs. 3 bezeichneten Brauereien entsteht durch die Erfüllung der ihnen auferlegten Verpflichtung kein Nachteil, da ihnen nach § 29 des Gesetzes die Kosten für die erstmalige Aufstellung oder Anbringung der Malzmühlen und Verwiegungsvorrichtungen vom Reiche erstattet werden. Die aus steuerlichen Gründen gebotene Maßnahme wird ihnen vielmehr, wie in der Begründung zu § 24 des Entwurfs des Biersteuergesetzes von 1918 ausgeführt ist, manchen Vorteil bringen, da einerseits steuersichere Malzmühlen einen Stoffverlust durch Verstäuben des Malzmehls verhindern, andererseits die Feststellung des Gewichts des verwendeten Malzes den Überblick über den Betrieb erleichtert.

5. In den Fällen des § 15 Abs. 2 Satz 2 und Abs. 3 Satz 2 ist der Erlaß von allgemeinen wirtschaftlichen Erwägungen (z. B. Nachwirkungen des Krieges, Geldknappheit u. dgl.) unabhängig und lediglich durch die in den Vorschriften genannten Verhältnisse der einzelnen Brauerei bedingt. Er bleibt deshalb in Kraft, solange sich diese besonderen Verhältnisse der Brauerei nicht ändern. Die Ermächtigung in Abs. 4 geht weiter.

6. Brauer, die zur Aufstellung von Malzmühlen mit selbsttätiger Verwiegungsvorrichtung verpflichtet sind, haben eine Brauanzeige nur zu erstatten, wenn sie Zucker zur Bierbereitung verwenden (§ 52 Abs. 2 AB.). Den in § 55 AB. vorgesehenen Betriebseinschränkungen unterliegen sie nicht, und zwar auch dann nicht, wenn sie Zucker zur Bierbereitung verwenden.

Zu § 15 Abs. 4, s. AB. § 46.

Mit Rücksicht auf die durch den Krieg geschaffenen Verhältnisse hatte der Bundesrat auf Grund des Ermächtigungsgesetzes vom 4. August 1914 durch die Bekanntmachung zum Biersteuergesetz vom 8. August 1918 (RGBl. S. 1063) die Hauptzollämter ermächtigt, die Verpflichtung zum Halten von Malzmühlen usw. zu erlassen. § 15 Abs. 4 erteilt dem Reichsminister der Finanzen die Ermächtigung, in den Fällen der Abs. 2 und 3 vorübergehend weitere Erleichterungen (vgl. Bem. 5 zu Abs. 1 bis 3) zuzulassen, da die Beschaffung von Malzmühlen und Verwiegungsvorrichtungen immer noch mit unverhältnismäßigen Kosten verbunden ist (Begr. 1923 S. 10, vgl. RZllBl. 1921 S. 25). Von der Ermächtigung ist durch § 46 AB. Gebrauch gemacht. § 2 der Bekanntmachung vom 8. August 1918 ist durch die Verordnung über Verwendung von Süßstoff zur Bereitung obergäriger Biere vom 21. Juli 1923 (RGBl. I S. 746) aufgehoben. — Die Ermächtigung erstreckt sich nicht auf nach dem 1. April 1918 errichtete Brauereien, insbesondere also nicht auf neue Hausbrauer.

Zu § 15 Abs. 5.

Die Vorschrift entspricht dem § 27 Abs. 3 des Brausteuergesetzes vom 15. Juli 1909. Es ist damit der Finanzbehörde die Möglichkeit gegeben, zum Zwecke einer Verschärfung der steuerlichen Überwachung auf die vermehrte Aufstellung von eigenen Malzmühlen mit selbsttätigen Verwiegungsvorrichtungen, insbesondere bei Brauereien mit einer geringeren Jahreserzeugung als von 3000 Hektolitern, hinzuwirken. In derartigen Fällen findet aber eine Erstattung der Kosten für den Einbau der Mühlen nicht statt. Bisher ist von der kostenlosen Lieferung abgesehen worden.

Zu § 15 Abs. 6.

Hiermit ist der Finanzbehörde die Möglichkeit gegeben, unzuverlässige Brauer einer verschärften Überwachung zu unterwerfen. Die Kosten für die Aufstellung der Malzmühle mit selbsttätiger Verwiegungsvorrichtung werden gemäß § 29 Satz 2 des Gesetzes in diesem Falle nicht erstattet. Brauern, deren Betriebe unter § 15 Abs. 1 Nr. 1 oder Abs. 3 fallen, kann die Erstattung der Kosten nach § 29 des Gesetzes nicht deshalb versagt werden, weil sie sich Verfehlungen im Sinne des § 15 Abs. 6 haben zu Schulden kommen lassen.

Zu § 15 Abs. 7 bis 9.

1. Die Vorschriften entsprechen den Vorschriften in § 27 Abs. 5 bis 7 des Brausteuergesetzes von 1909 und in § 24 Abs. 7 bis 9 des bisherigen Gesetzes. § 24 Abs. 6 des bisherigen Gesetzes, nach welchem Inhabern von Brauereien, die in Erfüllung der Verpflichtung säumig sind, die Bierbereitung untersagt werden konnte, ist durch § 202 AO. ersetzt worden (vgl. Vorbemerkung vor § 13).

2. Der Ausdruck „feste Verbindung" in § 15 Abs. 9 will nicht besagen, daß diese Verbindung, um ihren Zweck zu erreichen, eine „starre" sein muß. Es wird den Anforderungen des Gesetzes Genüge geleistet, wenn die Verbindung zwischen Verwiegungsvorrichtung und Malzmühle derart ist, daß sie eine Beeinflussung des Ganges der Verwiegungsvorrichtung unmöglich macht und verhindert, daß Malz, ohne über die Wage zu laufen, in die Schrotmühle gelangt.

Genossenschaftsmühlen

§ 16.

Unter den erforderlichen Maßnahmen darf gestattet werden, daß mehrere zum Halten einer Malzsteuermühle verpflichtete Brauereiinhaber eine solche gemeinschaftlich besitzen oder benutzen.

S. AB. § 51.

1. Die Vorschrift stammt aus dem Brausteuergesetz vom 3. Juni 1906 (s. § 31 Abs. 2 dieses Gesetzes, § 32 des Brausteuergesetzes vom 15. Juli 1909, § 28 des bisherigen Biersteuergesetzes); sie bildet eine Ausnahme von dem im § 15 des Gesetzes aufgestellten Grundsatz, daß die dort bezeichneten Brauer *eigene* Malzmühlen mit selbsttätiger Verwiegungsvorrichtung haben müssen. Es soll dadurch die Benutzung von Malzmühlen erleichtert und gefördert werden (vgl. Reichstagsdrucks. Nr. 10 von 1905 Anl. 1 S. 27 f.).

2. Der Ausdruck „Malzsteuermühle", der aus den früheren Brausteuergesetzen übernommen worden ist, trifft für die Biersteuergesetzgebung nicht mehr zu, da nur noch eine Überwachung, nicht aber eine Versteuerung des Malzes stattfindet. Das Gesetz gebraucht sonst überall das Wort „Malzmühle".

3. Der in § 29 des Gesetzes zum Ausdruck gebrachten Absicht, die Benutzung von Malzmühlen mit selbsttätiger Verwiegungsvorrichtung tunlichst zu fördern, dürfte es entsprechen, wenn nicht nur mehreren zum Halten einer Malzmühle *verpflichteten* Brauern, sondern auch Brauern, die *freiwillig* eine Malzmühle benutzen wollen, der gemeinschaftliche Besitz oder die gemeinschaftliche Benutzung gestattet wird.

4. Im Falle des § 15 Abs. 6 des Gesetzes wird die Vergünstigung zu versagen sein.

5. Die gemeinsam benutzte Malzmühle muß nicht im Besitz sämtlicher Brauereiinhaber sein, die sie benutzen. Sie kann im Besitz nur einiger von ihnen oder einer fremden Person sein, darf aber, soweit nicht für einzelne Fälle Ausnahmen auf Grund von § 47 Abs. 2 AB. zugelassen werden, stets nur von gleichen Brauern benutzt werden.

6. Die Erstattung von Kosten für die Neuaufstellung einer Genossenschaftsmalzmühle wird gemäß § 29 des Gesetzes erfolgen müssen, wenn sämtliche Besitzer der Mühle diesen Kostenersatz für den Fall hätten beanspruchen können, daß jeder für sich eine eigene Malzmühle aufstellt.

Fehlmengen.

§ 17.

Bei Bestandsaufnahmen (§ 195 Nr. 4 der Reichsabgabenordnung) festgestellte Fehlmengen sind zu versteuern, soweit nicht dargetan wird, daß sie auf Umstände zurückzuführen sind, die eine Steuerschuld nicht begründen. Die Steuerschuld gilt als entstanden im Zeitpunkt der Bestandsaufnahme.

S. AB. §§ 64 und 65.

1. § 195 Nr. 4 AO. sieht allgemein als Mittel zur Sicherung der Steuer nach Eröffnung des Betriebes Bestandsaufnahmen vor und verweist die Bestimmungen darüber in die Ausführungsbestimmungen. § 36 Satz 1 des bisherigen Gesetzes ist durch § 195 Nr. 4 AO. ersetzt. Daß und unter welchen Voraussetzungen Bestandsaufnahmen vorzunehmen sind, bestimmt § 64 AB. Die Regelung der steuerlichen Behandlung von Fehlmengen, die bei Bestandsaufnahmen festgestellt sind, liegt dem Gesetz ob, das hier das Vorhandensein der steuerschuldbegründenden Tatbestände des § 2 Abs. 1 Satz 1 des Gesetzes unterstellt.

2. Zeitweilige Bestandsaufnahmen, wie § 17 sie voraussetzt, sind geboten, um prüfen zu können, ob die im Sudbuch angeschriebenen überwachungspflichtigen Biermengen bei ihrem Ausgang aus der Brauerei vollständig im Biersteuerbuch angeschrieben sind.

3. Ergeben sich bei der Bestandsaufnahme Fehlmengen, so gilt die Vermutung, daß sie durch Umstände entstanden sind, die eine Steuerschuld begründen, d. h. daß das Bier aus der Brauerei entfernt oder in der Brauerei getrunken worden ist (§ 2 Abs. 1 Satz 1 des Gesetzes). Den Nachweis der Entstehung durch Umstände anderer Art hat der Inhaber der Brauerei zu führen. Dieser Nachweis wird als erbracht gelten können, wenn die Fehlmengen in den Betriebsverhältnissen der Brauerei begründet sind. Eine unbedingte zahlenmäßige Übereinstimmung des Bestandes in der Brauerei mit den Büchern wird sich bei der Bestandsaufnahme kaum erzielen lassen, da einerseits schon ganz genaue Feststellungen des Bestandes, z. B. im Lagerkeller, kaum möglich sind, andererseits die im Sudbuch angeschriebenen überwachungspflichtigen Biermengen nicht das Ergebnis einer genauen Ermittlung sind, sondern aus der Ausschlagwürze unter Annahme eines durchschnittlichen Schwundsatzes errechnet sind. Zweck der Bestandsaufnahme kann es nicht sein, kleine Unstimmigkeiten zum Anlaß der Steuererhebung zu machen, sie soll vielmehr nur ermöglichen, größere Unregelmäßigkeiten zur Wahrung des Steueraufkommens aufzudecken.

4. Die durch Diebstahl entstandene Fehlmenge (s. Bem. 8 zu § 2 Abs. 1) muß versteuert werden (unzutreffend die von Koppe S. 139 vertretene abweichende Meinung).

5. In abgefundenen Brauereien finden gemäß § 64 Abs. 1, § 72 AB. Bestandsaufnahmen nicht statt. § 17 des Gesetzes ist daher in § 18 des Gesetzes für nicht anwendbar erklärt. Es ist jedoch den Aufsichtsbeamten unbenommen, im Rahmen der ihnen durch § 196ff. AO., § 13 des Gesetzes und §§ 83, 94 AB. übertragenen Befugnisse auch in diesen Betrieben zum Zwecke der Nachprüfung der festgesetzten Ausbeutesätze gelegentlich den in der Brauerei vorhandenen Bestand an Bier und Bierwürze mit den in der Brauerei zu führenden Anschreibungen zu vergleichen.

6. Bei der Festsetzung des Zeitpunktes der Bestandsaufnahme, der dem Oberbeamten überlassen ist, soll auf die Betriebsverhältnisse der Brauerei tunlichst Rücksicht genommen werden. Sofern diese es zulassen, ist die Bestandsaufnahme unvermutet vorzunehmen (§ 64 Abs. 2 AB.)

7. Die eine Lücke des bisherigen Gesetzes ausfüllende Vorschrift, daß die Steuerschuld als entstanden im Zeitpunkt der Bestandsaufnahme gilt, stellt nur eine Vermutung für diesen Zeitpunkt auf. Wird z. B. festgestellt, daß eine Fehlmenge auf einen bestimmten Fall der Hinterziehung der Biersteuer zurückzuführen ist, so ist der Zeitpunkt der Entfernung des Bieres, für welches die Steuer hinterzogen ist, aus der Brauerei für die Entstehung der Steuerschuld maßgebend.

Abfindung.

§ 18.

Inhaber von Brauereien, in denen in einem Rechnungsjahr nicht mehr als 500 Hektoliter Bier hergestellt werden und die vor dem 1. April 1918 betriebsfähig hergerichtet worden sind, können abgefunden werden; auf sie finden alsdann die Vorschriften in dem § 2 Abs. 1, §§ 6, 7 Abs. 1 und § 17 keine Anwendung. Abgefundenen Brauern kann die Führung von Anschreibungen über die erzeugten Biermengen auferlegt werden. Die Biersteuer ist im Falle der Abfindung nach näherer Bestimmung des Reichsministers der Finanzen von der Biermenge, die aus den zur Bierbereitung angemeldeten Stoffmengen hergestellt werden kann, im voraus durch die Finanzbehörde bindend festzusetzen; sie wird am zehnten Tage des auf die Festsetzung folgenden Monats fällig.

S. AB. §§ 68 bis 82.

1. Bereits das Brausteuergesetz vom 31. Mai 1872 (§ 4) kannte in Anlehnung an das preußische Brausteuerrecht die Abfindung (Fixation) als eine der drei Erhebungsarten der Brausteuer (vgl. Bem. 1 zu § 15 Abs. 1). Die Brausteuergesetze von 1906 (§ 32) und 1909 (§ 33) haben sie neben der Hauptsteuerform der Vermahlungssteuer übernommen. Das Biersteuergesetz von 1918, dem das geltende Gesetz folgt, hat den Gedanken der Abfindung auf die Besteuerung des Bieres übertragen. Die Einhaltung der Vorschriften über Buchführung, Abgabe, Versand und Bestandsaufnahme des Bieres würde, wie in der Begründung zu § 37 des Entwurfs des Biersteuergesetzes von 1918 ausgeführt ist, Zwergbetrieben, die meist unter den einfachsten Verhältnissen

arbeiten, schwer fallen und nur mit einem dem Steueraufkommen nicht entsprechenden Aufwand an Beamtenkräften überwacht werden können. Es ist deshalb für Betriebe mit einer Jahreserzeugung an Bier von nicht mehr als 500 Hektolitern eine vereinfachte Form der Ermittlung der steuerpflichtigen Biermengen zugelassen worden. Nach näherer Bestimmung des Reichsministers der Finanzen sollen nämlich die Biermengen, für welche die Steuer zu entrichten ist, für diese Betriebe aus den von ihnen zur Bierbereitung angemeldeten Rohstoffen nach einem Ausbeuteverhältnis berechnet werden. Für die eigentlichen Abfindungsbrauereien wird dieses Ausbeuteverhältnis vom Hauptzollamte festgelegt (§ 69 AB.), für die einer vereinfachten Form der Abfindung unterliegenden Hausbrauer der §§ 76ff. AB. ist es durch die Ausführungsbestimmung selbst (§ 77 Abs. 3) bestimmt. Auch die Art der Steuerfestsetzung ist bei diesen beiden Arten von Abfindungsbrauern verschieden (s. §§ 73, 77 AB.).

Die Steuer, welche die Abfindungsbrauereien entrichten, ist keine eigentliche Biersteuer, sondern, da sie nach der Menge des verbrauchten Malzes und Zuckers berechnet wird, eine Rohmaterial-, Malzsteuer.

2. Die Ausführungsbestimmungen ordnen zunächst, damit von den bisherigen Ausführungsbestimmungen abweichend, in den §§ 68 bis 75 den Regelfall der Abfindung und dann als Abart in den §§ 76 bis 82 die Sonderstellung der Hausbrauer, denen gewisse Erleichterungen gegenüber dem allgemeinen Verfahren gewährt werden.

Die steuerliche Behandlung der zur Abfindung zugelassenen Brauer im allgemeinen ist in den Ausführungsbestimmungen im wesentlichen in Übereinstimmung mit dem bisherigen Recht in folgender Weise geregelt: Der Brauereiinhaber hat in dem erstmaligen Antrag auf Erhebung der Biersteuer im Wege der Abfindung zu erklären, welche Biergattungen (Einfach-, Schank-, Voll-, Starkbier) er herstellen und welche Mengen Malz und Zucker er zur Herstellung eines Hektoliters jeder Biergattung durchschnittlich verwenden will. Der Oberbeamte prüft diese Erklärung nach und gibt dem Hauptzollamt eine gutachtliche Äußerung darüber ab, welche Mengen jeder Biergattung für einen Doppelzentner der hierzu verwendeten Malz- und Zuckermengen nach den Betriebsverhältnissen der Brauerei für die Steuerberechnung in Ansatz zu bringen sind. Das Ausbeuteverhältnis wird durch das Hauptzollamt festgesetzt. Die Festsetzung, die Steuerbescheid im Sinne der Reichsabgabenordnung ist, gilt bis zu ihrer Abänderung als Grundlage der Steuerberechnung. Der zur Abfindung zugelassene Brauer hat für jede Einmaischung die zur Bierbereitung bestimmten Malz- und Zuckermengen unter Angabe der daraus herzustellenden Biergattungen anzumelden. Auf Grund dieser Anmeldung und der vom Hauptzollamt festgesetzten Ausbeutesätze berechnet die Zollstelle die für die Steuerberechnung in Ansatz zu bringenden Biermengen. Hiervon werden für den nach § 8 Abs. 1 des Gesetzes steuerfreien Haustrunk 5 und, wenn der Inhaber nicht im Betriebe tätig ist, 3 v. H. abgezogen und alsdann die Steuer festgesetzt.

Für abgefundene Brauer entsteht die Steuerschuld nicht mit der Entfernung des Bieres aus der Brauerei, sondern bereits mit der Festsetzung der Steuer durch die Zollstelle. Da für diese Festsetzung ein bestimmter Tag nicht festgelegt ist, kann es vorkommen, daß für die einzelnen Brauer unter sonst gleichen Umständen je nach dem Festsetzungstage verschiedene Steuersätze, die auf Grund des § 5 des Gesetzes bestimmt sind, angewendet werden. Zur Vermeidung solcher Ungleichheiten hat der Reichsminister der Finanzen bestimmt, daß für die Berechnung der Steuer der Steuersatz maßgebend ist, der am ersten Werktag des auf den bestimmungsmäßigen Abschluß des Abfindungsbuches folgenden Monats gilt (RZBl. 1923 S. 297).

Für die Entscheidung der Frage, ob die als Höchstgrenze für die Zulässigkeit der Abfindung geltende Menge von 500 Hektolitern Bier in einem Rechnungsjahre überschritten und demgemäß der Brauereiinhaber künftig von der Abfindung auszuschließen ist, ist nicht die tatsächlich in der Brauerei hergestellte Biermenge maßgebend, sondern lediglich die der Steuerberechnung zugrunde gelegte Biermenge (§ 75 AB.).

Zur Abfindung nicht zuzulassen sind Brauer, deren Brauerei erst nach dem 1. April 1918 betriebsfähig hergerichtet worden ist. Diese Vorschrift soll das Entstehen neuer Brauereien, die auf die Abfindung Anspruch erheben könnten, verhindern. Diese Erschwerung ist im Gegensatz zu der Vorschrift in § 5 des Biersteuergesetzes vom 26. Juli 1918 (s. Anhang) eine dauernde. Personen, die bisher nicht gebraut haben, sind von der Abfindung auch dann auszuschließen, wenn sie eine vor dem 1. April 1918 errichtete Brauerei auf eigene Rechnung benutzen.

Auf abgefundene Brauer finden keine Anwendung die Vorschriften über die Entstehung der Steuerschuld (§ 2 Abs. 1 des Gesetzes, §§ 1, 2 AB.), über die steuerpflichtige Biermenge (§ 6 des Gesetzes, § 10 AB.), über die Fälligkeit (§ 7 Abs. 1 des Gesetzes), über die steuerliche Behandlung von Rückbier (§ 9 des Gesetzes — offenbar versehentlich in § 18 des Gesetzes nicht angeführt —, § 15 AB.), über Lagerung des unversteuerten Bieres (§§ 44 AB.), über Versandgefäße (§ 45 AB.), über die Buchführung (§§ 57 bis 60 AB.), über die Steuererhebung (§ 61 AB.), über Entfernen des Bieres aus der Brauerei und Einbringen fremden Bieres in die Brauerei (§§ 62, 63 AB.), über Bestandsaufnahmen (§§ 64, 65 AB.) und Fehlmengen (§ 17 des Gesetzes). Die für Brauer, die zur Erstattung der Brauanzeige verpflichtet sind, in § 55 AB. getroffenen Betriebsbestimmungen gelten jedoch gemäß § 72 AB. auch für abgefundene Brauer (s. Bem. zu § 72 AB.).

Abgefundene Brauer haben gemäß § 18 Satz 2 des Gesetzes, § 74 AB. Anschreibungen über die von ihnen abgegebenen Biermengen zu führen. Diese sollen insbesondere eine Grundlage für die Nachprüfung der festgesetzten Ausbeutesätze bieten; bereits erfolgte Steuerfestsetzungen werden auf Grund dieser Anschreibungen nicht berichtigt.

Werden in einer abgefundenen Brauerei die vorgeschriebenen Anmeldungen oder die angeordnete Buchführung (Abfindungsbuch, § 70 Abs. 1 AB.) und Anschreibungen über die abgegebenen Biermengen (§ 74 AB.) nicht oder unrichtig bewirkt, so tritt nach § 21 Abs. 1 Nr. 7 des Gesetzes Bestrafung wegen Biersteuerhinterziehung ein, ohne daß der Vorsatz der Hinterziehung festgestellt zu werden braucht.

Abgefundene Brauer genießen bei der Ausfuhr von Bier keine Steuerfreiheit (s. § 1 BAO.).

Während nach § 32 des Brausteuergesetzes von 1906 und nach § 33 des Brausteuergesetzes von 1909 die Verwaltung die Möglichkeit hatte, die Abfindung auch ohne Antrag des Brauers eintreten zu lassen (vgl. Begr. zu Ziff. 5 § 22f des Entwurfs von 1906), ist die Abfindung nach dem Biersteuergesetz eine Vergünstigung, die nur auf Antrag gewährt wird (vgl. § 18 Satz 1 des Gesetzes) und entzogen werden kann (§ 75 Abs. 2 AB.). Ein Anspruch auf die Abfindung besteht nicht.

3. Bei abgefundenen Brauern wird die Biersteuer erst am zehnten Tage des auf die Festsetzung folgenden Monats fällig, während für die übrigen Brauer gemäß § 7 Abs. 1 des Gesetzes die Fälligkeit halbmonatlich am 25.

und 10. jedes Monats eintritt. Die spätere Fälligkeit für die abgefundenen Brauer ist darin begründet, daß für sie die Steuerschuld nicht mit dem Ausgange des fertigen Bieres, sondern bereits früher mit der Steuerfestsetzung entsteht, die im Anschluß an die Anmeldung der zur Bierbereitung bestimmten Malz- und Zuckermengen stattfindet.

4. Das geltende Gesetz hat die Steuervergünstigung für die Hausbrauer formell beseitigt und sich darauf beschränkt, ihnen eine Ausnahmestellung hinsichtlich des Reinheitsgebots zu gewähren (s. die Bemerkungen zu § 10 Abs. 6 des Gesetzes). § 18 läßt die Möglichkeit der Abfindung für Hausbraubetriebe, die vor dem 1. April 1918 betriebsfähig hergerichtet worden sind, zu. Die Ausführungsbestimmungen gewähren einem Teil dieser Hausbrauer, nämlich denjenigen, die nicht Bierverkäufer sind und in einem Rechnungsjahr nicht mehr als 20 Hektoliter obergäriges Bier herstellen (also denjenigen, die nach § 6 Abs. 2 Satz 1 des bisherigen Gesetzes Anspruch auf die Steuerermäßigung hatten, wenn sie schon vor dem 1. April 1918 als Hausbrauer bestanden), die Vergünstigung der Abfindung nach einem erleichterten Verfahren. Dieses Verfahren der erleichterten Abfindung, das in §§ 76 bis 82 AB. geregelt ist, schließt sich an das für die steuerliche Überwachung der steuerbegünstigten Hausbrauer in §§ 84 bis 90 der bisherigen Ausführungsbestimmungen geordnete Verfahren an. Hiernach hat der Hausbrauer, der von der Vergünstigung Gebrauch machen will, alljährlich in der Zeit vom 1. bis 15. April für das gesamte Rechnungsjahr anzumelden, wie oft er Bier für seinen Hausbedarf brauen und welche Malz- und Zuckermengen er dabei verwenden will. Diese Angaben sind jedoch nur schätzungsweise zu machen (Anl. zum Gebr. des Musters 19 der AB., Nr. 4). Die Steuerfestsetzung erfolgt für das erste Jahr, für das die Anmeldung abgegeben ist, in der Weise, daß für je einen Doppelzentner der angemeldeten Malz- und Zuckermengen 12 Hektoliter Bier in Ansatz gebracht werden. Hierin ist die Abfindung für den steuerfreien Haustrunk etwaiger Brauereiarbeiter nach § 8 Abs. 1 Satz 1 und 2 des Gesetzes inbegriffen. Aus dem angenommenen Ausbeuteverhältnis ergibt sich, daß der — niedrigste — Steuersatz für Einfachbier zur Anwendung gelangt (vgl. Anleitung zum Gebrauch des Musters 24 a). An die Einhaltung der Anmeldung ist der Hausbrauer nicht streng gebunden; er kann davon nach Belieben abweichen, ohne eine neue Anmeldung abgeben oder eine Änderung der Steuerfestsetzung gewärtigen zu müssen. Nur dürfen die verwendeten Malz- und Zuckermengen im einzelnen Rechnungsjahr die Grenze von 165 kg nicht überschreiten. Diese Braustoffmenge entspricht bei einer Ausbeute von 12 Hektolitern Bier aus einem Doppelzentner Braustoffe der in § 76 Abs. 1 AB. festgesetzten Grenze von 20 Hektolitern. Die Anmeldung ist regelmäßig außer für das laufende Rechnungsjahr noch für vier weitere Rechnungsjahre abzugeben. Sie kann auch nur für ein oder gleichzeitig für weitere Rechnungsjahre abgeben werden, die unter der Zahl vier bleiben. Die Festsetzung der Steuer erfolgt für das zweite und jedes weitere Jahr auf Grund der von dem Hausbrauer in der Anmeldung über die tatsächliche Verwendung von Malz und Zucker im Vorjahr gemachten Angaben. Zum Zwecke der Festsetzung der Steuer für das neue Rechnungsjahr ist die Anmeldung alljährlich in der Zeit vom 1. bis 15. April der Zollstelle unaufgefordert vorzulegen. Die Steuerfestsetzung ist ein Steuerbescheid.

Die Steuerschuld entsteht wie bei der allgemeinen Abfindung mit der Festsetzung der Steuer. Eine besondere Regelung, welche der etwa in Betracht kommenden verschiedenen Steuersätze (§ 5 des Gesetzes) anzuwenden sind, ist weder in den Ausführungsbestimmungen noch wie bei der allgemeinen

Abfindung durch Verwaltungsanordnung (vgl. oben Bem. 2 Abs. 3) getroffen. Es ist daher der am Tage der Festsetzung geltende Steuersatz maßgebend. Die Steuer wird für das ganze Rechnungsjahr festgesetzt. Die Fälligkeit, tritt am zehnten Tage des auf die Festsetzung folgenden Monats ein.

Die gleichen Vorschriften des Gesetzes und der Ausführungsbestimmungen, die für die nach den allgemeinen Bestimmungen abgefundenen Brauereien ausgeschaltet sind (s. oben Bem. 2), gelten auch für die der vereinfachten Abfindung unterliegenden Hausbrauer nicht. Außerdem brauchen sie die für die Verwendung von Zucker vorgeschriebene Erklärung nicht abzugeben (AB. § 81).

Die vereinfachte Abfindung ist wie die allgemeine Abfindung lediglich eine Vergünstigung. Sie ist bei Mißbrauch und bei Fortfall ihrer Voraussetzungen zu entziehen (§ 82 AB.), auf sie kann verzichtet werden. Wird die vorgeschriebene Anmeldung nicht erstattet oder werden unrichtige Angaben in der Anmeldung gemacht oder die vorgeschriebenen Abschreibungen nicht oder unrichtig geführt, so wird dies gemäß § 21 Abs. 1 Nr. 7 des Gesetzes als Biersteuerhinterziehung bestraft. Besteht die Zuwiderhandlung darin, daß untergärige Hefe verwendet oder Bierhandel betrieben oder Bier an nicht zum Haushalt gehörige Personen abgegeben wird, so wird dies nach § 377 AO. mit Ordnungsstrafe zu ahnden sein. Auch im letzten der drei angeführten Fälle kommt eine Hinterziehung nicht in Frage, da eine Steuervergünstigung für Hausbrauer nicht mehr besteht. Wird die Grenze von 165 kg Malz und Zucker (§§ 76 Abs. 2, 80 AB.) überschritten und wird dies in den Anschreibungen des Hausbrauers in der Anmeldung angegeben, so kommt neben der Entziehung der Vergünstigung (§ 82 AB.) und Nacherhebung der Steuer für die die Grenze überschreitende in Bier umzurechnende Rohstoffmenge eine Ordnungsstrafe nach § 377 AO. in Frage.

Wegen der Steuerfreiheit des Haustrunks vgl. die Bemerkungen zu § 8 Abs. 1 und § 10 Abs. 6 des Gesetzes.

Durchsuchungen.

§ 19.

Durchsuchungen der der Steueraufsicht unterliegenden Betriebe sind zulässig, wenn hinreichender Verdacht vorhanden ist, daß die Biersteuer hinterzogen worden ist oder daß bei der Bierbereitung unzulässige Stoffe verwendet werden.

1. Nach der Reichsabgabenordnung steht den Finanzämtern kein allgemeines Recht zu Durchsuchungen zu. Nach § 401 AO. können sie die nach der Strafprozeßordnung (§ 105 Abs. 1) zuständigen Behörden und Beamten um Durchsuchungen ersuchen und verlangen, daß dabei von ihnen zu bezeichnende Beamte hinzuzuziehen sind. Die Sachen, die in Verwahrung oder in Beschlag genommen werden, sind den Finanzämtern zu übergeben. § 402 AO. überläßt es jedoch den einzelnen Steuergesetzen, aus Gründen der Steueraufsicht Durchsuchungen vorzusehen. Für diese Fälle gibt § 402 Verfahrensvorschriften, an die sich die Durchsuchungen ausführenden Beamten zu halten haben. Grundsatz ist, daß die Verfahrensvorschriften der Strafprozeßordnung maßgebend sind (§§ 105 Abs. 2 bis 4, 106 bis 109 StPO.). Hinsichtlich der Papiere und Handelsbücher trifft § 402 Abs. 2 AO. ähnliche Vorschriften wie § 110 StPO. (Einsicht nur mit Genehmigung des Inhabers, andernfalls Einsiegelung und Ablieferung an den Amtsrichter, der sie, soweit sie für die Durchsuchung Bedeutung haben, dem Finanzamt mitzuteilen hat).

Nicht zu verwechseln mit dem Durchsuchungsrecht nach § 402 AO. ist das sich aus dem Inhalt der Steueraufsicht ergebende Recht der Finanzbehörden, in Räumen, die der Steueraufsicht unterliegen, Nachschau (§ 196 AO; § 83 AB.) zu halten und die dort zu ihrer Einsicht bestimmten Bücher und Aufzeichnungen einzusehen (§ 403 AO.). Nach § 196 AO. fallen zeitliche Beschränkungen der Nachschau weg, wenn Gefahr im Verzuge liegt. Die Anordnung der Durchsuchung steht den Finanzämtern (Hauptzollämtern) zu, die ausführenden Beamten haben sich durch einen schriftlichen Auftrag des Finanzamts auszuweisen (§ 402 Abs. 1 AO.).

Neben den Durchsuchungen nach § 402 AO. stehen unabhängig die auf Grund der §§ 102ff. StPO. vorzunehmenden Durchsuchungen. Insbesondere können die Voraussetzungen, unter denen Durchsuchungen nach den einzelnen Steuergesetzen zulässig sind, von denen der §§ 102, 103 StPO. durchaus verschieden sein.

2. Nach § 40 des bisherigen Gesetzes hatten die Steuerbeamten bei hinreichendem Verdacht einer Hinterziehung oder eines Verstoßes gegen das Reinheitsgebot die Befugnis, auch in anderen als den in § 39 Abs. 2 bezeichneten Räumen — Betriebs- und Lagerräumen einer Brauerei, anstoßenden, mit ihr in Verbindung stehenden Räumen und Brauereiausschankräumen (vgl. § 83 Abs. 1 der geltenden AB.) — unter Beachtung der für Haussuchungen gesetzlich vorgeschriebenen Formen Nachschau zu halten. Hiernach konnten Durchsuchungen in diesen Fällen nicht nur in Brauereien, sondern in jedem anderen Raume, z. B. in Gastwirtschaften oder in Lagerräumen von Bierhändlern, ausgeübt werden. Nach § 19 des geltenden Gesetzes sind unter der Voraussetzung hinreichenden Verdachts Durchsuchungen nur bei der Steueraufsicht unterliegenden Betriebe zulässig. Der Steueraufsicht unterliegen aber nach § 13 Abs. 1 des Gesetzes die Brauereien einschließlich der als Brauereien geltenden Betriebe zur Herstellung bierähnlicher Getränke (§ 103 a AB) und der Ausschank von Bier in Verbindung mit einer Brauerei; ferner gemäß § 22 Abs. 2 AB. Bierhändler und Wirte, die untergärige Kräusen dem Berliner Weißbier oder Grätzer Bier zusetzen wollen und sich der Steueraufsicht unterworfen haben. Hiernach ist also der Gegenstand der steuerlichen Durchsuchungen gegenüber dem bisherigen Rechte nicht unerheblich eingeschränkt worden. Keinesfalls können Durchsuchungen z. B. in Gastwirtschaften, die nicht Brauereiausschank sind und auf die § 22 Abs. 2 AB. nicht zutrifft, vorgenommen werden. Andererseits kann es nicht die Absicht des Gesetzes gewesen sein, in § 19 lediglich das Recht der Nachschau, das in §§ 196, 403 AO. festgesetzt ist, nochmals für das Gebiet der Biersteuer zu wiederholen. Nach § 19 ist vielmehr die Durchsuchung in allen Räumen des Betriebes, nicht nur den eigentlichen Brauereiräumen, zulässig, z. B. auch in außerhalb der Brauerei belegenen Kontorräumen, Niederlagen usw. (A. M. Koppe S. 143). Reicht das Durchsuchungsrecht nach § 19 nicht aus, so ist nach § 401 AO. zu verfahren.

3. Nur, wenn der Verdacht der Biersteuerhinterziehung oder der Verwendung unzulässiger Stoffe besteht, sind Durchsuchungen zulässig, nicht aber auch, wenn der Verdacht besteht, daß andere nach dem Biersteuergesetz oder der Reichsabgabenordnung strafbare Handlungen begangen sind, z. B. Zuwiderhandlungen gegen die Vorschriften in §§ 11, 12 des Gesetzes über den Verkehr mit Bier und mit Zubereitungen.

III. Strafvorschriften.

Vorbemerkungen.

1. Das Biersteuerstrafrecht hat durch die Anpassung des Gesetzes an die Reichsabgabenordnung eine gründliche Umgestaltung erfahren. Die Grund-

lagen des gesamten Verbrauchssteuerstrafrechts enthält die Abgabenordnung, namentlich seitdem der erste Abschnitt des dritten Teils (§§ 355 bis 384) der Abgabenordnung durch Art. VIII („Vereinfachung des Steuerstrafrechts") der dritten Steuernotverordnung vom 14. Februar 1924 (RGBl. I S. 74) in sehr einschneidender Weise abgeändert worden ist und damit eine Bedeutung erhalten hat, die weit über seinen ursprünglichen Zweck, eine Ergänzung des Strafrechts der einzelnen Steuergesetze zu bilden (vgl. Becker, die Reichsabgabenordnung, Bem. 1 zu § 355) hinausgeht. Nach § 57 Abs. 2 der dritten Steuernotverordnung treten die Vorschriften der Steuergesetze außer Kraft, insoweit sie den Vorschriften der §§ 359 bis 361, §§ 363, 367, 369, 369 a, 373 AO. in deren neuer Fassung zuwiderlaufen. Insoweit ist § 1 Abs. 3 AO. ausgeschaltet. Ergänzend neben das Strafrecht der Abgabenordnung und der einzelnen Steuergesetze tritt das Strafgesetzbuch (§ 355 AO.).

2. Das Strafrecht und das Strafverfahrensrecht der Abgabenordnung befaßt sich grundsätzlich nur mit den Steuerzuwiderhandlungen, nach der Begriffsbestimmung des § 356 Abs. 1 AO. also mit den strafbaren Verletzungen von Pflichten, die die Steuergesetze im Interesse der Besteuerung auferlegen. Die Vorschriften der §§ 10 bis 12 des Biersteuergesetzes sind nur zum Teil im Interesse der Besteuerung ergangen, so daß in den §§ 22 bis 24 des Gesetzes die zur Ergänzung notwendigen Vorschriften der Abgabenordnung ausdrücklich für anwendbar erklärt werden mußten. Als Steuerzuwiderhandlung gilt auch die Begünstigung (§ 257 StGB.) einer Steuerzuwiderhandlung (§ 356 Abs. 2 AO.), während nach dem preußischen Verwaltungsstrafgesetz vom 26. Juli 1897 die Begünstigung nur dann eine von den Verwaltungsbehörden zu verfolgende Steuerzuwiderhandlung war, wenn sie zu einer Übertretung gewährt und in den einzelnen Steuergesetzen (z. B. Biersteuergesetz von 1918 § 48) besonders mit Strafe bedroht war (vgl. Bonnenberg, das Strafverfahren in Zoll- und Steuersachen, 2. Aufl., S. 11).

3. Nach § 357 AO. kann in den Fällen, in denen das Gesetz die Strafe für verwirkt erklärt, ohne daß ein Verschulden einer natürlichen Person festgestellt zu werden braucht, die Geldstrafe gegen die juristische Person oder die Personenvereinigung, in deren Betrieb Steuerzuwiderhandlungen begangen sind, erkannt werden. Dieser — der Abgabenordnung eigentümliche — Grundsatz ist für das Biersteuerstrafrecht namentlich im Hinblick auf Ordnungswidrigkeiten und auf § 21 Abs. 1 des Gesetzes von Bedeutung (vgl. § 359 Abs. 5 AO.; s. die Entsch. des Reichsgerichts Jur. Wochenschr. 1924, S. 823). Wird das Verschulden eines Vertreters oder Angestellten festgestellt, so trifft die Strafe diese und die juristische Person haftet für die Strafe und Kosten auf Grund des § 381 AO. (vgl. unten Bem. 19).

4. Was die Berücksichtigung des Strafrechtsirrtums anlangt, so gilt zunächst § 59 StGB. Danach sind Tatumstände, die zum gesetzlichen Tatbestande gehören oder die Strafbarkeit erhöhen, dem Beschuldigten nicht zuzurechnen, wenn er ihr Vorhandensein bei der Begehung der strafbaren Handlung nicht kannte. Nicht zuzurechnen kann hiernach auch die Verletzung steuerrechtlicher Vorschriften sein, die der Täter nicht kannte. Wenn § 358 AO. denjenigen für straffrei erklärt, der in unverschuldetem Irrtum über das Bestehen oder die Anwendbarkeit steuerrechtlicher Vorschriften die Tat für erlaubt gehalten hat, so wird dieser Irrtum regelmäßig bereits nach § 59 StGB. zu berücksichtigen sein (§ 355 AO.). § 59 StGB. geht insofern weiter als § 358 AO., als er grundsätzlich die Beachtung auch des verschuldeten Irrtums nicht ausschließt. Er ist andererseits aber enger, indem nach § 59 der Irrtum über das Strafgesetz unbeachtlich ist, während unter den steuerrechtlichen Vorschriften

des § 358 AO. auch die Vorschriften des Steuerstrafrechts zu verstehen sind. Im Biersteuerstrafrecht wird § 358 AO. nur eine verhältnismäßig geringe Rolle spielen, da von den Personen — meist Gewerbetreibenden — denen das Biersteuergesetz Pflichten auferlegt, verlangt werden muß, daß sie sich rechtzeitig die Kenntnis der steuerrechtlichen Vorschriften verschaffen. Auf Fahrlässigkeit beruhender Irrtum rechtfertigt die Anwendung des § 358 AO. nicht.

5. § 359 AO. hat einen für alle der Abgabenordnung angepaßten Steuergesetze geltenden Hinterziehungsbegriff geschaffen. Als Hinterziehung gelten vier einzelne Tatbestände, denen das Erfordernis des Vorsatzes gemeinsam ist (vgl. Bem. 2 zu § 22). Der Steuerhinterziehung macht sich schuldig, wer zum eigenen Vorteil oder zum Vorteil eines anderen nicht gerechtfertigte Steuervorteile erschleicht, ferner wer vorsätzlich bewirkt, daß Steuereinnahmen verkürzt werden. Eine Steuerhinterziehung liegt weiter dann vor (§ 359 Abs. 2), wenn jemand Sachen, für die ihm Steuerbefreiung oder Steuervorteile gewährt sind, zu einem Zwecke verwendet, der der Steuerbefreiung oder dem Steuervorteile, die er erlangt hat, nicht entspricht, und es zum eigenen Vorteil oder zum Vorteil eines anderen vorsätzlich unterläßt, dies dem Finanzamt vorher rechtzeitig anzuzeigen. Hierher gehören die Fälle des § 8 des Biersteuergesetzes, vgl. jedoch die ausdrückliche Regelung in § 21 Abs. 1 Nr. 6. Einen vierten Hinterziehungstatbestand enthält § 359 Abs. 4. Nach dieser Vorschrift ist eine Steuerumgehung (§ 5) als Steuerhinterziehung strafbar, wenn die Verkürzung der Steuereinnahmen dadurch bewirkt wird, daß der Täter vorsätzlich ihm im Interesse der Ermittlung einer Steuerpflicht obliegende Pflichten verletzt. Die Vorschrift kann für das Biersteuerstrafrecht von Bedeutung werden in den Fällen der Umgehung des § 3 Abs. 3 des Gesetzes, meist wird allerdings § 21 Abs. 1 Nr. 2 Platz greifen.

In den vier erwähnten Hinterziehungsfällen muß der Vorsatz dem Täter nachgewiesen werden. Von diesem Grundsatz macht § 359 Abs. 5 eine Ausnahme: die Vorschriften der Zoll- und Verbrauchsabgabengesetze, nach denen eine Bestrafung eintritt, ohne daß der Vorsatz der Hinterziehung festgestellt zu werden braucht (s. § 21 des Biersteuergesetzes), bleiben unberührt. Auf Gefängnis kann aber nur dann erkannt werden, wenn der Vorsatz der Hinterziehung festgestellt wird.

Während die ursprüngliche Fassung der Abgabenordnung die Festsetzung der Hinterziehungsstrafe den einzelnen Steuergesetzen überließ und demgemäß § 20 des Biersteuergesetzes vom 9. Juli 1923/11. August 1923 die Strafe der Biersteuerhinterziehung auf das Vierfache des hinterzogenen Betrages festsetzte, ist nach der Änderung des § 359 durch § 56 Nr. 1a der dritten Steuernotverordnung vom 14. Februar 1924 (RGBl. I S. 74) nunmehr auch die Bestrafung der Hinterziehung einheitlich, und zwar im Sinne einer erheblichen Verschärfung der bisherigen Strafen, durch die Abgabenordnung geregelt. Die Strafe ist Geldstrafe in unbeschränkter Höhe, neben der auf Gefängnis bis zu zwei Jahren erkannt werden kann. Eine höhere Gefängnisstrafe ist nur bei Rückfall zulässig (§ 56 Nr. 7 der dritten Steuernotverordnung). Bei Zöllen und Verbrauchsabgaben ist die Geldstrafe mindestens auf das Vierfache des hinterzogenen Betrages zu bemessen, falls der Betrag der Steuerverkürzung oder des Steuervorteils festgestellt werden kann. § 20 des Biersteuergesetzes ist durch § 57 Abs. 2 der dritten Steuernotverordnung außer Kraft gesetzt, da er dem § 359 AO. in dessen Neufassung zuwiderläuft. Gemäß § 1 Abs. 2 des Strafgesetzbuchs in der Fassung der Verordnung über Vermögensstrafen und Bußen vom 6. Februar 1924 (RGBl. I S. 44) ist die

Steuerhinterziehung stets ein Vergehen. § 360 Abs. 1 Satz 2 und § 361 Abs. 2 AO., die sich mit Versuch, Beihilfe und Begünstigung bei als Übertretungen sich darstellenden Hinterziehungen befaßten, sind daher in Fortfall gekommen (§ 56 der dritten Steuernotverordnung Nr. 2 und 3). Da die Steuerhinterziehung ein Vergehen ist, findet § 27a StGB. in der Fassung der Verordnung über Vermögensstrafen und Bußen vom 6. Februar 1924 Anwendung: wenn die Tat auf Gewinnsucht beruht, kann die Geldstrafe auf einhunderttausend Goldmark erhöht werden.

Begehen mehrere eine Steuerhinterziehung gemeinsam, so beträgt für jeden einzelnen die Geldstrafe mindestens das Vierfache des hinterzogenen Betrages. Bei Biersteuerhinterziehungen richtet sich die Höhe des hinterzogenen Betrages nach den Verhältnissen des Brauereibetriebes, in dem die Hinterziehung begangen wurde. Kann dieser Betrag nicht festgestellt werden, so ist er nach § 210 AO. zu schätzen.

Wie die vollendete Tat wird auch die Anstiftung bestraft (§ 48 StGB., § 355 AO., vgl. Bem. 22).

Für die Bestrafung Jugendlicher, d. h. von Personen, die über vierzehn aber noch nicht achtzehn Jahre alt sind, wegen Steuerzuwiderhandlungen kommen neben den Vorschriften der Abgabenordnung die des Jugendgerichtsgesetzes vom 16. Februar 1923 (RGBl. I S. 135) in Betracht. Nach diesem Gesetz ist ein Jugendlicher nur strafbar, wenn er zur Zeit der Tat nach seiner geistigen oder sittlichen Entwicklung fähig war, das Ungesetzliche der Tat einzusehen oder seinen Willen dieser Einsicht gemäß zu bestimmen. Die Strafen sind besonders geordnet. Die Strafe des Verweises ist beseitigt und demgemäß § 412 Abs. 3 AO. durch § 50 des Jugendgerichtsgesetzes aufgehoben worden. Ist eine Handlung mit Gefängnis oder mit Geldstrafe bedroht, so ist nach § 9 Abs. 3 des Jugendgerichtsgesetzes für Jugendliche die Strafe zwischen dem gesetzlichen Mindestbetrage der anzuwendenden Strafart und der Hälfte des Höchstbetrags der angedrohten Strafe zu bestimmen. Bei Vergehen und Übertretungen kann in besonders leichten Fällen von Strafe abgesehen werden. Das Jugendgericht kann die Vollstreckung von Freiheitsstrafen aussetzen (§ 10). Ist auf Geldstrafe erkannt worden, so ist, sobald die Ersatzfreiheitsstrafe vollstreckt werden kann, darüber zu entscheiden, ob die Vollstreckung der Ersatzfreiheitsstrafe ausgesetzt werden soll (§ 40 Abs. 4, § 14). Neben oder an Stelle (§ 6) der Strafe kann das Gericht Erziehungsmaßregeln (§ 7) anordnen. In Fällen, die für solche Maßregeln geeignet erscheinen, wird das Hauptzollamt die Sache zweckmäßig an die Staatsanwaltschaft abgeben. — Wer vor Vollendung des vierzehnten Lebensjahres eine Steuerzuwiderhandlung begeht, ist nicht strafbar (§ 1).

6. Der Versuch der Steuerhinterziehung ist strafbar, die für die vollendete Tat angedrohte Strafe gilt auch für den Versuch. In § 360 AO. ist § 43 des bisherigen Biersteuergesetzes aufgegangen. Für den Begriff des Versuches ist § 43 Abs. 1 StGB. maßgebend. § 360 bezieht sich nur auf Hinterziehungen. Der Versuch einer nach § 22 des Biersteuergesetzes strafbaren Handlung fällt nicht unter § 360 AO. und ist nach § 43 Abs. 2 StGB. nicht strafbar.

Die Regel des § 360 Abs. 2 Halbsatz 1 AO., daß Geldstrafen, die auf ein Vielfaches des hinterzogenen Betrages zu bestimmen sind, nach der Steuerverkürzung oder dem Steuervorteile zu bemessen sind, die bei Vollendung der Tat eingetreten wären, behält auch nach der Änderung des § 359 AO. ihre Bedeutung für die Verbrauchsabgaben, weil bei ihnen die Geldstrafe mindestens auf das Vierfache des hinterzogenen Betrages zu bemessen ist, wenn der Betrag der Steuerverkürzung oder des Steuervorteils festgestellt werden kann.

Der Begriff des „Unternehmens", das in § 39 des Brausteuergesetzes vom 15. Juli 1909 als zum Tatbestande der Brausteuerhinterziehung gehörig erscheint, ist bereits durch das Biersteuergesetz vom 26. Juli 1918 fallen gelassen worden. Die Abgabenordnung kennt nur das vollendete Delikt der Hinterziehung und den der vollendeten Tat gleichgestellten Versuch.

7. Die Vorschriften des § 49 des Strafgesetzbuchs über die Beihilfe gelten grundsätzlich auch für die Steuerzuwiderhandlungen der Abgabenordnung. Nach § 49 StGB. ist die Strafe des Gehilfen nach den Grundsätzen über die Bestrafung des Versuchs zu ermäßigen. § 361 AO. setzt indessen eine Ausnahme hiervon fest für den Fall, daß die Beihilfe des eigenen Vorteils wegen begangen ist. Alsdann gilt die für die vollendete Tat angedrohte Strafe. Entsprechendes gilt für die Begünstigung, wenn der Beistand des eigenen Vorteils wegen geleistet ist. Sonst findet § 257 StGB. Anwendung.

8. Die Bekanntmachung der Bestrafung auf Kosten des Verurteilten kann im Straferkenntnis (auch im Strafbescheid) angeordnet werden, wenn wegen Steuerhinterziehung auf eine Geldstrafe von mehr als fünfhundert Goldmark oder neben Geldstrafe — auch von weniger als fünfhundert Goldmark — auf Gefängnis erkannt wird (§ 363, vgl. § 439 Abs. 3 AO.). Auch im Unterwerfungsverfahren (§ 410 AO.) kann auf Veröffentlichung der Strafe erkannt werden (vgl. § 386 Abs. 2 AO.). Aus § 364 in Verbindung mit § 359 Abs. 1 ergibt sich, daß auch wegen Biersteuerhinterziehung auf Verlust der bürgerlichen Ehrenrechte erkannt werden kann (vgl. ferner § 369 AO., Rückfall).

9. Das Biersteuergesetz vom 26. Juli 1918 kannte die Einziehung als Nebenstrafe der Hinterziehung nicht, während nach Art. 54 des bayerischen Malzaufschlaggesetzes vom 18. März 1910, wenn die Hinterziehung durch Benutzung einer nicht genehmigten eigenen Mühle oder einer sonstigen Schrotungsvorrichtung verübt war, die Einziehung der Mühle oder Vorrichtung eintrat.

Nach § 365 Abs. 1 AO. muß stets neben der wegen Hinterziehung erkannten Geld- oder Freiheitsstrafe (also nicht im Falle der §§ 5, 6 des Jugendgerichtsgesetzes vom 16. Februar 1923, RGBl. I S. 135) auf die Einziehung der steuerpflichtigen Erzeugnisse und zollpflichtigen Waren erkannt werden, hinsichtlich derer die Hinterziehung begangen worden ist. Kann die Einziehung nicht vollzogen werden, so ist auf Erlegung des Wertes der Erzeugnisse oder Waren und, soweit dieser nicht zu ermitteln ist, auf Zahlung einer Geldstrafe in dem durch den § 27 Abs. 1, 2, § 27a StGB. (Art. XIV Abs. 2 Nr. 2, Art. I der Verordnung über Vermögensstrafen und Bußen vom 6. Februar 1924, RGBl. 1924 I S. 44) gegebenen Strafrahmen zu erkennen. Die Wertersatzstrafe und die Geldstrafe des § 365 Abs. 2 sind nach § 435 AO. in Freiheitsstrafe umzuwandeln, wenn sie nicht beigetrieben werden können. War der Herstellungsbetrieb der Erzeugnisse der Steuerbehörde nicht angemeldet worden (§ 194 AO, Beispiele: § 33 Abs. 1 und 2 AB., vgl. Bem. 3 zu § 21 Abs. 1 des Gesetzes), so ist außerdem nach § 365 Abs. 3 AO. die Einziehung aller in den Betriebs- und Lagerräumen vorhandenen Vorräte an steuerpflichtigen Erzeugnissen sowie der zur Herstellung dienenden Geräte verwirkt. Nicht vorausgesetzt ist, daß der Inhaber des Herstellungsbetriebes wegen Hinterziehung verurteilt ist. Umwandlung in eine Wertersatzstrafe ist in diesem Falle nicht vorgeschrieben. Unter den „steuerpflichtigen" Erzeugnissen des § 365 AO. sind steuerunterworfene Gegenstände zu verstehen.

Der Ausdehnung der Einziehung in § 365 Abs. 3 liegt offensichtlich die Erwägung zugrunde, daß für sämtliche, auch die noch nicht fertig gestellten Erzeugnisse des nicht angemeldeten Herstellungsbetriebes und diejenigen, für die eine Steuerschuld noch nicht entstanden ist, die Hinterziehung beabsichtigt oder versucht ist und dies die einschneidende Maßnahme rechtfertigt. Hiernach sind den steuerpflichtigen Erzeugnissen auch diejenigen zuzurechnen, für die gemäß § 101 Abs. 2 die öffentlich-dingliche Haftung entstanden ist (vgl. Bem. 11 zu § 2 Abs. 1). Der Einziehung nach § 365 Abs. 3 unterliegen mithin alle Vorräte, an denen bereits ein Beginn der Herstellung des Erzeugnisses vorgenommen ist, z. B. bei einem nicht angemeldeten Brauer das gemälzte Getreide oder die Maische. Zur Herstellung dienende Geräte sind beim Bier nicht nur die Gär- und Lagergefäße, sondern auch die Transportfässer.

Auf Einziehung ist auch bei Versuch der Steuerhinterziehung (§ 360 AO.), ferner bei Beihilfe und Begünstigung, die jemand seines Vorteils wegen begeht (§ 361), und bei Beihilfe (§ 49 StGB.) zu erkennen. Bei der Begünstigung (§ 257 StGB.) kommen Nebenstrafen nicht in Betracht.

Zu unterscheiden von der Einziehung als Nebenstrafe nach § 365 AO. ist die in den §§ 370 und 379 behandelte Einziehung. Gemeinsam ist diesen beiden Fällen, daß sie nicht wie die Einziehung des § 365 die Verurteilung einer natürlichen oder juristischen Person wegen Hinterziehung voraussetzen. Nach § 370 unterliegen steuerpflichtige Erzeugnisse, die nicht vorschriftsmäßig versteuert sind, der Einziehung. Diese Einziehung muß erfolgen. Einzige Voraussetzung ist das Fehlen der vorschriftsmäßigen Versteuerung, im Biersteuerrecht also das Fehlen der in den Ausführungsbestimmungen vorgeschriebenen Anmeldungen. Ist Steuer hinterzogen, so greift § 379 Platz. Die Einziehung des § 379 findet Anwendung, wo die Strafe der Einziehung vorgesehen ist, d. h. in den Fällen des § 365 Abs. 1 und 3, wenn eine Verurteilung nicht erfolgt ist. Die Einziehung im objektiven Strafverfahren ist nach dem Wortlaut des § 379 nur fakultativ. Eine Wertersatzstrafe (§ 365 Abs. 2) kommt im Falle des § 379 nicht in Betracht.

Die Wirkungen der Einziehung sind in § 380 geregelt. Das Eigentum an den eingezogenen Sachen geht mit der Rechtskraft des Erkenntnisses auf das Reich über. Abweichend hiervon entsteht im Zollrecht bereits mit der Beschlagnahme — auflösend bedingtes — Eigentum des Reiches (§ 156 VZG.). Rechte Dritter, die schon im Falle des § 379 unberücksichtigt bleiben, erlöschen. Gegenstände, deren Einziehung ausgesprochen ist, sind dem Finanzamt auszuhändigen (§ 439 Abs. 2). Wegen der Vollstreckung der Einziehung s. § 424 Abs. 3 und 4 AO.

Neben der Einziehung der Abgabenordnung steht die des allgemeinen Strafrechts (§§ 40, 42 StGB.), die jedoch für das Biersteuerstrafrecht praktisch wenig in Betracht kommen dürfte.

10. Das Landesfinanzamt kann durch Beschluß, gegen den die Beschwerde an den Reichsfinanzhof gegeben ist, dem mehrfach wegen Steuerhinterziehung Bestraften unter bestimmten Voraussetzungen die Fortsetzung des Betriebes oder sogar seines Berufes auf Zeit oder Dauer untersagen und unter den gleichen Voraussetzungen Vertretern oder Angestellten des Steuerpflichtigen die weitere Tätigkeit in dem Unternehmen verbieten (§ 366 AO.).

Nach § 199 AO. können Betriebe, bei denen eine Steuerhinterziehung im Strafverfahren festgestellt ist, auf Kosten des Inhabers besonderen Aufsichtsmaßnahmen unterworfen werden.

11. Die Bestrafung wegen Steuerhinterziehung setzt Vorsatz des Täters voraus. Für die Fälle, in denen die Verkürzung der Steuereinnahmen durch fahrlässiges Handeln des Steuerpflichtigen oder seines Vertreters bewirkt wird, hat die Abgabenordnung in § 367 den Begriff der Steuergefährdung eingeführt, die mit Geldstrafe bis zu 100000 Goldmark bestraft wird. Fahrlässigkeit ist nach den auch hier anzuwendenden allgemeinen strafrechtlichen Grundsätzen Außerachtlassung pflichtgemäßer Aufmerksamkeit (vgl. Begr. zur AO. S. 131). Hauptanwendungsfall des § 367 auf dem Gebiete der Biersteuer wird an dolus streifende Nachlässigkeit bei der durch die Ausführungsbestimmungen vorgeschriebenen Buchführung sein. Bloße Verletzung der in dieser Hinsicht bestehenden Pflichten genügt nicht. Voraussetzung der Anwendung des § 367 ist, daß die Fahrlässigkeit des Täters die unrichtige Festsetzung der Steuer verursacht hat. Hat das Finanzamt gemäß § 210 AO., weil Bücher nicht oder nicht richtig geführt sind, von der Schätzung Gebrauch gemacht, so ist für Bestrafung wegen Steuergefährdung kein Raum. In diesem Falle kommt nur eine Ordnungsstrafe (§ 377 AO.) in Betracht.

12. Der Begriff der Steuerhehlerei in § 368 AO. stimmt im wesentlichen mit dem der Biersteuerhehlerei des § 46 des Biersteuergesetzes vom 26. Juli 1918 überein. Während aber § 46 a. a. O. Vorsatz, also Kenntnis des Umstandes, daß hinsichtlich des Bieres eine Steuerhinterziehung stattgefunden hat, voraussetzt, greift § 368 AO. auch dann Platz, wenn der Täter den Umständen nach annehmen mußte, daß die Hinterziehung stattgefunden hat (vgl. § 259 StGB.). Der Täter hat in diesem Falle den Beweis seiner Unkenntnis zu führen. Wie nach dem alten Biersteuergesetz ist der Versuch strafbar und wird mit der für die vollendete Tat angedrohten Strafe geahndet. Darüber hinaus gelten auch die §§ 361, 363—365 AO. Das Ansichbringen oder der Absatz muß in der Absicht erfolgt sein, hierdurch einen Vorteil zu erlangen.

13. Die Bestrafung des Rückfalls in § 369 AO. in der Fassung der dritten Steuernotverordnung ist den Vorschriften des allgemeinen Strafrechts angepaßt (vgl. §§ 244, 245, 264 StGB.) und weicht nicht unerheblich von der Regelung des § 49 des bisherigen Biersteuergesetzes ab. Während nach dem letzteren (und der ursprünglichen Fassung des § 369 AO.) bei Begehung der zweiten Steuerhinterziehung oder Steuerhehlerei die Rückfallsstrafe eintrat, löst jetzt erst die dritte derartige Straftat diese Folge aus. Dafür ist die Strafe verschärft. Sie ist auf Gefängnis bis zu fünf Jahren bemessen, daneben ist auf Geldstrafe (§ 359 Abs. 1 Sätze 2, 3) zu erkennen. Die gegenüber § 245 StGB. sehr verkürzte Ausschlußfrist von 3 Jahren läuft von der Verbüßung oder dem Erlasse der letzten Strafe bis zur Begehung der neuen Straftat. Eine besondere Strafe für den weiteren Rückfall ist nicht festgesetzt, die Berücksichtigung mildernder Umstände zugelassen. In den Fällen des § 381 AO. (Haftung für andere Personen) tritt die Strafe des Rückfalls beim Betriebsinhaber oder beim strafrechtlich verantwortlichen Vertreter nur ein, wenn die Voraussetzungen des § 369 in dessen Person vorliegen (§ 50 StGB.). Juristische Personen (vgl. § 357 AO.) können nicht wegen Rückfalls bestraft werden. Auch Bestrafungen auf Grund der früheren Gesetze wegen Hinterziehung der Brausteuer oder Hinterziehung der Biersteuer oder Biersteuerhehlerei würden die Anwendung des § 369 AO. rechtfertigen (vgl. RG. Strafs. Bd. 56, S. 199 für Zigaretten- und Tabaksteuer). Hinsichtlich des Rückfalls stehen Bestrafungen durch die Finanzbehörden gerichtlichen Strafen völlig gleich (vgl. RG. Strafs. Bd. 20, S. 316). Die Tatbestände des § 21 Abs. 1 des Biersteuergesetzes rechtfertigen die Bestrafung wegen Rückfalls. Indessen darf nach § 369 Abs. 3 AO. auf Gefängnis nur erkannt werden, wenn der Vorsatz der Hinterziehung festgestellt wird (vgl. § 359 Abs. 5 AO.).

14. Wer in den Fällen der Steuerhinterziehung oder Steuergefährdung, bevor er angezeigt oder eine Untersuchung gegen ihn eingeleitet ist (§ 406 Abs. 2 AO.), unrichtige oder unvollständige Angaben bei der Steuerbehörde, ohne dazu durch eine unmittelbare Gefahr der Entdeckung veranlaßt zu sein, berichtigt oder ergänzt oder unterlassene Angaben nachholt, bleibt insoweit straffrei, jedoch nur, wenn er die geschuldete Summe nach ihrer Festsetzung innerhalb der ihm bestimmten Frist entrichtet (§ 374 Abs. 1 AO.). Die Straffreiheit ist nicht vorgesehen für die Fälle der Begünstigung (§ 356 Abs. 2) und der Steuerhehlerei (§ 368). Die Untersuchung muß aktenkundig gemacht sein (§ 406 Abs. 2), nur bis zu diesem Zeitpunkt gilt die Wohltat des § 374. Die tätige Reue nach § 374 wirkt nur als persönlicher Strafausschließungsgrund, also nicht auch zugunsten der Teilnehmer.

15. § 375 AO., wonach bestraft wird, wer geschäftsmäßig in Angeboten oder Aufforderungen, die an einen größeren Personenkreis gerichtet sind, darauf hinweist, daß bei Geschäftsabschlüssen in bestimmter Weise außer dem geschäftlichen Zweck noch Ersparungen oder Vorteile bei der Besteuerung erreicht werden können, dürfte für das Biersteuerrecht ohne Bedeutung sein. Voraussetzung der Anwendung der Vorschrift ist, daß durch die Geschäftsabschlüsse die Ersparnis erzielt werden soll. Diese Voraussetzung fehlt z. B., wenn in einer Anpreisung von Geräten zur Haustrunkbereitung auf die Steuerfreiheit des Haustrunks der Inhaber von Privatbrauereien (§ 8 Abs. 1 Satz 3 des Gesetzes) hingewiesen wird.

16. Verletzung der den Beamten nach § 10 AO. obliegenden Verpflichtung zur Verschwiegenheit über die Verhältnisse, Betriebs- und Gewerbegeheimnisse der Steuerpflichtigen wird nach § 376 AO. als Steuerzuwiderhandlung geahndet.

17. Nach § 51 des Biersteuergesetzes vom 26. Juli 1918 wurden als Ordnungswidrigkeiten mit Ordnungsstrafen bedroht Zuwiderhandlungen gegen das Biersteuergesetz oder gegen die dazu erlassenen und öffentlich oder den Beteiligten besonders bekannt gemachten Verwaltungsvorschriften, soweit die Zuwiderhandlungen durch andere als die in den §§ 42 bis 50 aufgeführten Handlungen begangen wurden und sofern nicht nach anderen Gesetzen eine schwerere Strafe verwirkt war. Nach § 377 AO., in welchem der erwähnte § 51 bis auf die in § 21 Abs. 2, § 23 des geltenden Biersteuergesetzes erhaltenen Vorschriften aufgegangen ist, wird mit einer Ordnungsstrafe von drei bis zehntausend und bei Gewinnsucht des Täters bis einhunderttausend Goldmark (§§ 27 Abs. 2, 27a StGB. in der Fassung der Verordnung über Vermögensstrafen und Bußen vom 6. Februar 1924, RGBl. I S. 44) bestraft, wer den im Interesse der Besteuerung (einschließlich der Vorbereitung, Sicherung und Nachprüfung der Besteuerung) erlassenen Vorschriften der Steuergesetze oder der dazu ergangenen und öffentlich oder den Beteiligten besonders bekannt gemachten Verwaltungsbestimmungen durch andere als die in den Steuergesetzen unter Strafe gestellten Handlungen oder Unterlassungen zuwiderhandelt. Die Ordnungsstrafe kann auf das Doppelte erhöht werden, wenn der Täter vorsätzlich einen mit der Durchführung der Steuergesetze beauftragten Beamten an der rechtmäßigen Ausübung seines Dienstes hindert. Im Gegensatz zu der Erzwingungsstrafe des § 202 AO. ist die Ordnungsstrafe Kriminalstrafe und zwar Vergehensstrafe. Voraussetzung ist Zuwiderhandlung gegen eine im Interesse der Besteuerung auferlegte Pflicht, die nicht mit der Strafe der Hinterziehung, Steuergefährdung oder Steuerhehlerei bedroht ist. Nicht erforderlich ist der Nachweis eines Verschuldens (Vorsatz oder Fahrlässigkeit), wie sich für das Verbrauchs-

steuerrecht allgemein aus § 359 Abs. 5 AO. und für das Biersteuerrecht aus § 21 Abs. 2 des Gesetzes ergibt. Demgemäß kann die Ordnungsstrafe auch gegen juristische Personen erkannt werden (§ 357 AO.). Ordnungsstrafen dürfen jedoch nicht verhängt werden, wenn festgestellt wird, daß Strafausschließungsgründe vorliegen (z. B. § 358 AO.) oder die Zuwiderhandlung auf einem unabwendbaren Zufall beruht (§ 377 Abs. 1 Satz 3). Die Befolgung von Sollvorschriften (z. B. § 162 AO.) kann nicht durch Ordnungsstrafen erzwungen werden (§ 377 Abs. 1 Satz 2 AO.). Auf Ordnungsstrafen ist durch Straferkenntnis (Urteil, Strafbescheid, Niederschrift über eine Unterwerfungsverhandlung) zu erkennen, während Erzwingungsstrafen durch Verwaltungsverfügung (§ 73 AO.) festgesetzt werden. Letztere können zurückgenommen werden (vgl. § 77 AO.).

18. Eine uneinbringliche Geldstrafe ist nach § 378 AO. in Freiheitsstrafe umzuwandeln, die zwei Jahre und bei Ordnungsstrafe drei Monate nicht übersteigen darf. Bei Umwandlung mehrerer uneinbringlicher Geldstrafen erhöhen sich diese Höchstbeträge auf drei Jahre oder sechs Monate, wobei, wenn Gefängnis und Haft zusammentreffen, die Haftstrafe nur insoweit zu vollstrecken ist, als die Gefängnisstrafe drei Jahre nicht erreicht (§ 383 Abs. 4). Über die Art der Umwandlung im übrigen trifft, da § 378 Abs. 2 Satz 1 AO. durch Art. XIV Abs. 2 Nr. 1 der Verordnung über Vermögensstrafen und Bußen vom 6. Februar 1924 (RGBl. I S. 44) aufgehoben ist, § 29 StGB. (s. Art. I a. a. O.) nähere Bestimmung. Danach tritt bei Vergehen — die Steuerzuwiderhandlungen der Abgabenordnung und der ihr angepaßten Steuergesetze sind immer Vergehen — an Stelle einer uneinbringlichen Geldstrafe grundsätzlich Gefängnis. Auch bei Vergehen kann indes die Geldstrafe in Haft umgewandelt werden, wenn Geldstrafe allein oder an erster Stelle oder wahlweise neben Haft angedroht ist. § 378 Abs. 3 AO., der bisher nicht abgeändert ist, hat keine Bedeutung mehr, ebensowenig die entsprechende Vorschrift des § 383 Abs. 4. Die Vorschrift des § 29 Abs. 2 Satz 1 StGB. wird durch § 378 Abs. 1 und Abs. 2 Satz 2 ausgeschaltet. Ist neben der Geldstrafe wahlweise Freiheitsstrafe von geringerer Höhe angedroht, so darf die Ersatzstrafe deren Höchstmaß nicht übersteigen. Die Ersatzstrafe darf nur nach vollen Tagen bemessen werden. Im übrigen richtet sich das Maß der Ersatzstrafe nach freiem Ermessen des Gerichts. Kann die Geldstrafe ohne Verschulden des Verurteilten nicht eingebracht werden, so kann das Gericht anordnen, daß die Vollstreckung der Ersatzstrafe unterbleibt. In Preußen sind die Finanzbehörden vorher zu hören (Preuß. JustMinBl. 1921, S. 665). Die Umwandlung gilt auch für Werterſatzstrafen (s. § 435 AO.). Für das Verfahren gelten §§ 435, 436, 439 Abs. 1 AO. Zuständig ist danach das Gericht. Wegen Umwandlung der Erzwingungsstrafen vgl. § 202 Abs. 2 AO.

19. §§ 381, 382 AO. regeln die Haftung Dritter für Geldstrafen und Kosten aus Steuerzuwiderhandlungen ihrer Vertreter, Verwalter, Bevollmächtigter, Angestellter, Familien- und Hausangehöriger, die diese bei Ausübung ihrer Obliegenheiten (§ 381 Abs. 1) oder bei Ausübung von Obliegenheiten, die sie im Interesse des Geschäftsherrn oder Haushaltungsvorstandes wahrnehmen, verwirken. §§ 53, 55 des bisherigen Biersteuergesetzes sind in diesen Vorschriften aufgegangen. § 381 Abs. 1 AO. ist namentlich von Bedeutung für die Haftung juristischer Personen, sie können sich auch nicht durch den Nachweis der Aufwendung der erforderlichen Sorgfalt bei der Auswahl ihrer Vertreter entlasten.

Die Vertretungshaftung aus § 381 Abs. 1 tritt neben die unmittelbare Haftung der juristischen Personen und Personenvereinigungen aus § 357 AO.

(s. oben Bem. 3). In beiden Fällen wird die Haftung durch Straferkenntnis ausgesprochen, indessen nur die Strafe aus § 357 ist Kriminalstrafe, wenngleich sie in § 383 Abs. 3 zu den „Nebenstrafen" gerechnet wird. Eine Umwandlung in Freiheitsstrafe ist daher nicht vorgesehen. Die Haftung aus § 386 Abs. 2 wird nicht dadurch ausgeschlossen, daß der Geschäftsherr oder Haushaltungsvorstand als Mittäter bestraft wird. Die Haftung aus § 381 erstreckt sich auch auf Ordnungsstrafen, nicht aber auch auf die Einziehung und die an deren Stelle tretende Werterſatzstrafe (§ 365 AO.). Während es nach § 55 des bisherigen Biersteuergesetzes für die Haftung belanglos war, ob die Geldstrafe von dem Schuldigen beigetrieben werden konnte oder nicht, ist nach § 382 AO. der Haftende erst in Anspruch zu nehmen, wenn die Geldstrafe und die Kosten aus dem beweglichen Vermögen des Schuldigen nicht beigetrieben werden können. Diese Voraussetzung ist auch im Falle des § 424 Abs. 2 AO. (Aussichtslosigkeit der Vollstreckung) gegeben. Der Täter kann nicht verlangen, daß zur Abwendung der Umwandlung der Geldstrafe in Freiheitsstrafe der Haftende in Anspruch genommen wird (§ 382 Abs. 2).

20. § 383 AO. regelt einheitlich für alle Steuergesetze die rechtliche Behandlung der Idealkonkurrenz von Steuerzuwiderhandlungen mit Zuwiderhandlungen gegen andere Gesetze (Abs. 1), der Idealkonkurrenz mehrerer Steuerzuwiderhandlungen (Abs. 2) und der Realkonkurrenz mehrerer Steuerzuwiderhandlungen (Abs. 3 und 4). Die Regelung stimmt im wesentlichen mit der des § 58 des bisherigen Biersteuergesetzes überein.

Im Falle der Idealkonkurrenz von Steuerzuwiderhandlungen mit Zuwiderhandlungen gegen andere Gesetze ist in jedem Falle auf die nach dem Steuergesetze verwirkte Geldstrafe zu erkennen, auch dann wenn das andere Gesetz die schwerere Strafe oder die schwerere Strafart androht und daher nach dem Grundsatz des § 73 StGB. Platz greift. Dasselbe gilt für die Nebenstrafen, insbesondere die Haftbarkeit dritter Personen und die Einziehung. Es entspricht dem Zweck der Steuerstrafen, daß beim Zusammentreffen mehrerer Gesetzesverletzungen auf die Steuerstrafe selbständig erkannt und durch diese Strafhäufung von dem Grundsatz des § 73 StGB abgewichen wird.

Bei Idealkonkurrenz mehrerer Steuerzuwiderhandlungen ist dagegen nach dem Grundsatz des § 73 StGB. zu verfahren, indessen muß daneben auf Haftbarkeit dritter Personen oder Einziehung erkannt werden, wenn eine der verletzten Vorschriften es vorschreibt, und es kann darauf erkannt werden, wenn eine der Vorschriften es zuläßt. Grenzen für das Mindestmaß der Strafe wie in § 58 Abs. 2 Satz 2 des bisherigen Biersteuergesetzes sind nicht gezogen.

Bei Realkonkurrenz mehrerer Steuerzuwiderhandlungen gilt § 74 StGB. Auf eine Gesamtstrafe ist nur bei Freiheitsstrafen zu erkennen, für die das Höchstmaß in § 383 Abs. 3 AO. auf fünf Jahre (im bisherigen Biersteuergesetz drei Jahre) bemessen ist. Hinsichtlich der Nebenstrafen gilt der gleiche Grundsatz wie in Abs. 1 und 2. Geldstrafen sind nebeneinander zu verhängen, wie § 58 Abs. 3 des bisherigen Biersteuergesetzes dies besonders aussprach.

§ 383 gilt nur für Steuerzuwiderhandlungen, also nicht für Vergehen gegen das Reinheitsgebot und das Verbot des Verkehrs mit Zubereitungen (§§ 22, 23 des geltenden Biersteuergesetzes).

21. Die Strafverfolgung von Steuerzuwiderhandlungen verjährt nach der allgemeinen Regel des § 384 AO. in fünf Jahren, von Ordnungswidrigkeiten in einem Jahre (vgl. § 59 des bisherigen Biersteuergesetzes). Die Einleitung der Untersuchung (§ 406 Abs. 2 AO.) und der Erlaß — nicht erst die Zustellung — eines Strafbescheides unterbrechen die Verjährung.

Als Zuwiderhandlungen, die mit Ordnungsstrafe bedroht sind, gelten auch die Zuwiderhandlungen des § 21 Abs. 2 des Biersteuergesetzes, bei denen, weil der Vorsatz der Hinterziehung fehlt, auf Ordnungsstrafe erkannt wird.

22. Als Vorschriften des Strafgesetzbuchs, die mangels abweichender Regelung durch die Abgabenordnung (§ 355 AO.) und das Biersteuergesetz für das Biersteuerstrafrecht in Betracht kommen, sind zu nennen: die Vorschriften über die Teilnahme (§§ 47 bis 50), über den Ausschluß der Strafbarkeit wegen Unzurechnungsfähigkeit (§ 51), Nötigung (§ 52), Notwehr (§ 53), Notstand (§ 54), Taubstummheit (§ 58), ferner § 59 (s. oben Bem. 4) und § 60. Wegen der Jugendlichen vgl. oben Bem. 5 am Ende.

Biersteuerhinterziehung.

§ 20.

Die Hinterziehung der Biersteuer wird mit einer Geldstrafe bestraft, die das Vierfache des hinterzogenen Betrages beträgt.

Die Vorschrift ist durch § 56 Nr. 1a, § 57 Abs. 2 Nr. 1 der dritten Steuernotverordnung vom 14. Februar 1924 (RGBl. I S. 74) außer Kraft gesetzt. An ihrer Stelle gilt nunmehr § 359 AO. (s. Vorbem. 5 zu den Strafvorschriften).

§ 21.

[1] Die Bestrafung wegen Steuerhinterziehung tritt ein, ohne daß der Vorsatz der Hinterziehung festgestellt zu werden braucht,

1. wenn mit der Herstellung von Bier begonnen wird, bevor die Brauereiräume und Brauereigeräte nach Maßgabe der Ausführungsbestimmungen angemeldet sind;
2. wenn über den Betrieb mehrerer Brauereien durch eine Person oder Gesellschaft die in den Ausführungsbestimmungen vorgeschriebene Anzeige nicht oder nicht rechtzeitig erstattet wird;
3. wenn die in den Ausführungsbestimmungen vorgeschriebenen Bücher nicht oder wissentlich nicht richtig geführt werden;
4. wenn unbefugt oder ohne ordnungsmäßige Buchung Bier aus der Brauerei entfernt oder in der Brauerei verbraucht wird;
5. wenn über das unter Steueraufsicht stehende Bier unbefugt verfügt wird;
6. wenn Inhaber von Brauereien Bier, für das Steuerfreiheit auf Grund von § 8 Abs. 1 in Anspruch genommen wird, an andere Personen als ihre Angestellten und Arbeiter abgeben;
7. wenn in einer Abfindungsbrauerei die gemäß § 18 vorgeschriebenen Anmeldungen oder Abschreibungen nicht oder wissentlich unrichtig bewirkt werden;
8. wenn in einer Brauerei, die zur Aufstellung einer Malzmühle mit selbsttätiger Verwiegungsvorrichtung verpflichtet ist, ohne Genehmigung der Finanzbehörde Malz zur Verwendung gelangt, das auf einer anderen Mahlvorrichtung als der für die Brauerei genehmigten Malzmühle geschrotet worden oder das

(ausgenommen der Fall der Beschädigung der Malzmühle) nicht durch die mit der Malzmühle verbundene selbsttätige Verwiegungsvorrichtung gegangen ist;

9. wenn in einer solchen Brauerei die Malzmühle mit selbsttätiger Verwiegungsvorrichtung in ihrer regelmäßigen Tätigkeit derart vorsätzlich gestört wird, daß das Gewicht des geschroteten Malzes von dem Zählwerk entweder gar nicht oder zu gering angegeben wird;
10. wenn der Inhaber einer solchen Brauerei, obwohl er weiß, daß das Zählwerk der selbsttätigen Verwiegungsvorrichtung seiner Malzmühle das Gewicht des Malzes nicht oder zu niedrig angibt, die Malzmühle zum Schroten benutzt oder benutzen läßt, ohne einen glaubwürdigen Zeugen zuzuziehen und unter dessen Mitbeurkundung das Gewicht des Malzes im Mahlbuch anzuschreiben;
11. wenn dem Biere verbotswidrig (§ 10 Abs. 7) Wasser zugesetzt wird;
12. wenn dem Verbot im § 10 Abs. 8 zuwider Bier vermischt oder dem Biere Zucker zugesetzt wird;
13. wenn fertiges unversteuertes Bier vom Hersteller in anderen als den von der Finanzbehörde genehmigten Räumen abgefüllt oder gelagert wird;
14. wenn Bier in Fässern oder Gefäßen aus der Brauerei entfernt wird, die den Ausführungsbestimmungen nicht entsprechen;
15. wenn den Vorschriften über die Überwachung des Bierausschankes oder des Bierhandels einer Brauerei zuwidergehandelt wird.

² Wird festgestellt, daß der Täter ohne den Vorsatz der Hinterziehung gehandelt hat, so tritt Bestrafung wegen Steuerhinterziehung nicht ein. Die §§ 367, 377 der Reichsabgabenordnung bleiben unberührt.

Zu § 21 Abs. 1.

1. § 44 des bisherigen Biersteuergesetzes stellte in ähnlicher Weise wie § 136 VZG. eine Anzahl von Fällen zusammen, in denen „insbesondere" der Tatbestand der Biersteuerhinterziehung als vollbracht angesehen werden sollte, ohne daß dadurch andere dem allgemeinen Hinterziehungsbegriff des § 42 zu unterstellende Tatbestände ausgeschlossen werden sollten (jetzt § 21 Abs. 1 Nr. 1 bis 7). § 45 des bisherigen Gesetzes fügte dem andere Fälle hinzu, die der Hinterziehung „gleichgeachtet" werden sollten (jetzt § 21 Abs. 1 Nr. 8 bis 15). Innere Unterschiede zwischen beiden Arten von Fällen walten nicht ob, so daß sie mit Recht in der Vorschrift des § 21 Abs. 1 des geltenden Gesetzes zusammengefaßt sind.

2. § 21 bildet die Ergänzung des § 359 Abs. 5 AO. für das Biersteuerstrafrecht. Zum inneren Tatbestande jeder Hinterziehung gehört der Hinter-

ziehungsvorsatz (vgl. Vorbem. 5 zu den Strafvorschriften), der nach den allgemeinen Grundsätzen des Strafverfahrens dem Täter nachgewiesen werden muß. § 21 stellt in Durchbrechung dieser Grundsätze eine gesetzliche Vermutung dafür auf, daß beim Vorliegen gewisser äußerer Tatbestandsmerkmale der Vorsatz des Täters vorhanden ist. Diese Vermutung kann widerlegt werden. Die Beweislast hierfür ist indessen nicht etwa dem Täter auferlegt, wie sich insbesondere aus der Fassung des § 21 Abs. 2 ergibt, der Sachverhalt ist vielmehr auch nach dieser Richtung hin von Amts wegen zu ermitteln (vgl. für das Weinsteuerstrafrecht RG. Straff. Bd. 56, S. 292ff.).

Zum äußeren Tatbestände der Hinterziehung gehört, daß eine Verkürzung der Steuereinnahmen des Reiches eingetreten ist (§ 359 Abs. 1 bis 4 AO.), des Versuchs der Hinterziehung (§ 360 AO.), daß eine solche Verkürzung eintreten konnte. Die Vermutung des § 21 Abs. 1 erstreckt sich nicht auch auf das Vorhandensein oder die Möglichkeit des Eintritts einer Steuerverkürzung. Daß die Voraussetzungen hierfür vorliegen, bedarf vielmehr des Nachweises. Für die Anwendung des § 21 Abs. 1 ist insbesondere kein Raum, wenn festgestellt wird, daß eine Steuerschuld nicht entstanden ist oder nicht entstehen konnte (vgl. RG. Straff. Bd. 56 S. 295). Die Entscheidung darüber, ob ein Steueranspruch besteht oder ob und in welcher Höhe ein Steueranspruch verkürzt oder ein Steuervorteil zu Unrecht gewährt ist, unterliegt allein der Entscheidung der Finanzbehörden (§ 433 AO., vgl. RG. Straff. Bd. 56 S. 107). Wegen der Bestrafung juristischer Personen aus § 21 Abs. 1 s. die Vorbem. 3 vor § 20.

3. Zu Nr. 1. Nr. 1 bezieht sich auf die erstmalige Betriebsanmeldung nach § 33 AB. (§ 194 Abs. 1 AO.), nicht, wie Koppe S. 154 sagt, auf die Anzeige des Brauereibesitzes nach § 14 des Gesetzes. Neu gegenüber dem bisherigen Recht (vgl. § 44 Nr. 1, § 18 des Biersteuergesetzes vom 1918) ist, daß die Betriebsanmeldung des § 33 AB. auch für Betriebe gefordert wird, die nach zeitweiligem Ruhen wieder aufgenommen werden. Für die Hausbrauer der § 76ff. AB. gilt als erstmalige Anmeldung die Anmeldung zur vereinfachten Abfindung (§ 33 Abs. 2 AB.). Nicht unter § 21 Abs. 1 Nr. 1 fällt das Unterlassen einer Änderungsanzeige nach § 42 AB. Ist die Anzeige nach § 33 AB. ordnungsgemäß erstattet, so bildet im allgemeinen das Unterlassen der vorgeschriebenen Anzeige von Einzeleinmaischungen keine Biersteuerhinterziehung, soweit es sich nicht um Abfindungsbrauereien handelt. Bei den Abfindungsbrauereien kommt bei Nichtanmeldung einer Einmaischung bei der Zollstelle § 21 Abs. 1 Nr. 7 des Gesetzes in Frage.

Nichtanmeldung des Betriebes hat bei Verurteilung wegen Steuerhinterziehung die erweiterte Einziehung des § 365 Abs. 3 AO. zur Folge (vgl. Vorbem. 9 zu den Strafvorschriften).

4. Zu Nr. 2. Die Vorschrift soll der nach § 14 Abs. 2 des Gesetzes, § 5 und § 32 Abs. 2 AB. bestehenden Anzeigepflicht über den Betrieb mehrerer Brauereien für Rechnung einer Person oder Gesellschaft erhöhte Beachtung sichern.

5. Zu Nr. 3. Die entsprechende Vorschrift des § 44 Nr. 3 des bisherigen Gesetzes bezog sich nur auf Sudbuch und Biersteuerbuch. Unrichtige Führung des Rückbierbuches fiel, wenn die sonstigen Voraussetzungen erfüllt waren, unter den allgemeinen Begriff der Hinterziehung. Nach den geltenden Ausführungsbestimmungen sind von den Steuerpflichtigen folgende Bücher zu führen: Rückbierbuch (§ 15), Mahlbuch (§§ 50, 51), Zuckerverwendungsbuch (§ 57), Sudbuch (§ 59), Biersteuerbuch (§ 59); ferner Abfindungsbuch (§ 70) und Anschreibebuch (§ 74) für Abfindungsbrauereien, deren unterlassene oder

unrichtige Führung jedoch unter § 21 Abs. 1 Nr. 7 des Gesetzes fällt. Nach der Fassung des Gesetzes kann auch die unrichtige Führung des Mahlbuches und des Zuckerverwendungsbuches den Tatbestand der Nr. 3 erfüllen. Regelmäßig wird indessen (vgl. Bem. 2) eine Ordnungsstrafe nach § 377 AO. in Frage kommen. Der Tatbestand der Nr. 3 ist nur gegeben, wenn die genannten Bücher nicht oder wissentlich unrichtig geführt werden. Das Wort wissentlich ist bei Beratung des Entwurfs von 1918 in der 2. Lesung des 32. Ausschusses des Reichstags eingefügt worden (Reichstagsdrucks. Nr. 1686 für 1914/18 S. 37)

6. Zu Nr. 4. Eine unbefugte Entfernung von Bier aus der Brauerei liegt vor, wenn Bier aus der Brauerei entfernt wird, bevor es in den nach seiner allgemeinen Beschaffenheit und regelmäßigen Brauart zum Genusse fertigen Zustand gebracht ist (§ 62 Abs. 1 AB.).

7. Zu Nr. 5. Eine unbefugte Verfügung über unter Steueraufsicht stehendes Bier ist möglich, wenn über das mit dem Anspruch auf Steuerfreiheit nach § 8 Abs. 2 des Gesetzes mit Ausfuhranmeldung (§ 2 BAO.) versandte Bier anderweit verfügt wird, ohne daß gemäß § 10 Abs. 1 BAO. die Ausfuhranmeldung an die Zollstelle zurückgegeben wird.

8. Zu Nr. 6. Die Vorschrift, die dem Halbsatz 2 in § 44 Nr. 6 des bisherigen Gesetzes entspricht, bezieht sich nur auf den Fall des § 8 Abs. 1 Satz 1 und 2 des Gesetzes. Sie hätte im Hinblick auf die Hinzufügung des dritten Satzes in § 8 Abs. 1 durch den Reichstag (vgl. Bem. 3 zu § 8 Abs. 1) der Ergänzung bedurft (vgl. Bem. 3 und 5 zu § 8 Abs. 1). Ist die Hinterziehung durch Abgabe von Bier, für das die Steuerfreiheit des Inhaberhaustrunks in Anspruch genommen wird, an andere abgegeben, so bedarf es zur Bestrafung wegen Steuerhinterziehung gemäß § 359 Abs. 2 AO. der Feststellung des Vorsatzes. Halbsatz 1 in § 44 Nr. 6 des bisherigen Gesetzes ist mit der Beseitigung der Steuerbegünstigung der Hausbrauer in Fortfall gekommen. Geben Hausbrauer Bier, für das die Steuerfreiheit auf Grund des § 8 Abs. 1 Satz 3 beansprucht wird (vgl. § 79 AB.), an andere ab, so greift § 359 Abs. 2 AO. Platz. Gleichzeitig findet § 22 des Gesetzes Anwendung, wenn bei der Bereitung des Bieres das Reinheitsgebot nicht innegehalten ist. Die Vergünstigung des § 10 Abs. 6 erstreckt sich nur auf das für den Hausbedarf hergestellte Bier. Nehmen Hausbrauer die Steuerfreiheit nach § 8 Abs. 1 Satz 3 nicht in Anspruch, so kommt bei Abgabe von Bier an nicht zum Haushalt gehörige Personen nur eine Bestrafung wegen Zuwiderhandlung gegen das Reinheitsgebot in Frage.

9. Zu Nr. 7. Die gemäß § 18 des Gesetzes vorgeschriebenen Anmeldungen und Anschreibungen der Abfindungsbrauer sind: die Anmeldung der Einmaischungen (§ 70 AB.), das Abfindungsbuch (§ 70 AB.), das Anschreibebuch über die abgegebenen Biermengen (§ 74 AB.), ferner die Anmeldung zur vereinfachten Abfindung als Hausbrauer (§ 76 AB.). Wird, bevor die letztgenannte Anmeldung erstmalig abgegeben wird, mit der Herstellung von Bier begonnen, so ist § 21 Abs. 1 Nr. 1 anzuwenden. Das Wort wissentlich, das in § 44 Nr. 7 des bisherigen Gesetzes fehlte, ist zur Herbeiführung einer Übereinstimmung mit § 21 Abs. 1 Nr. 3 eingeschaltet worden (Begr. zum Entwurf des Biersteuergesetzes von 1923 S. 10).

10. Zu Nr. 8 bis 10. Die Vorschriften stimmen mit § 44 Nr. 1 bis 3 des bisherigen Gesetzes überein. Die Tatbestände dieser Nummern sind, wie die Begründung zum Entwurf des Biersteuergesetzes von 1918 (S. 30) ausführt, so schwerwiegende Angriffe gegen die einen wesentlichen Teil der steuerlichen Sicherungsmaßnahmen bildenden Rohstoffüberwachung, daß sie ohne Hinterziehungsabsicht (muß heißen: = Vorsatz) kaum denkbar sind und

daher gleiche Sühne heischen wie die Hinterziehung. Es soll, wenn einer der fraglichen Tatbestände vorliegt, nicht nötig sein, dem Verbleibe des Malzes nachzuspüren, zumal dies mit besonderen den Organen der Steuerverwaltung nicht von vorneherein zuzumutenden Schwierigkeiten verbunden sein würde.

11. Zu Nr. 8. Die Verwendung des Malzes muß bei der Bierbereitung erfolgt sein. Werden in einer Brauerei außer Bier bierähnliche Getränke unter Verwendung von Malz hergestellt, so findet die Nr. 8 keine Anwendung. Der Fall der Beschädigung der Malzmühle ist in § 49 AB. geregelt. Aus der Fassung der Nr. 8 ergibt sich, daß in den hier in Frage kommenden besonderen Fällen Ausnahmen von der Bestimmung in § 47 Abs. 1 AB. zugelassen werden können. Während durch § 47 ff. AB., wie aus § 47 Abs. 1 hervorgeht, Inhabern von Brauereien, die gemäß § 15 des Gesetzes zur Aufstellung von Malzmühlen mit selbsttätiger Verwiegungsvorrichtung verpflichtet sind, und Inhabern von Brauereien, die freiwillig eine solche Mühle aufgestellt haben, die gleichen Verpflichtungen auferlegt sind, bezieht sich Nr. 8 nur auf die zur Aufstellung verpflichteten Brauereien, ohne daß ein innerer Grund für diese Unterscheidung ersichtlich ist. Ist sonach der Tatbestand der Nr. 8 bei einer Brauerei gegeben, die ihre Malzmühle, ohne dazu verpflichtet zu sein, aufgestellt hat, so bedarf es zur Bestrafung wegen Hinterziehung des Nachweises des Vorsatzes. Entsprechendes gilt für die Fälle der Nr. 9 und 10.

12. Zu Nr. 10. Vgl. § 49 AB.

13. Zu Nr. 11. Verbotswidrig ist der Wasserzusatz, wenn er durch Brauer ohne hauptamtliche Genehmigung (vgl. auch § 24 Abs. 2 AB.) nach Feststellung des Extraktgehaltes der Stammwürze im Gärkeller erfolgt, oder wenn er durch Bierhändler oder Wirte vorgenommen wird. Eine Bestrafung nach § 22 kommt in diesen Fällen nicht in Frage, da Wasser zu den nach § 10 zulässigen Stoffen gehört. Mit der Hinterziehung nach Nr. 11 kann ein Vergehen gegen § 10 des Gesetzes über den Verkehr mit Nahrungsmitteln usw. vom 14. Mai 1879 (RGBl. S. 145) zusammentreffen. Die Strafe ist alsdann aus dem letzteren Gesetz zu entnehmen und die verwirkte Hinterziehungsstrafe besonders zu verhängen (§ 383 Abs. 1 AO.).

14. Zu Nr. 12. Die Vermischung von Bier verschiedener Stärkeklassen kann zugleich den Tatbestand des § 10 des Nahrungsmittelgesetzes bilden (vgl. Bem. 13). Wird der Zucker untergärigem Bier zugesetzt, so liegt darin gleichzeitig ein Vergehen gegen § 22 des Biersteuergesetzes. Da das letztere Vergehen keine Steuerzuwiderhandlung im Sinne der §§ 356, 383 AO. ist, ist nach § 383 Abs. 1 AO. zu verfahren, die Strafe also aus § 359 Abs. 1 AO. als dem die schwerere Strafe androhenden Gesetz zu entnehmen. Darüber, daß § 21 Abs. 1 Nr. 12 bei verbotswidriger Verwendung von Süßstoff keine Anwendung findet, vgl. die Bem. 2 zu § 10 Abs. 9 des Gesetzes.

15. Zu Nr. 13. Vgl. § 44 AB.

16. Zu Nr. 14. Vgl. § 45 AB. Mit der Hinterziehung nach Nr. 14 kann eine nach § 22 der Maß- und Gewichtsordnung vom 30. Mai 1908 (RGBl. S. 349) strafbare Handlung zusammentreffen. Da dort nur eine Übertretung in Frage kommt, ist die Strafe aus § 359 AO. zu entnehmen (§ 383 Abs. 1 AO.). Wird fremdes Bier in die Brauerei mit hauptamtlicher Genehmigung eingebracht (§ 63 AB.), so gilt es als in der Brauerei hergestellt.

17. Zu Nr. 15. Vgl. § 13 Abs. 1 des Gesetzes, §§ 66, 67, 95 AB.

Zu § 21 Abs. 2.

Die Vorschrift des Abs. 2 Satz 1 entspricht dem § 51 Abs. 1 Satz 2 des bisherigen Gesetzes und soll, wie die Begründung zum Entwurf von 1923

S. 10 (vgl. schon Drucks. Nr. 1 des 32. Ausschusses des Reichstages, Begründung zu § 26 des der AO. angepaßten Biersteuergesetzes, S. 26) sagt, gegenüber §§ 377 und 367 AO. eine beschränkte selbständige Bedeutung behalten. § 51 Abs. 1 Satz 2 des bisherigen Gesetzes war insofern von Bedeutung, als danach in allen Fällen der §§ 44, 45 des genannten Gesetzes (jetzt § 21 Abs. 1) auf Ordnungsstrafe zu erkennen war, wenn das Fehlen des Vorsatzes festgestellt war. In der neuen Vorschrift ist nur negativ gesagt, daß eine Hinterziehung alsdann nicht vorliege. Das ergibt sich schon aus § 359 AO. Die §§ 367, 377 AO. bleiben unberührt, d. h. es bedarf der selbständigen Prüfung, ob eine Steuergefährdung oder eine Ordnungswidrigkeit vorliegt. Hiernach dürfte die Vorschrift des Abs. 2 als entbehrlich bezeichnet werden können. Darüber, daß der Fassung eine gewisse Bedeutung für die Auslegung des Eingangs des § 21 zukommt, vgl. Bem. 2 zu Abs. 1.

Strafe für Verwendung unzulässiger Stoffe bei der Bierbereitung.

§ 22.

[1] Wer vorsätzlich oder fahrlässig andere als die nach § 10 zulässigen Stoffe zur Bereitung von Bier verwendet oder dem fertigen zum Absatz bestimmten Biere zusetzt, wird, soweit nicht nach anderen Gesetzen eine schwerere Strafe verwirkt ist, wegen dieses Vergehens mit Geldstrafe bestraft. Ebenso wird bestraft, wer unzulässige Ersatz- oder Zusatzstoffe in einer unter Steueraufsicht stehenden Räumlichkeit aufbewahrt, sofern die Stoffe nicht nachweislich zu anderen Zwecken als zur Bierbereitung bestimmt sind.

[2] Neben der Geldstrafe kann auf Einziehung der Ersatz- und Zusatzstoffe, des mit ihnen bereiteten oder versetzten Bieres und der Umschließungen erkannt werden. Die §§ 365 Abs. 2, 379, 380 Abs. 1 der Reichsabgabenordnung finden Anwendung.

[3] Ebenso gelten die §§ 381 bis 383 der Reichsabgabenordnung für die im Abs. 1 bezeichneten Zuwiderhandlungen.

[4] Die Strafverfolgung von Zuwiderhandlungen im Sinne des Abs. 1 verjährt in drei Jahren; der § 384 Abs. 2 der Reichsabgabenordnung findet Anwendung.

[5] Die Vorschriften im Abs. 1 Satz 1, Abs. 2 bis 4 finden auf Zuwiderhandlungen gegen das Verbot über die Verbreitung von Zubereitungen der im § 12 bezeichneten Art Anwendung.

Zu § 22 Abs. 1 bis 3.

1. Die Vorschriften des § 10 des Gesetzes betreffen nur zum Teil Pflichten, die im Interesse der Besteuerung auferlegt sind. In den Abs. 7 und 8 überwiegt der steuerliche Zweck (vgl. die Bem. zu § 10 Abs. 7 und 8), der dahin geht, eine Schmälerung der Steuereinnahmen durch nachträgliche Vergrößerung der Biermenge oder Veränderungen des Stammwürzegehaltes zu verhindern. Zuwiderhandlungen gegen diese Vorschriften werden daher in § 21 Abs. 1 Nr. 11 und 12 als Hinterziehungen behandelt. Ähnliches gilt auch von § 10 Abs. 9 (vgl. die Bem. 2 zu dieser Vorschrift), wenngleich bei den Vorschriften über Süßstoff der wirtschaftliche Zweck mehr in den Vordergrund tritt. Die

Vorschriften in Abs. 1 bis 6 haben im wesentlichen wirtschaftlichen und lebensmittelpolizeilichen Charakter. Sie haben allerdings auch in steuerlicher Hinsicht Bedeutung, insofern sie die steuerliche Überwachung der Bierbereitung wesentlich erleichtern. Der gemischte Charakter der Vorschriften des § 10 bedingte die grundsätzliche Beibehaltung der strafrechtlichen Sondervorschrift des § 50 des bisherigen Biersteuergesetzes nach der Anpassung an die Reichsabgabenordnung.

2. Nach § 38 des Brausteuergesetzes vom 15. Juli 1909 waren Zuwiderhandlungen gegen § 1 dieses Gesetzes nur dann zu bestrafen, wenn sie vorsätzlich und wissentlich begangen waren (RG. Strafs. Bd. 43, S. 70). Um dem vom Braugewerbe selbst geforderten Reinheitsgebot einen erhöhten Nachdruck zu geben, ist auch die fahrlässige Zuwiderhandlung gegen die Vorschriften über das Reinheitsgebot mit Strafe belegt worden (Begr. zu § 50 des Entwurfs eines Biersteuergesetzes von 1918). Dabei ist es für das geltende Gesetz verblieben.

3. Zuwiderhandlungen gegen § 22 sind mit Geldstrafe zu ahndende Vergehen und werden daher gemäß §§ 27, 27a StGB. in der Fassung der Verordnung vom 6. Februar 1924 (RGBl. I S. 44) mit einer Geldstrafe von drei bis zehntausend Goldmark und bei Gewinnsucht des Täters bis zu einhunderttausend Goldmark bestraft.

4. Das Zusammentreffen von Zuwiderhandlungen gegen § 22 mit Zuwiderhandlungen gegen andere Gesetze hat in § 22 eine nicht ganz klare Regelung erfahren. Nach Abs. 3 ist § 383 AO. anzuwenden, es ist also im Falle der Idealkonkurrenz, wenn das andere Gesetz die schwerere Strafe androht und daher die Strafe aus diesem zu entnehmen ist, die nach § 22 verwirkte Strafe besonders zu verhängen (§ 383 Abs. 1 AO.). Nach Abs. 1 dagegen greift, wenn nach dem anderen Gesetze die schwerere Strafe verwirkt ist, die Bestrafung aus § 22 nicht Platz. Die Frage, welche dieser beiden Vorschriften Anwendung zu finden hat, ist von praktischer Bedeutung namentlich bei dem nicht seltenen Zusammentreffen von Vergehen gegen § 22 und gegen § 10 Nr. 1 und 2 des Nahrungsmittelgesetzes vom 14. Mai 1879 (RGBl. S. 145). § 22 Abs. 1 Satz 1 hat den § 50 Abs. 1 Satz 1 des bisherigen Gesetzes im wesentlichen übernommen. Da ferner § 22 kein Steuergesetz im eigentlichen Sinne ist, fehlt die innere Berechtigung dafür, den auf steuerpolitischen Erwägungen beruhenden Grundsatz der Strafenhäufung des § 383 Abs. 1 Satz 2 auch im Falle des § 22 anzuwenden. Hiernach dürfte die Annahme gerechtfertigt sein, daß die Anführung des § 383 AO. in § 22 Abs. 3 des Gesetzes (vgl. übrigens schon die gleiche Fassung des § 28 Abs. 3 in dem Entwurf des der Abgabenordnung angepaßten Biersteuergesetzes, Drucks. Nr. 1 des 32. Ausschusses des Reichstags für 1920/21) auf einem Versehen beruht. Bei Zusammentreffen von nach § 22 strafbaren Handlungen mit Zuwiderhandlungen gegen § 10 Nr. 1 und 2 des Nahrungsmittelgesetzes ist also die Strafe ausschließlich dem letzteren zu entnehmen.

5. Die Regelung der Einziehung in § 22 Abs. 2 weicht insofern von dem bisherigen Rechte ab, als auch im objektiven Strafverfahren auf Einziehung erkannt werden kann. Die Einziehung muß nicht ausgesprochen werden. Wird die Strafe dem § 10 des Nahrungsmittelgesetzes entnommen (s. Bem. 4), so kann auf Grund des § 15 Abs. 1 Halbsatz 2 des Nahrungsmittelgesetzes auf Einziehung der Gegenstände erkannt werden, die den Vorschriften jenes Gesetzes zuwider hergestellt, verkauft, feilgehalten oder sonst in Verkehr gebracht sind, ohne Unterschied, ob sie dem Verurteilten gehören oder nicht. Eine Einziehung im objektiven Verfahren in den Fällen des § 10 des Nahrungsmittel-

gesetzes ist nicht vorgesehen. Wird auf Einziehung nach § 22 im gerichtlichen Verfahren erkannt, so findet § 439 Abs. 2 AO. Anwendung.

Nach § 22 Abs. 2 kann auch auf Einziehung der Umschließungen erkannt werden, während diese in § 365 Abs. 1 AO. nicht vorgesehen ist. Die Vorschrift bezieht sich nur auf die Umschließungen, in denen sich das Bier oder die Ersatz- und Zusatzstoffe zur Zeit, wo die Einziehung auszusprechen war, noch befanden, nicht auch auf frühere Umschließungen. In die Werterſatzstrafe nach § 365 Abs. 2 AO. ist auch der Wert der Umschließungen einzubeziehen.

6. Keine Anwendung findet § 357 AO. (Bestrafung juristischer Personen; diese haften jedoch für Geldstrafen nach den für anwendbar erklärten §§ 381, 382), ferner § 358 AO. Ein Irrtum des Täters ist daher nicht nach § 358 AO., sondern nach § 59 StGB. zu beurteilen (vgl. Vorbem. 4 zu den Strafvorschriften). Das allgemeine Strafrecht findet ferner Anwendung hinsichtlich der Bestrafung des Versuchs, der Beihilfe und der Begünstigung (§§ 43ff., 49, 257 StGB.; §§ 360, 361 AO.). Nicht anwendbar sind weiter § 374 AO. (Selbstanzeige), § 378 (Umwandlung). Für die Umwandlung einer uneinbringlichen Geldstrafe gilt ausschließlich § 29 StGB. (RGBl. 1924 I S. 44). Das Höchstmaß der an die Stelle der Geldstrafe tretenden Gefängnisstrafe beträgt daher ein Jahr (§ 29 Abs. 2 StGB.; vgl. dagegen § 378 Abs. 1 AO.).

7. § 59 StGB. hat gegenüber § 22 des Biersteuergesetzes dann Anwendung zu finden, wenn der Irrtum, das Nichtwissen des Täters nicht auf die Bedeutung und Tragweite des Gesetzes, sondern auf die tatsächlichen Voraussetzungen für dessen Anwendung, z. B. auf die natürliche Beschaffenheit des Bieres als unter- oder obergärig oder die Art und Zusammensetzung des verwendeten Ersatzstoffes sich bezieht und der Irrtum nicht als vom Täter verschuldet oder fahrlässig sich darstellt (RG. Strafs. Bd. 43 S. 70f.). Auf einen Irrtum in bezug auf Inhalt und Tragweite des Gesetzes dagegen kann sich ein Angeklagter nicht stützen. Es ist daher ein Brauer, der zu untergärigem Bier mit Zucker versetztes Farbebier verwendet und wußte, daß das Farbebier Zucker enthält, strafbar auch dann, wenn er glaubte, es sei erlaubt, derartiges Farbebier zur Herstellung untergärigen Bieres zu verwenden.

Zu § 22 Abs. 4.

Die dreijährige Verjährungsfrist des § 59 des bisherigen Gesetzes (vgl. schon § 54 Abs. 1 des Brausteuergesetzes vom 15. Juli 1909) ist beibehalten worden.

Zu § 22 Abs. 5.

Auch § 12 des Gesetzes verfolgt nur teilweise steuerliche Zwecke (vgl. Bem. 1 zu § 12), so daß Zuwiderhandlungen nicht als Steuerzuwiderhandlungen im Sinne der Abgabenordnung gelten. Die bloße Anpreisung der Zubereitungen zur Bierbereitung ist nicht strafbar.

§ 23.

Zuwiderhandlungen gegen die Vorschriften des § 11 werden ebenso bestraft wie die im § 377 der Reichsabgabenordnung bezeichneten Zuwiderhandlungen. Die §§ 381 bis 384 der Reichsabgabenordnung finden entsprechende Anwendung.

1. Die Zuwiderhandlungen gegen die Vorschriften über den Verkehr mit Bier gehörten im bisherigen Gesetz (§ 51) zu den als Ordnungswidrig-

leiten strafbaren Handlungen. Da § 377 AO. sich nur auf Zuwiderhandlungen gegen die im Interesse der Besteuerung erlassenen Vorschriften der Steuergesetze bezieht, die Vorschriften des § 11 des Biersteuergesetzes aber in erster Linie Zwecke wirtschaftlicher Art verfolgen, war für die Zuwiderhandlungen gegen § 11 eine Sondervorschrift erforderlich, um den § 377 AO. zur Anwendung zu bringen (vgl. Begründung 1923 S. 11).

2. Die Ordnungswidrigkeiten der Abgabenordnung und daher auch die Zuwiderhandlungen gegen § 23 des Gesetzes sind Vergehen, die nach § 27, 27a StGB. mit Geldstrafe von drei bis zehntausend Goldmark und bei Gewinnsucht des Täters bis zu einhunderttausend Goldmark geahndet werden (vgl. Nr. 17 der Vorbemerkungen zu den Strafvorschriften).

3. Ein Verschulden — Vorsatz oder Fahrlässigkeit — ist zur Anwendung der Strafvorschrift des § 23 nicht erforderlich. Die Strafe ist nur dann nicht zu verhängen, wenn Strafausschließungsgründe vorliegen (z. B. § 59 StGB.) oder die Zuwiderhandlung auf einem unabwendbaren Zufall beruht (§ 377 Abs. 1 Satz 3 AO.).

4. In § 23 fehlt die in § 22 Abs. 1 des geltenden und in § 51 Abs. 1 des bisherigen Gesetzes enthaltene Klausel „soweit nicht nach anderen Gesetzen eine schwerere Strafe verwirkt ist." Andererseits gehört zu den entsprechend anzuwendenden Vorschriften der Abgabenordnung auch deren § 383. Hiernach muß im Falle der Idealkonkurrenz, wenn die Strafe aus dem anderen Gesetz, da es die schwerere Strafe androht, zu entnehmen ist, die Strafe aus § 23 besonders verhängt werden. Diese Regelung erscheint auffallend, da Zuwiderhandlungen gegen § 11 nicht Steuerzuwiderhandlungen im Sinne der Abgabenordnung sind und in den ähnlichen Fällen des § 22 keine Strafenhäufung eintritt (vgl. Bem. 4 zu § 22 Abs. 1 bis 3).

5. Keine Anwendung finden die §§ 355 bis 380 AO. Einziehung ist nicht vorgesehen. Im übrigen ist auf das in Bem. 6 zu § 22 Abs. 1 bis 3 Gesagte zu verweisen. Insbesondere kann die Strafe aus § 23 nicht gegen juristische Personen verhängt werden (§ 357 AO.).

6. Die Verjährungsfrist beträgt wie nach dem bisherigen Rechte ein Jahr.

§ 24.

In den Fällen der §§ 22, 23 gelten für das Strafverfahren die Vorschriften des zweiten Abschnitts des dritten Teiles der Reichsabgabenordnung.

1. Da das Verwaltungsstrafverfahren der Abgabenordnung nur auf Steuerzuwiderhandlungen Anwendung findet, sind hinsichtlich der in §§ 22 und 23 aufgeführten Zuwiderhandlungen die entsprechenden Vorschriften der Abgabenordnung für anwendbar erklärt.

2. Die Vorschrift entspricht für die Zuwiderhandlungen gegen §§ 22, 23 dem § 55 Abs. 1 des Brausteuergesetzes vom 15. Juli 1909 und dem § 60 Abs. 1 des bisherigen Gesetzes. Geldstrafen und Einziehungsgegenstände fallen nach §§ 425, 440 AO. dem Reiche zu (vgl. § 60 Abs. 2 des bisherigen Gesetzes).

Übertragung der strafrechtlichen Verantwortlichkeit.

§ 25.

Betriebsinhaber, die den Betrieb nicht selbst leiten, können die Übertragung der ihnen obliegenden strafrechtlichen Verantwortlichkeit auf den Betriebsleiter (§ 193 der Reichsabgabenordnung) bei der Finanzbehörde beantragen. Wird der Antrag genehmigt, so geht die strafrechtliche Verantwortlichkeit unbeschadet der im § 381 der Reichsabgabenordnung vorgesehenen Haftung des Betriebsinhabers auf den Betriebsleiter über. Die Genehmigung ist jederzeit widerruflich.

1. Die Vorschrift entspricht dem § 13 des Brausteuergesetzes vom 15. Juli 1909 und dem § 54 des bisherigen Gesetzes. In das Brausteuergesetz von 1909 ist sie bei der Beratung im Reichstagsausschuß nach dem Vorbilde des Branntweinsteuergesetzes eingefügt worden. Das Reichsschatzamt hatte keine Bedenken, wies aber darauf hin, daß die Vorschrift in den neueren Steuergesetzen als überflüssig meist fortgelassen sei (Reichstagsdrucks. Nr. 145 I 1907/09 S. 63). Die Beibehaltung der Vorschrift im geltenden Gesetz rechtfertigt sich dadurch, daß eine Übertragung der strafrechtlichen Verantwortung in der Abgabenordnung nicht vorgesehen (s. Begr. 1923 S. 11), aber auch nicht verboten ist. Ähnliche oder gleiche Vorschriften finden sich in § 32 des Wein-, § 73 des Tabak-, § 20 des Zucker-, § 14 des Salz-, § 16 des Leuchtmittel-, § 17 des Zündwaren- und § 15 des Spielkartensteuergesetzes.

2. Der nach § 193 AO. von dem Betriebsinhaber, der den Betrieb nicht selbst leitet, bestellte Betriebsleiter, der die steuerrechtlichen Verpflichtungen zu erfüllen hat, die dem Betriebsinhaber gegenüber der Steuerverwaltung obliegen (vgl. § 16 des bisherigen Gesetzes), ist strafrechtlich an sich nur für eigenes Verschulden, also Vorsatz oder Fahrlässigkeit, verantwortlich. Seine strafrechtliche Verantwortlichkeit kann nach § 25 auf das Maß der Verantwortlichkeit des Betriebsinhabers erweitert werden: das kann von Bedeutung werden, namentlich im Hinblick auf § 21 des Gesetzes und § 377 AO. Die Strafbarkeit des Betriebsinhabers nach §§ 359, 367, 377 AO. wird hierdurch jedoch nicht aufgehoben.

3. Die Bestellung eines Betriebsleiters (§ 193 AO., § 31 AB.) kann nach § 202 AO. erzwungen werden. Die Übertragung der strafrechtlichen Verantwortlichkeit nach § 25 des Gesetzes setzt einen Antrag voraus.

4. Nach § 31 Abs. 1 und 2 AB. können Betriebsleiter für bestimmte Geschäfte, im Bedürfnisfalle auch mehrere Betriebsleiter je für bestimmte Geschäfte bestellt werden. Er wird nichts dagegen einzuwenden sein, daß entsprechend auch die strafrechtliche Verantwortlichkeit geteilt wird, z. B. dem Betriebsleiter, der das Mahlbuch zu führen hat, die Verantwortlichkeit nach § 21 Abs. 1 Nr. 8 bis 10, Abs. 2 des Gesetzes, § 377 AO. übertragen wird. Die Haftung des Vertretenen nach §§ 381, 382 AO. bleibt in jedem Falle unberührt.

5. Der Widerruf muß dem Betriebsinhaber gegenüber erklärt werden.

IV. Besondere Vorschriften.

Vereinbarungen mit fremden Staaten.

§ 26.

Die Reichsregierung kann unter Zustimmung des Reichsrats mit fremden Regierungen wegen Einführung einer den Vorschriften dieses Gesetzes entsprechenden Steuer in den dem Zollgebiet angeschlossenen Staaten und Gebietsteilen, wegen Überweisung der Steuer für das im gegenseitigen Verkehr übergehende Bier oder wegen Begründung einer Gemeinschaft Vereinbarungen treffen.

§ 60 des Brausteuergesetzes vom 15. Juli 1909 traf eine ähnliche Vorschrift hinsichtlich einer Vereinbarung mit dem Großherzogtum Luxemburg. Diese Vorschrift wurde dann in § 66 des bisherigen Gesetzes verallgemeinert. Hinsichtlich Luxemburgs wird auf die Bemerkungen über die geschichtliche Entwicklung der deutschen Bierbesteuerung verwiesen. Gegenwärtig bestehen Vereinbarungen im Sinne des § 26 nur mit der österreichischen Regierung hinsichtlich der Gemeinden Jungholz und Mittelberg (s. Bem. 7 zu § 1 des Gesetzes).

Förderung des Braugewerbes

§ 27.

[1] *Zur technischen und wissenschaftlichen Förderung des Braugewerbes und der technischen und wissenschaftlichen Aus- und Weiterbildung der darin tätigen Arbeitnehmerschaft darf aus der Biersteuereinnahme ein Betrag bis zur Höhe von einhundert Millionen Mark für jedes Rechnungsjahr nach näherer Bestimmung des Reichsrats verwendet werden. Über Höhe und Verwendung der zu letzterem Zwecke zu verwendenden Mittel ist der Vorstand der Arbeitsgemeinschaft im Braugewerbe gutachtlich zu hören.*

[2] *Ein weiterer Betrag bis zur Höhe von einhundert Millionen Mark für jedes Rechnungsjahr kann nach näherer Bestimmung des Reichsministers der Finanzen mit Zustimmung des Reichsrats zur Verbesserung der Betriebseinrichtung und zur Herbeiführung eines zweckmäßigen Betriebs sowie überhaupt zur Förderung des braugewerblichen Mittelstandes gewährt werden.*

[3] *Der Reichsminister der Finanzen wird ermächtigt, mit Zustimmung des Reichsrats die in Abs. 1 und 2 vorgesehenen Beträge im Bedarfsfall zu erhöhen und bei Ermäßigung der Steuer (§ 5) entsprechend herabzusetzen.*

Nach § 62 des Brausteuergesetzes vom 15. Juli 1909 durfte zur technischen und wissenschaftlichen Förderung des Braugewerbes aus der Brausteuereinnahme ein Betrag bis zur Höhe von 30000 ℳ nach näherer Bestimmung des Bundesrates verwendet werden. Diese Vorschrift war bei der Beratung des Entwurfs vom Reichstagsausschusse in das Gesetz eingefügt worden (Reichstagsdrucks. Nr. 1451 I 1907/09 S. 75). Im Biersteuergesetz von 1918 wurden die Mittel auf 100000 ℳ erhöht und vom Reichstag (Reichstagsdrucks. Nr. 1686 für 1914/18 S. 28) als Abs. 2 die Vorschrift hinzugefügt, daß ein weiterer Betrag bis zur Höhe von 300000 ℳ für Verbesserungen der Betriebseinrichtungen und zur Herbeiführung eines zweckmäßigen Betriebes kleineren Brauereien gewährt werden könne. Mit Rücksicht auf den Eintritt der süddeutschen Staaten in die Biersteuergemeinschaft wurden die Mittel in Abs. 1

auf 130000 ℳ und in Abs. 2 auf 400000 ℳ erhöht (Gesetz vom 24. Juni 1919, RGBl. S. 599, § 7). Durch Art. III Nr. 1 f. des Gesetzes, betreffend Erhöhung einzelner Verbrauchssteuern, vom 8. April 1922 (RGBl. I S. 380) trat eine weitere Erhöhung der Mittel auf je 1000000 ℳ ein und der Reichsminister der Finanzen wurde ermächtigt, mit Zustimmung des Reichsrats beide Beträge im Bedarfsfalle zu erhöhen. Durch das Gesetz vom 9. Juli 1923 erhielt die Vorschrift die vorstehende Fassung, in die die Einschaltung in Satz 1 und der Satz 2 des Abs. 1 vom Reichstag eingefügt wurden (Reichstagsdrucks. Nr. 6016 I 1920/23 S. 3). Durch die auf Grund des Ermächtigungsgesetzes vom 8. Dezember 1923 ergangene Verordnung zur Abänderung einzelner Verbrauchssteuergesetze vom 13. Februar 1924 (RGBl. I S. 68) wurde § 27 gestrichen. Damit wurde einem Wunsche des Hauptausschusses des Reichstages Rechnung getragen, der dahin ging, daß Mittel zur Förderung der einzelnen Gewerbe nicht mehr in den Verbrauchssteuergesetzen, sondern im Reichshaushalt ausgeworfen werden sollten. Demgemäß erscheinen jetzt Mittel zur Förderung des Braugewerbes im Haushalt des Reichsministeriums für Ernährung und Landwirtschaft.

IV a. Bierähnliche Getränke.

§ 27a.

[1] Getränke, die als Ersatz für Bier in den Handel gebracht oder genossen zu werden pflegen (bierähnliche Getränke), unterliegen der Biersteuer nach Maßgabe der Bestimmungen in §§ 27b, 27c.

[2] Der Reichsminister der Finanzen ist ermächtigt, den Kreis der bierähnlichen Getränke näher zu bestimmen.

S. AB. § 103a.

1. In der Brausteuergesetzgebung des Reiches erscheinen die bierähnlichen Getränke zum ersten Male im Brausteuergesetze vom 3. Juni 1906. Nach § 3 Abs. 1 dieses Gesetzes sollte nach näherer Bestimmung des Bundesrates die Brausteuer auch von dem zur Bereitung bierähnlicher Getränke verwendeten Malze und Zucker erhoben, die Herstellung unter Steueraufsicht gestellt, auch die Verwendung von anderen Malzersatzstoffen als Zucker verboten werden können. Nach der Begründung zu der Brausteuernovelle vom Jahre 1905 (Reichstagsdrucks. Nr. 10 von 1905, Anlage 1 S. 23) hatte den Anlaß zu der Neuerung der Umstand gegeben, daß durch die Praxis der Gerichte (vgl. RG. Strafs. Bd. 21 S. 346), die nur gegorene Getränke als Bier im Sinne des Brausteuergesetzes ansahen, „nicht nur die steuerliche Behandlung der oft ungegorenen Färbe- und Süßbiere, der Braunschweiger Mumme sowie der sogenannten Malzbiere, sondern streng genommen auch die des Jungbieres wenigstens für den Fall in Frage gestellt wurde, daß dieses Bier, wie es häufig geschieht, unmittelbar nach dem Ablassen vom Kühlschiff, also in ungegorenem Zustande verkauft wird.“ Die Besteuerung der zur Bereitung dieser Bierarten verwendeten Stoffe sollte dadurch sichergestellt werden, daß in das Gesetz neben dem Begriffe „Bier“ noch der Begriff der aus Malz oder Malzersatzstoffen hergestellten „bierähnlichen Getränke“ eingeführt wurde, „unter den die ebenbezeichneten Getränke, auch wenn sie nicht als Bier im technischen Sinne angesprochen werden sollten, zweifellos gebracht werden können.“ Die Vorschrift bezweckte ferner, eine gleichmäßige steuerliche Behandlung der immer

häufiger auftauchenden Bierersatzgetränke herbeizuführen, die, zum Teil im gewöhnlichen Sudverfahren aus Malz gewonnen oder wenigstens mit Malzauszügen versetzt, den dem Bier eigentümlichen Malzgeschmack aufwiesen, ohne indessen alle sonstigen Eigenschaften des Bieres zu besitzen.

Demgemäß war in § 5 der Brausteuer-Ausführungsbestimmungen bestimmt, daß als bierähnlich solche Getränke anzusehen seien, die aus Malz oder unter Mitverwendung von Malz hergestellt sind und als Ersatz für Bier genossen zu werden pflegen, und zwar ohne Unterschied, ob sie gegoren sind oder nicht. Das zu ihrer Bereitung unmittelbar oder mittelbar (z. B. in Gestalt von Malzauszügen) verwendete Malz unterlag der Brausteuer. Das Reinheitsgebot in § 1 Abs. 1 des Brausteuergesetzes sollte auf die Bereitung derjenigen bierähnlichen Getränke Anwendung finden, die als Bier oder unter einer Bezeichnung in den Verkehr gebracht werden, die geeignet ist, die Meinung zu erwecken, daß sie Bier seien. Ungegorene Getränke sollten in dieser Hinsicht als obergärige gelten. Die Bereitung der bierähnlichen Getränke unterlag den gleichen Vorschriften wie die Bereitung von Bier. Fand sie in besonderen Anstalten statt, so waren diese als Brauereien anzusehen.

In das Brausteuergesetz vom 15. Juli 1909 ging § 3 Abs. 1 des bisherigen Gesetzes unverändert über. Dagegen wurden die Ausführungsbestimmungen hinsichtlich der bierähnlichen Getränke nicht unerheblich geändert. Nach § 8 AB. waren als bierähnlich Getränke anzusehen, welche unter Verwendung oder Mitverwendung von Malz oder Malzauszügen oder durch Vergärung von Zucker hergestellt sind und als Ersatz für Bier in den Handel gebracht oder genossen zu werden pflegen. Das Reinheitsgebot für bierähnliche Getränke wurde abgeschwächt, indem nur die Verwendung anderer Malzersatzstoffe als Zucker verboten wurde. Der Zusatz von Kohlensäure war danach zulässig. Die Verwendung von Erzeugnissen der Malzdestillation galt nicht als Malzverwendung. Hiernach waren nicht als bierähnliche Getränke Malzbrause-Limonaden anzusehen, die — statt des bei Limonaden meist üblichen Fruchtgeschmackes — einen Malzgeschmack aufwiesen, der durch Zusatz eines Malzdestillats erzielt war. Auf Grund dieser Bestimmungen wurde beispielsweise ein aus Wasser, Bienenhonig, Gewürzauszug und Hopfen hergestelltes Getränk nicht als bierähnlich behandelt, da Honig dem Zucker nicht gleichzustellen war. Dagegen lag bei Verwendung von Kunsthonig eine Vergärung von Zucker im Sinne des § 8 AB. vor, der Kunsthonig war daher zu versteuern. Ein weingeistfreies, ungegorenes, aus Gerstenmalzwürze unter Verwendung künstlicher Kohlensäure und mit Zuckerzusatz bereitetes Getränk galt als bierähnlich.

Eine ähnliche Regelung wie in der norddeutschen Brausteuergesetzgebung und nach deren Vorbild war in Bayern getroffen. Nach Art. 1 des Malzaufschlaggesetzes vom 18. März 1910 und § 1 der Ausführungsbestimmungen unterlag Malz, das zur Bereitung bierähnlicher Getränke verwendet wird, dem Malzaufschlage. Als bierähnlich galten Getränke, die als Ersatz für Bier in den Handel gebracht oder genossen zu werden pflegen. Der Begriff der bierähnlichen Getränke war also nicht durch die Art der Herstellung oder Zusammensetzung dieser Getränke bestimmt, sondern lediglich danach, ob das Getränk nach seiner Anpreisung oder seinem Verwendungszweck Bier ersetzen soll (Zapf, Malzaufschlaggesetz, S. 7). Die Verwendung von Malzersatzstoffen jeder Art bei der Herstellung bierähnlicher Getränke war verboten, was praktisch darauf hinauslief, daß in Bayern zur Herstellung bierähnlicher

Getränke Malz verwendet werden mußte. Die Herstellung bierähnlicher Getränke unterlag den gleichen Überwachungsvorschriften wie Bier.

Bei dem Übergang von der Malz- zur Bierbesteuerung in der Brausteuergemeinschaft im Jahre 1918 wurden die bierähnlichen Getränke in das Biersteuergesetz nicht einbezogen (vgl. Begründung 1918 zu §§ 1 und 2), sondern der Mineralwassersteuer unterstellt. Nach der Begründung zum Entwurf eines Gesetzes, betreffend die Besteuerung von Mineralwässern und künstlich bereiteten Getränken usw. (Reichstagsdrucks. Nr. 1459 für 1918, S. 12), sollten sämtliche bierähnlichen Getränke, gleichviel aus welchen Stoffen und nach welchem Verfahren sie hergestellt sind, steuerlich einheitlich behandelt werden. Es sollten nicht nur wie bisher die unter Verwendung oder Mitverwendung von Malz oder Malzauszügen oder durch Vergärung von Zucker hergestellten bierähnlicher Getränke der Besteuerung unterliegen. In § 3 Abs. 2 der Mineralwassersteuer-Ausführungsbestimmungen bestimmte der Bundesrat auf Grund der ihm durch § 1 Abs. 1 Satz 3 des Gesetzes erteilten Ermächtigung zur näheren Bestimmung des Kreises der steuerpflichtigen Getränke, daß unter den Begriff der „anderen künstlich bereiteten Getränke" alle der Biersteuer nicht unterliegenden Malzgetränke fallen, sowie alle bierähnlichen Getränke, d. h. Getränke, die als Ersatz für Bier in den Handel gebracht oder genossen zu werden pflegen.

Infolge der Aufhebung des Mineralwassersteuergesetzes durch Art. II des Gesetzes über Abänderung einzelner Verbrauchssteuergesetze vom 11. August 1923 (RGBl. I S. 770) wurden durch Art. I jenes Gesetzes die bierähnlichen Getränke in die Bierbesteuerung einbezogen, da ihre Freilassung von jeder Besteuerung sowohl im Belange des Braugewerbes wie des Steueraufkommens nicht angängig erschien (s. Begründung zum Entwurf des genannten Gesetzes, Reichstagsdrucks. Nr. 6131 I 1920/23 S. 4). Die bierähnlichen Getränke sollten zur Besteuerung in demselben Umfange herangezogen werden wie nach dem Mineralwassersteuerrechte, also gleichviel aus welchen Stoffen und nach welchem Verfahren sie hergestellt werden (s. Begründung a. a. O.). Aus diesem Grunde wurde die allgemein gefaßte Begriffsbestimmung des § 3 Abs. 2 der Mineralwassersteuer-Ausführungsbestimmungen in § 27a Abs. 1 des Biersteuergesetzes übernommen, die Ausgestaltung im einzelnen aber durch § 27b Abs. 2 dem Reichsminister der Finanzen überlassen.

2. Aus der in Bemerkung 1 dargestellten Entwicklung der Besteuerung der bierähnlichen Getränke ergibt sich, daß der Begriff gewisse Wandlungen erfahren hat. Jungbier z. B. gilt heute als Bier (s. § 62 Abs. 2 AB.), ebenso nach derselben Bestimmung die ungegorenen Süßbiere (Farbebier muß heute gegoren sein, vgl. Bem. 3 zu § 10 Abs. 3 des Gesetzes). Ferner ist mit dem Übergang von der Rohstoffbesteuerung zur Besteuerung der fertigen Getränke das steuerliche Interesse an der Verwendung von Malz und Zucker zur Bereitung der bierähnlichen Getränke fortgefallen. Die allgemeine Umschreibung des Begriffs in § 27a des Gesetzes, die auf § 8 der Brausteuer-Ausführungsbestimmungen von 1909 zurückgeht, aber nur einen Teil der Begriffsbestimmung jener Vorschrift enthält, geht auf die Art der Rohstoffe und das Verfahren der Herstellung der bierähnlichen Getränke nicht ein. Einschneidende Beschränkungen in dieser Hinsicht ergeben sich jedoch für die im Geltungsbereich des Gesetzes hergestellten (vgl. Bem. 8 zu § 10 Abs. 1) bierähnlichen Getränke aus dem Reinheitsgebot für Bier des § 10 des Gesetzes. Ein strenger Maßstab ist hier unerläßlich, damit nicht den Vorschriften des § 10 zuwider gepanschtes Bier unter dem Deckmantel der Bezeichnung bierähnliches Getränk hergestellt wird und unter Ausnutzung der niedrigeren Steuer mit dem Biere in Wett-

bewerb tritt. Aus der Bierähnlichkeit folgt, daß das nach § 27 a zu versteuernde Getränk nicht biergleich sein darf, also vom Bier (vgl. Bem. 9 zu § 1 des Gesetzes) durch das Fehlen oder Hinzutreten einer wesentlichen Eigenschaft sich unterscheiden muß. In erster Linie kommt hier der Geschmack, daneben auch das Aussehen in Betracht. Ein Rübengetränk, das wie Bier schmeckt und aussieht, ist Bier, und zwar Bier, dessen Herstellung nach § 10 verboten ist. Hat es einen Geschmack, der es ohne weiteres scharf von Bier unterscheidet, im übrigen aber Eigenschaften des Bieres, so ist es bierähnliches Getränk. Die dem Biere eigentümlichen Eigenschaften entstehen hauptsächlich durch Vergärung von Malz der verschiedenen Getreidearten. Hiernach wird jede stärkere Verwendung von Malz, das im Gärungsverfahren verarbeitet wird, regelmäßig die Eigenschaft der bloßen Bierähnlichkeit des Getränkes ausschließen. Der Zusatz von Geschmacksstoffen würde das Getränk unter Umständen zu einem besonderen Biere im Sinne des § 10 Abs. 5 machen.

In Bemerkung 9 zu § 1 des Gesetzes ist darauf hingewiesen, daß der Begriff des Bieres nicht davon abhängt, daß nur die in § 10 zugelassenen Stoffe zur Herstellung des Getränkes verwendet werden. Das ergibt sich mit besonderer Deutlichkeit aus § 10 Abs. 6 des Gesetzes. Weil die Herstellung des Hausbrauerbieres von der Beachtung des Reinheitsgebotes befreit ist, werden hier besonders häufig Getränke anzutreffen sein, die erhebliche Unterschiede von dem aufweisen, was gemeinhin unter Bier verstanden wird. Trotzdem sind diese Getränke sowohl in § 10 Abs. 6 wie in den Ausführungsbestimmungen als Bier bezeichnet (s. auch die Mustereintragungen in Muster 19 der AB., wo getrocknete Wacholderbeeren und Apfelschalen erwähnt sind). Es hieße den Zweck dieser Vorschriften verkennen und die Verwaltungsbehörden mit einer großen und nutzlosen Arbeit belasten, sollte hier von Fall zu Fall untersucht und entschieden werden müssen, ob Bier oder bierähnliche Getränke vorliegen. Auch Abweichungen des Herstellungsverfahrens von dem gewöhnlichen Brauverfahren schließen nicht aus, daß die Hausbrauergetränke steuerlich als Bier behandelt werden, vorausgesetzt nur, daß sie durch Gärung entstanden sind. Der Grund für die steuerliche Bevorzugung der Hausbrauer in den früheren Brau- und Biersteuergesetzen war der, daß das bei der Haustrunkbereitung mit unvollkommenen Hilfsmitteln aus meist minderwertigen Braustoffen hergestellte Bier nach Menge und Gehalt hinter dem gewerblich hergestellten Bier meist erheblich zurücksteht (Entwurf eines Gesetzes wegen Änderung des Brausteuergesetzes von 1908, Reichstagsdrucks. Nr. 995 I 1907/09 S. 12). Unter diesen Umständen wird die Frage, ob Hausbraubetriebe, die nach dem 1. April 1918 errichtet sind, der Verpflichtung zum Halten einer Malzmühle mit selbsttätiger Verwiegungsvorrichtung unterliegen (§ 15 Abs. 1 Nr. 2 des Gesetzes), mit Rücksicht auf die Beschaffenheit oder die Art der Herstellung des Haustrunkes regelmäßig nicht zu verneinen sein.

Ein Weingeistgehalt gehört zum Begriff der bierähnlichen Getränke ebensowenig wie zu dem des Bieres (s. Bem. 9 zu § 1, vorletzter Abs.). Nicht erforderlich ist ferner, daß die bierähnlichen Getränke im Wege der Gärung hergestellt sind.

Für die Abgrenzung der bierähnlichen gegenüber den steuerfrei zu belassenden Getränken werden die Bestimmungen in § 3 der Mineralwassersteuer-Ausführungsbestimmungen (Ztrbl. f. d. Deutsche Reich 1918 S. 437) Anhaltspunkte bieten, soweit über das Merkmal der Ähnlichkeit mit dem Biere Zweifel bestehen. Im einzelnen wird die Grenze flüssig sein. Z. B. kann zweifelhaft sein und wird von der Geschmacksprobe im einzelnen Falle abhängen, ob die oben in Bemerkung 1 Abs. 3 erwähnten Malzbrause-limonaden noch als bierähnlich zu gelten haben. Eine Bierähnlichkeit wird in der Regel nicht gegeben sein bei hauptsächlich aus Früchten bereiteten Getränken mit ausgesprochenem Fruchtgeschmack, auch wenn sie, wie z. B. der russische Kwas, durch Gärung bereitet sind.

Erforderlich ist endlich noch eine Scheidung der bierähnlichen von den weinähnlichen Getränken (§ 1 des Weinsteuergesetzes, § 3 der Weinsteuer-AB.). In erster Linie werden auch hier Geschmack und Aussehen bestimmend sein, daneben aber auch Verzehrungsweise und Preis in Frage kommen. Auf die Herstellungsart kann es jedenfalls nicht ankommen, da es eine spezifische weinige Gärung und eine spezifische Herstellung „nach Art der Weine" (§ 3 der Weinsteuer-AB.) nicht gibt, auch nicht auf die Höhe des Weingeistgehaltes, da es auch Biere mit sehr hohem Weingeistgehalt gibt, die zum Vergleich dienen können.

3. Zweck der dem Reichsminister der Finanzen in § 27a Abs. 2 erteilten Ermächtigung ist, der Finanzverwaltung die Möglichkeit zu geben, neu auftauchende Getränke, die zweifellos nicht Bier sind, durch Verwaltungsanordnung in den Kreis der als bierähnlich zu versteuernden Getränke einzubeziehen (vgl. Begründung zum Gesetz über Abänderung einzelner Verbrauchssteuergesetze, Reichstagsdrucks. Nr. 6131 I 1920/23, S. 5).

§ 27b.

Die Biersteuer von bierähnlichen Getränken mit einem Stammwürzegehalte von 8 bis 14 vom Hundert wird nach dem höchsten Satze der jeweiligen Steuer vom Schankbier (§ 3 Abs. 2, § 5) erhoben. Sie ermäßigt sich für bierähnliche Getränke mit geringerem Stammwürzegehalt um die Hälfte und erhöht sich für Getränke mit höherem Stammwürzegehalt um die Hälfte.

S. AB. § 103a Abs. 2.

1. „Nach dem Urteil befragter Sachverständigen ist es möglich, die Besteuerung bierähnlicher Getränke ebenso wie die des Bieres nach dem Stammwürzegehalt abzustufen. Das ist gegenüber der einheitlichen Besteuerung nach dem Mineralwassersteuergesetz insofern ein Fortschritt, als die bierähnlichen Getränke nunmehr nach ihrem Werte besteuert werden. Die von der Zollverwaltung zur Ermittlung des Stammwürzegehalts des Bieres benutzten Zuckerspindeln eignen sich ohne weiteres auch zur Spindelung bierähnlicher Getränke. Was die Höhe der Steuer anlangt, so muß berücksichtigt werden, daß die bierähnlichen Getränke aus geringwertigeren Rohstoffen als das Bier hergestellt werden und an Güte hinter diesem zurückstehen. Es erscheint daher zweckmäßig, die Steuer nach der Steuer für Schankbier zu bemessen" (Begr. zum Entw. eines Gesetzes über Abänderung einzelner Verbrauchssteuergesetze, Reichstagsdrucks. Nr. 6131 I 1920/23, S. 5).

2. Wegen der Nachversteuerung der bierähnlichen Getränke vgl. Bem. 3h zu § 27c des Gesetzes.

§ 27c.

Auf die Biersteuer von bierähnlichen Getränken finden keine Anwendung die vorstehenden § 2 Abs. 1 Satz 2, §§ 3 bis 5, § 10 Abs. 1 bis 6 und 9, § 11, § 12, § 14 Abs. 2, § 15, § 16, §18, § 21 Abs. 1

Nr. 2, 7 bis 10, §§ 22 bis 24, § 27, ferner die nachstehenden §§ 29 und 31, sowie §§ 4, 5, 72 des Biersteuergesetzes vom 26. Juli 1918 (RGBl. S. 863).

8. April 1922 (RGBl. I S. 381).

S. AB. § 103a.

1. § 27c bezeichnet die Vorschriften des Biersteuergesetzes, deren Anwendung auf die bierähnlichen Getränke unzweckmäßig oder undurchführbar wäre (Begründung zur Novelle vom 11. August 1923 S. 5).

2. Hiernach finden hinsichtlich der bierähnlichen Getränke keine Anwendung die Vorschriften:

a) des § 2 Abs. 1 Satz 2 über die Versendung von Farbebier. Die Bestimmungen der FBO. gelten also nicht für farbebierähnliche Getränke, die dem Zwecke des Färbens bierähnlicher Getränke dienen. Für diese würde mit der Entfernung aus dem Herstellungsbetriebe eine unbedingte Steuerschuld entstehen. Andererseits darf an Betriebe, die bierähnliche Getränke herstellen, wenn sie nicht gleichzeitig Brauereien sind, Farbebier nicht abgegeben werden (§ 1 Abs. 2 FBO.). Betriebe, die bierähnliche Getränke herstellen, gelten nur insoweit als Brauereien (§ 103a Abs. 1 AB.), als die Vorschriften des Gesetzes und der Ausführungsbestimmungen für anwendbar erklärt sind. Brauereien, die Farbebiere beziehen, dürfen dies auch zur Herstellung bierähnlicher Getränke verwenden, ohne daß dadurch die Bedingung, unter der die Steuerschuld entstanden ist, ausgelöst wird oder eine neue Steuerschuld entsteht (vgl. Bem. 3 zu § 1 FBO.),

b) des § 3 über die Staffelung der Steuersätze nach der Höhe der Erzeugung, über die Behandlung mehrerer für Rechnung einer und derselben Person betriebener Herstellungsbetriebe als steuerlicher Einheit, über die Benutzung einer Herstellungsstätte durch mehrere Personen. Der in § 27b des Gesetzes festgesetzte Steuersatz gilt also für die gesamte Erzeugung. Der Vorschrift des § 3 Abs. 2 des Gesetzes entspricht für die bierähnlichen Getränke § 27b Satz 2;

c) des § 4 über die Höhe der Steuer für Einfuhrbier. Bierähnliche Getränke unterliegen bei der Einfuhr der Versteuerung nach § 27b. Außerdem ist der Zoll nach T.-Nr. 185 oder, wenn die Getränke Weingeist in wahrnehmbarer Menge enthalten (WB. zum Zolltarif, Vorbem. Ziff. 9 Abs. 3), nach T.-Nr. 179, 180 zu erheben. Im letzteren Falle ist außerdem noch der Monopolausgleich zu entrichten;

d) des § 5 über die Erhöhung der Steuer. Wird auf Grund des § 5 die Biersteuer erhöht oder ermäßigt, so folgt ihr die Biersteuer für bierähnliche Getränke nach § 27b ohne weiteres.

e) des § 10 Abs. 1 bis 6 und 9 über das Reinheitsgebot. Das bedeutet, daß ein Reinheitsgebot für die Herstellung bierähnlicher Getränke nicht besteht, nicht etwa, daß das für Bier bestehende Reinheitsgebot zugunsten der bierähnlichen Getränke durchbrochen ist (vgl. Bem. 2 zu § 27a). Die Verwendung von Süßstoff zur Bereitung bierähnlicher Getränke bestimmt sich nicht nach § 10 Abs. 9 und der auf Grund dieser Vorschrift erlassenen Verordnungen, sondern ausschließlich nach dem Süßstoffgesetz und den zu dessen Ausführung ergangenen Bestimmungen. Maßgebend ist zur Zeit § 6 der Verordnung vom 12. September 1922 zur Durchführung des Süßstoffgesetzes (Ztrbl. f. d. Deutsche Reich S. 633). Die bierähnlichen Getränke sind hier nicht genannt. Zu den künstlichen Limonaden oder limonadenartigen Getränken im Sinne des § 6 Abs. 1 Nr. 1 a. a. O. werden sie nicht gerechnet werden können. Zu ihrer Bereitung darf daher Süßstoff nicht verwendet werden;

f) des § 11 über den Verkehr mit Bier. Dadurch, daß der § 11 als für die bierähnlichen Getränke nicht anwendbar erklärt wird, wird selbstverständlich nicht etwa der Schutz des Bieres zugunsten der bierähnlichen Getränke ausgeschaltet. Kein Getränk, das nicht wirklich Bier ist, darf unter der Bezeichnung Bier usw. in Verkehr gebracht werden. Eine dem § 11 entsprechende Schutzbestimmung für bierähnliche Getränke ist nicht für notwendig erachtet worden;

g) des § 12 über Inverkehrbringen von Zubereitungen. Die Ausschaltung des § 12 hat dieselbe Bedeutung wie die des § 10 Nr. 1 bis 6 und 9 sowie des § 11: die Vorschriften für Bier bleiben unberührt, entsprechende für bierähnliche Getränke werden nicht getroffen. Es ist also an sich zulässig, flüssige Zubereitungen zur Herstellung bierähnlicher Getränke in Verkehr zu bringen. Bei der nahen Berührung der Begriffe „Bier" und bierähnliche „Getränke" werden indes die zur Herstellung der letzteren bestimmten Zubereitungen meist auch zur Herstellung von Bier geeignet sein und daher auch unter das Verbot des § 12 des Gesetzes fallen.

h) des § 14 Abs. 2 (in Verbindung mit der Ausschaltung des § 3 Abs. 3);

i) der §§ 15, 16 über die Verpflichtung zum Halten von Malzmühlen. Eine Brauerei, die außer Bier bierähnliche Getränke herstellt, bedarf, wenn sie zum Schroten des zur Herstellung dieser Getränke benötigten Malzes (s. jedoch Bem. 2 zu § 27a) die Malzmühle benutzen will, der Genehmigung des Hauptzollamtes (§ 47 AB.);

j) des § 18 über Abfindung (s. Bem. 3d);

k) des § 21 Abs. 1 Nr. 2, 7 bis 10 über die Vermutung des Hinterziehungsvorsatzes bei gewissen typischen Tatbeständen. Die Nichtanwendung beruht auf der Ausschaltung der § 3 Abs. 3, § 14 Abs. 2, § 15, § 18;

l) der §§ 22 bis 24 entsprechend der Ausschaltung der §§ 10 bis 12;

m) der in Kraft gebliebenen §§ 4, 5, 72 des Biersteuergesetzes vom 26. Juli 1918 über die Kontingentierung und die Errichtung neuer Betriebe.

n) des § 29 über Kostenerstattung für Malzmühlen;

o) des § 31 über den Erlaß von Ausführungsbestimmungen; zuständig ist also gemäß Art. 77 der Reichsverfassung die Reichsregierung allein.

3. Anzuwenden sind dagegen hinsichtlich der bierähnlichen Getränke die Vorschriften:

a) des § 1 über Gegenstand der Steuer und Geltungsbereich des Gesetzes;

b) des § 2 hinsichtlich der Entstehung der Steuerschuld und der Person des Steuerschuldners. Die Betriebe, in denen bierähnliche Getränke hergestellt werden, gelten als Brauereien (§ 103a Abs. 1 AB.), wobei das Herstellungsverfahren belanglos ist;

c) der §§ 6, 7 über steuerpflichtige Menge und Fälligkeit;

d) des § 8 über Steuerbefreiung. Steuerfreiheit besteht insbesondere für den Haustrunk des Inhabers von Herstellungsbetrieben. Auch Betriebe, in denen nur der Haustrunk des Inhabers hergestellt wird, sind Brauereien (§ 103a Abs. 1 AB.) und unterliegen den für diese gegebenen Überwachungsvorschriften. § 79 AB. findet, da es eine Abfindung für bierähnliche Getränke nicht gibt, keine Anwendung;

e) des § 9 über die Erstattung der Steuer. Die Bestimmungen des § 15 AB. über Rückbier gelten sinngemäß (§ 103a Abs. 2 AB.);

f) des § 13 über Steueraufsicht;

g) des § 17 über Fehlmengen. Dementsprechend finden §§ 64, 65 AB. über Bestandsaufnahmen Anwendung;

h) des § 19 über Durchsuchungen;

i) des § 21 Abs. 1 Nr. 1, 3 bis 6, 11 bis 15, Abs. 2 über Vermutung des Hinterziehungsvorsatzes;

j) des § 25 über Übertragung der strafrechtlichen Verantwortlichkeit;

k) des § 26 über Vereinbarungen mit fremden Staaten. Wegen Jungholz und Mittelberg vgl. Bem. 8 zu § 1;

l) des § 28 über Nachversteuerung, vgl. Nachsteuerordnung für bierähnliche Getränke vom 18. August 1923 (RGBl. I S. 819);

m) des § 30 über Abwälzung der Steuer auf den Verbrauch;

n) des § 32, dessen Vorschriften aber für bierähnliche Getränke nicht in Betracht kommen.

Übergangs- und Schlußvorschriften.

§ 28.

[1] Bier, das sich am Tage des Inkrafttretens dieses Gesetzes außerhalb der Erzeugungsstätte im Besitze von Bierhändlern oder Wirten befindet, unterliegt nach näherer Bestimmung des Reichsministers der Finanzen der Nachversteuerung.

[2] Abs. 1 findet im Falle einer Biersteuererhöhung nach § 5 Anwendung.

S. Biernachsteuerordnung vom 18. Juli 1923 (RGBl. I S. 696) und Nachsteuerordnung für bierähnliche Getränke vom 18. August 1923 (RGBl. I S. 819).

1. § 28 Abs. 1 entspricht dem § 68 Abs. 1 des bisherigen Gesetzes. Die Nachversteuerung läßt sich aus steuerlichen Gründen und auch im Belange des Gewerbes nicht umgehen (Begr. 1923 S. 11). Sie ist jedoch auf das Bier beschränkt worden, das sich beim Inkrafttreten des Gesetzes außerhalb der Erzeugungsstätte im Besitz von Bierhändlern und Wirten befindet. Auch Einfuhrbier ist nachzuversteuern.

2. Genügend und erforderlich ist das äußere Merkmal des Besitzes. Ist das Bier z. B. verkauft, aber am Stichtage noch im Besitze des Bierhändlers, so entsteht gleichwohl die Nachsteuerschuld in dessen Person.

3. Als Bierhändler gelten auch die Brauereien hinsichtlich ihrer außerhalb der anmeldepflichtigen Brauereiräume befindlichen Biervorräte (BNO. § 1 Abs. 2). Jede Niederlage ist für sich zu behandeln. Das in Abfindungsbrauereien lagernde Bier unterliegt, obwohl es bereits im voraus steuerlich abgefunden und deshalb als versteuert zu betrachten ist, der Nachsteuer nicht (RZllBl. 1923 S. 297), da es sich noch innerhalb der Erzeugungsstätte befindet.

4. Als Wirte gelten auch die Brauereien hinsichtlich ihrer eigenen Ausschankstellen, ferner Konsumvereine, Kantinen, Kasinos, Logen und ähnliche Vereinigungen (BNO. § 1 Abs. 3).

5. Die Nachsteuer ist in § 1 Abs. 5 BNO. nur auf Biermengen, die mehr als zwei Hektoliter betragen, wobei der Inhalt angebrochener Gefäße nicht mitgerechnet ist, erstreckt worden, um im allgemeinen das Erzeugnis kleinerer und mittlerer Betriebe von der Nachsteuer freizulassen und um die mit der Nachversteuerung verbundene Arbeitsleistung tunlichst einzuschränken. Übersteigt die Menge zwei Hektoliter, so ist der ganze Vorrat nachzuversteuern. Besitzer mehrerer Ausschankstellen sind nur dann von der Nachsteuer befreit, wenn ihr Gesamtvorrat nicht mehr als zwei Hektoliter beträgt.

6. Die Nachsteuer ist gleich dem Unterschiede der Sätze der zweiten Staffel der bisherigen und der zweiten Staffel der neuen Steuer. § 3 Abs. 2 des Gesetzes ist zu berücksichtigen.

7. Die Nachversteuerung nach Abs. 2 findet grundsätzlich auch dann statt, wenn das Bier bei früheren Biersteuererhöhungen bereits einmal oder mehrmals der Nachversteuerung unterlegen hat. Bei der 18. und 19. Verordnung über die Höhe der Biersteuer waren die Hauptzollämter auf Grund des § 108 AO. ermächtigt, in diesen Fällen die Nachsteuer zu erlassen (RZBl. 1923 S. 325 und 328). Bei der 20. Verordnung wurde von einer Nachsteuer auf Grund des § 108 AO. abgesehen (a. a. O. S. 329, Art. II).

§ 29.

Die Kosten für die erstmalige Aufstellung von Malzmühlen werden Inhabern der im § 15 Abs. 1 Nr. 1 bezeichneten Brauereien und die Kosten für die erstmalige Anbringung von selbsttätigen Verwiegungsvorrichtungen werden Inhabern der im § 15 Abs. 3 bezeichneten Brauereien nach näherer Anordnung des Reichsrats von dem Reiche erstattet. Im Falle des § 15 Abs. 6 findet eine Kostenerstattung nicht statt.

E. AB. §§ 104 bis 108.

1. Da den Brauereien die Verpflichtung zur Aufstellung von Malzmühlen (§ 15 Abs. 1 des Gesetzes) und von selbsttätigen Verwiegungsvorrichtungen aus Gründen der Steuersicherheit auferlegt ist, entspricht es der Billigkeit, ihnen die Kosten für die künftige erstmalige Aufstellung und Anbringung in vollem Umfange zu ersetzen (s. Begründung zu § 70 des Entwurfs von 1918). § 29 entspricht dem § 70 Abs. 1 des bisherigen Gesetzes.

2. Keine Kostenerstattung soll stattfinden, wenn die Malzmühle in einer nach dem 1. April 1918 neu errichteten Brauerei (§ 15 Abs. 1 Nr. 2) aufgestellt ist oder wenn die Verpflichtung zur Aufstellung einer Malzmühle mit selbsttätiger Verwiegungsvorrichtung auf Grund des § 15 Abs. 6 wegen einer Gefährdung der Biersteuer oder wegen fortgesetzter Zuwiderhandlungen gegen die Überwachungsvorschriften des Biersteuergesetzes und der dazu erlassenen Ausführungsbestimmungen auferlegt worden ist. Der Ausschluß der Kostenerstattung entspricht im ersteren Falle der Absicht, das Entstehen neuer Brauereien mit Rücksicht auf die vorhandenen Betriebe zu erschweren (vgl. § 18 des Gesetzes und den aufrecht erhaltenen § 5 des bisherigen Gesetzes), im zweiten Falle ist er damit gerechtfertigt, daß ein Verschulden des Brauereiinhabers die Aufstellung notwendig gemacht hat.

3. § 29 sieht eine Kostenerstattung nur für den erstmaligen Einbau einer Malzmühle vor. Hiernach ist es unzulässig, die Gesamtkosten der Erstattung zugrunde zu legen, wenn an Stelle einer vorhandenen Malzmühle eine neue Malzmühle mit Verwiegungsvorrichtung eingebaut wird. Indessen wird in denjenigen Fällen, in denen der Einbau einer neuen Mühle mit Verwiegungsvorrichtung sich im Endergebnis für das Reich günstiger stellt als die Anbringung einer Verwiegungsvorrichtung an der alten vorhandenen Malzmühle, in der Praxis bei der Berechnung der erstattungsfähigen Kosten so verfahren, daß von den Gesamtkosten der Wert der alten Malzmühle in Abzug gebracht wird.

4. Auf Grund der ihm erteilten Ermächtigung hat der Reichsrat am 15. Januar 1920 (§ 55 der Niederschriften) Ausführungsbestimmungen zu

§ 70 des bisherigen Gesetzes erlassen, die im Ztrbl. f. d. Deutsche Reich S. 103 veröffentlicht sind. Diese Bestimmungen sind im wesentlichen in die §§ 104 bis 108 AB. übergegangen.

Nach § 106 Abs. 1 AB. werden die Kosten für Aufstellung und Anbringung in vollem Umfange erstattet, dazu auch die Kosten für die aus diesem Anlaß notwendig werdenden baulichen Veränderungen. Im Falle des § 15 Abs. 5 des Gesetzes findet jedoch nach dem ausdrücklichen Wortlaut dieser Vorschrift eine Erstattung der Kosten für den Einbau der Malzmühlen nebst Verwiegungsvorrichtungen nicht statt; es werden lediglich die Malzmühlen nebst Verwiegungsvorrichtungen vom Reiche kostenlos geliefert. Von derartigen Lieferungen ist bisher tatsächlich abgesehen worden.

5. Um zur Aufstellung eigener Malzmühlen anzuregen, enthielt § 70 Abs. 2 des bisherigen Gesetzes die Vorschrift, daß in den Fällen, in denen eine gesetzliche Verpflichtung nicht bestand, die Kosten zur Hälfte erstattet werden konnten, wenn die Aufstellung freiwillig innerhalb zweier Jahre nach dem Inkrafttreten des Biersteuergesetzes vom 26. Juli 1918 erfolgte (vgl. § 1 Nr. 2 der in Bem. 4 erwähnten Ausführungsbestimmungen; die Frist war hier bis zum 1. Juli 1921 erstreckt mit Rücksicht darauf, daß das bisherige Gesetz in Bayern und Baden erst am 1. Juli 1919 in Kraft getreten war).

§ 30.

¹ Soweit beim Inkrafttreten dieses Gesetzes Verträge über Lieferung von Bier durch Brauer oder Bierhändler bestehen, ist der Abnehmer verpflichtet, dem Brauer oder Bierhändler einen Zuschlag zum Hektoliterpreis in dem Betrage zu zahlen, um den die Steuer für das Hektoliter des zu liefernden Bieres durch dieses Gesetz erhöht wird. Gegenüber Bierhändlern fällt die Verpflichtung insoweit weg, als der Bierhändler dem Brauer einen erhöhten Hektoliterpreis nicht zu entrichten hat.

² Soweit beim Inkrafttreten dieses Gesetzes ein Bierabnehmer vertraglich verpflichtet ist, bestimmte Ausschankpreise einzuhalten, ist er berechtigt, eine dem erhöhten Bezugspreis entsprechende Erhöhung der Ausschankpreise eintreten zu lassen.

³ Die Vorschriften in den Abs. 1 und 2 finden im Falle einer Biersteuererhöhung nach § 5 Anwendung.

⁴ Wird die erhöhte Biersteuer ermäßigt (§ 5), so ist im Falle des Abs. 1 der Lieferer verpflichtet, den Hektoliterpreis um den Betrag der Ermäßigung herabzusetzen, und im Falle des Abs. 2 der Abnehmer verpflichtet, die Ausschankpreise entsprechend herabzusetzen.

⁵ Die Vorschriften in den Abs. 1 bis 4 finden keine Anwendung, wenn ausdrückliche Vertragsbestimmungen entgegenstehen.

1. Die Vorschrift soll die Abwälzung der Biersteuer auf den Verbrauch auch in den Fällen sichern, in denen zur Zeit des Inkrafttretens des Gesetzes oder einer Biersteuererhöhung vertragsmäßige Vereinbarungen über die Lieferung von Bier zwischen Brauern oder Bierhändlern und ihren Abnehmern

bestehen. Das entspricht der Eigenschaft der Biersteuer als einer auf das Bier gelegten Verbrauchssteuer.

2. § 30 Abs. 1, 2, 5 entsprachen dem § 71 des bisherigen Gesetzes. Gegenüber dem § 63 Abs. 1 des Brausteuergesetzes vom 15. Juli 1909 enthält Abs. 1 insofern eine Erweiterung, als nicht nur Brauern, sondern auch Bierhändlern das Recht eingeräumt worden ist, trotz laufender Bierlieferungsverträge einen der Abgabenerhöhung entsprechenden Zuschlag zum Bierpreis zu fordern.

3. Auch die Nachsteuer kann nach § 30 abgewälzt werden.

4. Als eine ausdrückliche Vertragsbestimmung im Sinne des letzten Absatzes ist auch eine Vereinbarung anzusehen, wonach auch im Falle einer Steuererhöhung eine Erhöhung des Abnahmepreises des Bieres nicht eintreten soll.

§ 31.

Die Ausführungsbestimmungen zu diesem Gesetz erläßt der Reichsminister der Finanzen mit Zustimmung des Reichsrats.

Nach Art. 7 Abs. 1 Nr. 1 der alten Reichsverfassung hatte der Bundesrat das Recht zum Erlaß der zur Ausführung der Reichsgesetze erforderlichen allgemeinen Verwaltungsvorschriften. Nach der neuen Reichsverfassung (Art. 77) steht dieses Recht, soweit die Gesetze nichts anderes bestimmen, der Reichsregierung zu. Innerhalb der letzteren wird es für jeden Geschäftszweig von dem zuständigen Reichsminister ausgeübt. In das Biersteuergesetz wie in die anderen Verbrauchssteuergesetze des Jahres 1923 mit Ausnahme des Spielkartensteuergesetzes hat der Reichsrat das Erfordernis seiner Zustimmung zum Erlaß der Ausführungsbestimmungen eingeschaltet und der Reichstag hat demgemäß beschlossen. Keine Anwendung findet § 31 hinsichtlich der bierähnlichen Getränke (s. Bem. 2c zu § 27c). Nach § 109 AB. ist der Reichsminister der Finanzen ermächtigt, die Ausführungsbestimmungen zu ändern. Er hat die Änderungen jedoch unverzüglich dem Reichsrat vorzulegen und auf dessen Verlangen wieder aufzuheben. Diese Einschränkung besteht nicht hinsichtlich der Muster und Anlagen zu den AB.

§ 32.

[1] Den Zeitpunkt des Inkrafttretens dieses Gesetzes bestimmt der Reichsminister der Finanzen. Mit diesem Zeitpunkt treten außer Kraft:

1. Das Biersteuergesetz vom $\frac{\text{26. Juli 1918 (RGBl. S. 863)}}{\text{8. April 1922 (RGBl. I S. 381)}}$ mit Ausnahme der §§ 4, 5, 72;
2. Nr. 3 und 4 des Artikel III des Gesetzes, betreffend Erhöhung einzelner Verbrauchssteuern, vom 8. April 1922 (Anlage 7 des Gesetzes über Änderungen im Finanzwesen vom 8. April 1922, RGBl. I S. 335).

[2] Das Gesetz, betreffend Abweichungen von dem Biersteuergesetze vom 26. Juli 1918, vom 9. Juli 1922 (RGBl. I S. 572 und 692) bleibt in Kraft mit der Maßgabe, daß an die Stelle der Vorschriften des Biersteuergesetzes vom 26. Juli 1918 die entsprechenden Vorschriften dieses Gesetzes treten.

[a] In den hiernach in Kraft bleibenden §§ 4, 5 des Biersteuergesetzes vom $\frac{\text{26. Juli 1918}}{\text{8. April 1922}}$ treten an die Stelle des Wortes „Bundesrat" das Wort „Reichsrat", an die Stelle der Vorschriften des Biersteuergesetzes vom $\frac{\text{26. Juli 1918}}{\text{8. April 1922}}$ die entsprechenden Vorschriften dieses Gesetzes.

1. Es sind in Kraft getreten

a) das Gesetz vom 9. Juli 1923 am 1. August 1923 (Verordnung vom 14. Juli 1923, RGBl. I S. 650),

b) das Gesetz über Abänderung einzelner Verbrauchssteuergesetze vom 11. August 1923 am 1. September 1923,

c) die Verordnung zur Abänderung einzelner Verbrauchssteuergesetze vom 13. Februar 1924 mit Rückwirkung vom 1. Februar 1924.

2. Die Vorschriften des bisherigen Gesetzes über die Kontingentierung (§ 4) und über die steuerliche Behandlung neuer Brauereien (§ 5) sind nur für eine Übergangszeit vorgesehen, die mit dem 31. März 1929 ihr Ende erreicht. Abs. 3 paßt diese Vorschriften dem neuen Gesetz an. Die Begründung zum Entwurf von 1923 (S. 10) bemerkt, daß Gründe, die für eine Verschiebung der Geltung jener Vorschriften über den 31. März 1929 sprechen, zurzeit nicht vorlägen und daß grundsätzlich die Beseitigung der Vorschriften erwünscht sei. Der Entwurf hat daher davon abgesehen, die Vorschriften und den mit ihnen in Zusammenhang stehenden § 72 des Biersteuergesetzes vom 26. Juli 1918 in der Fassung des Art. III Nr. 1i des Gesetzes, betreffend Erhöhung einzelner Verbrauchssteuern, vom 8. April 1922 zu übernehmen. Infolge der Änderung, die § 72 durch die letztgenannte Vorschrift erfahren hat (Entstehung der Verpflichtung zum Ersatz des Einnahmeausfalls auch durch Übertragung der *Kundschaft*, nicht allein der Jahresmenge, auf eine andere Brauerei), wird § 72 auch noch über den 31. März 1929 hinaus eine gewisse Bedeutung behalten.

3. Die außer Kraft getretenen Vorschriften des Art. III Nr. 3 und 4 des Gesetzes vom 8. April 1922 betreffen die Steuern für Einfuhrbier und die Ermächtigung des Reichsministers der Finanzen zur Berücksichtigung der Änderungen des Biersteuergesetzes durch den genannten Art. III bei der Anpassung des Gesetzes an die Reichsabgabenordnung. In Kraft geblieben ist Nr. 2 des Art. III des Gesetzes vom 8. April 1922, die den Bierzoll betrifft. Wie die Begründung des Entwurfs von 1923 (S. 11) angibt, wird diese Vorschrift bei der bevorstehenden Erneuerung des Zolltarifgesetzes in dieses übernommen werden und ist daher an ihrer Stelle belassen worden.

4. Die Geltungsdauer des Gesetzes, betreffend Abweichungen von dem Biersteuergesetze vom 26. Juli 1918, vom 9. Juli 1922 ist durch das Gesetz vom 18. Juli 1923 (RGBl. I S. 743) letztmalig bis zum 30. September 1924 verlängert worden (vgl. Bem. 3 zu § 10 Abs. 9 des Gesetzes).

Verordnung

Auf Grund der §§ 2, 3, 6, 8, 9, 11, 15, 18 und 31 des Biersteuergesetzes vom 9. Juli 1923 (RGBl. I S. 557) wird, soweit erforderlich mit Zustimmung des Reichsrats, folgendes bestimmt:

Ausführungsbestimmungen zum Biersteuergesetz

(Reichsministerialblatt 1923 S. 805, 902, Reichszollblatt 1923 S. 330.)

I. Allgemeine Bestimmungen.

Zu § 2 des Gesetzes

§ 1.

Entstehung der Steuerschuld.

¹ Als aus der Brauerei entfernt gilt das ausgehende Bier, sobald es aus den von der Steuerbehörde für die Abgabe von Bier zugelassenen Räumen (vgl. § 44) fortgebracht wird (vgl. jedoch Abs. 3).

² Durch das Trinken innerhalb der Brauerei entsteht eine Steuerschuld mit der Aushändigung des Bieres zum Genuß. Durch das Trinken des Bieres wird jedoch eine Steuerschuld nicht begründet, wenn das Trinken zu Untersuchungszwecken geschieht.

³ Steuerfrei abgeschrieben werden darf Bier, das innerhalb der Brauerei in anderer Weise als durch Trinken zu Untersuchungszwecken verbraucht wird.

1. Um die Anschreibung des Bieres im Biersteuerbuch sicherzustellen und die Überwachung zu ermöglichen, ist bestimmt, daß alles aus der Brauerei ausgehende oder innerhalb der Brauerei in den steuerpflichtigen Verbrauch übergehende Bier nur aus den in § 44 AB. bezeichneten Räumen entnommen werden darf. Zu vgl. §§ 11, 13 AB. und Anleitung zum Gebrauch des Musters 3 Nr. 2. § 1 Abs. 1 entspricht dem § 12 der bisherigen AB.

2. Die Steuerschuld entsteht mit der Entfernung des ausgehenden Bieres aus den in § 44 bezeichneten Räumen oder mit der Aushändigung des innerhalb der Brauerei getrunkenen Bieres in diesen Räumen (§ 2 Abs. 1

des Gesetzes; § 11 AB.). Wird das Bier in nicht steueramtlich zugelassene Räume innerhalb der Brauerei gebracht, so entsteht dadurch allein keine Steuerschuld. Das Verbringen von Bier in nicht zugelassene Räume und die Abgabe aus diesen haben nur die Bedeutung einer Ordnungswidrigkeit (§ 377 AO.), sind aber für die Frage der Steuerschuld ohne Belang. Wegen der Gefäße s. §§ 11, 45 AB.

3. § 1 Abs. 2 Satz 2 und Abs. 3 entsprechen dem § 13 der bisherigen AB. Für Bier, das zu Untersuchungszwecken außerhalb der Brauerei verbraucht wird, besteht die Steuerfreiheit nicht (vgl. Bem. 4 zu § 2 Abs. 1 des Gesetzes). Dasselbe gilt für Bierwürze, die zur Verwendung zu wissenschaftlichen Zwecken von einer Brauerei abgegeben wird. Letzteres würde zudem der hauptamtlichen Genehmigung nach § 62 Abs. 2 AB. bedürfen.

§ 2.

Farbebier.

Die Bestimmungen über die Versendung von Farbebier enthält die Anlage A.

Wegen der steuerlichen Behandlung von Farbebier s. Bem. 6 zu § 2 Abs. 1 des Gesetzes.

Zu § 3 Abs. 1 des Gesetzes

§ 3.

Erzeugte Biermenge.

Als in einem Brauereibetrieb innerhalb eines Rechnungsjahres erzeugt gelten die Biermengen, für die in dem Betrieb innerhalb des Rechnungsjahres eine Steuerschuld entstanden ist (§ 2 Abs. 1 des Gesetzes) zuzüglich der auf Grund des § 8 des Gesetzes steuerfrei abgelassenen Biermengen, wobei jedoch von den Biermengen, für die eine Steuerschuld entstanden ist, das Rückbier abzusetzen ist (§ 61 Abs. 1).

S. die Bemerkung 2 zu § 3 Abs. 1 des Gesetzes.

Zu § 3 Abs. 2 des Gesetzes

§ 4.

Einfach-, Schank-, Voll- und Starkbier.

Für die Unterscheidung von Einfach-, Schank-, Voll- und Starkbier ist der Gehalt des Bieres an löslichen, aus der Malz- und Zuckerverwendung herrührenden Stoffen (Extraktgehalt) in Zuckerspindelgraden, bezogen auf eine entsprechende unvergorene Würze (Stammwürze), maßgebend.

S. die Bemerkungen 1 bis 8 zu § 3 Abs. 2 des Gesetzes.

Zu § 3 Abs. 3 des Gesetzes

§ 5.

Behandlung mehrerer zu einem Brauereibetriebe vereinigter Brauereien.

Eine Person oder Gesellschaft, für deren Rechnung mehrere Brauereien betrieben werden oder betrieben werden sollen, hat dies mindestens acht Tage vor Beginn des Betriebes derjenigen Zollstelle, in deren Bezirk sich die größte der Brauereien befindet, anzuzeigen, sofern eine solche Anzeige nicht bereits auf Grund der bisherigen gesetzlichen Vorschriften erstattet worden ist. In der Anzeige sind Bezeichnung und Ort jeder Brauerei und die Zollstelle, in deren Bezirk sie liegt, anzugeben. Je eine Abschrift der Anzeige ist von dem Brauereiinhaber denjenigen Zollstellen zuzustellen, in deren Bezirken sich die anderen Brauereien befinden. Im Falle des § 3 Abs. 3 Satz 2 des Gesetzes ist eine Anzeige nicht erforderlich.

Die Bestimmung entspricht dem § 4 Abs. 1 der bisherigen AB. Abs. 2 des § 4 der bisherigen AB., wonach mehrere Brauereien, die schon vor dem 1. August 1909 für Rechnung einer und derselben Person oder Gesellschaft betrieben wurden, nur dann als ein Brauereibetrieb zu behandeln waren, wenn sie bereits auf Grund des § 6 Abs. 2 des Brausteuergesetzes vom 3. Juni 1906 als ein Betrieb gegolten haben, ist als entbehrlich fortgelassen.

§ 6.

¹ Befinden sich die zusammengehörigen Brauereien in demselben Hebebezirke, so ist in dem Biersteuer-Gegenbuche der Zollstelle (§ 99) für sie nur eine gemeinschaftliche Abteilung für die Anschreibung der versteuerten und steuerfreien Biermengen und für die Berechnung der Steuerbeträge zu eröffnen und bei den Berechnungen der Steuerbeträge so zu verfahren, als ob es sich nur um eine einzige Brauerei handle.

² Befinden sich die zusammengehörigen Brauereien in verschiedenen Hebebezirken, so findet die Festsetzung der Steuer durch diejenige Zollstelle statt, in deren Bezirke die größte der zusammengehörigen Brauereien liegt. Zu diesem Zwecke sind der für die größte Brauerei zuständigen Zollstelle von den für die übrigen Brauereien zuständigen Zollstellen sogleich nach Halbmonatsschluß (§ 7 Abs. 1 des Gesetzes) Abschlüsse der Steuerbücher der beteiligten Brauereien zu übersenden, gegebenenfalls nach Absetzung der im Steuerbuch abzuschreibenden Rückbiermengen (§ 15 Abs. 5).

³ Die für die größte Brauerei zuständige Zollstelle stellt in einer besonderen Berechnung, für die der Probeeintrag in Muster 13 als Vorbild dient, die für die Steuerfestsetzung notwendigen Angaben zusammen, setzt die Biersteuer fest und fertigt für die auf die einzelnen Brauereien entfallenden Steuerbeträge besondere Steuerbescheide aus, die sie den zuständigen Zollstellen zur Zustellung an die Steuerschuldner und zur Vereinnahmung übersendet.

§ 7.

¹ Fällt die Voraussetzung zur Behandlung mehrerer Brauereien als ein Brauereibetrieb im Sinne des § 3 Abs. 3 des Gesetzes im Laufe eines Rechnungsjahres fort, so wird vom Beginne der Monatshälfte ab, in der die Änderung eintritt, für den fortgesetzten Betrieb die Steuer für jede einzelne Brauerei so berechnet und erhoben, als ob sie von Beginn des Rechnungsjahres an selbständig gewesen wäre.

¹ Entsteht im Laufe eines Rechnungsjahres die Voraussetzung zur Behandlung mehrerer Brauereien als ein Brauereibetrieb (§ 3 Abs. 3 des Gesetzes), so wird vom Schlusse der Monatshälfte ab, in der die Änderung eintritt, für den fortgesetzten Betrieb die Steuer nach derjenigen Biermenge berechnet, die in den nunmehr einen Betrieb bildenden Einzelbrauereien im Laufe des Rechnungsjahres zusammen erzeugt worden ist (§ 3).

1. die §§ 6, 7 entsprechen im wesentlichen den §§ 5, 6 der bisherigen AB.

2. Die Änderung der steuerlichen Behandlung ist in § 7 auf den Beginn oder Schluß einer Monatshälfte gelegt worden, weil gemäß § 61 AB. die Steuerfestsetzung halbmonatlich erfolgt. In Abs. 1 ist der Beginn und in Abs. 2 ist der Schluß der Monatshälfte als Zeitpunkte der anderweiten Behandlung gewählt worden, um den Steuerschuldnern entgegenzukommen.

Zu § 3 Abs. 4 des Gesetzes

§ 8.

Benutzung einer Brauerei durch mehrere für eigene Rechnung brauende Personen.

¹ Als „nach dem 1. August 1909 errichtete Brauereien dieser Art" gelten Brauereien, in denen bis zum genannten Zeitpunkt ein gemeinsamer Betrieb mehrerer auf eigene Rechnung brauender Personen nicht stattgefunden hat.

² Das Hauptzollamt kann die Vergünstigung des § 3 Abs. 4 des Gesetzes dann gewähren, wenn eine nach dem 1. August 1909 errichtete Brauerei aus besonderen Gründen von anderen Brauern nur vorübergehend auf eigene Rechnung benutzt wird.

Zu Abs. 1.

1. Auf eigene Rechnung braut, wer Bier für seine Rechnung herstellt oder herstellen läßt (§ 2 Abs. 1 des Gesetzes).

2. Nach § 7 Abs. 1 Satz 2 der bisherigen AB. war die Vergünstigung des § 3 Abs. 4 des Gesetzes den steuerbegünstigten Hausbrauern auch dann zu gewähren, wenn sie eine nach dem 1. August 1909 errichtete Brauerei auf eigene Rechnung benutzten. Mit dem Fortfall der Steuerbegünstigung der Hausbrauer ist auch diese Vergünstigung beseitigt worden. Ein Unterschied zwischen Hausbrauern und anderen Brauereien wird hinsichtlich des § 8 Abs. 1 nicht mehr gemacht.

Zu Abs. 2.

In der Kriegs- und Nachkriegszeit war vielfach Anlaß, von der Bestimmung, die sich bereits in § 7 Abs. 2 der bisherigen AB. fand, Gebrauch zu machen in den Fällen, in denen Brauereiinhaber durch die Kriegsnot genötigt waren, ihren eigenen Betrieb still zu legen und eine fremde Brauerei zu benutzen. Die Voraussetzungen des § 8 Abs. 2 liegen indessen dann nicht vor, wenn die Wiederaufnahme des Betriebes der stillgelegten Brauerei überhaupt oder doch in absehbarer Zeit nicht mehr ernstlich in Frage kommen kann. § 8 Abs. 2 darf jedenfalls nicht dahin führen, daß die getrennte Betriebsführung nur noch fortgesetzt und von der Übertragung des Braurechtsfußes abgesehen wird, um Steuerersparnisse für die Betriebsbrauerei zu erzielen. Die Vergünstigung ist dann zu entziehen. Andererseits wird nicht verlangt werden können, daß die Behinderung in der Benutzung der eigenen Braustätte zeitlich genau begrenzt ist.

Zu § 4 des Gesetzes

§ 9.

Einfuhrbier.

Soweit besondere Bestimmungen über die steuerliche Behandlung des Bieres getroffen sind, das in den Geltungsbereich des Gesetzes eingeführt wird, sind sie in der Anlage B enthalten. Anlage B

Ehe durch Art. III Nr. 2 und 3 des Gesetzes, betreffend Erhöhung einzelner Verbrauchssteuern, vom 8. April 1922, die Trennung von Bierzoll und Biersteuer eingeführt wurde, war bereits durch das Gesetz vom 31. März 1920 (RGBl. S. 457) über die Erhebung der Biersteuer von dem auf Grund des Art. 268 und des § 31 Abs. 4 der Anlage zu Art. 45 bis 50 des Friedensvertrages zur Einfuhr kommenden Biere eine Sonderregelung für die Einfuhr von Bier aus den entrissenen Gebieten getroffen worden. Die zu diesem Gesetz ergangene Bekanntmachung vom 14. Mai 1920 (RGBl. S. 982) hat der Steuerordnung für Einfuhrbier vom 8. April 1922 (RGBl. I S. 446), letztere der Anlage B der Ausführungsbestimmungen als Vorbild gedient.

Zu § 6 des Gesetzes

§ 10.

Steuerpflichtige Menge. a) im allgemeinen.

[1] Bei Bier in Fässern ist die nach § 45 Abs. 1 auf den Fässern erforderliche eichamtliche Angabe über deren Raumgehalt für die Festsetzung der steuerpflichtigen Menge maßgebend. Hierbei sind im Hinblick auf § 50 Nr. 4 Abs. 2 der Eichordnung vom 8. November 1911 (RGBl. S. 960) bei den Fässern unter 30 Liter eichamtlich vermerkte Bruchteile des Liters, wenn sie unter einem halben Liter bleiben, außer Betracht zu lassen, andernfalls als ein halbes Liter anzunehmen. Bei größeren Fässern sind Bruchteile des Liters nicht zu berücksichtigen.

[2] Bei Bier in anderen Gefäßen als Fässern (Flaschen, Kannen usw.) ist der Ermittlung der steuerpflichtigen Menge der nach

§ 45 Abs. 2 von der Brauerei bei der Hinterlegung gleichartiger Gefäße angemeldete und von den Steueraufsichtsbeamten nachgeprüfte Raumgehalt zugrunde zu legen. Bei den unter Zugrundelegung dieses Einzelraumgehalts sich ergebenden steuerpflichtigen Mengen sind Bruchteile des Liters, wenn sie unter einem halben Liter bleiben, außer Betracht zu lassen, andernfalls als ein halbes Liter anzunehmen. Diese Abrundung hat bei jeder im Biersteuerbuch einzutragenden Einzelpost zu erfolgen. Weitere Abrundungen der steuerpflichtigen Menge sind selbst bei der nach Halbmonatsschluß stattfindenden Steuerberechnung nicht vorzunehmen.

Vgl. Erlaß des Preuß. Finanzministeriums, betr. Abrundungen der steuerpflichtigen Biermenge vom 19. Dezember 1918 (Preuß. Ztrbl. 1919 S. 15). § 50 Nr. 4 Abs. 1 und 2 der Eichordnung bestimmt, daß die Angabe des Raumgehalts bei Fässern unter 150 Litern auf Zehntel des Liter, bei größeren Fässern auf ganze Liter abzurunden ist, daß aber bei Bierfässern die Abrundung unter Fortlassung der überschießenden Zehntelliter bei den Fässern unter 30 Liter auf halbe Liter, bei den größeren Fässern auf ganze oder halbe Lit r erfolgen kann.

§ 11.

b) des Bieres, das innerhalb der Brauerei getrunken wird.

Bier, das dem steuerpflichtigen Verbrauch innerhalb einer Brauerei dienen soll (§ 1 Abs. 2), darf nur in den nach § 45 zugelassenen Gefäßen ausgehändigt werden. Die Aushändigung darf ferner nur in den nach § 44 genehmigten Räumen stattfinden. Das Hauptzollamt kann weitere Überwachungsmaßnahmen anordnen.

Durch Trinken kann eine Steuerschuld nur entstehen, solange das Bier noch nicht aus der Brauerei entfernt ist (§ 1 Abs. 1 AB.). Ein steuerpflichtiger Verbrauch von Bier innerhalb einer Brauerei wird, nachdem der Haustrunk der Brauereiangestellten und -arbeiter sowie des Inhabers nach § 8 Abs. 1 des Gesetzes steuerfrei bleibt, nur in geringen Mengen stattfinden. Auch hierfür gilt der in den Ausführungsbestimmungen allgemein durchgeführte Grundsatz, daß derartiges Bier nur in den in § 44 bezeichneten Räumen und hieraus nur in den nach § 45 zugelassenen Gefäßen entnommen werden darf. Solange das Bier noch nicht „entfernt“ ist und soweit es sich nicht etwa um eine nach § 1 Abs. 2 und 3 AB. nicht als steuerpflichtiger Verbrauch geltende Entnahme von Bierproben handelt, darf also Bier nicht an jedem Ort und auch nicht in Trinkgefäßen entnommen werden.

Die Abgabe ist sofort im Biersteuerbuch anzuschreiben (Anleitung zum Gebrauch des Musters 12 Nr. 2).

Zu § 8 Abs. 1 des Gesetzes

§ 12.

Haustrunk.

[1] Als Haustrunk gilt Bier, das Brauereien an ihre Angestellten und Arbeiter für den eigenen Verbrauch und den Verbrauch ihrer

Familien in einer den örtlichen Gewohnheiten entsprechenden Menge entgeltlich oder unentgeltlich abgeben, soweit den Angestellten und Arbeitern hierauf auf Grund ihres Dienst- oder Arbeitsverhältnisses ein Anspruch zusteht. Zu den Brauereiangestellten und -arbeitern gehören auch die Angestellten und Arbeiter in den außerhalb der Braustätte befindlichen eigenen Niederlagen der Brauerei. Ferner gilt als Haustrunk das Bier, das Inhaber von Privatbrauereien, soweit sie selbst im Betriebe tätig sind, für den Verbrauch in ihrem Haushalt entnehmen.

² Inhaber von Brauereien, die nicht gemäß § 18 des Gesetzes abgefunden sind, haben über ihre Angestellten und Arbeiter, denen nach Abs. 1 ein Anspruch auf steuerfreien Haustrunk zusteht, ein Verzeichnis nach Muster 1 zu führen, das den Aufsichtsbeamten auf Verlangen jederzeit vorzulegen ist. Muster 1

1. S. die Bemerkungen 2 bis 5 zu § 8 Abs. 1 des Gesetzes.

2. Die Berücksichtigung der Angestellten und Arbeiter in den außerhalb der Braustätte befindlichen eigenen Niederlagen der Brauerei ist gegenüber § 9 der bisherigen AB. neu. In Betracht kommen nur die Angestellten und Arbeiter der Brauerei selbst in eigenen, d. h. für eigene Rechnung der Brauerei betriebenen Niederlagen. Hierher gehören z. B. nicht verpachtete Niederlagen oder Niederlagen, die von anderen auf eigene Rechnung, wenn auch in wirtschaftlicher Abhängigkeit von der Brauerei, betrieben werden. Die Vergünstigung der Steuerfreiheit des Haustrunks steht auch Brauereien zu, die ihr Bier auf Grund eines Lohnbrauvertrages von einer anderen Brauerei herstellen lassen.

3. Das Verzeichnis nach Muster 1 ist in Abfindungsbrauereien nicht zu führen, da in diesen nach § 73 AB. 5 oder 3 vom Hundert der hergestellten Biermengen ohne Rücksicht auf die Zahl der Angestellten als Haustrunk steuerfrei bleiben und bei abgefundenen Hausbrauereien bei der Abfindung der Haustrunk etwaiger Brauereiarbeiter bereits berücksichtigt ist (§ 77 Abs. 3 AB.).

§ 13.

¹ Das unter Inanspruchnahme der Steuerfreiheit von Inhabern zu entnehmende oder an Angestellte und Arbeiter einer Brauerei abzugebende Bier darf nur aus den für die Abgabe von Bier zugelassenen Räumen (§ 44) und nur in den nach § 45 zugelassenen Gefäßen entnommen werden. Es darf nur an bestimmten, vom Oberbeamten zu genehmigenden Orten der Brauerei und nur an die in dem nach § 12 zu führenden Verzeichnis eingetragenen Angestellten und Arbeiter abgegeben werden.

² Das Bier ist sogleich bei der Entnahme aus den im Abs. 1 bezeichneten Räumen im Biersteuerbuch anzuschreiben.

³ Auf Antrag kann das Hauptzollamt im Bedürfnisfalle unter geeigneten Sicherungsmaßnahmen zuverlässigen Brauereiinhabern

widerruflich gestatten, daß sie den steuerfreien Haustrunk an die im Verzeichnis eingetragenen Angestellten und Arbeiter innerhalb oder außerhalb der Brauerei, auch durch Wirte, unter Anschreibung in besonderen Listen oder gegen Biermarken oder -zeichen abgeben. Die abgegebenen Biermengen sind am Monatsschluß festzustellen und im Biersteuerbuch anzuschreiben. Ist der Haustrunk aus bereits versteuerten Biervorräten abgegeben, so sind die festgestellten Mengen in den Spalten 19 bis 23 des Biersteuerbuchs abzusetzen und in den Spalten 14 bis 18 ebendort anzuschreiben.

1. Nach diesen Bestimmungen ist es nicht zulässig, daß Inhaber, Angestellte und Arbeiter das Haustrunkbier an einem beliebigen Orte in der Brauerei entnehmen. Würden sie es an einem anderen als dem vom Oberbeamten für die Abgabe derartigen Bieres genehmigten Orte entnehmen, so wäre dies unter Umständen sogar eine Biersteuerhinterziehung, namentlich wenn es sich um Bier handelt, das nicht im Biersteuerbuch angeschrieben ist.

2. Nur die tatsächlich als Haustrunk entnommenen Biermengen sind anzuschreiben, nicht etwa die den Angestellten und Arbeitern zustehenden.

3. Die Neuerung in Abs. 3 entspricht den Bedürfnissen namentlich der Großbetriebe.

Zu § 8 Abs. 2 des Gesetzes

§ 14.

Bierausfuhr

Die Bestimmungen über die Befreiung des unter Steueraufsicht aus dem Geltungsbereich des Gesetzes ausgeführten Bieres von der Biersteuer sind in der Anlage C enthalten.

Zu § 9 des Gesetzes

§ 15.

Rückbier

[1] Bier, für das eine Steuerschuld entstanden ist, kann in die Brauerei, in der es hergestellt ist, zurückgebracht werden (Rückbier) mit der Wirkung, daß es wieder als unversteuertes Bier gilt.

[2] Beim Wiedereingang in die Brauerei ist es in dem nach
Muster 2 Muster 2 zu führenden Rückbierbuch mit der in den Gefäßen tatsächlich enthaltenen Menge anzuschreiben. Bei Fässern ist der Literinhalt nach der eichamtlichen Raumgehaltsbezeichnung anzunehmen, wenn die Fässer spundvoll sind. Sind die Fässer nur teilweise gefüllt, so kann, sofern es sich um Einfachbier, Schankbier oder Vollbier handelt und das Auslitern mit erheblichen Schwierigkeiten verbunden ist, die Litermenge aus dem Eigengewicht des Bieres (Gewicht der Flüssigkeit ohne Umschließung) durch Gleichsetzung von 1 Kilogramm Eigengewicht mit 1 Liter berechnet werden.

[3] Rückbier kann auf Antrag unter amtlicher Aufsicht vernichtet oder unbrauchbar gemacht werden, wenn seine Verwertung als

Bier oder seine weitere Verarbeitung zu Bier unmöglich erscheint. Der Antrag ist bei den Aufsichtsbeamten mündlich oder schriftlich binnen drei Tagen nach dem Wiedereingange des Bieres zu stellen. Die Unbrauchbarmachung kann nach näherer Anordnung des Aufsichtsbeamten auch durch Vermischung mit Viehfutter oder Essig erfolgen. Als Unbrauchbarmachung gilt auch die Verwendung des Bieres zur Branntweinbereitung unter Überwachung. Die Vernichtung oder Unbrauchbarmachung des zurückverbrachten Bieres ist vom Aufsichtsbeamten im Rückbierbuche zu vermerken. Sie kann mit Genehmigung des Oberbeamten auch außerhalb der Brauerei stattfinden.

⁴ Für Rückbier, das nicht unter amtlicher Aufsicht vernichtet oder unbrauchbar gemacht wird, können im Bedarfsfall vom Hauptzollamt weitere Überwachungsmaßnahmen angeordnet werden.

⁵ Die im Rückbierbuche beim Wiedereingang in der Brauerei angeschriebenen Biermengen sind am Schlusse jedes halben Monats durch die Zollstelle von der Summe des steuerpflichtig gewordenen Bieres in der zutreffenden Spalte des Biersteuerbuchs (§ 59) abzusetzen. Zu diesem Zwecke hat der Brauereiinhaber gleichzeitig mit dem Biersteuerbuche auch das Rückbierbuch der Zollstelle vorzulegen, die im Rückbierbuche die Absetzung im Biersteuerbuche vermerkt. Ist im Biersteuerbuch eine der Rückbiermenge entsprechende Menge der gleichen Biergattung nicht eingetragen, so ist eine nach dem Steuerwerte (§ 3 Abs. 2 des Gesetzes) gleiche Menge einer anderen Biergattung im Biersteuerbuch abzusetzen. Im Biersteuergegenbuch (§ 99) ist in letzterem Falle in der Bemerkungsspalte die tatsächlich im Rückbierbuch angeschriebene Biermenge besonders zu vermerken. Das als unter amtlicher Aufsicht vernichtet oder unbrauchbar gemacht im Rückbierbuch angeschriebene Bier ist ebenfalls in der Bemerkungsspalte des Biersteuergegenbuchs in einer Summe anzugeben.

S. die Bemerkungen zu § 9 des Gesetzes, insbesondere Bemerkung 3 über die steuerliche Wirkung der Wiedereinbringung des Bieres.

1. Die in § 15 AB. getroffene Regelung, daß alles Rückbier dem unversteuerten Bier in der Brauerei gleichzustellen ist, soll eine möglichst uneingeschränkte Verfügung über das Rückbier in der Brauerei ermöglichen. Das Rückbier braucht weder an bestimmten Orten in der Brauerei gelagert zu werden (vgl. jedoch § 44 AB. und Bem. 5 dazu), noch wird die Nämlichkeit des Bieres oder der Gebinde beim Wiederausgange gefordert.

2. Der Grund, aus dem das Bier in die Brauerei zurückgelangt, ist unerheblich. Als Rückbier würde daher z. B. auch Tropfbier angesehen werden müssen.

3. Während nach § 6 Satz 2 des Gesetzes die steuerpflichtige Menge sich nach dem Raumgehalt der Umschließungen bestimmt, darf beim Wieder-

eingang von Rückbier in eine Brauerei abgesehen von spundvollen Fässern nur die tatsächlich in den Umschließungen enthaltene Biermenge im Rückbierbuche angeschrieben werden. Dies gilt sowohl für Bier in Fässern als für Bier in Flaschen (s. Nr. 2 der Anleitung zum Gebrauch des Rückbierbuches). Die Einhaltung dieser Bestimmung liegt auch im Belange des Brauers; denn wenn er auch zunächst durch die Anschreibung einer größeren Biermenge, als sie tatsächlich in die Brauerei zurückgebracht wurde, eine entsprechende Minderung der im Biersteuerbuche als steuerpflichtig angeschriebenen Biermengen erzielen könnte, so würde sich andererseits durch die unrichtige Anschreibung im Rückbierbuch der buchmäßige Bestand der überwachungspflichtigen Biermenge höher stellen als er tatsächlich ist, was bei der nächsten Bestandsaufnahme zu Weiterungen, Nacherhebungen und unter Umständen Einleitung eines Strafverfahrens führen könnte. — Da das spezifische Gewicht des Bieres über 1 liegt, so führt die nach Abs. 2 Satz 3 zugelassene Berechnung der Litermenge bei teilweise gefüllten Fässern aus dem Eigengewicht des Bieres unter Gleichsetzung von 1 kg Eigengewicht mit 1 l dazu, daß weniger eingebracht als angeschrieben wird, so daß für eine größere Menge die Steuer erstattet wird, als es zulässig wäre. Es handelt sich indessen um geringfügige Unterschiede, die unberücksichtigt bleiben können.

4. Auch die amtliche Aufsicht bei der Vernichtung oder Unbrauchbarmachung des Rückbieres liegt im Belange des Brauers nicht minder wie der Steuerverwaltung. Denn durch die im Rückbierbuche als vernichtet oder unbrauchbar gemacht abgeschriebenen Biermengen wird ebenfalls der Sollbestand der überwachungspflichtigen Biermenge entlastet. Wegen der Ermittlung des Stammwürzegehaltes des zur Vernichtung oder Unbrauchbarmachung angemeldeten Rückbieres s. die Bem. zu § 30 AB.

5. Wird Rückbier, das nicht zur Vernichtung oder Unbrauchbarmachung bestimmt war, nach seinem Wiedereingange innerhalb der Brauerei zufällig vernichtet oder so beschädigt, daß seine Weiterverarbeitung zu Bier oder seine Verwertung als Bier nicht möglich erscheint, so ist nach § 60 AB. zu verfahren.

6. Das Rückbier kann mit Genehmigung des Oberbeamten auch außerhalb der Brauerei vernichtet oder unbrauchbar gemacht werden. Voraussetzung hierfür ist aber, daß es zunächst als Rückbier in die Brauerei — gegebenenfalls in eine fremde Brauerei (§ 63 AB.) — eingebracht und dann aus der Brauerei zum Zwecke der Vernichtung oder Unbrauchbarmachung wieder entfernt wurde. Eine Vernichtung oder Unbrauchbarmachung von Bier, das nicht vorher in die Brauerei zurückgelangt ist, zum Zwecke der Steuererstattung ist im Hinblick auf den Wortlaut des § 9 des Gesetzes nicht angängig. Wird Rückbier zum Zwecke der Vernichtung oder Unbrauchbarmachung mit Genehmigung des Oberbeamten aus der Brauerei wieder entfernt, so braucht es im Biersteuerbuch nicht angeschrieben zu werden.

7. Die Bestimmung in Abs. 4 soll dem Hauptamt die Möglichkeit geben, in Fällen, in denen gegen die Zuverlässigkeit des Brauers Bedenken bestehen oder die Menge des Rückbieres stets außergewöhnlich groß ist, weitere Sicherungsmaßnahmen zu treffen. Diese können bestehen in der Verpflichtung, den Eingang von Rückbier jedesmal sogleich schriftlich oder mündlich anzuzeigen, das Rückbier nur an bestimmten vom Oberbeamten zu genehmigenden Orten zu lagern u. a. m. Sind in dem Betriebe Hinterziehungen im Strafverfahren festgestellt, so kommt auch § 199 AO. in Frage.

8. Die Bestimmungen in Abs. 5 Satz 3 und 4 sind getroffen, um für alle Fälle die entsprechende Abschreibung der im Rückbierbuch eingetragenen Biermengen im Biersteuerbuch zu ermöglichen. Nach dem in § 3 Abs. 2 des

Gesetzes bestimmten Belastungsverhältnis ist in Anrechnung zu bringen: für Vollbier die doppelte Menge Einfachbier oder vier Drittel seiner Menge als Schankbier oder zwei Drittel seiner Menge als Starkbier; für Einfachbier die halbe Menge Vollbier oder zwei Drittel seiner Menge als Schankbier oder ein Drittel seiner Menge als Starkbier; für Schankbier das einundeinhalbfache seiner Menge als Einfachbier oder dreiViertel seiner Menge als Vollbier oder die Hälfte seiner Menge als Starkbier; für Starkbier das Dreifache seiner Menge als Einfachbier oder das Doppelte seiner Menge als Schankbier oder das einundeinhalbfache seiner Menge als Vollbier. Wegen der Steuerberechnung s. § 61 AB.

9. Fremdes in die Brauerei eingebrachtes Bier oder fremde Bierwürze ist ebenfalls wie betriebseigenes Rückbier zu behandeln; s. § 63 AB. und Nr. 5 der Anleitung zum Gebrauch des Rückbierbuches. Jede Brauerei ist hiernach in der Lage, verdorbenes Bier, dessen Zurückschaffung in den Betrieb nicht lohnen würde, durch Vermittlung jeder beliebigen Brauerei zur Vernichtung oder Unbrauchbarmachung nach § 60 AB. zu bringen und sich die Steuer von dieser erstatten zu lassen. Mit Genehmigung des Oberbeamten kann die Vernichtung oder Unbrauchbarmachung auch außerhalb der Brauerei erfolgen.

10. Die Eintragungen im Biersteuergegenbuch sollen die erforderlichen Unterlagen für die Bestandsaufnahmen festhalten.

11. Wird das Rückbierbuch nicht oder wissentlich nicht richtig geführt, so tritt Bestrafung wegen Biersteuerhinterziehung ein, ohne daß der Vorsatz der Hinterziehung festgestellt zu werden braucht (§ 21 Abs. 1 Nr. 3 des Gesetzes).

Zu § 10 Abs. 1 bis 4 des Gesetzes

§ 16.

Begriff der Bierbereitung

Die Ausdrücke „Bereitung von Bier" und „Bierbereitung" sind im weitesten Sinne zu verstehen. Sie umfassen alle Teile der Herstellung und Behandlung des Bieres in der Brauerei selbst wie außerhalb dieser — beim Bierverleger, Wirt und dergleichen — bis zur Abgabe des Bieres an den Verbraucher.

S. die Bemerkung 3 zu § 10 Abs. 1 des Gesetzes.

§ 17.

Braustoffe

[1] Bei der Bereitung von Bier ist nicht nur die Verwendung von Malzersatzstoffen aller Art — mit der für obergärige Biere im § 10 Abs. 2 des Gesetzes zugelassenen Ausnahme —, sondern auch aller Hopfenersatzstoffe sowie aller Zutaten irgendwelcher Art, auch wenn sie nicht unter den Begriff der Malz- oder Hopfenersatzstoffe fallen, verboten. Ausgenommen von diesem Verbot ist nach § 10 Abs. 3 des Gesetzes die Verwendung der aus Malz, Hopfen, Hefe und Wasser innerhalb des Geltungsbereichs des Biersteuergesetzes hergestellten Farbebiere. Untergärigem Biere darf nur Farbebier zugesetzt werden, zu dessen Herstellung anderes Malz

als Gerstenmalz nicht verwendet worden ist. Die Bestimmungen über die Herstellung und Verwendung von Farbebier sind in der Anlage A enthalten.

² Die Verwendung von Bierklärmitteln, die rein mechanisch wirken und vollständig wieder ausgeschieden werden, verstößt nicht gegen das Verbot der Verwendung von Ersatz- und Zusatzstoffen bei der Bierbereitung. Die Verwendung von Bierklärmitteln, die nur unvollständig wieder ausgeschieden werden, ist bei der Bierbereitung nicht zulässig.

³ Die zulässigen Braustoffe müssen in der Beschaffenheit verwendet werden, in der ihnen die im Gesetze gewählte Bezeichnung zukommt.

⁴ Das Malz darf sowohl in ganzen, enthülsten oder unenthülsten Körnern, wie auch zerkleinert, trocken, angefeuchtet, ungedarrt, gedarrt und geröstet verwendet werden. Die Verwendung von Malzschrot, aus dem die Hülsen ganz oder teilweise entfernt sind, sowie Malzmehl, ist, soweit nicht vom Landesfinanzamt Ausnahmen zugelassen werden, nur statthaft, wenn das Entfernen der Hülsen oder die Vermahlung zu Mehl in der Brauerei selbst erfolgt.

⁵ Zur Bereitung von obergärigem Biere darf Malz auch aus anderem Getreide als Gerste verwendet werden. Reis, Mais oder Dari gelten nicht als Getreide im Sinne des § 10 Abs. 4 des Gesetzes.

Zu Abs. 1.

1. Diese Bestimmung (vgl. schon § 2 Abs. 1 der Brausteuer-AB. von 1909) bringt den Umfang des in § 10 des Gesetzes aufgestellten Reinheitsgebotes voll zum Ausdruck, indem sie betont, daß nicht nur die Verwendung von Ersatzstoffen an Stelle der im Gesetz zugelassenen Braustoffe, sondern auch alle sonstigen Zutaten bei der Bierbereitung nicht verwendet werden dürfen.

2. Als Malzersatzstoffe gelten insbesondere stärke- oder zuckerhaltige Stoffe, wie ungemälztes Getreide, Reis, Mais, grüne Stärke, Stärkemehl, Kartoffelmehl, Zucker oder Rüben, Zuckersirup, Süßholz und Süßholzmehl. Wegen der vorübergehenden Zulassung von Reis, Mais und Maisstärke vgl. Bem. 3 zu § 10 Abs. 9 des Gesetzes, wegen des Süßstoffes Bem. 2 daselbst. Kein Malzersatzstoff sind neben Süßstoff Farbmittel, die, wie z. B. Teerfarbstoffe, dem Bier lediglich eine dunklere Farbe geben sollen, aber Extraktstoffe nicht enthalten. Sie fallen unter die nicht erlaubten sonstigen Zutaten.

3. Als Hopfenersatzstoffe kommen in Betracht Pflanzen, die Bitterstoffe und Alkaloide enthalten, Aloe und Pikrinsäure.

4. Auch der Hefe dürfen Zusätze irgendwelcher Art, z. B. Säuren, (Phosphorsäure) nicht beigegeben werden.

5. Farbebier darf zur Bierbereitung nur verwendet werden, wenn es innerhalb des Geltungsbereiches des Gesetzes hergestellt ist. Diese Einschränkung ergibt sich daraus, daß eine den Vorschriften des Reinheitsgebotes entsprechende Herstellung des Farbebieres nur innerhalb des Geltungsbereiches des Biersteuergesetzes erfolgen kann. Farbebier muß aus den sämtlichen in § 10 Abs. 3 des Gesetzes und § 17 Abs. 1 Satz 2 AB. bezeichneten Stoffen

hergestellt sein; dies ergibt sich aus dem Wortlaut Malz, Hopfen, Hefe und Wasser (s. auch die Bemerkungen 6 zu § 2 Abs. 1, ferner 2, 3 und 6 zu § 10 Abs. 3 des Gesetzes).

Zu Abs. 2.

1. Aus dieser Bestimmung (vgl. schon § 2 Abs. 2 der Brausteuer-AB. von 1909) geht hervor, daß bei der Bierbereitung verwendete Stoffe, die sich nicht mit der Würze oder dem Biere verbinden oder vermischen, sondern im Laufe des Brauverfahrens wieder ausgeschieden werden und daher nicht in das fertige Bier übergehen, als unzulässige Ersatz- oder Zusatzstoffe nicht anzusehen sind.

2. Zu den mechanisch wirkenden Bierklärmitteln, die bei der Bierbereitung wieder völlig ausgeschieden werden, gehören insbesondere Klärspäne (aus Buchen- oder Haselholz), frisch geglühte Holzkohlen und Hausenblase. Die Verwendung der Hausenblase, d. i. getrockneter Schwimmblasen verschiedener Fische, insbesondere des Hausen oder Stör (s. Anleitung für die Zollabfertigung Teil III Nr. 17), die fast nur bei obergärigen Bieren, besonders dem Grätzer Bier üblich ist, erfolgt in der Weise, daß sie in Wasser gelöst und dann dem Biere beigegeben wird. Die gelöste Hausenblase bildet, indem sie sich mit dem im Bier enthaltenen Gerbstoff zu Gerbstoffeiweißverbindungen vereinigt, auf der Oberfläche der Flüssigkeit ein Netz mit feinen Maschen, das sich allmählich auf den Boden senkt und dabei die Hefezellen mitnimmt. Die Hausenblase wird später mit den Hefezellen aus dem Bier wieder vollständig ausgeschieden. Am vollständigsten löst sich Hausenblase in Säuren, von denen namentlich Weinsteinsäure verwendet wird. Die Verwendung ist dann nur zulässig, wenn aus der gelösten Hausenblase die Weinsteinsäure durch Waschen mit frischem reinen Wasser wieder so vollständig entfernt wird, daß keine Weinsteinsäure in das Bier übergehen kann.

Gelatine, ein feiner Leim aus Knorpel, Knochen oder Hautabfällen, darf zum Bierklären nicht verwendet werden, da sie bei ihrer Verwendung nicht wieder völlig ausscheiden, sondern zum Teil im Bier verbleiben würde. Das gleiche gilt für Isingglas, eine Art künstlicher Hausenblase, die sich schon durch gelbbräunliche Farbe von der mehr weißlichen Hausenblase unterscheidet, Karaghenmoos, Isländisch-Moos und ähnliche leimartige Stoffe (vgl. Brausteuer-AB. von 1909 § 2 Abs. 2).

3. An Stelle der in Bem. 2 genannten Bierklärmittel werden heute meist geschlossene Filter verwendet. Diese werden mit Filtermasse gefüllt, die aus Baumwollabfällen oder Papiermasse hergestellt sind. Die Verwendung dieser Filtermassen ist zulässig, wenn sie nicht Stoffe enthalten, die ins Bier übergehen können. Dies wäre der Fall, wenn ihnen z. B. zum Zwecke ihrer besseren Erhaltung andere Stoffe, wie Salizyl beigegeben wären oder wenn die zur Reinigung der Filtermasse verwendeten Entkeimungsmittel (schwefligsaurer Kalk, Chlorkalk u. dergl.) nicht vollständig entfernt würden. Derartige unzulässige Stoffe müßten vor Benutzung der Filtermasse zur Bierklärung durch Waschen mit Wasser, Auspressen u. dergl. vollständig ausgeschieden werden.

Zu Abs. 3.

Die Verwendung von Malzauszügen, Hopfenauszügen (durch Auslaugen des Hopfens mittels Äther, Petroläther, Wasser, Dampf u. dergl. hergestellt), Hopfenöl (Erzeugnis der Hopfendestillation) oder Hopfenmehl ist bei der Bierbereitung nicht zulässig, weil derartige Zubereitungen, auch wenn sie aus zulässigen Braustoffen ohne Zusätze oder nach Entfernung von Zusätzen gewonnen sind, doch nicht Braustoffe in der Beschaffenheit darstellen, in der ihnen die im Gesetz gewählte Bezeichnung zukommt. Der Grund des Verbotes ist, daß sich die Zusammensetzung solcher Erzeugnisse nicht oder nur mit Schwierigkeiten nachprüfen läßt und durch ihre Zulassung Unredlichkeiten Tor und Tür geöffnet würde (RG. Straff. Bd. 38, S. 358). Werden Malz- oder Hopfenauszüge ohne weitere Zusätze in einer Brauerei im regelmäßigen Brauverfahren hergestellt, so geschieht dies im Rahmen der ordnungsmäßigen Bierbereitung und es können daher derartige Auszüge von der Brauerei zur Herstellung von Bier mitverwendet werden.

Eine Ausnahme von der Bestimmung in § 17 Abs. 3 bildet die Bestimmung in § 22 AB., wonach Zucker auch in Form von wässerigen Lösungen verwendet werden darf. Das gilt nach § 1 Abs. 2 der Verordnung über Verwendung von Süßstoff zur Bereitung obergärigen Bieres vom 21. Juli 1923 (RGBl. I S. 746) auch hinsichtlich des Süßstoffs.

§ 18.

Als technisch rein gilt Zucker von solcher Reinheit, wie sie in dem bei der Herstellung von Zucker gebräuchlichen Verfahren erreicht wird; der Aschengehalt, auf Trockenstoff berechnet, darf 0,75 vom Hundert nicht übersteigen. Invertzucker ist das aus Rohr- oder Rübenzucker durch Spaltung mit Säuren gewonnene Gemenge von Traubenzucker oder Fruchtzucker, das auch noch unverarbeiteten Rüben- oder Rohrzucker enthalten kann. Als Stärkezucker gilt derjenige Zucker, der durch Einwirkung von Säure auf Stärke gebildet wird. Es ist zulässig, den Zucker auch in der Form von wässerigen Lösungen zu verwenden.

S. die Bemerkungen zu § 10 Abs. 2 des Gesetzes (vgl. schon Brausteuer-AB. von 1909 § 2 Abs. 8).

1. Invertzucker ist kein einheitlicher Begriff im chemischen Sinne, sondern nur eine Bezeichnung für ein Gemisch zweier Zuckerarten (Traubenzucker und Fruchtzucker), wie es bei der Spaltung wässeriger Lösungen von Rohr- oder Rübenzucker mittels Säuren oder Fermenten entsteht. Technisch reiner Invertzucker ist im allgemeinen kein kristallisiertes Erzeugnis oder trockener Zucker, sondern eine sirupartige Flüssigkeit, aus der sich allmählich der Traubenzucker kristallinisch abscheidet.

2. Die Verwendung wässeriger Zuckerlösungen ist auch dann statthaft, wenn der Zucker nicht vom Brauer aufgelöst, sondern in flüssiger Form von Dritten bezogen worden ist.

3. Die Verwendung von Zucker in wässeriger Lösung ist gemäß Nr. 5 der Anleitung zum Gebrauch des Zuckerverwendungsbuches und Nr. 10 der Anleitung zum Gebrauch des Sudbuches im Sudbuch anzuschreiben, weil sich hierdurch die überwachungspflichtige Biermenge erhöht.

§ 19.

Als Wasser im Sinne des § 10 Abs. 1 des Gesetzes ist alles in der Natur vorkommende Wasser anzusehen. Eine Vorbehandlung des Brauwassers durch Entziehen des Eisengehalts, Entkeimen, Filtern, Kochen, Abdampfen ist allgemein gestattet. Eine Vorbehandlung des Brauwassers durch Zusatz von Mineralsalzen (z. B. kohlensaurem oder schwefelsaurem Kalk, Kalkwasser oder Kochsalz) kann von dem Landesfinanzamt bei nachgewiesenem Bedürfnis insoweit gestattet werden, als dadurch das Wasser keine andere Zusammensetzung erhält, als sie für Brauzwecke geeignete Naturwässer besitzen. Die Beifügung muß vor Beginn des Brauens geschehen. Ein Zusatz von Säuren zum Brauwasser ist verboten.

Vgl. § 2 Abs. 9 der Brausteuer-AB. von 1909. Die Zusammensetzung des Brauwassers ist für die Bierbereitung von wesentlicher Bedeutung. Je reicher das Wasser an Karbonaten, d. i. kohlensauren Salzen, ist, um so geringer ist die Azidität, d. h. der Säuregrad des Bieres.

Die im Brauwasser vorkommenden Karbonate (kohlensaurer Kalk, kohlensaure Magnesia und die in seltenen Fällen vorkommende Soda) haben bei der Bierbereitung und namentlich bei der Herstellung heller Biere nachteilige Wirkungen. Sie beeinträchtigen die Ausbeute sowie den Geschmack und die Farbe des Bieres. Es ist daher, seit diese Nachteile erkannt wurden, das Bestreben der Brauer, einen zu hohen Karbonatgehalt des zur Verfügung stehenden Brauwassers durch eine entsprechende Behandlung des Wassers vor seiner Verwendung zur Bierbereitung zu beseitigen. Als geeignete Mittel kommen hierfür in Betracht das Aufkochen des Brauwassers unter gleichzeitigem Entlüften, der Zusatz von kohlensaurem oder schwefelsaurem Kalk und der Zusatz von Säuren.

Die Vorbehandlung des Brauwassers steht, wie in der Begründung zu § 13 des Entwurfs der Biersteuergesetzes von 1918 bemerkt ist, mit den Grundsätzen des Reinheitsgebotes nicht in Widerspruch. Sie darf aber nach § 19 AB. nur insoweit stattfinden, als dadurch das Brauwasser keine andere Zusammensetzung erhält, als sie für Brauzwecke geeignete Naturwässer besitzen.

Das Abkochen oder Filtern des Brauwassers ist mit dem Reinheitsgebot ohne weiteres vereinbar, auch der in § 23 AB. zugelassene Zusatz von kohlensaurem und schwefelsaurem Kalk oder Kalkwasser (wässerige Lösung von Ätzkalk, die gesättigt etwa 0,15 v. H. Ätzkalk enthält), läßt sich damit rechtfertigen, daß dadurch das Brauwasser keine andere Zusammensetzung erhält, als sie für Brauzwecke geeignete natürliche Wässer besitzen. Nicht mit dem Reinheitsgebot vereinbar ist dagegen der Zusatz von Säuren zum Brauwasser, da diese dem Wasser fremde Bestandteile sind und schließlich in das Bier übergehen. Die Vorbehandlung des Brauwassers mit Ätzkalk (= gelöschtem Kalk), mit Zeolithen, in der Natur vorkommenden wasserhaltigen Tonatsilikaten, oder ein Zusatz von Phosphorsäure oder von Milchsäurebakterien (z. B. des Milchsäurepilzes Delbrücki) würde dem Reinheitsgebot zuwiderlaufen. Auch eine Säurebehandlung der Hefe ist unzulässig.

Die Behandlung des Brauwassers muß vor Beginn des Brauens geschehen. Ein Zusatz anderer als der zugelassenen Stoffe in einem späteren Zeitpunkt der Bierbereitung ist unzulässig. Das gilt z. B. für das sogenannte Eckhardtsche Brauverfahren, bei dem behufs Steigerung der Malzausbeute, Verwendbarmachung eiweißreicher Gersten und Veredelung des Bieres basische oder kohlensaure Alkalien oder dergleichen Erdalkalien der Biermaische zugesetzt, demnächst aber durch Zusatz von Mineralsäuren wieder neutralisiert werden. Versuche haben ergeben, daß bei diesem Verfahren fremde Stoffe in das Bier übergehen (s. Reichstagsdrucks. Nr. 362 von 1909/10 und Nr. 1523 von 1912/14).

§ 20.

[1] Unter sichernden Maßnahmen darf das Hauptzollamt die Verwendung von in der Brauerei selbst gewonnenen Rückständen der Bierbereitung gestatten. Die Verwendung von Rückständen, die bei der Bereitung obergärigen Bieres verbleiben, zu dem anderes Malz als Gerstenmalz oder zu dem Zucker verwendet wurde, ist bei der Bereitung untergärigen Bieres nicht zulässig.

[2] Bei der Bierbereitung in der Brauerei selbst abgefangene Kohlensäure darf dem Biere zugesetzt werden.

[3] Die Verwendung von Kohlensäure nur als Druckmittel ist beim Abziehen des Bieres und beim Ausschank des Bieres allgemein gestattet.

Zu Abs. 1.

Die Verwendung in der Brauerei selbst gewonnener Rückstände der Bierbereitung (z. B. Glattwasser, Hopfenbrühe, vgl. § 2 Abs. 9 der Brausteuer-AB. von 1909) ist nur zulässig, wenn nicht andere Vorschriften des Biersteuergesetzes entgegenstehen. So wäre z. B. der Zusatz von Glattwasser (d. i. die beim Läutern zuletzt abfließende ganz verdünnte Würze) zum Bier durch den Brauer nach Feststellung des Extraktgehalts der Stammwürze im Gärkeller gemäß § 10 Abs. 7 des Gesetzes nur mit hauptamtlicher Genehmigung zulässig.

Zu Abs. 2.

1. Vgl. § 2 Abs. 10 der Brausteuer-AB. von 1909. Eine Verwendung der abgefangenen Kohlensäure bei der Bierbereitung findet beim sogenannten „Nathanschen Brauverfahren" statt. Dieses Verfahren bezweckt, untergäriges Bier ohne Nachgärung und Lagerung in einem Gefäß in kurzer Zeit verkaufsfertig herzustellen. Die aus der gärenden Bierwürze entweichende Kohlensäure wird durch Saugpumpen angesaugt, gereinigt, zusammengepreßt und dann, soweit erforderlich, dem fertigen Biere wieder zugesetzt. Das Verfahren ist zugelassen, weil die in einem Brauereibetrieb aus der Würze gewonnene Kohlensäure kein fremdes Erzeugnis, sondern ein Erzeugnis des Gärungsvorganges ist, dem das Bier in der Brauerei unterliegt.

2. Die Wiederverwendung der in einer Brauerei abgefangenen Kohlensäure ist ganz allgemein gestattet, mithin ohne Rücksicht darauf, ob sie bei der Bereitung untergärigen oder obergärigen Bieres abgefangen wurde und ob sie untergärigem oder obergärigem Bier zugesetzt werden soll. Bei der Bereitung obergärigen Bieres gewonnene Kohlensäure kann also untergärigem Biere zugesetzt werden. Dem Reinheitsgebot läuft diese Bestimmung nicht zuwider, da die Kohlensäure die Eigenschaft des Bieres als untergärig oder obergärig nicht beeinflußt.

Zu Abs. 3.

Vgl. § 2 Abs. 3 der Brausteuer-AB. von 1909. Die sogenannte Karbonisation des Bieres, wobei das Bier durch Einpressen künstlicher Kohlensäure einen höheren Kohlensäuregehalt erhält, ist unzulässig, weil hierbei dem Biere absichtlich als Ersatz der Gärungskohlensäure größere Mengen künstlicher Kohlensäure zugeführt werden. Außerdem würde sie eine Verfälschung im Sinne des Nahrungsmittelgesetzes darstellen.

Bei Anwendung der Bierdruckvorrichtungen, beim Abziehen oder beim Ausschank des Bieres dagegen soll künstliche Kohlensäure dem Biere nicht zugesetzt werden, sondern sie wird nur dazu benutzt, um einerseits das Bier vom Faß in andere Gefäße oder zum Schankhahn zu drücken und andererseits ein Entweichen der im Bier befindlichen Gärungskohlensäure zu verhindern und dadurch die Haltbarkeit des Bieres zu erhöhen.

Die Verwendung künstlicher Kohlensäure darf jedoch, wie in § 20 Abs. 3 ausdrücklich bemerkt ist, nur zu den genannten Zwecken erfolgen und nicht darüber hinaus eine Sättigung des Bieres mit Kohlensäure herbeiführen. Würde deshalb bei den Bierdruckvorrichtungen ein so erheblicher Kohlensäuredruck angewendet, daß Kohlensäure in größeren Mengen in das Bier übergeht, so würde darin ein Verstoß gegen die Vorschriften in § 10 des Biersteuergesetzes zu erblicken sein.

§ 21.

Ober- und untergäriges Bier.

Als obergärig gelten die mit obergäriger, Auftrieb gebender Hefe hergestellten, als untergärig die mit untergäriger, ausschließlich zu Boden gehender Hefe bereiteten Biere.

Die Art der Absonderung der Hefe aus dem gärenden Biere ist eine Eigenschaft der Hefenrasse. Bisweilen, z. B. bei Infektionen, wie sie zur Sommerzeit in schlecht geleiteten und eingerichteten Brauereien vorkommen, gibt auch obergärige Hefe keinen Auftrieb oder zeigt untergärige Erscheinungen. Obergärige und untergärige Hefe lassen sich dadurch verhältnismäßig einfach unterscheiden, daß beim Verrühren oder Schütteln obergäriger Hefe diese sich milchig, untergärige Hefe dagegen flockig verteilt. Vgl. Muster 19, Anl. z. Gebr. Nr. 2.

§ 22.

Zuckerverwendung.

1 Die Verwendung von Zucker ist nur bei der Bereitung von solchem Biere zulässig, dessen Würze mit reiner obergäriger Hefe, also weder mit untergäriger Hefe noch mit einer aus obergäriger und untergäriger Hefe zusammengesetzten Mischhefe angestellt worden ist. Das Hauptzollamt kann jedoch im Bedürfnisfalle widerruflich gestatten, daß unter Zuckerverwendung oder aus Weizenmalz hergestellten obergärigen Bieren eine verhältnismäßig geringe Menge untergäriger Hefe oder untergäriger Kräusen (in Gärung befindlicher, mit untergäriger Hefe angestellter Würze) zum Zwecke einer besseren Klärung oder zur Erzielung eines festeren Absetzens der Hefe zugesetzt wird. Die Genehmigung ist an folgende Bedingungen zu knüpfen:

a) der Zusatz der untergärigen Kräusen darf 15 vom Hundert der Menge der mit reiner obergäriger Hefe angestellten Würze nicht überschreiten;

b) der Zusatz von untergäriger Hefe oder untergärigen Kräusen darf niemals in den Anstell- oder Gärbottichen erfolgen, sondern, sofern das Bier die Haupt- und Nachgärung in der Brauerei durchmacht, erst in den Gär- und Lagerfässern und auch hier erst, wenn keine Hefe mehr ausgestoßen wird und der auftretende zarte weiße Schaum erkennen läßt, daß die Hauptgärung und der erste Teil der Nachgärung — die sogenannte beschleunigte Nachgärung — beendet ist. Sofern das Bier in der Brauerei nur angegoren wird, darf der Zusatz erst in den Versandgefäßen stattfinden.

[2] Bierhändlern und Wirten kann der Zusatz an untergärigen Kräusen zum Berliner Weißbier und Grätzer Bier widerruflich unter folgenden Bedingungen gestattet werden:

a) Der Antragsteller hat die Brauerei anzugeben, aus der die Kräusen bezogen werden;
b) der Kräusenzusatz darf 25 vom Hundert der Menge des Weißbieres nicht überschreiten und erst kurz vor dem Abziehen des Bieres auf die Flaschen vorgenommen werden;
c) Der Antragsteller muß sich der Steueraufsicht nach Maßgabe der §§ 196, 197 der Reichsabgabenordnung und der §§ 83 bis 98 der Ausführungsbestimmungen unterwerfen.

Zu Abs. 1 (vgl. § 3 Abs. 2 der Brausteuer-AB. von 1909).

1. Die Verwendung untergäriger Hefen oder untergäriger Kräusen bei der Bereitung obergäriger Biere ist im allgemeinen im Hinblick auf § 10 Abs. 2 des Gesetzes nur dann zulässig, wenn zur Bereitung des obergärigen Bieres keine Stoffe verwendet worden sind, die zur Bereitung untergärigen Bieres nicht verwendet werden dürfen, z. B. Zucker oder anderes Malz als Gerstenmalz. Ist obergäriges Bier nur aus Gerstenmalz, Hopfen, Hefe und Wasser hergestellt worden, so steht dem Zusatz untergäriger Hefe oder untergäriger Kräusen zu derartigem Bier nichts im Wege.

2. Durch einen Zusatz von Hefe oder von Kräusen (d. h. die in der ersten Hälfte der Gärung sich bildenden, auf die Ausscheidung von Hopfenweichharzen zurückzuführenden, schaumigen, gekräuselten Gebilde auf dem gärenden Bier) kann beim obergärigen Bier eine bessere Klärung oder ein festeres Absetzen der Hefe erzielt werden. Manchen, namentlich kleineren obergärigen Brauereien stehen aber die entsprechenden Mengen von obergäriger Hefe oder obergärigen Kräusen nicht zur Verfügung, auch können sie sich dieselben aus einer anderen obergäriger Brauerei nicht beschaffen, da eine solche sich nicht in der Nähe befindet. Ähnliche Schwierigkeiten bestehen für untergärige Brauereien, die nur ab und zu einen Sud obergärigen Bieres herstellen. Um derartigen Betrieben den nach ihrer Betriebsweise benötigten Hefen- oder Kräusenzusatz zu ermöglichen, ist ihnen unter den in § 22 AB. aufgeführten Bedingungen die Verwendung untergäriger Hefen oder Kräusen bei der Bereitung obergärigen Bieres gestattet worden. Durch den hier zugelassenen Zusatz wird die Eigenschaft des Bieres als obergäriges nicht beeinträchtigt.

Zu Abs. 2.

1. Das Berliner Weißbier ist ein obergäriges, helles, schwach gehopftes, Milchsäure enthaltendes, kohlensäurereiches Bier, das aus einem Gemisch von Gersten- und Weizenmalz bereitet wird, wobei die Würze nicht gekocht wird. Es wird erst genießbar durch Nachgärung und Entwicklung von Kohlensäure auf der Flasche. Da die Würze des Berliner Weißbiers hoch vergoren wird und daher nur noch wenig gärungsfähigen Zucker enthält, läßt sich durch einen Zusatz von Hefe allein eine genügende Wiederbelebung der Gärung nicht erzielen. In den Weißbierbrauereien wird daher dem Bier nach der Bottichgärung, dem sogenannten reinen Ausstoß, ein Teil Frischbier, d. i. Kräusen des Weißbieres zugesetzt. Dies geschieht auch bei der Versendung von Weißbier im Faß auf kürzere Entfernung. Erfordert aber die Versendung einen Zeitraum von mehr als 24 Stunden, so ist die Beigabe von Frischbier nicht mehr angängig, weil dasselbe unterwegs seine Gärkraft einbüßen würde. In solchem Fall werden von den Bierhändlern oder Wirten, die das Weißbier vertreiben, zur Belebung der Gärung Kräusen von hellem untergärigem Bier, die aus den am Empfangsort befindlichen Brauereien bezogen werden, zugesetzt. Die Beibehaltung dieses für den Absatz des Berliner Weißbieres wichtigen Verfahrens soll durch § 22 Abs. 2 ermöglicht werden. Ähnlich wie beim Berliner Weißbier liegen die Verhältnisse beim sogenannten Grätzer Bier. Das Grätzer Bier ist ein obergäriges, helles, stark gehopftes, aus geräuchertem Weizenmalz bereitetes Bier, das ebenfalls erst auf der Flasche genußreif wird.

2. Der Hefen- oder Kräusenzusatz darf nicht zur Verdeckung eines verbotswidrigen Wasserzusatzes zum Bier (s. § 10 Abs. 7 und Bem. 2 zu § 10 Abs. 9 des Gesetzes) benutzt werden.

3. Soll das Bier in nur angegorenem Zustande aus der Brauerei entfernt werden, so ist die hauptamtliche Genehmigung nach § 62 AB. erforderlich.

4. Die untergärigen Kräusen, die aus einer fremden Brauerei bezogen werden, um dem obergärigen Biere zugesetzt zu werden, sind gemäß § 62 Abs. 2 in der Brauerei, aus der sie bezogen werden, wie Bier zu versteuern. Erfolgt der Zusatz zum obergärigen Bier in einer Brauerei, so ist nach § 62 Abs. 3, § 63 Abs. 2 AB. zu verfahren, d. h. die Kräusen werden in der beziehenden Brauerei wie Rückbier, das aus dieser Brauerei stammt, im Rückbierbuche angeschrieben und werden in dieser Brauerei beim demnächstigen Wiederausgange mit dem Bier, zu dessen Bereitung sie verwendet worden sind, neuerlich versteuert (s. die Bem. 1 zu § 62 Abs. 3 AB.).

Zu § 10 Abs. 5 des Gesetzes

§ 23.

Besondere Biere, Ausfuhrbier.

¹ Die nach § 10 Abs. 5 des Gesetzes zulässigen Abweichungen von den Vorschriften im § 10 Abs. 1 bis 4 ebenda für besondere Biere und für Bier, das nachweislich zur Ausfuhr bestimmt ist, unterliegen der Genehmigung des Landesfinanzamts und den von ihm angeordneten Bedingungen.

² Zur erstmaligen Zulassung von Abweichungen für jede Art der besonderen Biere bedarf das Landesfinanzamt der Zustimmung des Reichsministers der Finanzen.

Für die Zulassung von Abweichungen für die Bereitung besonderer Biere sind nicht allein die Belange des Herstellers entscheidend, sondern es ist zu prüfen, ob ein Bedürfnis zur Herstellung der besonderen Biere vom Standpunkt des Gewerbes und der Verbraucher anzuerkennen ist. Bei der Zulassung von Abweichungen für Ausfuhrbier ist das Landesfinanzamt an die Zustimmung des Ministers nicht gebunden.

Zu § 10 Absatz 7 des Gesetzes

§ 24.

Wasserzusatz zum Biere.

¹ Unter das Verbot des § 10 Abs. 7 des Gesetzes fällt nicht ein Zusatz von Wasser zur Bierwürze oder zum Biere, der in der Brauerei während des Brauverfahrens lediglich aus Gründen des Betriebs und nicht zum Zwecke der Verdünnung erfolgt.

² Ein Wasserzusatz zum Biere nach Feststellung des Extraktgehalts der Stammwürze im Gärkeller, der innerhalb der Brauerei nicht nur aus Gründen des Betriebs vorgenommen wird, sondern eine Verdünnung bezweckt, bedarf der Genehmigung durch das Hauptzollamt. Wird die Vergünstigung nicht nur für einzelne Fälle, sondern allgemein nachgesucht, so ist sie nur zu gewähren, wenn dazu ein durch die Betriebsverhältnisse der Brauerei begründetes Bedürfnis vorliegt.

³ Wegen der Anschreibung des Wasserzusatzes im Sudbuch vgl. Nr. 10 der Anleitung zum Gebrauch des Musters.

S. die Bemerkungen zu § 10 Abs. 7 des Gesetzes.

1. Unter Brauverfahren im Sinne des Abs. 1 ist das gesamte Verfahren der Herstellung und Behandlung innerhalb der Brauerei zu verstehen.

2. Die Anschreibung des vom Hauptamte genehmigten Wasserzusatzes hat nicht zu dem Eintrage zu erfolgen, der sich im Sudbuche zu dem Sud befindet, von dem das mit Wasser versetzte Bier stammt, sondern es ist hierüber nach dem zuletzt gemachten Eintrage im Sudbuch ein besonderer Eintrag zu machen und dabei auf den zugehörigen Sud zu verweisen. Ist eine solche Verweisung nicht möglich, so kann vom Aufsichtsbeamten eine andere Kennzeichnung des Zusatzes im Sudbuche zugelassen werden (s. Nr. 10 der Anleitung zum Gebrauch des Sudbuchs).

Über Wasserzusätze zur Würze, die nach der Ermittlung der Menge der Ausschlagwürze, aber vor Ermittlung des Extraktgehalts der Anstellwürze gemacht werden, ist ebenfalls eine besondere Eintragung zu machen, jedoch nicht in den für den Wasserzusatz im Sudbuch vorgesehenen Spalten 22 und 23, sondern in Spalte 9 des Sudbuchs, weil dieser Wasserzusatz die Menge der Ausschlagwürze vermehrt.

Zu § 11 des Gesetzes

§ 25.

Verkehr mit Bier.

¹ Ein Getränk, bei dem die Gärung durch Erhitzen unterbrochen ist, gilt als gegoren im Sinne des Gesetzes.

S. die Bemerkung 9 zu § 1 des Gesetzes.

§ 26.

¹ Wird Bier, das unter Verwendung von Zucker oder Süßstoff hergestellt ist, in Verkehr gebracht, so muß auf den Gefäßen (Fässern, Siphons, Kannen, Flaschen usw.) in deutlich lesbarer unverwischbarer Schrift an augenfälliger Stelle die Bezeichnung „unter Zuckerverwendung hergestellt" oder „mit künstlichem Süßstoff zubereitet" angebracht sein.

² Wird Einfachbier oder Schankbier in Verkehr gebracht, so muß es auf den Gefäßen (Fässern, Siphons, Kannen, Flaschen usw.) in deutlich lesbarer unverwischbarer Schrift an augenfälliger Stelle als solches bezeichnet sein.

³ Die Bezeichnungen nach Abs. 1 und 2 sind auf den Gefäßen bis zur vollständigen Abgabe des Bieres an den Verbraucher zu erhalten; sie müssen auch in den Rechnungen, Anpreisungen und Ankündigungstafeln, soweit diese innerhalb der Ausschankstätten angebracht sind, enthalten sein.

S. die Bemerkungen zu § 11 des Gesetzes.

Zu Abs. 1.

Die Bestimmung stimmt hinsichtlich des Süßstoffs mit § 2 der Verordnung zur Durchführung des Süßstoffgesetzes vom 12. September 1922 (ZtrBl. f. d. Deutsche Reich S. 633) überein.

Zu Abs. 3.

Auf Anweisungen und Ankündigungstafeln, die außerhalb der Ausschankstätten angebracht sind, auch in Zeitungsanzeigen müssen die Bezeichnungen nicht enthalten sein.

Zu § 12 des Gesetzes

§ 27.

Verbotene Zubereitungen.

Das Verbot des § 12 des Gesetzes bezieht sich auf solche Zubereitungen, die nach ihrer Bezeichnung, Gebrauchsanweisung oder Anpreisung usw. zur Herstellung von Bier bestimmt sind. Die Lösung einer der im § 10 Abs. 2 des Gesetzes bezeichneten Zuckerarten in Wasser gilt nicht als Zubereitung, wohl aber gelten als Zubereitungen Gemische von Lösungen verschiedener Zuckerarten oder von Zuckerlösungen mit Farbmitteln, Malzauszügen, Bier oder anderen Stoffen, ebenso Malzauszüge.

S. die Bemerkungen zu § 12 des Gesetzes.

Bei flüssigem Brauzucker von brauner oder noch dunklerer Farbe ist es nahezu unmöglich festzustellen, ob er lediglich aus technisch reinem Verbrauchszucker oder durch teilweise Karamelisierung gewonnen oder durch Beimischung von Zuckerkouleur hergestellt ist. Im letzteren Falle ist er eine nach § 12 des Gesetzes und § 27 AB. verbotene Zubereitung. Im ersteren Falle muß damit gerechnet werden, daß sich bei der Karamelisierung von Verbrauchszucker und durch die weitere Behandlung zuckerfreie Extraktstoffe bilden und der Aschengehalt sich derart erhöht, daß der Zucker nicht mehr den Anforderungen des § 18 AB. entspricht. Flüssiger, in Karamel übergeführter Zucker, der zur Bearbeitung verwendet werden soll, darf daher keine dunklere als goldgelbe, d. h. dem Farbenton des Pilsener Bieres entsprechende Farbe haben, sofern er nicht in der ihn verwendenden Brauerei selbst hergestellt wird. Den Aufsichtsbeamten wird aber in diesem Falle die Möglichkeit gegeben werden müssen, die Gewinnung der Lösung aus technisch reinem Zucker festzustellen.

Zur Prüfung des Farbentons flüssigen, teilweise in Karamel übergeführten Zuckers werden zweckmäßig Proberöhrchen von etwa 2 cm Weite mit etwa 20 ccm des Zuckers befüllt. Unterschiede im Farbenton treten am deutlichsten hervor, wenn man von der Seite durch das mit der Flüssigkeit gefüllte, über weißes Papier gehaltene Röhrchen hindurchsieht.

II. Überwachungsbestimmungen.

Zu §§ 13 bis 19 des Gesetzes

§ 28.

Verkehr mit Brauereigefäßen.

[1] Die Anzeigen über den beabsichtigten Besitzwechsel von Brauereigefäßen sind der Zollstelle in doppelter Ausfertigung einzureichen. Die eine Ausfertigung ist von der Zollstelle mit der Bescheinigung über die erfolgte Anzeige zu versehen und dem Anmeldenden zur Aufbewahrung bei dem Brauereibeleghefte zurückzugeben. Die andere Ausfertigung hat die Zollstelle zu ihrem Beleghefte zu nehmen. Sollen Brauereigefäße in einen anderen Hebebezirk versandt werden, so ist die zweite Ausfertigung der Anzeige zuvor, gegebenenfalls mit den betreffenden Vermessungsverhandlungen, der Zollstelle des Bestimmungsorts zu übersenden. Diese bescheinigt die erfolgte Meldung auf der Anzeige und sendet diese an die Zollstelle des Absendungsorts zurück.

[2] Nach Versendung der Brauereigefäße hat der Brauereiinhaber die durch § 37 oder § 42 vorgeschriebenen Änderungsanzeigen zu erstatten.

S. die Bemerkungen zu § 13 Abs. 2 des Gesetzes.

Im Falle des § 28 Abs. 2 beginnt die in § 42 AB. bestimmte dreitägige Frist für die Erstattung der Änderungsanzeige erst mit der Versendung der Gefäße.

§ 29.

Benutzung der Brauereigefäße zu anderen Zwecken; Verschließung von Brauereigefäßen.

[1] Brauereigefäße dürfen zu anderen als den angemeldeten Zwecken nur mit Genehmigung des Oberbeamten benutzt werden.

² Ein Verschluß der Gefäße geschieht in der Regel durch Befestigen von Papierstreifen mittels amtlicher Siegelabdrücke an dem Boden oder den inneren Seitenflächen. Der Brauereiinhaber ist für die Erhaltung der Verschlüsse verantwortlich.

³ Die Abnahme der Verschlüsse zum Zwecke des Wiedergebrauchs oder der Reinigung der Gefäße ist bei der Zollstelle schriftlich oder mündlich unter Angabe von Tag und Stunde der gewünschten Abnahme zu beantragen. Findet sich zu der angegebenen Zeit kein Aufsichtsbeamter zur Abnahme der Verschlüsse in der Brauerei ein, so kann der Brauereiinhaber nach Ablauf einer Stunde unter Zuziehung eines Zeugen die Verschlüsse selbst lösen.

⁴ Die Anlegung und Lösung der Verschlüsse ist von dem Aufsichtsbeamten oder dem Brauereiinhaber und dem Zeugen in dem Befundbuch (§ 96) unter Angabe von Tag und Stunde und unter Beisetzung des Namens zu vermerken.

S. die Bemerkung zu § 13 Abs. 3 des Gesetzes.

§ 49 der bisherigen AB., der dem § 29 entspricht, bezog sich zum Teil auch auf Brauereigeräte, insbesondere die Malzmühlen. Die Benutzung der Malzmühlen mit selbsttätiger Verwiegungsvorrichtung zu anderen als den angemeldeten Zwecken regelt jetzt § 47 Abs. 2 AB. Besondere Bestimmungen über den Verschluß einer derartigen nicht im Betriebe befindlichen Malzmühle sind im Hinblick auf § 40 AB. entbehrlich. Wegen des zeitweiligen Verschlusses anderer zum Schroten von Malz geeigneter Vorrichtungen s. § 48 Abs. 2 AB.

§ 30.

¹ Von dem zum Ausgang aus der Brauerei bestimmten Biere sind von Zeit zu Zeit in Gegenwart des Brauereiinhabers oder dessen Vertreters Proben zu entnehmen und dem Oberbeamten vorzulegen, der hieraus nach Maßgabe der in der Anlage D gegebenen Anleitung den Stammwürzegehalt des Bieres festzustellen hat. Dem Brauereiinhaber ist auf Antrag eine amtlich versiegelte Gegenprobe zu belassen. Anlage D

² Unter dem zum Ausgang aus der Brauerei bestimmten Bier (Abs. 1) ist sowohl selbsterzeugtes wie fremdes Bier (§ 63) zu verstehen.

S. die Bemerkung zu § 13 Abs. 4 des Gesetzes.

Auch der Stammwürzegehalt des Rückbieres ist zu überwachen, selbst wenn dieses zur Vernichtung oder Unbrauchbarmachung unter amtlicher Aufsicht angemeldet wird (§ 15 AB.), da in diesem Falle die Möglichkeit vorliegt, daß dem Rückbier zum Zwecke der Steuerhinterziehung Wasser hinzugesetzt ist.

§ 31.

Betriebsleiter.

[1] Der Bestellung eines Betriebsleiters zur Erfüllung der dem Betriebsinhaber gegenüber der Finanzverwaltung obliegenden Verpflichtungen (§ 193 der Reichsabgabenordnung) bedarf es auch dann, wenn der Betriebsinhaber zwar an der Leitung des Betriebes beteiligt ist, aber ihn nicht vollständig selbst leitet, sei es, daß er häufig an der Leitung verhindert ist, sei es, daß er nur einen Teil des Betriebes selbst leitet; im zweiten Falle kann der Betriebsleiter für bestimmte Geschäfte, z. B. für die Führung des Sudbuches oder des Mahlbuches, bestellt werden.

[2] Im Bedürfnisfalle können je für bestimmte Geschäfte auch mehrere Betriebsleiter bestellt werden.

[3] In der Anzeige über die Bestellung des Betriebsleiters ist dessen Befähigung nachzuweisen. Auch ist die Anzeige von dem Vorgeschlagenen zum Zeichen des Einverständnisses mitzuunterschreiben.

[4] Über die Zulassung des Betriebsleiters entscheidet das Hauptzollamt.

1. § 16 des bisherigen Gesetzes ist in § 193 AO. aufgegangen. Nach § 193 AO. haben Betriebsinhaber, wenn sie den Betrieb nicht selbst oder durch den gesetzlichen Vertreter leiten, hierfür einen geeigneten Betriebsleiter zu bestellen. § 31 Abs. 1 trifft Bestimmung darüber, wann die Voraussetzung des Fehlens der Leitung durch den Betriebsinhaber vorliegt, und läßt die Teilung der Betriebsleitung zu. Die Eignung des Betriebsleiters ist durch das Hauptamt nachzuprüfen. Bestehen in dieser Hinsicht keine Bedenken, so darf die Zulassung nicht versagt werden.

2. Der Betriebsleiter hat die Stellung eines Bevollmächtigten oder Verfügungsberechtigten nach § 89 AO. und als solcher die Pflichten eines gesetzlichen Vertreters nach § 84 AO. In der Person des Steuerschuldners tritt durch die Bestellung eines Betriebsleiters keine Änderung ein. Begeht der Betriebsleiter bei Ausübung seiner Obliegenheiten Steuerhinterziehungen oder Steuergefährdungen, so haftet der Vertretene für die verkürzten Steuereinnahmen (§ 92 AO.). Dieser haftet auch für Zwangsstrafen und Sicherungsgelder, die gegen den Betriebsleiter erkannt werden, und für Kosten von Zwangsmitteln (§ 89 AO.). Der Betriebsleiter haftet neben dem Steuerschuldner persönlich für schuldhafte Verletzung der ihm in der Abgabenordnung und im Biersteuergesetz auferlegten Pflichten (§ 90 Abs. 1 AO.). Nicht zu verwechseln mit der Bestellung eines Betriebsleiters ist die Übertragung der strafrechtlichen Verantwortlichkeit nach § 25 des Biersteuergesetzes (vgl. Bem. 2 zu § 25 des Gesetzes).

3. Im Falle des § 51 AB. ist die Bestellung eines gemeinsamen Betriebsleiters vorgeschrieben (s. die Bem. zu § 51).

4. Die Bestellung des Betriebsleiters und die Geschäfte, für die er bestellt ist, sind in der Brauereirolle zu vermerken, ebenso Veränderungen in der Person oder dem Geschäftskreise (s. Nr. 2 und 3 der Anleitung zum Gebrauch des Musters 4).

§ 32.

Anzeige des Brauereibesitzes und gemeinsame Betriebsführung.

¹ Die in § 14 Abs. 1 des Gesetzes vorgeschriebene Anzeige ist der Zollstelle schriftlich in doppelter Ausfertigung zu erstatten. Die Zollstelle hat ein Stück an das Hauptzollamt weiterzureichen.

² Eine besondere Anzeige gemäß Abs. 1 erübrigt sich, wenn der Betrieb innerhalb der vorgeschriebenen Fristen gemäß § 33 Abs. 1 oder § 38 angemeldet wird.

³ Wegen der im § 14 Abs. 2 des Gesetzes vorgeschriebenen Anzeige vergleiche § 5.

Es sind drei Arten von Anmeldungen zu unterscheiden:

1. Die erstmalige Betriebsanmeldung nach § 194 AO., § 33 AB., bei der der Betrieb als solcher angemeldet wird (§ f. 18 des bisherigen Gesetzes);

2. die Anmeldung der Erlangung des Besitzes einer Brauerei nach § 14 Abs. 1 des Gesetzes, § 32 AB., gleichviel ob die Brauerei betrieben werden soll oder nicht (§ 17 des bisherigen Gesetzes);

3. die Anmeldung eines Wechsels in der Person des Inhabers einer Brauerei, die in Betrieb ist oder in Betrieb genommen werden soll, nach § 38 AB. (vgl. § 46 der bisherigen AB.).

Die Voraussetzungen in Nr. 2 und 3 werden regelmäßig zusammenfallen. § 32 Abs. 2 soll die Abgabe überflüssiger Anmeldungen ersparen.

§ 33.

Erstmalige Betriebsanmeldung.

¹ Soll in einer Braustätte mit der erstmaligen Herstellung von Bier begonnen oder soll der Betrieb nach zeitweiligem Ruhen der Brauerei wieder aufgenommen werden, so hat der Betriebsinhaber die durch § 194 der Reichsabgabenordnung vorgeschriebene Anmeldung mindestens acht Tage vor Beginn des Betriebes durch Einreichung einer Nachweisung nach Muster 3 bei der Zollstelle in doppelter Ausfertigung zu erstatten, sofern nicht die Voraussetzungen des Abs. 2 gegeben sind. Muster 3

² Als Betriebsanmeldung der Hausbrauer (§§ 76ff.) im Sinne des § 194 der Reichsabgabenordnung gilt die Anmeldung nach Muster 19.

1. Entscheidend ist nach § 194 AO., § 33 AB. der erklärte Wille, Bier herzustellen.

2. Anzumelden sind nach Muster 3 die Brauereiräume, die Brauereigefäße und von Geräten die Wagen, Malzmühlen und selbsttätigen Verwiegungsvorrichtungen. Die anmeldepflichtigen Räume und Gefäße sind in Nr. 1 der Anleitung zum Gebrauch des Musters 3 angegeben. Zu den anmeldepflichtigen Räumen gehören auch die dem Betriebe dienenden örtlich getrennten Räume (vgl. § 75 der bisherigen AB.). Zu den anmeldepflichtigen Gefäßen sind nicht die Versandgefäße für Bier, die Wasserbehälter, die Hopfen- und Trebergefäße, die Quellbottiche sowie die kleinen Schöpf- und Füllgefäße

zu rechnen. Der Anmeldung ist bei nicht abgefundenen Brauereien ein Grundriß der Brauereiräume beizufügen, in dem die Stellung der Gefäße, der Aufstellungsort der Malzmühle und die Vorrichtungen zur Beförderung des Malzschrotes zum Sudhaus einzuzeichnen sind. Rohrleitungen für Würze und Bier sind anmeldepflichtig, aber nicht im Grundriß anzugeben. Die zur Lagerung, Abfüllung und Abgabe von Bier dienenden Räume sind in dem Grundriß als solche zu bezeichnen.

3. Die Anmeldepflicht nach Maßgabe des § 33 AB. besteht auch für Hausbrauer. Ausgenommen sind nach Abs. 2 lediglich diejenigen Hausbrauer, die der vereinfachten Abfindung nach § 76 ff. AB. unterliegen.

4. Wird mit der Herstellung von Bier begonnen, bevor die Anmeldung nach § 33 erstattet ist, so tritt Bestrafung wegen Biersteuerhinterziehung ein (§ 21 Abs. 1 Nr. 1 des Gesetzes).

§ 34.

Die Nachweisungen (§ 33 Abs. 1) sind von der Zollstelle nach Eintragung in die Brauereirolle (§ 35) dem Oberbeamten zuzustellen. Dieser hat ihren Inhalt an Ort und Stelle mit dem Bestande zu vergleichen, die Gefäße zu vermessen (§ 84ff.), das Ergebnis in die Nachweisung einzutragen und diese sodann mit den Vermessungsverhandlungen der Zollstelle zurückzugeben. Nach Prüfung der Vermessungsverhandlungen übermittelt die Zollstelle eine Ausfertigung der Nachweisung und der Vermessungsverhandlungen dem Brauereiinhaber, die andere Ausfertigung wird als Beleg zur Brauereirolle genommen.

§ 35.

Brauereirolle und Beleghheft.

Muster 4 [1] Die Zollstelle hat eine Brauereirolle nach Muster 4 zu führen, in der sämtliche nach § 33 Abs. 1 anmeldepflichtigen Brauereien nachgewiesen werden. Die Belege für die Eintragungen sind in einem Hefte zu vereinigen. Nicht mehr gültige Belege sind zu durchkreuzen und einzuschlagen.

[2] Die Zollstelle hat eine vom Oberbeamten bescheinigte Abschrift der Brauereirolle dem Hauptzollamt einzusenden. Die Abschriften bilden zusammen mit der Brauereirolle für den Sonderhebebezirk des Hauptzollamts die Hauptbrauereirolle.

[3] Vierteljährlich ist eine vom Oberbeamten bescheinigte Nachweisung der in der Brauereirolle vermerkten Änderungen nach
Muster 5 Muster 5 aufzustellen und einzureichen.

[4] Die angezeigten Änderungen sind in der Hauptbrauereirolle zu vermerken.

Durch die Eintragungen in die Brauereirolle werden Rechtswirkungen nicht begründet, sondern nur beurkundet. Das ist wichtig namentlich hinsichtlich der Löschung von Brauereien, die als solche zu bestehen aufgehört haben.

§ 36.

[1] Die an den Brauer gelangenden Ausfertigungen oder beglaubigten Abschriften der im § 34 aufgeführten Schriftstücke sind in einem Brauereibeleghefte zu vereinigen.

[2] Das Brauereibelegheft ist mit Umschlag zu versehen und nach näherer Bestimmung des Oberbeamten aufzubewahren. Nicht mehr gültige Belege sind vom Oberbeamten aus dem Brauereibeleghefte zu entfernen.

§ 37.

Änderungen der Räume und Gefäße.

[1] Die im § 42 vorgeschriebenen Anzeigen über Änderungen in den Betriebsräumen oder an den Gefäßen sind nach Muster 6 der Zollstelle in doppelter Ausfertigung einzureichen. Die eine Ausfertigung ist von der Zollstelle mit der Bescheinigung über die erfolgte Anzeige zu versehen und dem Anmeldenden zur Aufbewahrung bei dem Brauereibeleghefte (§ 36) zurückzugeben, die andere ist dem Oberbeamten vorzulegen. Muster 6

[2] Der Oberbeamte hat sich von der Richtigkeit der Anzeige zu überzeugen, erforderlichenfalls für die Vermessung und Bezeichnung der Gefäße zu sorgen und die eingetretenen Änderungen in die in der Brauerei ausliegende Nachweisung der Räume und Gefäße einzutragen; der Befund oder das Geschehene ist von ihm auf der Änderungsanzeige zu bescheinigen. Sodann ist die Anzeige mit den etwa aufgenommenen Vermessungsverhandlungen an die Zollstelle zurückzugeben, die beim Brauereibelegheft aufbewahrte Änderungsanzeige aber zu entfernen.

[3] Die Zollstelle vermerkt die Änderung in der Brauereirolle und nimmt die Anzeige mit ihren Anlagen zu ihrem Belegheft (§ 35).

[4] Hat der Oberbeamte einen anderen Beamten mit der Ausführung der erforderlichen Maßnahmen beauftragt, so hat er die von diesem in dem Brauereibeleghefte gemachten Eintragungen bei seiner nächsten Anwesenheit zu prüfen und zu bescheinigen.

§ 38.

Anmeldung durch einen neuen Betriebsinhaber.

[1] Wechselt der Betriebsinhaber einer nach § 33 Abs. 1 angemeldeten Brauerei, so hat der neue Betriebsinhaber die Übernahme des Betriebes binnen drei Tagen der Zollstelle in doppelter Ausfertigung schriftlich anzuzeigen. Binnen einer Woche hat er ferner die Richtigkeit der gemäß § 33 Abs. 1 von dem Vorgänger ab-

gegebenen Nachweisung schriftlich anzuerkennen oder eine neue Nachweisung abzugeben.

[3] Anzeige und Anerkenntnis (Abs. 1) werden in je einem Stück den Beleghesten der Zollstelle und der Brauerei einverleibt. Hinsichtlich der neuen Nachweisung (Abs. 1) ist, soweit erforderlich, nach § 34 zu verfahren.

S. die Bemerkung zu § 32.

§ 39.

Einrichtung der selbsttätigen Verwiegungsvorrichtungen.

[1] Der Reichsminister der Finanzen bestimmt, welche selbsttätigen Verwiegungsvorrichtungen (geeichte selbsttätige Registrierwagen) für die Verwiegung von Malz in Brauereien verwendet werden dürfen.

[2] Die Verwiegungsvorrichtungen müssen so eingerichtet sein, daß nach Abnahme des amtlichen Verschlusses eine Prüfung der eigentlichen Wage, im unbelasteten und belasteten Zustand auf ihre Richtigkeit, ihre Empfindlichkeit und ihr genaues Einspielen durch die Aufsichtsbeamten erfolgen kann. Sie müssen zu diesem Zwecke mit einer Vorrichtung versehen sein, die in einfacher Weise eine Lösung der Verbindung der eigentlichen Wage mit dem übrigen Getriebe der Vorrichtung ermöglicht.

[3] Der Zufluß von Malz muß von dem Augenblick an, in dem die Malzmenge in dem zu ihrer Aufnahme bestimmten Gefäße der Verwiegungsvorrichtung das Sollgewicht erreicht hat, bis zu dem Augenblick, in dem das entleerte Malzgefäß zur Aufnahme von neuem Malz wieder bereitsteht, selbsttätig abgesperrt sein. Es müssen Sicherungseinrichtungen dagegen getroffen sein, daß bei verschlossener Verwiegungsvorrichtung der Malzzufluß durch äußeren Eingriff vorzeitig geöffnet oder sein rechtzeitiges und vollständiges Schließen absichtlich oder unabsichtlich verhindert werden kann, ohne daß die Verwiegungsvorrichtung zum Stillstand kommt oder auf andere Weise die vorgekommene Störung den Aufsichtsbeamten bemerkbar gemacht wird.

[4] Die Verwiegungsvorrichtungen müssen wagrecht und so aufgestellt sein, daß sie durch Erschütterungen, die in der Nähe stehende Maschinen und dergleichen hervorrufen, nicht gestört werden.

[5] Sie müssen mit einem Mantel aus Eisenblech derart umgeben sein, daß nach Anlegung des amtlichen Verschlusses (§ 40) eine beabsichtigte Störung oder Beeinflussung der Wägungen von außen her ausgeschlossen ist.

⁶ Es müssen Vorkehrungen getroffen sein, die ein gleichmäßiges Einfließen des Malzes bewirken und Störungen des richtigen Ganges der Verwiegungsvorrichtung verhindern.

⁷ Die Frist, innerhalb deren die Nacheichung der selbsttätigen Verwiegungsvorrichtungen vorzunehmen und zu wiederholen ist, beträgt drei Jahre.

1. Bisher sind folgende Arten selbsttätiger Verwiegungsvorrichtungen für die Verwiegung von Malz in Brauereien allgemein zugelassen worden:
1. Malzsteuerwage „Chronos" der Hennefer Maschinenfabrik Reuther & Reisert m. b. H. in Hennef a. d. Sieg,
2. selbsttätige Registrierwage der Maschinen- und Bronzewarenfabrik A.-G., L. A. Riedinger in Augsburg,
3. Malzsteuerwage „Libra" der Fabrik selbsttätiger Registrierwagen G. m. b. H. in Gliesmarode-Braunschweig,

zu 1 bis 3 durch Verfügung des Reichskanzlers vom 27. Dezember 1906 (ZtrBl. f. d. Deutsche Reich 1907 S. 2);

4. selbsttätige Registrierwage „Ceres" der Wagenfabrik und Eisengießerei S. Spies G. m. b. H. in Siegen i. W.,

zu 4 durch Verfügung des Reichskanzlers vom 12. September 1907 (ZtrBl. S. 436);

5. selbsttätige Verwiegungsvorrichtung „Obrima" der Automatischen Wagenbau-Aktiengesellschaft Obrima in München,

zu 5 durch Verfügung des Reichsministers der Finanzen vom 23. November 1922 (RZllBl. S. 297).

Die Zulassungen zu 1 bis 4 sind durch § 129 Abs. 2 der bisherigen AB. aufrecht erhalten worden. Sämtliche Zulassungen haben mangels einer anderweitigen Bestimmung auch für das geltende Recht Gültigkeit behalten. Sie gelten insbesondere nach dem Eintritt der drei süddeutschen Länder in die Biersteuergemeinschaft auch für diese.

2. Die dem eichpflichtigen Verkehr dienenden Meßgeräte sind innerhalb bestimmter Fristen nachzueichen. Die Fristen betragen allgemein bei Wagen für eine größte zulässige Last bis 3000 kg zwei, über 3000 kg und für festfundamentierte Wagen drei Jahre (§ 11 der Maß- und Gewichtsordnung vom 30. Mai 1908, RGBl. S. 349). Nach § 6 Abs. 4 a. a. O. bleiben die Vorschriften über die Eichung der zu steueramtlichen Zwecken bestimmten Geräte unberührt. In § 52 der Brausteuer-AB. von 1909 war für selbsttätige Verwiegungsvorrichtungen eine einjährige Nacheichungsfrist vorgeschrieben, da die Anzeige der Wage bei der Brausteuer die Grundlage der Steuerberechnung bei Vermahlungsbrauereien bildete. Die Biersteuer-AB. von 1918 sehen von einer besonderen Regelung ab, so daß die Nacheichung alle zwei Jahre vorzunehmen war. Die Verlängerung der Nacheichungsfrist rechtfertigt sich dadurch, daß die selbsttätige Verwiegungsvorrichtung heute nur noch die Bedeutung eines von mehreren Nachprüfungsmitteln hat. Arbeitet die selbsttätige Verwiegungsvorrichtung unzuverlässig und führt die Prüfung und Abgleichung nach § 90 AB. nicht zum Ziel, so ist nach § 49 AB. zu verfahren und unter Umständen eine sofortige Nacheichung zu verlangen (vgl. die Bem. zu § 90 AB.).

§ 40.

Amtlicher Verschluß.

¹ Der amtliche Verschluß der Malzmühlen und der selbsttätigen Verwiegungsvorrichtungen geschieht in der Regel durch von der

Finanzverwaltung gelieferte Kunstschlösser. Die Kunstschlösser verbleiben im Eigentum der Finanzverwaltung.

³ Über die Verschlußanlage ist von dem Oberbeamten eine Verhandlung aufzunehmen, die der Zollstelle auszuhändigen ist. Die Zollstelle hat von der Verhandlung eine beglaubigte Abschrift zu fertigen und sodann die Urschrift dem Brauereiinhaber zur Aufbewahrung im Brauereibelegheft zuzustellen.

1. Die Ausführungsbestimmungen zu den Brausteuergesetzen vom 31. Mai 1872 (§ 4 der Anlage III zu Nr. 14 der AB., ZtrBl. der Abgaben- usw. Verwaltung S. 454), vom 7. Juni 1906 (§ 53) und vom 15. Juli 1909 (§ 73) enthielten den Grundsatz, daß die Brauer die Kosten für Anschaffung der Kunstschlösser zu tragen haben, daß aber die Schlösser im Eigentum der sie liefernden Steuerverwaltung bleiben. Die Pflicht zum Ersatz der Kosten ist dem Brauereiinhaber nach § 44 AB., der mit § 52 der bisherigen AB. in dieser Hinsicht übereinstimmt, nicht mehr auferlegt. Die letztgenannten Bestimmungen haben keine rückwirkende Kraft, so daß für zurückgelieferte Kunstschlösser irgendwelche Vergütung aus Reichsmitteln nicht zu gewähren ist.

2. Für Beschädigung oder Verlust der von der Finanzverwaltung gelieferten Schlösser haftet der Brauereiinhaber nach den Vorschriften des bürgerlichen Rechtes.

§ 41.

Bezeichnung der Gefäße.

¹ Der Brauereiinhaber hat jedes in die Nachweisung (§ 33 Abs. 1 und § 38 Abs. 1) aufgenommene Gefäß mit Nummer und Raumgehalt in Übereinstimmung mit der Nachweisung deutlich zu bezeichnen, diese Bezeichnung zu erhalten und nötigenfalls zu erneuern.

² Die Bezeichnung ist an dem Gefäß an einer in die Augen fallenden Stelle mit Ölfarbe oder in anderer dauerhafter Weise anzubringen. Ist dies nicht möglich, so ist sie in gleicher Weise außerhalb des Gefäßes so anzubringen, daß ihre Zugehörigkeit zu dem Gefäße sofort erkennbar ist.

³ Die näheren Anordnungen trifft der Oberbeamte.

§ 42.

Änderungsanzeige.

¹ Werden in Brauereien, die nach § 33 Abs. 1 anmeldepflichtig sind, vor oder nach Eröffnung des Betriebes Betriebsräume neu eingerichtet oder geändert, anmeldepflichtige Gefäße angeschafft oder die vorhandenen abgeschafft, geändert oder in einen anderen Raum gebracht, so hat der Brauereiinhaber dies innerhalb der nächstfolgenden drei Tage anzuzeigen.

² Das weitere Verfahren bestimmt sich nach § 37.

Diese in § 20 des bisherigen Gesetzes enthaltene Vorschrift ist durch § 195 AO. in die AB. verwiesen.

§ 43.

Aufbewahrung der Vorräte an Braustoffen.

¹ Vorräte an Malzschrot und Zucker dürfen, soweit sie nach dem Ermessen der Finanzbehörde den Bedarf des eigenen Haushalts des Brauereiinhabers oder -leiters übersteigen, nur an bestimmten, vom Oberbeamten genehmigten Orten aufbewahrt werden.

² Der Aufbewahrungsort für die Vorräte an Malzschrot soll sich tunlichst nahe der Wage und den Maischgefäßen befinden.

³ Der Aufbewahrungsort für Zucker muß sich außerhalb der Braustätte, Gär-, Lager- und Abfüllräume sowie der Räume, in denen abgefülltes Bier bis zum Ausgang aus der Brauerei aufbewahrt wird, befinden und derart gelegen sein, daß die Überführung von Zucker von seinem Aufbewahrungsorte nach den vorgenannten Räumen und der Braustätte der Aufmerksamkeit eines in der Brauerei anwesenden Finanzbeamten und der in der Brauerei beschäftigten Personen nicht würde entgehen können.

⁴ Als Bedarf des eigenen Haushalts gilt ein Vorrat, wie er in gleichartigen Haushaltungen desselben Ortes den dortigen Lebensgewohnheiten entsprechend für den Wirtschaftsbedarf gehalten zu werden pflegt.

⁵ Die Aufbewahrungsorte (Abs. 2 und 3) sind durch eine Tafel mit dauerhafter Inschrift kenntlich zu machen.

1. § 43 Abs. 1 entspricht dem § 23 des bisherigen Gesetzes (vgl. § 18 Abs. 1 und 5 des Brausteuergesetzes von 1909) mit der Maßgabe, daß die Aufbewahrungsorte für Braustoffe vom Oberbeamten genehmigt sein müssen. Die Verweisung der Vorschrift in die AB. rechtfertigt § 195 AO.

Unerheblich ist, ob Malzschrot und Zucker für die Bierbereitung geeignet sind oder nicht. Die Bestimmung ist eine äußere Sicherheits- und Ordnungsbestimmung, die nach ihrem Wortlaut auszulegen ist und bei deren Anwendung der Gesichtspunkt, ob bei der Zuwiderhandlung die Absicht oder auch nur die Möglichkeit einer heimlichen Bierbereitung vorgelegen hat, unberücksichtigt bleiben muß.

2. Die Bestimmung bezieht sich auch auf Zucker, der anderen als Brauzwecken zu dienen bestimmt ist, z. B. Zucker zur Bereitung von Limonade, die in der Brauerei hergestellt wird (vgl. Bem. 4 zu § 57 AB.).

3. § 43 gilt auch für Süßstoff (vgl. § 1 Abs. 2 der Verordnung über Verwendung von Süßstoff zur Bereitung obergärigen Bieres vom 21. Juli 1923, RGBl. I S. 746).

4. In Brauereien, deren Inhaber zur Brauanzeige nach § 52 Abs. 1 oder 49 Abs. 2 AB. verpflichtet sind, darf, sobald Braueinmaischungen angemeldet sind, der Vorrat an Malzschrot die Menge nicht übersteigen, die für den nächsten Betriebstag und, im Falle gleichzeitiger Anmeldung mehrerer Braueinmaischungen im voraus, für den auf den ersten Betriebstag folgenden Werktag zur Einmaischung angemeldet ist (§ 55 Abs. 1 AB.).

5. Zuwiderhandlungen sind nach § 377 AO. strafbar.

§ 44.

Lagerung, Abfüllung und Abgabe fertigen Bieres.

[1] Fertiges, unversteuertes Bier darf nur in vom Oberbeamten genehmigten Räumen gelagert, abgefüllt und aus solchen abgegeben werden.

[2] Die Räume müssen so beschaffen und gelegen sein, daß eine unbefugte Entnahme von Bier möglichst erschwert ist.

1. Die Bestimmung entspricht den § 18 Abs. 2, § 34 Abs. 1 des bisherigen Gesetzes (vgl. § 195 AO.) und § 74 der bisherigen AB. — Die zur Lagerung, Abfüllung und Abgabe unversteuerten Bieres dienenden Räume sind für die Steuersicherheit von besonderer Bedeutung, es ist deshalb hierfür die Genehmigung der Verwaltung vorgesehen. Die Genehmigung wird insbesondere dann zu versagen sein, wenn die Räume so gelegen oder beschaffen sind, daß hierdurch die he mliche Entfernung von Bier aus der Brauerei erleichtert wird.

2. In dem Grundriß, der der nach § 33 AB. einzureichenden Nachweisung der Räume und Gefäße beizufügen ist, sind die zur Lagerung, Abfüllung und Abgabe von Bier dienenden Räume als solche zu bezeichnen. Die Genehmigung der Räume ist auf der geprüften Anmeldung und auf dem Grundriß zu vermerken (s. Nr. 2 und 3 der Anleitung zum Gebrauch des Musters 3).

3. Zur wirksamen Durchführung der steuerlichen Überwachung ist entsprechend in § 11 und § 13 Abs. 1 AB. angeordnet, daß Bier, das dem steuerpflichtigen Verbrauch innerhalb der Brauerei dienen soll, und Bier, das als steuerfreier Haustrunk vom Inhaber entnommen, oder an Angestellte und Arbeiter abgegeben wird, nur aus den nach § 44 AB. genehmigten Räumen entnommen werden darf.

4. Als „fertig" gilt Bier, das sich in einem nach seiner allgemeinen Beschaffenheit und regelmäßigen Brauart zum Genusse fertigen Zustande befindet (§ 62 Abs. 1 AB.).

5. Als unversteuertes Bier gilt auch Rückbier (§ 15 Abs. 1 AB.) und das ihm gleichgestellte eingebrachte fremde Bier (§ 63 AB.).

6. § 44 bezieht sich nur auf die Lagerung, Abfüllung, Abgabe unversteuerten Bieres. Für Räume, in denen versteuertes (im Biersteuerbuch angeschriebenes) Bier lagert usw., besteht keine Genehmigungspflicht.

7. Wird fertiges unversteuertes Bier vom Hersteller in anderen als den von der Finanzbehörde genehmigten Räumen abgefüllt oder gelagert, so tritt Bestrafung wegen Steuerhinterziehung ein, ohne daß der Vorsatz der Hinterziehung festgestellt zu werden braucht (§ 21 Abs. 1 Nr. 13 des Gesetzes).

8. Wegen der Lagerung selbsthergestellten Farbebieres vgl. § 5 FBO.

§ 45.

Versandgefäße.

[1] In Fässern darf Bier aus der Brauerei nur dann entfernt werden, wenn die Fässer amtlich geeicht und mit dem Eichstempel und einer Nummer versehen sind. Auf den Fässern muß die Brauerei, in der das Bier hergestellt ist, bezeichnet und das Jahr der Eichung und der Raumgehalt in Litern angegeben sein. Die Bezeichnung der Brauerei und der Faßnummer hat auf den Fässern durch Ein-

brennen oder durch Auftragen mit dauerhafter, nicht verwischbarer Farbe zu erfolgen. Hinsichtlich des Raumgehalts und des Eichungsjahres genügt eine dem § 50 der Eichordnung vom 8. November 1911 (RGBl. S. 960) entsprechende Angabe auf den Bierfässern.

[3] In anderen Gefäßen als Fässern darf Bier aus der Brauerei nur entfernt werden, wenn diese Gefäße vorher nach Art und Raumgehalt unter Hinterlegung von Mustern angemeldet worden sind. Die Anmeldung hat durch Vorlage eines nach Muster 7 zu führenden Verzeichnisses an den Oberbeamten zu erfolgen. Die Anmeldungen sind nach näherer Anordnung des Oberbeamten von dem Aufsichtsbeamten nachzuprüfen; das Ergebnis ist im Verzeichnis zu vermerken. Auf den Gefäßen muß der Name und Ort der Brauerei, in der das Bier hergestellt ist, angegeben sein. Die Angabe kann auch durch fest angebrachte gedruckte Zettel erfolgen. Im Falle des § 62 Abs. 2 kann das Hauptzollamt gestatten, daß Bierwürze oder Bier auch in anderen als den angemeldeten Gefäßen aus der Brauerei entfernt wird (das sogenannte Auslitern im Handverkauf). Muster 7

1. Die Bestimmung stammt aus § 35 des bisherigen Gesetzes (s. § 195 AO.), vgl. auch §§ 80, 81 der bisherigen AB.

2. Nach § 9 der Maß- und Gewichtsordnung vom 30. Mai 1908 (RGBl. S. 349) darf Bier bei faßweisem Verkauf dem Käufer nur in Fässern überliefert werden, die auf ihren Raumgehalt geeicht sind. Die Fässer müssen gemäß § 11 Abs. 1 a a. a. O. alle zwei Jahre nachgeeicht werden.

3. Nach dem Raumgehalt der Gefäße, in denen das Bier die Brauerei verläßt, bestimmt sich die steuerpflichtige Menge des Bieres und zwar gleichviel, ob die Gefäße voll befüllt sind oder nicht (§ 6 des Gesetzes). Das gilt auch für Jungbier, welches, da es sich noch in Gärung befindet, in nicht völlig befüllten Fässern aus der Brauerei entfernt wird. Wird Bier mit dem Anspruch auf Steuerfreiheit gemäß § 8 Abs. 2 des Gesetzes aus der Brauerei entfernt, so müssen die Fässer spundvoll, die Flaschen bis in den Hals hinein befüllt sein (§ 4 Abs. 1 BAO.).

4. Nach § 50 der Eichordnung sind gewisse Abkürzungen zulässig (l, kg, NT (nasse Tara), TT (trockene Tara).

5. Die in § 45 getroffenen Bestimmungen sind Mußvorschriften. Z. B. müssen Fässer einer stillgelegten Brauerei, die in einer anderen Brauerei benutzt werden, mit der Bezeichnung der letzteren versehen werden. Schilder, die mit Schrauben an den Fässern befestigt werden, sind zur Bezeichnung der Brauerei und Faßnummer unzulässig.

6. Für andere Gefäße als Fässer, z. B. Flaschen, ist Eichung nicht vorgeschrieben. Die Anbringung der gedruckten Zettel kann auf anderen Gefäßen als Fässern durch Aufkleben oder in einer anderen geeigneten Weise, z. B. durch Befestigen mit Draht, erfolgen.

7. In manchen kleineren Brauereien besteht die Übung, daß Bier in unvollständig vergorenem Zustande, sogenanntes Frischbier, unmittelbar an die Verbraucher in der Weise abgegeben wird, daß die Verbraucher das Frischbier in den mitgebrachten eigenen Gefäßen (Krügen, Eimern usw.)

in der Brauerei holen, um es zu Hause auf Flaschen zu füllen und in diesen vollständig vergären zu lassen (vgl. § 62 Abs. 2 AB.). Die Beibehaltung dieser Gewohnheit soll durch die Bestimmung in § 45 Abs. 2 Satz 6 ermöglicht werden. Im Biersteuerbuch ist in diesen Fällen die tatsächlich aus der Brauerei entfernte Biermenge einzutragen, nicht aber die dem Raumgehalte der Gefäße, in denen das Bier aus der Brauerei entfernt wird, entsprechende Biermenge.

8. § 45 AB. findet auf abgefundene Brauereien keine Anwendung (§ 72 AB.).

9. Wird Bier in Fässern oder Gefäßen aus der Brauerei entfernt, die den Bestimmungen in § 45 AB. nicht entsprechen, so tritt Bestrafung wegen Steuerhinterziehung nach § 21 Abs. 1 Nr. 14 des Gesetzes ein.

§ 46.

Erlaß der Verpflichtung zum Halten von Malzmühlen.

Die Hauptzollämter sind bis auf weiteres ermächtigt, in den Fällen des § 15 Abs. 2 und 3 des Gesetzes die Verpflichtung zum Halten von eigenen Malzmühlen oder zur Anbringung von selbsttätigen Verwiegungsvorrichtungen an Malzmühlen auch dann widerruflich zu erlassen, wenn die Beschaffung der Malzmühlen oder der Verwiegungsvorrichtungen nur unter Aufwendung unverhältnismäßiger Kosten möglich ist. Der Reichsminister der Finanzen bestimmt, wann die Ermächtigung der Hauptzollämter aufgehoben wird.

S. die Bemerkung zu § 15 Abs. 4 des Gesetzes.

§ 47.

Benutzung der Malzmühle mit selbsttätiger Verwiegungsvorrichtung.

[1] Inhaber von Brauereien, die gemäß § 15 des Gesetzes zur Aufstellung von Malzmühlen mit selbsttätiger Verwiegungsvorrichtung verpflichtet sind oder die freiwillig eine Malzmühle mit selbsttätiger Verwiegungsvorrichtung aufgestellt haben, dürfen zur Bierbereitung nur Malz verwenden, das auf der Malzmühle geschrotet worden ist

[2] Die Benutzung einer Malzmühle zu anderen als den angemeldeten Zwecken, ferner die Benutzung durch andere oder das Ablassen von geschrotetem Malz an andere ist nur mit Genehmigung des Hauptzollamts statthaft. Über die Menge des für andere geschroteten oder an andere abgegebenen geschroteten Malzes ist von dem Empfänger eine Bescheinigung zu erteilen, die bei dem Mahlbuch aufzubewahren und mit diesem der Zollstelle einzureichen ist.

1. Die Bestimmung des Abs. 1 und Abs. 2 Satz 1 stammt aus dem Brausteuergesetz vom 3. Juni 1906 (§ 28 Abs. 1 dieses Gesetzes und § 29 Abs. 1 des Brausteuergesetzes vom 15. Juli 1909, § 25 Abs. 1 des Biersteuergesetzes

vom 26. Juli 1918) und ist dorthin aus den Verwaltungsvorschriften zum Brausteuergesetz vom 31. Mai 1872 übernommen worden. Die Verweisung in die AB. beruht auf § 195 AO. Den Pflichten aus § 47 sind jetzt auch die Brauereiinhaber unterworfen, die freiwillig eine Malzmühle mit selbsttätiger Verwiegungsvorrichtung aufgestellt haben.

2. Auch die Benutzung einer Malzmühle zu anderen als den angemeldeten Zwecken ist nach der Neufassung der Bestimmung genehmigungspflichtig, was nach bisherigem Recht (vgl. § 25 des bisherigen Gesetzes, § 49 Abs. 1 der bisherigen AB.) nicht unzweifelhaft war. Auch hierüber, z. B. über Schroten von Malz zur Bereitung bierähnlicher Getränke, wird ein Vermerk in das Mahlbuch aufzunehmen sein.

3. Wie sich aus § 21 Abs. 1 Nr. 8 des Gesetzes ergibt, kann von der Finanzbehörde die Genehmigung erteilt werden, daß Inhaber von Brauereien, die zur Aufstellung einer Malzmühle mit selbsttätiger Verwiegungsvorrichtung verpflichtet sind, Malz verwenden, das auf einer anderen als der für die Brauerei genehmigten Mahlvorrichtung geschrotet worden ist. Diese Genehmigung wird nur für Ausnahmefälle, z. B. wenn die Malzmühle vorübergehend unbrauchbar geworden ist, zu erteilen sein. Würde ohne diese Genehmigung auf einer fremden Mühle geschrotetes Malz verwendet, so würde dies nach § 21 Abs. 1 Nr. 8 des Gesetzes als Steuerhinterziehung zu ahnden sein. Die dauernde gemeinsame Benutzung einer Malzmühle durch mehrere Brauer ist in § 16 des Gesetzes geregelt.

4. Zuwiderhandlungen von Brauern, die freiwillig eine Malzmühle mit selbsttätiger Verwiegungsvorrichtung aufgestellt haben, gegen § 47 Abs. 1, sind, wenn nicht der Vorsatz der Hinterziehung festgestellt wird, nach § 377 AO. zu bestrafen, ebenso Zuwiderhandlungen gegen § 47 Abs. 2.

§ 48.

Andere zum Schroten von Malz geeignete Vorrichtungen.

[1] Besitzen Inhaber von Brauereien außer der von der Finanzbehörde zum Schroten des Braumalzes genehmigten Malzmühle mit selbsttätiger Verwiegungsvorrichtung noch andere, für sonstige Zwecke bestimmte, zum Schroten von Malz geeignete Vorrichtungen (Futterschrotmühlen usw.) oder wollen sie sich solche beschaffen, so haben sie hiervon der Zollstelle schriftlich eine Anzeige zu erstatten, die sie dem Oberbeamten aushändigt.

[2] Die Vorrichtungen können nach näherer Bestimmung des Oberbeamten zeitweise unter finanzamtlichen Verschluß gesetzt, auch kann angeordnet werden, daß ihre Benutzung nur unter amtlicher Aufsicht erfolgen darf.

1. Vgl. § 28 Abs. 2 des Brausteuergesetzes von 1906, § 29 Abs. 2 des Brausteuergesetzes von 1909, § 25 Abs. 2 des Biersteuergesetzes von 1918 (s. § 195 AO.).

2. Die Bestimmung bezieht sich auch auf Brauereiinhaber, die die Malzmühle mit selbsttätiger Verwiegungsvorrichtung freiwillig aufgestellt haben (vgl. § 47 Abs. 1).

§ 49.

Beschädigungen von Malzmühlen mit selbsttätiger Verwiegungsvorrichtung.

¹ Beschädigungen der Malzmühle oder der selbsttätigen Verwiegungsvorrichtung, die die Benutzung unterbrechen oder die Sicherheit des Verwiegungsergebnisses mindern, Unregelmäßigkeiten in der Tätigkeit der Verwiegungsvorrichtung sowie Verletzungen des amtlichen Verschlusses haben Inhaber von Brauereien ohne Verzug und jedenfalls vor Ablauf von 24 Stunden der Zollstelle anzuzeigen. Wenn der amtliche Verschluß verletzt oder sonst die Sicherheit des Verwiegungsergebnisses gefährdet ist, oder wenn die Verwiegungsvorrichtung die Tätigkeit versagt oder unregelmäßig ausübt, darf bis zum Eintreffen eines Finanzbeamten nur unter Zuziehung eines Zeugen Malz auf der Malzmühle geschrotet werden. Das Gewicht des geschroteten Malzes ist in diesem Falle unter Mitwirkung des zugezogenen Zeugen besonders festzustellen und im Mahlbuch (§ 50) anzuschreiben.

² Sofort nach dem Eintreffen der Anzeige bei der Zollstelle, spätestens aber innerhalb 24 Stunden, ist der Sachverhalt amtlich an Ort und Stelle zu ermitteln, die schadhafte oder unzuverlässige Verwiegungsvorrichtung außer Betrieb zu setzen und zur Ausbesserung, Neuaufstellung oder Wiederherstellung der beschädigten Malzmühle eine angemessene Frist zu gewähren. Das Gewicht etwaiger Vorräte an bereits geschrotetem Malz ist festzustellen. Falls der Betrieb fortgesetzt werden soll, ist die Brauanzeige gemäß § 56 zu erstatten.

³ Über das Ergebnis der Ermittlungen und die getroffenen Anordnungen ist eine Verhandlung aufzunehmen. Der Oberbeamte hat, wenn er die Verhandlung nicht selbst aufgenommen hat, den Tatbestand und die Zweckmäßigkeit der getroffenen Maßnahmen in allen wichtigen Fällen an Ort und Stelle nachzuprüfen.

⁴ Die Verhandlung ist dem Hauptzollamt vorzulegen.

1. Die Bestimmung entspricht dem § 29 des Brausteuergesetzes von 1906, dem § 30 des Brausteuergesetzes von 1909 und dem § 26 des Biersteuergesetzes von 1918 nebst den zu den Vorschriften ergangenen AB.

2. Die Bestimmung bezieht sich auch auf Brauereiinhaber, die freiwillig eine Malzmühle mit selbsttätiger Verwiegungsvorrichtung aufgestellt haben (§ 47 Abs. 1 AB.).

3. Wenn in einer Brauerei, die zur Aufstellung einer Malzmühle mit selbsttätiger Verwiegungsvorrichtung verpflichtet ist, diese in ihrer regelmäßigen Tätigkeit derart vorsätzlich gestört wird, daß das Gewicht des geschroteten Malzes von dem Zählwerk entweder gar nicht oder zu gering angegeben wird, oder wenn der Inhaber einer solchen Brauerei, obwohl er weiß, daß das Zählwerk der selbsttätigen Verwiegungsvorrichtung das Gewicht

des Malzes nicht oder zu niedrig angibt, die Malzmühle zum Schroten benutzt oder benutzen läßt, ohne einen glaubwürdigen Zeugen zuzuziehen und unter dessen Mitbeurkundung das Gewicht des Malzes im Mahlbuch anzuschreiben, so tritt nach § 21 Abs. 1 Nr. 9, 10 Bestrafung wegen Steuerhinterziehung ein, ohne daß der Vorsatz der Hinterziehung festgestellt zu werden braucht. Hinsichtlich der Brauereiinhaber, die freiwillig eine Malzmühle mit selbsttätiger Verwiegungsvorrichtung aufgestellt haben, gilt das in Bem. 4 zu § 47 AB. Gesagte.

4. Wegen der ausnahmsweisen Benutzung einer anderen Malzmühle im Falle der Beschädigung der eigenen s. Bem. 3 zu § 47 AB.

5. Im letzten Satz des Abs. 2 ist nicht § 56, sondern § 52 AB. gemeint.

§ 50.

Mahlbuch.

Jedes Schroten von Malz auf einer mit selbsttätiger Verwiegungsvorrichtung versehenen Malzmühle ist nach der Beendigung sofort in das nach Muster 8 zu führende Mahlbuch einzutragen. Muster 8
Die Eintragung muß von dem Inhaber der Brauerei oder dem Betriebsleiter eigenhändig vollzogen, das Mahlbuch sorgfältig an dem von der Finanzbehörde bestimmten Orte aufbewahrt und den Finanzbeamten jederzeit vorgelegt werden.

1. Vgl. § 30 des Brausteuergesetzes von 1906, § 31 des Brausteuergesetzes von 1909 und § 27 des Biersteuergesetzes von 1918.

2. Sind in einer Brauerei mehrere Malzmühlen vorhanden, so ist für jede ein besonderes Mahlbuch zu führen (Nr. 1 der Anleitung zum Gebrauch des Musters 8).

3. Das Mahlbuch muß geführt werden und in der Brauerei aufliegen, solange die Malzmühle als solche in der Brauerei vorhanden ist, und zwar auch dann, wenn die Malzmühle zeitweilig nicht benutzt wird.

4. Wegen des Zeitpunktes, in dem die Eintragungen in das Mahlbuch zu erfolgen haben, s. Nr. 2 der Anleitung zum Gebrauch des Musters 8.

5. Werden verschiedene Malzarten vermahlen oder wird Malz zu anderen Zwecken als zur Bierbereitung (§ 47 Abs. 2 AB.), z. B. zur Bereitung bierähnlicher Getränke, geschrotet, so ist dies im Mahlbuch gesondert einzutragen (Nr. 2 der Anleitung zum Gebrauch des Musters 8).

6. Der Betriebsleiter muß vom Hauptzollamt zugelassen sein, er kann lediglich für die Führung des Mahlbuches bestellt sein (vgl. § 31 AB. und die Bem. dazu).

7. Unter Finanzbeamten sind alle Beamten zu verstehen, denen das Recht zusteht, die Steueraufsicht in der Brauerei auszuüben.

8. Das Mahlbuch ist vierteljährlich zu führen (Nr. 3 der Anleitung zum Gebrauch des Musters 8).

9. Zuwiderhandlungen gegen die Bestimmungen des § 50 sind strafbar nach § 21 Abs. 1 Nr. 3 des Gesetzes (vgl. die Bemerkung 5 dazu) oder nach § 377 AO. Die Einhaltung kann außerdem durch die in § 202 AO. vorgesehenen Maßregeln erzwungen werden.

10. Die strafrechtliche Verantwortung für die Führung des Mahlbuchs fällt dem Brauereiinhaber auch dann zu, wenn für die Führung des Mahlbuchs ein Betriebsleiter bestellt ist, es sei denn, daß auf diesen die strafrechtliche Verantwortlichkeit nach § 25 des Gesetzes übertragen ist.

§ 51.

Genossenschaftsmühlen.

Im Falle des § 16 des Gesetzes ist für die bei dem Betriebe der Malzmühle und der selbsttätigen Verwiegungsvorrichtung zu beobachtenden Verpflichtungen ein der Finanzverwaltung gegenüber zunächst verantwortlicher gemeinschaftlicher Vertreter zu bestellen, der für die sämtlichen an der Genossenschaftsmühle beteiligten Brauereien ein gemeinsames Mahlbuch zu führen hat.

Der Vertreter ist als Betriebsleiter im Sinne des § 193 AO., § 31 AB. (s. die Bem. zu § 31) anzusehen, dessen Bestellung durch § 51 vorgeschrieben ist. Es gelten hinsichtlich der Person und der Zulassung des Vertreters die Bestimmungen der Abs. 3, 4 des § 31 AB. Die Bestellung des gemeinschaftlichen Vertreters kann nach § 202 AO. gegenüber sämtlichen an der Genossenschaftsmühle beteiligten Brauereien erzwungen werden.

§ 52.

Brauanzeige.

[1] Inhaber von Brauereien, die eigene Malzmühlen mit selbsttätiger Verwiegungsvorrichtung nicht besitzen, haben der Zollstelle unter Benutzung eines Vordrucks nach Muster 9 eine Brauanzeige über sämtliche zur Verwendung kommende Braustoffe zu erstatten.

Muster 9

[2] Brauereien, die eine Malzmühle mit selbsttätiger Verwiegungsvorrichtung besitzen, haben dagegen eine Brauanzeige nach Muster 9 nur für in Verwendung kommende Zuckerstoffe zu erstatten.

[3] Das Hauptzollamt kann auch Brauereiinhabern, die zur Brauanzeige nach Abs. 1 und 2 nicht verpflichtet sind, die Anzeige des Tages und der Stunde der Einmaischung in vereinfachter Form auferlegen, sofern die Brauerei nur zeitweise und unregelmäßig im Betrieb ist.

1. Zu vgl. § 20 des Brausteuergesetzes von 1906, § 21 des Brausteuergesetzes von 1909, § 29 des Biersteuergesetzes von 1918.

2. Die §§ 52 bis 55 regeln die Überwachung der Rohstoffverwendung in Brauereien, die nicht Malzmühlen mit selbsttätiger Verwiegungsvorrichtung besitzen. Die Überwachung erfolgt in der Weise, daß vor Beginn des Einmaischens innerhalb der in § 53 bestimmten Frist die in § 52 geforderten Angaben der Zollstelle gemacht und gleichzeitig diese Angaben in das Sudbuch eingetragen werden (Nr. 3b der Anleitung zum Gebrauch des Musters 11, Nr. 2 der Anleitung zum Gebrauch des Musters 9). Bei der Betriebsführung muß, soweit nicht in § 54 Abs. 2 Ausnahmen zugelassen sind, die Brauanzeige eingehalten werden; Änderungen dürfen nur innerhalb der für die Anzeige selbst vorgeschriebenen Frist mittels einer neuen Brauanzeige erfolgen. Außerdem gelten die in § 55 aufgestellten Betriebsbeschränkungen. Wegen der abgefundenen Brauereien vgl. §§ 70, 72 AB., Muster 15 der AB., wegen der der vereinfachten Abfindung nach §§ 76ff. AB. unterliegenden Hausbrauer § 76 Abs. 2 AB.

3. Brauereiinhaber, die freiwillig eine Malzmühle mit selbsttätiger Verwiegungsvorrichtung aufgestellt haben (§ 47 Abs. 1 AB.) stehen den hierzu verpflichteten gleich.

4. Brauer, die eigene Malzmühlen mit selbsttätiger Verwiegungsvorrichtung besitzen, müssen die Brauanzeige dann erstatten, wenn sie Zuckerstoffe zur Bierbereitung verwenden (§ 56 AB.), ferner wenn die Malzmühle oder die Verwiegungsvorrichtung beschädigt ist und der Betrieb fortgesetzt werden soll (§ 49 AB.), endlich, und zwar eine vereinfachte Brauanzeige, wenn ihnen die Verpflichtung gemäß § 52 Abs. 3 besonders auferlegt ist. Im erstgenannten Falle ist die Anzeige nur für die Zuckerstoffe, nicht auch für das zu verwendende Malz zu erstatten. Diese Sondervorschrift für die Zuckerverwendung ist darin begründet, daß der in der Brauerei verwendete Zucker die Verwiegungsvorrichtung nicht durchläuft. Das Gewicht der beim Einmaischen verwendeten Zuckerstoffe ist vor der Einmaischung nach Nr 4 der Anleitung zum Gebrauch des Musters 11 (Sudbuch) durch Verwiegung festzustellen, auch in Brauereien mit Malzmühlen.

5. Wie sich aus dem Mustervordruck für die Brauanzeige (Muster 9) ergibt, sind von den Braustoffen nur Malz- und Zuckerstoffe (einschließlich des Süßstoffs zur Bereitung obergärigen Bieres) anzumelden. Als Würzemenge kommt die Menge der zu ziehenden heißen Ausschlagwürze in Betracht, d. h. der heißen Würze, die aus der Braupfanne zum Ausschlagen (Ablassen) auf die Kühlvorrichtung kommt (s. Nr. 5 der Anleitung zum Gebrauch des Musters 11). Hinsichtlich der Biersorten ist anzugeben, ob das Bier mit untergäriger oder obergäriger Hefe angestellt und ob Einfach-, Schank-, Voll- oder Starkbier hergestellt werden soll. Die Angabe der Menge des zu ziehenden Bieres ist nicht erforderlich.

6. Die Bestimmung in Abs. 3 ist getroffen, um den Aufsichtsbeamten bei Brauereien, die nur selten oder unregelmäßig brauen, und räumlich weit entfernt sind, die Prüfung während des Betriebes zu erleichtern.

7. Die Unterlassung der Brauanzeige oder deren unrichtige Erstattung ist mit Ordnungsstrafe nach § 377 AO. zu ahnden. Würde gleichzeitig der Eintrag im Sudbuch unterlassen oder unrichtig bewirkt, so würde hierin gemäß § 21 Abs. 1 Nr. 3 des Gesetzes eine Biersteuerhinterziehung zu erblicken sein.

§ 53.

¹ Die Brauanzeige muß, wenn vormittags gemaischt werden soll, spätestens am Nachmittag des vorhergehenden Tages, und wenn nachmittags gemaischt werden soll, spätestens am Vormittag desselben Tages drei Stunden vorher den Aufsichtsbeamten ausgehändigt werden oder bei der Zollstelle innerhalb der Dienststunden eingehen; Ausnahmen können von dem Oberbeamten bewilligt werden.

² Die Dienststunden der Zollstelle sind am Eingang durch Anschlag bekanntzumachen.

1. Die Bestimmung entspricht den §§ 17 Abs. 1 des Brausteuergesetzes von 1872, 21 des Brausteuergesetzes von 1906, 22 des Brausteuergesetzes von 1909, 30 des Biersteuergesetzes von 1918.

2. Die Bestimmung soll ermöglichen, daß die Aufsichtsbeamten rechtzeitig von den Brauanzeigen Kenntnis erhalten.

3. Die Brauanzeige kann auch im voraus für einen bestimmten Zeitraum gemacht werden (Nr. 1 der Anleitung zum Gebrauch des Musters 9).

4. Wird die Brauanzeige durch die Post versandt, so trägt der Brauer die Gefahr des rechtzeitigen Eingangs bei der Zollstelle. Aufgabe auf der Post innerhalb der vorgeschriebenen Frist, die nach § 59 der bisherigen AB. genügte, reicht nicht aus. Bei Übermittlung an die Aufsichtsbeamten ist Aushändigung vorgeschrieben, d. h. der Brauereiinhaber oder Betriebsleiter hat dafür zu sorgen, daß die Brauanzeige die Aufsichtsbeamten selbst erreicht. Abwesenheit der Aufsichtsbeamten entschuldigt den Verpflichteten nicht.

5. Gleichzeitig mit der Erstattung der Brauanzeige müssen die entsprechenden Einträge im Sudbuch bewirkt werden (s. Bem. 2 zu § 52).

6. Über die Dauer der Einmaischung bestehen keine Bestimmungen. Der Brauer kann also vormaischen (abends einmaischen) und den Sud erst am Morgen weiterführen. Über die Zeiten der Einmaischung s. § 55 AB.

7. Zuwiderhandlungen gegen § 53 sind nach § 377 AO. strafbar.

§ 54.

[1] Die Brauanzeige muß bei der Betriebsführung eingehalten werden.

[2] Abweichungen von der Brauanzeige sind nur zulässig, wenn infolge unvermuteter Umstände die Einmaischung nicht oder nicht in der angemeldeten Weise stattfinden kann. Die Abweichungen und deren Ursachen sind vom Brauereiinhaber unter Angabe von Tag und Stunde sofort der Zollstelle vermittels einer neuen Brauanzeige mitzuteilen.

[3] Der Oberbeamte hat bei seiner nächsten Anwesenheit in der Brauerei die Zulässigkeit der Abweichungen zu prüfen und dies im Befundbuch zu vermerken.

1. Bei Einhaltung der Frist des § 53 ist jede Änderung der Brauanzeige zulässig.

2. Änderungen der Brauanzeige müssen gleichzeitig mit der Erstattung der neuen Brauanzeige im Sudbuch vermerkt werden. Der ursprüngliche Eintrag ist zu durchstreichen. Die Gründe der Änderung sind in der Bemerkungsspalte anzugeben (Nr. 3 der Anleitung zum Gebrauch des Musters 9, Nr. 3b der Anleitung zum Gebrauch des Musters 11).

3. Wegen des Befundbuchs vgl. § 96 AB.

§ 55.

Betriebsbestimmungen für Brauer ohne Malzmühlen mit selbsttätiger Verwiegungsvorrichtung.

[1] In Brauereien, deren Inhaber zur Brauanzeige nach § 52 Abs. 1 oder § 49 Abs. 2 verpflichtet sind, darf, sobald Braueinmaischungen angemeldet sind, der Vorrat an Malzschrot die Menge nicht übersteigen, die für den nächsten Betriebstag und, im Falle gleichzeitiger Anmeldung mehrerer Braueinmaischungen im voraus, für den auf den ersten Betriebstag folgenden Werktag zur Ein-

maischung angemeldet ist. Das Landesfinanzamt kann unter sichernden Bedingungen Ausnahmen zulassen.

[2] Die Einmaischungen dürfen nur an Wochentagen geschehen, und zwar in den Monaten vom Oktober bis einschließlich März von morgens 6 bis abends 10 Uhr, in den übrigen Monaten aber von morgens 4 bis abends 10 Uhr. Ausnahmen hiervon können in Einzelfällen vom Oberbeamten oder von der Zollstelle, bei dauernder Abweichung vom Hauptzollamt bewilligt und dürfen bei ununterbrochenem Betriebe nicht versagt werden. Als Schluß der Einmaischung gilt der Zeitpunkt, an dem mit dem Ablassen der Würze zum Zwecke des Kochens begonnen wird.

[3] In der Regel soll die ganze Beschickung auf einmal eingemaischt werden, so daß eine Nachmaischung nicht stattfindet. Wird eine Brauerei regelmäßig mit Nachmaischen betrieben, so muß ein für allemal angezeigt werden, in wieviel Abteilungen und mit welchem Gewichte für jede Beschickung gemaischt werden soll.

1. Zu vgl. §§ 19 und 20 Abs. 4 des Brausteuergesetzes von 1872, §§ 17 Abs. 3, 23 und 25 des Brausteuergesetzes von 1906, §§ 18 Abs. 3, 24 und 26 des Brausteuergesetzes von 1909, § 31 des Biersteuergesetzes von 1918.

2. Die Bestimmungen des § 55 sollen die Überwachung der Einhaltung der Brauanzeige erleichtern; sie gelten gemäß § 72 Satz 2 AB. auch für die Inhaber abgefundener Brauereien, soweit diese nicht Hausbrauer sind, die der vereinfachten Abfindung nach §§ 76ff. AB. unterliegen (s. § 76 Abs. 2).

3. Im Falle des § 52 Abs. 3 finden die Bestimmungen des § 55 keine Anwendung.

4. Für die Beobachtung der hinsichtlich des zulässigen Vorrats an Malzschrot geltenden Bestimmungen ist es unerheblich, ob das Malzschrot zur Bierbereitung tauglich ist oder nicht (vgl. Bem. 1 zu § 43 AB.).

5. Das Wort „Wochentagen" im Abs. 2 wurde in der dritten Lesung des Entwurfs zum Brausteuergesetze von 1872 im Reichstage an die Stelle des Wortes „Werktagen" gesetzt, um klarzustellen, daß lediglich die Sonntage, nicht aber auch die Feiertage ausgeschlossen sein sollten (Sitzungsberichte des Reichstags 1872 Bd. 1 S. 549).

6. Die Bestimmung des Abs. 2 Satz 3 bezieht sich auf Fälle, in denen kalt eingemaischt wird (s. Sitzungsberichte des Reichstags 1872 Bd. 1 S. 343).

7. Zuwiderhandlungen sind strafbar nach § 377 AO.

§ 56.

Erklärung und Buchführung über die Verwendung von Zucker.

[1] Wer Zucker zur Bierbereitung verwenden will, hat, abgesehen von der für jeden Sud zu erstattenden Brauanzeige (§ 52), hierüber mindestens drei Tage vor der erstmaligen Verwendung bei der Hebestelle eine schriftliche Erklärung in doppelter Ausfertigung einzureichen. In dieser Erklärung ist die Gattung des zu verwendenden Zuckers, der Abschnitt der Bierbereitung, in dem die Verwendung

stattfinden soll, sowie ferner anzugeben, in welcher Gestalt (ob ganz oder zerkleinert, trocken oder aufgelöst) der Zucker verwendet werden soll.

[2] Nach Prüfung der Erklärung durch den Oberbeamten ist eine Ausfertigung dem Brauer zur Aufnahme in das Brauereibelegheft zu übersenden. Die zweite Ausfertigung ist nach Aufnahme eines entsprechenden Vermerkes in Spalte 12 der Brauereirolle (Muster 4) in das Belegheft der Zollstelle einzureihen.

[3] Bei dem Betrieb ist die Erklärung genau zu befolgen; dauernde Änderungen in der Art der Zuckerverwendung sind mindestens drei Tage vor der ersten Abweichung von der abgegebenen Erklärung durch eine neue Erklärung anzuzeigen. Soll von dem Inhalt der Erklärung nur für einzelne bestimmte Einmaischungen abgewichen werden, so ist dies in der Brauanzeige anzumelden.

1. Zu vgl. § 18 des Brausteuergesetzes von 1872, § 22 des Brausteuergesetzes von 1906, § 23 des Brausteuergesetzes von 1909, § 32 Abs. 1 des Biersteuergesetzes von 1918.

2. Unter „Zucker" sind alle in § 10 Abs. 2 des Gesetzes und § 18 AB. bezeichneten Zuckerarten und die daraus hergestellten Farbmittel zu verstehen.

3. Soll Zucker zur Bierbereitung verwendet werden, so ist die in § 52 Abs. 1 AB. vorgeschriebene Brauanzeige von allen Inhabern von Brauereien zu erstatten, die nicht gemäß § 18 des Gesetzes abgefunden sind. Wegen der Brauer, die eigene Malzmühlen mit selbsttätiger Verwiegungsvorrichtung haben, vgl. § 52 Abs. 2 und Bem. 4 zu § 52 AB.

4. Die frühere Beschränkung der Zuckerverwendung auf die Zeit bis zur Beendigung des Kochens der Würze (vgl. § 22 Abs. 2 des Brausteuergesetzes vom 3. Juni 1906) ist weggefallen, weil der Zucker jetzt vorwiegend dem fertigen Bier zugesetzt wird (vgl. Drucks. des Bundesrats Nr. 151 von 1908 S. 17). Bereits der Würze zugesetzt und daher der Gärung unterworfen wird der Brauzucker bei Herstellung von Ausfuhrbier, bei dem die Verwendung auf Grund des § 10 Abs. 5 zugelassen worden ist.

5. Zucker, der beim Einmaischen zugesetzt wird, ist im Sudbuch in Spalte 8 anzuschreiben. Zucker, der in einem späteren Zeitpunkt in wässeriger Lösung oder flüssig zugesetzt wird, ist gemäß Nr. 10 der Anleitung zum Gebrauch des Musters 11 (Sudbuch) und Nr. 5 der Anleitung zum Gebrauch des Musters 10 (Zuckerverwendungsbuch) in Spalte 24 und 25 des Sudbuchs anzuschreiben.

6. Die Bestimmungen des § 56 gelten auch für Süßstoff, der zur Bereitung obergäriger Bieres verwendet wird (§ 1 Abs. 2 der Verordnung vom 21. Juli 1923, RGBl. I S. 746). Dulzin, das mit der Würze mitgekocht wird, ist in Spalte 8, Sacharin, das dem fertigen Bier zugesetzt wird, in Spalte 24 und 25 des Sudbuchs anzuschreiben.

7. Die Verwendung von Farbebier, das aus einer anderen Brauerei bezogen wird, unterliegt gemäß § 15 der Farbebierordnung den in §§ 43, 56, 57 der Ausführungsbestimmungen über die Aufbewahrung und Verwendung von Zucker gegebenen Vorschriften. Es haben daher auch Brauer, die untergäriges Bier herstellen, bei der Verwendung von Farbebier ein Zuckerverwendungsbuch zu führen.

8. Inhaber abgefundener Brauereien sind, wenn sie Zucker verwenden, von der in § 52 AB. vorgeschriebenen Brauanzeige befreit (s. § 72 AB. und die Bem. 4 dazu), da sie die erforderlichen Angaben hierüber in der nach § 70 zu erstattenden Brauanmeldung zu machen haben (s. auch Muster 15). § 56 ist in § 72 AB. als auf abgefundene Brauereien anwendbar erklärt, gilt dagegen für Hausbrauer, die der vereinfachten Abfindung nach § 76ff. AB. unterliegen, nicht (s. § 81 AB.).

9. Zuwiderhandlungen gegen § 56 AB. sind nach § 377 AO. zu bestrafen.

§ 57.

Über die zur Bierbereitung bestimmten Vorräte an Zucker ist nach Muster 10 ein Zuckerverwendungsbuch zu führen. Muster 10

1. Zu vgl. § 14 des Brausteuergesetzes von 1872, § 18 des Brausteuergesetzes von 1906, § 19 des Brausteuergesetzes von 1909, § 32 Abs. 2 des Biersteuergesetzes von 1918.

2. In Nr. 1 der Anleitung zum Gebrauch des Zuckerverwendungsbuchs (Muster 10) ist bestimmt, daß bei der Verwendung verschiedener Arten Zucker oder von Zucker und Farbebier für jede Art eine besondere Abteilung anzulegen ist. Das gilt auch hinsichtlich des zur Bereitung obergärigen Bieres zu verwendenden Süßstoffs (Verordnung vom 21. Juli 1923, RGBl. I S. 746).

3. Die Anschreibung des Farbebieres im Zuckerverwendungsbuch ist in § 15 der Farbebierordnung angeordnet; Brauereien, die untergäriges Bier herstellen, müssen, wenn sie Farbebier verwenden, ein Zuckerverwendungsbuch führen.

4. Zucker, Farbebier, Süßstoff sind im Zuckerverwendungsbuch anzuschreiben, gleichviel ob diese Stoffe zur Bierbereitung bestimmt sind oder nicht (vgl. Bem. 2 zu § 43 AB.).

5. Der Zugang im Zuckerverwendungsbuch muß mit den über den Bezug lautenden Rechnungen, Frachtbriefen usw. belegt sein, die bei dem Buch geordnet aufzubewahren sind (Nr. 2 der Anleitung zum Gebrauch, vgl. § 58 Abs. 1 AB.).

6. Zugang und Abgang sind nach dem Reingewicht zu buchen. Jede Entnahme zu anderen Zwecken als zur Bierbereitung bedarf der vorherigen Genehmigung des Oberbeamten (Nr. 3 der Anleitung zum Gebrauch). Für die Buchung des Süßstoffs, auf den der Vordruck des Musters 10 nicht zugeschnitten ist, bieten die Muster zu den Ausführungsbestimmungen zum Süßstoffgesetz (ZtrBl. f. d. Deutsche Reich 1922 S. 517) den nötigen Anhalt. Die Überschriften des Vordrucks sind entsprechend handschriftlich abzuändern.

7. Über Bestandsaufnahmen vgl. § 58 AB. und Nr. 6 der Anleitung zum Gebrauch.

8. Das Zuckerverwendungsbuch ist vierteljährlich zu führen (Nr. 8 der Anleitung zum Gebrauch).

9. In abgefundenen Brauereien ist kein Zuckerverwendungsbuch zu führen (§ 72 AB, s. Bem. zu § 59 AB.). Für das bisherige Recht vgl. RZllBl. 1920 S. 56.

10. Wird das Zuckerverwendungsbuch nicht oder wissentlich nicht richtig geführt, so tritt nach § 21 Abs. 1 Nr. 3 des Gesetzes Bestrafung wegen Biersteuerhinterziehung ein, ohne daß der Vorsatz der Hinterziehung festgestellt zu werden braucht (vgl. Bem. 5 zu § 21 Abs. 1 Nr. 5 des Gesetzes).

§ 58.

[1] Der Oberbeamte hat zweimal im Jahre, sofern nicht öfter Veranlassung gegeben ist, unter Zuziehung des Brauereiinhabers eine Bestandaufnahme der zur Bierbereitung bestimmten Vorräte an Zucker vorzunehmen. Der Istbestand des Zuckers ist hierbei durch Verwiegung zu ermitteln. Der Sollbestand ist aus den Anschreibungen und aus den Abschreibungen festzustellen, wobei zu prüfen ist, ob die Anschreibungen mit den bei dem Zuckerverwendungsbuch aufzubewahrenden Rechnungen, Frachtbriefen usw., die Abschreibungen mit den Eintragungen im Sudbuch oder Abfindungsbuch übereinstimmen.

[2] Die festgestellten Fehl- oder Mehrmengen sind vom Oberbeamten im Zuckerverwendungsbuch ab- oder anzuschreiben, nachdem über ihre Ursachen Ermittlungen angestellt worden sind. Ergeben sich hierbei Anhaltspunkte für das Vorhandensein strafbarer Handlungen, insbesondere nach § 22 des Gesetzes, so ist eine Verhandlung aufzunehmen und mit Belegen dem Hauptzollamt vorzulegen.

Da in Abfindungsbrauereien ein Zuckerverwendungsbuch nicht zu führen ist (vgl. §§ 72, 81 AB., Bem. 9 zu § 57 AB.), kommt ein Vergleich der Abschreibungen mit dem Abfindungsbuch nicht in Frage (vgl. schon die Fassung des § 65 Abs. 1 Satz 2 der bisherigen AB.).

§ 59.

Buchführung.

Brauereien haben folgende Bücher zu führen:

Muster 11 1. das Sudbuch nach Muster 11,

Muster 12 2. das Steuerbuch nach Muster 12.

1. Die Führung dieser Bücher war bereits durch § 33 des Biersteuergesetzes von 1918 vorgeschrieben. Die Verweisung der Vorschrift in die AB. beruht auf § 195 AO. Die Bestimmungen der §§ 66 Abs. 2, 67 bis 69, 71 Abs. 2, 72 der bisherigen AB. sind in die Anleitung zum Gebrauch der Muster 11 und 12 übergegangen.

2. Die in § 59 angeordnete Buchführung bildet die Grundlage sowohl für die Überwachung der in der Brauerei hergestellten Biermengen als auch für die Steuerfestsetzung. Dem ersteren Zweck dient das Sudbuch, dem zweiten das Biersteuerbuch. Im Entwurf des Biersteuergesetzes von 1918 war neben diesen beiden Büchern noch ein Bierbuch vorgesehen gewesen, in dem der Zugang und der Abgang der in der Brauerei hergestellten Biermengen im Lagerkeller hätte nachgewiesen werden sollen. Das Braugewerbe erhob hiergegen jedoch den Einwand, daß eine zuverlässige Buchführung über das im Lagerkeller befindliche Bier nicht möglich sei, und bat, von der Einführung dieses Buches Abstand zu nehmen. Der Reichstagsausschuß gab

diesem Wunsche statt und strich in der zweiten Lesung in § 33 des Entwurfs die Vorschriften über das Bierbuch (Reichstagsdrucks. Nr. 1686 für 1914/18 S. 27f. und 36f.).

3. Das vierteljährlich zu führende Sudbuch dient zur Ermittlung der aus den verwendeten Braustoffen hergestellten überwachungspflichtigen Biermengen. Als Braustoffe gelten, wie aus den Überschriften der Spalten 4 bis 8 des Sudbuchs hervorgeht, Malz und Zuckerstoffe. Die überwachungspflichtige Biermenge (Spalten 14 bis 21) ist vom Brauer aus der von ihm festgestellten Menge der Ausschlagwürze, d. i. der heißen Würze, die aus der Braupfanne zum Ausschlagen (Ablassen) auf die Kühlvorrichtung kommt (Nr. 5 der Anleitung zum Gebrauch des Musters 11), unter Anwendung des vom Hauptamt festgesetzten Schwundsatzes (Nr. 8 der Anleitung) und unter Berücksichtigung eines etwa nach Feststellung des Extraktgehaltes der Ausschlagwürze, aber vor Feststellung des Extraktgehaltes der Anstellwürze erfolgten Wasserzusatzes (Nr. 9 der Anleitung) zu berechnen. Die auf diese Weise errechnete überwachungspflichtige Biermenge kann nach Abschluß des Sudverfahrens eine Veränderung erfahren durch einen gemäß § 10 Abs. 7 des Gesetzes und § 24 AB. vom Hauptamt zugelassenen Wasserzusatz sowie durch einen Zusatz von flüssigen oder gelösten Zuckerstoffen (einschl. Süßstoff) oder von Farbebier. Zu diesem Zwecke müssen auch diese Vorgänge in die Spalten 22 bis 25 des Sudbuches eingetragen werden (Nr. 10 der Anleitung).

4. In das Sudbuch ist die Menge und der Extraktgehalt der Ausschlagwürze und der Extraktgehalt der Anstellwürze, d. i. der gekühlten von Hopfen und Trub befreiten Würze (Nr. 7 der Anleitung zum Gebrauch des Sudbuchs) einzutragen. Die Feststellung des Extraktgehalts auch für die Anstellwürze ist vorgeschrieben worden, weil der Vergleich des Extraktgehalts der Ausschlagwürze und der Anstellwürze den besten Anhalt für die Beurteilung des Schwundes bietet (vgl. Anleitung zur Festsetzung des Schwundes der Brauereien, Anlage E der AB., Abs. 7).

5. Der sogenannte Schwund ist der Gesamtverlust an Bierwürze und Bier, der in einer Brauerei bei der Bierbereitung vom Ausschlagen der Würze aus der Braupfanne bis zum Abfüllen des Bieres auf die Versandgefäße entsteht (§ 93 AB.). Nach der als Anlage E zu den AB. gegebenen Anleitung zur Festsetzung des Schwundes ist er je nach den Betriebsverhältnissen der einzelnen Brauereien verschieden. Er schwankt zwischen 14 bis 26 v. H. der heißen Ausschlagwürze. Der Schwund entsteht durch die Zusammenziehung der heißen Würze infolge von Abkühlung und Würzeverdrängung durch den Hopfen, durch Verdunstung, durch den Abgang des Hopfen- und Kühlgelägers und bei der Behandlung des Bieres vom Gärkeller bis zum Ausstoß.

Für die Berücksichtigung des Schwundes, der auf die in die Spalten 22 bis 25 des Sudbuchs einzutragenden Zusätze von Wasser, Farbebier usw. entfällt, kommen zwei Möglichkeiten in Betracht: entweder wird dieser besondere Schwund bei der Berechnung des Gesamtschwundes berücksichtigt oder es wird für die Zusätze ein besonderer Teilschwund berechnet. Nach Nr. 11 der Anleitung zum Gebrauch des Sudbuchs bildet der erstere Weg die Regel und wird namentlich bei Betrieben, die regelmäßig mit derartigen Zusätzen arbeiten, was besonders in der Kriegszeit der Fall war, einzuschlagen sein. Alsdann werden die Zusätze der Menge der Ausschlagwürze für die Schwundberechnung zugesetzt, in den Spalten 23 und 24 aber unverkürzt eingetragen. Die gesamte Schwundmenge ist in Spalte 13 einzutragen und von der Menge der Ausschlagwürze (Spalte 9) in Abzug zu bringen. Lassen die jeweiligen Betriebsverhältnisse einer Brauerei eine solche Schwundberechnung nicht zu

(z. B. es wird lediglich ein Sud Vollbier durch Wasserzusatz in Schankbier verwandelt), so gelangt das zweite Verfahren zur Anwendung: für den Wasserzusatz wird lediglich der für den Zeitpunkt der Beigabe des Wassers maßgebende Teilschwund in den Spalten 12 und 13 besonders eingetragen und im übrigen nach Nr. 8 der Anleitung zum Gebrauch verfahren (vgl. übrigens schon die Änderung der Anleitung zu Muster 11 der bisherigen AB. im ZtrBl. f. d Deutsche Reich 1920 S. 439).

Der Schwund ist vom Oberbeamten zu ermitteln und vom Hauptamt in Hundertteilen der Ausschlagwürze festzusetzen. Auf Grund der Bierbestandsaufnahme ist, sofern die Betriebsverhältnisse einer Brauerei hierzu nicht früher Anlaß bieten, nachzuprüfen, ob der Schwund neu festzusetzen ist (§ 93 AB.).

6. Die aus dem Sudbuch zu entnehmende überwachungspflichtige Biermenge ist für die nach § 195 Nr. 4 AO., §§64ff. AB. vorzunehmende Bestandsaufnahme von wesentlicher Bedeutung. Die aus dem Sudbuch ersichtliche überwachungspflichtige Biermenge soll mit den im Zeitpunkt der Bestandsaufnahme in der Brauerei befindlichen Biermengen zuzüglich der nach dem Steuerbuch aus der Brauerei ausgegangenen Biermengen übereinstimmen.

7. Wegen der Abschreibung von Braustoffen, Bierwürze und noch nicht steuerpflichtig gewordenem Bier, die innerhalb der Brauerei vernichtet oder unbrauchbar werden, im Sudbuch s. § 60 AB.

8. In das halbmonatlich zu führende Biersteuerbuch müssen eingetragen werden die sämtlichen Biermengen, die aus den für die Abgabe von Bier zugelassenen Räumen (§ 44 AB.) entfernt werden. Darunter fallen sowohl die Biermengen, für die nach § 2 Abs. 1 des Gesetzes mit der Entfernung aus der Brauerei oder mit dem Trinken innerhalb der Brauerei eine Steuerschuld entsteht, als auch die gemäß § 8 Abs. 1 des Gesetzes als Haustrunk und die gemäß § 8 Abs. 2 des Gesetzes als Ausfuhrbier steuerfrei abgelassenen Biermengen. Die Eintragung auch der steuerfreien Biermengen in das Biersteuerbuch ist notwendig, weil auch diese Mengen auf die zur Anwendung zu bringenden Steuersätze und, soweit nicht Ausfuhrbier in Betracht kommt, das auf die Jahresmenge nicht anzurechnen ist, auch für die Erfüllung der einer Brauerei zugewiesenen Jahresmenge (§ 4 des Biersteuergesetzes vom 26. Juli 1918, s. Anhang) von Einfluß sind (s. § 61 Abs. 2 AB., § 18 der Braurechtsordnung).

9. Grundsätzlich sind die einzelnen ausgehenden Versandfässer und die ausgehenden Flaschen gleichen Inhalts aufzuführen. Im Bedarfsfalle können durch das Hauptamt für zuverlässige Betriebe tägliche summarische Anschreibungen des Ausgangs nach Zahl der Fässer und Flaschen und deren gesamtem Raumgehalt zugelassen werden (Nr. 2 der Anleitung zum Gebrauch des Musters 12). Wegen Zulassung summarischer monatlicher Anschreibung des Haustrunks vgl. § 13 Abs. 3 AB.

10. Das mit dem Anspruch auf Steuerfreiheit nach § 8 Abs. 2 des Gesetzes ausgehende Bier ist als solches sogleich im Zeitpunkte des Ausganges aus der Brauerei anzuschreiben und nicht etwa erst dann, wenn der Nachweis der tatsächlichen Ausfuhr erbracht ist (vgl. Bem. 1 zu § 8 Abs. 2 des Gesetzes). Wird der Nachweis der Ausfuhr innerhalb der gesetzten Frist nicht erbracht, so sind gemäß § 10 BAO. die betreffenden Mengen in den Spalten 19 bis 23 des Biersteuerbuches als steuerpflichtig zuzusetzen und gleichzeitig bei den steuerfrei ausgeführten Biermengen in den Spalten 9 bis 13 abzusetzen.

11. Von der Führung des Sudbuches und des Biersteuerbuches sind die Inhaber abgefundener Brauereien gemäß § 72 AB. befreit.

12. Werden Sudbuch oder Biersteuerbuch nicht oder wissentlich nicht richtig geführt, so tritt nach § 21 Abs. 1 Nr. 3 Bestrafung wegen Biersteuerhinterziehung ein, ohne daß der Vorsatz der Hinterziehung festgestellt werden braucht.

§ 60.

Abschreibungen im Sudbuch und Zuckerverwendungsbuch.

[1] Werden eingemaischte Malz- und Zuckermengen, Bierwürze oder noch nicht steuerpflichtig gewordenes Bier innerhalb der Brauerei vernichtet oder stellt sich heraus, daß ihre Weiterverarbeitung zu Bier oder ihre Verwertung als Bier nicht möglich ist, so hat der Brauereiinhaber den Tatbestand und die Ursachen der Vernichtung oder Untauglichkeit der Zollstelle binnen 24 Stunden schriftlich anzuzeigen.

[2] Der Oberbeamte oder der von ihm beauftragte Aufsichtsbeamte hat sobald als möglich den Tatbestand unter Zuziehung des Brauereiinhabers festzustellen.

[3] Die beschädigten, verdorbenen oder aus anderen Gründen zur Bierherstellung oder -verwertung untauglichen Maische-, Würze- oder Biermengen sind unter amtlicher Aufsicht zu vernichten oder zur Bierbereitung oder Verwertung als Bier unbrauchbar zu machen (s. § 15 Abs. 3) und alle Anordnungen zu treffen, die zur Ausschließung eines Mißbrauchs notwendig erscheinen.

[4] Über das Ergebnis der Ermittlungen und die getroffenen Anordnungen ist eine Verhandlung aufzunehmen. Der Oberbeamte hat, wenn er die Verhandlung nicht selbst aufgenommen hat, den Tatbestand und die Zweckmäßigkeit der getroffenen Anordnungen — in allen wichtigen Fällen an Ort und Stelle — nachzuprüfen. Die Verhandlung ist mit einem Auszug aus dem Sudbuch und erforderlichenfalls dem Zuckerverwendungsbuche dem Hauptzollamt vorzulegen.

[5] Das Hauptzollamt prüft die Verhandlungen und verfügt, sofern Bedenken nicht bestehen, die erforderlichen Abschreibungen in den Büchern.

1. Dem Grundgedanken des Biersteuergesetzes, daß nur die in den Verbrauch übergehende Biermenge den Gegenstand der Besteuerung bilden soll, entspricht es, daß die innerhalb der Brauerei zugrunde gegangenen oder zur Bierbereitung unbrauchbar gewordenen Mengen von Malz und Zucker, von Bierwürze und von noch nicht steuerpflichtig gewordenem Bier bei der Bemessung der überwachungspflichtigen Biermengen außer Betracht bleiben. Für die Steuerberechnung selbst kommen sie zwar nicht unmittelbar in Betracht, es könnte aber, wenn nicht für ihre Abschreibung gesorgt würde, bei der nächsten Bestandsaufnahme eine Fehlmenge entstehen, die, falls sie nicht genügend aufgeklärt wird, gemäß § 17 des Gesetzes versteuert werden muß.

2. Es macht keinen Unterschied, ob Würze oder Bier in der Brauerei selbst hergestellt oder mit hauptamtlicher Genehmigung (§ 63 AB.) aus einer fremden Brauerei eingebracht worden sind, da derartiges betriebsfremdes Bier wie betriebseigenes Rückbier behandelt wird. Es gilt gemäß § 15 Abs. 1 AB. mit dem Wiedereingang in die Brauerei als unversteuertes Bier.

3. Die Voraussetzungen des Abs. 1 liegen auch dann vor, wenn das Bier noch nicht verdorben ist, aber wegen Unmöglichkeit des Absatzes, Stillegung des Betriebes oder aus ähnlichen Gründen durch Vermischung mit Essig wenigstens zur Essigbereitung verwertet werden soll, um Verluste zu ersparen.

4. Eine Würdigung der Gründe, aus denen die Braustoffe oder Würze- oder Biermengen zur Bierherstellung oder -verwertung untauglich sind oder nicht verwertet werden sollen, steht der Finanzbehörde nicht zu, vielmehr ist in dieser Beziehung die Ansicht des Betriebsinhabers maßgebend. Die Unbrauchbarmachung erfolgt nach den Bestimmungen des § 15 Abs. 3 AB. Sie kann demnach durch Vermischung mit Viehfutter oder Essig erfolgen, mit Genehmigung und nach näherer Anordnung des Oberbeamten auch außerhalb der Brauerei. Als Unbrauchbarmachung gilt auch die Verwendung zur Branntweinbereitung unter Überwachung.

5. Als Bücher, in denen Abschreibungen infolge der amtlichen Vernichtung oder Unbrauchbarmachung zu vollziehen sind, kommen in Betracht in erster Linie das Sudbuch, dann das Rückbierbuch, wenn es sich um in den Betrieb zurückgenommenes Rückbier handelt, das Zuckerverwendungsbuch, wenn es sich um Zuckerstoffe oder Farbebier handelt, die bei der Bierbereitung noch keine Verwendung gefunden haben, und schließlich das Mahlbuch, wenn Malz in Frage kommt, das nach dem Schroten oder vor dem Einmaischen, mithin vor dem Eintrag im Sudbuch, vernichtet oder beschädigt worden ist.

6. Auf abgefundene Brauereien findet die Bestimmung des § 60 keine Anwendung, weil hier die Biersteuer in der annähernden Form der Rohstoffsteuer auf Grund der Malz- und Zuckerverwendung erhoben wird (§§ 72, 81 AB.).

§ 61.

Steuererhebung.

¹ Die Zollstelle nimmt halbmonatlich im Biersteuerbuche (§ 59), sobald ihr dies vom Brauer eingesandt ist (Nr. 4 der Anleitung zu Muster 12) zunächst die etwa nach § 15 Abs. 5 erforderlichen Abschreibungen von Rückbier vor und berechnet sodann die Biersteuer unter Benutzung des Vordrucks im Biersteuerbuche.

² Auf die Höhe der anzuwendenden Biersteuersätze ist von Einfluß

1. die in der Brauerei im Rechnungsjahr erzeugte Biermenge (§ 3),
2. die auf die Jahresmenge (§ 4 des Biersteuergesetzes vom 26. Juli 1918 (RGBl. S. 863) / 8. April 1922 (RGBl. I S. 381)) anzurechnende Biermenge, das ist die in der Brauerei innerhalb eines Rechnungsjahres erzeugte Biermenge (§ 3); die auf Grund des § 8 Abs. 2 des Gesetzes steuerfrei ausgeführte Biermenge wird jedoch nur insoweit berücksichtigt, als das Braurecht der Brauerei sich auf eine Bierausfuhr gründet (§§ 6, 18

der Braurechtsordnung, ZtrBl. für das Deutsche Reich 1919 S. 41),

3. die Gattung des Bieres (§ 3 Abs. 2 des Gesetzes).

³ Für die Steuerberechnung ist hinsichtlich der Bemessung der anzuwendenden Steuersätze von der im abgelaufenen halben Monat erzeugten Biermenge nur der Teil zu berücksichtigen, für den die Steuer geschuldet wird; die Biersteuer ist hierbei in der Reihenfolge zu berechnen, daß zuerst das Einfachbier, dann das Schankbier, dann das Vollbier und zuletzt das Starkbier in Ansatz gebracht wird.

⁴ Sodann ist die bis zum Schlusse des halben Monats erzeugte Biermenge und die bis zum Schlusse des halben Monats auf die Jahresmenge anzurechnende Biermenge festzustellen. Die erstere setzt sich zusammen aus den in den früheren Monatshälften und der abgelaufenen Monatshälfte erzeugten (§ 3) Biermengen. Die letztere berechnet sich aus den in den früheren Monatshälften auf die Jahresmenge angerechneten und den in der abgelaufenen Monatshälfte erzeugten (§ 3) Biermengen, wobei die auf Grund des § 8 Abs. 2 des Gesetzes steuerfrei ausgeführten Biermengen nur insoweit zu berücksichtigen sind, als das Braurecht der Brauerei sich auf eine Ausfuhr gründet (§§ 6, 18 der Braurechtsordnung). Die festgestellten Biermengen sind für die folgenden Monatshälften des Rechnungsjahres der Steuerberechnung zugrunde zu legen.

⁵ Der festgesetzte Steuerbetrag ist dem Steuerschuldner unter Verwendung eines Vordrucks nach Muster 13 unverzüglich mitzuteilen (§ 211 der Reichsabgabenordnung). Muster 13

⁶ Der Steuerschuldner ist zur Einzahlung der fälligen Steuer (§ 7 des Gesetzes) verpflichtet, auch wenn ihm ein Steuerbescheid bis zum Fälligkeitstage nicht mitgeteilt ist.

Zu § 61 Abs. 1.

1. Das Rückbier ist von der Summe des in der abgelaufenen Monatshälfte steuerpflichtig gewordenen Bieres abzusetzen ohne Rücksicht darauf, zu welchem der Steuersätze des § 3 Abs. 1 des Gesetzes das Rückbier versteuert ist.

2. Werden auf Grund des § 5 des Gesetzes die Biersteuersätze innerhalb einer Monatshälfte erhöht, so hat nach einer vom Reichsminister der Finanzen getroffenen Bestimmung (RZllBl. 1923 S. 222) der Brauereiinhaber die Biermengen, für die im Laufe einer Monatshälfte eine Steuerschuld entstanden ist, und die Rückbiermengen, die im Laufe der Monatshälfte in Zugang gestellt worden sind, getrennt nach den verschiedenen Steuerperioden aufzurechnen. Ebenso hat die Zollstelle die Abschreibungen von Rückbier gemäß § 15 Abs. 5 AB. und die Berechnung der Biersteuer gemäß § 61 AB. getrennt für die verschiedenen Steuerperioden vorzunehmen.

Zu § 61 Abs. 2.

1. Zu Nr. 1 s. § 3 AB. und die Bemerkungen 2 und 5 zu § 3 Abs. 1 des Gesetzes. Die innerhalb des Rechnungsjahres erzeugte Biermenge, d. h.

die Biermenge, für die eine Steuerschuld entstanden ist, zuzüglich des gesamten nach § 8 des Gesetzes steuerfrei abgelassenen Bieres, ist maßgebend für die Anwendung der Staffelsätze des § 3 Abs. 1 des Gesetzes.

2. Die auf die Jahresmenge (vgl. § 4 des Biersteuergesetzes vom 26. Juli 1918 und § 18 der Braurechtsordnung, s. Anhang) anzurechnende Biermenge deckt sich im allgemeinen mit der in Nr. 1 genannten erzeugten Biermenge, unterscheidet sich von dieser jedoch dadurch, daß die steuerfrei ausgeführten Biermengen (§ 8 Abs. 2 des Gesetzes) nur insoweit zu berücksichtigen sind, als das Braurecht der Brauerei sich auf eine Bierausfuhr gründet. Hierzu ist folgendes zu sagen: Nach § 3 Abs. 1 Satz der Braurechtsordnung bildet für die vor dem 1. Januar 1914 erstmals in Betrieb genommenen Brauereien den Braurechtsfuß die von der Brauerei im Durchschnitt der Kalenderjahre 1912/13 abgesetzte Biermenge. Als abgesetzt gelten aber nach § 6 Abs. 1 a. a. O. die in der Brauerei hergestellten Biermengen, die in jenen Jahren in der Brauerei getrunken, in den Verkehr des Biersteuergebietes gegeben oder aus diesem Gebiet ausgeführt worden sind. Diese ausgeführten Biermengen sind bei Festsetzung des Braurechtsfußes besonders festzustellen (vgl. § 7 Abs. 3 a. a. O.). Nur soweit hiernach bei der Bemessung des Braurechts die Bierausfuhr mit eingerechnet ist, was durchaus nicht bei allen Bier ausführenden Brauereien der Fall gewesen ist, wird nach § 18 a. a. O. das Ausfuhrbier auf die Jahresmenge angerechnet. Sind z. B. in einem Braurechtsfuß 10000 hl Ausfuhr enthalten und sind vom Reichsrat als Braurecht 75 Hundertteile der festgesetzten Braurechtsfußziffern zugewiesen (s. z. B. RZllBl. 1924 S. 102), so wird die aus der Brauerei ausgeführte Biermenge in Höhe von 7500 hl auf die Jahresmenge angerechnet. Führt die Brauerei nichts oder weniger als 7500 hl aus, so kommen die 7500 hl oder der davon verbleibende Teil der Versteuerung ihres Inlandsabsatzes zugute, indem die 7500 hl oder der Rest in die Jahresmenge einbezogen werden, die zu den regelmäßigen Sätzen versteuert wird. Ist in dem Braurechtsfuß keine Ausfuhr enthalten, so wird das Ausfuhrbier auf die Jahresmenge der Brauerei überhaupt nicht angerechnet. Das entspricht der Vorschrift in § 4 Abs. 1 des Biersteuergesetzes vom 26. Juli 1918, daß die den Brauereien zuzuweisende Jahresmenge nach dem Verbrauch an Bier im Biersteuergebiet zu bemessen ist.

Wird die Jahresmenge überschritten, so erhöhen sich nach § 4 Abs. 2 des Biersteuergesetzes vom 26. Juli 1918 (s. Anhang) für die übersteigende Menge die Steuersätze des § 3 Abs. 1 und 2 des Gesetzes in der Zeit bis zum 31. März 1924 auf das Dreifache und von da ab bis zum 31. März 1929 auf das Doppelte.

Zu § 61 Abs. 3 und 4.

1. Diese Bestimmungen sind getroffen worden, um die Steuerberechnung möglichst einfach zu gestalten. Würde für jede einzelne Biermenge, für die eine Steuerschuld entstanden ist, der im Zeitpunkte der Entstehung der Steuerschuld zutreffende Steuersatz festgestellt und danach die Steuer berechnet werden, so müßten für jeden einzelnen Eintrag steuerpflichtigen Bieres im Biersteuerbuch die in § 61 Abs. 2 Nr. 1 und 2 erwähnten Grundlagen besonders festgestellt werden. Dies würde namentlich bei großen Betrieben, bei denen sich im Laufe der Monatshälfte zahlreiche Einträge im Biersteuerbuch ergeben, zu großen Unzuträglichkeiten führen. Um das zu vermeiden, ist die Steuerberechnung von der zeitlichen Aufeinanderfolge der Entstehung der Steuerschuld für die einzelnen Biermengen innerhalb des Feststellungszeitraumes losgelöst und bestimmt worden, daß für die Steuerberechnung von der in der

abgelaufenen Monatshälfte erzeugten Biermenge (§ 3 AB.) nur der Teil zu berücksichtigen ist, für den die Steuer geschuldet wird, und hiervon zunächst das Einfachbier, dann das Schankbier, dann das Vollbier und zuletzt das Starkbier in Ansatz gebracht wird, und zwar ohne Rücksicht darauf, wann die Steuerschuld für die einzelne entfernte oder getrunkene Biermenge entstanden ist (Abs. 3). Für diese Mengen ist in der genannten Reihenfolge unter Berücksichtigung der Biermengen, die in dem Steuerbescheide für die vorhergegangene Monatshälfte als bis dahin erzeugte (Abs. 2 Nr. 1) und als auf die Jahresmenge anzurechnende (Abs. 2 Nr. 2) Biermengen festgestellt worden sind, die Steuer zu berechnen. Die in der abgelaufenen Monatshälfte nach § 8 des Gesetzes steuerfrei abgelassenen Biermengen bleiben bei der Steuerfestsetzung für die in dieser Monatshälfte steuerpflichtig gewordene Biermenge außer Betracht. Bei der halbmonatlichen Steuerfestsetzung wird hiernach so verfahren, als ob aus den in § 44 AB. bezeichneten Räumen zunächst das Bier, für das eine Steuerschuld entstanden ist, in der Reihenfolge Einfach-, Schank-, Voll-, Starkbier und dann erst das steuerfrei abgelassene Bier ausgegangen wäre. Für den Brauer ergibt sich daraus der Vorteil, daß innerhalb einer Monatshälfte die steuerfrei abgelassenen Biermengen auf die höheren Steuersätze angerechnet werden. Dieser Vorteil wird aber dadurch wieder ausgeglichen, daß von dem Bier, für das eine Steuerschuld entstanden ist, auf die niedrigeren Steuersätze zunächst das nur mit dem halben und dreiviertelfachen Satze belastete Einfach- und Schankbier und auf die höheren Sätze die mit dem vollen und eineinhalbfachen Satze belasteten anderen Biersorten angerechnet werden. Die Anrechnung des steuerfreien Bieres auf die höheren Sätze entspricht dem Grundsatz, der hinsichtlich der Anrechnung der ausgeführten Biermengen auf die höheren Steuersätze bereits in § 18 der Brausteuer-Vergütungsordnung (Anlage C zu den Ausführungsbestimmungen zum Brausteuergesetz vom 15. Juli 1909, ZtrBl. f. d. Deutsche Reich S. 529) zur Geltung gebracht ist. Die in der abgelaufenen Monatshälfte gemäß § 8 des Gesetzes steuerfrei abgelassenen Biermengen sind auf die Höhe der anzuwendenden Steuersätze erst für die folgenden Monatshälften des betreffenden Rechnungsjahres von Einfluß, indem sie innerhalb eines Rechnungsjahres am Schlusse jeder Monatshälfte bei der Feststellung der bis dahin in der Brauerei erzeugten Biermengen und der auf die Jahresmenge (Ausfuhrbier nach Maßgabe des § 18 der Braurechtsordnung, s. Bem. 2 zu § 61 Abs. 2) anzurechnenden Biermengen berücksichtigt und diese Mengen der Steuerberechnung für die nächste Monatshälfte zugrunde gelegt werden. In der letzten Monatshälfte eines Rechnungsjahres bleiben die steuerfrei abgelassenen Biermengen bei der Steuerberechnung gänzlich außer Betracht.

2. Ist im Falle des § 7 Abs. 1 Satz 2 des Gesetzes die Steuer bei Entstehung der Steuerschuld zu bezahlen, so muß das Biersteuerbuch jedesmal, sobald Bier steuerpflichtig geworden ist, vorgelegt werden (s. Bem. 5 zu § 7 Abs. 1 des Gesetzes). In derartigen Fällen ist nicht die in § 61 Abs. 3 AB. angeordnete Art der Steuerberechnung anzuwenden, sondern die Steuer für die einzelnen Biermengen nach dem Zeitpunkt der Entstehung der Steuerschuld und nach der Reihenfolge, in der das steuerpflichtige und das steuerfreie Bier die in § 44 AB. bezeichneten Räume verlassen hat, zu berechnen und festzusetzen.

3. Wegen der Anschreibung im Biersteuerbuche, falls bei der Ausfuhr von Bier die mit der Ausgangsbescheinigung versehene Anmeldung bei der Zollstelle nicht eingeht oder falls wegen unterlassener Ausfuhr die Anmeldung an die Zollstelle zurückgegeben wird, s. § 10 Abs. 2 und 3 BAO.

Zu Abs. 5.

Der Steuerbescheid ist auch insoweit, als er die erzeugte Biermenge und die auf die Jahresmenge anzurechnende Biermenge feststellt (Abs. 4), Steuerbescheid im Sinne der Abgabenordnung (vgl. § 220 Abs. 2 AO.) und unterliegt daher auch in dieser Hinsicht dem Anfechtungsverfahren.

Zu Abs. 6.

1. Die Bestimmung bezieht sich auf die Ausführung des § 7 des Gesetzes. Die rechtzeitige Entrichtung der fällig gewordenen Steuer zu dem in § 7 des Gesetzes vorgeschriebenen Zeitpunkt kann nicht von der vorherigen Zustellung des Steuerbescheides abhängig gemacht werden. Erhält der Steuerschuldner bis zu diesem Zeitpunkt keinen Steuerbescheid, so muß er die zu entrichtende Steuer nach dem Biersteuerbuch selbst berechnen.

2. Bei Verzug sind nach § 104 AO. Verzugszinsen zu zahlen. Der Zinsfuß beträgt nach der Steuerzinsverordnung vom 6. März 1924 (RGBl. I S. 170) achtzehn vom Hundert jährlich. Wird die Steuer wiederholt, d. h. mindestens zweimal, nicht rechtzeitig entrichtet, so gilt § 7 Abs. 1 Satz 2 des Gesetzes.

§ 62.

Entfernen des Bieres aus der Brauerei.

[1] Bier darf aus der Brauerei nicht entfernt werden, bevor es in den nach seiner allgemeinen Beschaffenheit und regelmäßigen Brauart zum Genusse fertigen Zustand gebracht ist.

[2] Das Hauptzollamt kann bei vorhandenem Bedürfnis gestatten, daß Bierwürze oder Bier in unvollständig vergorenem Zustand aus der Brauerei entfernt wird. Die Bierwürze oder das unfertige Bier sind beim Entfernen aus der Brauerei als fertiges Bier zu versteuern.

[3] Soll Bierwürze oder noch nicht fertiges Bier an eine andere Brauerei zum Zwecke der weiteren Verarbeitung verbracht werden, so ist es in der letzteren Brauerei gemäß § 63 Abs. 2 zu behandeln.

Zu § 62 Abs. 1 und 2.

1. Abs. 1 entspricht dem § 34 Abs. 2 des bisherigen Gesetzes, Abs. 2 und 3 den §§ 76, 77 der bisherigen AB.

2. Mit Rücksicht auf die steuerliche Überwachung soll verhindert werden, daß das Bier außerhalb der Brauerei, in der die Bierwürze hergestellt ist, fertiggestellt wird.

3. Die Zulassung von Ausnahmen entspricht den Bedürfnissen des Gewerbes. Manche Kleinbetriebe geben sogenanntes Frischbier oder Jungbier in unvergorenem Zustande an ihre Kunden ab (vgl. Bem. 7 zu § 45 AB.). Es kann sich ferner die Notwendigkeit ergeben, daß eine Brauerei von einer anderen Bierwürze bezieht, um sie bei der eigenen Bierbereitung zu verwenden. Auch die Abgabe an andere Gewerbe zur Herstellung anderer Erzeugnisse als Bier kommt in Frage.

4. Unerheblich ist, in welchem Abschnitte der Herstellung die Bierwürze sich befindet. Auch ungehopfte Würze ist als fertiges Bier zu versteuern. Ausfuhr von Bierwürze ist der Ausfuhr von Bier gleichzustellen. Es gelten

die Bestimmungen der BAO., so daß z. B. Anspruch auf Steuerfreiheit nur die Brauerei hat, in der die Würze hergestellt ist.

5. § 34 Abs. 2 des bisherigen Biersteuergesetzes bestimmte, daß Bier nicht aus der Brauerei entfernt werden darf, bevor es in den nach seiner allgemeinen Beschaffenheit und regelmäßigen Brauart zum Genusse fertigen Zustand gebracht ist, und daß der Bundesrat Ausnahmen zulassen kann. Diese der Sicherung der Steuer dienende Vorschrift ist entsprechend der Auffassung, die in der Begründung zum Entwurf des geltenden Gesetzes zu §§ 13 bis 19 (Reichstagsdrucks. Nr. 5739 I 1920/23 S. 10) und in der Begründung zum Entwurf eines der AO. angepaßten Biersteuergesetzes zu § 35 (alt; Drucks. Nr. 1 des 32. Reichstagsausschusses I 1920/21) zum Ausdruck gelangt ist, gemäß § 195 AO. in die Ausführungsbestimmungen übernommen worden. Es darf daher wie früher durch § 76 der bisherigen AB., so jetzt durch § 62 Abs. 2 AB. die Zulassung von Ausnahmen jenes Grundsatzes von Bedingungen abhängig gemacht werden. Eine solche Bedingung ist die Versteuerung der Würze als Bier. Hierin liegt daher nicht etwa eine Erweiterung des Kreises der biersteuerbaren Erzeugnisse.

6. Der Umstand, daß die aus der Brauerei entfernte Bierwürze zu anderen steuerbaren Erzeugnissen, z. B. weinähnlichen Getränken wie Malzwein, oder zu nicht steuerbaren Erzeugnissen wie Malzauszügen verarbeitet wird, ist auf die steuerliche Behandlung der Würze ohne Einfluß. Wird die Verarbeitung in der Brauerei selbst vorgenommen, so würde die zur Bereitung von Malzwein dienende Würze der Biersteuer nicht unterliegen. In diesem Falle würde das Hauptzollamt die nötigen Überwachungsmaßnahmen und Abschreibungen (vgl. § 60 AB.) anzuordnen haben.

Zu § 62 Abs. 3.

1. Im Falle des Abs. 3 ist die Bierwürze oder das unfertige Bier in der empfangenden Brauerei wie Rückbier nach § 15 AB. zu behandeln. Es ist also beim Eingang wie eigenes Rückbier im Rückbierbuche anzuschreiben und auf Grund dieser Anschreibung am Schlusse der Monatshälfte im Biersteuerbuche abzuschreiben. Die Steuerbelastung, die die Würze oder das Bier durch die ursprüngliche Anschreibung im Biersteuerbuch der herstellenden Brauerei erfahren hat, bleibt außer Betracht. Nach der weiteren Verarbeitung ist die Würze oder das Bier beim Wiederausgange aus der empfangenden Brauerei gleich dem eigenen Bier dieser Brauerei im Biersteuerbuch anzuschreiben und zu versteuern (s. die Bem. 4 zu § 22 Abs. 2 AB.).

2. Die Vorschriften des § 10 des Gesetzes über das Reinheitsgebot werden durch die Bestimmung des Abs. 3 nicht berührt. Abs. 3 bezieht sich nur auf die steuerliche Behandlung der in eine Brauerei eingebrachten fremden Bierwürze oder des fremden unfertigen Bieres.

§ 63.

Einbringen von Bier.

[1] Fremdes Bier darf in eine Brauerei nur mit Genehmigung des Hauptzollamts eingebracht werden.

[2] Auf das eingebrachte Bier finden die für Rückbier geltenden Bestimmungen (§ 15) Anwendung.

1. Fremdes Bier ist das in einer anderen Brauerei hergestellte Bier; ob das Bier innerhalb oder außerhalb des Geltungsbereiches des Gesetzes

hergestellt ist, ist gleichgültig. Eine Brauerei darf hiernach in ihren Betriebsräumen auch ausländisches Bier lagern.

2. Die Vorschriften des § 10 des Gesetzes über das Reinheitsgebot werden durch die Bestimmung des § 63 nicht berührt. Außerhalb des Geltungsbereiches des Gesetzes hergestelltes Bier darf also in der Brauerei auch dann nicht vermischt oder verarbeitet werden, wenn es mit hauptamtlicher Genehmigung in die Brauerei eingebracht worden ist (s. Bem. 8 zu § 10 Abs. 1 des Gesetzes).

3. Nach den in § 15 Abs. 5 AB. getroffenen Bestimmungen ist das fremde Bier auf Grund der Anschreibung im Rückbierbuche im Biersteuerbuche am Schlusse der Monatshälfte bei der Biersteuerberechnung von der steuerpflichtig gewordenen Biermenge abzusetzen und beim Wiederausgange aus der Brauerei wie eigenes Bier im Biersteuerbuche anzuschreiben und zu versteuern. Dies gilt auch für Bier, das außerhalb des Geltungsbereiches des Gesetzes hergestellt und mit hauptamtlicher Genehmigung in eine Brauerei eingebracht ist. Wird das außerhalb des Geltungsbereichs des Gesetzes hergestellte und in die Brauerei eingebrachte Bier ausgeführt, so besteht ein Anspruch auf Steuerfreiheit nach § 1 BAO. nicht, da das Bier nicht im Geltungsbereich des Gesetzes und nicht in der ausführenden Brauerei hergestellt ist. Das gilt auch für ausländisches Bier, das in der Brauerei einer zulässigen (vgl. Bem. 2) Umarbeitung unterzogen worden ist.

4. Anspruch auf die Behandlung des eingebrachten fremden Bieres als Rückbier haben nur Brauereien, d. h. Betriebe, die zur Herstellung von Bier geeignet und bestimmt sind (vgl. Nachrichtenblatt für die Zollstellen 1919 S. 117, Bem. 1 zu § 3 Abs. 1 des Gesetzes). Zu den Brauereien zu rechnen sind auch Betriebe, in denen eingebrachtes fremdes Bier Zusätze erhält (z. B. zur Herstellung „besonderer" Biere, § 10 Abs. 5 des Gesetzes), dagegen nicht Betriebe, in denen Bier lediglich keimfrei gemacht (pasteurisiert) wird. Da für versteuert bezogenes betriebsfremdes Bier nicht etwa die für dieses entrichtete Steuer beim Wiederausgang aus der empfangenden Brauerei angerechnet, vielmehr die Menge des eingebrachten fremden Bieres von der Summe des steuerpflichtig gewordenen Bieres abgesetzt wird (§ 15 Abs. 5 AB.), sind „neue", d. h. nach dem 1. April 1918 in Betrieb genommene Brauereien bei der Verarbeitung fremden Bieres steuerlich verhältnismäßig günstig gestellt. Sie haben nur für die Mengen, um die der steuerpflichtige Ausgang die Menge des eingegangenen fremden Bieres übersteigt, die erhöhte Steuer nach § 5 des Biersteuergesetzes vom 26. Juli 1918 (s. Anhang) zu entrichten.

Eine Vergütung der Steuer, die für das eingebrachte fremde Bier in dem Herstellungsbetriebe entrichtet ist, ist in keinem Falle vorgesehen. Sie findet insbesondere auch dann nicht statt, wenn in der empfangenden Brauerei eine Steuerschuld für Bier überhaupt nicht entsteht, z. B. weil das gesamte ausgehende Bier aus dem Geltungsbereich des Gesetzes ausgeführt wird.

5. Die Bestimmungen der §§ 62, 63 AB. gelten nicht für abgefundene Brauereien (§§ 72, 81 AB.).

§ 64.

Bestandsaufnahme.

[1] In den nicht abgefundenen, im Betriebe befindlichen Brauereien ist im Laufe eines Rechnungsjahrs vom Oberbeamten unter Mitwirkung eines zweiten Aufsichtsbeamten einmal eine Bestands-

aufnahme vorzunehmen. Weitere Bestandsaufnahmen können allgemein von dem Landesfinanzamte, für den einzelnen Fall auch von dem Hauptzollamte oder Oberbeamten angeordnet werden.

[2] Den Zeitpunkt, an dem die Bestandsaufnahme vorgenommen werden soll, bestimmt der Oberbeamte unter tunlichster Berücksichtigung der Betriebsverhältnisse der Brauerei. Sofern diese es zulassen, ist die Bestandsaufnahme unvermutet vorzunehmen.

§ 65.

[1] Zu der Bestandsaufnahme ist der Brauereiinhaber zuzuziehen.

[2] Bei der Bestandsaufnahme sind die in der Brauerei vorhandenen Würzen und Biermengen festzustellen und mit den abzuschließenden Büchern zu vergleichen.

[3] Über die Bestandsaufnahme ist eine Verhandlung aufzunehmen. Ergeben sich bei der Bestandsaufnahme Fehlmengen, so sind deren Ursachen in der Verhandlung zu erläutern.

[4] Die Verhandlung über die Bestandsaufnahme ist dem Hauptzollamt vorzulegen, das wegen der Versteuerung der Fehlmengen nach § 17 des Gesetzes Entscheidung trifft. Die in der Brauerei geführten Bücher sind nach dem Ergebnis der Bestandsaufnahme zu berichtigen. Die Verhandlung über die Bestandsaufnahme verbleibt beim Brauereibelegheft der Zollstelle.

Zu §§ 64, 65.

1. Zu vgl. die Bemerkungen zu § 17 des Gesetzes.

2. Nach § 82 der bisherigen AB. war die Bestandsaufnahme im Laufe eines Rechnungsjahres zweimal unvermutet vorzunehmen.

3. Als Bücher, aus denen der Sollbestand (§ 65 Abs. 2 AB.) zu ermitteln ist, kommen in Betracht die in der Brauerei aufliegenden Bücher (Sudbuch, Biersteuerbuch, Rückbierbuch, Muster 11, 12, 2) und die bei den Zollstellen geführten Bücher (Brauerei-Betriebs-Gegenbuch und Biersteuergegenbuch, Muster 23 und 24).

Der buchmäßige Sollbestand ergibt sich, wenn man dem bei der letzten Bestandsaufnahme festgestellten Istbestand den Zugang hinzuzählt und von der Summe den Abgang abzieht.

Der Zugang ist aus dem Betriebsgegenbuch (Spalten 10 bis 17 unter Berücksichtigung der Spalten 18 und 19) und für das laufende Vierteljahr aus dem Sudbuch (Spalten 14 bis 21 unter Berücksichtigung der Spalten 23 und 24) zu entnehmen. Hierzu tritt die in den Spalten 10 bis 13 des laufenden Rückbierbuches angeschriebene Biermenge, da sie im laufenden Biersteuerbuch noch nicht abgesetzt ist. Diese Menge kann auch bei der Feststellung des Abganges berücksichtigt werden, indem sie von der im laufenden Biersteuerbuch angeschriebenen Menge in Abzug gebracht wird.

Der Abgang ergibt sich, wenn man den im Biersteuergegenbuch in den Spalten 6 bis 15 und 17 bis 44 angeschriebenen Biermengen die im laufenden Biersteuerbuch in den Spalten 9 bis 23 angeschriebenen Biermengen zuzählt.

Hinzu tritt hier noch das im Biersteuergegenbuch in der Bemerkungsspalte gemäß § 15 Abs. 5, letzter Satz, AB. und im laufenden Rückbierbuch in den Spalten 24 bis 27 angeschriebene unter amtlicher Aufsicht vernichtete oder unbrauchbar gemachte Bier, da dieses Bier nicht wie das andere Rückbier erneut das Biersteuerbuch durchläuft. Da bei der Bestandsaufnahme die im laufenden Rückbierbuche nur bis zum Tage der Bestandsaufnahme angeschriebene vernichtete Biermenge bei Aufstellung des Sollbestandes berücksichtigt wird, bis zum Schlusse der betreffenden Monatshälfte aber noch weitere derartige Biermengen im Rückbierbuche zur Anschreibung kommen können, so wird zweckmäßig in die Bemerkungsspalte des Biersteuergegenbuches ein für die nächste Bestandsaufnahme oder für den Abschluß des Biersteuergegenbuches aufklärender Vermerk aufgenommen, aus dem hervorgeht, welche Menge an vernichtetem Bier bei der letzten Bestandsaufnahme bereits in Rechnung gestellt wurde.

Da für die sowohl untergäriges wie obergäriges Bier herstellenden Brauereien die Führung besonderer Biersteuerbücher und Rückbierbücher (vgl. Anleitung zum Gebrauch dieser Bücher, je Nr. 1) vorgeschrieben ist, läßt sich in der angegebenen Weise der Sollbestand an Bier der acht in Frage kommenden Gattungen einwandfrei ermitteln.

Durch die gemäß § 65 Abs. 4 AB. nach dem Ergebnis der Bestandsaufnahme vorzunehmende Berichtigung der in der Brauerei geführten Bücher (Sudbuch) wird eine Übereinstimmung zwischen dem bei der Bestandsaufnahme ermittelten Soll- und Istbestand herbeigeführt.

Damit die für die Bestandsaufnahmen erforderlichen Angaben des Vorjahres zur Hand sind, ist es nötig, daß nach dem am Schlusse des Rechnungsjahres vorzunehmenden Abschluß des Betriebgegenbuches und des Biersteuergegenbuchs die erforderlichen Nachrichten in die neuen Bücher übernommen werden. Die im Biersteuergegenbuch in den Spalten 6 bis 15 und 17 bis 44 für jede Biersorte sich ergebenden Schlußsummen sind, nach Biersorten zusammengefaßt, von den Schlußsummen der Spalten 10 bis 17 des Betriebsgegenbuches in Abzug zu bringen. Der sich ergebende Sollbestand ist in das Betriebsgegenbuch des folgenden Rechnungsjahres zu übertragen und bei der nächsten Bestandsaufnahme mit aufzurechnen. Bei Feststellung dieses Sollbestandes können die in der Bemerkungsspalte des Biersteuergegenbuchs als bei der Bestandsaufnahme noch nicht berücksichtigt angegebenen vernichteten Biermengen (vgl. Schlußsatz des Abs. 4 dieser Bemerkung) sogleich in Abzug gebracht werden. Auf diese Weise wird ein besonderer Übertrag in der Bemerkungsspalte des Biersteuergegenbuchs für das neue Rechnungsjahr erspart.

§ 66.

Bierausschank einer Brauerei.

[1] Soll in örtlicher Verbindung mit einer Brauerei oder mit einem ihrer anmeldepflichtigen Betriebsräume ein Ausschank von Bier stattfinden, so muß der Ausschankraum von den Betriebsräumen vollständig getrennt sein. In einem derartigen Ausschankraum darf nur Bier in den im § 45 genannten Gefäßen eingebracht werden. Vor der Einbringung muß, sofern die Brauerei nicht abgefunden ist, das Bier im Biersteuerbuch angeschrieben worden sein.

[3] Das Hauptzollamt kann im Bedarfsfall weitere Überwachungsmaßnahmen anordnen.

Zu Abs. 1.

1. Vgl. § 38 des bisherigen Gesetzes, § 100 der bisherigen AB.

2. Der Ausschank des eigenen oder eines fremden Erzeugnisses sowie der Handel mit fremdem Bier (§ 67 AB.) durch eine Brauerei bedarf zur Sicherung der Biersteuer einer besonderen Überwachung (vgl. § 95 AB.).

3. Das in den Ausschankraum verbrachte Bier muß „fertig" sein (§ 62 AB.).

4. Für Ausschankräume, die sich nicht in örtlicher Verbindung mit der Brauerei befinden, gelten besondere Überwachungsmaßnahmen nicht.

5. Der Ausschank von Bier in Verbindung mit einer Brauerei unterliegt gemäß § 13 Abs. 1 des Gesetzes der Steueraufsicht. Es finden daher § 193 AO., § 31 AB. über Bestellung eines Betriebsleiters Anwendung. Es besteht ferner die Anzeigepflicht nach § 14 des Gesetzes.

Zu Abs. 2.

1. Die weiteren Überwachungsmaßnahmen können in der Anordnung einer Buchführung über Eingang und Ausgang des Bieres bestehen oder es kann zum Zwecke der Überwachung angeordnet werden, daß Bier nur zu bestimmten Zeiten aus der Brauerei in den Ausschankraum verbracht wird.

2. Wird den Bestimmungen des § 66 oder den vom Hauptamt nach Abs. 2 erlassenen besonderen Anordnungen zuwidergehandelt, so tritt Bestrafung wegen Biersteuerhinterziehung ein, ohne daß der Vorsatz der Hinterziehung festgestellt zu werden braucht (§ 21 Abs. 1 Nr. 15 des Gesetzes).

§ 67.

Handel mit fremden Bieren.

Inhaber von Brauereien, die mit fremdem Biere Handel treiben wollen, haben die Genehmigung des Hauptzollamts einzuholen, das die erforderlichen Überwachungsmaßnahmen trifft.

1. Die hauptamtliche Genehmigung ist erforderlich, gleichviel ob das fremde Bier in die Brauerei eingebracht und dort gelagert werden soll oder ob die Aufbewahrungsräume für das fremde Bier sich außerhalb der Brauerei befinden und örtlich von dieser völlig getrennt sind.

2. Zur Einbringung des fremden Bieres in die Brauerei bedarf es einer besonderen Genehmigung des Hauptamtes nach § 63 AB. Derartiges Bier ist wie Rückbier zu behandeln (§ 63 Abs. 2 AB.).

3. Die Überwachungsmaßnahmen können in der Anordnung einer Buchführung bestehen. Wird das fremde Bier in der Brauerei selbst gelagert, so greifen die in § 15 AB. vorgesehenen besonderen Überwachungsmaßnahmen Platz.

§ 68.

Abfindung.

[1] Inhaber von Brauereien, die gemäß § 18 des Gesetzes abgefunden werden wollen, haben der Zollstelle eine Erklärung nach Muster 14 in doppelter Ausfertigung abzugeben. Muster 14

[2] Die Zollstelle leitet die Erklärung dem Oberbeamten zu, der sie zu prüfen und dem Hauptzollamt mit einer gutachtlichen Äußerung

darüber vorzulegen hat, welche Mengen jeder Biergattung für einen Doppelzentner der hierzu verwendeten Malz- und Zuckermengen nach den Betriebsverhältnissen der Brauerei für die Steuerberechnung in Ansatz zu bringen sind.

S. die Bem. 2 und 3 zu § 18 des Gesetzes.

§ 69.

[1] Das Hauptzollamt setzt fest, welche Menge jeder Biergattung für einen Doppelzentner der hierzu verwendeten Malz- und Zuckermengen für die Steuerberechnung in Ansatz zu bringen ist, vermerkt die Festsetzung auf der Erklärung unter Beachtung der für Steuerbescheide in § 211 der Reichsabgabenordnung vorgeschriebenen Formen und gibt diese an die Zollstelle zurück, die eine Ausfertigung dem Brauereiinhaber zur Verwahrung beim Brauereibelegheste zustellt.

[2] Treten wesentliche Änderungen in den der Festsetzung zugrunde gelegten Betriebsverhältnissen ein, so hat alsbald eine neue Festsetzung zu erfolgen.

§ 70.

[1] Inhaber von Brauereien, die zur Abfindung zugelassen worden sind, haben vor jeder Einmaischung eine Anmeldung nach Muster
Muster 15 15 bei der Zollstelle abzugeben und ein Abfindungsbuch nach
Muster 16 Muster 16 zu führen.

[2] Die Anmeldung muß, wenn vormittags gemaischt werden soll, spätestens am Nachmittag des vorhergehenden Tages, und wenn nachmittags gemaischt werden soll, spätestens am Vormittag desselben Tages drei Stunden vorher dem Aufsichtsbeamten ausgehändigt werden oder bei der Zollstelle innerhalb der Dienststunden eingehen; Ausnahmen können von dem Oberbeamten bewilligt werden. Die Anmeldung nach Muster 15 kann auch im voraus für einen bestimmten Zeitraum gemacht werden.

Zu Abs. 2 vgl. Bem. 2 bis 4 zu § 53 AB.

§ 71.

[1] Die Anmeldung muß bei der Betriebsführung eingehalten werden.

[2] Abweichungen von der Anmeldung sind nur zulässig, wenn infolge unvermuteter Umstände die Einmaischung nicht oder nicht in der angemeldeten Weise stattfinden kann. Die Abweichungen und deren Ursachen sind vom Brauereiinhaber unter Angabe von

Tag und Stunde sofort der Zollstelle durch eine neue Anmeldung mitzuteilen.

³ Der Oberbeamte hat bei seiner nächsten Anwesenheit in der Brauerei die Zulässigkeit der Abweichungen zu prüfen und dies im Befundbuch zu vermerken.

Vgl. die Bem. zu § 54 AB.

§ 72.

Die §§ 1, 2, 10, 15, 44, 45, 57 bis 65 finden auf Inhaber von nach §§ 68ff. abgefundenen Brauereien keine Anwendung. Die §§ 55, 56 finden dagegen Anwendung mit der Maßgabe, daß an Stelle der Brauanzeige die Anmeldung nach Muster 15 tritt.

1. Die Ausnahmen in Satz 1 beziehen sich auf die für die nicht abgefundenen Brauer geltenden Bestimmungen über die Entstehung der Steuerschuld, die Versendung von Farbebier (d. h. die Abfindung kommt für Farbebierbrauereien nicht in Frage; wohl aber dürfen Abfindungsbrauereien Farbebier nach Maßgabe der FBO. beziehen; das Farbebier ist bei der Festsetzung des Ausbeuteverhältnisses [§ 69 AB.] zu berücksichtigen), die steuerpflichtige Menge, die Steuererstattung für Rückbier, die Lagerung, Abfüllung und Abgabe fertigen Bieres, die Versandgefäße, die Buchführung, die Steuererhebung, das Entfernen des Bieres aus der Brauerei, das Einbringen von Bier und die Bestandsaufnahme.

Die Bestimmungen über die Entstehung der Steuerschuld, über die steuerpflichtige Menge und über die Berechnung und Feststellung der Steuer sind für Abfindungsbrauer anderweit geregelt, weil bei ihnen nicht die tatsächlich aus der Brauerei ausgehende Biermenge, sondern die Biermenge zugrunde gelegt wird, die sich aus den angemeldeten Malz- und Zuckermengen nach den vom Hauptamt festgesetzten Ausbeutesätzen herstellen läßt. Da die Abfindung eine Art Rohstoffbesteuerung ist, ist der Zeitpunkt der Entstehung der Steuerschuld mit der Rohstoffverwendung in Verbindung gebracht. Entsprechendes gilt für die Fälligkeit.

2. Die Biersteuer für Rückbier (§ 9 des Gesetzes) wird in Abfindungsbrauereien nicht erstattet. Diese Regelung entspricht der Gestaltung der Biersteuer für die Abfindungsbrauereien nach Art der Rohstoffbesteuerung. Dazu kommt, daß die steuerliche Überwachung der Abfindungsbrauereien infolge der sehr einfachen Buchführung weniger genau ist als bei den nicht abgefundenen Brauereien. Auch § 63 AB. gilt für Abfindungsbrauereien nicht, so daß z. B. auch die Biersteuer für fremdes Bier, das zum Zwecke der Vernichtung oder Unbrauchbarmachung in eine Abfindungsbrauerei eingebracht ist, nicht nach den Bestimmungen über Rückbier angerechnet werden kann. Die gesetzliche Grundlage für diese besondere Behandlung der abgefundenen Brauereien gibt § 9 des Gesetzes, wonach die Biersteuer für Bier, das in die Brauerei zurückgelangt, erstattet werden kann, nicht erstattet werden muß.

Die in § 59 AB. bestimmte Buchführung ist Abfindungsbrauereien erlassen, weil sie ihnen unverhältnismäßige Schwierigkeiten bieten würde. Abfindungsbrauer haben über Bier nur die einfachen Anschreibungen nach Muster 18 über die von ihnen abgegebenen Biermengen zu führen (§ 74 AB.).

3. Hinsichtlich der Lagerung, Abfüllung und Abgabe des fertigen Bieres, der Versandgefäße, des Entfernens von Bier aus der Brauerei, des

Einbringens von Bier in die Brauerei unterliegen Abfindungsbrauereien den für die übrigen Brauereien bestehenden Beschränkungen nicht. Es konnte hierauf, ebenso wie auf die Bestandsaufnahme (§§ 64, 65 AB.) verzichtet werden, weil in diesen Brauereien die Rohstoffverwendung die Grundlage der Besteuerung bildet. Wegen der Möglichkeit in besonderen Fällen auch in abgefundenen Brauereien eine Bestandsaufnahme vorzunehmen, s. die Bem. 5 zu § 17 des Gesetzes.

4. Die in § 55 AB. für die zur Erstattung der Brauanzeige verpflichteten Brauereien vorgesehenen Betriebsbeschränkungen und die Pflicht zur Abgabe der Erklärung über die Zuckerverwendung (§ 56 AB.) sind auch auf Abfindungsbrauereien ausgedehnt worden, um eine Überwachung der Rohstoffverwendung sicherzustellen. Wegen der Zuckerverwendung in Abfindungsbrauereien vgl. Bem. 8 zu § 56 und Bem. 9 zu § 57 AB., in den der vereinfachten Abfindung unterliegenden Hausbraubetrieben die Bem. zu § 81 AB.

§ 73.

Die Zollstelle stellt allmonatlich im Abfindungsbuche, sobald ihr dieses vom Brauer eingesandt ist (Anleitung zu Muster 16 Nr. 5) unter Benutzung des Vordrucks auf der letzten Seite die zu jeder Biergattung verwendete Braustoffmenge fest und berechnet daraus auf Grund der vom Hauptzollamt festgesetzten Ausbeutesätze die hergestellten Biermengen. Von diesen Mengen sind sodann 5 vom Hundert als steuerfreier Haustrunk des Brauereiinhabers, der Brauereiangestellten und Brauereiarbeiter (§ 8 Abs. 1 des Gesetzes) in Abzug zu bringen; kommt ein steuerfreier Haustrunk des Inhabers nicht in Betracht, weil der Brauereiinhaber nicht im Betriebe tätig ist, so beträgt der Abzug 3 vom Hundert. Für die verbleibenden Biermengen ist die Steuer festzusetzen und dem Brauereiinhaber
Muster 17 ein Steuerbescheid nach Muster 17 zu übersenden.

Ein Verzeichnis der zum Bezuge von steuerfreiem Haustrunkbiere berechtigten Angestellten und Arbeiter ist nicht zu führen (s. § 18 Abs. 2 und Bem. 3 dazu).

§ 74.

Inhaber von abgefundenen Brauereien haben über die von
Muster 18 ihnen abgegebenen Biermengen Anschreibungen nach Muster 18 zu führen.

S. die Bem. 2 zu § 18 des Gesetzes.

§ 75.

[1] Beträgt in einer abgefundenen Brauerei in einem Rechnungsjahr die aus den verwendeten Malz- und Zuckermengen nach den festgesetzten Ausbeutesätzen sich ergebende Biermenge mehr als 500 Hektoliter, so ist, sofern es sich nicht um eine vorübergehende, in besonderen Ursachen begründete Überschreitung handelt, die

Brauerei vom Beginn des nächsten Rechnungsjahrs an von der Abfindung auszuschließen. Die Entscheidung trifft das Hauptzollamt.

[2] Das Hauptzollamt kann Inhabern von abgefundenen Brauereien, die sich einer Biersteuerhinterziehung oder wiederholter Ordnungswidrigkeiten schuldig machen, die Vergünstigung der Abfindung entziehen.

§ 76.

Erleichterungen für abzufindende Hausbrauer.

[1] Hausbrauer (§ 10 Abs. 6 des Gesetzes), deren Betriebe als solche vor dem 1. April 1918 bestanden haben, die ferner nicht Bierverkäufer sind und in einem Rechnungsjahr nicht mehr als zwanzig Hektoliter obergäriges Bier herstellen, haben der Zollstelle eine Anmeldung nach Muster 19 in doppelter Ausfertigung einzureichen. Muster 19

[2] An die Einhaltung der in dieser Anmeldung zu machenden Angaben, wie oft und zu welcher Zeit innerhalb eines Rechnungsjahres Haustrunk bereitet werden soll, welche Menge jedesmal hergestellt, sowie welche Mengen Malz und Zucker und wieviel von diesen Braustoffen zu jedem Gebräu verwendet werden sollen, ist der Anmelder jedoch nicht streng gebunden; er kann, wenn es die Witterung oder andere Umstände erfordern, einen oder einige Sude mehr oder weniger herstellen und bei dem einzelnen Sude hinsichtlich der Menge der verwendeten Malz- und Zuckermengen und des gezogenen Bieres von der Anmeldung etwas abweichen, ohne verpflichtet zu sein, diese Abweichungen der Zollstelle besonders anzumelden, sofern das Gesamtgewicht der zur Bierbereitung verwendeten Malz- und Zuckermengen die Grenze von 165 Kilogramm nicht überschreitet.

1. Vgl. die Bemerkungen zu § 10 Abs. 6 des Gesetzes und die Bemerkung 4 zu § 18 des Gesetzes.

2. Der Zeitpunkt des 1. April 1918 ist nicht nur wichtig wegen der Zulassung zu der vereinfachten Abfindung, sondern im Hinblick auf § 15 Abs. 1 Nr. 2 des Gesetzes auch wegen der Verpflichtung der später errichteten Betriebe zum Halten einer Malzmühle mit selbsttätiger Verwiegungsvorrichtung, ferner auch mit Rücksicht auf die Zuweisung des Braurechtsfußes von 20 hl nach § 2 Abs. 3 Satz 2 der Braurechtsordnung (s. Bem. 2 zu § 4 Abs. 2 des Biersteuergesetzes vom 26. Juli 1918 im Anhang). Es ist erforderlich und genügend, daß die Hausbraubetriebe als solche vor dem 1. April 1918 bestanden haben. Gleichgültig ist, ob früher untergäriges Bier hergestellt wurde, es handelt sich auch in diesem Falle um die Fortsetzung desselben Betriebes.

3. Voraussetzung ist nicht der Besitz einer eigenen Brauerei oder gar eines Grundstückes.

4. Hinsichtlich der Fortsetzung eines bestehenden Hausbraubetriebes gelten die allgemeinen Vorschriften und Grundsätze mit der sich aus der Besonderheit des Hausbraubetriebes ergebenden Maßgabe. Es besteht die Verpflichtung zur Anmeldung nach § 14 des Gesetzes, §§ 32, 37, 38, 42 AB. Die Unterlassung der Anmeldung ist — nach den Umständen als Hinterziehung — strafbar, schließt jedoch nicht die Eigenschaft des Betriebes als Fortsetzung des früheren aus. Jeder, wenn auch noch so einfache Hausbraubetrieb setzt eine gewisse Betriebseinrichtung (z. B. Sudgefäß, Gärgefäß, Lagerfässer) voraus. Diese Betriebseinrichtung wird auf den neuen Inhaber übergehen oder bei einem Platzwechsel an die neue Stelle verbracht werden müssen. Fehlt es an einer solchen Übernahme, so wird z. B. der Hausbraubetrieb des Amtsnachfolgers nicht als Fortsetzung des Betriebes des Amtsvorgängers angesehen werden können. Der Absicht des Gesetzes, die auf eine möglichste Einschränkung der Hausbraubetriebe hinausläuft, würde es widersprechen, wenn statt des bisherigen einen nunmehr zwei der vereinfachten Abfindung unterliegende Hausbrauer vorhanden wären. Siedelt der Inhaber eines Hausbraubetriebes unter Mitnahme der Betriebseinrichtung an einen anderen Ort über, so wird der dort eröffnete Betrieb als Fortsetzung des bisherigen anzusehen sein, da das Wesen des Hausbraubetriebes in der Herstellung des Bieres für den Hausbedarf der Familie beruht. Dagegen dürfte eine den Verhältnissen des früheren Hausbraubetriebes entsprechende Fortsetzung dann nicht vorliegen, wenn der Betrieb, selbst mit der Betriebseinrichtung, auf größere Entfernung veräußert würde. In dieser Hinsicht ist an die Nichtübertragbarkeit des Braurechtsfußes der Hausbrauer (§ 19 Abs. 2 der Braurechtsordnung) zu erinnern.

5. Es darf weder die Menge von 20 hl Bier, noch das Gewicht von 165 kg Malz und Zucker überschritten werden. Wegen der Gleichsetzung der 20 hl mit den 165 kg vgl. Bem. 4 zu § 18 des Gesetzes. Gelangt neben Malz ungemälztes Getreide zur Verwendung, so würde dieses auf die Malzmenge nicht anzurechnen sein. Der Stammwürzegehalt des gezogenen Bieres ist vom steuerlichen Standpunkte aus gleichgültig.

6. Eine Biersteuerhinterziehung wird bei Hausbrauern, deren Erzeugnis nach § 8 Abs. 1 Satz 3 des Gesetzes steuerfrei ist, nur in Frage kommen, wenn sie Bier an nicht zum Haushalt gehörige Personen abgeben. Die Überschreitung der 20 hl-Grenze oder der Bierhandel mit nicht selbst hergestelltem Bier sind nur nach § 377 AO. strafbar. Außerdem tritt die Folge des § 82 AB. ein.

§ 77.

¹ Die Zollstelle hat die eingereichten Anmeldungen zu prüfen und, wenn sich dabei keine Anstände ergeben oder diese sofort beseitigt werden können, den für das laufende Rechnungsjahr zu zahlenden Steuerbetrag unveränderlich, also mit Ausschluß einer Nach- oder Rückzahlung festzustellen und in beiden Ausfertigungen der Anmeldung sowie im Anhang zum Biersteuergegenbuche (§ 99) dem Vordruck gemäß zu vermerken.

² Die Feststellung erfolgt für das erste Jahr auf Grund der Angaben des Hausbrauers in der Anmeldung (§ 76 Abs. 1), für das zweite und jedes weitere Jahr auf Grund der von dem Hausbrauer auf Seite 3 der Anmeldung über die tatsächliche Verwendung

von Malz und Zucker im Vorjahr gemachten Angaben. Beziehen sich die Eintragungen auf Seite 3 der Anmeldung nur auf einen Teil der im voraufgegangenen Rechnungsjahr ausgeführten Gebräue, so sind für die fehlenden Gebräue die Angaben der Anmeldung zugrunde zu legen.

[3] Die Steuerfestsetzung erfolgt auf der Grundlage, daß für je einen Doppelzentner der angemeldeten Malz- und Zuckermengen 12 Hektoliter Bier in Ansatz gebracht werden. Hierin ist die Abfindung für den nach § 8 Abs. 1 Satz 1 und 2 des Gesetzes steuerfreien Haustrunk etwaiger Brauereiarbeiter mit inbegriffen, so daß ein weiterer Abzug für steuerfreies Haustrunkbier nicht stattfindet.

[4] Nach der Steuerfestsetzung erhält der Anmeldende die eine Ausfertigung der Anmeldung zurück; die zweite verbleibt bei der Zollstelle.

§ 78.

[1] Der festgesetzte Steuerbetrag (§ 77 Abs. 1) ist spätestens am zehnten Tage des auf die Festsetzung folgenden Monats bei der Zollstelle unter Wiedervorlegung der Anmeldung einzuzahlen.

[2] Die Zollstelle hat die Zahlung auf Seite 3 der Anmeldung zu bescheinigen und diese zurückzugeben.

[3] Mit der zurückerhaltenen Anmeldung hat der Hausbrauer nach Nr. 7 und 8 der Anleitung zu Muster 19 zu verfahren.

§ 79.

Wollen Hausbrauer, die der vereinfachten Abfindung nach §§ 76ff. unterliegen, die Steuerfreiheit des Haustrunks nach § 8 Abs. 1 Satz 3 des Gesetzes in Anspruch nehmen, so haben sie dies der Zollstelle in der Anmeldung (§ 76) zu erklären. Die Zollstelle erteilt darüber auf der Anmeldung eine Bescheinigung. In diesem Falle kommt die Biersteuer, sofern die Voraussetzung, daß der Brauereiinhaber selbst im Betriebe tätig ist, gegeben ist, nicht zur Hebung.

Darüber, was als Tätigkeit im Betriebe anzusehen ist, s. Bem. 3 zu § 8 Abs. 1 des Gesetzes.

§ 80.

Soll untergärige Hefe zum Anstellen des Haustrunkbieres verwendet werden oder überschreitet die Gesamtmenge der im Laufe des Rechnungsjahres verwendeten Malz- und Zuckermengen die Grenze von 165 Kilogramm (§ 76 Abs. 2) oder soll Haustrunkbier an nicht zum Haushalt gehörige Personen gegen Entgelt abgegeben oder sonst ein Verkauf oder Ausschank von Bier eröffnet werden oder verzichtet der Brauer auf die weitere Herstellung von Haustrunkbier, so ist dies der Zollstelle innerhalb 14 Tagen unter Rückreichung der Anmeldung anzuzeigen.

Der Überschreitung der Gewichtsgrenze steht die Überschreitung der Raumgehaltsgrenze von 20 hl gleich (s. Nr. 9 der Anleitung zum Gebrauch des Musters 19.)

§ 81.

Die §§ 1, 2, 10, 15, 44, 45, 56 bis 65 finden auf Hausbrauer, die der vereinfachten Abfindung nach §§ 76ff. unterliegen, keine Anwendung.

Die der vereinfachten Abfindung unterliegenden Hausbraubetriebe sind lediglich eine besondere Art der Abfindungsbrauereien. Für sie gelten daher die Vorschriften und Bestimmungen, deren Anwendung auf Abfindungsbrauereien durch § 18 des Gesetzes und § 72 AB. ausgeschlossen ist, ebenfalls nicht. Die nach § 81 auf diese Hausbraubetriebe nicht anzuwendenden Bestimmungen decken sich bis auf den hinzutretenden § 56 mit den in § 72 AB. genannten für Abfindungsbrauereien ausgeschalteten Bestimmungen (vgl. die Bemerkungen zu § 72 AB.). Da § 56 AB. als für die Hausbraubetriebe der § 76ff. AB. nicht anwendbar erklärt ist, haben diese eine Zuckerverwendungserklärung nicht zu erstatten.

§ 82.

Die Vergünstigung der vereinfachten Abfindung kann im Falle des Mißbrauchs durch das Hauptzollamt jederzeit entzogen werden. Sie ist ferner mit sofortiger Wirkung zu entziehen, wenn ihre Voraussetzungen (§ 76) in Fortfall gekommen sind.

1. Rückwirkende Kraft wie in § 90 der bisherigen AB. ist der Entziehung der Vergünstigung nicht beigelegt. Das Hauptamt hat den Zeitpunkt, von dem ab die Entziehung wirken soll, zu bestimmen. Eine Entziehung auf Zeit ist nicht vorgesehen. Das Hauptamt ist jedoch befugt, die Entziehung zurückzunehmen.

2. Die Entziehung hat, wenn der Betrieb fortgeführt wird, die Wirkung, daß der Betrieb fortan nach den für nicht abgefundene Brauereien geltenden Vorschriften behandelt wird. Die Steuerfreiheit des Haustrunks des im Betriebe tätigen Inhabers wird dadurch nicht berührt. Das Hauptamt kann, wenn ein dahingehender Antrag gestellt wird (§ 68 AB.), den Betrieb nach den allgemeinen Vorschriften abfinden.

3. Gegen die die Entziehung der Vergünstigung anordnende Verfügung ist die Beschwerde nach §§ 224, 281ff. AO. gegeben.

§ 83.

Nachschau.

[1] Die Befugnis der Finanzbeamten zur Nachschau (§ 196 der Reichsabgabenordnung) erstreckt sich auf sämtliche Betriebs- und

Lagerräume einer Brauerei, einschließlich der Aufbewahrungsorte für Malzschrot und Zucker, auf die an die Brauerei anstoßenden, mit ihr in Verbindung stehenden Räume sowie auf die Räume, in denen ein Ausschank von Bier in Verbindung mit einer Brauerei stattfindet.

² Den Finanzbeamten müssen die im Abs. 1 bezeichneten Räume von morgens 6 Uhr bis abends 9 Uhr, und wenn in ihnen gearbeitet wird, jederzeit zugänglich sein.

³ Die Finanzbeamten sind insbesondere berechtigt, die zum Betriebe der Brauerei bestimmten Geräte und Gefäße, einschließlich der Lager-, Fuhr- und Versandgefäße, nachzumessen und zu stempeln, die zum Wiegen der Braustoffe bestimmten Wagen und Gewichte sowie die zur Vermessung der Würze- und Biermengen bestimmten Geräte zu prüfen und im Bedarfsfalle deren Richtigstellung zu veranlassen, die Vorräte an Braustoffen nachzuwiegen und die erzeugten Würze- oder Biermengen sowie deren Extraktgehalt festzustellen.

1. §§ 83 bis 98 AB. bringen die Ausführungsbestimmungen zu §§ 196 und 197 AO.

2. Über Nachschau und Durchsuchungen s. Bem. 1 zu § 19 des Gesetzes.

3. § 196 AO. trifft die für alle Steuergesetze gemeinsamen Vorschriften über die Nachschau. Danach sind die Finanzämter befugt, in Betrieben, die der Steueraufsicht unterliegen, Nachschau zu halten. Den Ausführungsbestimmungen ist die Bestimmung darüber zugewiesen, zu welchen Zeiten die Nachschau stattfinden darf und welche Befugnisse den Beamten im einzelnen zustehen.

4. Der Steueraufsicht unterliegen nach § 13 Abs. 1 des Gesetzes die Brauereien und der Ausschank von Bier in Verbindung mit einer Brauerei, ferner nach § 22 Abs. 2 AB. Bierhändler und Wirte, denen der Zusatz untergäriger Kräusen zum Berliner Weißbier und Grätzer Bier gestattet ist und die sich der Steueraufsicht unterworfen haben. Eine Nachschau bei anderen Bierhändlern und Wirten ist hiernach nicht zulässig.

5. Abs. 1 des § 83 AB. bezeichnet auch die Räume, auf die sich die Nachschau erstreckt. Sie ergeben sich schon aus dem Zweck der Nachschau, die den Finanzbehörden ermöglichen soll, sich darüber zu unterrichten, ob in einem Betriebe die sämtlichen durch die Steuergesetze getroffenen Vorschriften befolgt werden. Wegen der früher geltenden Vorschriften über die Nachschau vgl. § 34 des Brausteuergesetzes von 1909, § 39 Abs. 2 bis 4 und § 23 Abs. 2 des bisherigen Gesetzes. Verschlossene Räume müssen geöffnet werden.

6. Unter „arbeiten" im Sinne des Abs. 2 wird die Vornahme von Arbeiten zu verstehen sein, die mit dem Brauereibetrieb in Zusammenhang stehen.

7. Zeitliche Beschränkungen fallen nach § 196 Abs. 1 AO. (vgl. § 39 Abs. 3 des bisherigen Gesetzes) weg, wenn Gefahr im Verzuge liegt.

8. Unter Braustoffen (Abs. 3) sind die in § 10 des Gesetzes genannten Stoffe zu verstehen. Wegen der unentgeltlichen Entnahme von Proben vgl. § 13 Abs. 4 des Gesetzes.

9. Es dürfen keine Einrichtungen getroffen werden, die die Ausführung der Aufsicht hindern oder erschweren (§ 196 Abs. 2 AO., vgl. § 39 Abs. 4 des

bisherigen Gesetzes). Unter Einrichtungen sind sowohl Handlungen (z. B. Verschließen von Türen) wie Unterlassungen (z. B. Nichtfestlegen eines bissigen Hundes) zu verstehen. Die Beseitigung derartiger Einrichtungen kann nach § 202 AO. durch Geldstrafen, Ausführung auf Kosten des Pflichtigen und unmittelbar erzwungen werden. Außerdem kann auf Grund des § 377 AO. eine Ordnungsstrafe verhängt werden. Die Ordnungsstrafe kann bis auf das Doppelte erhöht werden, wenn der Täter vorsätzlich einen Finanzbeamten in der rechtmäßigen Ausübung seines Dienstes hindert (§ 377 Abs. 2 AO.).

§ 84.

Vermessung der Gefäße.

¹ Die Gefäße, in denen die Menge der Ausschlagwürze (Anleitung zu Muster 11 Nr. 5) ermittelt werden soll, sind auf nassem Wege zu vermessen.

² Alle übrigen Gefäße sind auf trockenem Wege zu vermessen. Das Hauptzollamt kann jedoch auch für diese Gefäße die Vermessung auf nassem Wege anordnen. Das Hauptzollamt kann bei diesen Gefäßen von einer Vermessung ganz absehen, wenn sie entbehrlich erscheint und gegen die Richtigkeit des in der Nachweisung (§ 33 Abs. 1) angegebenen Inhalts keine Bedenken bestehen.

³ Die nasse Vermessung kann mit Genehmigung des Hauptzollamts unterbleiben, wenn sie mit besonderen Schwierigkeiten oder Kosten verknüpft sein würde und die steuerliche Überwachung der Brauerei auch ohne sie hinreichend gesichert ist.

1. Vgl. § 34 AB. Die Befugnis zur Vermessung folgt aus § 196 AO. Eine Verpflichtung zur Vermessung besteht nicht.

2. Die Menge der Ausschlagwürze ist in der Braupfanne zu ermitteln (s. Nr. 5 der Anweisung zum Gebrauch des Musters 11 und § 92 Abs. 3 AB.). Bei der Vermessung der Braupfanne wird darauf zu achten sein, daß sie völlig leer ist und etwa vorhandene Verschlüsse von Dampfzuleitungen geschlossen sind.

§ 85.

Ausführung der Vermessung.

¹ Die Vermessungen sind durch den Oberbeamten unter Zuziehung eines anderen Aufsichtsbeamten vorzunehmen. Der Brauer oder Betriebsleiter hat der Vermessung beizuwohnen und ihre Richtigkeit durch Unterzeichnung der Verhandlung (§ 88) anzuerkennen.

² Die trockene Vermessung erfolgt nach einer amtlich zu liefernden Anleitung.

³ Bei der nassen Vermessung haben die Beamten darauf zu achten, daß das Gefäß völlig dicht und leer ist und auf seinen Unterlagen fest aufliegt.

⁴ Sind die Unterlagen des Gefäßes verrückbar, z. B. bei Kühlschiffen, die zum leichteren Ablassen des Bieres auf der einen Seite

gehoben werden können, so hat der Brauereiinhaber Einrichtungen zu treffen, durch welche die Lage, die das Gefäß bei der nassen Vermessung hatte, genau festgehalten wird und jederzeit leicht wieder hergestellt werden kann.

§ 86.

Das zur Feststellung der Menge der Ausschlagwürze (§ 84 Abs. 1) dienende Gefäß wird in der Weise vermessen, daß es mit vorher abgemessenem kaltem Wasser (nicht über + 15° C) bis zu der für den Zweck der Vermessung notwendigen Höhe oder bis zum Überlaufen gefüllt und dann zur Gegenprüfung das Gewicht des Wassers beim Ablassen aus dem Gefäße festgestellt wird. Die beiden Ergebnisse werden miteinander verglichen, wobei 100 Kilogramm des abgelassenen Wassers gleich 1 Hektoliter zu rechnen sind. Das Hauptzollamt kann im einzelnen Falle gestatten, daß an Stelle des vorbezeichneten Verfahrens eine zweimalige Vermessung stattfindet. Ergibt sich bei der Gegenprüfung eine Abweichung von mehr als 3 vom Hundert, so muß eine nochmalige Vermessung stattfinden, deren Ergebnis endgültig ist.

§ 87.

[1] Die nasse Vermessung von anderen als den im § 84 Abs. 1 bezeichneten Gefäßen kann auch in der Weise geschehen, daß das Gefäß vorher bis zum Überlaufen oder bis zu der für den Zweck der Vermessung notwendigen Höhe mit kaltem Wasser befüllt und das abfließende Wasser gemessen wird.

[2] Zum Abmessen des Wassers müssen die Beamten geeichte Gefäße verwenden. Es ist gestattet, Hilfsgefäße zu benutzen, die vorher mit geeichten Gefäßen genau ausgemessen sind. Auch die Verwendung einer amtlich geprüften Eichvorrichtung ist zulässig.

[3] Im Endergebnisse bleiben bei der Vermessung von Gefäßen über 5000 Liter Rauminhalt Bruchteile eines halben Hektoliters, sonst Bruchteile eines Liters außer Betracht.

[4] Die Wassermengen werden an einem vom Brauer zu liefernden Meßstab oder einer anderen ähnlichen Einrichtung in Abschnitten, die eine tunlichst genaue Ablesung gestatten, fortlaufend festgestellt. Der Meßstab ist gegen Änderung oder Vertauschung amtlich zu sichern. Er muß aus dunklem Eichenholze gefertigt, mindestens 3 Zentimeter breit und, falls er mehr als 1 Meter lang ist, von quadratischem Querschnitt sein; er darf nur glatt gehobelt, nicht poliert und muß am unteren Ende beschlagen sein. Erforderlichenfalls ist er mit einer Vorrichtung zum Einhängen am oberen Rande

des Gefäßes zu versehen. Der Meßstab muß stets an der gleichen Stelle und bis zu der gleichen Tiefe eingeführt werden. Diese Stelle, die Meßstelle, wird am Rande des Gefäßes durch eine Marke (Steuerblei) gekennzeichnet. Wenn nötig, muß zum Zwecke einer stets gleichmäßigen Einführung des Meßstabs an dem Gefäße eine Führungsklammer angebracht werden. Ist wegen der Form des Gefäßes die Anwendung eines geraden Meßstabes nicht möglich, so hat der Brauereibesitzer einen der Form des Gefäßes genau angepaßten Meßstab zu beschaffen. Der Meßstab und die seinen richtigen Gebrauch sichernden Einrichtungen sind vom Brauereiinhaber unversehrt zu erhalten. Der Meßstab ist stets an dem vom Oberbeamten bestimmten Orte aufzubewahren.

⁵ Der Brauereiinhaber ist dafür verantwortlich, daß die vermessenen Gefäße mit festem Standort — unbeschadet der durch ihren Gebrauch bedingten Lageänderung (§ 87 Abs. 4) — in der bei der Vermessung festgestellten Lage erhalten bleiben. Unbeabsichtigte Lageänderungen sind sofort nach ihrer Wahrnehmung, beabsichtigte innerhalb drei Tagen nach ihrer Ausführung, der Zollstelle mittels Änderungsanzeige zu melden.

Zu Abs. 2.

Die zur Vermessung benötigten geeichten Gefäße und die etwaigen Hilfsgefäße muß der Brauer gemäß § 197 AO. zur Verfügung stellen.

Zu Abs. 4.

Die Verpflichtung zur Lieferung des vorschriftsmäßigen Meßstabes liegt dem Brauer nach § 197 AO. ob. Die Erfüllung kann nach § 202 AO. durch Geldstrafen oder Beschaffung auf Kosten des Pflichtigen erzwungen werden.

Zu Abs. 5.

Unterlassung der Anzeige ist nach § 377 AO. strafbar. — § 87 Abs. 4: gemeint ist § 85 Abs. 4 (Versehen).

§ 88.

Vermessungsverhandlungen.

¹ Über die Vermessung sind für jedes Gefäß zwei gleichlautende
Muster 20 Verhandlungen nach Muster 20 oder 20a aufzunehmen. Nötigen-
Muster 20a falls sind die Muster zu ändern oder zu ergänzen.

² Die Vermessungsverhandlungen sind von der Zollstelle dem Hauptzollamt zur Prüfung vorzulegen. Nach erfolgter Prüfung ist eine Ausfertigung als Beleg zur Brauereirolle der Zollstelle zu übersenden, die andere dem Brauereiinhaber zur Einverleibung in das Belegheft der Brauerei zuzustellen.

§ 89.

Nachvermessung.

Wenn vermessene Brauereigefäße eine Änderung ihres Raumgehalts erfahren haben oder die Vermutung einer solchen Änderung vorliegt, sowie wenn die Lage von Gefäßen, die einen festen Standort haben, geändert worden oder eine solche Änderung zu vermuten ist, so ist eine neue Vermessung vorzunehmen.

§ 90.

Reinigung und Prüfung der selbsttätigen Verwiegungsvorrichtungen.

¹ Nach Anordnung des Oberbeamten hat der Brauereiinhaber von Zeit zu Zeit die inneren Teile der Verwiegungsvorrichtung und der Malzmühle mittels geeigneter, von ihm bereitzuhaltender Werkzeuge (Handfeger, Handblasebalg usw.) von dem sich ansammelnden Staube unter amtlicher Aufsicht reinigen zu lassen.

² Außer bei der Eichung und Nacheichung ist die eigentliche Wage (§ 39 Abs. 2) im unbelasteten Zustand mindestens einmal jährlich durch die Aufsichtsbeamten auf ihre Empfindlichkeit und ihr genaues Einspielen zu prüfen und erforderlichenfalls neu abzugleichen.

³ In kürzeren Zwischenräumen — bei Verwiegungsverrichtungen, die täglich arbeiten, wenigstens einmal im Monat — haben die Aufsichtsbeamten zu prüfen, ob die selbsttätige Absperrung des Malzzuflusses (§ 39 Abs. 3) rechtzeitig erfolgt, das heißt, ob nach der selbsttätigen Absperrung des Malzzuflusses und vor der selbsttätigen Entleerung des Malzgefäßes die belastete eigentliche Wage, nachdem ihre Verbindung mit dem übrigen Getriebe der Vorrichtung gelöst ist, sich im Gleichgewichte befindet. Ist dies nicht der Fall, so ist die Vorrichtung, durch welche die Absperrung der Einlauföffnung bewirkt wird, entsprechend richtigzustellen.

⁴ Wie bei der Prüfung und Abgleichung der leeren Wage (Abs. 2) und bei der Prüfung und Richtigstellung der Absperrvorrichtung (Abs. 3) zu verfahren ist, insbesondere, durch welche Handgriffe die Lösung und Wiederherstellung der Verbindung zwischen der eigentlichen Wage und dem übrigen Getriebe der Verwiegungsvorrichtung sowie die Verhinderung und Wiederherbeiführung der selbsttätigen Entleerung des Malzgefäßes zu bewirken ist, muß in der von dem Brauereiinhaber zu liefernden und bei dem Mahlbuch aufzubewahrenden Beschreibung der selbsttätigen Verwiegungsvorrichtung oder in einer ebenfalls von dem Brauereiinhaber zu liefernden und beim Mahlbuch aufzubewahrenden besonderen Anleitung genau angegeben sein.

Führt die Abgleichung nicht zum Ziel, zeigen sich vielmehr Unregelmäßigkeiten in der Verwiegung, so ist nach § 49 AB. zu verfahren, d. h. die unzuverlässige Verwiegungsvorrichtung durch den Aufsichtsbeamten außer Betrieb zu setzen und zur Wiederherstellung eine angemessene Frist zu gewähren. Unter Umständen wird auf Grund des § 49 AB. eine besondere Nacheichung zu verlangen sein.

§ 91.

Prüfung der Wagen und Gewichte.

Die zur Verwiegung der Braustoffe vorhandenen Wagen und Gewichte sind von Zeit zu Zeit zu prüfen. Ergeben sich Zweifel über ihre Richtigkeit, so kann die Finanzbehörde die sofortige Nacheichung verlangen.

Die Wagen und Gewichte müssen gemäß § 2 der Maß- und Gewichtsordnung vom 30. Mai 1908 (RGBl. S. 349) geeicht sein; sie müssen gemäß § 11 dieser Ordnung alle zwei oder drei Jahre nachgeeicht werden (vgl. Bem. 2 zu § 39 AB.). § 91 bezieht sich nicht auf selbsttätige Verwiegungsvorrichtungen, für die §§ 90, 49 AB. gelten.

§ 92.

Prüfung der Brauereien.

¹ Bei der regelmäßigen Nachschau in den Brauereien haben die Aufsichtsbeamten sich eine möglichst genaue Kenntnis der Betriebsführung zu verschaffen.

² Sie haben sich insbesondere davon zu überzeugen:

1. daß keine unzulässigen Stoffe zur Bierbereitung verwendet werden und kein verbotswidriger Zusatz von Wasser zum Biere stattfindet;
2. daß die Braustoffe nur an den dazu bestimmten Orten und in den gesetzlich zulässigen Mengen aufbewahrt werden;
3. daß die Einträge im Sudbuch und den sonst zu führenden Büchern und Anschreibungen rechtzeitig und vollständig gemacht werden und mit dem Befund in der Brauerei übereinstimmen;
4. daß Bier nur in den zugelassenen Räumen gelagert, abgefüllt und nur in den zulässigen Gefäßen aus der Brauerei entfernt wird;
5. daß das aus der Brauerei ausgehende Bier hinsichtlich Gattung und Menge mit den Eintragungen im Biersteuerbuch übereinstimmt und die einzelnen Biergattungen der Vorschrift im § 3 Abs. 2 des Gesetzes entsprechen.

³ Zahl und Art der in den Brauereien vorzunehmenden Prüfungen regelt das Landesfinanzamt. Jedoch haben die Aufsichtsbeamten monatlich mindestens einmal die Menge der Ausschlag-

würze und den Extraktgehalt für die Ausschlagwürze und die Anstellwürze zu ermitteln. Die Ermittlungen haben unvermutet zu erfolgen; dem Brauereiinhaber ist Gelegenheit zu geben, den Ermittlungen anzuwohnen.

[4] Die Menge der bei einer Einmaischung gewonnenen Ausschlagwürze ist unmittelbar vor dem Ablassen (Ausschlagen) aus der Braupfanne mittels des amtlichen Meßstabs zu ermitteln. Das Abmessen der Würze soll unmittelbar vor dem Pfannenausschlag und dann vorgenommen werden, wenn das Sieden beendet ist und der Würzespiegel sich beruhigt hat. Der Meßstab ist stets an der besonders gekennzeichneten Stelle einzuführen.

[5] Zur Feststellung des Extraktgehalts der Ausschlag- oder der Anstellwürze haben sich die Beamten stets der zu diesem Zwecke mitzuführenden amtlichen Zuckerspindel zu bedienen. Die zur Ermittlung des Extraktgehalts der Ausschlagwürze benötigte Probe ist aus der Braupfanne unmittelbar vor dem Pfannenausschlag mittels eines Metallzylinders, sofern ein solcher in der Brauerei vorhanden ist, oder mittels einer vorher gründlich zu reinigenden, zu erwärmenden und mit der Würze auszuspülenden Flasche zu entnehmen. Der Metallzylinder oder die Flasche sind sorgfältig zu verschließen und sodann in einem mit kaltem Wasser gefüllten Gefäße bis auf annähernd + 20° C abzukühlen. Für die Spindelung der Würzeprobe ist ein vom Brauereiinhaber zu beschaffendes Standglas zu benutzen, das gut zu reinigen, auszutrocknen, senkrecht aufzustellen und fast bis zum Rande mit der abgekühlten und vorher abgeseihten Würze zu befüllen ist. Zur Feststellung des Extraktgehalts der Anstellwürze ist in ähnlicher Weise zu verfahren; die Probe ist hierbei entweder dem Sammelgefäß oder, sofern dies nicht möglich ist, den Gärbottichen spätestens binnen 10 Stunden nach der Befüllung zu entnehmen. Im letzteren Falle ist darauf zu sehen, daß die Probe der durchschnittlichen Beschaffenheit der Anstellwürze entspricht.

1. Da nach dem Biersteuergesetz das fertige Bier besteuert wird, ist für den Aufsichtsbeamten eine eingehende Kenntnis der Betriebsführung der Brauereien erforderlich. Er muß in der Lage sein, die Richtigkeit der Buchführung nachzuprüfen, die Schwundverhältnisse (§ 93 AB.) richtig zu beurteilen und etwa bei Bestandsaufnahmen sich ergebende Fehlmengen auf ihre Ursachen zurückzuführen. Die Aufgaben der Steueraufsicht in dieser Hinsicht gehen erheblich weiter als bei der Rohstoffbesteuerung unter der Herrschaft der Brausteuergesetze. Selbstverständlich dürfen die Beamten in die Betriebsverhältnisse einer Brauerei nur insoweit Einsicht nehmen, als es die Ausübung der Steueraufsicht erfordert und soweit die ihnen durch die Abgabenordnung, das Gesetz und die Ausführungsbestimmungen eingeräumten Befugnisse reichen. Der Bierabsatz bildet im allgemeinen nicht den Gegenstand der Steuer-

aufsicht, die Oberbeamten haben jedoch nach § 197 Abs. 2 AO. das Recht, in die Geschäftsbücher und Schriftstücke über Herstellung und Absatz des Bieres Einsicht zu nehmen. Über Vorlegung der Geschäftsbücher oder Einsichtnahme durch die Aufsichtsbeamten im Falle der Gewährung von Erleichterungen bei der Führung des Biersteuerbuches vgl. Nr. 2 der Anleitung zum Gebrauch des Musters 12. Die Brauereien gehören ferner zu den Betrieben, die hinsichtlich der Führung der vorgeschriebenen Bücher auch der besonderen Steueraufsicht nach Maßgabe des § 198 AO. unterliegen. § 198 steht selbständig neben § 197 AO., der letzteren Vorschrift wird indessen im Biersteuerrecht praktisch die größere Bedeutung zukommen.

2. Die Aufsichtsbeamten haben die Verhältnisse des Steuerpflichtigen, die sie dienstlich erfahren, auch nach ihrem Ausscheiden aus dem Dienst, strengstens geheimzuhalten und dürfen Geschäfts- und Betriebsgeheimnisse, die sie in gleicher Weise erfahren haben, nicht unbefugt verwerten (§§ 10, 376 AO.).

3. Die Ausübung der Steueraufsicht wird erleichtert durch die in § 197 Abs. 1 AO. geregelte Pflicht zur Auskunftserteilung und zur Leistung von Hilfsdiensten. Diese Pflichten liegen nicht nur dem Brauereiinhaber als dem Steuerpflichtigen, sondern auch den im Betriebe der Brauerei beschäftigten Personen ob, soweit ihr Geschäftskreis reicht. Ihre Auskunftspflicht folgt außerdem aus § 177 AO.

Als Hilfsmittel, die von den Brauern gestellt werden müssen, kommen hauptsächlich in Betracht Meßstäbe und Vorrichtungen zum Einhängen der Meßstäbe an den Brauereigefäßen, Wasser zum Vermessen der Brauereigeräte, Gefäße zum Befüllen der auf nassem Wege zu vermessenden Brauereigeräte mit Wasser (§§ 86, 87 AB.), Metallzylinder oder Flaschen zur Entnahme von Würzeproben, Gefäße zum Abkühlen dieser Proben und Standgläser (§ 92 Abs. 5 AB.), Wagen und Gewichte zum Verwiegen der Braustoffe (§ 91 AB.), Behältnisse zum Aufbewahren der in der Brauerei zu führenden Bücher (§ 98 AB.) usw.

Die Notwendigkeit, den Aufsichtsbeamten Hilfsdienste zu leisten, kann sich insbesondere ergeben beim Vermessen der Brauereigeräte, bei der Ermittlung der Würze- und Biermengen und ihres Extraktgehaltes, bei der Nachverwiegung der Braustoffe und bei der Bestandsaufnahme. Der Verpflichtete kann die Hilfsdienste selbst leisten oder durch geeignete dritte Personen leisten lassen.

Die Finanzbeamten dürfen nur solche Auskünfte, Hilfsmittel und Hilfsdienste verlangen, die zur Erfüllung der Zwecke der Steueraufsicht erforderlich sind. Darüber hinausgehende Anforderungen darf der Betriebsinhaber ablehnen.

Verweigert der Verpflichtete die Auskunft, stellt er die benötigten Hilfsmittel nicht oder versagt er die erforderten Hilfsdienste, so kann er dazu nach § 202 AO. gezwungen werden. Außerdem ist Bestrafung nach § 377 AO. zulässig. Die Untersagung des Betriebes der Brauerei oder des Bierausschanks in Verbindung mit einer Brauerei, die § 41 Abs. 3 des bisherigen Gesetzes in diesen Fällen als äußerstes Mittel vorsah, kennt das geltende Gesetz nicht mehr.

§ 93.

1 Für jede nicht abgefundene Brauerei ist der zutreffende Schwund, das ist der Gesamtverlust an Bierwürze und Bier, der bei der Bierbereitung vom Ausschlagen der Würze aus der Brau-

pfanne bis zum Abfüllen des Bieres auf die Versandgefäße entsteht, nach Maßgabe der Anlage E vom Oberbeamten zu ermitteln. Anlage E
Dem Brauereiinhaber ist Gelegenheit zu geben, zu dem Ergebnis der Ermittlungen Stellung zu nehmen.

² Der Schwund wird nach Prüfung des Antrags des Oberbeamten vom Hauptzollamt nach Hundertteilen der Ausschlagwürze festgesetzt.

³ Sofern die Betriebsverhältnisse einer Brauerei hierzu nicht früher Anlaß bieten, hat auf Grund der Bierbestandsaufnahmen eine Prüfung zu erfolgen, ob der Schwund neu festzusetzen ist.

⁴ Der für eine Brauerei vom Hauptzollamte festgesetzte Schwundsatz ist dem Brauereiinhaber schriftlich mitzuteilen.

1. Vgl. Bem. 5 zu § 59 AB. — Der Schwund umfaßt den Gesamtverlust an Bierwürze und Bier, der bei der Herstellung und Behandlung des Bieres in der Brauerei entsteht. Verluste, die sich beim Abgeben des Bieres an den Verbraucher (beim Ausschank) ergeben, können in den nach § 93 festzusetzenden Schwund nicht eingerechnet werden.

2. Wegen der Abfindungsbrauereien vgl. Bem. 5 zu § 17 des Gesetzes.

3. Nach § 103 Abs. 3 der bisherigen AB. hatte alle drei Jahre eine Neufestsetzung des Schwundes zu erfolgen. — Die Betriebsverhältnisse werden namentlich dann Anlaß zu einer Prüfung oder Neuermittlung bieten, wenn technische Neuerungen eingeführt sind, z. B. das Kühlschiff durch eine Kühlvorrichtung ersetzt ist oder Pressen für Hopfen, Trub usw. angeschafft sind.

§ 94.

In abgefundenen Brauereien ist besonders darüber zu wachen, daß keine größeren Mengen an Malz und Zuckerstoffen als im Abfindungsbuch eingetragen sind, verwendet werden. Außerdem haben die Aufsichtsbeamten die Betriebsverhältnisse der Brauerei stets eingehend daraufhin zu prüfen, ob sie den vom Hauptzollamte festgesetzten Ausbeuteverhältnissen entsprechen, um erforderlichenfalls eine Neufestsetzung der Ausbeutesätze herbeiführen zu können.

Vgl. Bem. 5 zu § 17 des Gesetzes.

§ 95.

Wird in örtlicher Verbindung mit einer Brauerei der Ausschank von Bier betrieben, so ist von Zeit zu Zeit die Einhaltung der Bestimmungen im § 66 nachzuprüfen.

§ 96.

¹ Das Ergebnis der Nachschau haben die Aufsichtsbeamten jeweils in einem Befundbuche nach Muster 21 einzutragen. In Muster 21

den Betriebsbüchern ist auf den Vortrag im Befundbuche zu verweisen.

[2] Das Befundbuch ist vom Brauereiinhaber an dem vom Oberbeamten bestimmten Platze sorgfältig aufzubewahren.

§ 97.

[1] Die den Aufsichtsbeamten unmittelbar vom Brauereiinhaber oder von der Zollstelle zugestellten Brauanzeigen (§ 53) und Abfindungsanmeldungen (§ 70) sind von den Beamten in ein nach Muster 22 zu führendes Merkbuch einzutragen, mit der laufenden Nummer dieses Buches zu versehen und bei der nächsten Anwesenheit in der Brauerei mit den Eintragungen im Sudbuch oder Abfindungsbuche zu vergleichen. Die Vergleichung ist auf der Brauanzeige oder Abfindungsanmeldung zu vermerken.

[2] Ergeben sich bei der Vergleichung Unterschiede zwischen den Vorträgen der Brauanzeige oder Abfindungsanmeldung und den Vorträgen im Sudbuch oder Abfindungsbuche, die nicht sofort einwandfrei aufgeklärt werden können, so hat der Beamte eine Verhandlung aufzunehmen und diese mit der Brauanzeige oder Abfindungsanmeldung und einem Auszug aus dem Sudbuch oder dem Abfindungsbuche der Zollstelle einzusenden.

[3] Am Schlusse des Vierteljahrs ist das Merkbuch mit den Brauanzeigen und Abfindungsanmeldungen der Zollstelle als Beleg zum Sudbuch oder zum Abfindungsbuche zu übersenden.

§ 98.

Für die Aufbewahrung der in der Brauerei zu führenden Bücher sind auf Verlangen des Oberbeamten geeignete Behältnisse zur Verfügung zu stellen.

III. Buchführung der Zollstellen

§ 99.

[1] Die Zollstelle hat zu führen: ein Brauereibetriebsgegenbuch
Muster 23 u. 24 nach Muster 23, ein Biersteuergegenbuch nach Muster 24 und einen
Muster 24a Anhang hierzu nach Muster 24a.

[2] Außerdem ist bei der Zollstelle ein Biersteuereinnahmebuch
Muster 25 nach Muster 25 zu führen.

1. Das Brauerei-Betriebs-Gegenbuch weist für jede einzelne Brauerei die verwendeten Braustoffe und die überwachungspflichtige (bei Abfindungsbrauereien hergestellte) Biermenge für das Rechnungsjahr nach. Die Angaben werden aus dem Sudbuch nach dessen Abschluß vierteljährlich, bei Abfindungs-

brauereien aus dem Abfindungsbuch monatlich in je den Vierteljahrs- oder Monatssummen übernommen.

2. Das Biersteuergegenbuch weist für jede einzelne Brauerei oder den aus mehreren Brauereien bestehenden Brauereibetrieb (§ 3 Abs. 3 des Gesetzes) die steuerfrei belassenen und versteuerten Biermengen für das Rechnungsjahr nach. Die Angaben werden aus der auf Grund des Biersteuerbuches aufgestellten Steuerberechnung am Schlusse jeder Monatshälfte, bei Abfindungsbrauereien aus der auf Grund des Abfindungsbuches aufgestellten Steuerberechnung am Monatsschlusse übernommen.

3. Die beiden Bücher liefern der Zollstelle und den Aufsichtsbeamten die nötigen Angaben über die steuerlichen Verhältnisse der Brauereien für den Teil des Rechnungsjahres, für den die Betriebs- und Steuerbücher zur Rechnungsprüfung weitergegeben sind und daher nicht mehr ohne weiteres zur Verfügung stehen. Das ist von Bedeutung für die Bemessung der anzuwendenden Steuerstaffelsätze, für die Berechnung der auf die Jahresmenge anzurechnenden Biermenge (§ 61 AB.) und für die Bestandsaufnahme (vgl. die Bem. 3 zu §§ 64, 65 AB.).

4. Wegen der Anschreibung des unter amtlicher Aufsicht vernichteten oder unbrauchbar gemachten Bieres im Biersteuergegenbuch s. § 15 Abs. 5 AB. und Bem. 3 zu §§ 64, 65 AB.

IV. Statistik

§ 100.

Vierteljährliche Nachweisungen.

[1] Die Zollstellen haben dem Hauptzollamte bis zum zehnten, die Hauptzollämter den Landesfinanzämtern bis zum fünfzehnten, die Landesfinanzämter dem Statistischen Reichsamte bis zum zwanzigsten Tage der Monate Januar, April, Juli und Oktober unter Verwendung eines Vordrucks nach Muster 26 die während des vorhergegangenen Vierteljahrs in den Brauereien ihres Bezirkes verbrauchten Malz- und Zuckermengen sowie die Biermengen anzuzeigen, die im gleichen Zeitraum zu versteuern und steuerfrei abzulassen waren. Bei nicht abgefundenen Brauereien ist dabei von ersteren das Rückbier abzusetzen (§ 61 Abs. 1). Muster 26

[2] Das Statistische Reichsamt hat aus diesen Anzeigen Zusammenstellungen über den Braustoffverbrauch und die Herstellung von Bier im Geltungsbereiche des Gesetzes zu fertigen und zu veröffentlichen.

Eine weitere vierteljährliche Nachweisung ist nach § 20 der Braurechtsordnung (s. Anhang) dem Reichsminister der Finanzen einzureichen.

§ 101.

Jährliche Nachweisungen.

[1] Die Hauptzollämter haben für jedes Rechnungsjahr, erstmalig für das ganze Rechnungsjahr 1923, folgende Nachweisungen aufzustellen:

1. über den Bestand an Brauereien und die Biererzeugung
Muster 27 nach Muster 27,
2. über den Ertrag der Biersteuer und des Bierzolls nach
Muster 28 Muster 28.

[2] Die Nachweisungen sind mit einem Begleitberichte bis zum 1. August dem Landesfinanzamt einzureichen.

[3] Das Landesfinanzamt hat aus diesen Aufstellungen Hauptnachweisungen für seinen Bezirk zusammenzustellen und diese mit einem erläuternden Begleitschreiben bis zum 1. September dem Statistischen Reichsamt einzusenden.

Auf Grund des § 21 der Braurechtsordnung ist ferner eine jährliche Nachweisung über den Aufbrauch der Braurechte im abgelaufenen Rechnungsjahr dem Reichsminister der Finanzen zu erstatten.

§ 102.

Die Begleitberichte der Hauptzollämter und Begleitschreiben der Landesfinanzämter sind namentlich auf folgende Punkte zu erstrecken:

1. Ursachen der gegen das Vorjahr vermehrten oder verminderten Biererzeugung. Einfluß der Witterung, herrschender Krankheiten, größerer Arbeitseinstellungen oder Arbeiterentlassungen, der Ernteergebnisse, der Marktpreise für Gerste, Weizen, Hopfen und Zuckerstoffe, des Wettbewerbes von Wein, Branntwein, bierähnlichen und weingeistfreien Getränken usw. auf den Bierverbrauch.
2. Zu- oder Abnahme des Verbrauchs ausländischer Biere und ihre Ursache.
3. Stand der Bierbrauerei des Bezirkes im allgemeinen; Beschaffenheit und Güte der einzelnen Biergattungen (Einfachbier, Schankbier, Vollbier und Starkbier) unter Angabe des durchschnittlichen Verbrauchs an Malz und Zuckerstoffen zu je einem Hektoliter und des durchschnittlichen Weingeistgehalts jeder Biergattung. Herstellung edlerer und besonderer, unter einem eigenen Namen bekannter Biere und Angabe des diesen etwa eigentümlichen besonderen Bereitungsverfahrens.
4. Zu- oder Abnahme der Zahl der Brauereien, namentlich der kleineren, und Ursache dieser Vorgänge.
5. Wahrnehmungen über eine etwaige Verschiebung des Absatzes der kleinen und mittleren Brauereien einerseits und der Großbrauereien anderseits und deren Ursache.
6. Durchschnittspreise der verschiedenen Bierarten bei der Ab-

gabe aus den Brauereien. Veränderungen in den Ausschankpreisen der Wirte.
7. Einfluß des Verbrauchs von Zuckerstoffen bei der Bierbereitung auf den Malzverbrauch.
8. Bierausfuhr aus dem Geltungsbereiche des Gesetzes.
9. Namentliche Angabe der zusammengehörigen Brauereien (§ 3 Abs. 3 des Gesetzes) und der von ihnen zusammen verbrauchten Malz- und Zuckermengen und erzeugten Biermengen. (Diese Angaben sind von der Amtsstelle zu machen, in deren Bezirke die größte der zusammengehörigen Brauereien liegt — zu vergleichen § 6 Abs. 2 —). Ruhende Brauereien sind außer Betracht zu lassen.
10. Neue Verfahren zur Herstellung bierähnlicher Getränke und dabei verwendete Rohstoffe.

§ 103.

Das Statistische Reichsamt hat aus den Nachweisungen und den Begleitschreiben Zusammenstellungen zu fertigen und zu veröffentlichen.

IVa. Bierähnliche Getränke

Zu §§ 27a bis 27c des Gesetzes.

§ 103a

¹ Betriebe, in denen bierähnliche Getränke hergestellt werden, gelten als Brauereien.

² Auf die Biersteuer von bierähnlichen Getränken finden keine Anwendung die §§ 2 bis 8, §§ 16 bis 23, §§ 25 bis 27, § 30 Abs. 2, § 32 Abs. 3, § 33 Abs. 2, § 39, § 40, §§ 46 bis 51, § 52 Abs. 2 und 3, §§ 56 bis 58, § 61 Abs. 2, 3 und 4, § 62 Abs. 3, § 63, §§ 68 bis 82, § 90, § 94, § 102 Nr. 1 bis 9, §§ 104 bis 109, § 110. Die übrigen Bestimmungen sind sinngemäß anzuwenden.

³ Abgesehen von der Höhe der Steuer sind bierähnliche Getränke mit einem Stammwürzegehalte von 8 bis 14 vom Hundert wie Schankbier, solche mit geringerem Stammwürzegehalt wie Einfachbier und solche mit höherem Stammwürzegehalt wie Vollbier zu behandeln; für den Begriff Stammwürzegehalt gilt die Bestimmung im § 4.

⁴ Unter Braustoffen sind alle Stoffe und Zubereitungen zur Herstellung der bierähnlichen Getränke zu verstehen.

⁵ In Brauereien, die bierähnliche Getränke herstellen, sind hinsichtlich dieser Getränke die vorgeschriebenen Bücher und Anschrei-

bungen gesondert zu führen und die vorgeschriebenen Anmeldungen und Anzeigen gesondert zu erstatten.

1. Wegen des Begriffes der bierähnlichen Getränke s. die Bem. 1 und 2 zu § 27a des Gesetzes.

2. Da die bierähnliche Getränke herstellenden Betriebe als Brauereien gelten, unterliegen nicht nur sie selbst, sondern auch der in Verbindung mit dem Betriebe stehende Ausschank der Steueraufsicht (§ 13 Abs. 1 des Gesetzes). Die genannten Betriebe gelten nicht in jeder Hinsicht als Brauereien, sondern nur soweit die Vorschriften des Gesetzes (§ 27c des Gesetzes) und die Ausführungsbestimmungen Anwendung finden.

3. Die in Abs. 2 genannten Bestimmungen beziehen sich auf die für Brauereien geltenden Bestimmungen (vgl. Bem. 2 zu § 27c des Gesetzes) über die Versendung von Farbebier, die erzeugten Biermengen, die vier Biergattungen (es gelten hier die Sondervorschriften des § 27b des Gesetzes und des § 103a Abs. 3 AB.), die Behandlung mehrerer Brauereien als ein Betrieb, die Benutzung einer Brauerei durch mehrere für eigene Rechnung brauende Personen (die Staffelung der Steuersätze gilt für bierähnliche Getränke nicht), die zulässigen Braustoffe mit Ausnahme des Verbotes des Wasserzusatzes, den Verkehr mit Bier und Zubereitungen, die Malzmühlen mit selbsttätiger Verwiegungsvorrichtung, die Verwendung von Zucker, die Berechnung der Steuer, das Einbringen fremden Bieres in den Betrieb, die Abfindung mit Einschluß der vereinfachten Abfindung für Hausbrauer, den Inhalt des Begleitschreibens zur Jahresstatistik.

Sinngemäße Anwendung finden (vgl. Bem. 3 zu § 27c) die Bestimmungen über die Entstehung der Steuerschuld, Einfuhrbier nebst der Steuerordnung für Einfuhrbier, die steuerpflichtige Menge, den steuerfreien Haustrunk, die Bierausfuhr einschließlich der Bierausfuhrordnung, das Rückbier, das Verbot des Wasserzusatzes, die Brauereigefäße und -räume, die Entnahme von Bierproben, die Bestellung eines Betriebsleiters, die Anzeige des Brauereibesitzes, die erstmalige Betriebsanmeldung, die Brauereirolle, der Wechsel des Betriebsinhabers, Aufbewahrung der Vorräte an Braustoffen, die Lagerung, Abfüllung und Abgabe fertigen Bieres, die Versandgefäße (diese müssen nach §§ 103a, 45 AB. geeicht sein; § 9 der Maß- und Gewichtsordnung vom 30. Mai 1908, RGBl. S. 349, schreibt die Eichung nur für Bierfässer vor), die Brauanzeige (Betriebe, auch Vermahlungsbrauereien, die bierähnliche Getränke herstellen, haben hinsichtlich dieser stets Brauanzeige zu erstatten), die Betriebsbeschränkungen, sobald Braueinmaischungen angemeldet sind, die Buchführung (Sudbuch und Steuerbuch), Abschreibungen im Sudbuch, Berechnung der Biersteuer nach Abschreibung des Rückbieres, Bestandsaufnahmen, den Bierausschank in Verbindung mit einer Brauerei, den Handel mit fremden Bieren (die Bestimmung des § 67 AB. gilt, gleichviel ob mit fremden Bieren oder fremden bierähnlichen Getränken gehandelt wird), die Nachschau, die Vermessung der Gefäße, die Prüfung der Wagen und Gewichte, die Prüfung der Brauereien, die Schwundberechnung, die Buchführung der Zollstellen, die Statistik in §§ 100, 101, 102 Nr. 10.

4. Die Bestimmung des Abs. 3 hat Bedeutung z. B. für die Buchführung und Statistik.

5. Die Bestimmung bedeutet, daß, wo im Gesetz und in den Ausführungsbestimmungen von Braustoffen die Rede ist, darunter hinsichtlich der bierähnlichen Getränke alle Stoffe und Zubereitungen zu verstehen sind, die zur Herstellung der Getränke Verwendung finden (vgl. z. B. §§ 43, 60, 91 AB., Muster 9, 11, 23).

V. Übergangs- und Schlußbestimmungen

Zu § 29 des Gesetzes.

§ 104.

Ersatz der Kosten für Aufstellung von Malzmühlen.

¹ Inhabern von solchen Brauereien, die am 1. April 1918 steueramtlich angemeldet oder in Württemberg anzuerkennen waren, sind auf Grund von § 29 des Gesetzes die Kosten für die erstmalige Aufstellung von Malzmühlen mit selbsttätigen Verwiegungsvorrichtungen und für die erstmalige Anbringung von selbsttätigen Verwiegungsvorrichtungen an bereits vorhandenen Malzmühlen auf Rechnung des Reichs in vollem Betrage zu erstatten, wenn die erstmalige Aufstellung oder Anbringung gemäß einer dem Brauereiinhaber nach § 15 Abs. 1 Nr. 1 und Abs. 3 des Gesetzes obliegenden Verpflichtung nach dem 1. Oktober 1918 erfolgt.

² In den Fällen des § 15 Abs. 2 und 3 des Gesetzes ist die Verpflichtung zum Einbau der Malzsteuermühle mit Verwiegungsvorrichtung oder zur Anbringung der selbsttätigen Verwiegungsvorrichtung als entstanden im Sinne dieser Vorschriften erst dann anzusehen, wenn die Finanzbehörde dahin entschieden hat, daß die nach dem Gesetz entstandene Verpflichtung nicht zu erlassen ist.

1. Vgl. die Bemerkungen zu § 29 des Gesetzes.

2. Am 1. April 1918 bestand nach den württembergischen Biersteuervorschriften noch keine steueramtliche Anmeldung der Brauereien. Ob ein Anwesen als Brauerei im Sinne des Biersteuergesetzes anzusehen war, wurde nach tatsächlichen Gesichtspunkten entschieden. Als bestehend anzuerkennen waren ohne Zweifel die Brauereien, denen damals ein Malzkontingent zugeteilt war (vgl. Amtsbl. des Württ. Steuerkollegiums 1919, S. 242 f Ziff. 1).

3. Die Bestimmung des Abs. 2 soll das Reich gegen die Erstattung von Kosten in Fällen sichern, in denen ein wesentliches steuerliches Interesse an der Aufstellung oder Anbringung nicht besteht. Das wird namentlich dann der Fall sein, wenn die Lebensfähigkeit des Betriebes mit Rücksicht auf seinen geringen Umfang oder die ungünstigen Absatzverhältnisse zweifelhaft erscheint.

§ 105.

Auf Grund des § 29 des Gesetzes wird auch den Inhabern einer Genossenschaftsmalzmühle Kostenerstattung gewährt, wenn mindestens einer der Besitzer der Mühle nach § 104 Abs. 1 den Kostenersatz für den Fall hätte beanspruchen können, daß er die Einrichtung für seine eigene Brauerei allein getroffen hätte.

§ 106.

¹ Gegenstand der Kostenerstattung sind die Aufwendungen für die Anschaffung der Malzmühlen und selbsttätigen Verwiegungs-

vorrichtungen einschließlich der Kosten für die Beförderung und Aufstellung (Montierung) der genannten Geräte, ferner die Kosten für die durch die Aufstellung notwendig gewordenen baulichen Veränderungen mit Einschluß der hierzu erforderlichen Baupläne und Kostenanschläge (§ 107 Abs. 2).

[2] In den Fällen, in denen der Brauereibesitzer im Zusammenhange mit der Aufstellung der Malzmühle oder der Anbringung der selbsttätigen Verwiegungsvorrichtung weitere Änderungen in der Einrichtung der Brauerei vornehmen läßt, sind, sofern nicht gegen solche gemeinsame Ausführung grundsätzliche Bedenken bestehen, die allgemeinen Unkosten zwischen dem Reiche und dem Brauereibesitzer entsprechend dem Umfang der sonstigen Änderungen im Verhältnis zu der Aufstellung der Malzmühle oder der Anbringung der Verwiegungsvorrichtung zu teilen.

[3] Dem Reiche erwachsen aus dem Umstand, daß die Kosten von ihm auf Grund des § 29 des Gesetzes erstattet worden sind, keinerlei Rechte an den beschafften Malzmühlen und selbsttätigen Verwiegungsvorrichtungen.

[4] Wird der Betrieb einer Brauerei stillgelegt und die Malzmühle oder die selbsttätige Verwiegungsvorrichtung veräußert, so hat der jeweilige Brauereiinhaber dies dem Hauptzollamte sofort anzuzeigen. Er hat dem Reiche die gezahlten Kosten zu erstatten, jedoch wird für jedes verflossene Kalenderjahr — einschließlich des Jahres, in dem die Malzmühle aufgestellt oder die Verwiegungsvorrichtung angebracht worden ist — ein Abzug von $1/_{20}$ gewährt. Die Verfügungen wegen der Wiedereinziehung der erstatteten Kosten werden von dem Landesfinanzamt erlassen.

1. Zu Abs. 1 vgl. Bem. 3 zu § 29 des Gesetzes.

2. Die Erstattung der Kosten für die Anlage einer die Malzmühle bewegenden Kraft (z. B. Elektromotor) nebst Zubehör, wie Transmissionswellen, Riemenscheiben, Riemen usw., ist nicht zulässig. Auch die Kosten für eine Malzpoliermaschine sind nicht erstattungsfähig. Dagegen werden die Kosten einer Stelluhr zur Verwiegungsvorrichtung angerechnet werden können.

§ 107.

[1] Die Kosten für die Aufstellung der Malzmühlen mit selbsttätigen Verwiegungsvorrichtungen und für die Anbringung selbsttätiger Verwiegungsvorrichtungen werden nur auf Antrag erstattet. Der Antrag ist vor Beschaffung der Malzmühle oder der selbsttätigen Verwiegungsvorrichtung bei dem zuständigen Hauptzollamt anzubringen.

[2] In dem Antrag hat der Besitzer die Art (System) der Mühle und der Verwiegungsvorrichtung, das Füllungsgewicht der Ver-

wiegungsvorrichtung und die Größe der zu einem Sude bestimmten Malzschüttung sowie Name und Sitz der liefernden Firma und die voraussichtliche Höhe der nach § 104 und § 106 Abs. 1 erstattungsfähigen Kosten im einzelnen anzugeben. Dem Antrag ist ferner ein Bauplan nebst Kostenanschlag über die Mühle, die Verwiegungsvorrichtung und die Bauarbeiten beizufügen.

1. Beschafft der Brauereiinhaber Malzmühle und Verwiegungsvorrichtung, bevor ihm Kostenerstattung zugesagt ist, so tut er dies auf eigene Gefahr.

2. Wegen der zugelassenen Arten selbsttätiger Verwiegungsvorrichtungen s. Bem. 1 zu § 39 AB.

§ 108.

[1] Das Hauptzollamt hat die nach § 107 bei ihm eingehenden Anträge durch einen Oberbeamten des Aufsichtsdienstes darauf hin prüfen zu lassen, ob die Anschaffung selbst, die Einrichtung der Malzmühle, die Aufstellung oder Anbringung, der Aufstellungsort und die etwa erforderlichen baulichen Veränderungen zweckentsprechend und vorschriftsmäßig sind, und die geprüften Anträge mit einem gutachtlichen Berichte dem Landesfinanzamte zur Entscheidung darüber vorzulegen, ob und gegebenenfalls in welchem Umfang ein Ersatz einzutreten hat.

[2] Das Landesfinanzamt kann zur weiteren Prüfung Sachverständige heranziehen. Es entscheidet selbständig über die Zusage der Kostenerstattung, wenn die Gesamtkosten eines Antrags 5000000 Mark nicht übersteigen, andernfalls ist die Genehmigung des Reichsministers der Finanzen einzuholen.

[3] Nach Abnahme der fertiggestellten Anlagen gemäß § 40 weist das Landesfinanzamt die nachweislich aufgewendeten Kosten zur Erstattung an, soweit sie sich innerhalb des Gesamtbetrags des Voranschlags halten. Ist der Voranschlag wegen unvorhergesehener Umstände überschritten worden, so kann das Landesfinanzamt die Überschreitung genehmigen, wenn die Gesamtkosten 5000000 Mark nicht übersteigen, andernfalls entscheidet der Reichsminister der Finanzen.

1. Will der Brauereiinhaber gleichzeitig mit der Malzmühle oder Verwiegungsvorrichtung andere Teile der Brauereieinrichtung neu aufstellen oder ersetzen, z. B. hat er bei der die Vorrichtung liefernden Firma gleichzeitig eine Kühlvorrichtung bestellt und über die gesamte Bestellung einen Anschlag vorgelegt, so wird regelmäßig getrennte Aufstellung verlangt werden müssen.

2. Getrennte Aufstellungen sind auch dann erforderlich, wenn neben den gewöhnlichen Aufstellungs- oder Anbringungskosten größere Bauarbeiten

(z. B. An- und Aufbauten) erforderlich werden, weil die räumlichen Verhältnisse ohne solche Änderungen die Aufstellung oder Anbringung nicht zulassen.

3. Im Hinblick auf § 106 Abs. 4 AB. wird auf Vervollständigung des Belegheftes der Zollstelle durch Abschrift der die Erstattung anordnenden Verfügung und ein Doppelstück der Empfangsbescheinigung des Brauereiinhabers über die erstatteten Kosten Bedacht zu nehmen sein.

Für die Zuständigkeit des Landesfinanzamts sind die Gesamtkosten der Einrichtung entscheidend, nicht die Höhe der beantragten Kostenerstattung.

§ 109.

Befugnis des Reichsministers der Finanzen zu Änderungen.

Der Reichsminister der Finanzen ist befugt, die Muster und Anlagen zu diesen Bestimmungen zu ändern und neue Muster einzuführen. Er ist ferner ermächtigt, die vorstehenden Bestimmungen selbst vorübergehend zu ändern. Diese Änderungen hat er jedoch unverzüglich dem Reichsrat vorzulegen und auf dessen Verlangen wieder aufzuheben.

Vgl. die Bem. zu § 31 des Gesetzes.

§ 110.

Die Ausführungsbestimmungen treten gleichzeitig mit dem Biersteuergesetz vom 9. Juli 1923 in Kraft.

Berlin, den 23. Juli 1923.

Der Reichsminister der Finanzen
In Vertretung
Zapf

Steuerhebebezirk.........

Muster 1
(AusfBest. § 12)
Nr..... der Brauereirolle

Verzeichnis

der zum Bezuge von steuerfreiem Haustrunkbiere berechtigten, in

der .... Brauerei ....

und ihren eigenen Niederlagen in ....

beschäftigten Angestellten und Arbeiter

Anleitung zum Gebrauche

1. Das Verzeichnis ist von dem Brauereiinhaber aufzustellen und auf dem laufenden zu halten.
2. Aufzunehmen sind die Angestellten und Arbeiter der Brauerei, denen ein Anspruch auf den entgeltlichen oder unentgeltlichen Bezug von Haustrunkbier zusteht. Als Haustrunk gilt Bier, das Brauereien an ihre Angestellten und Arbeiter für deren eigenen Verbrauch und den Verbrauch ihrer Familien in einer den örtlichen Gewohnheiten entsprechenden Menge entgeltlich oder unentgeltlich abgeben, soweit den Angestellten und Arbeitern hierauf auf Grund ihres Dienst- oder Arbeitsverhältnisses ein Anspruch zusteht. Zu den Brauerei-Angestellten und -Arbeitern gehören auch die Angestellten und Arbeiter in den außerhalb der Braustätte befindlichen eigenen Niederlagen der Brauerei.
3. Das Verzeichnis ist nach Anordnung des Oberbeamten aufzubewahren und den Aufsichtsbeamten zugänglich zu machen; seine Neuaufstellung kann verlangt werden, wenn es durch die Streichungen unübersichtlich geworden ist.

Tag des Zugangs	Der zum Bezuge von Haustrunkbier Berechtigten			Für einen Tag jedem Berechtigten zustehende Menge	Tag des Abgangs	Bemerkungen
	Name	Wohnort	Dienstverhältnis zur Brauerei	Liter		
1	2	3	4	5	6	7

Steuerhebebezirk..........

Muster 2
(AusfBest. § 15)
Nr..... der Brauereirolle

Rückbierbuch

der .... Brauerei ....

zu ....

für die .... Hälfte des Monats.........

Anleitung zum Gebrauche

1. Inhaber von Brauereien, die sowohl untergäriges als obergäriges Bier herstellen, haben für jede Sorte ein besonderes Rückbierbuch zu führen.
2. Bier, für das eine Steuerschuld entstanden ist, ist, wenn es mit dem Anspruch auf Erstattung der Biersteuer in die Brauerei, in der es hergestellt worden ist, zurückgebracht wird (Rückbier), sogleich in die Spalten 1 bis 14 dieses Buches einzutragen; hierbei ist in den Spalten 6, 8 und 9 die Menge des in den Gefäßen tatsächlich enthaltenen Bieres anzugeben. Das Bier ist sodann wie unversteuertes Bier zu behandeln.
3. Die Spalten 15 bis 23 sind sogleich nach dem Wiederausgang oder der Wiederaufnahme des Rückbieres in den Betrieb auszufüllen, jedoch sind die Hauptzollämter ermächtigt, in geeigneten Fällen die Ausfüllung der Spalten 16 bis 19 ganz zu erlassen, wenn es sich um zuverlässige Betriebe mit geregelter eigener Buchführung handelt, aus der die ohne Umfüllung und ohne Bearbeitung wieder ausgegangenen Biermengen ersehen werden können.
4. Soll Rückbier unter amtlicher Aufsicht vernichtet oder unbrauchbar gemacht werden, so ist dies binnen 3 Tagen nach dem Wiedereingange des Bieres bei dem Aufsichtsbeamten mündlich oder schriftlich zu beantragen. Der Aufsichtsbeamte hat die Art der Vernichtung oder Unbrauchbarmachung gleichzeitig unter Ausfüllung der Spalten 15, 24, bis 27 in Spalte 30 zu vermerken.
5. Das Rückbierbuch ist auch zur Anschreibung von fremdem Biere zu benutzen, das mit Genehmigung des Hauptzollamts in die Brauerei eingebracht worden ist; die vorstehenden Bestimmungen finden entsprechende Anwendung.
6. Am Halbmonatsschlusse hat der Brauereiinhaber das Rückbierbuch abzuschließen und zusammen mit dem Biersteuerbuche der Zollstelle einzureichen. Die Zollstelle hat nach Absetzung der in den Spalten 10 bis 13 des Rückbierbuchs angeschriebenen Biermengen im Biersteuerbuche das Geschehene in Spalte 28 zu vermerken.

(2. Seite)

Laufende Nummer	Zugang an Rückbier												
	Tag des Zugangs	Des zurückliefernden Kunden		in Fässern		in Flaschen usw.			Davon waren				Grund der Rückkunft
				Der Fässer		Der Flaschen							
		Name	Wohnort	Nummer	tatsächlicher Inhalt l	Zahl	tatsächlicher Inhalt einzeln l	tatsächlicher Inhalt im ganzen hl | l	Einfachbier hl | l	Schankbier hl | l	Vollbier hl | l	Starkbier hl | l	
1	2	3	4	5	6	7	8	9	10	11	12	13	14

(3. Seite)

Abgang an Rückbier													Die Mengen in Spalte 10 bis 13 sind abgesetzt im Steuerbuch unter Nr.	Bemerkungen	
Tag des Abgangs	Wiederausgang ohne Umfüllung und ohne Bearbeitung				In den Betrieb wieder aufgenommen				Unter amtlicher Aufsicht vernichtet oder unbrauchbar gemacht					des Brauereiinhabers	des Aufsichtsbeamten
	Einfachbier hl | l	Schankbier hl | l	Vollbier hl | l	Starkbier hl | l	Einfachbier hl | l	Schankbier hl | l	Vollbier hl | l	Starkbier hl | l	Einfachbier hl | l	Schankbier hl | l	Vollbier hl | l	Starkbier hl | l			
15	16	17	18	19	20	21	22	23	24	25	26	27	28	29	30

Steuerhebebezirk..........

Muster 3
(AusfBest. § 33)
Nr..... der Brauereirolle

Nachweisung

der Räume und Gefäße der ....

Brauerei .... zu ....

Anleitung zum Gebrauche

1. Der Inhaber einer Brauerei hat diese Nachweisung spätestens acht Tage vor Beginn des erstmaligen Betriebs in doppelter Ausfertigung bei der Zollstelle einzureichen und darin nach Maßgabe des Vordrucks genau und vollständig anzugeben, auch dann, wenn die zum Betriebe der Brauerei gehörigen Räume örtlich getrennt sind:
   - unter I: Die Sudräume, Gärkeller, Lagerkeller und Abfüllräume; ferner die geschlossenen Räume, offenen Hallen und Höfe, in denen Braustoffe, Würze oder Bier aufbewahrt, gelagert, umgefüllt oder sonstwie bearbeitet oder verladen werden, und Örtlichkeiten der vorgenannten Art, wo anmeldepflichtige Geräte ihren regelmäßigen Stand- oder Aufbewahrungsort haben oder wo Versandgefäße aufbewahrt werden.
   - unter II: Die sämtlichen Maisch-, Koch-, Kühl- und Gärgefäße, die Lager- und Fuhrfässer sowie die Pumpen und Rohrleitungen für Würze und Bier.
   - unter III: Die dem Verwiegen der Braustoffe dienenden Wagen und Gewichte und die Malzmühle mit selbsttätiger Verwiegungsvorrichtung.
2. Bei nicht abgefundenen Brauereien ist ein Grundriß der Brauereiräume beizufügen, in dem die Gerätestellung, der Aufstellungsort der Malzmühle und die Vorrichtungen zur Beförderung des geschroteten Malzes zum Sudhaus einzuzeichnen ist. Die zur Lagerung, Abfüllung und Abgabe von Bier dienenden Räume sind in dem Grundriß als solche zu bezeichnen.
3. Der Ort für die Aufstellung der Wage, der Malzmühle und der selbsttätigen Verwiegungsvorrichtung und für die Aufbewahrung des Malzschrots und Zuckers, ferner bei nicht abgefundenen Brauereien die zur Lagerung, Abfüllung und Abgabe von Bier aus der Brauerei dienenden Räume unterliegen der Genehmigung des Oberbeamten; die Genehmigung ist auf der geprüften Räume- und Geräteanmeldung und auf dem Grundriß zu vermerken.
4. Die unter I nachzuweisenden Räume sind fortlaufend anzuziffern.
5. Die Nachweisung ist am Schlusse mit Tagesangabe und Namensunterschrift zu versehen.
6. Der Brauereiinhaber erhält die eine Ausfertigung der Nachweisung mit der amtlichen Bescheinigung versehen zurück und hat sie an dem vom Oberbeamten bestimmten Orte aufzubewahren, den Beamten zugänglich zu halten und vor Beschmutzung und Beschädigung zu schützen.
7. Im Laufe des Betriebs kann die Einreichung einer neuen Nachweisung von der Finanzbehörde gefordert werden.

I. Anmeldepflichtige Räume

Laufende Nr.	Der Räume		Bemerkungen
	Benennung und Bestimmnng	Lage	
1	2	3	4

1. Aufbewahrungsort:
   a) für Malzschrot: In Raum Nr. ....
      und zwar ....
   b) für Zucker ....
      ....
   c) für Farbebier ....
      ....
2. Lagerräume für fertiges unversteuertes Bier sind die unter Nr. ...... oben aufgeführten
3. Zur Abfüllung und Abgabe von Bier sind die oben unter Nr. ...... aufgeführten Räume bestimmt, und zwar
   ....
4. Das Rückbier und das eingebrachte versteuerte Bier lagern ....
   ....

Genehmigungsvermerke des Oberbeamten:

II. Anmeldepflichtige Gefäße

Der Gefäße				Zu- und Abgang				Bemerkungen
				Zugang		Abgang		
Stand- oder Aufbewahrungsort in Raum Nr.	Benennung	Nummer	Raumgehalt Liter	Tag	Bescheinigung des Beamten	Tag	Bescheinigung des Beamten	
1	2	3	4	5	6	7	8	9

Unter Nr. .... der Brauereirolle eingetragen.

...., den .... 19........

.... amt
(Unterschrift)

Geprüft und — richtig befunden — berichtigt.

....
(Name und Diensteigenschaft des Oberbeamten)

Noch: II. Anmeldepflichtige Gefäße

Der Gefäße				Zu- und Abgang				Bemerkungen
				Zugang		Abgang		
Stand oder Aufbewahrungsort in Raum Nr.	Benennung	Nummer	Raumgehalt Liter	Tag	Bescheinigung des Beamten	Tag	Bescheinigung des Beamten	
1	2	3	4	5	6	7	8	9
Nachtrag:								

III. Wagen, Malzmühlen und selbsttätige Verwiegungsvorrichtungen

Zahl und Benennung	Tragfähigkeit oder Größe der einzelnen Schüttung	Zugehörige Gewichte	Aufstellungsort	Bemerkungen
1	2	3	4	5
				Besichtigt und genehmigt ...., den .... 19..

Aufgestellt

......................................, den .... 19............

....

(Unterschrift des Brauereiinhabers)

Steuerhebebezirk..................

Muster 4
(AusfBest. § 35)

Brauereirolle

Anleitung zum Gebrauche

1. Für jede Brauerei ist eine besondere Abteilung anzulegen. Die Abteilungen sind mit fortlaufenden Nummern, die Rolle ist mit einem nach der Buchstabenfolge geordneten Namensverzeichnisse der Brauereieigentümer zu versehen.
2. Sobald die Nachweisung der Räume und Gefäße einer neu errichteten Brauerei bei der Zollstelle eingeht, trägt diese in die sofort zu eröffnende Abteilung der Rolle den Namen der Brauerei und des Eigentümers, des Betriebsinhabers (vgl. § 193 der Reichsabgabenordnung) sowie des etwa bestellten Betriebsleiters (vgl. § 31 BierstAusfBest.) ein; ist der Betriebsleiter nur für bestimmte Geschäfte bestellt, so ist auch dies zu vermerken. Die Nummern und Benennungen der Räume und Gefäße werden auf Grund der vom Oberbeamten bescheinigten Anmeldung und der zugehörigen Vermessungsverhandlungen nachgetragen.

   Als Brauereieigentümer ist in der Brauereirolle derjenige zu führen, der über den Brauereibetrieb dauernd zu verfügen berechtigt ist, also z. B. der Grundstückseigentümer, wenn er die Brauerei als solche verpachtet hat; dagegen der Mieter, wenn er die leeren Räume gemietet und in ihnen eine Brauerei erst neu errichtet hat.
3. Beim Wechsel des Eigentümers, des Betriebsinhabers oder des Betriebsleiters ist der bisher gültige Name mit roter Tinte zu durchstreichen und der neue Name daneben oder darüber zu schreiben und gegebenenfalls das Namensverzeichnis zu berichtigen.
4. Änderungen der Räume und der Gefäße werden auf Grund der bescheinigten Änderungsanzeigen und der Vermessungsverhandlungen nachgetragen; dabei sind abgemeldete und geänderte Räume und Gefäße mit roter Tinte, und zwar so zu streichen, daß die ursprünglichen Eintragungen leserlich bleiben. Die geänderten und neu hinzutretenden Räume und Gefäße werden unter der letzten Eintragung nachgetragen.
5. Soweit Betriebshandlungen nur in besonderen Räumen stattfinden dürfen und letztere genehmigungspflichtig sind, ist in Spalte 4 ein entsprechender Vermerk aufzunehmen. Die Aufstellung der Malzmühle und der vorhandenen Wagen ist gleichfalls in dieser Spalte anzugeben. Andere die steuerliche Behandlung der Brauerei betreffende Verhältnisse, z. B. die etwaige wirtschaftliche Zusammengehörigkeit mit anderen Brauereien, sind in Spalte 12 anzugeben.
6. Wird eine Brauerei gänzlich abgemeldet, so ist dies in der Brauereirolle zu vermerken; die zugehörige Abteilung ist mit roter Tinte zu durchkreuzen und das Namensverzeichnis zu berichtigen.

   Bleiben zu Brauereizwecken geeignete Braupfannen zurück, so sind sie in einen Anhang der Brauereirolle zu übertragen.

(1. Seite)

Abtei-

für die .... Brauerei

Nr.	Bestand an anmeldepflichtigen Räumen		
	Der Räume		
	Benennung	Lage	Bestimmung (soweit die Bestimmung genehmigungspflichtig, Vermerk hierüber)
1	2	3	4

(2. Seite)

lung ....

.... **zu** ....

Vorhandene Brauereigefäße							Bemerkungen
Bestand und Zugang					Abgang		
Der Gefäße				Belegnummer			
Stand oder Aufbewahrungsort in Raum Nr.	Benennung	Nr.	Raumgehalt Liter		Tag	Belegnummer	
5	6	7	8	9	10	11	12

Steuerhebebezirk *Werder*

Muster 5
(AusfBest. § 35)

Nachweisung

der in der Brauereirolle vermerkten Änderungen

3. Viertel des Rechnungsjahrs 1923

Anleitung zum Gebrauche

1. Zu Anfang des Vierteljahrs ist eine Nachweisung nach dem vorliegenden Muster zu eröffnen und in der Brauereirolle aufzubewahren. Sobald eine Änderung in der Brauereirolle angeschrieben ist, wird sie sofort in diese Nachweisung eingetragen.
2. Mit Ablauf des Vierteljahrs wird die Nachweisung abgeschlossen, von der Zollstelle vollzogen und dem Oberbeamten bei dessen nächster Anwesenheit vorgelegt.
3. Der Oberbeamte hat zu prüfen, ob die Änderungen, die im Laufe des Vierteljahrs stattgefunden haben, vollzählig und richtig in die Nachweisung und in die Brauereirolle eingetragen und vorschriftlich belegt worden sind, und sodann die nötigenfalls zu berichtigende Nachweisung zu bescheinigen.
4. Die bescheinigte Nachweisung ist dem Hauptzollamt einzureichen. Enthält sie keine Eintragung, so wird sie weiterbenutzt. Dem Hauptzollamt ist alsdann eine vom Oberbeamten bescheinigte Fehlanzeige zu übersenden.
5. Die Nachweisungen sind beim Hauptzollamt für jeden Hebebezirk in einem besonderen Hefte zu vereinigen und mit fortlaufenden Nummern zu versehen.

Tag der Eintragung	Abteilung der Brauereirolle	Ort der Brauerei	Name des Brauereieigentümers (vgl. Anleitung zu Muster 4 Nr. 2)	Benennung der Gefäße
1	2	3	4	5
18/10.	*8*	*Werder*	*Jacob Werner*	*Braupfanne*
31/10.	*20*	*Neuenhagen*	*v. Lochow*	*Gärbottich*
				Desgl.
				Desgl.
6/11.	*4*	*Woltersdorff*	*Peter Schmidt*	—
10/11.	*4*	*Desgl.*	*Derselbe*	*Bärmfaß*
13/12.	*8*	*Werder*	*Jacob Werner*	—

Werder, den *1. Januar* 1924.

....amt

....
(Unterschrift)

Änderung der Gefäße					
Ausgeschieden	Hinzugetreten		Im Raumgehalte geändert		Sonstige, nicht die Gefäße betreffende Änderungen
Nr.	Nr.	Raumgehalt Liter	Nr.	Jetziger Raumgehalt Liter	
6	7	8	9	10	11
—	—	—	*1*	*3 236*	
5	*5*	*2 108*			
7	*7*	*2 200*			
8	*8*	*2 205*			
—	—	—	—	—	*Als Betriebsleiter ist der Braumeister Friedrich Schulze vom 1. Oktober 1923 ab bestellt.*
13					
—	—	—	—	—	*Meldet die Verwendung von Stärkezucker zum Brauen an.*

Geprüft und richtig befunden — berichtigt.

Werder, den *4. Januar 1924.*

... ...
(Name und Diensteigenschaft des Oberbeamten)

Steuerhebebezirk: *Werder*

Muster 6
(AusfBest. §§ 37, 42)
Nr. .... der Belege

Änderungsanzeige

Der Unterschriebene zeigt an, daß *in seiner Brauerei*
1. die Maischbottiche Nr. 5 und 7 außer Gebrauch kommen,
2. ein neues Kühlschiff aufgestellt ist.

Neuenkirchen, den *4. April 1925.*

Joh. Walsleben

Die vorstehende Anzeige ist heute abgegeben worden.
Werder, den *4. April 1925.*

....amt

(Stempelabdruck) .... (Unterschrift)

Bemerkungen der Aufsichtsbeamten

1. Die alten Maischbottiche Nr. 5 und 7 mit je 1200 Liter Raumgehalt sind aus der Brauerei entfernt worden.

2. Das neue eiserne Kühlschiff ist laut Anlage zu 4000 Liter Raumgehalt vermessen und erhält die Nummer 23.

Werder, den *8. April 1925.*

N. N. — *Zollinspektor*
Schulze — *Zollbetriebsassistent*

Anleitung zum Gebrauche

1. Der Brauereiinhaber hat, wenn
   a) neben den bisher angemeldeten Räumen oder statt solcher andere für den Betrieb der Brauerei bestimmt, oder
   b) Maisch-, Koch-, Kühl- und Gärgefäße sowie Lager- und Fuhrfässer neu angeschafft oder die vorhandenen abgeschafft, geändert oder in einen anderen Raum gebracht werden,

   die Änderungsanzeige, in zwei Ausfertigungen ausgefüllt, innerhalb der nächsten drei Tage nach der Änderung der Zollstelle einzureichen. Jedoch ist zu beachten, daß Änderungen, die an die Genehmigung des Oberbeamten geknüpft sind (Anleitung zu Muster 3 Nr. 3) erst ausgeführt werden dürfen, wenn sich der Oberbeamte mit der Ausführung einverstanden erklärt hat, und daß Brauereigefäße an andere erst abgegeben werden dürfen, wenn die beabsichtigte Abgabe zuvor der Zollstelle angezeigt und die Anzeige von dieser bestätigt worden ist.
2. Der Brauereiinhaber erhält die eine Ausfertigung mit der Bescheinigung der Zollstelle versehen zurück und hat sie bei dem Brauereibelegheft aufzubewahren.

Steuerhebebezirk..................

Muster 7
(AusfBest. § 45 Abs. 2)

Verzeichnis

der hinterlegten Muster von anderen Versandgefäßen als Fässern

in der .... Brauerei ....

zu................................

Anleitung zum Gebrauche

1. In anderen Gefäßen als Fässern (Flaschen, Kannen usw.) darf Bier aus der Brauerei nur entfernt werden, wenn diese Gefäße unter Hinterlegung je eines Musters mit diesem Verzeichnis dem Oberbeamten angemeldet sind. Auf den Gefäßen muß der Name und Ort der Brauerei, in der das Bier hergestellt ist, angegeben sein.
2. Das Verzeichnis wird nach näherer Anordnung des Oberbeamten in der Brauerei aufbewahrt. Die Anmeldung von Mustern ist durch Ausfüllung der Spalten 1 bis 5 von den Brauereiinhabern zu bewirken. Die zugehörigen Muster sind dem Oberbeamten bei seiner nächsten Anwesenheit in der Brauerei mit der Anmeldung vorzulegen.
3. Nach Prüfung der Anmeldung und der zugehörigen Muster sind die letzteren vom Aufsichtsbeamten amtlich zu kennzeichnen und mit der Nummer, unter der sie in diesem Verzeichnis eingetragen sind, zu versehen. Die Aufbewahrung der Muster erfolgt an einem vom Oberbeamten zu bestimmenden Orte in der Brauerei.
4. Sollen Gefäße, von denen Muster hinterlegt sind, nicht mehr benutzt werden, so ist dies dem Aufsichtsbeamten anzuzeigen, der die Beseitigung der amtlichen Kennzeichnung und die Abschreibung in Spalte 6 des Verzeichnisses veranlaßt.

Laufende Nummer	Anmeldung des Brauereiinhabers				Tag des Abgangs	Amtliche Prüfungsvermerke
	Tag der Anmeldung	Der Gefäße				
		Art und Beschaffenheit	Raumgehalt in Hundertteilen eines Liters	Art u. Inhalt der Bezeichnung nach § 45 (2) der Bierst. A. B.		
1	2	3	4	5	6	7

Steuerhebebezirk ....

Muster 8
(AusfBest. §§ 50, 51)
Nr..... der Brauereirolle

Mahlbuch

der .... Brauerei ....

zu ....

für das ..... Viertel des Rechnungsjahrs 19....

Anleitung zum Gebrauche

1. Sind in einer Brauerei mehrere Malzmühlen mit selbsttätigen Verwiegungsvorrichtungen vorhanden, so ist für jede ein besonderes Mahlbuch zu führen.
2. Die Eintragungen in den Spalten 1 bis 4 sind von dem Brauereiinhaber unmittelbar vor Beginn der Vermahlung, die Eintragungen in den Spalten 5 bis 7 unmittelbar nach Beendigung der Vermahlung zu bewirken. Werden verschiedene Malzarten vermahlen (Gerstenmalz und anderes Malz), oder wird Malz zu anderen Zwecken als zur Bierbereitung geschrotet, so sind die Malzarten oder die Malzmengen getrennt aufzuschütten unter jedesmaliger Eintragung in Spalten 4 und 5.
3. In Spalte 6 ist, solange die Malzmühle und die selbsttätige Verwiegungsvorrichtung richtig arbeiten und keine Verschlußverletzung vorliegt, der Unterschied zwischen den Anzeigen des Zählwerkes (Spalte 5 nach Abzug von Spalte 4) einzutragen. Tritt eine Störung im Gange der selbsttätigen Verwiegungsvorrichtung ein, oder ist der Verschluß verletzt worden, so ist ohne Verzug und jedenfalls vor Ablauf von 24 Stunden Anzeige an die Zollstelle zu erstatten; die Vermahlung darf sodann nur im Beisein eines Zeugen fortgesetzt werden. Die Menge des geschroteten Malzes ist in diesem Falle durch besondere Verwiegung zu ermitteln und die so ermittelte Menge in Spalte 6 unter Mitbeurkundung durch den zugezogenen Zeugen einzutragen.
4. Am Schlusse des Vierteljahrs ist das Mahlbuch von dem Buchführer (Betriebsinhaber oder Betriebsleiter) durch Aufrechnung der Spalte 6 abzuschließen, der Stand des Zählwerkes am Schlusse des Vierteljahrs (letzte Eintragung in Spalte 5) nach Spalte 5 des Mahlbuchs für das folgende Vierteljahr zu übertragen, die Übertragung in beiden Mahlbüchern zu bescheinigen und das abgeschlossene Mahlbuch unaufgefordert der Zollstelle spätestens bis zum dritten Tage des neuen Vierteljahrs einzureichen.

Laufende Nummer	Tag der Vermahlung	Gattung der vermahlenen Braustoffe	Stand des Zählwerkes beim Beginne der Vermahlung	Stand des Zählwerkes nach Beendigung der Vermahlung	Menge der vermahlenen Braustoffe kg	In Fällen der §§ 47 Abs. 2 und 51 Bierst. A. B. Name und Wohnort desjenigen, für dessen Rechnung die Vermahlung stattfindet	Bemerkungen des Brauereiinhabers	Bemerkungen der Aufsichtsbeamten
1	2	3	4	5	6	7	8	9

Steuerhebebezirk

Muster 9
(AusfBest. §§ 52 bis 54)

Brauanzeige

Ich melde d.. zu ....
hiermit an, daß in $\frac{\text{meiner}}{\text{der}}$ .... Brauerei ....
zu ———................................ nachstehend verzeichnete Braueinmaischungen vorgenommen werden sollen:

Nr.	Der Einmaischung Stunde			Der Braustoffe				Menge der zu ziehenden heißen Ausschlagwürze	Gattung des zu ziehenden Bieres (Einfach-, Schank-, Voll-, Starkbier)		Bemerkungen	Vermerke der Aufsichtsbeamten	
				genaue Bezeichnung	Reingewicht								
	Tag	Vorm.	Nachm.		Gerstenmalz kg | 1/10	anderes Malz kg | 1/10	Zuckerstoffe kg | 1/10	hl | 1/10	untergärig	obergärig		Nr. des Sudbuchs	sonstige Vermerke
1	2	3		4	5	6	7	8	9	10	11	12	13

(Für Änderungen früherer Brauanzeigen, sonst zu streichen)

Die vorstehend angemeldete.... Einmaischung.... tritt — treten — an Stelle der unter Nr............. in der Brauanzeige vom .... angemeldeten Einmaischung

....
(Unterschrift des Anmelders)

...., den .... 19......

Anleitung zum Gebrauche

1. Die Brauanzeige muß, wenn vormittags gemaischt werden soll, spätestens am Nachmittag des vorhergehenden Tages, und wenn nachmittags gemaischt werden soll, spätestens am Vormittag desselben Tages drei Stunden vorher den Aufsichtsbeamten ausgehändigt werden oder bei der Zollstelle innerhalb der Dienststunden eingehen; Ausnahmen können von dem Oberbeamten bewilligt werden. Sie kann auch im voraus für einen bestimmten Zeitraum gemacht werden.
2. In Brauereien ohne Malzmühlen sind gleichzeitig mit der Erstattung der Brauanzeige die Spalten 1 bis 8 des Sudbuchs (Anleitung zu Muster 11 Nr. 3) auszufüllen.
3. Die Brauanzeige muß bei der Betriebsführung eingehalten werden. Abweichungen von der Brauanzeige sind nur zulässig, wenn infolge unvermuteter Umstände die Einmaischung überhaupt nicht oder nicht in der angemeldeten Weise stattfinden kann. Die Abweichungen und deren Ursachen sind vom Brauereiinhaber unter Angabe von Tag und Stunde sofort der Zollstelle durch Einreichung einer neuen Brauanzeige mitzuteilen; im Sudbuch ist der ursprüngliche Eintrag zu durchstreichen und ein neuer Eintrag nach Maßgabe der neu abgegebenen Brauanzeige zu machen, wobei die Gründe für die Abänderung in der Bemerkungsspalte anzugeben sind.

Steuerhebebezirk..................

Muster 10
(AusfBest. § 57)

Zuckerverwendungsbuch

der .... Brauerei .... zu ....

für das ..... Viertel des Rechnungsjahrs 19....

Anleitung zum Gebrauche

1. Auf der Außenseite unten ist die Art der Zuckerstoffe anzugeben, die zur Bierbereitung vorrätig gehalten werden. Werden verschiedene Arten Zucker oder Zucker und Farbebier zur Bierbereitung verwendet, so ist für jede Art eine besondere Abteilung anzulegen und auf der Außenseite des Buches die Seitenzahl der Abteilungen zu vermerken.
2. Unter „Zugang" ist jede Post sofort nach der Einbringung in die Brauerei einzutragen, und zwar nach dem Reingewicht in ganzen und zehntel Kilogramm. Jeder Zugang muß mit den über den Bezug lautenden Rechnungen, Frachtbriefen usw. belegt sein, die bei dem Buche geordnet aufzubewahren sind.
3. Der „Abgang" ist gleichfalls nach dem Reingewicht in ganzen und zehntel Kilogramm zu buchen, sobald die Entnahme aus dem Lager, sei es zur Verwendung bei der Bierbereitung, sei es zu anderen Zwecken, stattfindet. Jede Entnahme zu anderen Zwecken als zur Bierbereitung bedarf der vorherigen Genehmigung des Oberbeamten.
4. Findet der Zucker usw. bei der Bierbereitung Verwendung, ehe die Menge der Ausschlagwürze im Sudhaus festgestellt ist, so ist die Zucker- usw. Entnahme in den Spalten 4 und 5, bei späterer Verwendung aber in den Spalten 6 und 7 als Abgang nachzuweisen.
5. Die Spalten 7 und 8 sind nur auszufüllen, wenn Farbebier oder Zucker in flüssiger Form oder gelöst nach dem in Ziffer 4 angegebenen Zeitpunkt der Würze oder dem Biere zugesetzt wird und nur, wenn als Lösungsmittel nicht ein Teil der Würze oder des Bieres selbst benutzt wird. Wird der Bierwürze oder dem Biere Zucker in der Form von wässriger Lösung zugesetzt, so ist hierüber auch ein besonderer Eintrag in Spalte 24 und 25 des Sudbuchs zu machen.
6. Der Oberbeamte ist befugt, unter Zuziehung des Brauereiinhabers oder dessen Stellvertreters jederzeit den Soll- und den Istbestand zu ermitteln.
7. Das Zuckerverwendungsbuch ist nach näherer Bestimmung des Oberbeamten aufzubewahren und den Aufsichtsbeamten stets zugänglich zu halten.
8. Am Schlusse des Vierteljahrs ist das Buch durch Aufrechnung der Spalte 7 des Zuganges und der Spalten 4, 6 und 11 des Abganges vom Brauereiinhaber abzuschließen, der Bestand durch Absetzung des Gesamtabganges (Spalte 4, 6 und 11) von der Schlußsumme der Spalte 7 des Zuganges zu bilden und dieser Bestand im Zuckerverwendungsbuche für das nächste Vierteljahr vorzutragen. Das abgeschlossene Buch ist bis zum dritten Tage des nächsten Monats der Zollstelle einzureichen.

Inhaltsverzeichnis

Warengattung	Seite	Warengattung	Seite
Rübenzucker		*Zuckerfarbmittel*	
Stärkezucker		*Farbebier*	

(2. Seite)

Seite............

Zucker- usw. Gattung..

Zugang

Laufende Nummer	Die Einbringung in das Brauereigrundstück			Der aufgenommenen Packstücke			Reingewicht des Zuckers oder Farbebieres	Herkunft des Zuckers oder Farbebieres (Name und Wohnort der Verkäufer usw.)	Bezeichnung der Belege und Bemerkungen
	Tag	Stunde vorm.	Stunde nachm.	Zahl und Art	Bezeichnung	Rohgewicht kg | 1/10	kg | 1/10		
1	2	3		4	5	6	7	8	9

(3. Seite)

....

Abgang

Laufende Nummer	Entnahme zur Verwendung bei der Bierbereitung								Entnahme zu anderen Zwecken				Bemerkungen	
	Tag	Stunde		im Sudbetriebe		außerhalb des Sudbetriebs			Tag	Stunde		Reingewicht kg | 1/10	des Buchführers	der Aufsichtsbeamten
		vorm.	nachm	Reingewicht kg | 1/10	angeschrieben im Sudbuch Nr.	Reingewicht kg | 1/10	Litermenge zu Spalte 6 einschl. Lösungswasser	die Litermenge in Spalte 7 ist angeschrieben im Sudbuch unter Nr.		vorm.	nachm.			
1	2	3		4	5	6	7	8	9	10		11	12	13

Steuerhebebezirk.................

Muster 11

(AusfBest. § 59

Nr..... der Brauereirolle

Sudbuch

der .... Brauerei d.......................

zu.......................

für das ..... Viertel des Rechnungsjahrs 19....

Anleitung zum Gebrauche

1. Wird eine Brauerei von mehreren für eigene Rechnung brauenden Personen benutzt, so ist für jede dieser Personen eine besondere Abteilung im Sudbuch einzurichten.
2. Die Einträge im Sudbuch haben, soweit nachstehend nichts Näheres bestimmt ist, sobald als möglich, jedenfalls noch am Tage der Ermittlung, zu erfolgen.
   Änderungen der Einträge sind in der Bemerkungsspalte zu bestätigen und so vorzunehmen, daß die ursprünglichen Einträge lesbar bleiben.
3. Die Spalten 1 bis 8 sind auszufüllen:
   a) in Brauereien mit Malzmühlen spätestens bei der Einmaischung;
   b) in Brauereien ohne Malzmühlen gleichzeitig mit der Ausfüllung der an die Zollstelle abzusendenden Brauanzeige und in Übereinstimmung mit dieser. Wird die Brauanzeige geändert, so ist gleichzeitig der ursprüngliche Eintrag zu durchstreichen und ein neuer Eintrag nach Maßgabe der neu abgegebenen Brauanzeige zu machen, wobei die Gründe für die Abänderung in der Bemerkungsspalte anzugeben sind.
4. In Brauereien mit Malzmühlen ist die Gewichtsangabe für das eingemaischte Malzschrot in Übereinstimmung mit dem Ergebnis der Verwiegung auf der selbsttätigen Verwiegungsvorrichtung zu machen; in anderen Brauereien ist das Malzschrot unmittelbar vor der Einmaischung zu verwiegen. Das Gewicht der Zuckerstoffe ist vor der Einmaischung durch Verwiegung festzustellen. Die Gewichtsermittlung bei nicht über die Malzmühle gehenden Braustoffen hat in ganzen und zehntel Kilogramm zu erfolgen.
5. In Spalte 9 ist die Menge der Ausschlagwürze, d. i. der heißen Würze, die aus der Braupfanne zum Ausschlagen (Ablassen) auf die Kühlvorrichtung kommt, anzuschreiben. Zur Ermittlung ist der amtlich hergerichtete Meßstab (Senkstab) zu benutzen. Die Ermittlung und Anschreibung hat unmittelbar vor dem Ablassen der Würze aus der Braupfanne zu geschehen, wenn der Würzespiegel ruhig steht.
6. Gleichzeitig mit der Menge ist der Extraktgehalt der Ausschlagwürze zu ermitteln und in Spalte 10 anzuschreiben. Die Bestimmung hat durch den Sudbuchführer mit Hilfe einer amtlich geeichten Zuckerspindel bei einem Wärmegrade der Würze von 20° C zu erfolgen.

(Fortsetzung S. 266)

(2. Seite)

Laufende Nummer	Der Einmaischung			Der Braustoffe					Der Ausschlagwürze			Extraktgehalt der Anstellwürze bei + 20 ° C	Schwund		
	Tag	Stunde		genaue Bezeichnung	Reingewicht in ganzen und zehntel Kilogramm				Menge		Extraktgehalt bei +20° C		festgesetzter Satz	Menge	
					Gerstenmalz		anderes Malz	Zuckerstoffe							
		vormittags	nachmittags		zu untergärigem Bier	zu obergärigem Bier			hl	l	v. H.	v. H.	v. H.	hl	l
1	2	3		4	5	6	7	8	9		10	11	12	13	

(3. Seite)

Überwachungspflichtige Biermenge												Bemerkungen	
Aus den Spalten 9 und 13 berechnet								Zusätze nach Abschluß d. Sudverfahrens					
Einfachbier		Schankbier		Vollbier		Starkbier		Wasserzusatz		Zusatz von flüssigen oder gelösten Zuckerstoffen und von Farbebier		des Buchführers	der Beamten
untergärig	obergärig	untergärig	obergärig	untergärig	obergärig	untergärig	obergärig	Tag und Nr. der Genehmigung	Menge	Menge	Zucker-Verw.-B.		
hl | l	hl | l	hl | l	hl | l	hl | l	hl | l	hl | l	hl | l		hl | l	hl | l	Nr.		
14	15	16	17	18	19	20	21	22	23	24	25	26	27

7. Der Extraktgehalt der Anstellwürze ist entweder im Sammelgefäß oder, sofern ein solches nicht vorhanden ist, in den Gärbottichen binnen 10 Stunden nach deren Befüllung festzustellen und in Spalte 11 einzutragen. Bei Ermittlung im Gärbottich ist darauf zu achten, daß die Probe der durchschnittlichen Beschaffenheit der Anstellwürze entspricht.

8. In Spalte 12 ist der vom Hauptzollamt für die Brauerei festgesetzte Satz für den gesamten Schwund vom Ausschlagen bis zum Ausstoß einzuschreiben, hierauf die Menge des Schwundes zu berechnen und diese in Spalte 13 einzutragen. Durch Abzug des Schwundes von der Menge der Ausschlagwürze (Spalte 9) wird die überwachungspflichtige Biermenge erhalten, die sogleich in der zutreffenden Spalte (14 bis 21) einzutragen ist.

9. Wasserzusätze zur Würze, die nach der Ermittlung der Menge der Ausschlagwürze, aber vor der Ermittlung des Extraktgehaltes der Anstellwürze (Nr. 7) gemacht werden, sind in Spalte 9 auf besonderer Zeile vorzutragen und in Spalte 26 zu erläutern, z. B. durch einen Vermerk wie: „Zur Auffüllung des Gärbottichs x 50 l Wasser zugesetzt." Für die Schwundberechnung werden derartige Wasserzusätze der Menge der Ausschlagwürze zugerechnet. Wasserzusätze nach der Feststellung des Extraktgehalts im Gärkeller sind verboten, soweit nicht vom Hauptzollamt Ausnahmen genehmigt worden sind.

10. In den Spalten 22 bis 25 sind die besonders genehmigten Wasserzusätze zum Biere nach Feststellung des Extraktgehalts der Anstellwürze sowie die Zusätze von flüssigen oder gelösten Zuckerstoffen und von Farbebier, die gleichfalls nach Feststellung des Extraktgehalts der Würze im Gärkeller stattfinden, unter Hinweis auf die entsprechenden Eintragungen in Spalten 14 bis 21 besonders einzutragen. Hierzu ist in der Bemerkungsspalte anzugeben, in welchem Betriebsraum der Zusatz stattgefunden hat. Ändert sich durch den Zusatz die Biergattung, so ist dies unter Angabe der Menge gleichfalls zu bemerken. Beispielsweise ist zu dem Eintrag von 500 l Wasser in Spalte 23 zu bemerken: „Im Lagerfaß Nr. x zugesetzt. 60 hl Starkbier werden dadurch in 65 hl Vollbier umgewandelt."

Entsprechende Angaben sind in der Bemerkungsspalte zu machen, wenn verschiedene Biersorten miteinander vermischt werden.

Lassen die besonderen Betriebsverhältnisse der Brauerei einen Hinweis auf einen bestimmten früheren Sud (Abs. 1 Satz 1) nicht zu, so kann nachgelassen werden, daß der Zusatz in Spalte 26 etwa in folgender Weise erläutert wird: „Zusatz zu einem Gemisch verschiedener Gebräue in den Lagerfässern Nr. ...... und Nr. ...... oder im Gärbottich Nr. ...."

11. Für die Schwundberechnung werden die in Nr. 10 Abs. 1 erwähnten Zusätze der Menge der Ausschlagwürze zugerechnet. Die in den Spalten 23 und 24 einzutragenden Mengen sind jedoch nicht in Höhe der auf sie entfallenden Schwundmenge zu kürzen, vielmehr ist die gesamte Schwundmenge in Spalte 13 einzutragen und von der Menge der Ausschlagwürze (Spalte 9) in Abzug zu bringen.

Lassen die jeweiligen Betriebsverhältnisse der Brauerei eine solche Schwundberechnung nicht zu, so kann für den Wasserzusatz lediglich der für den Zeitpunkt der Beigabe des Wassers maßgebende Teilschwund in den Spalten 12 und 13 eingetragen und im übrigen nach Nr. 8 verfahren werden.

12. Das Sudbuch ist nach Bestimmung des Oberbeamten reinlich aufzubewahren, den Finanzbeamten jederzeit vorzulegen, am Schlusse des Vierteljahrs vom Betriebsinhaber oder Betriebsleiter mit Zeitangabe abzuschließen und spätestens am zweiten auf den Vierteljahrsschluß folgenden Werktag an die Zollstelle einzusenden.

Steuerhebebezirk ....

Muster 12
(AusfBest. § 59)

Biersteuerbuch

der............. Brauerei................ zu...............

für die ..... Hälfte des Monats .... 19....

Anleitung zum Gebrauche

1. Wird eine Brauerei von mehreren für eigene Rechnung brauenden Personen benutzt, so ist für jede dieser Personen ein besonderes Biersteuerbuch zu führen. Inhaber von Brauereien, in denen sowohl untergäriges als auch obergäriges Bier hergestellt wird, haben für jede Sorte ein besonderes Biersteuerbuch zu führen.
2. In den Spalten 1 bis 23 hat der Brauereiinhaber alle aus den für die Abgabe von Bier zugelassenen Räumen ausgehenden Biermengen nach Maßgabe der Spaltenüberschriften sofort einzutragen. In den Spalten 3 und 4 sind die Versandfässer einzeln aufzuführen, für die Eintragungen in den Spalten 5 bis 7 sind mehrere Zeilen zu benutzen, wenn die Einzelinhalte der ausgehenden Flaschen usw. verschieden sind.

   Im Bedarfsfalle kann durch das Hauptzollamt zugelassen werden, daß bei dem steuerpflichtigen Ausgang, abgesehen von § 11 AusfBest., statt der Einzelanschreibungen der Versandfässer und der ausgehenden Flaschen usw. nach Nummer und Zahl sowie Raumgehalt nur die Gesamtzahl der täglich aus den obengenannten Räumen entfernten Fässer und Flaschen usw. unter Angabe ihres gesamten Raumgehalts eingetragen wird. Voraussetzung ist dabei, daß die Richtigkeit der Eintragung auf Grund der in der Brauerei geführten Geschäftsbücher (Verladelisten oder gleichwertigen Anschreibungen über den Bierausgang) zuverlässig nachgeprüft werden kann. Zu diesem Zwecke müssen die Geschäftsbücher die nach dem Biersteuerbuche erforderlichen Angaben in übersichtlicher Form enthalten, ordnungsmäßig geführt und der Zollstelle zugleich mit dem Biersteuerbuche zur Nachprüfung vorgelegt werden. In besonderen Fällen, in denen die Vorlegung der Geschäftsbücher bei der Zollstelle zu erheblichen Schwierigkeiten führen oder die Nachprüfung sämtlicher Belege sich als unmöglich erweisen würde, können jedoch die Landesfinanzämter von Fall zu Fall Ausnahmen zulassen und die stichprobenweise Vergleichung der summarischen Eintragungen im Biersteuerbuche mit den Einzelanschreibungen in der Brauerei in bestimmtem Umfange unter geeigneten Sicherungsmaßnahmen widerruflich genehmigen, wenn es sich um zuverlässige Betriebe handelt und die Brauereiinhaber sich verpflichten, die Bücher den Aufsichtsbeamten auf Verlangen unverzüglich zur Einsicht vorzulegen.

   Für die Anschreibung des Haustrunks kann nach § 13 Abs. 3 AusfBest. eine Besonderheit zugelassen werden.
3. Der Übertrag aus den früheren Monatshälften in den Spalten 8 und 24 ist sofort nach Empfang des Steuerbescheides für die letzte Monatshälfte, in dem diese Summen mitgeteilt werden, auszufüllen. In dem Steuerbuche für die erste Hälfte des Monats April bleiben diese Vordrucke unausgefüllt. In Spalte 24 können Einzeleinträge unterbleiben; es genügt, wenn beim Abschluß des Biersteuerbuchs die für den halben Monat zutreffende Gesamtsumme aus den Schlußsummen der Spalten 13, 18 und 23 errechnet und in Spalte 24 eingetragen wird.
4. Das Steuerbuch ist an dem von dem Oberbeamten hierzu bestimmten Orte reinlich aufzubewahren, halbmonatlich zu führen und am Ende des 15. oder letzten Tages des Monats abzuschließen und spätestens am zweiten darauf folgenden Werktag der Zollstelle einzusenden.

(2. Seite)

Laufende Nummer	Tag der Eintragung	Aus den Lagerräumen gehen aus:						. steuerfrei ausgeführt				
		Bier in Fässern		Bier in Flaschen usw.			Summe des gesamten Bierausganges (Spalten 4 + 7)	Einfachbier	Schankbier	Vollbier	Starkbier	Zusammen (Spalten 9—12)
		der Fässer		der Flaschen usw.								
		Nr.	Raumgehalt	Zahl	Raumgehalt einzeln	Raumgehalt im ganzen						
			l		l	hl | l	hl | l	hl | l	hl | l	hl | l	hl | l	hl | l
1	2	3	4	5	6	7	8	9	10	11	12	13
		Übertrag aus den früheren Monatshälften										
1.												

(3. Seite)

Davon										Auf die Jahresmenge (§ 4 [1] Bierst.-Gesetz v. 26. Juli 1918 und § 61 [3—4] BierstAusf.-Best.) anzurechnende Menge (Spalten 13 + 18 + 23)	Bemerkungen
steuerfrei als Haustrunk nach § 8 (1) des Gesetzes					steuerpflichtig						
Einfachbier	Schankbier	Vollbier	Starkbier	Zusammen (Spalten 14 bis 17)	Einfachbier	Schankbier	Vollbier	Starkbier	Zusammen (Spalten 19 bis 22)		
hl | l	hl | l	hl | l	hl | l	hl | l	hl | l	hl | l	hl | l	hl | l	hl | l	hl | l	
14	15	16	17	18	19	20	21	22	23	24	25
					Übertrag aus den früheren Monatshälften . . .					….. ….	

Steuerberechnung

In der Brauerei sind im laufenden Rechnungsjahre bis zum Schlusse der vorigen Monatshälfte hergestellt worden . . . . hl Bier

Davon sind auf die zugewiesene Jahresmenge angerechnet

. . . .

In der abgelaufenen Monatshälfte sind nach dem abgeschlossenen Biersteuerbuche steuerpflichtig geworden abzüglich des Rückbieres:

Einfachbier	....	hl
Schankbier	....	„
Vollbier	....	„
Starkbier	....	„
Zusammen . . .	....	hl

Davon sind zu versteuern:

....	hl	Einfachbier	nach	dem	Satze	von	....	GM.	mit	....	GM.
....	„	„	„	„	„	„	....	„	„	....	„
....	„	„	„	„	„	„	....	„	„	....	„
....	„	„	„	„	„	„	....	„	„	....	„
....	„	„	„	„	„	„	....	„	„	....	„
....	„	„	„	„	„	„	....	„	„	....	„
....	hl	Schankbier	„	„	„	„	....	„	„	....	„
....	„	„	„	„	„	„	....	„	„	....	„
....	„	„	„	„	„	„	....	„	„	....	„
....	„	„	„	„	„	„	....	„	„	....	„
....	„	„	„	„	„	„	....	„	„	....	„
....	„	„	„	„	„	„	....	„	„	....	„
....	„	Vollbier	„	„	„	„	....	„	„	....	„
....	„	„	„	„	„	„	....	„	„	....	„
....	„	„	„	„	„	„	....	„	„	....	„
....	„	„	„	„	„	„	....	„	„	....	„
....	„	„	„	„	„	„	....	„	„	....	„
....	„	„	„	„	„	„	....	„	„	....	„
....	„	Starkbier	„	„	„	„	....	„	„	....	„
....	„	„	„	„	„	„	....	„	„	....	„
....	„	„	„	„	„	„	....	„	„	....	„
....	„	„	„	„	„	„	....	„	„	....	„
....	„	„	„	„	„	„	....	„	„	....	„
....	„	„	„	„	„	„	....	„	„	....	„
....	hl			Zusammen	Steuerbetrag	. . .				....	GM.

	Zur steuerpflichtigen Biermenge mit . .	.... hl
	treten hinzu: Steuerfrei ausgeführtes Bier . .	.... „
	Nach § 8 (1) des Gesetzes steuerfreier Haustrunk	.... „
	Bis zum Schlusse der vorigen Monatshälfte hergestellte Biermenge	.... „
(Summe A)	Gesamte im abgelaufenen Jahresteile hergestellte Biermenge	.... „
	Die zugewiesene Jahresmenge beträgt .	.... „
	Darauf sind bis zum Schlusse der vorigen Monatshälfte angerechnet	.... „
	Hierzu treten:	
	Versteuerte Biermenge } in der abgelaufenen Monatshälfte	.... „
	Steuerfreier Haustrunk } in der abgelaufenen Monatshälfte	.... „
	Auf das Braurecht anzurechnende, steuerfrei ausgeführte Biermenge	.... „
(Summe B)	Es kommen mithin auf die zugewiesene Jahresmenge insgesamt in Anrechnung	.... hl

Die Steuer ist angefordert am ...., den............ 19....
und eingezahlt am .... (Zollstelle)
(Biersteuer-Einnahmebuch Nr. ......) ....

Steuerhebebezirk: *N.*

Muster 13
(AusfBest. § 61)

Steuerbescheid über zu entrichtende Biersteuer

von den zusammengehörigen Brauereien A, B und C
für die . . . Hälfte des Monats *Februar* 19*24*

In Ihrer Brauerei sind im laufenden Rechnungsjahre bis zum Schlusse der vorigen Monatshälfte hergestellt worden . . . . *28 000* hl Bier.

Davon sind auf die zugewiesene Jahresmenge angerechnet . . . *23 870* " "

In der abgelaufenen Monatshälfte sind nach dem abgeschlossenen Biersteuerbuche steuerpflichtig geworden abzüglich des Rückbiers;

von Brauerei	*A*	*B*	*C*	*C*		
Einfachbier	*500*	*300*	¹) *400*	²) *600*	*1800*	hl,
Schankbier	—	—	—	—	—	"
Vollbier	*1000*	*300*	*100*	*100*	*1500*	"
Starkbier	—	*200*	*100*	—	*300*	"
zusammen	*1500*	*800*	¹) *600*	²) *700*	*3600*	hl.

Anm.: ¹) vor. ²) nach Erschöpfung der Jahresmenge.

Davon sind zu versteuern:

500 hl	Einfachbier	*von Brauerei A*	nach dem Satze von	*2200* M (GM.)	mit *1 100 000*	M (GM.)
300 "	"	" " *B*	" " " "	*2200* " "	" *660 000*	" "
400 "	"	" " *C*	" " " "	*2200* " "	" *880 000*	" "
600 "	"	" " *C*	" " " "	*6600* " "	" *3 960 000*	" "
"	"		" " " "	" "	"	" "
"	"		" " " "	" "	"	" "
"	Schankbier		" " " "	" "	"	" "
"	"		" " " "	" "	"	" "
"	"		" " " "	" "	"	" "
"	"		" " " "	" "	"	" "
"	"		" " " "	" "	"	" "
"	"		" " " "	" "	"	" "
200 "	Vollbier	" " *A*	" " " "	*4400* " "	" *880 000*	" "
800 "	"	" " *A*	" " " "	*4600* " "	" *3 680 000*	" "
300 "	"	" " *B*	" " " "	*4600* " "	" *1 380 000*	" "
100 "	"	" " *C*	" " " "	*4600* " "	" *460 000*	" "
100 "	"	" " *C*	" " " "	*13 800* " "	" *1 380 000*	" "
"	"		" " " "	" "	"	" "
200 "	Starkbier	" " *B*	" " " "	*6 900* " "	" *1 380 000*	" "
100 "	"	" " *C*	" " " "	*6 900* " "	" *690 000*	" "
"	"		" " " "	" "	"	" "
"	"		" " " "	" "	"	" "
"	"		" " " "	" "	"	" "
"	"		" " " "	" "	"	" "

3600 hl Bier — zusammen — Steuerbetrag *16 450 000* M (GM.)

Zur steuerpflichtigen Biermenge mit	3600	hl
treten hinzu: Steuerfrei ausgeführtes Bier	400	"
Nach § 8 (1) des Gesetzes steuerfreier Haustrunk	150	"
Bis zum Schlusse der vorigen Monatshälfte hergestellte Biermenge	28000	"
(Summe A) Gesamte im abgelaufenen Jahresteile hergestellte Biermenge	32150	hl

Für Brauerei	*A*	*B*	*C*	
Die zugewiesene Jahresmenge beträgt:	15000	5000	10000	hl
Darauf sind bis zum Schlusse der vorigen Monatshälfte angerechnet	10500	4000	9370	"
Hierzu treten:				
Versteuerte Biermenge in der abgelaufenen Monatshälfte	1500	800	600	"
Steuerfreier Haustrunk in der abgelaufenen Monatshälfte	60	40	30	"
Auf das Braurecht anzurechnende, steuerfrei ausgeführte Biermenge	—	—	—	"
Es kommen mithin auf die zugewiesene Jahresmenge insgesamt **(Summe B)** in Anrechnung	12060	4840	10000	hl

Anmerkung: 20 hl Haustrunk der Brauerei C sind nach Erschöpfung der Jahresmenge steuerfrei abgelassen.

Sie werden hiermit aufgefordert, den vorstehend berechneten Steuerbetrag mit .... GM. bis zum Fälligkeitstage, dem ......ten .... 19......, an die unterzeichnete Zollstelle in bar oder durch Überweisung auf das Postscheckkonto Nr. .... beim Postscheckamt .... oder auf das Konto der unterzeichneten Zollstelle bei der .... Bank .... in .... einzuzahlen und die vorstehend berechneten, mit „Summe A" und „Summe B" bezeichneten Biermengen in den Spalten 8 und 24 des Biersteuerbuchs für die ...... Hälfte des Monats .... einzutragen.

Bei der Steuerberechnung ist von den Anschreibungen im Biersteuerbuch insofern abgewichen worden als ....

Gegen diesen Steuerbescheid steht Ihnen das Rechtsmittel der Anfechtung zu. Die Anfechtung, zu deren Entscheidung das Landesfinanzamt, Abteilung für Zölle und Verbrauchssteuern in .... zuständig ist, ist binnen einem Monat nach Erhalt dieses Steuerbescheides schriftlich oder zu Protokoll bei der unterzeichneten Dienststelle einzulegen. Durch die Einlegung der Anfechtung wird die Wirksamkeit des Steuerbescheides nicht gehemmt.

...., den .... 19......

(Stempel)

An

....

....

in ....

Steuerhebebezirk..................

Muster 14
(AusfBest. § 68)
Nr. ..... der Brauereirolle

Erklärung

Ich beantrage hiermit, daß für meine Brauerei in ....
die Biersteuer vom .... 19.... ab im Wege der Abfindung erhoben wird, und erkläre hierzu:

1. Es sollen im Rechnungsjahre nicht mehr als 500 Hektoliter Bier hergestellt werden.

2. Es sollen folgende Biergattungen hergestellt werden:

Nicht Zutreffendes zu streichen	
	a) untergäriges Einfachbier ....
	b) " Schankbier ....
	c) " Vollbier ....
	d) " Starkbier ....
	e) obergäriges Einfachbier ....
	f) " Schankbier ....
	g) " Vollbier ....
	h) " Starkbier ....

An Braustoffen sollen für 1 Hektoliter verkaufsfertiges Bier durchschnittlich verwendet werden:

Genaue Angabe über Menge und Art des Malzes und der Zuckerstoffe oder des Farbebieres zu jeder Biergattung	
	zu a) ......kg Gerstenmalz ......kg Weizenmalz....kg ..
	.... kg ..
	" b) ....
	....
	....

.................., den ....

(Unterschrift des Brauereiinhabers) ....

Diese Erklärung ist in doppelter Ausfertigung der Zollstelle einzureichen.

Steuerhebebezirk

Muster 15
(AusfBest. § 70)

Anmeldung
(für Abfindungsbrauereien)

Ich melde d............................ zu ....

hiermit an, daß in meiner/der .... Brauerei ....

zu .... nachstehend verzeichnete Braueinmaischungen vorgenommen werden sollen:

Nr.	Der Einmaischung: Tag	Der Einmaischung: Stunde (V. / N.)	Der Braustoffe: genaue Bezeichnung	Der Braustoffe: Reingewicht: Malz: zu untergärigem Biere (kg / 1/10)	Der Braustoffe: Reingewicht: Malz: zu obergärigem Biere: Gerstenmalz (kg / 1/10)	Der Braustoffe: Reingewicht: Malz: zu obergärigem Biere: anderes Malz (kg / 1/10)	Der Braustoffe: Reingewicht: Zuckerstoffe oder Farbebier (kg / 1/10)	Der Braustoffe: Reingewicht: Zusammen (kg / 1/10)	Davon (Sp. 9) werden verwendet zur Herstellung von: Einfachbier (kg / 1/10)	Davon (Sp. 9): Schankbier (kg / 1/10)	Davon (Sp. 9): Vollbier (kg / 1/10)	Davon (Sp. 9): Starkbier (kg / 1/10)	Vermerke des Aufsichtsbeamten: Nr. des Abf.-Buchs	Vermerke des Aufsichtsbeamten: sonstige Vermerke
1	2	3	4	5	6	7	8	9	10	11	12	13	14	15

(Für Änderungen früherer Anmeldungen, sonst zu streichen.)

Die vorstehend angemeldete.. Einmaischung.. tritt — treten — an Stelle der unter Nr. ...... in der Anmeldung .... vom .... aufgeführten Einmaischung...

....
(Unterschrift des Anmelders)

.................., den .... 19....

Anleitung zum Gebrauche

1. Diese Anmeldung muß, wenn vormittags gemaischt werden soll, spätestens am Nachmittage des vorhergehenden Tages, und wenn nachmittags gemaischt werden soll, spätestens am Vormittage desselben Tages drei Stunden vorher den Aufsichtsbeamten ausgehändigt werden oder bei der Zollstelle innerhalb der Dienststunden eingehen; Ausnahmen können vom Oberbeamten bewilligt werden. Die Anmeldung kann auch im voraus für einen bestimmten Zeitraum gemacht werden.
2. Gleichzeitig mit der Erstattung der Anmeldung sind die darin enthaltenen Angaben in das vom Brauereiinhaber nach Muster 16 zu führende Abfindungsbuch einzutragen (Anleitung zu Muster 16 Nr. 2).
3. Die Anmeldung muß bei der Betriebsführung eingehalten werden. Abweichungen sind nur zulässig, wenn infolge unvermuteter Umstände die Einmaischung überhaupt nicht oder nicht in der angemeldeten Weise stattfinden kann. Die Abweichungen und deren Ursachen sind vom Brauereiinhaber unter Angabe von Tag und Stunde sofort der Zollstelle durch eine neue Anmeldung mitzuteilen und im Abfindungsbuch kenntlich zu machen (Anleitung zu Muster 16 Nr. 3).

Steuerhebebezirk.................... **Muster 16**

(AusfBest. § 70)

Nr. .... der Brauereirolle

Abfindungsbuch

der Brauerei von ....

zu.........................

für den Monat .... 19....

Anleitung zum Gebrauche

1. Dieses Abfindungsbuch muß stets in der Brauerei an dem hierfür bestimmten Orte aufbewahrt und den Aufsichtsbeamten zugänglich gehalten werden.
2. Die Spalten 1 bis 14 sind gleichzeitig mit der Abgabe der Anmeldung auszufüllen. Hierbei ist zu beachten:
   a) Die Menge der zu verwendenden Braustoffe ist in Spalten 6 bis 10 nach dem Reingewicht in ganzen und zehntel Kilogramm entsprechend der Spaltenüberschrift einzutragen.
   b) Als Reingewicht des Malzes ist bei Malz, das eine Gewichtsverminderung oder eine solche nur durch Schroten oder Reinigen erfahren hat, das Gewicht vor oder nach dem Schroten; bei Malz, das eine Gewichtsverminderung in der Brauerei bei oder nach dem Schroten (Vermahlen) durch Sichten, Sieben, Sortieren usw. erfahren hat, das Gewicht vor dem Schroten (Vermahlen); bei Malz, das bereits vor dem Schroten oder Vermahlen eine Gewichtsverminderung durch Schälen, Enthülsen usw. erfahren hat, das verminderte Gewicht anzugeben. In letzterem Falle ist jedoch neben jeder Gewichtseintragung in Spalte 15 zu vermerken, wieviel vom Hundert die Gewichtsverminderung beträgt.
   c) Zugleich mit dem Malze ist der für das betreffende Gebräu zu verwendende Zucker einzutragen, und zwar ohne Rücksicht darauf, ob er mit zur Einmaischung gelangt oder erst der Würze nach dem Kochen oder dem fertigen Biere zugesetzt wird. Als Reingewicht des Zuckers ist das Gewicht des Zuckers in dem Zustand, in dem er in die Brauerei eingebracht worden ist, einzusetzen.
3. Die Einmaischung muß so ausgeführt werden, wie sie in den Spalten 1 bis 14 eingetragen worden ist. Abweichungen sind nur zulässig, wenn infolge unvermuteter Umstände die Einmaischung überhaupt nicht oder nicht in der angemeldeten Weise stattfinden kann. Die Abweichungen und deren Ursachen sind sofort durch eine neue Anmeldung der Zollstelle mitzuteilen, und der Eintrag im Abfindungsbuch ist entsprechend zu ändern, jedoch so, daß der ursprüngliche Eintrag lesbar bleibt. In Spalte 15 ist die Änderung von dem Buchführer mit Angabe von Tag und Stunde zu bescheinigen.
4. Die Ausfüllung des Vordrucks in Spalte 15 ist auf Grund der Steuerfestsetzung für den Vormonat nach sofort dem Empfange zu bewirken.

(Fortsetzung S. 282.)

Laufende Nr.	Tag der Eintragung	Zeit der Einmaischung			genaue Bezeichnung	Der Braustoffe									
						Reingewicht									
						Malz						Zuckerstoffe		zusammen	
						zu untergärigem Biere		zu obergärigem Biere							
								Gerstenmalz		anderes Malz					
		Tag	Stunde												
			vorm.	nachm.		kg	1/10	kg	1/10	kg	1/10	kg	1/10	kg	1/10
1	2	3	4		5	6		7		8		9		10	

Davon (Spalte 10) werden verwendet zur Herstellung von								Bemerkungen
Einfachbier		Schankbier		Vollbier		Starkbier		
kg	1/10	kg	1/10	kg	1/10	kg	1/10	
11		12		13		14		15
								.... Nach der Steuerfestsetzung für den Vormonat sind bis zum Schlusse desselben im laufenden Rechnungsjahre hergestellt .... hl .... l.

5. Dieses Buch ist vom Brauereiinhaber am letzten Tage des Monats abzuschließen und am ersten darauffolgenden Werktag an die Zollstelle einzusenden.
6. Die Zollstelle hat unter Benutzung des Vordrucks auf der letzten Seite des Abfindungsbuchs die zu jeder Biergattung verwendete Braustoffmenge festzustellen und daraus unter Anwendung der hauptzollamtlich festgesetzten Ausbeutesätze die hergestellten Biermengen zu berechnen. Von diesen Mengen sind sodann je 5 oder, wenn der Brauereiinhaber nicht im Betriebe tätig ist und daher ein steuerfreier Haustrunk des Inhabers nicht in Betracht kommt, 3 v. H. als nach § 8 (1) des Gesetzes steuerfreier Haustrunk in Abzug zu bringen und von dem Reste unter Anwendung des zutreffenden Satzes die Steuer zu berechnen. Außerdem ist die bis zum Schlusse des Monats hergestellte Biermenge (ohne Abzug des Haustrunks) durch Aufrechnung der Monatssumme zur Summe der Vormonate festzustellen. Dem Brauereiinhaber ist sodann ein Steuerbescheid nach Muster 17 zu übersenden.

Steuerhebebezirk...........

Muster 17.
(AusfBest. § 73)

Steuerbescheid

über die von der Abfindungsbrauerei ....
für den Monat .... 19..... zu zahlende Biersteuer

Nach dem Abfindungsbuche sind verwendet zur Herstellung von	Braustoffe im ganzen		Für 100 kg Braustoffe sind anzusetzen		Mithin gelten in obigem Monat als hergestellt		Hiervon ab 5 oder 3 v. H. steuerfreier Haustrunk		Verbleiben steuerpflichtig		Steuersatz	Steuerbetrag GM		Bemerkungen
	kg	1/10	hl	l	hl	l	hl	l	hl	l	GM	M	Pf	
1	2		3		4		5		6		7	8		9
Einfachbier.														Die zugewiesene Jahresmenge beträgt ..... hl ..... l*) Bis zum Schlusse des Vormonats waren im laufenden Rechnungsjahre hergestellt ..... hl l
Schankbier .														Hierzu Summe der Spalte 4 ..... " ..... "
Vollbier . .														Bis zum Schlusse des obigen Monats sind im laufenden Rechnungsjahre hergestellt ..... hl l
Starkbier .														
Zusammen .														

Sie werden hiermit aufgefordert, den vorstehend berechneten Steuerbetrag mit .... Goldmark bis zum Fälligkeitstage, dem 10. .... 19... an die unterzeichnete Zollstelle in bar oder durch Überweisung auf das Postscheckkonto Nr. ... beim Postscheckamt .... oder auf das Konto der unterzeichneten Zollstelle bei der .... Bank in .... einzuzahlen und die Summe der Biermenge in der vorstehenden Spalte 9 in die hierfür vorgesehene Stelle des Abfindungsbuchs für den Monat .... 19... zu übertragen.

Bei der Steuerberechnung ist von den Anschreibungen im Abfindungsbuch insofern abgewichen worden, als ....
Gegen diesen Steuerbescheid steht Ihnen das Rechtsmittel der Anfechtung zu. Die Anfechtung, zu deren Entscheidung das Landesfinanzamt, Abteilung für Zölle und Verbrauchssteuern, in .... zuständig ist, ist binnen einem Monat nach Erhalt dieses Steuerbescheides schriftlich oder zu Protokoll bei der unterzeichneten Dienststelle einzulegen. Durch die Einlegung der Anfechtung wird die Wirksamkeit des Steuerbescheides nicht gehemmt.

...., den .... 19.....
(Stempel)

An
....
....
in ....

Steuerhebebezirk................

Muster 18
(AusfBest. § 74)

Anschreibebuch

der Abfindungsbrauerei ....

über die abgegebenen Biermengen

für das ... Viertel des Rechnungsjahrs...

Anleitung zum Gebrauche

1. Dieses Buch ist nach Anweisung des Oberbeamten in der Brauerei aufzubewahren und den Aufsichtsbeamten zugänglich zu halten.
2. In Spalte 3 bis 6 ist nur das vom Inhaber, sofern er selbst im Betriebe tätig ist, als Haustrunk entnommene und das an Arbeiter und Angestellte der Brauerei als Haustrunk gegen Entgelt oder unentgeltlich abgegebene Bier einzutragen, die Eintragung kann am Schlusse einer jeden Woche für die in diesem Zeitraum entnommene oder abgegebene Menge in einer Summe erfolgen.
3. Die Einträge in den Spalten 7 bis 10 sind zu machen, sobald Bier aus den Lagerräumen entfernt ist.
4. Nach Ablauf des Vierteljahrs ist das Buch abzuschließen und binnen 3 Tagen der Zollstelle einzusenden.

Laufende Nummer	Tag der Eintragung	Von dem erzeugten verbrauchsfertigen Biere sind								Bemerkungen
		als Haustrunk vom Inhaber entnommen oder an die Arbeiter und Angestellten der Brauerei abgegeben				im eigenen Betriebe ausgeschänkt oder an Wirte usw. abgesetzt				
		Einfachbier l	Schankbier l	Vollbier l	Starkbier l	Einfachbier l	Schankbier l	Vollbier l	Starkbier l	
1	2	3	4	5	6	7	8	9	10	11

Steuerhebebezirk *Werder*

Muster 19
(AusfBest. § 76)

Anmeldung

zur vereinfachten Abfindung als Hausbrauer
(Nichtzutreffendes ist zu durchstreichen)

des (Stand, Vor- und Zuname) *Besitzers Karl Schulz*
in (Wohnort) *Langerwisch*
(Straße und Hausnummer) *Nr. 14*

In meinem Haushalt und lediglich für meinen Hausbedarf werden jährlich etwa *4*mal — und zwar *zu Pfingsten, zu Johanni und 2mal in der Erntezeit* —, jedesmal ungefähr *200* Liter Haustrunkbier hergestellt. Ich gebrauche zu jedem Gebräu etwa

12 Kilogramm *Gersten*-Malz,
5 „ gemahlenen Zucker,
1 „ Zuckerfarbstoff,
1/2 „ Hopfen,
8 „ *getrocknete Wachholderbeeren,*
4 „ *Apfelschalen*

sowie etwas Gewürz und die nötige **obergärige** Hefe. Ich beantrage die Abfindung der Steuer erstmalig für das Rechnungsjahr 19*24* und nach dessen Ablauf für noch weitere *vier* Rechnungsjahre.
Ich handele nicht mit Bier.

Langerwisch, den *10. Juli* 19*24*.

(Unterschrift) *Karl Schulz*
Besitzer

Anleitung zum Gebrauche

1. Der vereinfachten Abfindung unterliegen nur Hausbrauer, deren Betriebe als solche vor dem 1. April 1918 bestanden haben, die ferner nicht Bierverkäufer sind und obergäriges Bier nur für ihren Hausbedarf in einer Menge von nicht mehr als 20 Hektoliter in einem Rechnungsjahre herstellen. Es ist ihnen verboten, das hergestellte Bier an nicht zum Haushalt gehörige Personen gegen Entgelt abzugeben. Vorübergehend angenommene Arbeiter oder Dienstleute werden zum Haushalt gerechnet, wenn sie dort Kost erhalten.
2. Obergärig ist Bier, zu dessen Bereitung obergärige Hefe — Preßhefe, Backhefe, Hefe aus Brennereien oder obergärigen Brauereien — benutzt worden ist.
3. Die Anmeldung (Seite 1) ist ausgefüllt und unterschrieben in doppelter Ausfertigung der Zollstelle einzureichen. Die Anmeldung ist regelmäßig außer für das Rechnungsjahr noch für weitere Rechnungsjahre abzugeben. Sie kann auch nur für ein oder gleichzeitig für weitere Rechnungsjahre abgegeben werden, die unter der Zahl vier bleiben. Das Rechnungsjahr läuft vom 1. April des einen bis zum 31. März des folgenden Kalenderjahres.

(Fortsetzung S. 290.)

1. Steuerfestsetzung für das Rechnungsjahr *1924*

Nach der Anmeldung soll im Rechnungsjahre *1924 noch zweimal gebraut werden wobei jedesmal 18 kg Malz* und Zuckerstoffe verwendet werden. Daraus berechnet sich eine steuerpflichtige Biermenge von *2 mal 2,16 = 4,32 Hektolitern.*

Die Biersteuer-Abfindungssumme für das Rechnungsjahr *1924* wird daher auf . . . . *8 856* Mark (GM.) festgesetzt, die spätestens am *10. August 1924* unter Vorlegung dieser Festsetzung bei der unten bezeichneten Zollstelle einzuzahlen ist.

Werder, den *10. Juli 1924.* *Zollamt*
(Stempel) (Unterschrift) *Lehmann*

---

2. Steuerfestsetzung für das Rechnungsjahr *1925*

Auf Grund des nebenstehenden Verbrauchs im Rechnungsjahr *1924* und der obigen Anmeldung wird der Braustoffverbrauch für das Rechnungsjahr *1925* hiermit auf *90 kg*, die steuerpflichtige Biermenge auf *1 080* Liter und die Biersteuer-Abfindungssumme auf . . . . *22 140* Mark (GM.) festgesetzt. Der Betrag ist spätestens am *10. Mai 1925* unter Vorlegung dieser Festsetzung bei der unten bezeichneten Zollstelle einzuzahlen.

Werder, den *10. April 1925.* *Zollamt*
(Stempel) (Unterschrift) *Lehmann*

---

3. Steuerfestsetzung für das Rechnungsjahr *1926*

Auf Grund der nebenstehenden Biererzeugung im Rechnungsjahre *1925* wird die steuerpflichtige Biermenge für das Rechnungsjahr *1926* hiermit auf *850,8* Liter und die Steuer hiervon auf . . . . *17 441* Mark (GM.) festgesetzt. Der Betrag ist spätestens am *10. Mai 1926* unter Vorlegung dieser Festsetzung bei der unten bezeichneten Zollstelle einzuzahlen.

Werder, den *6. April 1926.* *Zollamt*
(Stempel) (Unterschrift) *Lehmann*

---

4. Steuerfestsetzung für das Rechnungsjahr 19.....

Auf Grund der nebenstehenden Biererzeugung im Rechnungsjahre 19..... wird die Biersteuer-Abfindungssumme für das Rechnungsjahr 19..... auf .... GM. festgesetzt. Der Betrag ist spätestens am *10.* .... 19..... unter Vorlegung dieser Festsetzung bei der unten bezeichneten Zollstelle einzuzahlen.

............., den .... 19..... ....
(Stempel) (Unterschrift)
....

---

5. Steuerfestsetzung für das Rechnungsjahr 19.....

Auf Grund der nebenstehenden Biererzeugung im Rechnungsjahre 19.... wird die Biersteuer-Abfindungssumme für das Rechnungsjahr 19.... hiermit auf . . . . GM. festgesetzt. Der Betrag ist spätestens am *10*............ 19.... unter Vorlegung dieser Festsetzung bei der unten bezeichneten Zollstelle einzuzahlen.

............., den .... 19..... ....
(Stempel) (Unterschrift)
....

Vom Hersteller des Haustrunkbiers auszufüllen									Von der Zollstelle auszufüllen				
Haustrunkbier ist hergestellt worden am		Dazu verwendete Stoffe*)				Zusammen (Spalten 3 und 4)		Namensunterschrift des Herstellers zur Bescheinigung der Richtigkeit der Eintragung	Die Biersteuer ist bezahlt worden			Nummer des Biersteuer-Einnahmebuchs	Unterschrift des Kassenbeamten als Quittung
		Malz		Zucker und Zuckerfarbstoffe					für das Rechnungsjahr	am	mit Goldmark		
Jahr	Monat und Tag	Kilogramm	1/10	Kilogramm	1/10	Kilogramm	1/10				M Pf		
1	2	3		4		5		6	7	8	9	10	11
1924	*20. Juli*	*9*	—	*4*	*5*	*13*	*5*	*Schulz*	*1924*	*12. Juli*	*8856*	*15*	*Lehmann*
„	*26. Juli*	*15*	—	*7*	*5*	*22*	*5*	*Schulz*	*1925*	*15. April*	*22140*	*18*	*Lehmann*
„	*4. August*	*12*	—	*6*	—	*18*	—	*Schulz*	*1926*	*8. April*	*17441*	*4*	*Lehmann*
	Zusammen	*36*	—	*18*	—	*54*	—						
1925	*3. Juni*	*9*	*5*	*5*	—	*14*	*5*	*Schulz*					
„	*23. Juni*	*12*	—	*6*	—	*18*	—	*Schulz*					
„	*24. Juli*	*14*	—	*7*	*4*	*21*	*4*	*Schulz*					
„	*8. August*	*11*	*5*	*5*	*5*	*17*	—	*Schulz*					
		47	—	*23*	*9*	*70*	*9*						

*) Die Mengen werden am Schlusse des Rechnungsjahrs von der Zollstelle aufgerechnet.

4. Die Angaben über die Anzahl und die Zeit der Bereitungen von Bier für den Hausbedarf innerhalb eines Rechnungsjahrs sowie über die Menge des jedesmal herzustellenden Haustrunks und der dazu zu verwendenden Braustoffe sind in der Anmeldung schätzungsweise nach bestem Wissen zu machen. An ihre Einhaltung ist der Anmelder nicht streng gebunden; er kann, wenn es die Witterung oder andere Umstände erfordern, einen oder einige Sude mehr oder weniger herstellen, zu einem Sude etwas mehr oder weniger Braustoffe, als in der Anmeldung angegeben ist, verwenden und etwas mehr oder weniger Bier, als angemeldet, ziehen, ohne verpflichtet zu sein, diese Abweichungen der Zollstelle besonders anzumelden, sofern das Gesamtgewicht der verwendeten Braustoffe die Grenze von 165 Kilogramm nicht überschreitet (Nr. 9).

5. Die in der Anmeldung weiter abzugebende Erklärung, daß zur Herstellung des Bieres nur obergärige Hefe verwendet und das hergestellte Bier nur im Haushalt des Anmelders verbraucht werden soll und daß der Anmelder nicht mit Bier handelt, ist dagegen bindend. Jede Abweichung davon hat den Verlust der Vergünstigung der vereinfachten Abfindung und die Einleitung des Strafverfahrens wegen Ordnungswidrigkeit zur Folge.

6. Die Zollstelle setzt den für das Rechnungsjahr oder den noch nicht abgelaufenen Teil des Rechnungsjahrs zu zahlenden Steuerbetrag unveränderlich, also mit Ausschluß einer Nach- oder Rückzahlung, in der Weise fest, daß für jeden Doppelzentner der angemeldeten Malz- und Zuckermengen 12 Hektoliter Bier als steuerpflichtige Menge angesetzt werden und gibt die eine Ausfertigung der Anmeldung mit der Steuerfestsetzung dem Anmelder zurück. Die Steuerfestsetzung ist ein Steuerbescheid, gegen den dem Steuerschuldner das Rechtsmittel der Anfechtung an das Landesfinanzamt, Abteilung für Zölle und Verbrauchssteuern in .... zusteht. Die Anfechtung ist binnen einem Monat nach Erhalt der mit der Steuerfestsetzung versehenen Anmeldungsausfertigung bei der Zollstelle schriftlich oder zu Protokoll einzulegen. Der Steuerbetrag ist spätestens am zehnten Tage des auf die Festsetzung folgenden Monats unter Wiedervorlegung der Anmeldung bei der Zollstelle einzuzahlen. Durch die Einlegung der Anfechtung wird dieser Zahlungszeitpunkt nicht hinausgeschoben.

7. Die Zollstelle bescheinigt den Empfang des Geldes auf Seite 3 der Anmeldung in den Spalten 7 bis 10 und gibt die Anmeldung dem Hausbrauer zurück, der sie sorgfältig aufzubewahren und jede Bierherstellung sofort durch Ausfüllung der Spalten 1 bis 5 einzutragen hat.

8. **Alljährlich in der Zeit vom 1. bis 15. April ist die Anmeldung unaufgefordert der Zollstelle zur Festsetzung der Steuer für das neue Rechnungsjahr wieder vorzulegen.**

9. Treten im Laufe eines Rechnungsjahrs Umstände ein, durch welche die Anwendung der vereinfachten Abfindung ausgeschlossen wird — das heißt, soll regelmäßig untergärige Hefe zum Anstellen verwendet werden, oder überschreitet die Gesamtmenge des im Laufe des Rechnungsjahrs hergestellten Bieres die Grenze von 20 Hektolitern (Ziffer 4), oder soll solches an nicht zum Haushalt gehörige Personen gegen Entgelt abgegeben oder sonst ein Verkauf oder Ausschank von Bier eröffnet werden —, oder verzichtet der Anmelder auf die weitere Herstellung von Haustrunkbier, so ist dies der Zollstelle innerhalb 14 Tagen unter Rückreichung der Anmeldung anzuzeigen.

10. Die Herstellung von Bier für den Hausbedarf ohne vorherige Anmeldung und Steuerzahlung sowie das Unterlassen der Eintragung oder die unrichtige Eintragung einer derartigen Bierbereitung auf Seite 3 der Anmeldung (vgl. Ziffer 9) wird als Biersteuerhinterziehung bestraft.

Muster 20
(AusfBest. § 88)

Vermessungsverhandlung
für die zur Ermittlung der Menge der Ausschlagwürze dienenden Braukessel usw.

Nummer.... der Brauereirolle Nummer..... der Belege

Verhandelt ...., den.................... 19...

Angefangen ....mittags ...... Uhr.

Heute wurde in der hiesigen Brauerei de ....
....
die Vermessung des Gefäßes vorgenommen, in dem die Menge der Ausschlagwürze ermittelt werden soll; es ist dies der Braukessel (die Würzpfanne) ...., der die Nummer .... führen soll.

Die Vermessung wird erforderlich, weil ....
....

Gegenwärtig waren unausgesetzt während des ganzen, nachstehend dargestellten ununterbrochen zu Ende geführten Verfahrens

1. von der Finanzbehörde: ....
....

2. von der Brauerei: ....
....

Zunächst stellten die Anwesenden fest, daß das Gefäß ganz leer war, alle Ablauföffnungen und Dampfventile geschlossen waren und sein Boden so eingelassen ist, daß er unabsichtlich nicht verschoben werden kann. Dann prüften sie die Beschaffenheit des Bodens, ob er eben oder bauchig, nach oben erhöht oder nach unten eingedrückt sei oder sonst von einer ebenen Fläche abweiche. Dabei fand sich, daß..........................
....

Die sonstige Beschaffenheit und Form des Gefäßes ist folgende:.....
....
....

In dem Braukessel ist eine Dampfschlange..............................
.... eingebaut.

Zur Vermessung wurde Wasser von + ...° C (+ ......° R)[1]) benutzt, sie geschah mit einer geeichten ....
....

Nach Einfüllung je eines Hektoliters — je eines halben Hektoliters — Wasser in den Kessel — Bottich — wurde gewartet, bis der Wasserspiegel ganz ruhig war. Dann wurde der Stand des Wassers an dem vom Brauereibesitzer zu diesem Zwecke bereit gehaltenen Meßstab genau und deutlich eingekerbt und der Abstand eines jeden Teilstrichs vom Boden des Braukessels — Bottichs — an vom vorhergehenden Teilstrich genau abgemessen und weiter unten niedergeschrieben.

Der aus hartem Holze gefertigte Meßstab wurde stets an derselben Stelle eingeführt, die durch eine am Rande des Kessels — Bottichs — angebrachte Marke (Steuerblei) kenntlich gemacht ist. Zur gleichmäßigen Einführung des Meßstabs dient eine an dem Braukessel befindliche Führungsklammer.

Die Vermessung wurde so lange fortgesetzt, bis der Kessel — Bottich — einen weiteren ganzen — halben — Hektoliter Wasser nicht mehr fassen konnte, als dies zur Würzeermittlung notwendig schien[2]).

Das Ergebnis der Vermessung war folgendes:

Nach Eingießen von
.... hl betrug der Abstand vom Boden des Kessels — Bottichs .... mm,
.... „ „ „ „ „ vorhergehenden Teilstrich.... .... „
.... „ „ „ „ „ „ „ .... „
.... „ „ „ „ „ „ „ .... „
.... „ „ „ „ „ „ „ .... „
.... „ „ „ „ „ „ „ .... „
.... „ „ „ „ „ „ „ .... „

Im ganzen wurden eingemessen: ....hl (in Worten: ....
....).

Zur Gegenprüfung wurde sodann vor den Kessel — Bottich auf die Brücke einer vorher geprüften Dezimalwage ein .... (Faß) aufgestellt und die Wage mit dem .... (Fasse) genau abgeglichen. Hierauf wurde der Ablaßhahn geöffnet, das .... (Faß) nahe bis an den Rand mit dem

---

[1]) Das Wasser darf nicht über + 15° C (+ 12° R) Wärme haben.

[2]) Wird der Gesamtinhalt des Gefäßes ermittelt, so sind die Worte „als dies zur Würzeermittlung notwendig schien" zu streichen. Das Wasser ist dann, zuletzt literweise, einzufüllen, bis es überläuft. Die eingemessene Literzahl, mit Ausnahme des letzten Liters, bildet den Inhalt des Geräts.

aus dem Kessel — Bottich — auslaufenden Wasser befüllt und das Gewicht des Wassers nachstehend eingetragen. Vor jeder weiteren Befüllung des ..... (Fasses) wurde die Wage von neuem genau abgeglichen und sorgfältig darauf geachtet, daß das .... (Faß) ganz leer war. Die ganze im Kessel — Bottich — enthaltene Wassermenge wurde ohne Verlust in das vorbezeichnete Gefäß übergeleitet.

Die Nachverwiegung des aus dem Kessel — Bottich — abgelassenen Wassers ergab bei der

1. Füllung des .... (Fasses) .... kg,
2. " " " " .... "
3. " " " " .... "
4. " " " " .... "
5. " " " " .... "
6. " " " " .... "
7. " " " " .... "

das sind zusammen .... kg

oder .... hl .... l (in Worten: ....).

Es beträgt also das Ergebnis der Vermessung ..... hl ..... l,

" " " Verwiegung ..... " ..... ".

Hiernach ergaben sich bei der Verwiegung mehr / weniger .... hl ... l, das ist .... vom Hundert der eingemessenen Wassermenge.

Der Meßstab wurde zur Verhütung von Vertauschungen mit einem Finanzblei versehen. Dem mitunterzeichneten Brauereibesitzer wurde aufgegeben, den Meßstab, den amtlichen Einkerbungen entsprechend, binnen ...... Tagen mit einer genauen und deutlichen Einteilung nach Hektolitern — halben Hektolitern — zu versehen, ihn mit der seinen richtigen Gebrauch sichernden Einrichtung unversehrt zu erhalten und stets an dem hierzu bestimmten Orte, nämlich .... aufzubewahren.

Diese Verhandlung ist während der Vermessung fortlaufend in zwei gleichen Ausfertigungen aufgestellt worden, deren eine, nach Prüfung durch das Hauptzollamt, dem Brauer übergeben werden wird. Er hat den — ermittelten[1]) — angemeldeten — Rauminhalt von .... l nebst der Nummer .... auf dem Kessel — Bottich spätestens binnen ..... Tagen nach Empfang der Verhandlung vorschriftsmäßig verzeichnen zu lassen und die Verhandlung zum Beleghaft der Brauerei zu nehmen.

Um ..... Uhr ...... mittags ist das Vermessungsgeschäft geschlossen und sofort die Verhandlung in beiden Ausfertigungen nochmals vollständig durchgelesen, von allen Anwesenden genehmigt und eigenhändig unterschrieben worden.

....

Die Inhaltsberechnung geprüft und..........................

.................., den .... 19....

..................amt

[1]) Der durch Vermessung ermittelte Inhalt ist nur dann auf dem Kessel — Bottich — anzugeben, wenn sein Gesamtinhalt festgestellt wurde.

Muster 20a
(AusfBest. § 88)

Vermessungsverhandlung
für Gefäße, die **nicht** zur Ermittlung der Menge der Ausschlagwürze dienen.

Nummer ... der Brauereirolle | Nummer .... der Belege

Verhandelt ...., den .... 19.....
Angefangen ....mittags Uhr ....

Heute wurde in der hiesigen Brauerei be ....
....
die Vermessung des.................................vorgenommen,
d.... die Nummer .... führen soll.

Die Vermessung wird erforderlich, weil ....
....

Die Vermessung wird gemäß § 84 Abs. 2 der Biersteuer-Ausführungsbestimmungen — auf trockenem Wege ausgeführt — auf hauptzollamtliche Anordnung auf nassem Wege ausgeführt.

Gegenwärtig waren unausgesetzt während des ganzen, nachstehend dargestellten und ununterbrochen zu Ende geführten Verfahrens

1. von der Finanzbehörde: ....
....
2. von der Brauerei: ....
....

Zunächst stellten die Anwesenden fest, daß das Gefäß ganz leer, seine Ablauföffnung geschlossen war und sein Boden so eingelassen ist, daß er unabsichtlich nicht verschoben werden kann. Dann prüften sie die Beschaffenheit des Bodens, ob er eben oder bauchig, nach oben erhöht oder nach unten eingedrückt sei oder sonst von einer ebenen Fläche abweiche. Dabei fand sich, daß
....

Die sonstige Beschaffenheit und Form des Gefäßes ist folgende: ......
....

Das Gefäß hatte bei der Vermessung folgende Stellung:

Bemerkung. Von den Vermessungsbeamten ist hier eine Handzeichnung des Gefäßes zu entwerfen und dessen Lage durch Angabe der Entfernungen seines Randes vom Fußboden oder sonstwie möglichst genau zu bestimmen. Ob und nach welcher Seite das Gefäß Neigung hat, ist anzugeben. Weicht es von der wagerechten Stellung ab, so ist der höchst- und der niedrigstgelegene Punkt seines Randes zu bezeichnen.

Hierauf wurde zur trockenen Vermessung geschritten, wobei sich folgendes ergab:

1.	der größte obere Durchmesser im Lichten beträgt:	... cm	mittlerer Durchmesser: .... cm
2.	„ kleinste „ „ „ „ „	... „	
3.	„ größte untere „ „ „ „	... „	
4.	„ kleinste „ „ „ „ „	... „	
5.	„ äußere Umfang des Gefäßes oben beträgt:	... „	
6.	„ „ „ „ „ unten „	... „	
7.	die innere Höhe in der Mitte beträgt:	... „	mittlere Höhe: .... cm
8.	„ „ „ an den Seitenwänden beträgt:	... „	
9.	„ äußere Höhe „ „ „ „	... „	

für Gefäße, deren Seitenwände gerade Flächen bilden:

1.	die obere Länge an der einen Seite im Lichten beträgt:	... cm	mittlere Länge: ..... cm
2.	„ „ „ „ „ anderen „ „ „ „	... „	
3.	„ untere „ „ „ einen „ „ „ „	... „	
4.	„ „ „ „ „ anderen „ „ „ „	... „	
5.	„ obere Breite „ „ einen „ „ „ „	... „	mittlere Breite .... cm
6.	„ „ „ „ „ anderen „ „ „ „	... „	
7.	„ untere „ „ „ einen „ „ „ „	... „	
8.	„ „ „ „ „ anderen „ „ „ „	... „	
9.	„ größte innere Höhe an den Seitenwänden „	... „	mittlere Höhe: .... cm
10.	„ kleinste „ „ „ „ „ „	... „	

Nach den amtlichen Tafeln ergibt sich hieraus ein Raumgehalt von ....Litern, in Worten:..

An den Stellen des Randes, wo die Höhen gemessen waren, wurde der Steuerstempel deutlich ....

Sodann wurde zur nassen Vermessung geschritten und dabei Wasser von nicht über 15° C (12° R) benutzt.

a) Vermessung von **unten** nach oben [1])

Eine geeichte .... wurde wagerecht gestellt und mit Wasser bis zum Überlaufen gefüllt. Das Wasser wurde dann ohne Verlust in das Gefäß gegossen und unter Wiederholung dieses Verfahrens, zuletzt mit Hinzugießen einzelner Liter, festgestellt, daß der Wasserstand, bei Punkt ......

---

[1]) Auf nassem Wege wird entweder von unten nach oben oder, oder unter Benutzung des folgenden Vordrucks b, von oben nach unten vermessen.

der Handzeichnung mit einem geeichten Zentimeterstabe gemessen, betrug nach Eingießen

von ....*l*.......... mm	von ....*l*.......... mm
„ ....„.......... „	„ ....„.......... „
„ ....„.......... „	„ ....„.......... „
„ ....„.......... „	„ ....„.......... „

Die Vermessung wurde bis zum Überlaufen des Gefäßes fortgesetzt. Sein Gesamtinhalt beträgt hiernach ....Liter, in Worten:...........

b) Vermessung von **oben** nach unten

Das Gefäß wurde so weit mit Wasser befüllt, daß dieses am niedrigsten Punkte des Randes überlief. Die Höhe des Wasserstandes an diesem, in der Handzeichnung mit .... bezeichneten Punkte betrug nach dem geeichten Zentimeterstabe .... Millimeter. Dann wurde in ein Hilfsgefäß, dessen Inhalt vorher mit der geeichten .... zu .... Liter ermittelt worden war, das Wasser aus dem zu vermessenden Gefäß abgelassen. Bei Wiederholung dieses Verfahrens, zuletzt unter Benutzung des Litermaßes, ergab sich, daß,

stets bei Punkt.... gemessen,	Das Gefäß enthält also bei einer Befüllung
von......bis......mm..........*l*	bis......mm..............*l*
„ ...... „ ...... „ ....„	„ ...... „ ....„
„ ...... „ ...... „ ....„	„ ...... „ ....„
„ ...... „ ...... „ ....„	„ ...... „ ....„
abgelassen waren.	in Worten: ....

Diese Verhandlung ist während der Vermessung fortlaufend in zwei gleichen Ausfertigungen aufgestellt worden, deren eine nach Prüfung durch das Hauptzollamt dem Brauer übergeben werden wird. Er hat den ermittelten Rauminhalt von .... Liter nebst der Nummer ...... auf dem Gefäße spätestens binnen ...... Tagen nach Empfang der Verhandlung vorschriftsmäßig verzeichnen zu lassen und die Verhandlung zum Beleghaft der Brauerei zu nehmen.

Um ...... Uhr ......mittags ist das Vermessungsgeschäft geschlossen und sofort die Verhandlung in beiden Ausfertigungen nochmals vollständig durchgelesen, von allen Anwesenden genehmigt und eigenhändig unterschrieben worden.

....

....

....

Die Inhaltsberechnung geprüft und..............................

................, den..............................19....

..........................amt.

Steuerhebebezirk.................. **Muster 21**

(AusfBest. § 96).

Nr. .... der Brauereirolle

Befundbuch für die Steueraufsicht

in der .... Brauerei

zu.........................

für das ..... Viertel des Rechnungsjahrs

Anleitung zum Gebrauche

1. In das Befundbuch ist von den Aufsichtsbeamten das Ergebnis einer jeden Nachschau in der Brauerei einzutragen. In den Betriebsbüchern ist auf den Vortrag im Befundbuch zu verweisen.
2. Das Befundbuch ist in vierteljährlichen Abschnitten zu führen. Nach Ablauf jeden Vierteljahrs hat der Oberbeamte die Einsendung des Befundbuchs an die Zollstelle zu veranlassen.

Laufende Nummer	Der Prüfung		Ergebnis der Prüfung und Unterschrift der Beamten
	Tag und Stunde	Gegenstand (Betriebsräume, Geräte, Wiegevorrichtungen, Bücher usw., die besichtigt und geprüft wurden)	
1	2	3	4

Muster 22
(AusfBest. § 97)

Merkbuch

des Zollbetriebsassistenten ....

zu........................

über die eingegangenen Brauanzeigen und Anmeldungen der Abfindungsbrauereien

für das ..... Viertel des Rechnungsjahrs 19....

Laufende Nr.	Der anmeldenden Brauerei		Aus der Brauanzeige oder der Anmeldung zu übernehmen			Die Brauanzeige (Anmeldung) ist mit den Eintragungen im Sudbuch (Abfindungsbuche) verglichen worden am	Bemerkungen über die Abgabe von Brauanzeigen (Anmeldungen) an andere Aufsichtsbeamte zur Vergleichung, über Unstimmigkeiten zwischen Brauanzeigen (Anmeldung.) u Sudbuch (Abfindungsbuch) usw.
			Der Einmaischung				
				Stunde			
	Name des Inhabers	Ort	Tag	vormittags	nachmittags		
1	2	3	4	5		6	7

Steuerhebebezirk............

Muster 23
(AusfBest. § 99)

Brauerei-Betriebs-Gegenbuch
für das Rechnungsjahr 19....

Anleitung zum Gebrauche

1. Für jede Brauerei ist eine besondere Abteilung anzulegen. Bilden mehrere Brauereien des Hebebezirkes einen Brauereibetrieb im Sinne des § 3 Abs. 3 des Biersteuergesetzes, so ist für sie nur eine gemeinschaftliche Abteilung anzulegen.
2. Am Kopfe jeder Abteilung ist der Name des Inhabers — zutreffendenfalls auch des Betriebsleiters —, der Ort und die Art der Steuerentrichtung anzugeben.
3. Die Spalten 3 bis 19 werden ausgefüllt:
   a) Bei nicht abgefundenen Brauereien auf Grund der Einträge des Sudbuchs am Vierteljahrsschlusse.
   b) Bei abgefundenen Brauereien auf Grund der Einträge des Abfindungsbuchs am Monatsschlusse; die hergestellte Biermenge ist mit Einschluß des steuerfreien Haustrunks zu berechnen.
4. Für Betriebe, die bierähnliche Getränke herstellen, sind besondere Abteilungen anzulegen.

(2. Seite)

Abteilung Nr. .... für die .... abgefundene

Laufende Nr.	Tag der Eintragung	Des Vorbuchs (Sudbuchs, Abfindungsbuchs)		Verwendete Braustoffe									
				Malz						Zuckerstoffe		Zusammen	
				zu untergärigem Biere		zu obergärigem Biere							
						Gerstenmalz		anderes Malz					
		Bezeichnung	Nr.	kg	1/10	kg	1/10	kg	1/10	kg	1/10	kg	1/10
1	2	3	4	5		6		7		8		9	

(3. Seite)

Brauerei .... zu ....

Überwachungspflichtige — bei Abfindungsbrauereien hergestellte — Biermenge																				Bemerkungen
Im Sudverfahren erzeugt																Zusätze nach Abschluß des Sudverfahrens				
Einfachbier				Schankbier				Vollbier				Starkbier				Wasser		Zuckerstoffe flüssig oder gelöst		
untergärig		obergärig		untergärig		obergärig		untergärig		obergärig		untergärig		obergärig						
hl	l	hl	l	hl	l	hl	l	hl	l	hl	l	hl	l	hl	l	hl	l	hl	l	
10		11		12		13		14		15		16		17		18		19		20

Steuerhebebezirk ....

Muster 24
(AusfBest. § 99)

Biersteuer-Gegenbuch
für das Rechnungsjahr 19....

Anleitung zum Gebrauche

1. Für jede Brauerei ist eine besondere Abteilung anzulegen. Bilden mehrere Brauereien des Hebebezirks einen Brauereibetrieb im Sinne des § 3 Abs. 3 des Biersteuergesetzes, so ist für sie nur eine gemeinschaftliche Abteilung anzulegen.
2. Am Kopfe jeder Abteilung ist für jede Brauerei der Name des Brauereieigentümers (vgl. Anleitung zu Muster 4 Nr. 2) — zutreffendenfalls auch des Betriebsinhabers und Betriebsleiters —, der Ort, die Art der Steuerentrichtung und gegebenenfalls die nach § 4 (1) des Biersteuergesetzes vom $\frac{\text{26. Juli 1918}}{\text{8. April 1922}}$ zugewiesene Jahresmenge anzugeben.
3. Die Spalten 1 bis 45 werden auf Grund der Steuerberechnung am Schluß jeder Monatshälfte, für Abfindungsbrauereien am Monatsschluß ausgefüllt.
4. Biermengen, die gemäß § 4 Abs. 2 oder § 5 des Biersteuergesetzes vom $\frac{\text{26. Juli 1918}}{\text{8. April 1922}}$ den dreifachen oder zweifachen Steuersätzen unterliegen, sind mit roter Tinte einzuschreiben. In den Spalten 17 bis 44 sind sie bei dem Steuersatz einzutragen, von dem das Dreifache oder Doppelte erhoben worden ist.
5. Für Betriebe, die bierähnliche Getränke herstellen, sind besondere Abteilungen anzulegen.

(Zweite Seite)

Abteilung .... für die ....

Laufende Nummer	Tag der Eintragung	Bezeichnung des Vorbuchs	Nr.	Aus den Lagerräumen gingen insgesamt aus	steuerfrei belassen als Haustrunk § 8 (1) des Gesetzes					steuerfrei		
					Einfachbier	Schankbier	Vollbier	Starkbier	zusammen (Sp. 6/9)	Einfachbier	Schankbier	Vollbier
				hl | l	hl | l	hl | l	hl | l	hl | l	hl | l	hl | l	hl | l	hl | l
1	2	3	4	5	6	7	8	9	10	11	12	13

(Dritte Seite)

zu .... Zugewiesene Jahresmenge

gegangenen Biermengen (Spalte 5) wurden:											
steuert											
bier zum Satze von					als Vollbier zum Satze von						
3 225 Mark	3 300 Mark	3 450 Mark	3 600 Mark	3 750 Mark	4 100 Mark	4 200 Mark	4 300 Mark	4 400 Mark	4 600 Mark	4 800 Mark	5 000 Mark
hl | l	hl | l	hl | l	hl | l	hl | l	hl | l	hl | l	hl | l	hl | l	hl | l	hl | l	hl | l
26	27	28	29	30	31	32	33	34	35	36	37

(Zweite Seite)

Brauerei

		Von den aus den Lagerräumen insgesamt aus-									
ausgeführt		ver-									
			als Einfachbier zum Satze von							als Schank-	
Starkbier	zusammen (Sp. 11/14)	im ganzen	2 050 Mark	2 100 Mark	2 150 Mark	2 200 Mark	2 300 Mark	2 400 Mark	2 500 Mark	3 075 Mark	3 150 Mark
hl | l	hl | l	hl | l	hl | l	hl | l	hl | l	hl | l	hl | l	hl | l	hl | l	hl | l	hl | l
14	15	16	17	18	19	20	21	22	23	24	25

(Dritte Seite)

Hektoliter

als Starkbier zum Satze von							Betrag der Biersteuer für die Mengen in Spalten 17/44	Die Steuer ist fällig am	Die Einzahlung der Steuer ist nachgewiesen i. Biersteuereinnahmebuche		Auf die zugewiesene Jahresmenge anzurechnende Menge (Sp. 10 + 16, gegebenenfalls + 15 nach Maßgabe des § 61 Abs. 2 Nr. 2 und Abs. 4)	Bemerkungen
6 150 Mark	6 300 Mark	6 450 Mark	6 600 Mark	6 900 Mark	7 200 Mark	7 500 Mark			für das Vierteljahr	unter Nr.		
hl | l	hl | l	hl | l	hl | l	hl | l	hl | l	hl | l	GM. ℳ | ₰				hl | l	
38	39	40	41	42	43	44	45	46	47	48	49	50

Muster 24 a
(AusfBest. § 99)

Anhang

zum Biersteuer-Gegenbuche

für das Rechnungsjahr 19........

(Verzeichnis der von den Hausbrauern versteuerten Biermengen usw.)

Laufende Nummer	Des Hausbrauers		Nach den Anschreibungen des Hausbrauers auf Seite 3 der Anmeldung über die Bereitung von Bier für den Hausbedarf sind im vergangenen Rechnungsjahre			Die Biersteuer für das laufende Rechnungsjahr						Bemerkungen
	Name und Stand	Wohnort	verwendet worden		versteuert worden Bier	mit GM.		Verzugszinsen GM.		ist weiter nachgewiesen im Einnahmebuche		
			Malz	Zucker						für das Vierteljahr	unter Nr.	
			kg	kg	hl	M.	Pf.	M.	Pf.			
1	2	3	4	5	6	7		8		9	10	11

Anleitung zum Gebrauche

Für die statistischen Anschreibungen ist das hergestellte Bier als „obergäriges Einfachbier" anzusehen.

Muster 25
(AusfBest. § 99)

Biersteuer-Einnahmebuch

des Zollamts zu *Werder*

für das .... Viertel des Rechnungsjahrs 19........

Enthält *zwanzig* Blätter, die mit einer angesiegelten Schnur durchzogen sind. Geführt von

Brandenburg a. H., den 20. Dezember 1924.

(Siegel) (Unterschrift)

Laufende Nummer	Tag der Eintragung	Des Zahlungspflichtigen		Des Vorbuchs		Betrag der Einnahme		Verzugszinsen		Bemerkungen (insbesondere über die für die Berechnung der Verzugszinsen in Betracht kommende Zeit)
		Name	Wohnort	Bezeichnung	Seite und Nummer	Goldmark M.	Pf.	Goldmark M.	Pf.	
1	2	3	4	5		6		7		8

Bezirk des Landesfinanzamts ...

Muster 26
(AusfBest. § 100)

Bezirk des Hauptzollamts .....

Steuerhebebezirk ....

Einzusenden von den Zollstellen an das Hauptzollamt bis zum 10. Hauptzollämtern an die Landesfinanzämter bis zum 15. Landesfinanzämtern an das Statistische Reichsamt bis zum 20. } der Monate Januar April, Juli und Oktober

Nachweisung

der im ... Viertel des Rechnungsjahres 19..... in den Brauereien verbrauchten Braustoffmengen sowie der versteuerten und steuerfrei abgelassenen Biermengen

Nach den Betriebs-Gegenbüchern und Biersteuer-Gegenbüchern sind in Brauereien des Bezirks												Bemerkungen (insbesondere über etwaige Berichtigungen der Angaben für Vorvierteljahre s. Anleitung Nr. 3)
verwendet worden			versteuert oder steuerfrei abgelassen worden									
Malz	Zuckerstoffe	Reisgrieß, Maisgrieß und Maisstärke	Einfachbier		Schankbier		Vollbier		Starkbier		Bier im ganzen	
			untergärig	obergärig	untergärig	obergärig	untergärig	obergärig	untergärig	obergärig		
dz	dz	dz	hl	hl	hl	hl	hl	hl	hl	hl	hl	
1	2	3	4	5	6	7	8	9	10	11	12	13

Anleitung zum Gebrauche

1. Die nach den Eintragungen in den Sudbüchern, Abfindungsbüchern und den Anmeldungen der Hausbrauer in einem Vierteljahre verwendeten Braustoffmengen und in den Steuerbüchern usw. als steuerpflichtig (§ 100 Abs. 1 Satz 2 der AusfBest.) oder steuerfrei nachgewiesenen Biermengen sind in die Nachweisung für dieses Vierteljahr einzutragen ohne Rücksicht auf den Zeitpunkt der Fälligkeit der Steuer (bei abgefundenen Brauereien auch ohne Rücksicht auf den Zeitpunkt der Entstehung der Steuerschuld) oder der Eintragung in die Gegenbücher.

   An Stelle der durch Hausbrauer in den einzelnen Vierteljahren tatsächlich verwendeten Braustoffmengen und der daraus nach dem Ausbeutesatz von 12 Hektoliter errechneten Biermenge können jedoch die der jährlichen Steuerfestsetzung zugrunde gelegten Braustoffmengen und die danach berechnete Biermenge in einer Summe eingetragen werden; die Anschreibung hat alsdann in demjenigen Vierteljahre zu erfolgen, in dem der Steuerbetrag eingezahlt wird.
2. Die Braustoffmengen sind in vollen Doppelzentnern und die Biermengen in vollen Hektolitern anzugeben; Mengen unter 50 Kilogramm und unter 50 Liter sind außer Betracht zu lassen, solche von 50 bis 100 Kilogramm und von 50 bis 100 Liter als 1 Doppelzentner und als 1 Hektoliter anzusetzen.
3. Etwaige Mehr- oder Fehlmengen, die sich nach Abschluß der Nachweisung für eins der ersten drei Vierteljahre eines Rechnungsjahres ergeben, sind in der betreffenden Spalte der Nachweisung für das nächstfolgende Vierteljahr unter Erläuterung in der Bemerkungsspalte hinzu- oder abzusetzen. Nach Einsendung der Nachweisung für das 4. Viertel eines Rechnungsjahres sind etwaige Berichtigungen für dieses Viertel und noch notwendig werdende Berichtigungen für die Vorviertel des Rechnungsjahres dem Statistischen Reichsamt umgehend besonders mitzuteilen.
4. Bierähnliche Getränke sind in der Spalte 13 oder in einer besonderen Abteilung der Nachweisung gesondert nachzuweisen. Der Angabe der verwendeten Rohstoffe bedarf es nicht.

Bezirk des Landesfinanzamts.........
Bezirk des Hauptzollamts ....

Muster 27
(AusfBest. § 101)

Einsendungszeitpunkt: 1. August.

Bestand an Brauereien und Biererzeugung

im Rechnungsjahre 19....

Anleitung zum Gebrauche

1. Mehrere zu einem Brauereibetrieb vereinigte Brauereien (§ 3 Abs. 3 Satz 1 des Gesetzes) sind für die Angaben in den Spalten 3 bis 24 als verschiedene Betriebe und für die Angaben in den Spalten 25 bis 37 als ein Betrieb zu zählen, und zwar im letzteren Falle nur von der Zollstelle, in deren Bezirk die größte der zusammengehörigen Brauereien liegt.
2. Die Angaben in den Spalten 9 bis 37 sind den Betriebs- und Biersteuer-Gegenbüchern für das abgelaufene Rechnungsjahr zu entnehmen.
3. Als Jahreserzeugung (Spalte 25) gelten die im Rechnungsjahre versteuerten und steuerfrei abgelassenen Biermengen.
4. Der größte Brauereibetrieb und alle Brauereibetriebe mit 300000 Hektoliter Biererzeugung (Spalte 25) und darüber sind in Spalte 38 namentlich anzugeben.
5. Die von den Hauptzollämtern aufzustellende Nachweisung hat nach Hebebezirken und die von den Landesfinanzämtern zu fertigende Zusammenstellung nach Hauptzollamtsbezirken zu erfolgen.
6. Betriebe, die bierähnliche Getränke herstellen, sind in einer besonderen Abteilung nachzuweisen.

Laufende Nummer	Hebe- / Hauptzoll- amts- bezirk	Am Schlusse des Rechnungsjahres waren an Brauereien vorhanden (ohne Hausbrauer, Sp. 8)	Von den vorhandenen Brauereien waren im Betrieb		Von den im Betrieb gewesenen Brauereien haben vorwiegend bereitet		Zahl der Hausbrauer (§§ 76 bis 82 AusfBest.), die Bier bereitet haben	Von den versteuerten und (einschließlich derer			
								Einfachbier		Schankbier	
			nicht abgefundene*)	abgefundene*)	untergäriges Bier hl	obergäriges Bier hl		untergärig hl	obergärig hl	untergärig hl	obergärig hl
1	2	3	4	5	6	7	8	9	10	11	12
	Zusammen im Hauptzollamts- / Landesfinanzamts- bezirke										
	Im Vorjahr . .										

*) Zu Sp. 4 und 5:
a) Hierunter sind gezählt .... (Zahl) Personen, die im Sinne des § 3 Abs. 4 des Gesetzes eine Braustätte gemeinsam benutzt haben,
b) Zahl der gemeinsam benutzten Braustätten ....

steuerfrei abgelassenen Biermengen der Hausbrauer) sind					Von der Gesamtmenge (Spalte 17) sind versteuert	Von den steuerfrei abgelassenen Biermengen sind					
Vollbier		Starkbier		zusammen (Spalten 9—16)*)		aus dem Geltungsbereiche des Gesetzes ausgeführt					nach § 8 Abs. 1 des Gesetzes als Haustrunk abgegeben
untergärig	obergärig	untergärig	obergärig			Einfachbier	Schankbier	Vollbier	Starkbier	zusammen (Spalten 19—22)	
hl	hl	hl	hl	hl	hl	hl	hl	hl	hl	hl	hl
13	14	15	16	17	18	19	20	21	22	23	24
				*) Hiervon entfallen auf Hausbrauer ... . hl							

Von den im Betrieb gewesenen Brauereien einschließlich der Hausbrauer hatten eine Jahreserzeugung	Zahl	Von den versteuerten oder steuerfrei abgelassenen Biermengen sind									Von den steuerfrei abgelassenen Biermengen sind		Bemerkungen
		Einfachbier		Schankbier		Vollbier		Starkbier		zusammen (Spalten 27—34)	aus dem Geltungsbereiche des Gesetzes ausgeführt	nach § 8 Abs. 1 des Gesetzes als Haustrunk abgegeben	
		unter-gärig	ober-gärig	unter-gärig	ober-gärig	unter-gärig	ober-gärig	unter-gärig	ober-gärig				
		hl	hl	hl	hl	hl	hl	hl	hl	hl	hl	hl	
25	26	27	28	29	30	31	32	33	34	35	36	37	38
Bis 20 hl													
über 20 bis 100 „													
„ 100 „ 200 „													
„ 200 „ 500 „													
„ 500 „ 1000 „													
„ 1000 „ 2000 „													
„ 2000 „ 4000 „													
„ 4000 „ 7000 „													
„ 7000 „ 10000 „													
„ 10000 „ 15000 „													
„ 15000 „ 20000 „													
„ 20000 „ 30000 „													
„ 30000 „ 60000 „													
„ 60000 „ 100000 „													
über 100000 „													

Bezirk des Landesfinanzamts.........

Bezirks des Hauptzollamts...........

Muster 28
AusfBest. § 101.

Einsendungszeitpunkt: 1. August.

Ertrag der Biersteuer und des Bierzolls
für das Rechnungsjahr 19....

Anleitung zum Gebrauche

1. Die Angaben für die Spalten 3 bis 30 sind den Biersteuer-Gegenbüchern für das abgelaufene Rechnungsjahr zu entnehmen.
2. Die Biermengen sind in vollen Hektolitern anzugeben; Mengen unter 50 Liter sind außer Betracht zu lassen, solche von 50 bis 100 Liter als 1 Hektoliter anzusetzen. In Spalte 31 ist der sich aus den Spalten 3 bis 30 berechnende Gesamtsteuerbetrag einzutragen.
3. Biermengen, die gemäß dem in Kraft bleibenden § 4 Abs. 2 oder § 5 des Biersteuergesetzes vom 26. Juli 1918 / 8. April 1922 den dreifachen oder zweifachen Steuersätzen unterliegen, sind in den Spalten 3 bis 30 unter der Zeile unter dem eigentlichen Eintrag mit roter Tinte einzuschreiben (in den Mengen auf der Linie nicht nachzuweisen), und zwar bei dem Steuersatz, von dem das Dreifache oder Doppelte erhoben worden ist.
4. Die von den Hauptzollämtern aufzustellende Nachweisung hat nach Hebebezirken und die von den Landesfinanzämtern zu fertigende Zusammenstellung nach Hauptzollamtsbezirken zu erfolgen.
5. Im Falle der Erhöhung oder Ermäßigung der Steuersätze im Laufe des Rechnungsjahres (§ 5 des Gesetzes), ist für jede Erhöhung oder Ermäßigung eine besondere Nachweisung aufzustellen. Erforderlichenfalls sind die Zahlenangaben in den Spaltenüberschriften handschriftlich abzuändern.
6. Bierähnliche Getränke sind in einer besonderen Abteilung nachzuweisen.

Laufende Nummer	Hebe- / Hauptzollamts- bezirk	Von dem versteuerten Biere									
		für Einfachbier mit							für Schank		
		2 050 M.	2 100 M.	2 150 M.	2 200 M.	2 300 M.	2 400 M.	2 500 M.	3 075 M.	3 150 M.	3 225 M.
		Hektoliter							Hekto		
1	2	3	4	5	6	7	8	9	10	11	12
	Zusammen im Hauptzollamts- / Landesfinanzamts- bezirke										
	Im Vorjahr . . .										

unterlagen dem Steuersatze:

bier mit				für Vollbier mit							für Starkbier mit		
3 300 M.	3 450 M.	3 600 M.	3 750 M.	4 100 M.	4 200 M.	4 300 M.	4 400 M.	4 600 M.	4 800 M.	5 000 M.	6 150 M.	6 300 M.	6 450 M.
liter				Hektoliter							Hektoliter		
13	14	15	16	17	18	19	20	21	22	23	24	25	26

von dem versteuerten Biere unterlagen d. Steuersatze				Summe der Steuerbeträge für die in den Spalten 3 bis 30 nachgewiesenen Biermengen	Vom eingeführten Biere sind versteuert				Summe der Steuerbeträge Spalte 32 bis 35	Eingangszoll vom Biere (einschließlich Goldzollaufgeld)	Bemerkungen
für Starkbier mit					Einfachbier mit 2500 M.	Schankbier mit 3750 M.	Vollbier mit 5000 M.	Starkbier mit 7500 M.			
6 600 M.	6 900 M.	7 200 M.	7 500 M.								
Hektoliter				M.	hl	hl	hl	hl		M.	
27	28	29	30	31	32	33	34	35	36	37	38

Anlage A
(AusfBest. §§ 2 und 17 Abs. 1)

Farbebierordnung
(F. B. O.)

§ 1

[1] Farbebier darf nur aus Malz, Hopfen, Hefe und Wasser hergestellt werden; es muß vergoren sein.

[2] Farbebier darf, soweit es nicht unter Einhaltung der Bestimmungen der Bierausfuhrordnung ausgeführt wird, nur an Brauereien abgegeben werden. Die Zwischenlagerung in genehmigten Farbelägern (§ 3) ist zulässig.

Zu Abs. 1, s. die Bemerkungen 2 u. 3 zu § 10 Abs. 3 des Gesetzes. Farbebier muß Bier sein. Dieser Voraussetzung entspricht nicht getrocknetes Farbebier.

Zu Abs. 2.

1. Die steuerfreie Ausfuhr von Farbebier ist hiernach zulässig.

2. Die Einfuhr von Farbebier ist nicht verboten. Jedoch darf bei der Bereitung von Bier nur innerhalb des Geltungsbereiches des Gesetzes hergestelltes Farbebier verwendet werden (§ 17 Abs. 1 AB., vgl. Bem. 6 zu § 2 Abs. 1, Bem. 6 zu § 10 Abs. 3 des Gesetzes.

3. Den Brauereien, die Farbebier beziehen, ist nicht untersagt, das Farbebier zu anderen Zwecken als zur Bierbereitung, z. B. zur Herstellung bierähnlicher Getränke, zu verwenden. Im letzteren Falle ist dieses in den Spalten 9 bis 11 (Abgang) des Zuckerverwendungsbuches (§ 57 AB.) zu vermerken. Auch für das in Brauereien zur Herstellung bierähnlicher Getränke verwendete Farbebier entsteht nicht etwa eine neue Steuerschuld (vgl. Bem. 6 zu § 1 Abs. 2 des Gesetzes), da auch die bierähnlichen Getränke der Biersteuer unterliegen (§ 27a des Gesetzes) und das Farbebier mit ihnen zur Versteuerung gelangt. An andere Betriebe als Brauereien darf Farbebier zur Herstellung bierähnlicher Getränke nicht abgegeben werden (vgl. Bem. 2 unter a zu § 27c des Gesetzes).

4. Die Zulassung der Zwischenlagerung in Farbebierlägern ist eine dem Verkehrsbedürfnis entsprechende Neuerung gegenüber der Farbebierordnung von 1918 (vgl. schon Anl. B der bisherigen AB. in der Neufassung vom 22. Juli 1922, Zentralbl. f. d. Deutsche Reich, S. 540).

§ 2.

Wer Farbebier herstellen und an andere Brauereien abgeben will, bedarf dazu der Genehmigung des Landesfinanzamts. Die Genehmigung ist nur zuverlässigen Brauereiinhabern, die sich den in dieser Ordnung festgesetzten Bedingungen unterwerfen, und nur unter dem Vorbehalte des Widerrufs zu erteilen.

Wegen des Widerrufs vgl. § 78 AO.

§ 3.

[1] Farbebierbrauern oder anderen zuverlässigen Gewerbetreibenden, die kaufmännische Bücher ordnungsgemäß führen, kann im Falle des Bedürfnisses unter dem Vorbehalte des Widerrufs ein vom Brauereibetriebe örtlich getrenntes Farbebierlager ohne amtlichen Mitverschluß zur Zwischenlagerung des Farbebieres bewilligt werden. Über die Zulassung entscheidet das örtlich zuständige Landesfinanzamt im Benehmen mit dem für den Herstellungsbetrieb zuständigen Landesfinanzamt.

[2] Die Bewilligung kann an die Bedingung geknüpft werden, daß eine angemessene Sicherheit gestellt wird und daß für den Fall des Mißbrauchs der Vergünstigung oder der Nichteinhaltung der etwa gestellten besonderen Bedingungen Sicherungsgelder im Betrage bis zu 1000000 ℳ für den einzelnen Fall unbeschadet des außerdem etwa einzuleitenden Strafverfahrens verwirkt sein sollen.

Wegen der Sicherungsgelder vgl. §§ 77, 203, 298, 299 AO. Nach der Neufassung des § 203 AO. (vgl. Art. XVI § 1 der zweiten Steuernotverordnung vom 19. Dezember 1923, RGBl. I S. 1205) kann das Sicherungsgeld für den einzelnen Fall auf 10000 Goldmark bemessen werden. Das Sicherungsgeld wird durch die Zuwiderhandlung verwirkt. Gegen die Auferlegung und gegen die Verhängung im Einzelfall ist Beschwerde nach § 281 ff. AO. gegeben. Für die Verjährung des Anspruchs auf das Sicherungsgeld gelten §§ 121, 122 AO.

§ 4.

[1] Mindestens drei Tage vor der ersten Einmaischung ist der Zollstelle eine schriftliche Erklärung des Brauereiinhabers in doppelter Ausfertigung zu übergeben, aus der die Herstellungsart der einzelnen Farbebiersorten sowie die Art und die Menge der zu verwendenden Braustoffe ersichtlich sein muß.

[2] Nach Prüfung der Erklärung durch den Oberbeamten ist die eine Ausfertigung dem Brauer zur Aufnahme in das Brauereibelegheft zu übergeben. Die zweite Ausfertigung ist nach Aufnahme eines entsprechenden Vermerks in Spalte 12 der Brauereirolle dem Belegheft der Zollstelle einzuverleiben.

[3] Die Erklärung ist beim Betriebe genau zu befolgen.

[4] Bei Änderung der Herstellungsart oder Zusammensetzung der Farbebiere ist innerhalb gleicher Frist eine neue Erklärung abzugeben.

§ 5.

Wird in der Brauerei neben dem Farbebier auch anderes Bier hergestellt, so muß das Farbebier in besonderen vom Oberbeamten zu genehmigenden Räumen gelagert werden. Das unter Verwendung von anderem Malz als Gerstenmalz bereitete Farbebier ist in besonderen Gefäßen, getrennt von dem übrigen Farbebier aufzubewahren.

1. Die hier bestimmten Verpflichtungen gelten, wie aus § 2 hervorgeht, nur für Brauereien, die Farbebier an andere Brauereien abgeben. Für die Herstellung von Farbebier im eigenen Brauereibetriebe und zum Zwecke der ausschließlichen Verwendung im eigenen Brauereibetriebe gelten die Bestimmungen der Farbebierordnung überhaupt nicht. In derartigen Fällen ist das Farbebier dem übrigen in der Brauerei hergestellten Bier gleichzustellen und im gleichen Sudbuch wie dieses anzuschreiben.

2. Untergärigem Bier darf nur Farbebier zugesetzt werden, zu dessen Herstellung anderes Malz als Gerstenmalz nicht verwendet worden ist (§ 17 Abs. 1 AB.).

§ 6.

[1] Über die Herstellung von Farbebier ist ein Sudbuch gemäß § 59 der Biersteuer-Ausf.Best. zu führen.

[2] Über das hergestellte Farbebier und den Abgang an Farbebier hat der Brauereiinhaber an Stelle des Biersteuerbuchs ein Farbebierbuch nach Muster I zu führen. Muster I

S. hierzu die Bemerkung zu § 5.

§ 7.

In Farbebierlagern darf Farbebier nur in den Versandfässern lagern und nur in diesen abgegeben werden. Eine Umfüllung ist nur in besonderen Fällen nach Genehmigung durch das Hauptzollamt zulässig.

§ 8.

Inhaber von Farbebierlagern haben über den Zugang und den Abgang an Farbebier ein Farbebierbuch nach Muster I zu führen.

§ 9.

Jede Versendung von Farbebier ist der Zollstelle vor der Entfernung des Farbebiers aus der Brauerei mittels einer Anmeldung
Muster II nach Muster II anzuzeigen. Gleichzeitig ist von der Farbebierbrauerei eine Abschrift der Anmeldung an die Zollstelle zu senden, in deren Bezirk die beziehende Brauerei oder das Lager, an welches die Versendung erfolgt, liegen. Entsprechend ist bei der Versendung von Farbebier aus einem Lager an eine Brauerei zu verfahren.

§ 10.

[1] Für Farbebier, das mit der vorgeschriebenen Anmeldung von der Farbebierbrauerei an eine andere Brauerei oder ein Lager versandt wird, entsteht eine Steuerschuld nach dem Satze für Starkbier mit der Entfernung aus der Brauerei (§ 1 Abs. 1 der Ausf.Best.) nur, wenn der Empfang durch die von der Farbebierbrauerei oder von dem Lager beziehende Brauerei nicht nachgewiesen wird.

[2] Als erbracht gilt der Nachweis, sobald das Farbebier im Zuckerverwendungsbuch der beziehenden Brauerei angeschrieben ist.

[3] Wird Farbebier an ein Lager versandt, so ist der Nachweis (Abs. 2) durch den Lagerinhaber zu erbringen. Für die bei der Farbebierbrauerei vorzunehmende Prüfung ist der Nachweis der Anschreibung des Farbebiers im Farbebierbuch des Lagers als ausreichend anzusehen.

Wegen der Entstehung der Steuerschuld und wegen des anzuwendenden Steuersatzes s. Bem. 6 zu § 2 Abs. 1 des Gesetzes.

§ 11.

Die Zollstelle der beziehenden Brauerei hat durch die Aufsichtsbeamten die Anschreibung des Farbebiers im Zuckerverwendungsbuche der beziehenden Brauerei in Spalte 9 der Anmeldungsabschrift bescheinigen zu lassen und sodann diese an die Farbebierbrauerei oder, wenn die Versendung von einem Lager erfolgt ist, an dieses zurücksenden. Die Abschriften sind als Belege zum Farbebierbuche zu nehmen. Entsprechend ist hinsichtlich des an ein Lager versandten und dort im Farbebierbuch anzuschreibenden Farbebieres zu verfahren.

§ 12.

¹ Für Fehlmengen an Farbebier, die sich bei der Bestandsaufnahme gegenüber den in der Brauerei oder dem Lager geführten Anschreibungen ergeben, ist, soweit nicht dargetan wird, daß sie auf Umstände zurückzuführen sind, die keine Steuerschuld begründen, die Biersteuer nach dem Satze für Starkbier zu entrichten.

Hinsichtlich der Bestandsaufnahmen in Farbebierlägern gelten die §§ 64 und 65 der AusBest. entsprechend.

§ 13.

¹ Das Farbebierbuch ist in Vierteljahrsabschnitten zu führen, nach Ablauf jedes Vierteljahrs abzuschließen und mit den Belegen bis zum 20. des auf den Schluß des Vierteljahrs folgenden Monats an die Zollstelle einzusenden.

² Die Zollstelle vergleicht die Einträge im Farbebierbuch mit den Anmeldungen und setzt für die Farbebiermengen, für deren Eingang in die beziehende Brauerei oder ein Lager (§ 10 Abs. 3) ein Nachweis nicht erbracht ist oder wird, die Steuer nach dem Satze für Starkbier fest, soweit nicht von der Farbebierbrauerei oder dem Lagerinhaber dargetan wird, daß das Farbebier vor der Ankunft in der beziehenden Brauerei zugrunde gegangen ist. Den Steuerbescheid teilt sie schleunigst der Farbebierbrauerei oder dem Lagerinhaber mit.

§ 14.

¹ Wird Farbebier, das von einer Farbebierbrauerei oder von einem Lager bezogen ist, in eine Brauerei eingebracht, so ist es sogleich im Zuckerverwendungsbuch anzuschreiben.

² Wird Farbebier, das von einer Farbebierbrauerei bezogen ist, in ein Farbebierlager eingebracht, so ist es sogleich im Farbebierbuch anzuschreiben.

Farbebier, das in der eigenen Brauerei hergestellt ist, braucht im Zuckerverwendungsbuch nicht angeschrieben zu werden (s. die Bem. 1 zu § 5).

§ 15.

¹ Die Verwendung von Farbebier unterliegt den in §§ 43, 56, 57 der Biersteuer-AusfBest. über die Aufbewahrung und Verwendung von Zucker gegebenen Vorschriften mit der Maßgabe, daß in der Verwendungserklärung (§ 56 AusfBest.) der Hersteller des Farbebiers, die Art des zu seiner Herstellung verwendeten

Malzes, die Biersorten, denen das Farbebier zugesetzt werden soll, und deren Art (ob untergärig oder obergärig) anzugeben sind. Zur Verwendung von Farbebierproben genügt, sofern eine Verwendungserklärung noch nicht abgegeben ist, eine einfache Anzeige des Verwenders.

[3] Die Verwendung des Farbebiers ist in Spalte 24 und 25 des Sudbuchs anzuschreiben.

Wie bereits zu § 5 bemerkt, gelten auch diese Bestimmungen nur für den Fall, daß das Farbebier von einer fremden Brauerei bezogen ist, nicht aber für Farbebier, das der Brauer selbst herstellt.

Steuerhebestelle..................

Muster I
(Farbebierordnung § 6)

Farbebier

der Farbebierbrauerei (des Farbebierlagers)..................

zu........................

für das ..... Viertel des Rechnungsjahrs 19....

Anleitung zum Gebrauche

1. Für jede Farbebiersorte ist eine besondere Abteilung anzulegen.
2. Die Spalten 1 bis 4 sind auszufüllen, sobald das Farbebier in die Versandgefäße gefüllt oder in das Lager aufgenommen ist.
3. Bei der Abgabe von Farbebier an Brauereien oder der Versendung an ein Lager sind die Spalten 5 bis 9 auszufüllen. Gleichzeitig ist die vorgeschriebene Anmeldung nach Muster II der Zollstelle zu erstatten und eine Abschrift der Anmeldung an die Zollstelle zu senden, in deren Bezirk die beziehende Brauerei oder das beziehende Lager liegt.
4. Wird Farbebier ausgeführt, so ist in Spalte 9 die Nummer der Ausfuhranmeldung anzugeben.
5. Am letzten Tage des Vierteljahrs sind die Spalten 3 und 8 aufzurechnen, das Buch abzuschließen und mit den Belegen (Farbebierordnung § 10) bis zum 20. des auf den Vierteljahresschluß folgenden Monats an die Zollstelle einzusenden.

Abteilung ....

Zugang an Farbebier				Abgang an Farbebier					Bemerkungen	
Laufende Nr.	Tag des Zugangs	Menge hl | l	Bezeichnung des Raumes und Gefäßes, wo das Farbebier aufgenommen ist, oder des Versandgefäßes, in dem es eingelagert wird	Laufende Nr.	Tag des Abgangs	Zahl, Art und Nr. der Versandgefäße	Menge hl | l	Name und Ort der Brauerei oder des Lagers, die das Bier empfangen	des Brauerei- oder Lagerinhabers	des Aufsichtsbeamten
1	2	3	4	5	6	7	8	9	10	11

Steuerhebebezirk ....

Muster II
(Farbebierordnung § 9)

Anmeldung

über die Versendung von Farbebier

Ich melde der Zollstelle .... in .... hiermit an, daß heute nachstehend verzeichnete Versendung von Farbebier vorgenommen wird.

Laufende Nr.	Gattung des Farbebiers	Der Versandgefäße		Menge des Farbebiers		Der Brauerei oder des Lagers, die das Bier empfangen		Die Versendung ist angeschrieben im Farbebierbuch Abt./Nr.	Bemerkungen
		Zahl und Art	Nummer und sonstige Bezeichnung	hl	l	Name	Ort und Hebebezirk		
1	2	3	4	5		6	7	8	9

...., den .... 19..

....
(Unterschrift)

Anlage B
(AusfBest. § 9)

Steuerordnung für Einfuhrbier

§ 1.

[1] Das Bier darf nur auf einer Zollstraße und nur während der Zollstunden eingeführt werden; es ist dem Grenzeingangsamt anzumelden und vorzuführen.

[2] Soll das Bier bei einem Amt im Innern zum freien Verkehr abgefertigt werden, so ist es diesem Amt vom Grenzeingangsamt unter Zollkontrolle zu überweisen. Im Zollbegleitpapier hat der Antragsteller auch die Haftung für den Betrag der auf dem Bier ruhenden Steuer zu übernehmen.

1. S. die Bemerkungen zu § 4 des Gesetzes und § 9 AB. — Die Bestimmungen entsprechen im wesentlichen denen der Steuerordnung für Einfuhrbier vom 8. April 1922 (RGBl. I S. 446). Die Steuerordnung für Einfuhrbier gilt nach § 1 der Sondersteuerordnung für die Einfuhr von Bier in die außerhalb der Zollinie liegenden Gebietsteile in Baden vom 19. Juli 1923 (RGBl. I S. 729) auch für die Einfuhr von Bier in diese Gebietsteile, soweit in der Sondersteuerordnung nicht etwas anderes bestimmt ist.

2. Soweit in der Steuerordnung für Einfuhrbier nichts anderes bestimmt ist, gelten die Bestimmungen der AB. auch für das Einfuhrbier.

3. Wegen der Zollstraßen s. §§ 17, 21, wegen der Zollstunden § 21, wegen der Anmeldung §§ 22ff., 39, 41, 42, 64, 66, 75ff., 93, wegen der Vorführung (Gestellung) §§ 21, 36—38, 61ff., 74ff., 91, 92 VZG. Die Gestellungspflicht liegt stets (§ 21 VZG., „wer zollpflichtige Waren mit sich führt"), die Anmeldungspflicht regelmäßig dem Warenführer (§ 23 VZG.) ob.

4. Wegen der Behandlung der Waren, welche auf ein Amt im Inneren abgelassen werden sollen, s. §§ 33, 41ff., wegen der Übernahme der Haftung für den Betrag des Eingangszolles durch den Begleitscheinnehmer s. § 44 VZG.

§ 2.

[1] Die Anmeldung zur Versteuerung hat schriftlich zu erfolgen; sie ist, falls ein Zollpapier vorliegt, auf diesem abzugeben. Wird

sie besonders abgegeben, so ist sie im Vorbuch zum Zolleinnahmebuch festzuhalten.

² Im kleinen Grenzverkehr und im Reiseverkehr kann die Zollstelle mündliche Anmeldung zulassen.

1. Die Schriftlichkeit der Anmeldung entspricht dem gleichen Erfordernis bei der Anmeldung zur Abfertigung im Zollverkehr. Die Anmeldung zur Versteuerung muß ebenfalls in deutscher Sprache abgegeben werden (§ 22 VZG.).

2. Die Ausnahmen im Abs. 2 entsprechen denen des Zollrechtes (vgl. §§ 92, 116 VZG.).

§ 3.

In der Anmeldung zur Versteuerung ist die steuerliche Gattung (Einfachbier, Schankbier, Vollbier, Starkbier) und für jede Gattung die Zahl und Art und der Raumgehalt der einzelnen Umschließungen anzugeben. Flaschen von gleicher Form und annähernd gleicher Größe können mit ihrem Durchschnittsraumgehalt angemeldet werden.

§ 4.

¹ Einer amtlichen Prüfung des Inhalts der Umschließungen bedarf es nicht, wenn Starkbier angemeldet wird oder wenn gegen die Richtigkeit der Anmeldung keine Bedenken bestehen.

² In Zweifelsfällen ist der Stammwürzegehalt des Bieres gemäß Anlage D zu den Biersteuer-AusfBest. festzustellen.

³ Kann die Feststellung beim Abfertigungsamt nicht erfolgen, so ist die Untersuchung durch den Bezirkszollinspektor oder durch das Hauptzollamt, dem eine Probe des Bieres durch das Abfertigungsamt zu übersenden ist, herbeizuführen.

§ 5.

¹ Der Raumgehalt der Umschließungen kann schätzungsweise festgestellt werden. Gibt sich der Anmelder mit dem Ergebnis der amtlichen Abschätzung nicht zufrieden, so ist der Raumgehalt amtlich zu ermitteln. Die Ermittelung kann probeweise erfolgen.

² Der Raumgehalt von Fässern, auf denen der Eichstempel, das Jahr der Eichung und der Raumgehalt nach Litern deutlich und dauerhaft angegeben sind, ist nach der eichamtlichen Raumgehaltsbezeichnung anzunehmen, wenn seit der Eichung nicht mehr als 5 Jahre verflossen sind. Der Raumgehalt anderer Fässer ist, sofern der Anmelder nicht die nasse Vermessung beantragt, durch Vermessung auf trockenem Wege zu ermitteln.

³ Die Vermessung der Fässer kann auf Antrag des Anmelders erst nach Entleerung der Fässer vorgenommen werden, wenn die

Nämlichkeit der Fässer amtlich festgehalten werden kann und der Anmelder sich verpflichtet, die Fässer mit den gut erhaltenen Nämlichkeitszeichen nach der Entleerung der Zollstelle wieder vorzuführen. Die Steuer ist vorläufig nach dem Gewicht des Bieres einschließlich der Umschließung zu berechnen, wobei 100 kg gleich 1 hl zu rechnen sind.

4 Der so berechnete Betrag ist bei der Zollstelle zu hinterlegen. Nach der Vermessung der leeren Fässer ist der endgültige Steuerbetrag festzustellen und zu vereinnahmen, der vorläufig berechnete Betrag zurückzuzahlen.

5 Andere Umschließungen als Fässer (z. B. Flaschen) sind auf nassem Wege zu vermessen. Zur Vermeidung wiederholter Vermessungen können bei der Zollstelle, bei der das Bier zum freien Verkehr abgefertigt werden soll, in sinngemäßer Anwendung des § 45 Abs. 2 der Biersteuer-AusfBest. Muster der Umschließungen hinterlegt werden.

6 Bei der Ausführung der Vermessung sind die §§ 85, ausgenommen der Abs. 1 dieses Paragraphen, 86 und 87 der Biersteuer-AusfBest. entsprechend anzuwenden mit der Maßgabe, daß stets diejenige Flüssigkeitsmenge zu ermitteln ist, die die Umschließung enthält, wenn sie bis zum Überlaufen gefüllt ist.

Zu Abs. 2. Ausländische Eichung genügt nicht.

§ 6.

1 Wer Steuerschuldner wird, wann die Steuerschuld entsteht und wann sie fällig wird, bestimmt sich nach den entsprechenden Zollvorschriften (vgl. § 2 Abs. 2, § 7 Abs. 2 des Gesetzes).

2 Ein Zahlungsaufschub für die Steuer findet nicht statt (vgl. § 7 Abs. 3 des Gesetzes).

Die Zahlung der Steuer wird auch dann nicht aufgeschoben, wenn für den Zoll Aufschub bewilligt ist.

§ 7.

1 Der Steuerbetrag wird von der Zollstelle für jede Anmeldung in einer Gesamtsumme festgestellt. Der festgesetzte Betrag ist dem Zahlungspflichtigen mit der Aufforderung zur Zahlung mitzuteilen.

2 Über die Entrichtung der Steuer ist dem Zahlungspflichtigen eine Empfangsbescheinigung zu erteilen.

§ 8.

Die Zollstelle hat die Einnahmen aus der Steuer von eingeführtem Bier im Biersteuer-Einnahmebuch (§ 99 der Biersteuer-Ausf.-Best.) oder in einer besonderen Spalte des Zoll-Einnahmebuchs nachzuweisen.

Anlage C
(AusfBest. § 14)

Bierausfuhrordnung
(B. A. O.)

§ 1.

Für das unter Beachtung der hierfür gegebenen steuerlichen Vorschriften aus dem Geltungsbereiche des Biersteuergesetzes ausgeführte, innerhalb dieses Geltungsbereichs hergestellte Bier wird die Befreiung von der Biersteuer nur gewährt, wenn die auf einmal zur Abfertigung kommende Biermenge mindestens zehn Liter beträgt. Der Anspruch steht nur zu dem Inhaber einer nicht nach § 18 des Gesetzes abgefundenen Brauerei, und zwar derjenigen Brauerei, in der das Bier hergestellt ist. Der Ausfuhr aus dem Geltungsbereiche des Biersteuergesetzes ist die Aufnahme in ein Zollager gleichzuachten.

1. Vgl. die Bemerkungen zu § 8 Abs. 2 des Gesetzes und Anlage A der bisherigen AB., deren Bestimmungen im wesentlichen übernommen sind.

2. Wegen des Geltungsbereichs des Biersteuergesetzes s. die Bem. 1, 4—8 zu § 1 des Gesetzes.

3. Wird Bier, das außerhalb des Geltungsbereichs des Gesetzes hergestellt, aber mit hauptamtlicher Genehmigung (§ 63 AB.) in eine Brauerei eingebracht ist und deshalb nach § 63 Abs. 2, § 15 Abs. 1 AB. als unversteuertes Bier gilt, aus dem Geltungsbereich des Gesetzes ausgeführt, so genießt es beim Ausgang aus der Brauerei keine Steuerfreiheit, sondern ist zu versteuern. Denn einerseits handelt es sich hier nicht um innerhalb des Geltungsbereiches des Gesetzes hergestelltes Bier, andererseits würde die Gewährung der Steuerfreiheit die mindestens teilweise Rückvergütung der bei der Einfuhr entrichteten Biersteuer bedeuten, nachdem das Bier beim Eingang aus dem freien Verkehr gemäß §§ 63, 15 Abs. 5 AB. auf Grund des Eintrags im Rückbierbuch im Biersteuerbuche von der steuerpflichtigen Biermenge in Abzug gebracht worden ist. Außerhalb des Geltungsbereichs des Gesetzes hergestelltes Bier erlangt durch die Umarbeitung in eine Brauerei nicht die Eigenschaft eines im Geltungsbereiche hergestellten Bieres. Als Herstellung von Bier durch eine Brauerei

wird aber die Umarbeitung oder Umfüllung betriebsfremden, jedoch innerhalb des Geltungsbereiches des Gesetzes hergestellten Bieres gelten können.

4. Wegen Versagung der Steuerfreiheit bei der Ausfuhr von Bier durch Bierhändler oder Abfindungsbrauer s. die Bemerkung 2 zu § 8 Abs. 2 des Gesetzes. Einem — nicht nur einen Teil einer Brauerei bildenden — Betriebe, der lediglich betriebsfremdes Bier zum Zwecke der Ausfuhr umfüllt und pasteurisiert, kommt die Steuerfreiheit des Ausfuhrbieres nicht zugute, da für den Betrieb die Abschreibung von Rückbier nicht in Frage kommt und eine Vergütung der Biersteuer nicht vorgesehen ist.

§ 2.

Das zur Ausfuhr bestimmte Bier ist von dem Brauereiinhaber, ehe es die Lagerräume für unversteuertes Bier (§ 44 der Biersteuer-Ausführungsbestimmungen) verläßt, mit einer Ausfuhranmeldung nach Muster a in doppelter Ausfertigung bei der Zoll- Muster a stelle anzumelden.

§ 3.

Die Zollstelle trägt die Anmeldungen (§ 2) in ein nach Muster b Muster b zu führendes Ausfuhrbuch ein und veranlaßt die Abfertigung des Bieres. Das Bier darf, abgesehen von den Fällen des § 9, aus den im § 44 der Biersteuer-Ausführungsbestimmungen bezeichneten Räumen vor der Abfertigung nicht entfernt werden.

Die Abfertigung ist nicht gebührenpflichtig.

§ 4.

1 Die Fässer müssen spundvoll, die Flaschen bis in den Hals hinein befüllt sein. In dem einzelnen Packstück dürfen nur Flaschen von gleicher Größe verpackt sein. Das Hauptzollamt kann Ausnahmen von dieser Bestimmung zulassen.

2 Die Abfertigung hat sich auf die Feststellung zu erstrecken, daß das Bier unverdorben ist und mit der Anmeldung hinsichtlich der Gattung und Menge übereinstimmt. Die Feststellung kann probeweise erfolgen.

§ 5.

1 Soweit die Zollstelle den Ausgang nicht selbst überwachen läßt, sind die abgefertigten Biersendungen unter amtlichen Verschluß zu setzen und dem vom Versender gewählten Ausgangsamt unter Gewährung einer angemessenen Ausfuhrfrist zu überweisen.

2 Das Ergebnis der Abfertigung, die Anlegung der Verschlüsse, die Ausfuhrfrist usw. sind in beide Ausfertigungen der Ausfuhranmeldung einzutragen.

3 Die erste Ausfertigung der Anmeldung erhält der Brauereiinhaber, die zweite wird der Zollstelle wieder zugestellt.

§ 6.

Der Brauereiinhaber hat das abgefertigte Bier mit der Ausfuhranmeldung und unter Erhaltung der angelegten Verschlüsse so zeitig dem gewählten Ausgangsamte vorzuführen, daß es innerhalb der gestellten Ausfuhrfrist ausgeführt werden kann.

Nach Ablauf der Frist befreit Zugrundegehen des Bieres nicht von der Steuer (§ 10 Abs. 1).

§ 7.

[1] Das Ausgangsamt kann sich, soweit nicht nach seinem Ermessen oder nach den Umständen, z. B. im Falle eines während der Versendung eingetretenen Flüssigkeitsverlustes, eine weitere Prüfung erforderlich ist, auf die Vergleichung der Zahl und Zeichen der Gebinde und Packstücke und auf die Abnahme des Verschlusses beschränken. Die erfolgte Ausfuhr hat es auf Grund der eigenen Wahrnehmungen oder auf Grund der Angaben der Begleitungs- oder Überwachungsbeamten auf der Ausfuhranmeldung zu bescheinigen. Im Falle der Abfertigung zu einem Zollager finden die Zollvorschriften Anwendung.

[2] Über die ausgegangenen Biersendungen ist beim Ausgangsamt ein Bier-Ausgangsbuch nach Muster c zu führen. Muster c

§ 8.

[1] Zur Erteilung der Ausgangsbescheinigung für unversteuertes Bier sind alle an der Grenze gelegenen Hauptzollämter, Zollabfertigungsstellen und Zollämter I (Nebenzollämter I) sowie alle Amtsstellen befugt, mit denen eine allgemeine öffentliche Niederlage verbunden ist. Die Übertragung der Befugnis auf andere Amtsstellen bleibt dem Reichsminister der Finanzen vorbehalten.

[2] Die Ausfuhranmeldungen sind nach Abgabe der Ausgangsbescheinigung von der bescheinigenden Behörde ohne Zeitverlust der auf Seite 1 der Ausfuhranmeldung angegebenen Zollstelle zurückzusenden.

§ 9.

Das Landesfinanzamt kann widerruflich gestatten, daß von der Vorführung des Bieres und der Verschlußanlegung beim Verlassen der Brauerei Abstand genommen und die Anmeldung lediglich auf Grund der Angaben des Brauereiinhabers durch die Zollstelle vollzogen wird. In diesen Fällen können bei der Ausgangsabfertigung die angemeldeten Gattungen und Mengen ohne Öffnung der Packstücke als vorgefunden angenommen werden, sofern die letzteren nach Zahl, Art, Zeichen und Nummer, bei Fässern auch nach der eichamtlichen Raumgehaltsangabe, mit der Anmeldung übereinstimmen und kein Grund zu dem Verdachte vorliegt, daß ihr Inhalt von der Anmeldung abweicht.

§ 10.

Trifft binnen einer Woche nach Ablauf der gestellten Frist die mit Ausgangsbescheinigung versehene Anmeldung bei der Zollstelle nicht ein oder ergibt sich aus der Anmeldung, daß die Ware nicht fristgemäß ausgeführt ist, oder wird wegen unterlassener Ausfuhr die Anmeldung an die Zollstelle zurückgegeben, so ist das Bier zur Versteuerung im Biersteuerbuch anzuschreiben, es sei denn, daß der Nachweis erbracht wird, daß das Bier innerhalb der Ausfuhrfrist zugrunde gegangen ist. In Zweifelsfällen entscheidet das Hauptzollamt.

Die Anschreibung im Biersteuerbuch erfolgt bei der nächsten Steuerberechnung dadurch, daß die in der Anmeldung angegebenen Biermengen in den Spalten 19 bis 23 zugesetzt werden; gleichzeitig sind sie in den Spalten 9 bis 13 abzusetzen. Auf die Einträge im Bierausfuhrbuch und im Biersteuerbuch ist gegenseitig zu verweisen.

Geht die Anmeldung mit der Bescheinigung über den fristgemäßen Ausgang des Bieres verspätet ein oder wird nachträglich festgestellt, daß das Bier innerhalb der Ausfuhrfrist zugrunde gegangen ist, so ist die Steuerfestsetzung durch Rückgängigmachung der Anschreibung im Biersteuerbuch (Abs. 2) zu berichtigen (§ 81 Abs. 2 AO.). Im zweiten der erwähnten Fälle bedarf es der Genehmigung des Hauptzollamts.

Wegen der Entstehung der Steuerschuld für Ausfuhrbier s. Bem. 3 zu § 2 Abs. 1 des Gesetzes. Abs. 3 des § 10 FBO. ist neu, die Bestimmung folgt aus § 81 Abs. 2 AO.

Landesfinanzamtsbezirk.................

Steuerhebebezirk ....

Muster a

(Bierausfuhrordnung § 2)

Eingetragen in das Bierausfuhrbuch für das .... Viertel des Rechnungsjahrs 19..... unter Nr......

Anmeldung

zur steuerfreien Ausfuhr von Bier aus der Brauerei

des.......................... zu ....

Empfänger des Bieres { ....zu ....
..................zu ....

Die Aufnahme in ein Zollager soll stattfinden bei dem.................
..............................in ....

Die Ausfuhr über die Grenzen des Biersteuergebiets soll stattfinden über das
..............................in ....

Annahmeerklärung

Ich verpflichte mich, das innen bezeichnete Bier in unveränderter Gestalt und Menge und unter Erhaltung des angelegten amtlichen Verschlusses*) so rechtzeitig dem vorstehend bezeichneten Amte unter Vorlegung dieser Anmeldung zu stellen, daß es innerhalb der gestellten Ausfuhrfrist ausgeführt werden kann, und erkenne an, daß ich für den auf das Bier entfallenden Steuerbetrag hafte, bis der Zollstelle der Nachweis der fristgemäßen Ausfuhr erbracht ist.

...................., den...........19...

....

(Unterschrift des Brauereiinhabers)

Ausfuhrfrist: Bis zum (in Worten)..............................

................, den.............19...

....

(Hebestelle)

Anleitung zum Gebrauche

1. Auf der Außenseite ist vom Anmelder Name und Wohnort des Empfängers und das Amt, bei dem die Aufnahme in ein Zollager oder über das der Ausgang über die Grenze des Biersteuergebiets erfolgen soll, anzugeben und die Annahmeerklärung zu unterschreiben.
2. Zu Spalte 5 auf Seite 2. Sämtliche Flaschen eines Packstücks müssen von gleicher Größe sein, sofern nicht das Hauptzollamt eine Ausnahme von dieser Bestimmung zugelassen hat.
3. Der Anmelder hat die Anmeldung auf Seite 2 unter Beifügung von Art und Tag der Anmeldung durch Namensunterschrift zu vollziehen. Er übernimmt damit die Verantwortung für die Richtigkeit sämtlicher in der Anmeldung enthaltenen Angaben.

---

[1]) Die Worte: „und unter Erhaltung des angelegten amtlichen Verschlusses" sind zu streichen, wenn ein amtlicher Verschluß nicht angelegt ist.

(2. Seite)

Angaben des Versenders									Befund und Abfertigung						
Nr. des Steuerbuchs	Menge des Bieres						Gattung des Bieres (Einfach-, Schank-, Voll- oder Starkbier)	Bemerkungen	Inhalt der in Spalte 2 bezeichneten Fässer	Zahl der in den einz. Packstücken (Sp. 4) befindl. Flaschen von gleicher Größe und Füllung	Inhalt im einzelnen	Gesamtmenge des in den Flaschen jedes Packstücks befindlichen Bieres	Gesamtmenge des abgefertigten Bieres	Gattung des Bieres (Einfach-, Schank-, Voll- oder Starkbier)	Bemerkungen über a) probeweise Ermittlung von Gattung und Menge b) Anlegung amtlicher Verschlüsse
	in Fässern		in Flaschen			Gesamtmenge d. auszuführenden Bieres (Sp. 3 + Sp. 6) in Ziffern und Buchstaben									
	Anzahl, Zeichen und Nummer der Fässer	Inhalt der einzelnen Fässer	Zahl, Zeichen und Nummer der Packstücke (Kisten)	Zahl und Literinhalt der Flaschen in jedem Packstück	Gesamtmenge des Bieres in Flaschen in jedem Packstück										
		Liter			Liter	Liter			Liter		Liter	Liter	Liter		
1	2	3	4	5	6	7	8	9	10	11	12	13	14	15	16

Die Vordrucke für die Ausgangsbescheinigungen können nach den örtlichen Verhältnissen abgeändert werden.

Ausgangsbescheinigungen

A. a) Umseitig bezeichnete Fässer und Kisten sind ....

....

.................., den.................. 19....

b) .... unter meinen Augen .... Uhr ....mittags über die Grenze ausgegangen.

.................., den.................. 19....

c) Die Ausfuhr des umseitig bezeichneten Bieres wird auf Grund der vorstehenden Bescheinigungen hiermit bestätigt.

Bier-Ausgangsbuch Nr...............

.................., den.................. 19....

....

(Stempel) (Unterschriften)

B. a) Umseitig bezeichnete Fässer und Kisten sind in den Güterwagen Nr. .... der .... Eisenbahn verladen, der heute .... mittag .... Uhr mit .... Bleien des unterzeichneten Amts verschlossen, der Eisenbahnverwaltung zur Vorführung binnen ...... Tagen bei dem ....amte zu .... übergeben ist.

.................., den.................. 19....

.... amt

....

(Stempel) (Unterschriften)

b) Der vorbezeichnete Güterwagen ist am ...., ...mittags ...... Uhr hier eingetroffen und nach Abnahme des unverletzten Verschlusses sofort über die Grenze ausgegangen.

Bier-Ausgangsbuch Nr..........

.................., den.................. 19....

.... amt

....

(Stempel) (Unterschriften)

C. Umseitig bezeichnete Fässer und Kisten sind heute —....mittag ...... Uhr unter Belassung des nach Spalte 15 angelegten Verschlusses von hier abgelassen und nunmehr binnen ...... Tagen dem ....amte zu .... behufs Bescheinigung des Ausgangs zu gestellen.

.................., den.................. 19....

....

(Stempel) (Firma, Unterschriften)

---

[1]) Die betreffende Amtsstelle wird ersucht, nach Abgabe der Ausgangsbescheinigung diese Anmeldung unmittelbar der auf S. 1 bezeichneten Zollstelle zurückzusenden.

Steuerhebebezirk..................

Muster b
(Bierausfuhrordnung § 3)

Bier-Ausfuhrbuch

für das ..... Viertel des Rechnungsjahrs 19....

Anleitung zum Gebrauche

Die Spalten 1 bis 8 sind sogleich bei der Abgabe der Anmeldung auszufüllen. In Spalte 13 ist insbesondere zu vermerken, ob und gegebenenfalls in welchem Monat eine zur Ausfuhr angemeldete, aber nicht fristgemäß ausgeführte Biermenge nachträglich versteuert worden ist. Das Buch ist in Vierteljahrsabschnitten zu führen, nach Ablauf seiner Geltungsdauer bis zur erfolgten Erledigung sämtlicher Posten im Sinne der Überschriften zu den Spalten 12 und 13 offen zu halten und dann abzuschließen.

Laufende Nummer	Tag der Eintragung	Name und Wohnort der anmeldenden Brauerei	Nummer des Steuerbuchs	Zur Ausfuhr nach dem Ausland oder einem Zollager angemeldete Biermenge				Bestimmungsland	Der Ausgang soll stattfinden a) bei dem Amte zu b) mit Ausfuhrfrist bis zum	Tag, an dem die Frist für den Wiedereingang der Anmeldung abläuft	Tag des Wiedereingangs der Anmeldung	Bemerkungen (insbesondere für den Fall unterbliebener Ausfuhr)
				Einfachbier l	Schankbier l	Vollbier l	Starkbier l					
1	2	3	4	5	6	7	8	9	10	11	12	13

Zollstelle....................

Muster c
(Bierausfuhrordnung § 7 Abs. 2)

Bier-Ausgangsbuch

für das Rechnungsjahr 19......

Laufende Nr.	Die Anmeldung ist eingetragen im Bierausfuhrbuche des Amtes zu	unter Nr.	Des versendenden Brauereiinhabers Name	Wohnort	Zur Ausfuhr angemeldete Biermenge nach den Angaben des Versenders in der Anmeldung Liter	Bei der Abfertigung ermittelte Biermenge Liter	Der Ausgang ist erfolgt am	Die Anmeldung ist mit Ausgangsbescheinigung dem in Spalte 2 bezeichneten Amte zurückgesandt am
1	2	3	4	5	6	7	8	9

Anlage D
(AusfBest. § 30 Abs. 1)

Anleitung zur Feststellung des Stammwürzegehalts beim Biere

Die Untersuchung zur Berechnung des Stammwürzegehalts erstreckt sich auf die Ermittlung der Zuckerspindelanzeigen vor und nach dem Entgeisten des Bieres. Hieraus wird der Stammwürzegehalt berechnet. Die bei der Untersuchung zu benutzenden Zuckerspindeln und Meßkolben müssen geeicht sein.

1. Spindelung vor dem Entgeisten

0,5 Liter Bier werden von ihrem Kohlensäuregehalte durch mindestens dreimaliges kräftiges Schütteln in halbgefüllter Flasche möglichst befreit und nach jedem Schütteln durch Umgießen in ein anderes Gefäß mit Luft in Berührung gebracht. Soweit nötig, ist die Probe schließlich durch ein doppeltes Faltenfilter von Papier zu filtrieren.

An diese Vorbereitung der Probe muß die Spindelung unmittelbar angeschlossen werden. Hierzu wird die Probe zunächst mit Hilfe eines Wärmemessers auf tunlichst genau 20° C gebracht, keinesfalls darf sie während der Untersuchung weniger als 15° C oder mehr als 25° C Wärme haben. Weicht die Angabe des Wärmemessers von 20° ab und ist die Spindel nicht mit einer Hilfseinteilung versehen, die in roten Ziffern eine an der Spindelablesung anzubringende Verbesserung angibt, so sind für jeden Wärmegrad Abweichung von 20° C 0,05 Hundertteile hinzuzufügen oder abzuziehen, je nachdem der Wärmemesser über oder unter 20° Grad anzeigt. Als Spindeln dienen Zuckerspindeln mit einer Teilung nach 0,1 Gewichtsteilen im Hundert, die 0,9 bis mindestens 14,6 Gewichtsteile im Hundert umfaßt. Das benutzte Standglas soll eine lichte Weite von 38 bis 40 mm haben.

Hinsichtlich der Spindelungen ist folgendes zu beachten:

Das sorgfältig gereinigte Gerät (Zuckerspindel) wird oben an der Kuppe der Spindel angefaßt und langsam in die Flüssigkeit eingesenkt.

Sofern die Zuckerspindel nach ihrer Aufschrift (vgl. § 21 der Eichordnung vom 8. November 1911, RGBl. S. 960) nicht für Ablesung von oben eingerichtet ist, wird ihre Anzeige von unten abgelesen. Bei der Ablesung von unten gilt die Linie als Anzeige, in der der Flüssigkeitsspiegel die Spindel schneidet, bei der Ablesung von oben die Linie, in der der Flüssigkeitswulst aufzuhören scheint. Bei der Untersuchung von Bieren, deren starke Färbung eine Ablesung von unten unmöglich macht, sind stets Spindeln mit Ablesung von oben zu benutzen. Die Zuckerspindelanzeige des entkohlensäuerten Bieres gibt den scheinbaren Extrakt (Es) des Bieres an.

Beispiele:

1. In einer hellen Bierwürze zeige die für Ablesung von unten abgeglichene Spindel 4,4 Hundertteile, der Wärmemesser 25° an. Dann ist die Ablesung um 5 × 0,05 = 0,25 zu erhöhen, so daß sich ein Gehalt der Würze von 4,65 Gewichtsteilen in Hundert ergibt.
2. In einem fertigen dunklen Bier zeige die für „Ablesung oben" abgeglichene Spindel 2,2 Hundertteile, der Wärmemesser 18° an. Die wahre Angabe der Spindel ist demnach 2,2 vermindert um 0,05 × 2, der Gehalt beträgt also 2,1 Gewichtsteile in Hundert.
3. In einer undurchsichtigen Würze zeige die Spindel mit dem Vermerk auf dem Stempel „Ablesung von oben" 7,9 Hundertteile, der Wärmemesser 24° an. Eine in roter Schrift am Wärmemesser angebrachte Hilfsteilung hat an der Stelle 24° die Angabe, daß der Spindelablesung 0,21 Hundertteile hinzuzufügen sind. Der wahre Gehalt der Würze ist demnach 7,9 + 0,21, das sind 8,11, oder abgekürzt 8,1 Gewichtsteile in Hundert.

2. Spindelung der Probe nach dem Entgeisten

Man mißt in einem Meßkolben genau 500 ccm Bier, das mit Hilfe eines Wärmemessers auf tunlichst genau 20° C gebracht ist, ab, bringt es unter vorsichtigem Nachspülen mit etwa 2 × 10 ccm Wasser in eine flache Porzellanschale und dampft es bei etwa 60 bis 65° C mit ganz kleiner Flamme auf die Hälfte bis ein Drittel ein. Kochen des Bieres ist hierbei zu vermeiden, um ein Ausscheiden der Eiweißkörper zu verhüten. Man läßt dann das Bier auf Zimmerwärme erkalten, bringt den Inhalt der Schale unter Nachspülen in den Meßkolben zurück und füllt mit destilliertem Wasser wieder auf das ursprüngliche Raummaß von genau 500 ccm auf. Man schüttelt gut durch und spindelt bei möglichst genau 20° C im Meßglas. Abweichungen des Wärmegrades von 20° C werden wie bei 1 berücksichtigt. Die Zuckerspindelanzeige gibt den wirklichen Extraktgehalt des Bieres (Ew) an.

3. Berechnung des Stammwürzegehalts

(1) Aus den beiden Zuckerspindelanzeigen Es und Ew berechnet sich der Extraktgehalt der Stammwürze E nach folgender Gleichung:

$$E = (Ew - Es) \times 4{,}3 + Ew$$

Beispiel:

Zuckerspindelanzeige des Bieres . . . . . Es = 4,6 v. H.,
„ „ entgeisteten Bieres Ew = 6,12 „ „.

Wenn man diese Werte in vorstehende Gleichung einsetzt, so erhält man

$$E = (6{,}12 - 4{,}6) \times 4{,}3 + 6{,}12 = E\ 12{,}65 \text{ v. H.}$$

(2) In Zweifel- oder Beschwerdefällen ist die Nachprüfung durch einen Chemiker als Sachverständigen zu veranlassen.

Anlage E
(AusfBest. § 93 Abs. 1)

Anleitung zur Festsetzung des Schwundes der Brauereien

Die Festsetzung eines Schwundes einer Brauerei, d. i. der Gesamtverlust vom Ausschlagen der Würze aus der Sudpfanne bis zum Abfüllen des Bieres im Lagerkeller (Biersteuer-AusfBest. § 93) ist von besonderer Wichtigkeit, weil von der zuverlässigen Feststellung des Schwundes die richtige Ermittlung der überwachungspflichtigen Biermenge abhängt.

Nach den neueren wissenschaftlichen Beobachtungen und praktischen Erfahrungen darf angenommen werden, daß der Schwund in den verschiedenen Brauereibetrieben in der Regel zwischen 14—26 v. H. der heißen Ausschlagwürze schwankt und sich in nachstehender Weise zusammensetzt:

1.	Zusammenziehung der heißen Würze durch Abkühlung und Würzeverdrängung durch den Hopfen	4— 4 v. H.
2.	Verdunstung	5— 9 „ „
3.	Verlust durch Hopfen- und Kühlgeläger und Benetzung	1— 3 „ „
4.	Verlust vom Gärkeller bis zum Ausstoß	4—10 „ „
	zusammen	14—26 v. H.

Im allgemeinen kann als Anhaltspunkt dienen, daß der Gesamtschwund

in sehr guten Betrieben nicht mehr als . .	16 v. H.
in guten Betrieben nicht mehr als	18 „ „
in mittelmäßigen Betrieben nicht mehr als	20 „ „
in schlechten Betrieben mehr als	20 „ „

der heißen Ausschlagwürze beträgt. Bei der Unterscheidung der Brauereien ist sowohl die Brauereieinrichtung als die Betriebsleitung und die mehr oder minder sorgsame Arbeitsweise zu berücksichtigen. Keinesfalls kann die Größe des Betriebs für sich allein als ein genügend zuverlässiges Unterscheidungsmerkmal erachtet werden.

Der im Abs. 2 unter Nr. 1 angegebene Schwund durch Zusammenziehung der heißen Würze und Würzeverdrängung durch den Hopfen ist für alle Brauereien gleich; er stellt eine einfache Mengenveränderung mit gleichbleibendem Gehalte der Würze an löslichen Stoffen (Extraktgehalt) dar.

Der im Abs. 2 unter Nr. 2 bezeichnete Schwund durch Verdunstung bedeutet ebenfalls keinen Verlust an löslichen Stoffen, sondern nur einen Wasserverlust und ist abhängig von der Art und Zeitdauer der Abkühlung der heißen Würze.

Brauereien, welche zum Abkühlen der heißen Würze besondere Kühlvorrichtungen benützen, haben einen geringeren Verdunstungsschwund als Brauereien, welche die Würze sehr lange auf dem Kühlschiff stehen lassen. Bei Brauereien, welche ohne Kühlschiff arbeiten, scheidet der Schwund durch Verdunstung in der Regel fast ganz aus.

Den besten Anhaltspunkt zur Beurteilung des durch Verdunstung entstandenen Schwundes bietet der Vergleich der Zuckerspindelanzeigen der Ausschlag- und der Anstellwürze bei + 20° C; je größer der Unterschied zwischen diesen beiden Anzeigen ist, desto größer muß auch der Verdunstungsschwund sein, da die Würze im gleichen Verhältnis der Wasserverdunstung einen höheren Gehalt von löslichen Stoffen erhält.

Der Verlust durch Hopfen- und Kühlgeläger kann durch Auspressen nach vorherigem Übergießen mit heißem Wasser sowie durch Ausspritzen des Hopfens und Verwendung von Trubsäcken, noch mehr aber durch Benützung von Filter- oder Trubpressen wesentlich vermindert und sehr wohl bis auf 1 v. H. herabgedrückt werden.

Der Schwund vom Gärkeller bis zum Ausstoß kann durch Auspressen des Vor- und Unterzeugs sowie des Zeugs und des Faßgelägers ebenfalls erheblich vermindert werden, besonders aber auch durch sorgfältiges Arbeiten beim Abfüllen des Bieres. Eine weitere Abminderung dieses Verlustes haben diejenigen Brauereien zu verzeichnen, welche ohne Fuhrfaß arbeiten und ihr Bier durch eine Rohrleitung aus den Gärbottichen direkt in den Lagerkeller überführen können. Bei sehr gutem Betriebe kann man vom Anstellen der Würze im Gärkeller bis zum Ausstoß mit einem Verluste von 4—5 v. H. rechnen; bei gutem bis mittlerem Betriebe beträgt dieser Verlust 6—8 v. H., bei schlechtem Betriebe über 8—10 v. H.

Zur Herbeiführung eines gleichheitlichen Verfahrens bei Festsetzung der Schwundsätze erscheint es angezeigt, für jeden Hebe- und Hauptamtsbezirk Übersichten nach dem anliegenden Muster über die Feststellung der Schwundsätze für die einzelnen Brauereien und die hierfür in Betracht kommenden Anhaltspunkte anzufertigen.

Übersicht

über die Feststellung der Schwundsätze für die Brauereien im Bezirke

....

der Hebestelle ....

des Hauptzollamts ....

Bemerkung.

In Spalte 5 ist anzugeben, ob der Betrieb als ein sehr guter, guter, mittelmäßiger oder schlechter anzusehen ist.

(2. Seite)

Laufende Nr.	Name des Brauereibesitzers	Ort der Brauerei	Gesamtmalzverbrauch im Vorjahr dz	Art des Betriebs	Der erzeugten Biersorten Art	Der erzeugten Biersorten durchschnittlicher Extraktgehalt der Ausschlagwürze im Vorjahr	Der erzeugten Biersorten durchschnittlicher Extraktgehalt der Anstellwürze im Vorjahr	Art und Zeitdauer der Abkühlung der Würze
1	2	3	4	5	6	7	8	9

(3. Seite)

Wird a) der Hopfen b) das Kühlgeläger, c) das Gärgeläger, d) das Faßgeläger ausgepreßt?	Werden Fuhrfässer zum Lagerkeller benützt?	Schwundsatz nach dem Antrag des Oberbeamten	Schwundsatz nach der hauptzollamtlichen Festsetzung	Wurde hiergegen Beschwerde eingelegt?	Endgültig festgesetzter Schwundsatz	Bemerkungen
10	11	12	13	14	15	16

Anhang I

In Kraft gebliebene Vorschriften aus dem

Biersteuergesetz

vom $\frac{\text{26. Juli 1918 (RGBl. S. 863)}}{\text{8. April 1922 (RGBl. I S. 381)}}$

Überschreitung der zugewiesenen Jahresmenge.

§ 4.

[1] Der Reichsrat bestimmt während der ersten zehn Rechnungsjahre nach dem Inkrafttreten des Gesetzes nach Maßgabe des voraussichtlichen Verbrauchs im Biersteuergebiete für jedes Rechnungsjahr die den Brauereien zur Versteuerung nach den regelmäßigen Abgabesätzen (§ 3) zuzuweisende Gesamtjahresmenge. Die Gesamtjahresmenge wird auf die einzelnen vor dem 1. Januar 1914 in Betrieb genommenen Brauereien nach näherer Anordnung des Reichsrats auf der Grundlage ihres durchschnittlichen Bierabsatzes in den Kalenderjahren 1912 und 1913 verteilt. Der Reichsrat bestimmt die Grundsätze, nach denen die Jahresmengen für Brauereien, die in der Zeit vom 1. Januar 1914 bis zum 31. März 1918 neu in Betrieb genommen wurden, zu bemessen sind; er kann zur Vermeidung von Ungleichheiten oder Härten für einzelne Betriebe die Jahresmenge anderweit festsetzen.

[2] Übersteigt in einer Brauerei die Biererzeugung innerhalb eines Rechnungsjahrs die der Brauerei zugewiesene Jahresmenge (Abs. 1), so erhöhen sich für die übersteigende Menge die Steuersätze des § 3 Abs. 1 und 2 während der ersten fünf Rechnungsjahre nach dem Inkrafttreten des Gesetzes auf das Dreifache, während der zweiten fünf Rechnungsjahre nach dem Inkrafttreten des Gesetzes auf das Zweifache.

[3] Die einem Brauereibetriebe zugewiesene Jahresmenge kann nach näherer Bestimmung des Reichsrats auf eine andere Brauerei, sofern sie vor dem 1. April 1918 in Betrieb genommen worden ist, ganz oder teilweise übertragen werden.

Zu § 4 Abs. 1.

1. Die Beschränkung der Versteuerung zu den regelmäßigen Steuersätzen auf eine bestimmte Jahreserzeugung und die Versteuerung der die festgesetzte Jahresmenge übersteigenden Biermenge zu einem Mehrfachen der regelmäßigen Sätze (Kontingentierung) war in den Brausteuergesetzen nicht vorgesehen. Die Frage, ob aus Anlaß der Brausteuererhöhung im Jahre 1909 eine derartige Maßnahme zur Einschränkung des gegenseitigen Wettbewerbs der Brauereien und zur tunlichsten Erhaltung der kleineren Betriebe notwendig und zweckdienlich sei, hat bei der Beratung des Entwurfs eines Gesetzes wegen Änderung des Brausteuergesetzes 1909 im Reichstagsausschuß den Gegenstand von Erörterungen gebildet. Die Mehrheit des Ausschusses hat sich indessen damals dagegen ausgesprochen, und zwar teils aus grundsätzlichen, teils aus sachlichen Bedenken. Man glaubte damals keinen ausreichenden Anlaß zu haben, einen in seinen Folgen so schwer übersehbaren Eingriff in das Wirtschaftsleben vorzunehmen und befürchtete auch von einer einseitigen Einführung einer Kontingentierung des norddeutschen Braugewerbes für dieses Nachteile gegenüber dem Wettbewerb der süddeutschen, namentlich der bayerischen Brauereien (vgl. Reichstagsdrucks. Nr. 1451 I 1907/09 S. 51ff.). In den letzten Jahren vor dem Kriege wurden steuerliche Maßnahmen gegen die Betriebsausdehnung einzelner Brauereien von den Vertretern der kleineren und mittleren Brauereien wiederholt gefordert. Die Entwicklung, die das Braugewerbe seit dem Jahre 1909 und namentlich während des Krieges genommen hatte, ließen es, wie die Begründung zum Entwurf des Biersteuergesetzes von 1918 ausführt, gerechtfertigt erscheinen, daß im Biersteuergesetze diesem Wunsche wenigstens für eine Übergangszeit von zehn Jahren Rechnung getragen wurde. Vom Rechnungsjahre 1909 bis zum Rechnungsjahre 1913 hatte der verhältnismäßige Anteil der Brauereien mit einem jährlichen Malzverbrauch bis zu 5000 Doppelzentnern am jährlichen Gesamtmalzverbrauch ständig abgenommen; der Anteil der größeren Betriebe war dagegen gewachsen (vgl. Anlage 6 zum Entwurf des Biersteuergesetzes von 1918). Während des Krieges hatte zwar die wegen der Rohstoffknappheit seit dem 1. April 1915 eingetretene Einschränkung der Malzverwendung in den Bierbrauereien (Verordnung des Bundesrates vom 15. Februar 1915, RGBl. S. 97, s. u.) eine gleichmäßige Beteiligung der Brauereien an der Bierherstellung auf der Grundlage ihrer durchschnittlichen Malzverwendung in den Kalenderjahren 1912 und 1913 angestrebt, eine weitere Steigerung des Übergewichts der Großbetriebe aber nicht zu hindern vermocht. Viele kleinere Betriebe hatten aus Mangel an Arbeitskräften oder aus sonstigen in den Kriegsverhältnissen bedingten Ursachen stillgelegt werden müssen und hatten die Belieferung ihrer Kundschaft, vielfach auch die ihnen zugewiesene Malzmenge, größeren leistungsfähigeren Betrieben übertragen. Es bestand die Gefahr, daß die stillgelegten Betriebe später ihr früheres Absatzgebiet nicht wieder gewinnen könnten, wenn ihnen nicht für einige Zeit ein gewisser Schutz gewährt wurde. Aber auch vom Standpunkt größerer Betriebe aus erschien eine steuerliche Kontingentierung erwünscht, da ohne diese für die Zeit nach dem Kriege, sobald wieder ausreichend Rohstoffe zur Verfügung ständen, ein verschärfter Wettbewerb erwartet würde, der die

Abwälzung der erhöhten Bierbelastung gefährdete. Die Kontingentierung sollte nicht für die Dauer, sondern nur bis zur Wiedererstarkung des Gewerbes bestehen, damit das norddeutsche Braugewerbe sich in Zukunft wieder ungehemmt weiter entwickeln könnte. Um den seinerzeitigen Übergang in den unbeschränkten Betrieb zu erleichtern, wurde ein allmählicher Abbau der Kontingentierung vorgesehen.

Die näheren Bestimmungen über die Bierkontingentierung traf die vom Bundesrat auf Grund des § 4 des Biersteuergesetzes von 1918 und des § 8 der Ausführungsbestimmungen zu diesem Gesetz am 11. März 1919 erlassene Braurechtsordnung (§ 113 der Niederschriften), die am 1. April 1919 in Kraft trat. Die Bierkontingentierung trat zunächst neben die als Kriegsmaßnahme eingeführte Malzkontingentierung (vgl. Bekanntmachung, betr. Einschränkung der Malzverwendung in den Bierbrauereien vom 15. Februar 1915, RGBl. S. 97; Verordnung über die Malz- und Gerstenkontingente der Bierbrauereien sowie den Malzhandel vom 7. Oktober 1916, RGBl. S. 1137; Verordnung über die Einschränkung der Malzverwendung in den Bierbrauereien vom 16. Dezember 1916, RGBl. S. 1403; Verordnung über die Malzkontingente der Bierbrauereien und den Malzhandel vom 20. November 1917 (RGBl. S. 1061; Verordnung über die Malzkontingente der Bierbrauereien und den Malzhandel vom 22. Oktober 1919, RGBl. S. 2141). Solange die Malzkontingentierung bestand, folgte der Braurechtsfuß (Friedensbierkontingent) dem Malzkontingent (§ 19 Abs. 4 BraurO., vgl. NachrBl. f. d. Zollstellen 1919, S. 118). Mit dem 16. August 1921 trat die Malzkontingentierung außer Kraft (Verordnung, betr. Aufhebung der Verordnung über die Malzkontingente der Bierbrauereien und den Malzhandel, vom 6. August 1921, RGBl. S. 1196), so daß nunmehr allein die Bierkontingentierung bestehen blieb.

Das geltende Biersteuergesetz hat die Vorschriften des Biersteuergesetzes von 1918 über die Kontingentierung in § 32 aufrecht erhalten (vgl. Bem. 2 zu § 32 des Gesetzes). Damit gilt auch die Braurechtsordnung (s. Anhang) fort. Die Kontingentierung tritt mit Ablauf der zehn Rechnungsjahre, für die sie vorgesehen ist, also mit dem 31. März 1929, außer Kraft.

2. Die den Brauereien für jedes Rechnungsjahr zur Versteuerung nach den regelmäßigen Abgabesätzen (§ 3 des Gesetzes) zuzuweisende Gesamtjahresmenge soll nach Maßgabe des voraussichtlichen Verbrauches festgesetzt werden. Für die Schätzung des Verbrauchs sind maßgebend die im Vorjahre erzeugten Biermengen, die auf das Braurecht angerechnet worden sind (Statistik nach Muster 2 der Braurechtsordnung), die wirtschaftliche Lage des Braugewerbes, die allgemeine Wirtschaftslage und ähnliche Umstände. Es steht nichts im Wege, daß die Festsetzung auch während des Rechnungsjahres abgeändert wird. Die Verteilung auf die einzelnen Brauereien erfolgt nach dem Anteil den die einzelnen Brauereien an der Bierherstellung im Durchschnitt der Kalenderjahre 1912 und 1913 gehabt haben (Braurechtsfuß = Friedenskontingent; s. § 1 Abs. 2, § 3 BraurO.), s. Bericht des 32. Ausschusses des Reichstages, Reichstagsdrucks. Nr. 1686 S. 32f. Demgemäß gehen die Beschlüsse des Reichsrates dahin, daß den Brauereien gleichmäßig bestimmte Hundertteile der festgesetzten Braurechtsfußziffern als Braurecht zur Versteuerung nach den regelmäßigen Abgabesätzen zugewiesen werden (§ 17 BraurO.).

Die erste Festsetzung ist, nachdem das Biersteuergesetz von 1918 am 1. Oktober 1918 in Kraft getreten ist, auf Grund des § 8 der AB. von 1918 für das Rechnungsjahr 1919 erfolgt. Es wurden bisher zugewiesen für 1919 70 (Zentralbl. f. d. Deutsche Reich 1920 S. 80; RZllBl. 1920 S. 55, s. auch S. 48), für 1920 60 (Zentralbl. f. d. Deutsche Reich S. 1383), für 1921 75 (RZllBl.

S. 159), für 1922 75 (RZBl. S. 261), für 1923 75 (RZBl S. 168), 1924 75 Hundertteile (RZBl. S. 102).

3. Der Bierabsatz in den Kalenderjahren 1912 und 1913 ist als Grundlage für die den Brauereien zuzuweisende Jahresmenge gewählt worden, weil die durchschnittliche Malzverwendung während dieses Zeitraumes auch für die Einschränkung der Malzverwendung während des Krieges maßgebend war. Diese durchschnittliche Malzverwendung selbst konnte eine geeignete Grundlage für die Kontingentierung nicht bilden, weil die daraus herstellbaren Biermengen sehr verschieden sein können. Sollte die Kontingentierung ihren Zweck, die früheren Wettbewerbsverhältnisse der Brauereien aufrecht zu erhalten, erreichen, so mußte sie auf den tatsächlichen Bierabsatz im Durchschnitt der Jahre 1912 und 1913 abgestellt werden (Begr. 1918 S. 24).

4. Die Festsetzung von Jahresmengen kann nur erfolgen für Brauereien, die bis zum 31. März 1918 in Betrieb genommen sind. Unter diesen Brauereien nehmen die in der Zeit vom 1. Januar 1914 bis zum 31. März 1918 in Betrieb genommenen Brauereien insofern eine Sonderstellung ein, als für sie der Absatz der Stichjahre 1912/13 als Vergleichsmaßstab fehlt. Sie erhalten nach § 3 Nr. 2 (vgl. § 8) BraurO. einen Braurechtsfuß nur dann, wenn ihnen nach den Vorschriften über die Malzkontingentierung ein Malzkontingent zugeteilt ist (a. M. Koppe, S. 317). Die Einrichtung von Brauereien nach dem 1. April 1918 ist nicht etwa für die Dauer der Kontingentierung ausgeschlossen, wie Koppe S. 317 annimmt, sondern die nach diesem Zeitpunkt in Betrieb genommenen Brauereien haben lediglich für ihre gesamte Biererzeugung die erhöhte Steuer nach Maßgabe des § 5 des Biersteuergesetzes von 1918 zu entrichten.

5. Über die bei der Festsetzung des Braurechtsfußes maßgebenden Grundsätze s. §§ 3ff. BraurO., über den Braurechtsfuß der Zwergbrauer des § 3 Abs. 3 des bisherigen Biersteuergesetzes s. Bem. 9 zu § 3 Abs. 2 des Gesetzes, über den Braurechtsfuß der Hausbrauer s. Bem. 4 zu § 10 Abs. 6 des Gesetzes, über den Braurechtsfuß der Farbebierbrauereien s. Bem. 6 zu § 2 Abs. 1 des Gesetzes.

6. § 4 Abs. 1 Satz 3 Halbsatz 2 des Biersteuergesetzes vom 26. Juli 1918 ist in § 15 BraurO. dahin erläutert, daß der Staatenausschuß, wenn sich aus der Festsetzung des Braurechtsfußes nach den vorstehenden Bestimmungen für einzelne Brauereien Ungleichheiten oder Härten ergeben, den Braurechtsfuß aus Billigkeitsgründen anderweit festsetzen kann. Der Reichsrat ist zwar nicht Rechtsnachfolger des Staatenausschusses, die Befugnisse aus § 15 BraurO. sind indessen nach § 32 Abs. 3 des geltenden Gesetzes auf ihn übergegangen. Aus der Fassung, insbesondere aus dem Worte „anderweit" in § 4 des Biersteuergesetzes vom 26. Juli 1918 und in § 15 BraurO., ferner aus der Bezugnahme auf die „vorstehenden Bestimmungen" in § 15 BraurO. ergibt sich, daß Voraussetzung einer Ausnahmebewilligung durch den Reichsrat ist, daß bereits ein Braurechtsfuß besteht. Der Reichsrat ist daher nicht ermächtigt, einen Braurechtsfuß neu zu schaffen, also einen solchen festzusetzen für eine neue Brauerei, wie Koppe S. 317 annimmt, oder für eine erloschene Brauerei oder für eine bereits vor dem 1. April 1918 in Betrieb befindliche Brauerei, der nach Maßgabe der Bestimmungen der BraurO. ein Braurechtsfuß nicht zugewiesen werden konnte, z. B. weil sie nicht steueramtlich angemeldet war (§ 2 Abs. 1 BraurO.) oder weil sie in den Stichjahren keinen Betrieb gehabt und später kein Malzkontingent erhalten hat (§ 3 Nr. 1 Satz 4 BraurO.). Eine anderweite Festsetzung des Braurechtsfußes aus Billigkeitsgründen wird beispielsweise in Frage kommen, wenn der Absatz in den Stichjahren ohne

Verschulden des gegenwärtigen Inhabers (z. B. durch Arbeitseinstellungen, große Ausbesserungen, Gebäudeschäden, Krankheit des im Betriebe tätigen Inhabers) im Vergleich zu anderen Jahren außergewöhnlich gering war und dies bei der Festsetzung des Braurechtsfußes nicht bereits oder nicht genügend nach § 3 Nr. 1 Satz 3 BrauO. berücksichtigt wurde, ferner wenn in den Stichjahren oder nicht lange vorher vor der Einführung der Malz- oder wenigstens der Bierkontingentierung für die Erweiterung oder technische Verbesserung des Betriebes im Verhältnis zu Größe und Ertrag der Brauerei beträchtliche Geldmittel aufgewandt worden sind, deren Verzinsung und Tilgung von einer — in den Stichjahren noch nicht eingetretenen — Steigerung des Absatzes erwartet werden durfte, ferner wenn für eine in der Zeit vom 1. Januar 1914 bis 13. März 1918 erstmals in Betrieb genommene Brauerei auf Grund des § 3 Nr. 2 BrauO. ein nach der Größe und den Absatzverhältnissen des Betriebes unzulänglicher Braurechtsfuß festgesetzt worden ist. Eine Erhöhung des Braurechtsfußes kann weiter in Frage kommen in den namentlich in ländlichen Verhältnissen nicht selten vorkommenden Fällen, in denen die rechtzeitige Übertragung des Braurechtsfußes einer erloschenen Brauerei lediglich deshalb unterblieben ist, weil deren Inhaber die gesetzlichen Vorschriften nicht gekannt oder unrichtig ausgelegt hat. Durch Beschluß vom 26. Juni 1924 (§ 451 der Niederschriften; RZBl. S. 95) hat der Reichsrat für diese letztgenannten Fälle die Ermächtigung aus § 4 des Biersteuergesetzes vom 26. Juli 1918 und § 15 BrauO. dem Reichsminister der Finanzen übertragen. In derartigen Fällen kann also der Braurechtsfuß der Brauerei, die den erloschenen Braurechtsfuß erworben hat, um den Betrag des erloschenen Braurechtsfußes erhöht werden. Hierher gehören indessen nicht die Fälle, in denen die abgebende Brauerei zur Zeit des Vertragsschlusses noch bestand und erst danach erloschen, z. B. vorbehaltlos abgemeldet ist, da alsdann die Übertragung rechtzeitig erfolgt ist. Keinen Grund für eine Ausnahmebewilligung nach § 15 BrauO. bilden z. B. Unzulänglichkeit des Braurechtsfußes durch Steigerung des Absatzes nach den Stichjahren, etwa infolge der Industrialisierung des Absatzgebietes oder des Eingehens anderer Brauereien (Kauf von Braurechtsfuß!), ferner wirtschaftliche Schwierigkeiten, wie Mangel an Mitteln zum Erwerb von Braurechtsfuß oder Wettbewerb anderer Brauereien, schlechtes Wetter in den Stichjahren, Übergang von der Herstellung schwererer zur Herstellung leichter Biere u. dgl. Billigkeitsgründe sprechen auch nicht zugunsten eines Inhabers, der die Brauerei erst nach Eintritt der Malz- oder Bierkontingentierung durch Kauf erworben hat, da er in der Lage war, der Unzulänglichkeit des Braurechtsfußes durch entsprechende Bemessung des Kaufpreises Rechnung zu tragen. Unter allen Umständen ist Voraussetzung einer Ausnahmebewilligung, daß Betriebsgründe eine Erhöhung des Braurechtsfußes erforderlich erscheinen lassen. Diese Voraussetzung liegt bei ruhenden Brauereien nicht vor.

Die Anhörung des in § 19 Abs. 2 BrauO. genannten zur Begutachtung der Übertragung von Braurechtsfüßen vom Braugewerbe zu bestellenden Ausschusses bei der anderweitigen Festsetzung von Braurechtsfüßen nach § 15 a. a. O. ist nicht vorgesehen. Die Neufestsetzung ist ein Ausfluß des Gnadenrechts der Reichsgewalt und hierbei kann die Mitwirkung einer anderen Instanz grundsätzlich nicht in Frage kommen. Das schließt nicht aus, daß der Ausschuß in besonders geeigneten Fällen ausnahmsweise zur Abgabe einer gutachtlichen Äußerung aufgefordert werden kann.

Ein nach § 15 BrauO. vom Reichsrat festgesetzter Braurechtsfuß steht rechtlich einem nach den sonstigen Bestimmungen der Braurechtsordnung zugewiesenen Braurechtsfuß gleich. Er kann nach Maßgabe des § 19 a. a. O. übertragen werden, es sei denn, daß der Reichsrat die Nichtübertragbarkeit zur Bedingung gemacht hat.

In Fällen, in denen ein nach §§ 3ff. BraurO. festgesetzter Braurechtsfuß der Abänderung aus Rechtsgründen bedarf, ist ein Eingreifen des Reichsrates nicht gegeben. Die Festsetzung des Braurechtsfußes ist ein Feststellungsbescheid im Sinne des § 220 AO. (RFH. Bd. 3 S. 92) und dieser kann nicht nur angefochten (vgl. § 14 BrauO. für das frühere Recht), sondern auch nach § 76 Abs. 1 Nr. 1 AO. geändert werden (vgl. RZllBl. 1920 S. 245). Eine solche Änderung wird z. B. dann in Frage kommen, wenn bei der Festsetzung nach § 3 Nr. 1 Satz 2 BrauO. ein zu niedriges Ausbeuteverhältnis zugrunde gelegt ist.

7. Man wird allgemein unmittelbare und mittelbare Kontingentierung unterscheiden können. Bei der ersteren ist jede Überschreitung des Kontingents verboten wie bei der früheren Malzkontingentierung (vgl. § 1 Satz 1 der Bekanntmachung vom 15. Februar 1915, betr. Einschränkung der Malzverwendung usw., RGBl. S. 97: „Bierbrauereien dürfen . . . nur . . . Hundertteile des . . . Malzes verwenden"), bei der letzteren nur mit steuerlichen Nachteilen verbunden, die von der Überschreitung abhalten sollen. Die Bierkontingentierung gehört zu der letzteren Art. Demgemäß ist Braurecht (= Bierkontingent) das Recht, eine bestimmte Biermenge innerhalb eines Rechnungsjahres zu den regelmäßigen Steuersätzen des § 3 Abs. 1 und 2 des geltenden Biersteuergesetzes zu versteuern (§ 1 Abs. 1 der BrauO). Das Recht, Bier herzustellen und in Verkehr zu bringen, ist also grundsätzlich nicht beschränkt (a. M. Koppe, der S. 318 das Bierkontingent als das Recht bezeichnet, „eine bestimmte Höchstmenge Inlandsbieres herzustellen und in den Verkehr zu bringen"). Das Braurecht ist ebensowenig wie sein Vorgänger, das Malzkontingent, ein dingliches Recht. Es haftet nicht an dem Grundstück wie — wenigstens grundsätzlich — das Brennrecht (vgl. § 37 der Brennereiordnung, RG. Zivils. Bd. 83 S. 57). Es haftet auch nicht an dem Gerätebestand. Andererseits ist das Braurecht kein rein persönliches Recht. Wäre letzteres der Fall, so könnte jedermann ein Braurecht erwerben und beim Wechsel im Besitz einer Brauerei müßte eine genehmigungspflichtige Übertragung stattfinden. Das ist aber ausgeschlossen: nur Brauereien können ein Braurecht ohne den zugehörigen Betrieb erwerben und eine Übertragung beim Besitzwechsel ist nicht erforderlich. Träger des Braurechts ist also der Brauereibetrieb. Das Braurecht haftet nicht an einem bestimmten Brauereibetrieb, aber es kann nur mit einem Brauereib trieb verbunden sein. So wie das Braurecht nur als Zubehör eines Brauereibetriebes zur Entstehung kommen konnte, muß es erlöschen, wenn kein Brauereibetrieb mehr vorhanden ist, an den es sich anlehnen kann. Das Braurecht ist ein dem privaten Vermögensrecht angehöriges Recht (vgl. RG. Zivils. Bd. 83 S. 57). Es kann abgetreten und verpfändet werden und unterliegt der Zwangsvollstreckung. Es gehört daher auch zur Konkursmasse. Es steht auch dem Pächter, der die Brauerei als solche pachtet, für die Dauer des Pachtverhältnisses zu. Über das Braurecht der Kommunbrauberechtigten s. Bem. 2 zu § 3 Abs. 4 des Gesetzes.

Die nach dem 31. März 1918 in Betrieb genommenen Brauereien sind unter allen Umständen vom Braurecht ausgeschlossen. Es besteht für sie weder eine Möglichkeit zum Erwerb von Braurechtsfuß (§ 4 Abs. 3 des Biersteuergesetzes vom 20. Juli 1918, § 19 Abs. 2 BrauO.), noch kann ihnen ein solcher aus Billigkeitsgründen zugewiesen werden (s. Bem. 6).

Zu § 4 Abs. 2.

1. Das Biersteuergesetz vom 26. Juli 1918 ist am 1. Oktober 1918 in Kraft getreten (§ 73 dieses Gesetzes). Die ersten fünf Rechnungsjahre sind daher am 31. März 1924 abgelaufen und die ganze Kontingentierung erreicht ihr Ende am 31. März 1929.

2. Für den Fall einer Überschreitung der zugewiesenen Jahresmenge tritt nur eine Erhöhung der Steuersätze des § 3 Abs. 1 des Gesetzes ein (s. Bem. 7 zu Abs. 1), wobei die für die unterschiedliche Behandlung der einzelnen Biergattungen in § 3 Abs. 2 getroffene Vorschrift mit zu berücksichtigen ist. Eine Erhöhung der ermäßigten Steuersätze, die nach § 3 Abs. 3 des Biersteuergesetzes vom 26. Juli 1918 und noch nach § 3 Abs. 3 der ersten Fassung des geltenden Gesetzes vom 9. Juli 1923 für Zwergbrauer, ferner nach § 6 Abs. 2 des bisherigen Gesetzes für Hausbrauer galten, war in den genannten Gesetzen nicht vorgesehen. Derartige Brauereien fielen überhaupt nicht unter die Vorschriften des § 4, für eine etwaige Betriebsausdehnung bestanden vielmehr lediglich die in § 3 Abs. 3 und § 6 Abs. 2 a. a. O. gezogenen Grenzen (1000 und 20 Hektoliter Jahreserzeugung). Diese in das Gesetz von 1918 vom Reichstag eingefügte Erleichterung ist mit dem Fortfall der genannten Steuerbegünstigungen beseitigt worden. Die Erhöhung der Steuersätze nach § 4 Abs. 2 tritt für die bisherigen Zwergbrauer ein, wenn sie das Braurecht überschreiten, das ihrem Braurechtsfuß entspricht, der seinerzeit gemäß § 4 Abs. 1 BraurO. vorläufig veranlagt und dann mit dem Erlöschen der Steuervergünstigung endgültig wirksam geworden ist (s. Bem. 9 zu § 3 Abs. 2 des Gesetzes). Entsprechendes gilt für die Hausbrauer. Hausbrauer, die vor dem 1. April 1918 als steuerbegünstigte Hausbrauer bestanden haben, haben jetzt nach § 2 Abs. 3 Satz 2 BraurO. einen Braurechtsfuß von zwanzig Hektolitern (s. Bem. 4 zu § 10 Abs. 6 des Gesetzes). Überschreiten sie das diesem Braurechtsfuß entsprechende Braurecht, so haben sie für die Mehrmenge die erhöhten Steuersätze nach § 4 Abs. 2 des Biersteuergesetzes vom 26. Juli 1918 zu entrichten. Wenn in § 76 AB. die Zulassung zur vereinfachten Abfindung davon abhängig gemacht ist, daß in einem Rechnungsjahr nicht mehr als zwanzig Hektoliter obergärigen Bieres hergestellt werden, so wird damit nur eine Voraussetzung für die Anwendung des vereinfachten Verfahrens der Besteuerung bezeichnet. Ist z. B. die Gesamtjahresmenge vom Reichsrat auf 75 Hundertteile der festgesetzten Braurechtsfußziffern festgesetzt, so darf der der vereinfachten Abfindung nach §§ 76ff. AB. unterliegende Hausbrauer zwar zwanzig Hektoliter herstellen, ohne die Vergünstigung der vereinfachten Abfindung zu verlieren, er hat aber für die fünfzehn Hektoliter übersteigende Biermenge die erhöhten Steuersätze nach § 4 Abs. 2 des Gesetzes von 1918 zu entrichten. Die Steuererhöhung greift selbstverständlich dann nicht Platz, wenn die Erzeugung nach § 8 Abs. 1 Satz 3 des geltenden Gesetzes (§ 79 AB.) steuerfrei ist.

Zu § 4 Abs. 3.

1. Die Übertragbarkeit der zugewiesenen Jahresmenge soll einerseits Gelegenheit geben, bei Aufgabe des Betriebes das Recht, diese Jahresmenge zu den regelmäßigen Abgabesätzen herstellen zu dürfen, verwerten zu können, andererseits die Möglichkeit bieten, einen Wechsel in der Stärke des Bierverbrauchs innerhalb der einzelnen Gegenden im Geltungsbereich des Gesetzes ausgleichen zu können (Begr. zum Entwurf des Biersteuergesetzes von 1918, Reichstagsdrucks. Nr. 1455). Die näheren Bestimmungen über die Übertragung enthält § 19 der Braurechtsordnung.

2. Gegenstand der Übertragung ist nicht das Braurecht (s. Bem. 7 zu Abs. 1), das ja keine feststehende Größe ist, sondern von der jährlichen Fest-

setzung der Gesamtjahresmenge durch den Reichsrat (§ 4 Abs. 1) abhängt, sondern der Braurechtsfuß, der nach den Bestimmungen der Braurechtsordnung für jeden Betrieb grundsätzlich unveränderlich festgesetzt ist und die Grundlage für die jährliche Festsetzung des Braurechts bildet (§ 1 Abs. 2 BrauRO.). Dem zugewiesenen Braurechtsfuß steht der nach § 15 BrauRO. aus Billigkeitsgründen durch den Reichsrat erhöhte Braurechtsfuß (s. Bem. 6 zu Abs. 1) und der durch Übertragung erworbene Braurechtsfuß (s. Reichstagsdrucks. Nr. 1686 für 1918 S. 15) völlig gleich. Unübertragbar ist lediglich der Braurechtsfuß der Hausbrauer (§ 19 Abs. 2 Satz 4). Zulässig ist auch die Übertragung eines Teiles eines Braurechtsfußes, und zwar sowohl eines Bruchteiles wie einer bestimmten Menge.

3. Ein Braurechtsfuß kann sowohl für die Dauer wie für bestimmte Zeit übertragen werden (dauernde und vorübergehende Übertragungen). Unzulässig ist jedoch die Übertragung für einen Bruchteil eines Rechnungsjahres. Nach der Begriffsbestimmung in § 1 Abs. 1 BrauRO. ist Braurecht das Recht, eine bestimmte Biermenge innerhalb eines Rechnungsjahres zu den regelmäßigen Abgabesätzen zu versteuern. Die Anwendung der regelmäßigen Abgabesätze bezieht sich auf das Rechnungsjahr. Demgemäß muß sich auch das Jahresbraurecht auf das ganze Rechnungsjahr beziehen. Der ihm entsprechende Braurechtsfuß kann daher nicht für einen Bruchteil des Rechnungsjahres übertragen werden. Diese Bedenken bestehen nicht gegenüber einer Übertragung für den „Rest" eines Rechnungsjahres. Die Übertragung kann auch für mehrere Jahre erfolgen. Übertragungen für die Zeit bis zum 31. März 1929 oder auf ein Jahr mit der Vereinbarung der Verlängerung um jeweils ein Jahr bis zum 31. März 1929, wenn nicht vorher gekündigt wird, sind als vorübergehende Übertragungen anzusehen, eine Übertragung „für die ganze Dauer der Kontingentierung" dagegen ist Dauerübertragung. Würde nämlich die Kontingentierung über das Rechnungsjahr 1928 hinaus verlängert, so würde im ersteren Falle die Übertragung mit dem Rechnungsjahr 1928 enden, im letzteren sich fortsetzen. Die Unterscheidung ist wichtig, da im Falle der Dauerübertragung die Genehmigung vom Reichsminister der Finanzen von der dauernden Abmeldung der übertragenden Brauerei und ihrer Löschung in der Brauereirolle abhängig gemacht zu werden pflegt. Unzulässig ist die Übertragung mit Rückwirkung für ein abgelaufenes Rechnungsjahr, da das Jahresbraurecht eines Rechnungsjahres nur bis zum 31. März verwendet werden kann (dem entspricht, daß „ersparter" Braurechtsfuß nicht im folgenden Rechnungsjahr berücksichtigt werden kann, was bei den Malzkontingenten zulässig war). Wegen der Rückwirkung der Genehmigung auf den Zeitpunkt der Übertragung s. unten Bem. 5.

Befristete Übertragungen sind nach dem Gesagten zulässig, nicht aber bedingte, wie z. B. eine Übertragung unter der Bedingung, daß auch für das laufende Rechnungsjahr die Gesamtjahresmenge auf 75 Hundertteile der festgesetzten Braurechtsfußziffern bemessen wird.

4. Einen Braurechtsfuß erwerben können nur Brauereien (s. Bem. 7 zu Abs. 1), und zwar nur Brauereien, die vor dem 1. April 1918 in Betrieb genommen waren (§ 19 Abs. 2 Satz 1 BrauRO.). Zu den Brauereien gehören auch die Hausbrauer (s. § 10 Abs. 6 des Gesetzes), denen in § 19 Abs. 2 Satz 4 BrauRO. nur das Recht zur Übertragung ihres Braurechtsfußes von 20 Hektolitern abgesprochen ist. Dahingestellt sei, ob in diesem Falle nicht wirtschaftliche Gründe für die Versagung der Genehmigung sprechen würden. Eine Brauerei, die einmal erloschen ist und wieder in Betrieb genommen wird, ist als „neue" Brauerei nicht berechtigt, einen Braurechtsfuß zu erwerben.

5. Die Übertragung ist an die Genehmigung des Reichsministers der Finanzen gebunden. Diese Zentralisierung ist erforderlich, damit bei der Übertragung im ganzen Geltungsbereich des Gesetzes nach einheitlichen Gesichtspunkten verfahren wird. Für das Gebiet der Länder Bayern, Württemberg und Baden ist die Befugnis zur Genehmigung vorübergehender Übertragungen (s. Bem. 3) vom Reichsminister der Finanzen den Landesfinanzämtern übertragen worden.

Für die Erteilung oder Versagung der Genehmigung gibt § 19 Abs. 3 BraurO. einige Richtlinien. Im übrigen ist sie in das pflichtmäßige Ermessen des Reichsministers der Finanzen gestellt, der dabei die auf wirtschaftlichem Gebiet liegenden Zwecke der Kontingentierung (s. Bem. 1 zu Abs. 1) und der Übertragbarkeit der Bierkontingente (s. oben Bem. 1) zu berücksichtigen haben wird.

Gegenstand der Genehmigung ist die Übertragung des Braurechtsfußes durch die abgebende auf die erwerbende Brauerei (s. die Fassung des § 19 Abs. 2 Satz 4 BraurO.). Die Genehmigung wirkt daher auf den Zeitpunkt des Vertragsschlusses über die Übertragung zurück. Daraus folgt, daß eine noch im abgelaufenen Rechnungsjahr für dieses vereinbarte, aber erst im neuen Rechnungsjahr genehmigte Übertragung rechtswirksam ist.

Voraussetzung der Genehmigung ist ein Antrag der abgebenden und der erwerbenden Brauerei. Dieser Antrag kann auch nach Erteilung der Genehmigung zurückgenommen werden, solange noch nicht die formelle Übertragung des Braurechtsfußes durch das Hauptzollamt, in dessen Bezirk die abgebende Brauerei sich befindet, erfolgt ist. Unberührt bleibt hierbei jedoch die aus dem Zivilrecht sich ergebende Verpflichtung der Parteien zur Vertragserfüllung. Der Antrag ist eine Willenserklärung, die beim Vorliegen von Willensmängeln nach allgemeinen Rechtsgrundsätzen angefochten werden kann.

6. Vor der Genehmigung ist ein vom Braugewerbe zu bestellender Ausschuß gutachtlich zu hören (§ 19 Abs. 2 Satz 2 BraurO.). Die Bestellung des Ausschusses ist ausschließlich Sache des Gewerbes, so daß der Finanzverwaltung weder ein Einfluß auf die Zusammensetzung des Ausschusses zusteht noch auch eine Verpflichtung zur Hergabe von Mitteln für die Tätigkeit des Ausschusses obliegt. Die Erhebung von Gebühren durch den Ausschuß für seine Tätigkeit ist vollkommen eigene Angelegenheit des Ausschusses, die Gebühren tragen insbesondere keinen öffentlich-rechtlichen Charakter. Der Ausschuß muß vor der Genehmigung gehört werden, d. h. es ist ihm Gelegenheit zur Erstattung einer gutachtlichen Äußerung zu geben. Damit erschöpft sich die Pflicht der genehmigenden Stelle, so daß, wenn das Gutachten nicht erstattet oder ungebührlich verzögert wird, auch ohne die Begutachtung durch den Ausschuß die Genehmigung erteilt werden kann. Vorgeschrieben ist nur die Anhörung vor der Genehmigung, sie ist also nicht erforderlich, wenngleich üblich, wenn die Genehmigung versagt wird. Gegenstand der Begutachtung durch den Ausschuß ist nur die Übertragung des Braurechtsfußes, nicht z. B. die damit nicht zusammenhängende Frage, ob ein Braurechtsfuß noch als bestehend anzusehen ist.

Mit der Begutachtung der Übertragung erschöpfen sich die von der Braurechtsordnung dem Ausschuß gestellten Aufgaben. Nicht vorgesehen, aber auch nicht verboten, sondern nützlich ist es, wenn der Ausschuß darüber hinaus tätig wird, indem er eine vermittelnde Tätigkeit hinsichtlich der Bemessung des für den Braurechtsfuß zu zahlenden Entgeltes, namentlich im Belange der veräußernden Brauerei, ausübt oder eine Einigung zwischen der erwerbenden und den dem Erwerb widersprechenden Brauereien vermittelt oder einen Ausgleich zwischen dem Inhaber der abgebenden Brauerei und den durch die Stillegung betroffenen Arbeitnehmern herbeigeführt oder die Vermittlung zwischen Angebot und Nachfrage hinsichtlich der Braurechtsfußmengen übernimmt.

Das Braugewerbe hat besondere Ausschüsse für das Gebiet der ehemaligen norddeutschen Biersteuergemeinschaft in Berlin, ferner für das Gebiet Bayerns, Württembergs und Badens in München, Stuttgart und Karlsruhe, bestellt. Bei Übertragung von Braurechtsfüßen aus dem Bezirk eines Ausschusses in den eines anderen werden herkömmlich beide Ausschüsse um Erstattung der gutachtlichen Äußerung ersucht.

7. Bei der Erteilung oder Versagung der Genehmigung soll nach den in § 19 Abs. 3 BrauO. aufgestellten **Richtlinien** verfahren werden, die ihre Ergänzung in den oben in Bem. 5 erwähnten wirtschaftlichen Gesichtspunkten finden. An diese Richtlinien wird sich auch die Begutachtung durch die Ausschüsse (s. Bem. 6) zu halten haben. Die Ausschüsse haben sie in einer Übersicht zusammengestellt, welche die Genehmigung des Reichsministers der Finanzen gefunden hat und in den Bemerkungen zu Abs. 3 berücksichtigt ist. Im einzelnen gilt folgendes:

a) Die Übertragung soll **nur zum Zwecke der eigenen Verwendung im Betriebe** der erwerbenden Brauerei genehmigt werden. Dadurch soll hauptsächlich der Erwerb von Braurechtsfuß aus Spekulationsgründen, z. B. zum Zwecke der Weiterverkaufs, verhindert werden. Nur diejenige Brauerei soll im allgemeinen Braurechtsfuß erwerben dürfen, die ihn benötigt. Hierbei wird jedoch nicht allzu streng verfahren werden dürfen, damit nicht wichtige wirtschaftliche Belange der erwerbenden sowohl wie der abgebenden Brauerei leiden. Die Genehmigung wird z. B. dann nicht zu versagen sein, wenn eine Brauerei, die ihr eigenes Braurecht nicht voll auszunutzen in der Lage ist, den Braurechtsfuß einer Brauerei erwirbt, welche sie in sich aufnimmt, auch wenn das eigene Braurecht zur Befriedigung der hinzuerworbenen Kundschaft ausreichen würde; ferner, wenn der Braurechtsfuß aus Gefälligkeit erworben wird, um der abgebenden Brauerei wirtschaftlich zu helfen. Die Bestimmung hat, wie aus diesen Beispielen erhellt, mehr die negative Aufgabe, Mißbrauch der Übertragung zu verhüten.

b) Die Übertragung soll nur genehmigt werden, wenn **wichtige Gründe** vorliegen. Wann diese Voraussetzung gegeben ist, bedarf der Prüfung im Einzelfalle. Wichtige Gründe müssen grundsätzlich sowohl auf seiten der abgebenden wie der erwerbenden Brauerei vorhanden sein. Da der abgebende Betrieb meist der wirtschaftlich schwächere Teil ist und ein besonders wichtiger Zweck der Übertragbarkeit der ist, Betrieben, die sich nicht mehr halten können, die Verwertung ihres Braurechts zu ermöglichen, wird häufig die Notwendigkeit gegeben sein, bei der Beurteilung dessen, was als wichtiger Grund anzusehen ist, bei der erwerbenden Brauerei keinen zu strengen Maßstab anzulegen. Nicht selten werden namentlich wichtige Gründe, die bei der abgebenden Brauerei vorhanden sind, für die Genehmigung der Übertragung sprechen, auch wenn eine Verwendung im eigenen Betriebe der erwerbenden Brauerei zunächst nicht in Frage kommt (s. oben unter a). Der Regelfall der Übertragung ist der, daß die Veräußerung des Braurechtsfußes deswegen erfolgt, weil die abgebende Brauerei ihre Selbständigkeit vorübergehend oder dauernd nicht mehr aufrecht erhalten kann. Dieser Grund ist stets als wichtig anzusehen. Es kann nicht Aufgabe der genehmigenden Stelle sein, nachzuprüfen, ob im einzelnen Falle die Notwendigkeit der Stillegung wirklich vorlag, und von dem Ergebnis dieser Prüfung die Erteilung oder Versagung der Genehmigung abhängig zu machen, um auf diese Weise etwa Brauereien, deren Erlöschen vom wirtschaftlichen Standpunkte oder aus anderen Gründen bedauerlich wäre, mittelbar zur Fortführung des Betriebes zu veranlassen. Von seiten der erwerbenden Brauerei wird als wichtiger Grund meist die Unzulänglichkeit des eigenen Braurechtsfußes geltend gemacht werden. Dem ist Rechnung zu tragen, es sei denn, daß der unter c erörterte Fall vorliegt.

Eine besonders sorgfältige Prüfung der Gründe ist dann angebracht, wenn ein vor kurzem erworbener Braurechtsfuß ganz oder teilweise wieder veräußert wird, weil hier der Verdacht der Spekulation (vgl. oben unter a) nahe liegt. Indessen liegen auch hier nicht alle Fälle gleichmäßig, z. B. wird die Genehmigung dann zu erteilen sein, wenn eine Brauerei, die mehrfach Braurechtsfuß hat erwerben müssen, um nicht andere Brauereien in ihr Absatzgebiet eindringen zu lassen, sich der nicht benötigten Braurechtsfußmengen wieder zu entäußern sucht oder wenn die Verwertung des gesamten Braurechtsfußes durch Stillegung des eigenen Betriebes notwendig wird.

c) Auch wenn die Voraussetzungen des § 19 Abs. 3 Satz 1 vorliegen, ist die Genehmigung dann zu versagen, wenn die Übertragung dem oben in Bem. 1 zu Abs. 1 näher dargelegten Zwecke der Kontingentierung, die bestehenden Wettbewerbsverhältnisse tunlichst zu erhalten, zuwiderlaufen würde. Einem bereits in der Zeit der Malzkontingentierung geübten Grundsatze entspricht es, daß gemeinhin der Braurechtsfuß dem engeren Bezirke der abgebenden Brauerei, namentlich wenn diese stillgelegt wird, erhalten bleiben soll und daß der näher gelegenen Brauerei vor der weiter entfernten ein bevorzugtes Recht auf Erwerb des Braurechtsfußes zuerkannt wird, vorausgesetzt, daß die Bedingungen für die Übernahme, besonders hinsichtlich des Entgeltes, die gleichen sind. Eine Ausnahme von diesem Grundsatz wird allerdings dann anzuerkennen sein, wenn zwischen der veräußernden und der weiter entfernten erwerbenden Brauerei ein besonders nahes wirtschaftliches Verhältnis besteht, z. B. beide Brauereien für Rechnung einer und derselben Person oder Gesellschaft betrieben werden (§ 3 Abs. 3 des Gesetzes). Es geht nicht an, daß in diese wirtschaftlichen Zusammenhänge eine andere Brauerei eindringt, nur weil sie räumlich näher liegt. Die bestehenden Wettbewerbsverhältnisse werden dann gewöhnlich am meisten beeinflußt, wenn eine Brauerei Braurechtsfuß von einer weiter entfernten Brauerei erwirbt, ohne gleichzeitig Kundschaft zu übernehmen. Es kommt häufig vor, daß in Bezirken, in denen unter den ansässigen Brauereien ein besonders scharfer Wettbewerb herrscht, einer der Brauereien, deren Braurecht infolge der Steigerung ihres Absatzes nicht mehr ausreicht, auf der einen Seite die Abgabe überschüssigen Braurechtsfußes durch die mit ihr in Wettbewerb stehenden Brauereien versagt, andererseits von den letzteren gegen die Übernahme eines fremden Braurechtsfußes Widerspruch erhoben wird. Meist wird der die Genehmigung der Übertragung nachsuchenden Brauerei von den anderen Wettbewerb mit unlauteren Mitteln, Unterbietung der Preise, Gewährung von Sondervorteilen an die Kundschaft, Nichtbeachtung der Verbands-Lieferungsbedingungen u. dgl. zum Vorwurf gemacht. Die Entscheidung kann hier nur von Fall zu Fall getroffen werden. Wenn auch im allgemeinen der Grundsatz der Aufrechterhaltung der bestehenden Absatz- und Wettbewerbsverhältnisse gewahrt werden soll und daher der Widerspruch des aufnehmenden Bezirks möglichst zu berücksichtigen sein wird, so darf das doch nicht dahin führen, daß z. B. eine Brauerei an der Ausnutzung ihres — etwa durch die Gebietsverluste des Reiches — überschüssig gewordenen Braurechts gehindert wird oder daß einer Brauerei der Erwerb des zur Befriedigung ihrer Kundschaft oder zur Erhaltung ihrer Wirtschaftlichkeit unerläßlichen Braurechtsfußes versagt wird, und daß damit die Kontingentierung zum Hemmnis der Erholung oder einer gesunden Entwicklung des einzelnen Betriebes wird. Ist der Bedarf an Braurechtsfuß dadurch entstanden, daß infolge starken Zuzuges von Verbrauchern (z. B. bei Zunahme der Gewerbebetriebe) der Absatz sich gehoben hat, so ist die Genehmigung unbedenklich zu erteilen (vgl. Bem. 1 oben).

d) Der Braurechtsfuß stellt einen Vermögenswert dar, dess n Veräußerung während der Dauer der Kontingentierung dem zur Stillegung oder Einschränkung seines Betriebes gezwungenen Inhaber zugute kommen soll (s. oben Bem. 1). Damit dieser Zweck der Übertragbarkeit des Br urechtsfußes nicht vereitelt wird, wird die Genehmigung dann zu versagen sein, wenn die für die Übertragung vereinbarte Gegenleistung in offensichtlichem Mißverhältnis zu dem Werte des Braurechtsfußes, namentlich zu dem sonst für die Übertragung von Braurechtsfuß üblichen Entgelt steht. Höchst- oder Mindestpreise bestehen im übrigen nicht, vielmehr unterliegt das Entgelt der freien Vereinbarung.

e) Einen Grund zur Versagung der Genehmigung wird regelmäßig der Umstand bilden, daß eine dem § 72 des Biersteuergesetzes vom 26. Juli 1918 entsprechende Regelung der Angestellten- und Arbeiterfrage nicht oder noch nicht getroffen ist, insbesondere wenn zwischen der abgebenden und der erwerbenden Brauerei Streit darüber herrscht, wer die den Angestellten und Arbeitern des stillzulegenden Betriebes gegen den Veräußerer nach § 72 zustehenden Ansprüche auf Ersatz des durch die Übertragung entstehenden Einnahmeausfalles für die Dauer von 26 Wochen zu erfüllen hat. Auch hier wird die Entscheidung im übrigen von der Lage des einzelnen Falles abhängen. Geringfügige Streitpunkte oder die Erhebung offensichtlich ungerechtfertigter Ansprüche werden die Entscheidung nicht aufhalten, besonders wenn an der Zahlungsfähigkeit des Verpflichteten kein Zweifel besteht.

8. Die Genehmigung kann an Bedingungen geknüpft werden; als solche soll insbesondere die Sicherstellung der Belieferung der Kunden der übertragenden Brauerei gefordert werden (§ 19 Abs. 3 Satz 2 BrauO.). Daß ein Bezirk in die Gefahr des Verdurstens kommt, weil niemand die Kundschaft mit Bier beliefern will, dürfte heute zu den größten Seltenheiten gehören. Als Bedingungen, an die die Genehmigung geknüpft wird, kommen in Frage die Zahlung eines angemessenen Entgeltes für den Braurechtsfuß, die Regelung der Angestellten- und Arbeiterfrage (s. Bem. 7 unter e), vor allem aber bei dauernden Übertragungen die Abmeldung der abgebenden Brauerei und ihre Löschung in der Brauereirolle. Dadurch, daß das letztere herkömmlich zur Bedingung der Genehmigung gemacht wird, soll einmal der Inhaber der übertragenden Brauerei darauf hingewiesen werden, daß Rechtsfolge der dauernden Übertragung das Erlöschen der Brauerei ist, und sodann soll der Eintritt dieser Rechtsfolge durch die Abmeldung und durch die Beurkundung der Löschung in der Brauereirolle in einwandfreier Weise für die Zukunft klargestellt werden (s. Bem. 11).

9. Bei der mit der Übertragung des ganzen Braurechtsfußes regelmäßig verbundenen Stillegung des Betriebes sind die Bestimmungen der Verordnung, betreffend Maßnahmen gegenüber Betriebsabbrüchen und -stillegungen vom 8. November 1920 (RGBl. S. 1901) zu beachten, deren Geltungsdauer zuletzt durch die Verordnung über Betriebsstillegungen und Arbeitsstreckung vom 15. Oktober 1923 (RGBl. I S. 983) auf unbestimmte Zeit verlängert worden ist. Nach dieser Verordnung haben Inhaber oder Leiter

von gewerblichen Betrieben, in denen in der Regel **mindestens zwanzig Arbeitnehmer** beschäftigt werden, der von der Landeszentralbehörde zu bestimmenden Demobilmachungsbehörde u. a. Anzeige zu erstatten, bevor sie Betriebsanlagen ganz oder zum Teil abbrechen oder bevor sie Betriebsanlagen ganz oder teilweise nicht benutzen, sofern hierdurch ein näher bestimmter Vomhundertsatz der Arbeitnehmer zur Entlassung kommt. Die beabsichtigte Maßnahme darf im ersteren Falle nicht vor Ablauf von sechs Wochen, im zweiten Falle nicht vor Ablauf von vier Wochen nach der Erstattung der Anzeige getroffen werden. Die Demobilmachungsbehörde ist zur Verlängerung dieser Fristen, innerhalb deren wesentliche Veränderungen der Substanz untersagt sind, ferner zu Beschlagnahme- und Enteignungsmaßnahmen usw. befugt. Die Genehmigung zur Übertragung des ganzen Braurechtsfußes nach § 19 Abs. 2 BrauRO. enthält zugleich die behördliche Zustimmung zur Stillegung des Brauereibetriebes (falls dieser nicht schon vorher ruhte) und würde an sich ein unmittelbares Eingreifen der Demobilmachungsbehörden ausschließen (§ 6a der Stillegungsverordnung). Damit indessen auch in diesen Fällen die mit der Stillegungsverordnung verfolgten allgemeinen Zwecke Berücksichtigung finden, hat der Reichsminister der Finanzen bestimmt, daß das Hauptzollamt, in dessen Bezirk die stillzulegende Brauerei liegt, nach Eingang des Antrages auf Übertragung des Braurechtsfußes der zuständigen Demobilmachungsbehörde von der beabsichtigten Stillegung Mitteilung macht. Soll der Betrieb stillgelegt werden, bevor die Genehmigung nach § 19 Abs. 2 BrauRO. erteilt wird, kommt also die Zustimmung des Reichsministers der Finanzen zur Stillegung nicht in Frage, so greift § 6a der Stillegungsverordnung nicht Platz. Die Inhaber oder Leiter der stillzulegenden Brauerei haben vielmehr die ihnen durch die Verordnung auferlegten Pflichten zu erfüllen. Die Hauptzollämter sind angewiesen, vor Weitergabe des Antrages auf Übertragung des Braurechtsfußes von dem Inhaber oder Leiter des Betriebes den Nachweis zu fordern, daß die nach § 1 der Verordnung erforderliche Anzeige an die Demobilmachungsbehörde erstattet ist.

10. Verfahren. Der Antrag ist nebst Abschrift des etwaigen schriftlichen Vertrages und der Versicherung, daß andere als die angegebenen Vereinbarungen nicht getroffen sind, bei dem für die abgebende Brauerei zuständigen Hauptzollamt in zwei Stücken einzureichen, deren eines dem zuständigen Fachausschuß übersandt wird. Das Gutachten des Ausschusses wird von der für die Genehmigung zuständigen Stelle (s. oben Bem. 5) unter Übersendung der für die Beurteilung erforderlichen Schriftstücke erfordert. Die formelle Übertragung bewirkt das für die abgebende Brauerei zuständige Hauptzollamt im Benehmen mit dem für die erwerbende Brauerei zuständigen Hauptzollamt.

11. Die dauernde Übertragung eines Braurechtsfußes hat die **Wirkung**, daß der Bestand des Braurechtsfußes nunmehr von dem Bestande der erwerbenden Brauerei abhängig ist. Ist der Braurechtsfuß auf Zeit übertragen, so erlischt er, falls die übertragende Brauerei inzwischen als solche zu bestehen aufgehört hat, mit dem Ablauf der Übertragungsfrist. Die dauernde Übertragung des ganzen Braurechtsfußes hat für die abgebende Brauerei die Wirkung, daß sie erlischt, weil in der Dauerübertragung der Wille des Inhabers zur dauernden Aufgabe des Betriebes zum Ausdruck gelangt (s. Bem. 8 oben). Will der Inhaber den Betrieb wieder aufnehmen, so hat er sich der vorübergehenden Übertragung zu bedienen.

12. Die Bier- und die Malzkontingentierung haben in der Zeit vom 1. April 1919 bis zum 16. August 1921 nebeneinander bestanden (s. Bem. 1

zu Abs. 1). Zum Ausgleich der Schwierigkeiten, die sich hieraus und für die Übergangszeit ergeben konnten, hat die Braurechtsordnung in § 19 Abs. 4 die Regelung getroffen, daß der Braurechtsfuß grundsätzlich dem Malzkontingent folgt. Die dauernde Übertragung des Malzkontingents insbesondere hat also ohne weiteres die dauernde Übertragung des Braurechtsfußes im entsprechenden Umfange zur Folge gehabt (vgl. § 5 Abs. 2 BraurO.). Andererseits geben die Bestimmungen der Braurechtsordnung keinen Anhalt dafür, daß bei der Gewährung oder Erhöhung oder Übertragung von Malzkontingenten angeordnete Beschränkungen hinsichtlich der Übertragbarkeit der Malzkontingente auch für die entsprechenden Braurechtsfüße oder Braurechtsfußteile zu gelten haben. Derartige Beschränkungen haben vielmehr mit der Malzkontingentierung ihr Ende erreicht. Die Festsetzung eines Malzkontingents kann nach Aufhebung der Malzkontingentierung unter keinen Umständen mehr in Frage kommen.

Neue Brauereien.

§ 5.

Für neue Brauereien, die nach dem 1. April 1918 in Betrieb genommen werden, erhöhen sich die Steuersätze im § 3 Abs. 1 und 2 während der ersten fünf Rechnungsjahre nach dem Inkrafttreten des Gesetzes auf das Dreifache, während der zweiten fünf Rechnungsjahre nach dem Inkrafttreten des Gesetzes auf das Zweifache. Die Vorschrift im § 3 Abs. 2 findet sinngemäße Anwendung.

1. Die Begründung zum Entwurf des Biersteuergesetzes von 1918 (zu § 5) bemerkt hierzu: „Nach § 6 Abs. 2 des geltenden Brausteuergesetzes haben nach dem 1. August 1909 in Betrieb genommene Brauereien sowie Brauereien, die nach dem 1. August 1909 wieder in Betrieb genommen wurden, nachdem sie mehr als zwei Jahre außer Betrieb waren, bis zum 31. März 1918 erhöhte Steuersätze zu entrichten. Diese Vorschrift ist in das Gesetz bei der Beratung des Entwurfs in der Vollversammlung des Reichstags aufgenommen worden (Nr. 1595 der Reichstagsdrucks. 1907/09, StenBer. Bd. 237 S. 9282), um dem bestehenden Gewerbe als Ausgleich für die Mehrbelastung während einer Übergangszeit Schutz gegen Neugründungen zu bieten. Die Notwendigkeit, einer Betriebsausdehnung der bestehenden Betriebe während einer Übergangszeit entgegenzuwirken, ist bereits durch § 4 des Entwurfes anerkannt. Es ist folgerichtig, wenn auch das Entstehen neuer Brauereien zur tunlichsten Erhaltung des Absatzgebietes der bestehenden Brauereien innerhalb dieser Übergangszeit möglichst verhindert wird. Zu diesem Zwecke sollen nach dem 1. April 1918 neu entstandene Brauereien für ihr gesamtes Erzeugnis die erhöhten Abgabesätze zu entrichten haben, wie sie im § 4 Abs. 2 für die Überschreitung der zugewiesenen Jahresmenge vorgeschlagen sind. Auf Betriebe, die in der Zeit vom 1. August 1909 bis zum 1. April 1918 neu in Betrieb genommen worden sind, sowie auf die Wiederinbetriebnahme ruhender Brauereien diese Maßnahme auszudehnen, dürfte mit Rücksicht darauf entbehrlich sein, daß einerseits hierfür nur wenige Brauereien mit geringem Betriebsumfang in Frage kommen werden, andererseits eine unerwünschte Ausdehnung derartiger Betriebe durch die Vorschrift in § 4 hintangehalten wird."

Wegen der Aufrechterhaltung der Vorschrift für das neue Biersteuerrecht s. Bem. 2 zu § 32 des Gesetzes.

2. Für die Frage, ob die Wiedereröffnung eines Brauereibetriebes, der längere Zeit geruht hat, als die Errichtung einer neuen Brauerei anzusehen ist, ist entscheidend, ob bei der seinerzeitigen Einstellung des Betriebes eine dauernde Aufgabe des Betriebes beabsichtigt war oder nicht. Nur im ersteren Falle wird bei der Wiederaufnahme des Betriebes die Vorschrift des § 5 Anwendung finden können. Eine dauernde Aufgabe des Betriebes wird vor allem dann angenommen werden müssen, wenn die Brauerei bei der Finanzbehörde als solche dauernd abgemeldet worden ist oder wenn aus besonderen Handlungen oder Unterlassungen des Inhabers auf die Absicht der dauernden Auflassung geschlossen werden kann. Ist die Abgabe der Abmeldung durch Willensmängel beeinflußt worden, hat z. B. der Inhaber bei der Abmeldung sich in einem Irrtum im Objekt — nicht im Beweggrunde — befunden, und ist die Abmeldung deswegen wirksam angefochten worden, so gilt die Abmeldung als nicht abgegeben, die etwa erfolgte Löschung in der Brauereirolle (§ 35 AB.) ist rückgängig zu machen. Ist die Abmeldung unter einer Bedingung abgegeben, z. B., daß die Übertragung des Braurechtsfußes genehmigt werde, so tritt die erwähnte Wirkung erst mit dem Eintritt der Bedingung ein. Umstände, aus denen auf die dauernde Aufgabe des Betriebes geschlossen werden muß, werden vorliegen, wenn die Betriebsgebäude abgebrochen oder für ihren bestimmungsgemäßen Zweck dauernd unbrauchbar gemacht worden sind, z. B. durch Umwandlung in Wohnräume, Stallungen oder Betriebsräume für einen anderen Gewerbebetrieb, ferner wenn das Malzkontingent oder der Braurechtsfuß dauernd auf eine andere Brauerei übertragen ist (vgl. Bem. 11 zu § 4 Abs. 3 des alten Gesetzes), sodann, wenn die Wiederherstellung der durch Feuer zerstörten Betriebsgebäude aufgegeben wird. Die vorübergehende Umwandlung der Betriebsgebäude für die Zwecke eines anderen Betriebes, z. B. für Zwecke der Rüstungsindustrie während des Krieges oder einer Volksküche in Notzeiten, wird nicht ohne weiteres als dauernde Aufgabe des Betriebes angesehen werden können. Ebenso nicht die Veräußerung und Entfernung der Brauereigeräte. Würde indessen in derartigen Fällen vom Betriebsinhaber durch eine ausdrückliche Erklärung gegenüber der Finanzbehörde die bestimmte Absicht kundgegeben, die Brauerei dauernd aufzulassen, so würde hiermit die Brauerei als solche zu bestehen aufgehört haben und eine spätere Wiedereinrichtung und Wiederaufnahme des Betriebes sich als die Errichtung einer neuen Brauerei darstellen. Hat hiernach eine Brauerei als solche zu bestehen aufgehört, so ist sie, wenn eine Abmeldung nicht erfolgt, von Amts wegen in der Brauereirolle zu löschen. Über die Bedeutung der Löschung s. die Bem. zu § 35 AB.

3. Die Verlegung einer bestehenden Braustätte an einen anderen Ort ist, auch wenn sie mit einer gleichzeitigen Betriebsvergrößerung verbunden ist, nicht als Neuerrichtung einer Brauerei aufzufassen. Keine Errichtung einer neuen Brauerei im Sinne des § 5 ist es ferner, wenn eine Braustätte durch ein Naturereignis (Brand usw.) oder durch sonstige Umstände zerstört und an dem gleichen oder einem anderen Platze wieder aufgebaut wird. Voraussetzung wird allerdings sein müssen, daß sich die an die Stelle der früheren Brauerei getretene Brauerei lediglich als eine den Geschäftsverhältnissen der früheren Brauerei entsprechende Fortsetzung des Betriebes darstellt, wenn auch vielleicht unter gleichzeitiger Betriebsausdehnung. Eine Fortsetzung des bisherigen Betriebes würde jedenfalls dann nicht vorliegen, wenn die neue Brauerei so weit vom Platze der bisherigen Betriebsstätte

entfernt errichtet würde, daß der bisherige Kundenkreis nicht beibehalten werden kann. Auch dann, wenn an Stelle einer kleinen Brauerei mit geringem Bierausstoße eine Brauerei mit einer unverhältnismäßig größeren Betriebseinrichtung erbaut würde, könnte wohl nicht mehr von einer Fortsetzung oder Erweiterung des bisherigen Betriebes gesprochen werden, sondern es würde die Errichtung einer neuen Brauerei vorliegen.

4. Geht eine Brauerei, die bisher nur obergäriges Bier erzeugt hat, zur Bereitung von untergärigem Bier über oder umgekehrt, so würde dies nur eine Fortsetzung des bisherigen Betriebes darstellen.

5. Während § 4 des alten Gesetzes die Ausdehnung bestehender Betriebe erschweren will, sollen durch § 5 Neugründungen verhindert werden. Unter „Brauereien" im Sinne des § 5 sind „Braustätten" zu verstehen (s. Bem. 1 zu § 3 Abs. 1 des Gesetzes), nicht aber Brauereibetriebe einzelner Personen in bereits bestehenden Braustätten. Es können daher Personen, die bisher nicht auf eigene Rechnung gebraut haben, Bier in einer vor dem 1. April 1918 bestandenen Braustätte herstellen, ohne daß die in § 5 vorgesehene Abgabenerhöhung für sie eintritt. Einer dadurch entstehenden Betriebsausdehnung wirken die Kontingentierung und die Vorschrift des § 3 Abs. 4 des neuen Biersteuergesetzes entgegen. Würden Personen, die vor dem 1. April 1918 eine fremde Braustätte auf eigene Rechnung benutzt haben, nach diesem Zeitpunkt eine neue Brauerei errichten, um dort das bisher in der fremden Braustätte erzeugte Bier zu brauen, so würde die neue Braustätte den erhöhten Steuersätzen des § 5 unterliegen, sofern nicht etwa die Voraussetzungen des § 8 Abs. 1 Satz 3 des neuen Biersteuergesetzes gegeben sind.

6. Ausnahmen von der Vorschrift des § 5 sind nicht vorgesehen, auch nicht aus Billigkeitsgründen (s. Bem. 6 zu § 4 Abs. 1 des alten Gesetzes).

7. Bei der Beratung des Entwurfs von 1918 im Reichstagsausschuß war in der zweiten Lesung dem § 5 als Abs. 2 eine Vorschrift angefügt worden, wonach die Vorschriften des § 5 keine Anwendung finden sollten auf neue Brauereien, die von Gastwirten auf genossenschaftlicher Grundlage errichtet werden. Zur Begründung war auf die Abhängigkeit der Gastwirte von den Brauereien, namentlich in größeren Städten hingewiesen und die Befürchtung ausgesprochen worden, es werde sich dieser Zustand beim Eintreten der vorgeschlagenen erheblichen Mehrbelastung des Bieres noch verschärfen. Es müsse daher den Gastwirten die Möglichkeit gelassen werden, auf genossenschaftlicher Grundlage eine Brauerei zu errichten, die von der Steuererhöhung des § 5 befreit sei. Bei der Beratung des Gesetzentwurfs in der Vollversammlung des Reichstags in zweiter Lesung erhoben sich indessen gegen eine derartige Begünstigung der Errichtung neuer Gastwirtegenossenschaftsbrauereien erhebliche Bedenken. Es wurde vor allem eine mißbräuchliche Ausnutzung der Vergünstigung zum Nachteil der bestehenden Betriebe, die gerade durch das Gesetz geschützt werden sollten, befürchtet. Die Gesetzesvorschrift wurde deshalb wieder gestrichen (s. StenBer. zu den Verhandlungen des Reichstags 1918, S. 5978 C).

§ 72.

[1] Werden Arbeiter oder nach dem Versicherungsgesetze für Angestellte versicherungspflichtige Angestellte eines Brauereibetriebes dadurch beschäftigungslos oder erleiden sie dadurch eine Verminderung ihres Arbeitsverdienstes, daß die Kundschaft ganz oder teilweise auf eine andere Brauerei übertragen wird, oder die

dem Betriebe zugewiesene Jahresmenge, so hat der übertragende Brauereibesitzer ihnen den entstehenden Einnahmeausfall für die Dauer von sechsundzwanzig Wochen zu ersetzen. Für Streitigkeiten hierüber sind, wo Gewerbe- oder Kaufmannsgerichte bestehen, diese, sonst die Amtsgerichte zuständig. Dasselbe gilt für Kriegsteilnehmer, die bei Ausbruch des Krieges in einem solchen Betrieb als Arbeiter oder Angestellte beschäftigt waren und die unmittelbar vor ihrem Eintritt in das Heer mindestens ein Jahr lang in diesem Beschäftigungsverhältnisse gestanden haben, sofern die Übertragung vor ihrer Entlassung aus dem Heere stattgefunden hat. Als Entlassung aus dem Heere gilt nicht die Zurückstellung für einen bestimmten Betrieb oder ein bestimmtes Arbeitsgebiet.

² Für die aus Abs. 1 entstehenden Ansprüche haften der Veräußerer und der Erwerber der Jahresmenge dem Berechtigten als Gesamtschuldner.

1. Die Vorschrift ist bei Beratung des Entwurfs von 1918 im Reichstagsausschuß in das Gesetz eingefügt worden. Zunächst war beabsichtigt, ganz allgemein Arbeitern und Angestellten des Brauerei- und Gastwirtsgewerbes, die durch die Wirkungen des Biersteuergesetzes arbeitslos oder sonst in ihrem Einkommen geschädigt wurden, Entschädigungen zu gewähren, und zwar innerhalb eines Zeitraums bis zu zwei Jahren nach Inkrafttreten des Biersteuergesetzes. Ein dahingehender Antrag wurde jedoch zugunsten eines weiteren Antrages zurückgezogen, der schließlich zur Annahme der in § 72 des Gesetzes enthaltenen Vorschrift führte. Bestimmend für diese Regelung war die Befürchtung, daß von der in § 4 Abs. 3 des Gesetzes zugelassenen Übertragung der einer Brauerei zugewiesenen Jahresmenge auf eine andere Brauerei ein nicht seltener Gebrauch gemacht und daß hierdurch eine Schädigung der Angestellten und Arbeiter der übertragenden Brauerei eintreten würde. Man erachtete es für billig, in derartigen Fällen den betroffenen Angestellten und Arbeitern einen Entschädigungsanspruch gegenüber dem übertragenden Brauereibesitzer zuzubilligen. Eine Benachteiligung des letzteren wurde hierin nicht gefunden, da er in der Lage sei, die ihm aus der Erfüllung des Entschädigungsanspruchs erwachsenden Kosten bei dem Preis, den er für die Übertragung der Jahresmenge in Ansatz bringen wolle, einzurechnen (s. Reichstagsdrucks. Nr. 1686 für 1914/18 S. 28/29).

Durch Art. III Nr. 2 des Gesetzes vom 8. April 1922, betr. Erhöhung einzelner Verbrauchssteuern (RGBl. I S. 380) wurde die Schutzvorschrift des § 72 auf den Fall der bloßen Kundschaftsübertragung auch ohne gleichzeitige Übertragung der zugewiesenen Jahresmenge ausgedehnt. Die Beibehaltung der Vorschrift für das neue Biersteuerrecht ergab sich aus der Aufrechterhaltung der Kontingentierung (s. Bem. 2 zu § 32 des Gesetzes).

2. Auf Entschädigung haben auf Grund des § 72 nur Anspruch die Arbeiter und versicherungspflichtigen Angestellten eines Brauereibetriebes, nicht aber auch des Gastwirtsgewerbes. Auch den Angestellten des letzteren Gewerbes einen Entschädigungsanspruch einzuräumen, wurde nicht für angängig erachtet, weil sie kaum in der Lage sein würden nachzuweisen, daß sie durch die Übertragung einer Jahresmenge benachteiligt würden (Reichstagsdrucks. Nr. 1686 von 1914/18 S. 29).

3. Zu den nach dem Versicherungsgesetz für Angestellte vom 20. Dezember 1911 (RGBl. S. 989; Neufassungen durch Gesetz vom 10. November 1922, RGBl. I S. 849, Gesetz vom 13. Juli 1923, RGBl. I S. 636, Verordnung vom 30. Oktober 1923 über Vereinfachungen in der Sozialversicherung, RGBl. I S. 1060) versicherungspflichtigen Angestellten gehören nach § 1 dieses Gesetzes Angestellte in leitender Stellung, ferner Betriebsbeamte, Werkmeister und andere Angestellte in einer ähnlich gehobenen oder höheren Stellung, Büroangestellte, soweit sie nicht ausschließlich mit Botengängen, Reinigung, Aufräumung und ähnlichen Arbeiten beschäftigt werden einschließlich der Bürolehrlinge und Werkstattschreiber, ferner Handlungsgehilfen und Handlungslehrlinge und andere Angestellte für kaufmännische Dienste. Voraussetzung der Versicherung für alle diese Personen ist, daß sie gegen Entgelt in einem Dienstverhältnis beschäftigt werden, daß ihr Jahresarbeitsverdienst die nach § 1a vom Reichsarbeitsminister mit Zustimmung des Reichsrats jeweils festgesetzte Grenze nicht übersteigt und daß sie beim Eintritt in die versicherungspflichtige Beschäftigung das Alter von sechzig Jahren noch nicht vollendet haben. Zum Entgelt im Sinne dieses Gesetzes gehören neben Gehalt und Lohn auch Gewinnanteile, Sach- und andere Bezüge, die der Versicherte, wenn auch nur gewohnheitsmäßig, statt des Gehalts oder Lohnes oder neben ihm von dem Arbeitgeber oder einem Dritten erhält. Der Wert der Sachbezüge wird nach Ortspreisen berechnet, die das Versicherungsamt festsetzt.

4. Die Verdienstlosigkeit oder Verdienstschädigung muß als unmittelbare Folge der Übertragung der Kundschaft oder der Jahresmenge eingetreten sein. Erfolgt die Entlassung zwar gleichzeitig mit der Übertragung, aber aus anderen Gründen, z. B. wegen Krankheit oder wegen Verschuldens des Arbeitnehmers, so wird letzterer einen Entschädigungsanspruch nach § 72 mit Erfolg nicht geltend machen können.

5. Eine Verdienstlosigkeit oder Verdienstschädigung wird dann nicht als vorliegend anzuerkennen sein, wenn der Arbeitnehmer eine anderweite Verdienstmöglichkeit findet oder wenn er eine ihm nachgewiesene geeignete Beschäftigung anderer Art oder an anderer Arbeitsstelle, durch die er einen dem Entschädigungsanspruch entsprechenden Verdienst beziehen kann, ohne zureichenden Grund ablehnt. Als zureichender Grund für die Ablehnung dürften nicht gelten können werktägliche kürzere Reisen zum Beschäftigungsort, wenn die Kosten dafür erstattet werden, oder die für die Erlangung der Arbeit etwa erforderliche Übersiedelung des Arbeitnehmers und seiner Familie, wenn die durch die Übersiedlung entstehenden Kosten vergütet werden, die Unterkunft gewährleistet ist und durch die Übersiedlung nicht sonst erhebliche Nachteile entstehen. Der Besitz eines eigenen Hauses oder eines selbst bewirtschafteten Grundstücks am bisherigen Beschäftigungs- oder Wohnort dagegen dürfte als ausreichender Grund für die Ablehnung einer die Übersiedlung erfordernden Beschäftigung anzusehen sein. Weiter wird als ausreichender Grund gelten können, wenn der beschäftigungslos Gewordene für Eltern oder Schwiegereltern die Verwaltung eines diesen gehörigen Hauses oder von ihnen gepachteten Grundstücks führt, ferner, wenn eine Ehefrau oder bei ihren Eltern wohnende Tochter eine die Übersiedlung erfordernde Beschäftigung ablehnt (vgl. § 4 Abs. 1c der AB. zu § 91 des Tabaksteuergesetzes vom 12. September 1919 — RGBl. S. 1667 — betr. Unterstützung geschädigter Hausgewerbetreibender, Angestellter und Arbeiter im Tabakgewerbe usw., Zentralbl. f. d. Deutsche Reich 1920 S. 473, 1921 S. 181; diese Bestimmungen sind ersetzt worden durch die Bestimmungen zur Durchführung des § 91 des Tabaksteuer-

gesetzes vom 18. August 1923 — RMinBl. S. 901 —, die ihrerseits am 31. Oktober 1923 mit dem Außerkrafttreten des § 91 des Tabaksteuergesetzes außer Kraft getreten sind, dürften aber zur Auslegung des § 72 herangezogen werden können.)

Wer ohne zureichenden Grund versäumt, sich um die Erlangung einer an seinem Wohnort oder in dessen Nähe gebotenen und geeigneten Arbeit, auch einer solchen außerhalb des Brauereigewerbes, zu bewerben, wird den Entschädigungsanspruch ebenfalls nicht erheben können (vgl. § 4 Abs. 1d der am Schlusse des vorhergehenden Absatzes erwähnten Bestimmungen).

Würde ein Entschädigungsberechtigter die ihm nachgewiesene Beschäftigung in einem anderen Berufszweig lediglich wegen Fehlens körperlicher Eignung nach kurzer Zeit wieder aufgeben müssen oder aus sonstiger unverschuldeter Ursache wieder verlieren, so dürfte hierdurch der Entschädigungsanspruch nicht verloren gehen (s. § 4 Abs. 3 der vorerwähnten Bestimmungen). Was der Arbeitnehmer durch das Aufhören der Beschäftigung erspart, z. B. Fahrtkosten zur Arbeitsstätte, wird er sich anrechnen lassen müssen.

6. Der Anspruch auf Entschädigung richtet sich gegen den übertragenden Brauereibesitzer („Veräußerer", Abs. 2). Dieser und der Erwerber der Kundschaft oder Jahresmenge haften nach Abs. 2 als Gesamtschuldner. Veräußerer und Erwerber fallen zusammen, wenn beide Betriebe in einer Hand sind und einer der Betriebe stillgelegt wird. Der Anspruch beginnt mit dem Eintritt der Verdienstlosigkeit oder Verdienstschädigung. Die vertraglichen oder gesetzlichen Kündigungsfristen bleiben unberührt, die Frist von 26 Wochen beginnt erst mit Ablauf der Kündigungsfrist zu laufen.

7. Verzicht auf die Rechte aus § 72 ist zulässig.

8. Die Vorschriften in § 72 Abs. 1 Satz 3 und 4 dehnen die Vergünstigung auf Kriegsteilnehmer aus. Es sollte der sogenannte Stamm, d. i. diejenigen Personen, die bei Kriegsausbruch in dem Betriebe tätig waren und deren Beschäftigung dort bis zu ihrer Einziehung, gleichviel, wann diese erfolgt ist, mindestens ein Jahr gedauert hat, so gestellt werden, als ob ihre Entlassung aus dem Heere und die Jahresmengenübertragung zusammenfielen. Ihnen sollte also ebenfalls für die Dauer von 26 Wochen der Unterhalt gesichert werden, nur daß diese Zeit hier von der Entlassung ab rechnet. Als Entlassung ist nur das endgültige Ausscheiden aus dem Heere anzusehen. Im übrigen haben die in den Bemerkungen 2 bis 7 gemachten Ausführungen auch für diesen Personenkreis entsprechende Geltung. Wer als Kriegsgefangener nach Beendigung des Krieges freiwillig im Auslande verblieben ist, hat sich damit der Ansprüche aus § 72 begeben.

Anhang II

Braurechtsordnung [1])

vom 11. März 1919.
(ZtrBl. für das Deutsche Reich 1919 Seite 41).

§ 1.

1 Das Braurecht einer Brauerei bildet die Biermenge, die von der Brauerei gemäß § 4 Abs. 1 und 2 des Biersteuergesetzes innerhalb eines Rechnungsjahrs unter Einrechnung der nach § 6 Abs. 1 a. a. O. steuerfrei abgelassenen Biermenge zu den regelmäßigen Abgabesätzen des § 3 Abs. 1 und 2 a. a. O. versteuert werden kann.

2 Die Grundlage für die jährliche Festsetzung des Braurechts bildet der Braurechtsfuß (§ 3).

§ 2.

1 Ein Braurecht erhalten nur steueramtlich angemeldete Brauereien, die vor dem 1. April 1918 in Betrieb genommen worden sind.

2 Brauereien, die auf die Steuervergünstigung in § 3 Abs. 3 des Biersteuergesetzes Anspruch haben, können, solange dieser Anspruch besteht, in jedem Rechnungsjahre bis zu 1000 Hektoliter Bier zu dem ermäßigten Steuersatze von 8 Mark für ein Hektoliter versteuern. Erlischt die Steuervergünstigung, so bemißt sich das Braurecht für derartige Brauereien nach den Bestimmungen, die für die regelmäßig zu veranlagenden Brauereien gelten.

3 Hausbrauer können, solange sie auf die Steuervergünstigung des § 6 Abs. 2 des Biersteuergesetzes Anspruch haben, ihr gesamtes Erzeugnis zum ermäßigten Steuersatze von 3 Mark für ein Hektoliter versteuern. Hausbrauer, denen die Steuervergünstigung entzogen worden ist, erhalten, sofern sie vor dem 1. April 1918 als

---

[1]) Die Bestimmungen der Braurechtsordnung, soweit sie für die Gegenwart von erheblicher Bedeutung sind, sind in den Bemerkungen zu § 4 des Biersteuergesetzes vom 26. Juli 1918 und an zahlreichen anderen Stellen des Kommentars besprochen.

steuerbegünstigte Hausbrauer bestanden haben, einen Braurechtsfuß von 20 Hektoliter Bier zugewiesen.

[4] Farbebierbrauereien werden zum Braurecht nicht veranlagt; sie können, soweit für sie eine Verpflichtung zur Entrichtung der Biersteuer eintritt, ihr gesamtes Erzeugnis zum Satze von 18,75 Mark für ein Hektoliter versteuern (§§ 6 und 8 der Farbebierordnung).

§ 3.

Der Braurechtsfuß wird wie folgt festgesetzt:

1. Für Brauereien, die vor dem 1. Januar 1914 erstmals in Betrieb genommen worden sind, bildet den Braurechtsfuß die von der Brauerei im Durchschnitt der Kalenderjahre 1912 und 1913 abgesetzte (siehe § 4 Abs. 1 des Biersteuergesetzes) Biermenge. Auf Antrag kann die den Braurechtsfuß bildende Biermenge berechnet werden aus der Malzmenge, die bei der Festsetzung des Malzkontingents als in den Kalenderjahren 1912 und 1913 durchschnittlich zur Bierbereitung verwendet angenommen worden ist (Friedensmalzverbrauch) sowie aus den im Durchschnitt der Kalenderjahre 1912 und 1913 nachweislich verwendeten Zuckerstoffen nach den Ausbeuteverhältnissen, die in der Brauerei in den Kalenderjahren 1912 und 1913 durchschnittlich bestanden haben (vgl. die gemäß den Verordnungen über die Einschränkung der Malzverwendung in den Bierbrauereien sowie über die Malzkontingente der Bierbrauereien und den Malzhandel erlassenen Vorschriften, § 2 Satz 1 der Bekanntmachung vom 15. Februar 1915 — RGBl. S. 97 —, § 2 der Verordnung vom 7. Oktober 1916 — RGBl. S. 1137 — / 16. Dezember 1916 — RGBl. S. 1403 — und § 2 der Verordnung vom 20. November 1917 — RGBl. S. 1061 —); ebenso kann von Amts wegen verfahren werden, wenn die abgesetzte Biermenge nicht genügend nachgewiesen werden kann. Hat eine Brauerei in der genannten Zeit einen unregelmäßigen Betrieb gehabt, und ist ihr auf Grund der über die Einschränkung der Malzverwendung in den Bierbrauereien sowie über die Malzkontingente der Bierbrauereien und den Malzhandel erlassenen Vorschriften (§ 2 Satz 2 der Bekanntmachung vom 15. Februar 1915 — RGBl. S. 97 —, § 9 der Verordnung vom 7. Oktober 1916 — RGBl. S. 1137 — / 16. Dezember 1916 — RGBl. S. 1403 — und § 9 der Verordnung vom 20. November 1917 — RGBl.

S. 1061 —) ein Malzkontingent besonders zugewiesen oder die zugewiesene Malzmenge erhöht worden, so ist die den Braurechtsfuß bildende Biermenge stets lediglich aus dem bei der Festsetzung des Malzkontingents angenommenen durchschnittlichen Friedensmalzverbrauche für ein Kalenderjahr ohne Rücksicht auf eine etwaige Zuckerverwendung nach den Ausbeuteverhältnissen zu berechnen, die in der Brauerei in den Kalenderjahren 1912 und 1913 durchschnittlich bestanden haben. Hat eine Brauerei in den genannten Kalenderjahren keinen Betrieb gehabt, so erhält sie einen Braurechtsfuß nur dann, wenn ihr auf Grund der im Satz 3 genannten Vorschriften ein Malzkontingent zugewiesen worden ist oder künftig zugewiesen wird; aus dem bei der Festsetzung des Malzkontingents angenommenen durchschnittlichen Friedensmalzverbrauche für ein Kalenderjahr ist ohne Rücksicht auf eine etwaige Zuckerverwendung die den Braurechtsfuß bildende Biermenge nach den Ausbeuteverhältnissen zu berechnen, die eine gleichartige gemäß Satz 1 oder 2 zum Braurechtsfuße veranlagte Brauerei in den Kalenderjahren 1912 und 1913 durchschnittlich gehabt hat.

2. Brauereien, die in der Zeit vom 1. Januar 1914 bis 31. März 1918 erstmals in Betrieb genommen worden sind, erhalten einen Braurechtsfuß nur dann, wenn ihnen auf Grund der in Ziffer 1 Satz 3 erwähnten Vorschriften ein Malzkontingent zugewiesen worden ist; die Festsetzung des Braurechtsfußes erfolgt nach der Bestimmung in Ziffer 1 Satz 4.

§ 4.

[1] Brauereien, die auf die Steuervergünstigung im § 3 Abs. 3 des Biersteuergesetzes Anspruch haben, sind nach Maßgabe der Bestimmungen im § 3 Ziff. 1 zunächst vorläufig zum Braurechtsfuße zu veranlagen. Die Veranlagung wird mit dem Erlöschen der Steuervergünstigung wirksam.

[2] Steuerbegünstigte Hausbrauer (§ 6 Abs. 2 des Biersteuergesetzes) werden zum Braurechtsfuße nicht veranlagt.

§ 5.

[1] Soweit zugewiesene Malzkontingente bis zum 1. März 1919 dauernd übertragen worden sind, erhöht sich der Braurechtsfuß der erwerbenden Brauerei um den Teil des Braurechtsfußes der veräußernden Brauerei, der sich nach dem Verhältnis berechnet, in dem das der veräußernden Brauerei zugewiesene Malzkontingent

dauernd übertragen worden ist; der Braurechtsfuß der veräußernden Brauerei wird entsprechend gekürzt.

[3] Ist das gesamte Malzkontingent einer Brauerei dauernd übertragen worden, so kann auf gemeinsamen Antrag der Beteiligten oder von Amts wegen, wenn die Festsetzung des Braurechtsfußes für die veräußernde Brauerei nicht oder nur mit erheblichen Schwierigkeiten möglich ist, von einer Festsetzung des Braurechtsfußes für die veräußernde Brauerei abgesehen und die für die Erhöhung des Braurechtsfußes der erwerbenden Brauereien in Betracht kommende Biermenge aus dem übertragenen Malzkontingent in der Weise berechnet werden, daß je für einen Doppelzentner des letzteren die Biermenge in Ansatz gebracht wird, die von dem für die erwerbende Brauerei selbst festgesetzten Braurechtsfuß auf einen Doppelzentner des dieser Brauerei zugewiesenen Malzkontingents entfällt.

§ 6.

[1] Als abgesetzt im Sinne des § 3 Ziffer 1 gelten die in der zu veranlagenden Brauerei hergestellten Biermengen, die in den Kalenderjahren 1912 und 1913 in der Brauerei getrunken, in den Verkehr des Biersteuergebiets abgegeben, oder aus diesem Gebiet ausgeführt worden sind. Farbebier, das an andere Brauereien abgegeben worden ist, bleibt unberücksichtigt. Rückbier im Sinne des § 15 der Biersteuer-Ausführungsbestimmungen ist nur einmal, und zwar in der Menge in Ansatz zu bringen, in der es in der genannten Zeit endgültig abgesetzt worden ist. Die aus dem Biersteuergebiet ausgeführten Biermengen sind bei Festsetzung des Braurechtsfußes besonders festzustellen.

[2] Als gleichartige Brauereien im Sinne des § 3 gelten Brauereien mit gleichartigem Betriebsumfang, gleichartigen Betriebseinrichtungen, gleichartiger Betriebsweise und gleichartigen Absatzverhältnissen.

§ 7.

[1] Inhaber von Brauereien, die vor dem 1. Januar 1914 erstmals in Betrieb genommen worden sind, haben beim Hauptamt bis zum 1. April 1919 schriftlich anzuzeigen, ob der Braurechtsfuß für ihre Brauerei nach dem tatsächlichen Bierabsatz (§ 3 Ziffer 1 Satz 1) oder aus dem ihrer Brauerei zugewiesenen Malzkontingent (§ 3 Ziffer 1 Satz 2) festgestellt werden soll. Im ersteren Falle sind die von der Brauerei im Durchschnitt der Kalenderjahre 1912 und 1913 abgesetzten Biermengen (§ 6 Abs. 1) unter Bezeichnung der

Beweismittel (Geschäftsbücher usw.) anzugeben. Im zweiten Falle ist das der Brauerei zugewiesene Malzkontingent, die im Durchschnitt der Kalenderjahre 1912 und 1913 zur Bierbereitung verwendete Menge an Zuckerstoffen und die Menge verkaufsfertigen Bieres anzugeben, die von der Brauerei in den Kalenderjahren 1912 und 1913 aus einem Doppelzentner der verwendeten Braustoffe durchschnittlich hergestellt worden ist; die Beweismittel für den behaupteten Umfang der Zuckerverwendung und die behaupteten Ausbeuteverhältnisse sind zu bezeichnen.

[2] In den Fällen des § 3 Ziffer 1 Satz 3 ist lediglich das der Brauerei zugewiesene Malzkontingent und die Menge verkaufsfertigen Bieres anzugeben, die in den Kalenderjahren 1912 und 1913 durchschnittlich von der Brauerei aus einem Doppelzentner Malz hergestellt worden ist, letztere unter Bezeichnung der Beweismittel.

[3] Ist in den Kalenderjahren 1912 und 1913 Bier, das in einer der in Abs. 1 und 2 bezeichneten Brauereien hergestellt wurde, aus dem Biersteuergebiet ausgeführt worden, so sind diese Biermengen besonders anzugeben.

[4] In den Fällen des § 3 Ziffer 1 Satz 4 ist lediglich das der Brauerei zugewiesene Malzkontingent anzugeben; zugleich sind zwei gleichartige, gemäß § 3 Ziffer 1 Satz 1 oder 2 zum Braurechtsfuße zu veranlagende Brauereien zu bezeichnen, deren Ausbeuteverhältnisse der Umrechnung der zugewiesenen Malzmenge in die den Braurechtsfuß bildende Biermenge zugrunde gelegt werden sollen.

§ 8.

Inhaber von Brauereien, die in der Zeit vom 1. Januar 1914 bis 31. März 1918 erstmals in Betrieb genommen worden sind und auf Grund der im § 3 Ziffer 1 Satz 3 erwähnten Vorschriften ein Malzkontingent zugewiesen erhalten haben, haben dem Hauptamt bis zum 1. April 1919 die diesem entsprechenden Malzmenge mitzuteilen und hierbei zwei gleichartige gemäß § 3 Ziffer 1 Satz 1 oder 2 zum Braurecht zu veranlagende Brauereien zu bezeichnen, deren Ausbeuteverhältnisse der Umrechnung des zugewiesenen Malzkontingents in die den Braurechtsfuß bildende Biermenge zugrunde gelegt werden sollen.

§ 9.

[1] Der Antrag auf Erhöhung des Braurechtsfußes wegen dauernder Übertragung von Malzkontingenten (§ 5) ist von der erwerbenden Brauerei bei dem für sie zuständigen Hauptamt unter Angabe der erforderlichen Unterlagen zu stellen.

²Liegen die erwerbende und die veräußernde Brauerei in verschiedenen Hauptamtsbezirken, so hat das für die erwerbende Brauerei zuständige Hauptamt die, für die Erhöhung des Braurechtsfußes anzusetzenden Biermengen festzustellen. Ist zu diesem Zwecke eine Feststellung des Braurechtsfußes für die veräußernde Brauerei notwendig, so hat das für die erwerbende Brauerei zuständige Hauptamt den Antrag an das für die veräußernde Brauerei zuständige Hauptamt weiterzuleiten, das die vorgeschriebene Nachprüfung (§ 10) vorzunehmen und das Ergebnis mit dem Antrag an das für die erwerbende Brauerei zuständige Hauptamt zurückzusenden hat. Das für die erwerbende Brauerei zuständige Hauptamt hat in den Fällen, in denen nur ein Teil des Kontingents dauernd übertragen worden ist, das Ergebnis seiner Feststellung dem für die veräußernde Brauerei zuständigen Hauptamt zur entsprechenden Kürzung des Braurechtsfußes der veräußernden Brauerei mitzuteilen.

§ 10.

¹Das Hauptamt hat die Angaben der Brauereiinhaber durch einen Oberbeamten nachprüfen, mit den Geschäftsbüchern der Brauereien vergleichen oder die sonst angebotenen Beweise für die Richtigkeit der gemachten Angaben erheben zu lassen. Es kann die Richtigkeit der gemachten Angaben durch Sachverständige feststellen lassen, denen auf Verlangen vom Brauereiinhaber die Besichtigung der Brauerei und die Einsichtnahme der über die Herstellung und den Absatz von Bier geführten Geschäftsbücher und Anschreibungen zu gestatten ist. An der Besichtigung der Brauerei hat der Brauereiinhaber oder sein Stellvertreter und der Oberbeamte teilzunehmen. Die Sachverständigen sind zur Verschwiegenheit hinsichtlich der zur ihrer Kenntnis gelegenden Betriebs- und Absatzverhältnisse den einzelnen Brauereien zu verpflichten.

²Das Hauptamt kann nach Anhörung von Sachverständigen andere als die vom Antragsteller bezeichneten Vergleichsbrauereien bestimmen.

§ 11.

¹Die Sachverständigen erhalten Tagegelder und Reisekosten nach den Sätzen, die dem Hauptamtsvorstande zustehen.

²Die erwachsenden Kosten haben die Gliedstaaten aus der ihnen zustehenden Verwaltungskostenvergütung zu bestreiten.

§ 12.

Nach Abschluß der Ermittlungen, spätestens bis zum 1. Mai 1919, hat das Hauptamt der Direktivbehörde eine Nachweisung über die für die einzelnen Brauereien festzusetzenden Braurechtsfußziffern einzusenden, der die Anträge der Brauereiinhaber und die sonstigen Verhandlungen beizufügen sind. Bei den Braurechtsfußziffern sind die im Durchschnitt der Kalenderjahre 1912 und 1913 aus dem Biersteuergebiet ausgeführten Biermengen besonders anzugeben. Die in der Nachweisung gestellten Anträge sind erforderlichenfalls näher zu begründen.

§ 13.

1 Die Direktivbehörde setzt für jede Brauerei den Braurechtsfuß unter besonderer Angabe der auf die Bierausfuhr entfallenden Biermengen in Hektolitern und Litern (unter Weglassung von Literbruchteilen) fest und teilt ihn spätestens bis zum 31. Mai 1919 dem Hauptamt unter Rückgabe der Anträge und Verhandlungen mit.

2 Das Hauptamt hat den festgesetzten Braurechtsfuß und die hiervon auf die Bierausfuhr entfallende Biermenge dem Brauereiinhaber sofort gegen Zustellungsurkunde bekanntzugeben. In den Fällen des § 9 Abs. 2 Satz 3 ist die festgesetzte Erhöhung des Braurechtsfußes der erwerbenden Brauerei dem für die veräußernde Brauerei zuständigen Hauptamt mitzuteilen, dieses hat dem Inhaber der veräußernden Brauerei die sich hieraus ergebende Kürzung des Braurechtsfußes seiner Brauerei gegen Zustellungsurkunde bekanntzugeben.

§ 14.

1 Gegen die Festsetzung des Braurechtsfußes ist schriftliche Beschwerde an die oberste Landesfinanzbehörde zulässig. Die Beschwerde darf nur berücksichtigt werden, wenn sie binnen drei Wochen, vom Tage der Zustellung der Festsetzung an, bei dem Hauptamt oder der Direktivbehörde eingegangen ist.

2 Die Entscheidung der obersten Landesfinanzbehörde ist endgültig.

§ 15.

Ergeben sich aus der Festsetzung des Braurechtsfußes nach vorstehenden Bestimmungen für einzelne Brauereien Ungleichheiten oder Härten, so kann der Staatenausschuß den Braurechtsfuß aus Billigkeitsgründen anderweit festsetzen.

§ 16.

1 Die Direktivbehörden haben bis zum 10. Juni 1919 den obersten Landesfinanzbehörden die Gesamtsumme der von ihnen festgesetzten Braurechtsfußziffern mitzuteilen; Braurechtsfußziffern, die

gemäß § 4 Abs. 1 zunächst nur vorläufig festgesetzt worden sind, haben hierbei außer Betracht zu bleiben. Zugleich ist die Zahl der nach § 3 Abs. 3 und der nach § 6 Abs. 2 des Biersteuergesetzes steuerbegünstigten Brauereien und Brauer anzugeben.

² Die obersten Landesfinanzbehörden teilen die ihnen angezeigten Summen, je zu einer Summe aufgerechnet, bis zum 20. Juni 1919 dem Reichsminister der Finanzen mit.

§ 17.

Der Staatenausschuß bestimmt für jedes Rechnungsjahr nach Maßgabe des voraussichtlichen Bierverbrauchs im Biersteuergebiete, wieviel Hundertteile — berechnet auf vier Zehnerbruchstellen — der festgesetzten Braurechtsfußziffern den Brauereien als Braurecht zur Versteuerung nach den regelmäßigen Abgabesätzen des § 3 Abs. 1 und 2 des Biersteuergesetzes zuzuweisen sind.

§ 18.

Auf das Braurecht kommen in Anrechnung die in einer Brauerei innerhalb eines Rechnungsjahrs versteuerten und die nach § 6 Abs. 1 des Biersteuergesetzes steuerfrei abgelassenen Biermengen sowie die nach § 2 a. a. O. steuerfrei ausgeführten Biermengen, soweit bei der Bemessung des Braurechts der ausführenden Brauerei die Bierausfuhr mit eingerechnet worden ist.

§ 19.

¹ Der Braurechtsfuß gilt nur für die steueramtlich angemeldete Brauerei, für die er festgesetzt ist.

² Der für eine Brauerei festgesetzte Braurechtsfuß kann mit Genehmigung des Reichsministers der Finanzen auf eine andere Brauerei, die vor dem 1. April 1918 in Betrieb genommen worden ist, ganz oder teilweise übertragen werden. Vor der Genehmigung ist ein vom Braugewerbe zu bestellender Ausschuß gutachtlich zu hören. Die Übertragung kann auch nur für eine bestimmte Zeit erfolgen. Die Übertragung des Braurechtsfußes durch Hausbrauer (§ 2 Abs. 3) ist unzulässig.

³ Die Übertragung eines Braurechtsfußes soll nur zum Zwecke der eigenen Verwendung im Betriebe der erwerbenden Brauerei und nur, wenn wichtige Gründe vorliegen, genehmigt werden. Die Genehmigung kann an Bedingungen geknüpft werden; als solche soll insbesondere die Sicherstellung der Belieferung der Kunden der übertragenden Brauerei gefordert werden.

[4] Insolange die Übertragung von Malzkontingenten auf Grund von § 4 der Verordnung über die Malzkontingente der Bierbrauereien und den Malzhandel vom 20. November 1917 (RGBl. S. 1061) der Genehmigung bedarf, kann der Braurechtsfuß nur gleichzeitig mit dem Malzkontingent übertragen werden. Durch die Erteilung der Genehmigung zur Übertragung des Malzkontingents gilt auch die Übertragung des Braurechtsfußes in entsprechendem Umfang als bewirkt und genehmigt, sofern sie nicht bereits gemäß § 9 dieser Ordnung bei Festsetzung des Braurechtsfußes berücksichtigt ist.

§ 20.

Die Direktivbehörden haben bis zum zwanzigsten Tage des auf ein Vierteljahr folgenden Monats dem Reichsminister der Finanzen eine Nachweisung über die im abgelaufenen Vierteljahr in den Brauereien versteuerten und nach § 6 Abs. 1 des Biersteuergesetzes steuerfrei abgelassenen sowie die unter Anrechnung auf das
Muster 1 Braurecht ausgeführten Biermengen nach Muster 1 einzureichen.

§ 21.

[1] Bis zum zwanzigsten Tage des auf ein Rechnungsjahr folgenden Monats haben die Direktivbehörden dem Reichsminister der
Muster 2 Finanzen eine Nachweisung nach Muster 2 mit einem erläuternden Begleitschreiben zu übersenden.

[2] Das Begleitschreiben soll, abgesehen von den etwa erforderlichen Karstellungen einzelner Angaben in den Nachweisungen, die in bezug auf das Braurecht zutage getretenen Verhältnisse des Braugewerbes im allgemeinen behandeln und sich insbesondere auf folgende Punkte erstrecken:

a) aus welchen Gründen die Braurechte in den einzelnen Gruppen der Brauereien überschritten oder nicht erfüllt worden sind;
b) wieviel Hundertteile der festgesetzten Braurechtsfußziffern den Brauereien im laufenden Rechnungsjahr als Braurecht zugewiesen werden sollen (§ 17);
c) wieviel Übertragungen eines Braurechtsfußes im abgelaufenen Rechnungsjahre genehmigt worden sind unter Angabe der Ursachen und Dauer der Übertragung und der in Betracht kommenden Braurechtsfußziffern.

[3] Dem Statistischen Reichsamt sind Abschriften der jährlichen Nachweisung und des Begleitschreibens dazu bei Übersendung der jährlichen Nachweisungen nach § 115 der Biersteuer-Ausführungs-

bestimmungen zur Verwendung bei Aufstellung der jährlichen Biersteuerstatistik, die sich auch auf diese Angaben zu erstrecken hat, mitzuteilen.

§ 22.

Der Reichsminister der Finanzen wird ermächtigt, die Muster zu dieser Ordnung zu ändern, neue Muster einzuführen und wegen der Zeitabschnitte und der Art, in der die Nachweisungen über Erfüllung der Braurechte und über die versteuerten Biermengen aufzustellen und einzusenden sind, andere Anordnungen zu treffen.

Direktivbezirk ....

Hauptamtsbezirk ....

Steuerhebebezirk ....

Muster 1
(Braurechtsordnung § 20)

Nachweisung

der in den Brauereien versteuerten und nach § 6 Abs. 1 des Biersteuergesetzes steuerfrei abgelassenen sowie der unter Anrechnung auf das Braurecht ausgeführten Biermengen

für das ..... Viertel des Rechnungsjahrs 19....

Hauptamtsbezirk / Steuerhebebezirk	Summe der für das laufende Rechnungsjahr festgesetzten Einzelbraurechte		In Brauereien mit festgesetztem Braurecht sind in obigem Vierteljahr						In Brauereien nach § 3^3 des Gesetzes sind in obigem Vierteljahr				Von Hausbrauern (§ 6^2 des Gesetzes) sind in obigem Vierteljahr versteuert		Bemerkungen
			steuerpflichtig geworden		nach § 6^1 d. G. steuerfrei abgelassen		ausgeführt und auf das Braurecht angerechnet		steuerpflichtig geworden		nach § 6^1 d. G. steuerfrei abgelassen				
	hl	l	hl	l	hl	l	hl	l	hl	l	hl	l	hl	l	
1	2		3		4		5		6		7		8		9

Anleitung zum Gebrauche

1. In Spalte 2 ist nur die Summe der für das laufende Jahr besonders festgesetzten Braurechte nachzuweisen, also mit Ausschluß derjenigen Mengen, die Brauereien nach § 3 (3) des Gesetzes und Hausbrauer zu den ermäßigten Abgabesätzen herstellen dürfen.
2. Für die Ausfüllung der Spalten 3 bis 5 kommen nur Brauereien in Betracht, die an dem in Spalte 2 nachgewiesenen Gesamtbraurecht beteiligt sind.
3. Die Mengen für die Spalten 3 bis 7 sind in die Nachweisung des Vierteljahrs einzustellen, in dem sie steuerpflichtig geworden oder steuerfrei abgelassen worden sind. Die Mengen in Spalte 8 sind in dem Vierteljahr nachzuweisen, in dem die Steuerfestsetzung auf Grund von § 86 Abs. 2 und 3 der Biersteuer-AusfBest. erfolgt ist.

Direktivbezirk ....
Hauptamtsbezirk ....
Steuerhebebezirk ....

Muster 2
(Braurechtsordnung § 21)

Nachweisung

über den Aufbrauch der Braurechte im Rechnungsjahr 19

Anleitung zum Gebrauche

1. Ziffer 1 und 3 der Anleitung zu Muster 2 finden sinngemäß Anwendung.
2. Bei der Ausfüllung der Spalten 4 bis 17 sind für jede Brauerei der Gruppe 2 1000 Hektoliter, für jeden Hausbrauer (Gruppe 3) 20 Hektoliter als Braurecht in Rechnung zu stellen.

Brauereigruppen	Gesamtzahl der Brauereien	Gesamtmenge der festgesetzten Einzelbraurechte		In Brauereien, die ihr Braurecht nicht voll ausgenutzt haben, sind								
				Anzahl der Brauereien	steuerpflichtig geworden		nach § 6^{1} des Gesetzes steuerfrei abgelassen		ausgeführt und auf das Braurecht angerechnet		vom Braurecht nicht ausgenutzt	
		hl	l		hl	l	hl	l	hl	l	hl	l
1	2	3		4	5		6		7		8	
1. Brauereien mit besonders festgesetzten Braurechten im Betrage von												
a) 0 bis 2000 hl												
b) über 2000 „ 10000 „												
c) „ 10000 „ 20000 „												
d) „ 20000 „ 30000 „												
e) „ 30000 „ 60000 „												
f) „ 60000 „ 120000 „												
g) „ 120000 hl												
zusammen . .												
2. Brauereien nach § 3^{8} des Gesetzes		—	—									
3. Hausbrauer (§ 6^{2} des Gesetzes)		—	—									
4. Brauereien ohne Braurecht		—	—									

In Brauereien, die ihr Braurecht gerade voll ausgenutzt haben, sind							In Brauereien, die ihr Braurecht überschritten haben, sind										Zu den erhöhten Sätzen des § 5 des Gesetzes sind steuerpflichtig geworden		Bemerkungen
Anzahl der Brauereien	steuerpflichtig geworden		nach § 6[1] des Gesetzes steuerfrei abgelassen		ausgeführt und auf das Braurecht angerechnet		Anzahl der Brauereien	zu den regelmäßigen Sätzen steuerpflichtig geworden		nach § 6[1] des Gesetzes steuerfrei abgelassen		ausgeführt und auf das Braurecht angerechnet		zu den erhöhten Sätzen des § 4[2] des Gesetzes steuerpflichtig geworden				
	hl	l	hl	l	hl	l		hl	l	hl	l	hl	l	hl	l	hl	l	
9	10		11		12		13	14		15		16		17		18		19
																—	—	
																—	—	
																—	—	
																—	—	
																—	—	
																—	—	
																—	—	
																—	—	

Anhang III

Verordnung[1])

Auf Grund des § 28 des Biersteuergesetzes vom 9. Juli 1923 (RGBl. I S. 557) wird folgendes bestimmt:

Bier-Nachsteuerordnung

§ 1.

¹ Bier, das sich am Tage des Inkrafttretens des Gesetzes oder einer Biersteuererhöhung nach § 5 des Gesetzes außerhalb der Erzeugungsstätte im Besitze von Bierhändlern oder Wirten befindet, unterliegt der Nachsteuer in Höhe des Unterschieds der Sätze der zweiten Staffel der bisherigen und der zweiten Staffel der neu in Kraft tretenden Steuer. Pfennigbeträge, die sich bei Berechnung des Nachsteuersatzes für 1 Hektoliter ergeben, sind fortzulassen.

² Als Bierhändler gelten auch die Brauereien hinsichtlich ihrer außerhalb der anmeldepflichtigen Brauereiräume befindlichen Biervorräte.

³ Als Wirte gelten auch die Brauereien hinsichtlich ihrer eigenen Ausschankstellen. Den Wirten sind ferner gleichzuachten Konsumvereine, Kantinen, Kasinos, Logen und ähnliche Vereinigungen, und zwar auch dann, wenn sie Bier nur an ihre Mitglieder oder nur in ihren eigenen Räumen abgeben.

⁴ Die nachsteuerpflichtige Menge ist auf ganze Liter nach unten abzurunden.

⁵ Die Nachsteuer ist nicht zu entrichten, wenn die im Besitze eines Bierhändlers oder Wirtes befindlichen Biervorräte nicht mehr als zwei Hektoliter betragen. Auf diese nachsteuerfreie Menge ist der Inhalt angebrochener Gefäße nicht anzurechnen.

§ 2.

¹ Bierhändler und Wirte haben die am Tage des Inkrafttretens des Gesetzes oder einer Biersteuererhöhung nach § 5 des Gesetzes in

---

[1]) RGBl. I S. 696. — S. die Bemerkungen zu § 28 des Gesetzes.

ihrem Besitze befindlichen nachsteuerpflichtigen Vorräte an Bier bis zum fünften Tage nach dem Inkrafttreten und, sofern sich das Bier am Tage des Inkrafttretens unterwegs befindet, alsbald nach dessen Eingang der zuständigen Zollstelle nach Zahl und Raumgehalt der Gefäße, in denen sich das Bier befindet, und unter Angabe der Biergattung (Einfach-, Schank-, Voll-, Starkbier) schriftlich oder in einer von der Zollstelle aufzunehmenden Verhandlung anzumelden.

² Biervorräte, die nach § 1 Abs. 5 der Nachsteuer nicht unterliegen, bedürfen der Anmeldung nicht.

§ 3.

Die Zollstelle trägt die eingegangenen oder verhandlungsmäßig aufgenommenen Anmeldungen in das nach Muster 1 zu führende Biernachsteuer-Anmeldebuch ein, setzt auf den Anmeldungen unverzüglich den Betrag der Nachsteuer fest und teilt ihn dem Zahlungspflichtigen sogleich mittels eines Steuerbescheides nach Muster 2 mit.

Muster 1

Muster 2

§ 4.

Der Zahlungspflichtige hat, sofern er nicht bei der verhandlungsmäßig aufgenommenen Anmeldung sofort Zahlung geleistet hat, den mitgeteilten Betrag innerhalb einer Woche nach Empfang des Steuerbescheids einzuzahlen. Ein Zahlungsaufschub findet für die Nachsteuer nicht statt.

§ 5.

Die aufgekommene Biernachsteuer ist als Biersteuer zu vereinnahmen. Die durch Einzahlung des Nachsteuerbetrags erledigten Nachsteueranmeldungen sind alsbald den mit der Nachprüfung der angemeldeten Vorräte beauftragten Beamten zuzustellen.

§ 6.

¹ Die Nachprüfung hat nach näherer Anordnung des Landesfinanzamts zu erfolgen.

² Bis zum Zeitpunkt der Nachprüfung eingetretene Veränderungen der angemeldeten Biervorräte durch Zu- und Abgang sind den Beamten, bevor sie mit der Nachprüfung beginnen, mitzuteilen und auf Verlangen näher nachzuweisen.

³ Nach beendeter Nachprüfung sind die Anmeldungen unverzüglich der Zollstelle zurückzugeben, die bei Einforderung der Nachsteuer für etwa vorgefundene Mehrmengen nach Maßgabe der §§ 3 bis 5 zu verfahren hat.

§ 7.

Das Anmeldungsbuch ist mit allen Belegen binnen drei Monaten nach dem Inkrafttreten des Gesetzes oder der Steuererhöhung dem Hauptzollamt und von diesem binnen eines weiteren Monats dem Landesfinanzamte zur Prüfung einzusenden. Die Prüfung ist binnen drei Monaten zu beenden.

§ 8.

Hinterziehungen der Nachsteuer und sonstige Verletzungen der wegen ihrer Erhebung gegebenen Vorschriften werden nach Maßgabe der hinsichtlich der Besteuerung des Bieres getroffenen Strafvorschriften geahndet.

§ 9.

Die aufgekommenen Nachsteuerbeträge sind am Fuße der jährlich am 1. September an das Statistische Reichsamt einzusendenden Nachweisung, Muster 28 der Biersteuer-Ausführungsbestimmungen, für jede Nachversteuerung getrennt, nachrichtlich zu vermerken.

Berlin, den 18. Juli 1923.

Der Reichsminister der Finanzen
In Vertretung
Zapf.

Hauptzollamtsbezirk: ....

Steuerhebebezirk: ....

Muster 1
(Biernachsteuerordnung § 3)

Biernachsteuer-Anmeldungsbuch

Geführt von ....

Anleitung zum Gebrauche

1. In das Anmeldungsbuch sind sämtliche Biernachsteuer-Anmeldungen sofort nach ihrer Abgabe in die Spalten 1 bis 4 einzutragen.
2. Das Anmeldungsbuch ist mit seinen Belegen gemäß § 7 der Biernachsteuerordnung zur Prüfung vorzulegen.

Lfde. Nr.	des Anmelders		Tag, an dem die Anmeldung abgegeben ist	Die Nachsteuer			Bemerkungen
	Name	Wohnort		ist festgestellt und dem Zahlungspflichtigen mitgeteilt am	beträgt insgesamt M.	ist nachgewiesen im Einnahmebuch unter Nummer	
1	2	3	4	5	6	7	8

Nr. .... des Anmeldungsbuchs

Muster 2
(Bier-Nachsteuerverordnung § 3)

Steuerbescheid

über Entrichtung von Biernachsteuer

An Biernachsteuer sind von Ihnen zu entrichten:

a) für Einfachbier	....	ℳ,
b) für Schankbier.	....	„
c) für Vollbier.	....	„
d) für Starkbier	....	„
Zusammen . . .	....	ℳ.

in Worten ....

Sie werden ersucht, den vorstehenden Betrag innerhalb einer Woche nach Empfang des Steuerbescheids an die unterzeichnete Zollstelle in bar oder durch Überweisung auf das Postscheckkonto Nr. .... beim Postscheckamt .... oder auf das Konto der unterzeichneten Zollstelle bei der .... Bank .... in .... einzuzahlen.

Bei der Steuerberechnung ist von der Anmeldung der in Ihrem Besitze befindlichen nachsteuerpflichtigen Vorräte insofern abgewichen worden, als

....

Gegen diesen Steuerbescheid steht Ihnen das Rechtsmittel der Anfechtung zu. Die Anfechtung, zu deren Entscheidung das Landesfinanzamt, Abteilung für Zölle und Verbrauchssteuern in ...., zuständig ist, ist binnen einem Monat nach Erhalt dieses Steuerbescheids schriftlich oder zu Protokoll bei der unterzeichneten Dienststelle einzulegen.

Durch die Einlegung der Anfechtung wird die Wirksamkeit des Steuerbescheids nicht gehemmt.

................., den................. 19......

(Stempel) ....

Quittung

Betrag erhalten

Biersteuer-Einnahmebuch Nr.......

..............., den................ 19.....

(Stempel) ....

An

....

....

in ....

Anhang IV

Verordnung[1]) über die Nachversteuerung von bierähnlichen Getränken (Nachsteuerordnung für bierähnliche Getränke). Vom 18. August 1923.

Auf Grund des Artikels I Nr. 6 des Gesetzes über Abänderung einzelner Verbrauchssteuergesetze vom 11. August 1923 (RGBl. I S. 770) und des § 28 des Biersteuergesetzes vom 9. Juli 1923 (RGBl. I S. 557) wird folgendes bestimmt:

Nachsteuerordnung für bierähnliche Getränke.

§ 1.

Getränke, die als Ersatz für Bier in den Handel gebracht oder genossen zu werden pflegen (bierähnliche Getränke) und sich am 1. September 1923 oder am Tage des Inkrafttretens einer Biersteuererhöhung nach § 5 des Gesetzes außerhalb der Erzeugungsstätte im Besitze von Bierhändlern oder Wirten befinden, unterliegen der Nachsteuer. Die Nachsteuer von bierähnlichen Getränken wird nach dem höchsten Satze der am 1. September 1923 in Kraft befindlichen Steuer vom Schankbier (§ 3 Abs. 2, § 5 des Biersteuergesetzes) und bei einer Biersteuererhöhung (§ 5 des Biersteuergesetzes) in Höhe des Unterschieds des Satzes der bisherigen und der neu in Kraft tretenden Steuer vom Schankbier erhoben.

§ 2.

Auf die Nachsteuer von bierähnlichen Getränken finden im übrigen die Bestimmungen der Verordnung vom 18. Juli 1923 (RGBl. I S. 696, Bier-Nachsteuerordnung) entsprechende Anwendung.

Berlin, den 18. August 1923.

Der Reichsminister der Finanzen.
In Vertretung
Zapf.

---

[1]) RGBl. I S. 819.

Anhang V

Verordnung[1])

über Verwendung von Süßstoff zur Bereitung obergärigen Bieres.

Auf Grund des § 10 Abs. 9 des Biersteuergesetzes vom 9. Juli 1923 (RGBl. I S. 557), des § 4 Abs. 4 des Süßstoffgesetzes vom 8. April 1922 (RGBl. I S. 390), des § 4 der Bekanntmachung vom 20. Juli 1916 (RGBl. S. 763) und des § 4 der Bekanntmachung vom 8. August 1918 (RGBl. S. 1063) wird folgendes bestimmt:

§ 1.

[1] Zur Bereitung obergärigen Bieres ist die Verwendung von Süßstoff zulässig.

[2] Die für die Verwendung von Zucker geltenden Vorschriften des Biersteuergesetzes vom 9. Juli 1923 (RGBl. I S. 557) und der hierzu erlassenen Ausführungsbestimmungen finden Anwendung.

§ 2.

Im § 6 Abs. 1 A 10 der Verordnung zur Durchführung des Süßstoffgesetzes vom 12. September 1922 (Ztrbl. für das Deutsche Reich S. 633) tritt an die Stelle der Verordnung vom 20. Juli 1916 (RGBl. S. 763) diese Verordnung.

§ 3.

[1] Diese Verordnung tritt am 1. August 1923 in Kraft.

[2] Gleichzeitig treten außer Kraft

1. die Bekanntmachung wegen Verwendung von Süßstoff zur Bierbereitung vom 20. Juli 1916 (RGBl. S. 763),
2. die §§ 2 bis 4 der Bekanntmachung zum Biersteuergesetz vom 8. August 1918 (RGBl. S. 1063).

Berlin, den 21. Juli 1923.

Der Reichsminister der Finanzen.
In Vertretung
Zapf

Der Reichsminister für Ernährung und Landwirtschaft
Im Auftrage
Dr. Heukamp.

---

[1]) RGBl. I S. 746. — S. die Bem. 2 zu § 10 Abs. 9 des Gesetzes.

Anhang VI

1. Gesetz, betreffend Abweichungen von dem Biersteuergesetze vom 26. Juli 1918. Vom 9. Juli 1922.

(RGBl. I S. 572, 692 u. 750).[1])

Der Reichstag hat das folgende Gesetz beschlossen, das mit Zustimmung des Reichsrats hiermit verkündet wird.

Artikel 1.

Zur Bereitung von Bier dürfen bis zum 30. September 1923 neben den in § 13 des Biersteuergesetzes vom 26. Juli 1918 (RGBl. S. 863) vorgesehenen Rohstoffen Reis und geschälter und entkeimter Mais in Gestalt von Grieß sowie Maisstärke als Zumaischstoffe verwendet werden. Auf die Verwendung dieser Zumaischstoffe finden die Vorschriften des Biersteuergesetzes über die Überwachung der Zuckerverwendung entsprechende Anwendung.

Artikel 2.

Die Anwendung der Vorschriften des Artikels 1 darf in den Gebieten der Länder Bayern, Württemberg und Baden von der obersten Landesbehörde ausgeschlossen werden.

Artikel 3.

Dieses Gesetz tritt am 1. Oktober 1922 in Kraft.

Freudenstadt, den 9. Juli 1922.

Der Reichspräsident.
Ebert.

Der Reichsminister der Finanzen.
Dr. Hermes.

2. Gesetz über die Verlängerung der Geltungsdauer des Gesetzes vom 9. Juli 1922 betreffend Abweichungen von dem Biersteuergesetze. Vom 18. Juli 1923.

(RGBl. I S. 743.)

Der Reichstag hat das folgende Gesetz beschlossen, das mit Zustimmung des Reichsrats hiermit verkündet wird.

---

[1]) S. die Bem. 3 zu § 10 Abs. 9 des Gesetzes.

Artikel I.

Die Geltungsdauer des Gesetzes vom 9. Juli 1922, betreffend Abweichungen von dem Biersteuergesetze vom 26. Juli 1918 (RGBl. I S. 572), wird bis zum 30. September 1924 verlängert.

Artikel II.

Dieses Gesetz tritt am 1. Oktober 1923 in Kraft.

Berlin, den 18. Juli 1923.

Der Reichspräsident.
Ebert.

Der Reichsminister der Finanzen.
Dr. Hermes.

Anhang VII

Gesetze über den Eintritt Württembergs, Bayerns und Badens in die Biersteuergemeinschaft. [1]

1.

Gesetz über den Eintritt des Freistaats Württemberg in die Biersteuergemeinschaft vom 27. März 1919 (RGBl. S. 345) in der Fassung des Gesetzes zur Änderung der Gesetze über den Eintritt der Freistaaten Württemberg, Bayern und Baden in die Biersteuergemeinschaft vom 9. Juli 1923 (RGBl. I S. 563).

Die verfassunggebende Deutsche Nationalversammlung hat das folgende Gesetz beschlossen, das nach Zustimmung des Staatenausschusses hiermit verkündet wird:

§ 1.

Der Freistaat Württemberg tritt der Biersteuergemeinschaft bei.

§ 2.

¹ Das Biersteuergesetz vom 9. Juli 1923 (RGBl. I S. 557) gilt auch im Gebiete des Freistaats Württemberg.

² Die Anwendung der Vorschriften des Biersteuergesetzes über die Verwendung von Zucker und von aus Zucker hergestellten Farbmitteln sowie von Süßstoff bei der Bereitung obergärigen Bieres, ferner der Vorschrift im § 10 Abs. 6 des Gesetzes kann im Gebiete des genannten Freistaates von der obersten Landesfinanzbehörde ausgeschlossen werden.

§ 3.

Aus den Reineinnahmen an Biersteuer, gleichviel in welcher Form aus der Belastung des inländischen Bieres in der Biersteuergemeinschaft Einnahmen für das Reich gewonnen werden, werden in jedem Rechnungsjahre dem Freistaat Württemberg 2,50 vom Hundert, jedoch nicht mehr als dreihundertachtzig Millionen Mark

---

[1] S. die geschichtliche Einleitung und Bem. 1 zu § 1 des Gesetzes.

überwiesen. Der Reichsminister der Finanzen ist ermächtigt, mit Zustimmung des Reichsrates und eines Ausschusses des Reichstags den Höchstbetrag von dreihundertachtzig Millionen Mark im Falle der Erhöhung der Biersteuer entsprechend zu erhöhen und den so erhöhten Betrag im Falle der Ermäßigung der Biersteuer entsprechend, jedoch nicht unter den Betrag von fünfzehn Millionen Mark herabzusetzen.

§ 4.

Treten künftig weitere Staaten oder Gebietsteile der Biersteuergemeinschaft bei, so wird unter Aufrechterhaltung des Höchstbetrags die in § 3 für die Überweisungen festgesetzte Verhältniszahl entsprechend den sich ergebenden erhöhten Reineinnahmen der Biersteuergemeinschaft an Biersteuer neu berechnet; die Berechnung erfolgt bis auf zwei Zehnerbruchstellen unter Abrundung nach unten auf die nächste durch fünf teilbare Zahl.

§ 5.

Wird mit einem anderen Staate oder Gebietsteile der Eintritt in die Biersteuergemeinschaft nach für ihn günstigeren Grundsätzen vereinbart, so finden diese Grundsätze auf Verlangen des Freistaates Württemberg vom Tage ihrer Wirksamkeit an auch auf Württemberg entsprechende Anwendung.

§ 6.

Änderungen dieses Gesetzes können nur unter den Voraussetzungen erfolgen, die nach der Reichsverfassung für Verfassungsänderungen vorgesehen sind.

§ 7.

Dieses Gesetz tritt am 1. April 1919 in Kraft.

Weimar, den 27. März 1919.

Der Reichspräsident.
Ebert.

Der Reichsminister der Finanzen.
Schiffer.

2.

Gesetz über den Eintritt der Freistaaten Bayern und Baden in die Biersteuergemeinschaft vom 24. Juni 1919 (RGBl. S. 599) in der Fassung des Gesetzes zur Änderung der Gesetze über den Eintritt der Freistaaten Württemberg, Bayern und Baden in die Biersteuergemeinschaft vom 9. Juli 1923 (RGBl. I S. 563).

§ 1.

[1] Die Freistaaten Bayern und Baden treten der Biersteuergemeinschaft bei.

[2] Die Gebiete des zum Freistaat Sachsen-Weimar gehörigen Vordergerichts Ostheim und des zum Freistaat Sachsen-Coburg-Gotha gehörigen Amtes Königsberg werden in die Biersteuergemeinschaft einbezogen.

§ 2.

[1] Das Biersteuergesetz vom 9. Juli 1923 (RGBl. I S. 557) gilt auch in den im § 1 genannten Freistaaten und Gebietsteilen. Der Reichsminister der Finanzen bestimmt, in welcher Weise in den außerhalb der Zollinie liegenden Gebietsteilen Badens die Biersteuer von dem aus dem Auslande eingeführten Biere zu erheben ist.

[2] Die Anwendung der Vorschriften des genannten Gesetzes über die Verwendung von Zucker und von aus Zucker hergestellten Farbmitteln sowie von Süßstoff bei der Bereitung obergärigen Bieres, ferner der Vorschriften in § 10 Abs. 5 und 6 des Gesetzes kann in den Gebieten der im § 1 Abs. 1 genannten Freistaaten von der obersten Landesfinanzbehörde ausgeschlossen werden.

§ 3.

[1] Aus den Reineinnahmen an Biersteuer, gleichviel in welcher Form aus der Belastung des inländischen Bieres in der Biersteuergemeinschaft Einnahmen für das Reich gewonnen werden, werden in jedem Rechnungsjahre dem Freistaat Bayern 13,55 vom Hundert, jedoch nicht mehr als zwei Milliarden Mark, und dem Freistaat Baden 1,60 vom Hundert, jedoch nicht mehr als zweihundertsechzig Millionen Mark überwiesen. Der Reichsminister der Finanzen ist ermächtigt, mit Zustimmung des Reichsrats und eines Ausschusses des Reichstags die Höchstbeträge von zwei Milliarden und zweihundertsechzig Millionen Mark im Falle der Erhöhung der Biersteuer entsprechend zu erhöhen und die so erhöhten Beträge im Falle der Ermäßigung der Biersteuer entsprechend, jedoch nicht unter die Beträge von achtundsiebzig und zehn Millionen Mark herabzusetzen.

[2] Bei der Feststellung der Reineinnahmen an Biersteuer, aus denen gemäß Abs. 1 die Überweisungen gewährt werden sollen, bleiben die Beträge außer Ansatz, die vor dem 1. Juli 1919 fällig geworden sind, jedoch erst nach diesem Zeitpunkt zur Zahlung gelangen.

[3] Insoweit gemäß § 69 des Biersteuergesetzes vom 26. Juli 1918 in Bayern und Baden eine Anrechnung von Landesabgaben auf

nach dem 30. Juni 1919 zu entrichtende Reichsbiersteuer stattfindet, sind die angerechneten Beträge von dem beteiligten Freistaat dem Reiche zu vergüten.

§ 4.

Treten künftig weitere Staaten oder Gebietsteile der Biersteuergemeinschaft bei, so werden unter Aufrechterhaltung der Höchstbeträge die im § 3 Abs. 1 für die Überweisungen festgesetzten Verhältniszahlen entsprechend den sich ergebenden erhöhten Reineinnahmen der Biersteuergemeinschaft an Biersteuer unter Beibehaltung der Grundlagen für die Feststellung der im § 3 Abs. 1 erwähnten Verhältniszahlen neu berechnet; die Berechnung erfolgt bis auf zwei Zehnerbruchstellen unter Abrundung nach unten auf die nächste durch fünf teilbare Zahl.

§ 5.

Wird mit einem anderen Staat oder Gebietsteil der Eintritt in die Biersteuergemeinschaft nach für ihn günstigeren Grundsätzen vereinbart, so finden diese Grundsätze auf Verlangen der Freistaaten Bayern und Baden vom Tage ihrer Wirksamkeit an auch auf diese Freistaaten entsprechende Anwendung.

§ 6.

Den Freistaaten Sachsen-Weimar und Sachsen-Coburg-Gotha wird mit Rücksicht darauf, daß infolge dieses Gesetzes die zwischen ihnen und dem Freistaat Bayern bestehenden Verträge über die Bierbesteuerung im Vordergericht Ostheim und dem Amte Königsberg vorzeitig aufgehoben werden, eine einmalige Entschädigung aus den Einnahmen an Biersteuer gewährt.

§ 7.

Gestrichen.

§ 8.

Änderungen dieses Gesetzes können nur unter den Voraussetzungen erfolgen, die nach der Reichsverfassung für Verfassungsänderungen vorgesehen sind.

§ 9.

Dieses Gesetz tritt am 1. Juli 1919 in Kraft.

Weimar, den 24. Juni 1919.

Der Reichspräsident.
Ebert.

Der Reichsminister der Finanzen.
Erzberger.

Anhang VIII

Sondersteuerordnung für die Einfuhr von Bier in die außerhalb der Zollinie liegenden Gebietsteile in Baden vom 19. Juli 1923 (RGBl. I S. 729).[1])

Auf Grund des § 2 Abs. 1 des Gesetzes über den Eintritt der Freistaaten Bayern und Baden in die Biersteuergemeinschaft vom 24. Juni 1919 (RGBl. S. 599) / 9. Juli 1923 (RGBl. I S. 563) wird folgendes bestimmt:

§ 1.

Auf Bier, das aus dem Ausland in die außerhalb der Zollinie liegenden Gebietsteile des Freistaats Baden eingeführt wird, findet die Steuerordnung für Einfuhrbier (Anlage B der Biersteuer-Ausführungsbestimmungen), soweit nachstehend nichts anderes bestimmt ist, entsprechende Anwendung.

§ 2.

Zur Entrichtung der Biersteuer ist der Einbringer verpflichtet.

§ 3.

[1] Die Biersteuer ist zu entrichten, sobald das Bier aus dem Ausland in die im § 1 bezeichneten Gebietsteile eingeführt wird.

[2] Der Warenführer hat die Biersendung am Eintrittsort der Steuerstelle zur Abfertigung anzumelden.

[3] Die Anmeldung ist nach näherer Anordnung des Landesfinanzamts in einem Anmeldebuch festzuhalten.

§ 4.

[1] Als Zollstraßen im Sinne des § 1 der Steuerordnung für Einfuhrbier (§ 1) gelten die in die Zollausschlußgebiete führenden Eisenbahnen, Flüsse, Landstraßen und Ortshauptstraßen, als Grenzeingangsamt die zuständige Steuerstelle, als Zollstunden die Dienststunden der Steuerstelle.

[2] Wird Bier mit der Eisenbahn, der Post oder zu Schiff eingeführt, so darf die Sendung dem Empfänger erst ausgehändigt werden, wenn die Steuerstelle das Bier abgefertigt hat.

---

[1]) S. die Bem. 6 zu § 1 und die Bem. 2 zu § 4 des Gesetzes.

§ 5.

¹ Bier, das aus dem Inland durch das Ausland in die im § 1 bezeichneten Gebietsteile eingeführt wird, ist von der Biersteuer befreit, wenn bei der Einbringung durch Bescheinigung des Zollamts oder nach näherer Bestimmung des Hauptzollamts in anderer Weise der Nachweis der Versteuerung im Inland erbracht wird.

² Bier, das aus dem Ausland durch die im § 1 bezeichneten Gebietsteile in das Ausland durchgeführt wird, bleibt ebenfalls von der Biersteuer befreit. Die näheren Bestimmungen über die steuerliche Sicherung der Durchfuhr trifft das Landesfinanzamt.

§ 6.

Die Sondersteuerordnung für die Einfuhr von Bier in die außerhalb der Zollinie liegenden Gebietsteile in Baden vom 8. April 1922 (RGBl. I S. 445) wird aufgehoben.

§ 7.

Die Verordnung tritt am 1. August 1923 in Kraft.

Berlin, den 19. Juli 1923.

Der Reichsminister der Finanzen.
In Vertretung.
Zapf.

Anhang IX

Bierzoll.

Artikel III Nr. 2 des Gesetzes, betreffend Erhöhung einzelner Verbrauchssteuern, vom 8. April 1922 (RGBl. I S. 380).[1])

Die Nr. 186 des Zolltarifs vom 25. Dezember 1902 erhält folgende Fassung:

Bier aller Art in Behältnissen von einem Raumgehalte von 15 Litern oder mehr . . . . 8 Mark
in anderen Behältnissen . . . . 12 „

[1]) S. die Bem. 1 zu § 4 des Gesetzes.

Anhang X

Besteuerung des Bieres durch die Gemeinden.[1])

1. Finanzausgleichsgesetz vom 23. Juni 1923.

(RGBl. I S. 494).

§ 14.

1 Die Gemeinden (Gemeindeverbände) dürfen mit Genehmigung der Landesregierung oder der von ihr beauftragten Behörden Steuern auf den örtlichen Verbrauch von Wein, weinähnlicher und weinhaltigen Getränken, von Schaumwein und schaumweinähnlichen Getränken, von Bier und Trinkbranntwein sowie von Mineralwässern und künstlich bereiteten Getränken (Getränkesteuern) erheben. Die Getränkesteuern können entweder nach dem Kleinhandelspreise oder nach der Menge des steuerbaren Getränkes bemessen werden.

2 Werden die Getränkesteuern nach dem Kleinhandelspreise bemessen, so dürfen sie fünf vom Hundert, beim Schaumwein mit Ausnahme der Fruchtweine, bei schaumweinähnlichen Getränken und bei Trinkbranntwein fünfzehn vom Hundert des Kleinhandelspreises nicht übersteigen.

3 Werden die Getränkesteuern nach der Menge des steuerbaren Getränkes bemessen, so dürfen die bei Bemessung nach dem Kleinhandelspreise sich ergebenden Sätze nicht überschritten werden. Der Reichsminister der Finanzen bestimmt mit Zustimmung des Reichsrats jeweils die bei Berücksichtigung der Kleinhandelspreise sich ergebenden Höchstsätze.

4 Soweit es die Durchführung der im Abs. 1 bezeichneten Steuern erfordert, können die Steuerordnungen der Gemeinden (Gemeindeverbände) die Vorschriften der Reichsabgabenordnung für anwendbar erklären.

5 Die Steuerordnungen können nur am Beginn eines Kalendervierteljahres in Kraft gesetzt werden.

6 Der Reichsminister der Finanzen kann mit Zustimmung des Reichsrats nähere Bestimmungen über die Getränkesteuern erlassen. Die Landesregierungen sind befugt, Bestimmungen über Art und Umfang der Getränkesteuern zu erlassen.

7 Die geltenden reichsrechtlichen Vorschriften, die sich auf die Besteuerung der im Abs. 1 bezeichneten Getränke durch die Gemeinden (Gemeindeverbände) beziehen, treten außer Kraft.

---

1) S. die Bem. 11 zu § 1 des Gesetzes.

2. Vierte Verordnung über Höchstsätze für die nach der Menge des steuerbaren Getränkes bemessenen Gemeindegetränkesteuern. Vom 24. November 1923.

(RGBl. I S. 1121.)

Auf Grund von § 14 Abs. 3 Satz 2 des Gesetzes über den Finanzausgleich zwischen Reich, Ländern und Gemeinden (Finanzausgleichsgesetz) vom 23. Juni 1923 (RGBl. I S. 494) wird mit Zustimmung des Reichsrats folgendes bestimmt:

§ 1.

Als Höchstsätze, die bei der Bemessung der Gemeindegetränkesteuern nach der Menge des steuerbaren Getränkes nicht überschritten werden dürfen, gelten bis auf weiteres die auf volle Millionen Mark nach unten abgerundeten Beträge, die sich durch Vervielfältigung der nachfolgenden Grundzahlen mit dem Goldumrechnungssatze für Reichssteuern ergeben:

Lfde Nr.	Steuerbare Getränke	Mengeneinheiten	Grundzahlen in Goldmark
1	2	3	4
1	Traubenwein		
	a) offen	1 Liter	0,03
	b) in Flaschen	1 ganze Flasche	0,06
2	Weinähnliche Getränke	1 " "	0,015
3	Weinhaltige Getränke	1 " "	0,05
4	Schaumwein mit Ausnahme von Fruchtschaumwein	1 " "	0,75
5	Fruchtschaumwein	1 " "	0,06
6	Schaumweinähnliche Getränke	1 Liter	0,18
7	Einfachbier	1 "	0,01
8	Schankbier	1 "	0,015
9	Vollbier	1 "	0,02
10	Starkbier	1 "	0,03
11	Mineralwasser, natürlich	1 "	0,01
12	Mineralwasser, künstlich	1 "	0,005
13	Limonaden und andere künstlich bereitete Getränke	1 "	0,006
14	Unverschnittener Arrak, unverschnittener Rum, unverschnittener Trinkbranntwein aus Obststoffen und Trinkbranntwein mit einem Gehalte von mehr als 10 vom Hundert Extrakt	1 "	0,90
15	Andere Trinkbranntweine	1 "	0,45

§ 2.

Diese Verordnung tritt am 1. Dezember 1923 in Kraft. Gleichzeitig tritt die dritte Verordnung über Höchstsätze für die nach der Menge des steuerbaren Getränkes bemessenen Gemeindegetränkesteuern vom 27. September 1923 (Deutscher Reichsanzeiger Nr. 226) außer Kraft.

Berlin, den 24. November 1923.

Der Reichsminister der Finanzen.
In Vertretung.
Zapf.

Sachverzeichnis

(Die Zahlen bedeuten die Seiten).

W.

Z.

G. Pätz'sche Buchdruckerei Lippert & Co. G. m. b. H., Naumburg a. d. S.

FSC
www.fsc.org
MIX
Papier | Fördert gute Waldnutzung
FSC® C083411

Kolibri 360 GmbH
Ferdinand-Jühlke-Straße 7
99095 Erfurt, Deutschland
produktsicherheit@kolibri360.de